A luta pela anistia

A luta pela anistia

Haike R. Kleber da Silva
organizadora

editora unesp

Arquivo Público do Estado de São Paulo

imprensaoficial

ANISTIA

Dados Internacionais de Catalogação na Publicação
Biblioteca da Imprensa Oficial do Estado de São Paulo

A luta pela anistia / Organizadora Haike R. Kleber da Silva. - [São Paulo] : Editora UNESP : Arquivo Público do Estado de São Paulo : Imprensa Oficial do Estado de São Paulo, [2009].
p.488 : il.

Bibliografia.
Vários autores.
ISBN 978-85-62031-01-4 (Arquivo Público do Estado)
ISBN 978-85-7060-755-3 (Imprensa Oficial)
ISBN 978-85-7139-981-5 (Unesp)
1. Anistia – Brasil 2. Repressão política 3. Governos militares, 1964-1985
I. Silva, Haike R. Kleber da.

CDD 364.650 981

Índice para catálogo sistemático:
1. Brasil : Anistia 364.650 981

Editora afiliada:

Asociación de Editoriales Universitarias de América Latina y el Caribe

Associação Brasileira de Editoras Universitárias

Foi feito o depósito legal na Biblioteca Nacional
(lei nº 10.994, de 14.12.2004)

Impresso no Brasil 2009

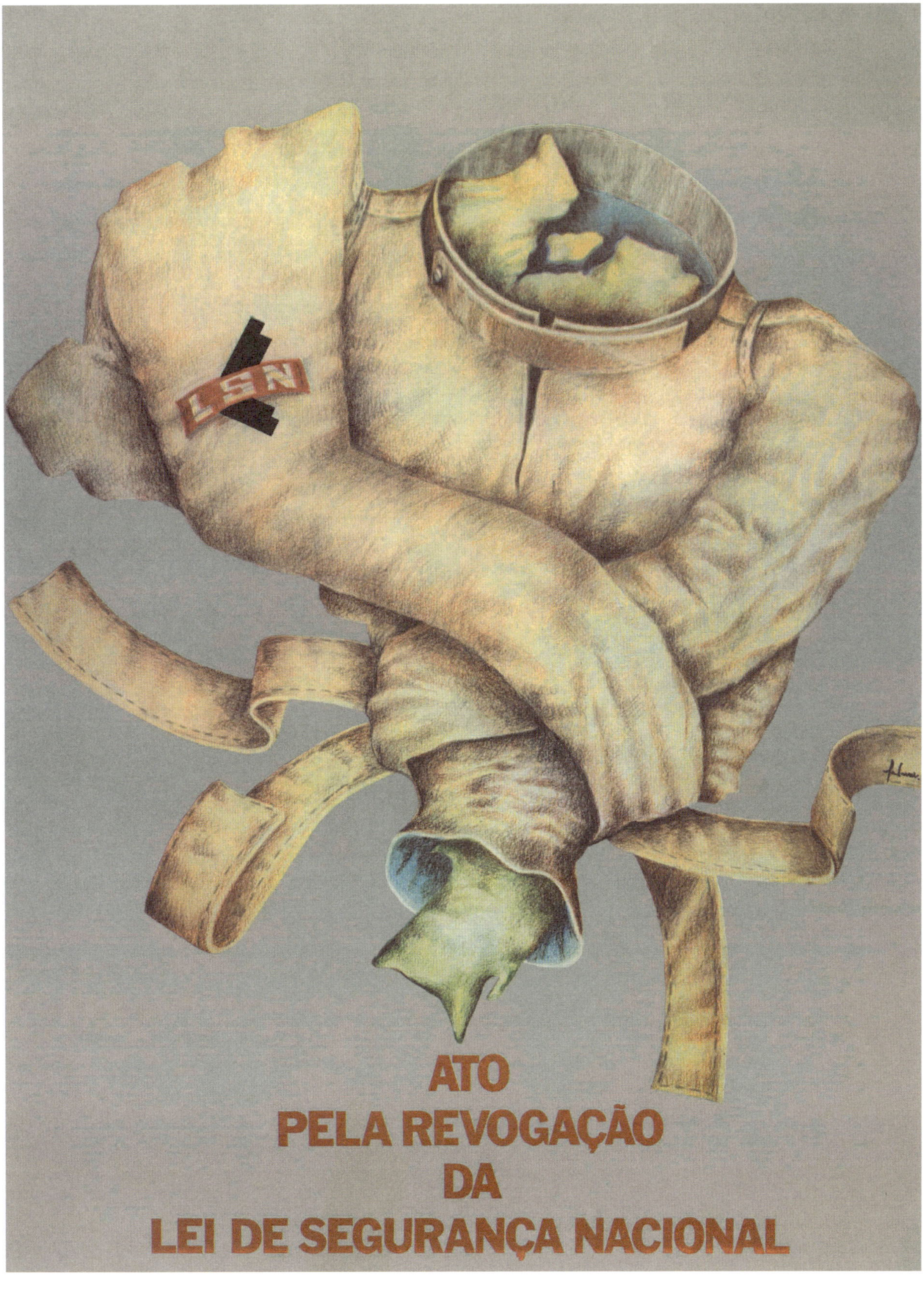
LSN
ATO
PELA REVOGAÇÃO
DA
LEI DE SEGURANÇA NACIONAL

Sumário

Apresentação 11
Haike R. Kleber da Silva

Prefácio 13
Luiz Hildebrando Pereira da Silva

1. Ditadura militar, anistia e a construção da memória social 21
Jean Rodrigues Sales

2. A resistência armada na luta contra a opressão 31
Ivan Akselrud de Seixas e Maurice Politi

3. O teatro como a maior vítima da censura 51
Idibal Pivetta (Cesar Vieira)

4. A luta pela anistia no regime militar brasileiro e a construção dos direitos de cidadania 59
Fabíola Brigante Del Porto

5. O Comitê Brasileiro pela Anistia de São Paulo (CBA-SP): memória e fragmentos 83
Maria Auxiliadora de Almeida Cunha Arantes

6. Mulheres na luta pela anistia: um exemplo, a Comissão de Mães em defesa dos Direitos Humanos 103
Zilah Wendel Abramo

7. Elas se revelam na cena pública e privada: as mulheres na luta pela anistia 111
Rosalina Santa Cruz

8. Anistia e os trabalhadores 127
Waldemar Rossi

9. Essa anistia aí é um negócio de louco 135
Manoel Cyrillo de Oliveira Netto

10. Exilados e acadêmicos: a luta pela anistia nos Estados Unidos 141
James N. Green

11. Anistia e reparação: uma combinação imprópria 157
Glenda Mezarobba

12. A anistia de 1979: uma análise sobre seus reflexos jurídicos, políticos e históricos 173
Larissa Brisola Brito Prado

13. Memória vs. Esquecimento, Instituinte vs. Instituído: a luta pela *Anistia ampla, geral e irrestrita* 193
Heloisa Amélia Greco

14. Operação Condor: conspiração contra a sociedade do conhecimento 217
Martin Almada

15. O Brasil inspirou a Operação Condor 233
Jair Krischke

16. A Convenção Americana sobre Direitos Humanos frente à impunidade dos regimes ditatoriais 257
Pedro Nikken

17. Lei de Anistia: a relação entre o Supremo Tribunal Federal e a Corte Interamericana de Direitos Humanos 281
André de Carvalho Ramos

18. Justiça transicional e qualidade institucional no Brasil e na Argentina 303
Ivan Cláudio Marx

19. Centros de documentação universitários: o trabalho com a memória nas lutas por direitos e contra o esquecimento 321
Yara Aun Khoury

20. Desarquivando a anistia 337
Maria Luiza Tucci Carneiro

21. Direito à informação: o acesso aos documentos dos órgãos da repressão 347
Eugênia Augusta Gonzaga Fávero

22. Guia de fontes sobre anistia
Arquivo Edgard Leuenroth - AEL 355
Arquivo Público do Estado de São Paulo 363
Centro de Documentação e Memória da UNESP - CEDEM 393
Centro de Documentação e Informação Científica Prof. Casemiro dos Reis Filho - CEDIC / PUC-SP 403
Centro de Documentação e Pesquisa Vergueiro - CPV 437

23. Referências 445

24. Cartazes relacionados à anistia 465

25. Créditos das imagens 485

Apresentação

Este livro é resultado de um esforço coletivo: o de publicar reflexões sobre o tema da anistia; o de reunir pessoas para debater sobre a história política recente de nosso país, sobre as lutas travadas em favor da democracia, sobre as conquistas e derrotas dos movimentos, sobre os direitos humanos, sua violação e a impunidade que rodeia esta questão. É também resultado de um esforço que se iniciou pouco depois dos primeiros abusos da ditadura militar, com as primeiras lutas pela libertação dos presos políticos, pulverizadas em ações pontuais que mais tarde se constituiriam em uma grande campanha nacional pela anistia no Brasil.

A Lei de Anistia faz 30 anos, resultado desse esforço da sociedade civil organizada. A violência que a precedeu, as forças que lutaram por ela, as propostas articuladas para sua efetivação são temas analisados nos textos que compõem esta coletânea. Também voltamos a atenção para os vizinhos da América Latina de forma a perceber o estado dessas discussões em realidades próximas à nossa.

De forma efetiva, os textos aqui publicados são reflexões que compuseram os debates ocorridos durante o Seminário Internacional "A luta pela anistia: 30 anos". Nesse evento pudemos contar com contribuições de historiadores, cientistas sociais, juristas e sujeitos políticos envolvidos no processo de luta pela redemocratização do país, parte destas aqui reproduzidas em forma de texto. O evento abordou temas como a história da campanha da anistia, a participação das mulheres no processo de democratização, a experiência dos países latino-americanos, além de questões que estão na ordem do dia, como a apuração de responsabilidades, a punição aos torturadores, as reparações aos anistiados políticos, a abertura dos arquivos da repressão e o acesso às suas informações. Tais reflexões encontram-se aqui retratadas nos textos desta coletânea.

Compõe ainda esta obra a divulgação de cinco guias de fontes sobre a anistia e processos correlatos das seguintes instituições de preservação de documentos: Arquivo Público do Estado de São Paulo, Arquivo Edgar Leuenroth/

Unicamp, Centro de Documentação e Informação Científica/PUC-SP, Centro de Documentação e Memória da UNESP e Centro de Documentação e Pesquisa Vergueiro. Uma pequena parte, porém muito significativa, dessas fontes, pode ser apreciada nas páginas que intercalam cada texto. Por meio delas é possível inferir a força e extensão das campanhas em favor da libertação dos que lutaram contra as ditaduras – no Brasil e no Cone Sul.

Estiveram envolvidos neste esforço coletivo vinte e um autores, três centros de memória, dois arquivos, cinco instituições de acervo e uma equipe de edição composta por três instituições. Arquivo Público do Estado, Editora UNESP e Imprensa Oficial unem-se no empenho de fomentar a reflexão sobre nosso passado, compartilhando, assim, a missão de difusão do conhecimento e da memória pública.

Haike R. Kleber da Silva[1]

1 Diretora do Centro de Difusão e Apoio à Pesquisa do Arquivo Público do Estado de São Paulo.

Prefácio

Recebi, em agosto, o convite para prefaciar o livro sobre a luta pela anistia no Brasil – tema do Seminário Internacional "A luta pela anistia: 30 anos", realizado em maio de 2009 –, editado pelo Arquivo Público do Estado de São Paulo, pela Editora UNESP e pela Imprensa Oficial do Estado de São Paulo. Respondi que era para mim grande honra fazê-lo e pedia acesso aos textos das intervenções. Eles chegaram com certo atraso e, ao lê-los, hesitei em assumir tal responsabilidade. Não por considerar desfavoravelmente o teor ou a qualidade dos textos. Ao contrário, fiquei impressionado com vários deles; muito aprendi sobre aspectos jurídicos relacionados com a atualidade; apreciei e emocionei-me com várias intervenções de militantes, vítimas da repressão. Entretanto, surpreendeu-me verificar que várias intervenções não se referiam ao tema "luta pela Anistia", mas aos desdobramentos anteriores e posteriores à Anistia; impressionou-me também a ausência relativa de informações do processo da "luta pela anistia" no exterior (não apenas dos exilados) e suas repercussões no desenrolar da transição democrática.

Permiti-me, assim, sempre considerando o grande valor dos testemunhos de seus autores, dividir meus comentários em três categorias de contribuições ao livro: (i) testemunhos próprios e/ou transcritos de vítimas da repressão; (ii) análises dos aspectos jurídicos que subsistem em relação à Anistia e (iii) considerações e registros propriamente relativos à "luta pela anistia".

No primeiro grupo, encontram-se descrições de situações absurdas criadas pela jurisdição repressiva da ditadura, como no artigo de Manuel Cyrilo – "Essa Anistia aí é um negócio de louco"; a denúncia da censura às obras de teatro por Idibal Piveta; uma comovente denúncia vinda do coração anarquista de Waldemar Rossi – "[...] os trabalhadores necessitam é de justiça e não de PERDÃO, porque não somos criminosos". Registraria igualmente o artigo de Jean Rodrigues Sales, sobre a memória social, com ênfase nos movimentos estudantis e populares de 1968. O artigo de Ivan Axelrud Seixas e Maurice Politi sobre "resistência armada", partindo da lógica segundo a qual "foi a direita que deflagou a luta armada no Brasil", rememora as organizações dissidentes do PCB e as novas que assumiram a estratégia armada na luta contra a ditadura, concluindo que "ela foi finalmente a forma de luta que mais contribuiu para o desmantelamento final do regime golpista, ilegítimo e repressor". A historiadora Maria Luiza Tucci Carneiro, da USP, analisa os documentos do DEOPS/SP liberados pelo governo paulista, concluindo que o "povo brasileiro tem direito à verdade e à memória". Particularmente valiosos são os artigos sobre a Operação Condor, com registros de desaparecidos brasileiros e sul-americanos, assim como "O Brasil inspirou a Operação Condor" de Jair Krischke, ativista dos direitos humanos, e o artigo de Martin Almada, paraguaio ganhador do prêmio Nobel Alternativo em 2002.

O segundo grupo de contribuições reúne personalidades altamente qualificadas, como Pedro Nikken, ex-presidente da Corte Interamericana de Direitos Humanos, que analisa em detalhe os deveres e obrigações adotados pelos Estados Americanos na Convenção Americana sobre Direitos Humanos, assinada pelo Brasil em 2005. Em seu artigo, André de Carvalho Ramos, professor de Direito Internacional na USP, parte dos mesmos princípios, assinala a situação de ambiguidade criada pelo Judiciário brasileiro e a invalidade da clausura temporal adotada pela ditadura militar frente às determinações da Convenção Internacional, concluindo pela necessidade de o Supremo Tribunal Federal adequar a "jurisprudência interna à internacional". O capítulo é ainda enriquecido pelas intervenções, no mesmo sentido, dos procuradores da República Eugênia Augusta Gonzaga Fávero (São Paulo) e Ivan Cláudio Marx (Uruguaiana). Finalmente, com a visão de cientista política, Larissa Brisola Brito Prado desenvolve uma análise dos reflexos jurídicos, políticos e históricos da Lei da Anistia.

Chegamos finalmente ao terceiro grupo de comunicações, relativo diretamente à luta pela Anistia. Com exceção de Zilah Wendel Abramo, que interveio como representante da Fundação Perseu Abramo (Perseu teve importante liderança na luta pela anistia em São Paulo), os autores são personalidades acadêmicas. Rosalina de Santa Cruz Leite, doutora em 2004 pela PUC de São Paulo, foi presa-política e familiar de desaparecido. Maria Auxiliadora de Almeida Cunha Arantes, do Conselho Regional de Psicologia de São Paulo, se declara também dirigente fundadora do CBA-SP (1978-82). As outras comunicações se originam de teses de mestrado e doutorado, como as de Glenda Mezarobba, defendidas no Departamento de Ciência Política da USP em 2003 e 2008; a de Heloisa Amélia Greco, defendida na Universidade Federal de Minas Gerais em 2003; e a de Yara Aun Khoury (professora do Departamento de História da PUC-SP). Surpreendente e agradável para o autor destas linhas foi a leitura da comunicação do professor James Green, da Brown University, em Providence (EUA), em que ele descreve a evolução da reação dos americanos, do Congresso e dos estudantes brasileiros em estágio ou exilados nos Estados Unidos, ao golpe de 1964, e as numerosas ações dos estudantes brasileiros de apoio à luta pela anistia nos anos finais da década de 1970, assinalando a curiosa e inesperada concessão de asilo político dos EUA a Leonel Brizola, expulso do Uruguai: um Brizola diferente, "em aliança com os social-democratas europeus".

Os textos dessas contribuições foram elaborados com cuidados acadêmicos quanto às fontes de informação, às referências bibliográficas e à autenticidade dos depoimentos. Representam, portanto, fontes preciosas para a memória da luta pela Anistia. Seguem todas as orientações de uma descrição factual progressiva, cada uma se distinguindo em sua originalidade pelas fontes particulares de informação a que teve acesso. Deve-se assinalar, em particular, a abundância de referências bibliográficas, entre registros de Comitês de Anistia de diferentes estados e cidades, em encontros locais, estaduais, nacionais e internacionais (Congresso de Anistia em Roma, 1978), artigos da imprensa e uma quantidade surpreendente de livros, muitos deles poucos conhecidos do público. Outro elemento presente nos depoimentos é a indicação da importância do movimento feminino pela Anistia, com o ato fundador de Terezinha Zerbine em 1975, a organização dos movimentos de mães de presos e desaparecidos e a proliferação dos CBAs a partir de 1978. Igualmente importantes são as informações reunidas em várias comunicações sobre o papel relevante do senador Teotonio Vilela (um ARENA convertido) e, principalmente, do cardeal D. Paulo Evaristo Arns, intervindo nas visitas às prisões e nas denúncias da tortura e maus tratos a prisioneiros políticos.

Permito-me, entretanto, chamar a atenção para um elemento que, a meu ver, faltou nas intervenções sobre o tema: a análise do quadro econômico e político internacional, que sofreu uma profunda guinada na década de 1970, com profundas repercussões no plano nacional. Trata-se, especificamente, do primeiro choque petrolífero, em 1973, que levou o barril a decuplicar em custo a partir de 1970 até o fim da década. Isso teve impacto importante na situação do Brasil, em que 50% da energia elétrica era de fonte térmica, levando ao desencadeamento do ciclo inflacionário que, já no fim do governo Médici, era superior a 30% ao ano. Ao assumir o governo em 1973, Geisel, ao encontrar-se em dificuldades, responsabiliza Delfim – o mago do "milagre brasileiro" – e o envia ao exílio (embora na confortável situação de embaixador em Paris). O milagre virou vinagre, como diria Elio Gaspari n'*A Ditadura Derrotada*. O processo inflacionário, escondido pelo poder militar, mas seriamente ressentido no custo de vida, desencadeia movimentos de protesto na esfera sindical operária e popular e, ao mesmo tempo, cria conflitos do poder com o empresariado (controle de preços) e com a imprensa (reforço da censura). Esse fato seria, sem dúvida, o principal elemento responsável pela derrota política da ditadura nas eleições de 1974, em que a ARENA é fragorosamente derrotada pelo MDB nos principais centros do país. O general Geisel foi "jogar Biriba".

Outros elementos importantes no plano internacional referem-se à derrocada da mais velha ditadura do planeta – a ditadura salazarista, em abril de 1974; a candidatura vitoriosa de Carter à presidência dos EUA e a retirada dos EUA do Vietnã; a morte de Franco na Espanha e a ascensão dos Partidos Comunista e Socialista ao poder em Portugal e na Espanha; a constituição do programa comum da esquerda na França, que iria eleger Mitterrand em 1981. O conjunto desses fatos e a evolução da situação internacional favoreceram igualmente a evolução da visão política dos exilados brasileiros no exterior. Lembremos que, após a implantação das ditaduras no Uruguai, na Argentina e particularmente no Chile, milhares de exilados brasileiros nesses países foram recolhidos à Europa por iniciativa dos governos e das autoridades social-democratas. Na França, às poucas dezenas de exilados até o início dos anos 70 somaram-se milhares de jovens exilados após o golpe de Pinochet. Em sua maioria derivados dos movimentos de resistência armada, tinham de início uma atitude radical de repúdio à aproximação com a "oposição legal" no Brasil, pois condenavam o regime militar globalmente, consideravam a oposição parlamentar do MDB como "um dispositivo da ditadura". A evolução dessa mentalidade após a derrota da ARENA, em 1974, não foi fácil nem rápida. Exigiu negociações diretas entre representantes dos Partidos e movimentos políticos de exilados, como entre representantes do MR8 e o PCB, ocorrido em Paris. Exigiu, principalmente, uma enorme quantidade de reuniões públicas em que se debateram os problemas do país, a situação econômica, as lutas sociais em andamento, a integração do movimento feminino, a nova situação internacional etc. A palavra de ordem – "Anistia" – para abrir caminho à redemocratização do país finalmente impôs-se entre exilados da esquerda como palavra unitária, saudada aliás por Fabíola Brigante del Porto em sua intervenção, citando Fernando Gabeira, exilado na Suécia: "Não conheço em todo o período de militância na denúncia da ditadura brasileira no Exterior, nenhuma palavra de ordem que tenha nos unido tanto quanto a anistia."

Se a ditadura militar necessitava de uma Anistia mínima como saída para suas dificuldades, uma abertura controlada e uma "conciliação nacional" para sobrevivência dos militares no poder, a Anistia significava para a esquerda sua reintegração na vida institucional do país. Eis o que definiu, de um lado e de outro, o quadro em que se processou a luta pela anistia a partir de 1977.

A importância das ações do exílio na luta pela Anistia, particularmente na França e na Itália – onde o grupo Lelio Basso organizou o Congresso de Roma e as reuniões do Tribunal Russel –, foi extremamente relevante porque foi no exílio que se realizaram os contatos e o entendimento entre a oposição parlamentar, entre as lideranças do MDB, as lideranças políticas no exílio – como as de Miguel Arraes, Brizola e Jango Goulart – com participação das lideranças dos movimentos de esquerda. Foi no exílio que se realizaram os entendimentos que permitiram às lideranças de esquerda refazer os contatos com a sociedade civil do país, com os juristas da OAB, os jornalistas da ABI, os cientistas da SBPC, trazendo de volta à ação unitária os militantes de esquerda com a sua reconhecida capacidade de liderança.

A análise e a reflexão sobre estes processos, ausentes dos debates no Seminário ocorrido em maio, justificam a realização de novos encontros, não apenas em termos de reconstituição da memória como também pela grande atualidade, neste momento do país em que, novamente, a esquerda se fragmenta em tendências e grupos que se concentram apenas em projetos de luta pelo poder, abandonando as possíveis proposições unitárias necessárias ao progresso da democracia e desenvolvimento da cidadania nacional.

Luiz Hildebrando Pereira da Silva[1]

1 Ex-preso político e exilado, professor demitido da USP pelos AI-1 e AI-5. Dirigente da fração comunista (PCB) em Paris de 1969 a 1980.

Anistia ampla, geral
e irrestrita.
Núcleo Puc.
ANISTIA
LEO

1. Ditadura militar, anistia e a construção da memória social[1]

Como acontece em ocasiões comemorativas, não faltaram em 2008 eventos a respeito do significado e do legado de 1968 para a história brasileira e mundial. Passados 40 anos, os analistas esforçam-se em buscar explicações que possam tornar inteligível um ano em que países com realidades geográficas e sócio-políticas distintas, como França, Brasil, EUA, Vietnã, Japão, México, Alemanha, entre tantos outros, vivenciaram eventos fundamentais para a compreensão de suas respectivas histórias no século XX.

Os estudiosos, particularmente da ciência política e da sociologia, têm apontado algumas características comuns aos diversos movimentos ocorridos nesses diferentes países: industrialização avançada, urbanização crescente, aumento e diversificação das classes médias assalariadas, importância dos jovens na composição etária e crise do sistema universitário assentado em valores conservadores (ANTUNES; RIDENTI, 2008).

A minha proposta neste texto é mostrar como, ao discutirmos 1968, estamos, na verdade, tratando da história da ditadura militar e de sua relação com a forma como a sociedade brasileira lida com o seu passado ditatorial recente. Como se verá adiante, essa especificidade marca tanto os eventos de 1968 quanto as comemorações e debates em 2008. Permeando todo esse processo temos as características que envolvem a anistia brasileira e o debate atual sobre a história da ditadura militar.

O objetivo, portanto, é fazer uma breve reflexão a respeito da construção da memória social do país durante o período ditatorial. Para tanto, partiremos de um tema marcante – as comemorações de maio de 1968 – para demonstrar como os debates sobre a anistia no país influenciam não apenas as discussões sobre 1968 mas também a difícil relação estabelecida pela sociedade brasileira com o seu passado recente.

1 Versão ligeiramente modificada deste texto foi publicada na revista *Teoria e Debate* (São Paulo, maio de 2008. Edição Especial 1968).

Nesse caminho, o primeiro ponto a ser destacado é o de que o ano de 1968 é indissociável de 1964. Em outras palavras, o contexto histórico brasileiro é o da existência de uma ditadura militar e o da busca, por parte de vários setores da sociedade, por caminhos para lutar contra o regime discricionário. Dessa forma, pensar o legado de 1968 para a história brasileira implica discutir o significado da experiência ditatorial no país e, mais ainda, o tipo de relação estabelecida pela sociedade brasileira com esse passado.

Como ensina a historiografia recente, o posicionamento e as disputas políticas do presente estão implicados na forma como se lida com o passado. Essa observação ajuda a compreender como autores e protagonistas políticos do período apresentam versões não apenas diferentes entre si mas também apreciações que revelam as fissuras da sociedade brasileira no que diz respeito à ditadura militar instaurada em 1964. Dessa forma, interessa destacar quatro ideias que formam uma interpretação sobre o período ditatorial, pois têm aparecido no debate público sobre 1968 e merecem ser discutidas criticamente, uma vez que implicam a construção da memória social do país.

Em primeiro lugar, há uma tendência à aceitação do discurso dos militares de que o golpe de abril foi uma reação à iminente quebra de duas dimensões da legalidade: a do país, ameaçada pelo avanço dos movimentos sociais infiltrados pelas ideias comunistas; e a das forças armadas, que sofriam com a insubordinação dos militares de baixa patente. Assim, diante do perigo que se avizinhava, o exército foi obrigado a tomar o poder para impedir o alastramento do comunismo no país.

Uma segunda ideia, coerente com o exposto acima, é a de que o Ato Institucional nº 5 (AI-5), de 13 dezembro de 1968, foi uma reação dos militares à radicalização de setores das esquerdas brasileiras que pegaram em armas. Implícita nessa interpretação está a defesa de que caso a esquerda não tivesse optado pelo caminho das armas, não teria havido o recrudescimento do regime.

A terceira ideia diz respeito à opção da esquerda revolucionária pela luta armada. Nesse ponto, é forte a corrente que apresenta os militantes das organizações que participaram das ações armadas como bem-intencionados, mas ingênuos protagonistas de uma luta esvaziada de projeto político e baseada em aspirações pessoais adolescentes. Nessa perspectiva, o resultado da luta armada foi a violência desnecessária e o inútil sofrimento dos jovens que dela participaram[2].

Por fim, e coroando um tipo de interpretação que chega próximo de isentar os militares pela ditadura instaurada em 1964, e aprofundada em 1968, está a noção de equivalência entre a violência dos militares e a praticada pelos militantes de esquerda, chamados de "terroristas". Essa perspectiva aparece de

2 As ideias apontadas acima podem ser acompanhadas no debate que se seguiu ao lançamento do filme *O que é isso companheiro,* de Bruno Barreto, e baseado no livro de mesmo título de Fernando Gabeira. Cf. REIS FILHO, 1997.

forma mais clara no questionamento das indenizações recebidas por ativistas ou familiares perseguidos no período ditatorial e na comparação com a situação dos militares que, também atingidos pela violência das esquerdas, não teriam recebido o mesmo tratamento dispensado aos militantes de esquerda[3]. De acordo com esse raciocínio, poderíamos concluir, por exemplo, que os militares que torturaram e mataram os militantes do Partido Comunista do Brasil (PCdoB) na região do Araguaia mereceriam o mesmo tratamento que os familiares dos que foram mortos, o que não me parece ser eticamente aceitável.

Vale salientar que no processo de construção da memória social, o esquecimento voluntário e a distorção de determinados fatos costumam ser utilizados pelas correntes em disputa. No caso do período ditatorial, são várias as tentativas de se deixar esquecer acontecimentos para que interpretações como as apresentadas acima possam ganhar legitimidade. Sem procurar traçar um quadro completo da história do período, aponto adiante alguns elementos que podem servir para questionar tais ideias.

Uma questão aparentemente óbvia, mas que por sua importância deve ser enfatizada, é a de que os argumentos utilizados pelos militares, segundo os quais o golpe de abril foi uma reação às forças políticas que ameaçavam a legalidade, não se sustentam historicamente. Analisando a primeira metade dos anos 1960, percebe-se que foram os militares, apoiados por setores civis, que romperam a legalidade democrática sob o pretexto de um perigo comunista no país. A primeira tentativa golpista ocorreu em 1961, não se concretizando graças ao movimento de oposição liderado pelo governador do Rio Grande do Sul, Leonel Brizola, que teve adesão nacional. Derrotados nesse momento, os militares voltaram em 1964 e tomaram de assalto o poder.

Implantada a ditadura, e amparados no primeiro dos atos institucionais, os militares iniciaram a perseguição àqueles identificados com as propostas de mudanças que estavam em curso durante o governo de João Goulart. Particularmente atingidos foram os sindicatos, tendo centenas deles caído sob intervenção policial. Além das cassações de mandatos de políticos e direções sindicais, medidas como o incêndio do prédio da União Nacional dos Estudantes (UNE); as torturas públicas infligidas a Gregório Bezerra, dirigente do Partido Comunista Brasileiro (PCB), pelas ruas de Recife; a perseguição implacável aos membros das Ligas Camponesas no Nordeste, entre outras manifestações de arbítrio, mostravam que o novo regime, nascido de um golpe, não se furtaria a usar todos os meios necessários para calar a oposição.

Passados os primeiros meses do golpe, setores das oposições conseguiram se reorganizar, particularmente o movimento estudantil e uma parte dos trabalhadores

3 Em artigo recente publicado na *Folha de São Paulo*, o jornalista Elio Gaspari, conhecedor da história da ditadura brasileira, ironiza as indenizações recebidas pelos familiares de militantes, "terroristas", atingidos pela ditadura militar. (GASPARI, 2008).

urbanos. Aos poucos os estudantes se constituíram no principal grupo de oposição ao governo. Mesmo na ilegalidade, a UNE não deixou de funcionar. Ao contrário, sob a influência das chamadas "dissidências" e de outros grupos de esquerda, ela conseguiu grande inserção e respaldo no meio estudantil através de sua política voltada para lutas específicas da classe estudantil. Essa política ganharia força a partir do assassinato, em março, do estudante secundarista Edson Luís. O seu corpo foi levado para um protesto na Assembleia Legislativa. Ao enterro, compareceram cerca de 50 mil pessoas e à missa em sua homenagem, realizada na Candelária, por volta de 30 mil (ALVES, 1984, p. 118). Em 26 de junho, compareceram cerca de 100 mil pessoas à passeata organizada pelos estudantes.

Após a realização da Passeata dos Cem Mil, o movimento estudantil perdeu fôlego. Seja pelo desgaste das sucessivas passeatas realizadas desde o início do ano, seja pela maior perseguição que estudantes passaram a sofrer – esses não conseguiram manter o mesmo nível de mobilização. O golpe final contra a organização estudantil se deu no dia 12 de outubro, quando centenas de estudantes foram presos e fichados pela polícia durante a realização do 30º Congresso da UNE, realizado em Ibiúna, interior de São Paulo. Identificada pelos órgãos de repressão, a maioria dos dirigentes das entidades estudantis foi empurrada para a clandestinidade. Como se sabe, grande parte deles acabou entrando para as organizações da esquerda revolucionária e pegaram em armas contra a ditadura.

Já os trabalhadores urbanos em Contagem, no estado de Minas Gerais, após um longo trabalho no decorrer de 1967 com a participação de grupos de esquerda clandestinos – como a Ação Popular (AP), os Comandos de Libertação Nacional (COLINA) e a Corrente Revolucionária –, conseguiram eleger, na eleição de 1968, Ênio Seabra para presidente do Sindicato dos Metalúrgicos. Seabra teve o nome vetado pelo Ministério do Trabalho; ainda assim, na prática, a oposição tinha o controle sobre o sindicato. No mesmo ano, em 16 de abril, cerca de 1.200 empregados da Siderúrgica Belgo Mineira entraram em greve. Em poucos dias outras empresas paralisaram e o número de grevistas chegou em torno de 16 mil. A principal reivindicação do movimento era o reajuste salarial acima do teto estabelecido pelo governo. A greve tomou tal vulto que o próprio ministro do Trabalho se deslocou para o local a fim de negociar com os grevistas. No dia 2 de maio terminava a greve. O governo de Costa e Silva concedeu 10% de abono (GORENDER, 1998, p. 155).

Assim como em Contagem, em Osasco a oposição sindical conseguiu o controle do sindicato dos metalúrgicos e pôde colocar na presidência um dos seus líderes, o jovem José Ibrahim, com ligações com a Vanguarda Popular Revolucionária (VPR). A greve teve início na maior empresa metalúrgica

da região, a Cobrasma e, em 16 de julho, estende-se depois para outras empresas. Desta vez, o governo não abriu negociações e, no mesmo dia, agentes policiais e do exército praticamente ocuparam a cidade a fim de acabar com o movimento.

Como se pode observar, antes do final de 1968, os dois setores de oposição que podiam incomodar os militares, o estudantil e o operário, foram desarticulados pela repressão, tendo na prisão dos estudantes em Ibiúna e na invasão de Osasco pelo exército os símbolos do desmantelamento desta oposição mais combativa. Quanto às organizações da esquerda armada, apesar de já terem iniciado suas ações, não haviam ainda sido claramente identificadas pela repressão.

Feitas as apreciações acima, podemos voltar a questionar as interpretações que explicam o fechamento da ditadura, em 1968, como reação a movimentos de oposição ao regime. De acordo com o exposto, em outubro a oposição estava desarticulada, não restando aos militares usar o pífio pretexto das críticas recebidas de um deputado para justificar o fechamento do Congresso. Aliás, como apontou Jacob Gorender, setores do próprio regime, na ânsia de aterrorizar a população e, assim, justificar toda sorte de medidas, fizeram atentados à bomba e chegaram a planejar ataques de vulto contra personalidades políticas e empresas estatais, visando culpar a oposição (GORENDER, 1968, p. 163).

Nesse caminho, a especificidade do ano de 1968 no Brasil foi a de ter sido marcado pela tentativa de organização de setores da oposição contra o regime discricionário. Derrotados tais projetos, a ditadura assumiu a sua face mais obscura com o anúncio do AI-5. A partir desse momento, parte das esquerdas optou pelo enfrentamento armado. Todos os grupos foram aniquilados pelo exército, tendo como resultado a prisão, o banimento, a tortura e o assassinato de centenas de militantes.

Como afirmei acima, além da análise dos aspectos históricos, a compreensão do legado de 1968 passa pelo entendimento de como a memória social do período ditatorial tem sido construída e reconstruída pela sociedade brasileira[4]. Nesse ponto, há um elemento que não pode ser desprezado: a construção dessa memória foi e é marcada pela forma como se deu o processo de anistia no Brasil.

A aprovação da Lei 6.683, no dia 28 de agosto de 1979, que oficializou a anistia brasileira para os crimes praticados durante o período ditatorial, não significou o final das lutas de setores da sociedade civil pela redemocratização. Aprovada sob forte crítica do principal movimento organizado em prol da anistia, os Comitês Brasileiros pela Anistia (CBAs), essa lei nunca conseguiu aplacar as divergências em torno da forma como deveria ser o acerto de contas da sociedade com o seu passado ditatorial. Ao anistiar, ao mesmo tempo, torturadores e torturados, a lei abriu fissuras na sociedade que até hoje não foram fechadas[5].

Essa lei, aos olhos de variados setores sociais, representa a tentativa de conciliação social através do esquecimento. Diferentemente de outros países do continente que também passaram por experiências ditatoriais, como Chile e Argentina (nos quais os torturadores foram julgados), no Brasil, a tentativa de discussão das responsabilidades pelos crimes praticados no período ditatorial tem sido chamada de "revanchismo".

Em contraposição à vertente acima mencionada, que busca a conciliação e o esquecimento em torno do legado do regime militar, nos últimos anos temas como o da reparação aos familiares dos mortos e desaparecidos, a localização dos restos mortais de seus entes, a abertura dos arquivos militares relativos ao período ditatorial, a validade ou não da anistia para os torturadores também entraram na pauta do debate político brasileiro.

A Comissão de Mortos e Desaparecidos, por exemplo, denuncia que os anistiados foram apenas aqueles processados formalmente pela ditadura. Já os que

4 Pioneiro nesta discussão no Brasil é o livro de Daniel Aarão Reis Filho. (Cf. REIS FILHO, 2002).

5 Movimento pela Anistia e os CBAs, ver: TELES, 2001; GRECO, 2003 e SECRETARIA ESPECIAL DOS DIREITOS HUMANOS, 2007.

não tiveram prisão oficializada, não foram contemplados pela anistia. Além disso, os mortos e desaparecidos não foram reconhecidos nem as circunstâncias de suas mortes esclarecidas.

O Grupo Tortura Nunca Mais, por sua vez, apresenta entre seus objetivos (que também atestam a atualidade das discussões decorrentes do processo de anistia brasileiro): a luta contra as violações dos direitos humanos; o apoio e a solidariedade às pessoas que lutam pela causa dos direitos humanos no mundo; o intercâmbio de experiências e informações com entidades de direitos humanos nacionais e internacionais; assistência – física e psicológica – a pessoas atingidas pela violência organizada; a reconstituição da história de nosso país durante o período de ditadura, esclarecendo as circunstâncias das prisões, torturas, mortes e desaparecimentos ocorridos naquele período.

Para concluir, é possível afirmar que, entre outras leituras possíveis, o legado político de 1968 pode ser visto como o de uma luta ao mesmo tempo pela reparação daqueles que foram atingidos pelos militares e pela construção de uma memória sobre o período militar. Uma memória que não deixe as próximas gerações esquecerem que no Brasil, entre 1964 e 1985, existiu uma ditadura militar que cometeu crimes, torturou, matou e baniu do país toda uma geração de brasileiros.

Jean Rodrigues Sales[6]

6 É professor da Unicentro, Doutor em História pela Unicamp e autor de *A luta armada contra a ditadura militar:* a esquerda brasileira e a influência da revolução cubana (São Paulo: Perseu Abramo, 2007). Contato: jeanrodrigues5@yahoo.com.br

RESISTENCIA

MOVIMENTO REVOLUCIONARIO 8 DE OUTUBRO - BRASIL

2. A resistência armada na luta contra a opressão

Breve resumo a respeito das formas de luta

Discutir a questão da luta armada apenas da perspectiva brasileira é um erro brutal. Para podermos entender o que aconteceu no Brasil durante os anos 60 e 70, precisamos primeiro entender que o país estava inserido no contexto mundial das lutas pela libertação dos povos, uma das características fundamentais do século XX.

A luta dos oprimidos contra seus opressores, como reflexo da luta de classes sempre presente na história da humanidade, é longa e sem tréguas. Ela foi se diferenciando em seus métodos de forma radical ao longo dos tempos. E isso basicamente ocorreu porque os opressores acumulavam experiência com o próprio desenrolar dessas lutas. Enquanto eles se preparavam para os enfrentamentos, formando seus agentes para a luta e trocando informações entre seus países, os oprimidos foram obrigados a, somente com criatividade e engenho, fazer frente a um inimigo mais poderoso, porque classe dominante e dona do poder.

As lutas pela libertação de escravos, a luta de povos dominados por outras nações e dos que lutaram contra as tiranias nacionais serviram de experiência aos povos lutadores. Mas o que se viu foi também que os dominadores e opressores delas tiraram valiosos ensinamentos que permitiram a troca de informações entre eles, assim como a confecção de armamentos cada vez mais sofisticados para o combate exclusivo contra os dominados.

Ao longo das lutas dos povos, os oprimidos conseguiram introduzir trechos em defesa do direito à sua luta pela liberdade em declarações de interesse mundial. A luta pela libertação do povo dos Estados Unidos da América deu como fruto um dos mais belos textos para a humanidade: sua Declaração de Independência, válida até os dias de hoje, mesmo que não respeitada por seu próprio governo. Lá está escrito que é sagrado o direito dos povos ao levante contra as tiranias. A Declaração Universal dos Direitos Humanos, primeira declaração política após a dominação insana nazi-fascista nos países da Europa, também faz menção a esse direito ao dizer: "Considerando que é essencial a proteção dos direitos humanos através de um regime de direito, para que o homem não seja compelido, em supremo recurso, à revolta contra a tirania e a opressão." Isso atesta o direito dos povos de se levantarem contra as tiranias.

É importante ressaltar, antes de entrar na questão das formas de luta propriamente ditas, que formas de governos não são escolhidas aleatoriamente nem são fruto de mentes ensandecidas, malvadas ou cruéis. Quando as maneiras mais brandas de dominação não garantem o domínio de uma força de ocupação sobre o povo invadido ou não garantem a exploração de uma classe sobre outra, mudam-se os modos de governança e entra a repressão pura e simples, ou a política de controle total e massacres. Figuras como Hitler, Pinochet ou Pol Pot não são expressões de si mesmas, mas de um projeto de dominação e exploração, qualquer que seja a ideologia ou motivação alegada.

Quando olhamos o século XX e as diversas lutas dos povos, temos como primeira forma mais expressiva a luta contra a dominação czarista e o modo de produção claudicante do velho Império Russo, que foi inicialmente enfrentado por seu povo com um levante insurrecional urbano, duramente reprimido em 1905. A experiência fracassada propiciou lições importantes para o povo russo, que tentou novamente em 1917, conseguindo a derrubada do velho regime. O arco de alianças para essa vitória foi determinante para seu sucesso, mas nunca mais seria igualado por outros povos em luta contra governos ou invasores. Algo parecido só aconteceria na década de 1980 com a derrubada do Xá do Irã, Reza Pahlevi, durante a chamada "Revolução dos Aiatolás".

Depois da Revolução Russa, as várias lutas de povos contra a opressão foram derrotadas quando tentado o mesmo tipo de insurreição como forma objetiva para a derrubada do inimigo. E isso ocorreu porque a troca de experiências entre governos opressores e forças de ocupação deu instrumentos importantes para evitar a repetição de sucessos como o da Rússia.

Ao longo das décadas de 1920 até 1950, os povos em lutas, notadamente nas lutas contra forças de ocupação estrangeiras da Ásia e da África, acumularam forças em guerras prolongadas principalmente em áreas rurais, com o surgimento das guerras de guerrilha, mas sem perspectivas imediatas de vitória. Somente a China, com a criação de um amplo arco de alianças contra a ocupação japonesa, conseguiu acumular forças suficientes para o chamado cerco da cidade pelo campo, o que levou finalmente à expulsão do invasor. Ao mesmo tempo em que travou a luta contra o invasor, os exércitos liderados por Mao Tsé Tung, com criatividade e ousadia política, garantiram a hegemonia no processo revolucionário para a tomada do poder e implantação de seu projeto político ideológico.

Essa vitória do povo chinês também serviu de ensinamento às classes dominantes e às demais forças de ocupação ao redor do mundo. As forças do povo, que similarmente à experiência chinesa se formaram principalmente em áreas rurais, com dificuldades de comunicação e sem as facilidades para a troca de informações e para a formação de seus agentes de vanguarda, não conseguiram nova vitória em outros países. Assim foi na Coreia, onde tiveram de esperar a correlação de forças mudar e o apoio das incipientes forças armadas dos demais países socialistas para serem vitoriosas no Norte. Do mesmo modo aconteceu com o Vietnã, que viu a troca do invasor japonês pelo francês – sem nenhuma cerimônia ou disfarce – prolongar a dominação estrangeira por mais tempo. Houve nova troca de invasor e o povo vietnamita só conseguiu sua libertação ao derrotar o agressor ianque quase três décadas mais tarde, numa mesa de negociações, depois de intensas lutas nos campos de batalha.

A derrubada de Fulgêncio Batista em Cuba, em 1959, e a libertação da Argélia, em 1962, mostram aos povos oprimidos uma nova forma de luta contra o opressor. A cidade ganha importância, e uma mescla de luta em área urbana com rural dribla a experiência adquirida pelas forças dominantes e abre mais uma perspectiva de luta para os povos em libertação. A guerra de guerrilha iniciada em Sierra Maestra teve forte apoio dos trabalhadores das cidades, e a ditadura ruiu rapidamente. Não foi o foco guerrilheiro armado, apontado sempre como a nova estratégia de luta do povo cubano contra a ditadura corrupta, o responsável pelo sucesso dos barbudos Fidel Castro, Camilo Cienfuegos e Ernesto Che Guevara, mas sim a mistura de luta armada no campo com a agitação urbana.

A experiência dos cubanos serviu de atrativo e exemplo para os revolucionários de todo o mundo em busca de uma nova forma de luta ainda não dominada pelos seus opressores, uma união de campo e cidade pela luta política e armada.

As lutas anticoloniais da África e da Ásia tiveram que aguardar o momento em que a correlação de forças permitisse a expulsão do invasor e a tomada do poder para a implantação de um projeto nacional e popular.

Apesar de tudo, a esquerda brasileira acreditou na democracia

A derrubada da ditadura de Getulio Vargas, como consequência da vitória sobre o nazi-fascismo na Europa, permitiu que a esquerda brasileira, após 1945, experimentasse a vida e a luta política em liberdade e em democracia, mesmo que com muitas restrições.

O primeiro governo eleito pela democracia após a saída de Getulio e do marechal Eurico Dutra aconteceu, no entanto, já sob a ótica mundial da Guerra Fria. A aliança antifascista se desfez rapidamente e os comunistas voltaram a ser perseguidos e colocados na ilegalidade "sem muita conversa". Getulio Vargas foi eleito como uma reação a essa ofensiva direitista. No entanto, essas mesmas forças da direita, com forte participação militar, marcaram presença durante todo o governo democrático de Getulio Vargas, eleito em 1951.

O ápice da pressão da direita ocorreu durante a chamada República do Galeão, quando os militares interrogaram centenas de pessoas com a intenção de incriminar o presidente Getulio Vargas e obter argumentos para sua deposição. A pressão, insuportável, acabou por levar o presidente ao suicídio. Essa pressão militar esteve presente e ativa também durante todo o governo Juscelino Kubistchek, com muitas rebeliões militares com vistas a enquadrar o presidente eleito pelo povo.

A renúncia de Jânio Quadros, candidato da direita brasileira, trouxe mais uma vez a mobilização militar, que desta vez tentou impedir a posse do vice-presidente João Goulart, eleito por voto direto em votação separada do presidente. Era, portanto, o presidente constitucional e sua posse deveria ser respeitada. A posse teve que ser garantida por uma ampla mobilização popular que ficou conhecida por Campanha da Legalidade, comandada pelo governador do Rio Grande do Sul, Leonel Brizola.

A posição adotada pela maior força de esquerda da época, o PCB, foi orientada pela decisão do seu IV Congresso, realizado em novembro de 1954, que chamou à participação no jogo político legal e ao apoio a um projeto democrático-burguês, em ampla aliança com setores da burguesia nacional. O secretário-geral Luis Carlos Prestes chegou a dizer que o proletariado deveria defender os interesses da burguesia nacional. Por suas palavras:

> No que concerne às relações com a burguesia nacional, o Programa do Partido não só não ameaça seus interesses como defende suas reivindicações de caráter progressista, em particular o desenvolvimento da indústria nacional. (PRESTES apud BUONICORE, s/d).

> Nas atuais condições do Brasil, cabe ao proletariado lutar pelos interesses progressistas da burguesia nacional. Tomando a iniciativa e dirigindo a luta pela realização dessas reivindicações, a classe operária poderá ganhar a burguesia nacional para a frente única antiimperialista e antifeudal. (PRESTES, s/d b).

Ele não era uma voz isolada no PCB, pois o programa do partido, aprovado naquele IV Congresso, afirmava que a luta era contra o imperialismo e seus aliados internos, a burguesia antinacional.

> O Partido Comunista do Brasil está convencido de que as transformações democráticas que nosso povo necessita e almeja só podem ser alcançadas com um governo democrático de libertação nacional, governo de coalizão do qual participem, além da classe operária, os camponeses, a intelectualidade, a pequena burguesia e a burguesia nacional. (PARTIDO COMUNISTA BRASILEIRO, s/d).

> Sem amainar a luta econômica pelos seus interesses de classe, contra a exploração burguesa, trata-se para o proletariado de lutar e marchar junto com a burguesia nacional contra os imperialistas norte-americanos e contra o regime de latifundiários e grandes capitalistas. (PRESTES, s/d a).

Para o texto aprovado no Congresso, os opositores a essas teses deveriam ser desqualificados para o debate, pois:

> As objeções que sejam porventura levantadas a respeito da possibilidade de ser efetivamente ganha a burguesia nacional para o campo das forças revolucionárias traduzem desconhecimento da realidade brasileira e da correlação de classes no país nas atuais condições. A burguesia nacional, política e economicamente débil, não é capaz de levantar a bandeira da democracia e da independência nacional. (PRESTES, s/d a).

Em outras palavras, o PCB decidiu defender os interesses da burguesia nacional mesmo contra a sua vontade e mesmo sem ela perceber.

A opção pela via institucional, com o consequente abandono da luta pela tomada do poder, levou à destruição das escolas de formação de quadros em cada setor do partido ou da sociedade em que o partido tinha influência. Não havia mais preparação para luta clandestina, estimulou-se apenas a luta legal nas entidades e sindicatos. Isso provocou mais dissidências à esquerda. Os trotskistas, que já tinham sido expulsos por divergências em questões conceituais do marxismo, receberam a companhia de notórios esquerdistas não-trotskistas, mas não conseguiram formar um novo partido de esquerda.

Para ser aceito nesse jogo democrático, o Partido Comunista do Brasil mudou a sua denominação para Partido Comunista Brasileiro por causa de uma interpretação da justiça eleitoral que entendia que um partido com a denominação "do Brasil" seria apenas uma sucursal de outra entidade internacional.

As agressões mais furiosas da direita contra o processo democrático não foram respondidas adequadamente pelos comunistas, mas pelos adeptos do governador Brizola, agora deputado federal, e por Francisco Julião, líder das Ligas Camponesas. Ambos denunciaram que um golpe estava sendo tramado contra a democracia e propuseram a criação de grupos armados de autodefesa. No caso de Brizola, eram os famosos Grupos de 11 que se organizariam pelo Brasil inteiro e fariam a resistência contra a agressão ao regime democrático. A esquerda ortodoxa ainda acreditava que a legalidade seria preservada e que não haveria golpe de Estado.

A principal liderança do PCB, Luiz Carlos Prestes, chegou a pregar abertamente que o processo revolucionário estava nas mãos do Presidente da República e que só ele saberia conduzir as massas à tomada do poder. Nos bastidores, Prestes afirmava que o Partido Comunista Brasileiro tinha um esquema militar próprio e que "se algum militar golpista levantar a cabeça, esta será cortada pelos militares nacionalistas e legalistas, fiéis ao presidente João Goulart". As demais forças de esquerda organizadas discordavam do PCB, mas também não se prepararam para se contrapor ao golpe nem para a resistência à ditadura que viria com ele. Não estar preparado para resistir ao golpe e à ditadura futura queria dizer não ter uma estrutura organizada secreta ou clandestina capaz de resistir à repressão política também organizada.

A direção do PCB – a força maior da esquerda – que fez crer que não haveria golpe, que não preparou sua militância nem o povo a estar sob sua influência para o golpe e a resistência à ditadura, cometeu também o maior de todos os erros estratégicos: por não ser mais pautada pela busca da tomada do poder e apostar na liderança do Presidente da República, afastou a maioria da população do centro da disputa política e incentivou o movimento popular a travar a luta dentro das burocracias das entidades, e não na base. Isso criou um distanciamento enorme das lideranças com o próprio povo trabalhador e com as camadas médias da população, que a tudo assistiam como espectadores e não como personagens da história. Esse erro estratégico permitiu à direita disputar e ganhar ideológica e politicamente amplos setores da população e neutralizar as classes médias, importante força política.

A direita, por seu lado, preparou-se para o golpe com a maior eficiência possível, pois era sua ideia não fazer uma quartelada improvisada. A burguesia nacional, ao contrário do que pensava Prestes, assustada com a organização e mobilização do movimento operário e popular, aderiu de corpo e alma à conspiração. As camadas médias do empresariado e as classes médias, cooptadas pela direita, foram então mobilizadas para a derrubada do presidente João Goulart, que mesmo com toda essa movimentação da direita, ainda gozava de uma popularidade de cerca de 60% em média.

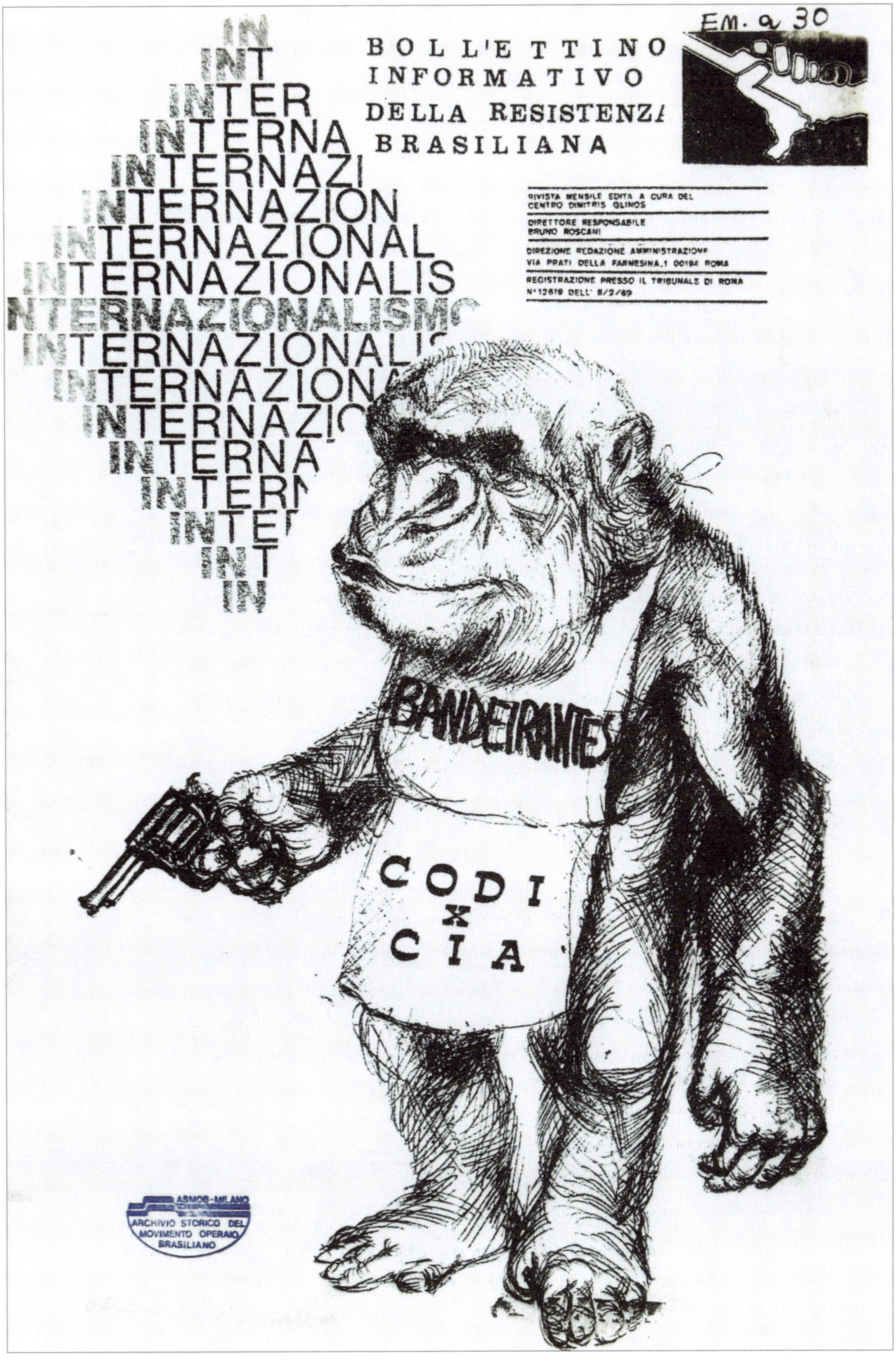
EM. a 30
BOLL'ETTINO
INFORMATIVO
DELLA RESISTENZA
BRASILIANA
RIVISTA MENSILE EDITA A CURA DEL
CENTRO DIMITRIS GLINOS
DIRETTORE RESPONSABILE
BRUNO ROSCANI
DIREZIONE REDAZIONE AMMINISTRAZIONE
VIA PRATI DELLA FARNESINA,1 00194 ROMA
REGISTRAZIONE PRESSO IL TRIBUNALE DI ROMA
N°12619 DELL' 8/2/69
INTERNAZIONALISMO
BANDEIRANTES
CODI
x
CIA
ASMOB-MILANO
ARCHIVIO STORICO DEL MOVIMENTO OPERAIO BRASILIANO

O planejamento do golpe com orientação internacional e a participação direta do governo dos EUA são sobejamente confirmados por depoimentos do então embaixador no Brasil, Lincoln Gordon, e de outros funcionários da Embaixada Americana. O plano era ambicioso e era a demonstração prática da inclusão do Brasil como peça adicional na Guerra Fria, que ganhou dimensões mundiais a partir da crise dos foguetes soviéticos instalados em Cuba. A partir desse fato, a América Latina se converteu num foco crescente de tensão da Guerra Fria, e o Brasil foi transformado em ponta de lança da luta contra o chamado comunismo internacional.

Por ser uma articulação inserida no campo da Guerra Fria, o planejamento, a execução e o controle do golpe em preparação foi uma ação estritamente militar; mas na fase da consolidação do novo regime e do exercício do poder durante a ditadura a ser implantada, a cooperação civil foi necessária. A luta anticomunista, embora exigisse o controle militar e sua disciplina rígida, também contou com a articulação, propaganda e participação de setores das classes mais abastadas do país.

A criação do IPES e do IBAD foi uma demonstraçao prática dessa articulação. O IBAD (Instituto Brasileiro de Ação Democrática), fundado em 1959, foi o centro de mobilização e agitação da classe média contra o governo, acusado de ser manipulado pelos comunistas. Os seus organizadores alegaram estar lutando contra a suposta articulação de um golpe de Estado, arquitetado pelo presidente da República e seus aliados, para a implantação de uma "República Anarco Sindicalista". Em breve análise dessa palavra de ordem, pode-se concluir que lutavam contra o crescente poder de *organização* do proletariado *organizado* e consciente.

Por sua vez, o IPES foi o centro do golpe propriamente dito. O Instituto de Pesquisas e Estudos Sociais (IPES), fundado em novembro de 1961 por Augusto Trajano de Azevedo Antunes (ligado à Caemi) e Antonio Gallotti (ligado à Light), serviu como um dos principais catalisadores do pensamento anti-Goulart. Dirigido pelo general Golbery do Couto e Silva, sua função primordial era integrar os diversos movimentos sociais de direita para criar as bases de uma oposição que pudesse deter "o avanço do comunismo soviético no ocidente".

Com o apoio de diversas empresas foram produzidos documentários anticomunistas para apresentar à classe média e aos estudantes indecisos ou confusos e fazer a pregação contra o governo. Outro ramo desse "antro golpista" criou um serviço secreto que identificava os adeptos do governo e da democracia em todos os setores da vida nacional, os mesmos que seriam presos assim que deflagrado o processo de derrubada do presidente.

Com a aproximação do momento de deflagração do golpe que instalaria a ditadura em 1964, aqueles que tinham criado o instituto passaram a um segundo plano, dando lugar aos nomes de Golbery do Couto e Silva, Arthur da Costa e Silva, Emílio Garrastazu Médici, os irmãos Ernesto e Orlando Geisel, João Figueiredo e o general Medeiros. Vários oficiais de média patente, revelados depois nos porões das torturas durante a ditadura, fizeram parte do segundo escalão do IPES. O nome mais conhecido é de Carlos Alberto Brilhante Ustra, na época apenas um tenente. São todos os nomes que exercerão o núcleo central e decisório da ditadura ao longo de toda a sua existência e de sua execução.

A orientação geral do golpe era de que por ser um golpe essencialmente anticomunista e estar inserido no contexto da Guerra Fria, deveria ser controlado, exercido e decidido pelas Forças Armadas, engajadas na luta contra o perigo comunista internacional, pregado pela Escola de Guerra dos EUA e sob sua orientação. Isso explica o afastamento do núcleo decisório de golpistas civis de primeira hora, como Carlos Lacerda, Magalhães Pinto e outros menores, como Tancredo Neves, Ulisses Guimarães, Juscelino Kubistchek, Ademar de Barros, entre outros; e explica também o motivo pelo qual não se deixou que Pedro Aleixo, vice-presidente indicado na farsa de rodízio presidencial, assumisse a vaga deixada pela doença e morte de Costa e Silva. O poder só poderia ser exercido por um militar, pois era uma ditadura militar, apesar de não haver a militarização do poder e do Estado.

O deputado petebista Rubens Paiva denunciou em 1962 o funcionamento do complexo IPES/IBAD e conseguiu que uma CPI fosse instalada no âmbito do Congresso para análise de suas atividades. O resultado foi o fechamento do IBAD em 1963 por João Goulart. Sua atitude nunca foi perdoada: após a implantação da ditadura, Rubens Paiva foi preso e assassinado como castigo pela denúncia feita antes de 1964, sendo um dos desaparecidos do regime. Durante esse período, a esquerda brasileira fechou os olhos para a conspiração e viveu o pré-golpe como uma grande festa democrática. A falsa sensação de exercício do poder real estava presente em todos os atos e discursos de suas lideranças.

O golpe veio. E foi devastador.

A deflagração do golpe, apesar de parecer atabalhoada, foi eficiente e rápida. Tudo havia sido previsto e funcionou de modo a não permitir a resistência. O apoio dos EUA foi dado de forma prática, com a aproximação de navios da Frota do Atlântico Sul, com o desembarque de armas nas costas de Santa Catarina com submarinos sem identificação e com o fornecimento de informações do serviço secreto americano aos golpistas.

O Presidente da República preferiu o exílio a provocar um banho de sangue, pois reconheceu a eficiência do golpe. Lideranças radicalizadas, como Brizola, Almirante Aragão e Francisco Julião, procuraram refúgio em outros países e não iniciaram a tão temida guerra civil. Alguns militares nacionalistas, identificados com o regime que estava sendo deposto, esboçaram resistências individuais e inócuas.

O esquema militar do PCB, que cortaria a cabeça dos golpistas se as pusessem para fora, nunca existiu. A Direção Nacional do partido desapareceu, procurando abrigo em casas de simpatizantes para não ser presa. Ao ser questionado sobre a resistência ao golpe, Prestes respondeu apenas que "o presidente não liderou a resistência", esquecendo suas bravatas e discursos triunfalistas.

As embaixadas se entupiram de militantes de esquerda e membros do governo de João Goulart. O medo de ser preso e torturado, ou morto, era real. Por não ter como abrigar todos os que foram presos em cadeias públicas, navios foram convertidos em cárceres em alto mar.

A repressão foi muito forte e implacável. As poucas manifestações de rua que ocorreram foram duramente reprimidas a tiros e as tropas não deram margem a dúvidas sobre a verdadeira face do novo regime. O mapeamento de militantes da democracia, feito pelo IPES, mostrou-se eficiente e permitiu a localização de centenas de pessoas em questão de horas. A rapidez com que a repressão se instalou no país evitou a organização de manifestações populares ou a formação de grupos de resistência, desarticulando de imediato o pouco de luta que houve contra o novo regime. No PCB e na esquerda em geral, a ordem então passou a ser a proteção dos que ainda estavam soltos e das vidas dos militantes, importantes para a luta que seria travada a seguir.

A bem da verdade, à luz da razão e do desenrolar dos acontecimentos tal como ocorreram, não é um exagero afirmar que foi a direita que deflagrou a luta armada no Brasil. No confronto entre direita e esquerda ou entre opressores e oprimidos, o rompimento da convivência pacífica e democrática foi promovido pela direita, que tomou de assalto um governo legítimo e legalmente eleito em processo eleitoral regular e limpo. A esquerda, com o PCB e suas resoluções de 1954 à frente, defendeu a continuidade democrática até a beira do suicídio.

O rompimento da ordem institucional feito pela direita e as ilusões perdidas pela esquerda, que acreditava que um processo democrático seria a garantia de vida sem clandestinidade, foram a realidade no Brasil de 1964. Nosso país viveu a mesma experiência que o Chile de Salvador Allende viveria anos mais tarde, em 1973. A diferença é que aqui não tínhamos uma experiência anterior de resistência séria na qual o povo podia se basear, e lá uma parte da esquerda (principalmente o MIR – Movimiento de Izquierda Revolucionaria) se preparou para o golpe e estava medianamente organizada para resistir à ditadura. No entanto, em ambos os casos, houve a ilusão de que a burguesia não usaria o rompimento da ordem institucional para garantir seus privilégios.

A reorganização da esquerda

Imediatamente após o golpe, a falta de condições para a realização de reuniões e principalmente a falta de confiança na estrutura do PCB não permitiram a organização de discussões para uma nova fase de luta ou, o que era mais premente naquele momento, para articular a dissidência imediata dentro do partido. A indignação tomou conta da maior parte dos militantes do PCB, surgindo então vozes no seu interior que começaram a clamar pela urgência em promover outro tipo de luta contra o inimigo instalado no poder. As demais organizações de esquerda sofreram do mesmo problema e buscavam desesperadamente alternativas para continuar operando.

Começaram, então, a surgir, mesmo que de forma incipiente, alguns grupos de resistência à ditadura, os primeiros a partir dos militares de esquerda, notadamente dos grupos de sargentos e cabos, que esboçaram formas de lutas com base nas armas. O movimento brizolista começou também a se organizar a partir do Sul e, começando a atuar contra a ditadura, tentava mostrar o caminho das armas como uma opção.

A partir de 1965, dentro do PCB, a militância se dedicou a formar dissidências e a organizar o desligamento da estrutura totalmente corroída por suspeitas de ser permeável à repressão e de não esboçar resistência à ditadura. O debate mais intenso foi sobre a questão hamletiana de "resistir ou não resistir". A essência do partido e de sua estrutura burocrática foi intensamente questionada com esse debate.

O cerco e fuzilamento de Carlos Marighella, ativo membro da Direção Nacional do PCB, em maio de 1964, foi, dentro do Partido, transformado em fato político e ponto importante desse debate. Ao ser libertado, Marighella escreveu um longo texto, logo transformado em um livreto para a militância, com o sugestivo título de *Porque resisti à prisão*. Através de suas palavras, ele mostrou que o caminho é a resistência e nunca a acomodação pacifista da maioria da Direção Nacional do partido. Esta acomodação pacifista é então denunciada por Marighella como uma "concepção política condenável". Ele contrapõe a resistência e a luta contra a ditadura à posição "derrotista" de seus companheiros de partido, conforme acusou no seu livreto.

O mérito de Marighella e de seu texto foi abrir a discussão ao público e mostrar que não havia mais um partido com uma posição política monolítica e que era possível romper com aquela linha política supostamente unitária. Mais que isso, Marighella apontava o caminho do rompimento com o modelo soviético de partido, que era baseado na submissão às determinações centrais e na ausência total de debate. Coisa que ele conheceu bem, pois foi dirigente desse mesmo partido e viu essas práticas de perto.

As dissidências se proliferaram pelo país afora, mas sem muita articulação. A partir de 1965, grupos de militantes abandonaram suas estruturas partidárias e começaram a articulação de novas organizações, baseadas em um novo modelo de democracia interna e em um novo tipo de militância. O centralismo democrático, característica maior do modelo soviético e chinês dos velhos partidos ortodoxos, recebeu críticas duras e deu lugar a estruturas mais horizontais de poder que se pareciam muito com grupos de combate militar.

O debate seguinte foi sobre qual forma de luta adotar na resistência ao novo regime. O inimigo instalado no poder mostrava conhecer tudo sobre insurreições, e tomou medidas preventivas contra o ressurgimento de organizações partidárias tradicionais. Parecia não esperar nada de novo como forma de luta, nem imaginava, numa primeira fase, que surgiriam estruturas fora dos partidos antigos. A esquerda precisava achar seu rumo rapidamente e consequentemente buscar nas novas experiências mundiais o caminho a seguir.

A escola militar brasileira, formada pela Escola de Guerra americana e dominante após o golpe, baseava-se nos modelos das guerras da Argélia, do Vietnã e de Cuba para fazer a repressão aos movimentos populares. Por diferenças fundamentais (ausência de tropa invasora, participação ativa da classe dominante no golpe e na repressão), não acreditavam na repetição dos atentados da resistência argelina. Por outro lado, para que a palavra de ordem lançada por Che Guevara ("Criemos um, dois, muitos Vietnãs") fosse realidade no Brasil, seria preciso primeiro instalar a guerrilha rural no país, e a última experiência havia sido a da guerrilha de Trombas-Formoso, no estado de Goiás, na década de 1950. Não havia notícias de preparação de um movimento armado de proporções similares na área rural em qualquer parte do país. Sobrava a experiência cubana ainda muito recente e não estudada.

Os movimentos de luta contra a opressão e a resistência aos regimes de força, implantados na década de 60/70 no Brasil e na América Latina, também fizeram essa mesma análise e também começaram a analisar mais detidamente a experiência da Revolução Cubana na equação política.

A oposição esquerdista de variados matizes, todos eles repelindo as formas tradicionais de oposição tal como haviam sido disseminadas pelo PCB, olhava para Cuba com muita simpatia. Mesmo antes do golpe militar, militantes do MRT (Movimento Revolucionário Tiradentes), espécie de braço armado das Ligas Camponesas, de Francisco Julião, foram conhecer em 1962 as técnicas de guerrilha rural que haviam sido utilizadas pelos guerrilheiros de Fidel, Raul e Che.

Ao contrário de alguns países latino-americanos que também buscaram suas fontes de inspiração nos novos métodos de luta cubanos, no Brasil a vertente mais forte da luta contra a ditadura, num primeiro momento, foi de indignação nacionalista contra a ditadura antipovo e antinacional. Não foi por acaso que os primeiros movimentos armados no país foram formados por militantes brizolistas e por militares de esquerda cassados pela ditadura. A forma de luta, no entanto, não foi similar à cubana em nenhum aspecto. A essência da luta foi urbana, centrada nas grandes cidades e não foi baseada no terrorismo, como na Argélia. Embora não fosse também de imediato uma luta rural como foi a de Cuba, todos os que começaram a resistência nas cidades falavam na guerra de guerrilhas rural como objetivo final e todos se diziam em preparação para o lançamento dessa guerrilha rural.

No entanto, é um equívoco pensar que a guerrilha urbana foi invenção brasileira e que Carlos Marighella foi seu autor. No começo de 1962, os revolucionários uruguaios comandados por Raul Sendic, com origem nos camponeses canavieiros sem terra do norte do Uruguai, começaram a fazer ações de guerrilha urbana. Esse movimento, que algum tempo depois será chamado de Tupamaros, atuou em pequenas e médias cidades do interior do país e cresceu, a partir de ataques feitos nas cidades, para converter-se em uma organização formada por colunas de militantes operários e camponeses.

É correto afirmar que na década de 1960 surgiu um novo tipo de luta contra as opressões e os regimes arbitrários e ditatoriais. Essa nova forma de luta não foi do tipo insurrecional como na Argélia, nem guerra de guerrilhas que faz o cerco da cidade pelo campo, como foi na China. Foi uma luta inédita e desconhecida até então e por isso atormentava e tomou as forças repressoras de surpresa no momento inicial. Sua expressão teórica foi *O Mini Manual do Guerrilheiro Urbano*, de autoria de Carlos Marighella, que passou a ser lido pelo mundo afora como uma nova maneira de preparação e luta contra a ditadura, tomando o lugar das insurreições e sendo a antessala da guerrilha rural, estágio superior da luta urbana.

Enquanto essas novas teorias ocupavam as discussões e as preparações dos militantes da "nova esquerda", o Brasil do pós-golpe se convertia gradualmente num estado de terror implacável. Sindicatos foram ocupados e juntas interventoras tomaram o lugar de diretorias eleitas. Grêmios estudantis também foram invadidos, saqueados e seu desaparecimento estabelecido em decretos-leis. Entidades civis se preparavam para enfrentar uma dura e longa repressão.

Logo que decretado o golpe e lançado o país às trevas, nacionalistas de todos os matizes, a começar pelos brizolistas, organizaram-se como puderam para fazer frente à ditadura. As organizações revolucionárias formadas a partir das dissidências do PCB começaram gradualmente a sair da clandestinidade absoluta e, a partir de 1965, organizaram os comitês de luta contra a ditadura. A Ação Popular, de origem católica, e a Política Operária, de origem socialista, apesar de atuarem na absoluta clandestinidade, formaram importantes frentes de luta e prepararam excelentes quadros para a luta que se acirraria mais tarde. O PCdoB, seguindo a linha chinesa, também começou a pensar em formas alternativas de luta e se reorganizou preparando o que seria sua ação mais ousada a partir de 1966: o estabelecimento de grupos guerrilheiros rurais na região do Araguaia.

Enquanto isso, no PCB, a luta interna tomava a forma de saídas de militantes, de maneira coletiva e desorganizada. Em todos os estados aconteciam dissidências que tratariam de atuar fora da estrutura combatida do PCB, na busca de uma nova forma de luta e na formação de uma nova organização revolucionária. Ao fim dos "rachas" e das dissidências, calcula-se que o PCB restou com apenas um quinto de seu tamanho original, em número de quadros, militantes e simpatizantes e em esquemas clandestinos de atuação. Esse processo de divisão dentro do PCB demorou aproximadamente dois anos. Só a partir de 1966 é que se identificaram as diversas DI's (Dissidências) em todo o Brasil e estas passaram então a discutir a formação de alianças ou organizações independentes. Enquanto isso, os demais movimentos já estavam minimamente estruturados e atuando na medida do possível.

Um movimento baseado nos militares nacionalistas e nos grupos brizolistas lançou a primeira manifestação de luta armada contra a ditadura em março de 1965. Uma coluna guerrilheira, comandada pelo coronel Jefferson Cardin de Alencar Osório, e repleta de sargentos e membros da Brigada Militar do Rio Grande do Sul, autodenominou-se FLN (Frente de Libertação Nacional) e tomou cinco cidades da Serra Gaúcha com apoio popular e aplausos por onde passou. Conhecida pelo nome de uma dessas cidades tomadas, a Guerrilha de Três Passos saiu da Serra Gaúcha rumo ao norte sem dar tiros, passou pelo oeste catarinense sem ser combatida e foi finalmente cercada pelo Exército no Paraná, onde metade de seus guerrilheiros foi capturada e a outra metade voltou para Porto Alegre para formar uma das primeiras organizações armadas de combate à ditadura, o MR-26 (Movimento Revolucionário 26 de março), que comemorava a data da tomada das cidades na Serra Gaúcha. A data de deflagração da guerrilha pelo MR-26 seria no dia 1º de abril de 1965, para lembrar o primeiro aniversário do golpe, mas a ação de agentes infiltrados obrigou a antecipação do início das atividades.

A volta dos sobreviventes da experiência da Guerrilha de Três Passos a Porto Alegre fez surgir a guerrilha urbana no Sul do país. A forma inédita e desconhecida de luta nas cidades aconteceu naturalmente como uma forma de reação à derrota da primeira tentativa de guerrilha pós-golpe. Do mesmo modo, aconteceram ações de guerrilha urbana no Norte do país e em Goiás.

As ações armadas em São Paulo e no Rio de Janeiro (e mais tarde em Minas Gerais, Recife e em quase todos os grandes estados do país) começaram a partir de 1966 de forma clandestina, sem identificação com a causa política, e foram vistas apenas como uma forma de surpreender o inimigo como preparação da luta armada rural. Foram basicamente ações de expropriação de recursos em bancos e outras empresas, captura de armas e munições e dinamite de pedreiras. A intenção era que todo esse material servisse para a instalação de guerrilha rural. No entanto, conjuntamente com a eclosão do movimento armado urbano, nesse mesmo ano aconteciam manifestações de rua, em protesto contra o regime militar, levadas a efeito pelos movimentos sociais mais organizados, como os de estudantes e artistas, assim como as primeiras greves operárias contra o arrocho salarial. Estas foram violentamente reprimidas pela polícia da ditadura. Um bom número de guerrilheiros urbanos, que tinham suas origens nesses mesmos meios sociais, acabaram identificados pela repressão cada vez mais violenta e tiveram que cair na clandestinidade para não serem presos. Não tiveram outra alternativa senão a de voltar suas ações armadas a um enfrentamento mais direto aos repressores.

A clandestinidade desses quadros obrigava a utilização de recursos tomados do inimigo, inicialmente pensados como recursos apenas destinados à guerrilha rural, como uma maneira de sobrevivência e manutenção de militantes urbanos que foram gradativamente desaparecendo, devido a mortes, prisões ou mesmo saídas do país, seja para treinamentos especializados, seja para dar continuidade à luta no exílio.

A luta armada urbana se concentrou no Brasil de 1965 até 1974, quando já não teve mais expressão ou forças para fazer ações de envergadura. A atuação mais consistente das organizações revolucionárias na guerrilha urbana aconteceu entre os anos de 1968 até 1972, com ações ousadas e que impuseram derrotas táticas e publicitárias à ditadura de formas consideráveis.

Dos vários sequestros de embaixadores, que libertaram 133 presos políticos, até ataques a quartéis e instalações militares, as ações armadas urbanas constituíram-se em uma forma de luta que denunciou a ditadura e cumpriu um importante papel como oposição.

Em nenhum momento as organizações revolucionárias pretenderam medir forças com o inimigo ou tomar territórios com suas ações armadas urbanas. Desde seu começo, as ações foram de denúncia e agitação contra o regime golpista, e de preparação para o combate definitivo que viria a partir de colunas guerrilheiras que se espalhariam pelo campo e interior do Brasil, onde o inimigo, menos organizado, seria surpreendido e atacado nos recônditos mais pobres do país para então cercar as grandes cidades.

A característica maior da guerrilha urbana foi sempre de uma guerra de desgaste político e de desestabilização do regime imposto pela força das armas. Com certeza não chegou ao ponto de permitir ou facilitar a eclosão de uma insurreição, mas carece de uma discussão aprofundada para entender esse fenômeno que aconteceu em praticamente todos os países do mundo.

As primeiras organizações revolucionárias de combate à ditadura militar foram o MNR (Movimento Nacionalista Revolucionário), formado basicamente por militares de esquerda, cassados em 1964; o MR-26 (Movimento Revolucionário 26 de março), formado por militares e militantes brizolistas; o MAR (Movimento Armado Revolucionário), formado por marinheiros oriundos da Associação dos Marinheiros e Fuzileiros Navais, e a FLN (Frente de Libertação Nacional) brizolista de Caparaó e Três Passos. Depois vieram o Agrupamento Comunista que se converteu em ALN (Ação Libertadora Nacional), liderada por Carlos Marighella e Joaquim Câmara Ferreira; a VPR (Vanguarda Popular Revolucionária), comandada pelo Capitão Carlos Lamarca; a VAR-Palmares (Vanguarda Armada Revolucionária); a ALA Vermelha do PCdoB, uma dissidência do PCdoB e que se dedicou à luta armada urbana; o PCBR (Partido Comunista Brasileiro Revolucionário), liderado por Apolônio de Carvalho e Mário Alves; o MRT (Movimento Revolucionário Tiradentes) e o MR-8 (Movimento Revolucionário 8 de outubro).

No ano de 1970, foi formada uma Frente Armada Revolucionária composta pela ALN, MRT, VPR, PCBR e MR-8 que pretendia organizar a luta nas cidades e, finalmente, deflagrar a guerrilha rural. Pelos planos dessas organizações, os militantes identificados pelo inimigo seriam deslocados para o campo e formariam colunas guerrilheiras sob o comando do capitão Carlos Lamarca. Os demais militantes ainda não identificados, ou com poucas ações identificadas pelo inimigo, formariam grupos de combate urbanos com a tarefa de denunciar a ditadura, preparar as condições para uma insurreição e atuar como apoio da guerrilha rural.

Durante os três últimos anos de atuação da luta armada urbana, muitos militantes que se integraram à Frente, principalmente os que haviam regressado de treinamentos em Cuba, foram assassinados sob torturas ou em confronto com as forças de repressão. Os guerrilheiros e guerrilheiras do PCdoB no Araguaia tiveram quase todos o mesmo fim. A ditadura, anticomunista por princípio, pôde então voltar sua sanha contra os membros do PCB. Vários membros do Comitê Central do PCB, que sempre se colocaram contra a luta armada no campo e nas cidades, tiveram, por ironia do destino, a mesma sorte que os militantes da guerrilha.

As consequências dessa investida repressora e assassina tanto aos membros das organizações armadas como aos adeptos da linha de resistência pacífica demonstraram-se, com o passar dos anos, fatais ao próprio regime militar que teve que ceder seu lugar a governos mais democráticos a partir de 1985.

Concluiríamos então que a luta armada e suas consequências para o país, para seus militantes e para seus combatentes foi a forma de luta que finalmente mais contribuiu para o desmantelamento final do regime golpista, ilegítimo e opressor? Essa é certamente uma conclusão que merece ser discutida.

Ivan Akselrud de Seixas[1]
Maurice Politi[2]

1 Militante do MRT (Movimento Revolucionário Tiradentes), ex-preso político, jornalista.

2 Administrador, ex-preso político, militante da ALN (Ação Libertadora Nacional).

ANISTIA
PARA UM BRASIL LIVRE E DEMOCRÁTICO

3. O teatro como a maior vítima da censura[1]

Tentaremos falar sobre um aspecto genérico e outro específico de como a censura nos atingiu em caráter individual. A censura não é um instrumento da ditadura dos militares. Ela vem em todos os regimes ditatoriais, em todos os regimes arbitrários e opressivos. Existe porque procura conter, delimitar a criação cultural na literatura, nas artes plásticas, no cinema, e principalmente no teatro. Todo regime nazista, fascista, o da Alemanha na época do *Kaiser* e todas as ditaduras brasileiras, começando pela de Getúlio Vargas, que foi tão cruenta quanto a dos militares, procuram evitar que, através da arte, a rebelião contra aquele sistema se instaure. E o teatro é a vítima escolhida.

Podemos dizer que, infelizmente, mais do que todas as artes, o teatro sempre teve a censura dirigida a si da forma mais violenta. No Brasil, tivemos uma diretora de teatro, Eleni Guariba, assassinada pela ditadura. Tivemos dezenas de companheiros presos, torturados. Eu e Celso Frateschi tivemos o desprazer de conviver juntos por cerca de um mês no DOI-CODI, presos na mesma época, sequestrados na mesma época, por exercermos a nossa profissão de dramaturgos, de atores, de gente que quer dizer alguma coisa. Então, percebemos que a censura vai direto "em cima" do teatro, pois ele não é algo distante, embora seja importante como o cinema, como um quadro ou como um livro. Ele fala olho no olho, cara a cara; transmite, incita para a busca de caminhos e para avanços, principalmente. Acho que todo o teatro é subversivo sim, no bom sentido.

A ditadura dos militares teve uma censura institucionalizada. Não era um negócio feito a olho, poucas pessoas das novas gerações sabem disso. Existia um Conselho Federal de Censura que funcionava em Brasília, no qual havia censores nomeados – eram funcionários públicos. Todo autor ou todo grupo de teatro interessado em montar uma peça, fosse ela de autor morto ou vivo, tinha de enviar o texto para Brasília. Entre os censores estavam inclusive ex-jogadores de futebol, ex-torturadores da época de Getúlio Vargas etc. Esses eram os censores, com um nível cultural péssimo.

1 Transcrição da Palestra de Idibal Almeida Pivetta – que usa o nome artístico de Cesar Vieira.

Os censores poderiam tomar três decisões em relação ao texto que estavam analisando: a primeira era liberar o texto total e irrestritamente; a segunda era liberar esse texto com cortes, grandes ou pequenos; e a terceira era proibi-lo totalmente. Não conheço casos de liberação pela via administrativa de peças.

No final da ditadura houve várias solicitações de mandados de segurança. Inclusive o meu escritório de advocacia entrou com um mandado em favor das peças do Plínio Marcos e de peças minhas. Tivemos algumas vitórias, conseguindo liberações de algumas peças. Então, esse era o primeiro escalão da censura. O segundo escalão, que era tão doloroso quanto o primeiro, era o ensaio geral para os censores. Depois que os diretores e os atores davam a sua visão da peça, era preciso exibir isso para a censura antes de levar a peça para o público. Exibia-se para um censor, que tinha direito, de novo, de liberar, liberar com cortes, ou proibir totalmente. Era algo terrível, dois funis pelos quais tínhamos de passar.

Logicamente usavam-se alguns macetes. Quando uma peça era acompanhada, havia vinte e tantas cenas. Dez cenas, as mais violentas, já sabíamos que eram para ser cortadas. A censura se baseava na parte política e social, ou na parte moral e dos bons costumes, taxando as peças de pornográficas, por exemplo. Mandávamos então datilografar as cenas bem levemente – naquela época não havia computador –, e as cenas que considerávamos mais violentas eram "batidas" em negrito. O censor forçosamente e esteticamente analisaria as que estavam em negrito, invertendo a situação. Então, alguma coisa escapava: era um jogo. No espetáculo para a censura, a gente tentava dar inflexões mais mornas: "Filho da Puta!!!", por exemplo, falava-se "filho da ...", com o intuito de amenizar a expressão. Havia censores que eram considerados "imbecis" e outros "bonzinhos". Ficávamos como Cristo, entre o bom e o mau ladrão.

Havia um censor que era muito bonzinho, o Coelho Neto. A escolha era por sorteio e o pessoal gostava quando a peça caía com ele. Mandava-se buscar os censores de carro, havia um jogo, especialmente das companhias profissionais, para tentar dobrá-los. Mas era algo terrível, institucional, que permaneceu até o fim da ditadura e perseverou por muitos anos depois dela.

Existe no Brasil a Agência Brasileira de Inteligência (ABIN), que funciona no Palácio do Planalto (não é o Palácio do Planalto do Lula); já funcionava no primeiro mandato de Fernando Henrique Cardoso, desde a época de Itamar Franco. A ela cabe o dever de fiscalizar e vigiar todo cidadão, neste país, que se acredite ter algum comprometimento com a pornografia ou com a subversão. Assim, eles acompanham esses cidadãos. Qualquer um pode mandar uma petição à ABIN e pedir a folha corrida do cidadão que desejar, e eles a enviam. Não é específico do governo Lula, mas eu gostaria que ele acabasse com a ABIN.

TEATRO UNIÃO E OLHO VIVO

15 ANOS DE RESISTÊNCIA

EM FEVEREIRO DE 1968, NASCIA O TEATRO "UNIÃO E OLHO VIVO" COM OBJETIVO DE, ATRAVÉS DA TROCA DE EXPERIÊNCIAS COM AS COMUNIDADES DE BASE DA PERIFERIA DA GRANDE SÃO PAULO, ATINGIR UM PÚBLICO NOVO DE TEATRO E COLABORAR COM O DESENVOLVIMENTO ARTÍSTICO - ORGANIZATIVO DAS ENTIDADES POPULARES NOS BAIRROS.

FORAM QUINZE ANOS DUROS E DIFÍCEIS, NOS QUAIS NÃO FALTARAM PRISÕES DE MEMBROS DO GRUPO E PERMANENTES BATALHAS COM A CENSURA.

MAIS DE 1.500 ESPETÁCULOS PARA UM PÚBLICO DE CERCA DE 500.000 PESSOAS, FORAM APRESENTADOS PELO TEATRO "UNIÃO E OLHO VIVO", EM PRAÇAS PÚBLICAS, RUAS, CASAS PAROQUIAIS, IGREJAS, SINDICATOS, ESCOLAS, CLUBES DE VÁRZEA, COMUNIDADES DE BASE, SOCIEDADES AMIGOS DE BAIRRO, PRESÍDIOS, QUADRAS ESPORTIVAS, TEATROS, ETC...

AS REPRESENTAÇÕES, A PREÇOS SIMBÓLICOS, FORAM SEMPRE SEGUIDAS DE DEBATES ONDE OS TEMAS DISCUTIDOS NÃO FICAVAM RESTRITOS A ENCENAÇÃO MAS, SEMPRE, CHEGAVAM ÀS NECESSIDADES DAS COMUNIDADES LOCAIS E TAMBÉM ÀS INÚMERAS QUESTÕES DE INTERESSE COLETIVO.

TODA ESSA EXPERIÊNCIA ESTÁ NARRADA NO LIVRO "EM BUSCA DE UM TEATRO POPULAR", DE CÉSAR VIEIRA, PATROCINADO PELA UNESCO E PELA CONFENATA.

AO MESMO TEMPO EM QUE CONTINUARÁ COM SUAS APRESENTAÇÕES NOS BAIRROS, O T.U.O.V., COM O INÍCIO DA CONSTRUÇÃO DO CENTRO CULTURAL UNIÃO E OLHO VIVO, NO BOM RETIRO, ENCETA UMA NOVA ETAPA DE SUA VIDA.

EM SUA SEDE, SERÃO DESENVOLVIDAS UMA SÉRIE DE ATIVIDADES: LABORATÓRIOS, CURSOS, DEBATES, ENSAIOS, MOSTRAS DE TEATRO INDEPENDENTE, POPULAR E EXPERIMENTAL, EXPOSIÇÕES DE DESENHO E ESCULTURA DE ARTISTAS POPULARES DOS BAIRROS, ETC...

ESSA PROGRAMAÇÃO FAZ PARTE DO NOVO PROJETO CULTURAL DO OLHO VIVO, ELABORADO EM CONJUNTO COM MEMBROS DE COMUNIDADES DE BASE, SEMPRE TENDO EM VISTA A DEFESA DE NOSSAS RAÍZES ARTÍSTICO - POPULARES E A BUSCA, TANTO NA FORMA COMO NO CONTEÚDO, DE UMA ARTE AUTENTICAMENTE LATINO-AMERICANA, INDEPENDENTE E EMANCIPADORA.

AO ATINGIR UM DECÊNIO E MEIO DE RESISTÊNCIA O OLHO VIVO QUER DEIXAR SUA PALAVRA DO MAIS PROFUNDO AGRADECIMENTO A TODOS OS COMPANHEIROS, AMIGOS E IRMÃOS QUE, EM TODOS OS SETORES, DERAM SUA INESTIMÁVEL AJUDA E FIZERAM COM QUE NOSSO EMPREENDIMENTO PUDESSE SOBREVIVER E CONTINUAR A CAMINHAR.

EM SÃO PAULO, DEZEMBRO DE 1982

No meu caso, que não sou um sujeito tão manjado assim, começaram a me fiscalizar em 1951, quando era Presidente do Centro Estudantil do Colégio Bandeirantes. As informações na minha ficha, que tem 51 páginas, terminam com o sequestro do Abílio Diniz em 1989, no qual eu tive contato com os sequestradores. Quer dizer, começou 20 anos antes da "revolução de 64" e perdura praticamente até hoje.

Quando transmite as informações, a ABIN tem 50% de dados certos, 25% de dados meio certos e 25% de dados mentirosos. No meu caso, eles colocaram algumas viagens que não fiz para os Estados Unidos. Como advogado de presos políticos, íamos para Cuba, Peru etc. para conversar com os clientes.

Isso é só para mostrar como ainda existe censura em cima do cidadão. A ficha do Celso Frateschi deve ter umas 300 páginas; do Chico de Assis, mil. Isso existe e, infelizmente, esse órgão não está desmontado. Até dois anos atrás era um general, agora é um bacharel em Direito que comanda a Agência. Uma pessoa pode pedir sua ficha por qualquer motivo, eu pedi para solicitar a minha anistia como ex-advogado de presos políticos. O motivo pode ser cultural, e eles mandam, é muito bem organizado.

Com relação às peças, tenho que falar da minha experiência. Tive algumas totalmente proibidas pela censura e que ficaram assim praticamente até hoje. Uma das peças chamava-se "Os Sinceros", que tratava da União Nacional dos Estudantes (UNE) e se passava na sede da entidade, numa época em que ela era o quarto poder neste país. Tinha uma força imensa, dialogava com os poderes, por exemplo, com o Presidente Juscelino Kubitschek, com o Negrão de Lima, que era o Prefeito do Rio de Janeiro. A UNE era chamada para intermediar e mediar crises.

Um outro texto meu que não chegou a ser montado chamava-se "O Rei Morreu, viva o rei", ou "O transplante". Tratava-se, em plena época da ditadura, de um país imaginário na América do Sul, com seu imperador, em que um general estava esperando sua nomeação para primeiro-ministro. Aconteceu então uma manifestação estudantil na capital daquele país. O general vai reprimi-la. Um dos líderes acadêmicos era negro e, na manifestação, leva um tiro e morre. O general leva uma pedrada no sexo e é transportado imediatamente para o hospital. Lá, o médico-chefe, com a ajuda de especialistas, fala que para salvar a sexualidade do general teria que fazer um transplante. Imediatamente o médico, que era um sujeito muito esperto, imagina que há um corpo ali do lado que poderia servir para o transplante. Ele consulta a mulher do general e ela até fica interessada, pois o general tinha os seus 80 anos e o rapaz negro tinha 19, 20 anos. Faz-se o transplante; o general readquire a sua potência e é nomeado primeiro-ministro.

Assim, à parte a evolução sexual, o general começa também a ter uma evolução ideológica, política, social: passa a guinar para a esquerda e a tomar medidas libertárias no país. Então, diante disso, o Exército, as classes dominantes, o próprio imperador, chamam o general e dizem: "Você tem que sair, não dá para continuar assim." O espetáculo termina com o general se castrando. Ele exibe, assim como um Davi de Michelangelo, o próprio "saco" para o público. Logicamente esse texto foi proibido. Muito tempo depois da ditadura ainda tive problemas com esse espetáculo.

Outra peça proibida com cortes foi o "Evangelho Segundo Zebedeu", que teve a participação do Celso Frateschi. Ela conta a história do Arraial de Canudos e de Antônio Conselheiro. Foi liberada com cortes depois de muita luta. O teatro era do Centro Acadêmico Onze de Agosto, que discutiu os cortes e achou que a "mensagem" ficava mantida. Então montou a peça assim mesmo. Um outro espetáculo chamava-se "Um Uísque para o rei Saul", que foi montado pela Glauce Rocha – na época a maior atriz brasileira – e pela Lilian Lemmertz. E a peça foi liberada com cortes. O Stanislaw Ponte Preta, num livro que se chama "Festival de Besteira que Assola o País", conta o que aconteceu. Na peça há uma passagem em que, para o país progredir, tinha-se a ideia de chamar os americanos para dormirem com todas as nossas mulheres e castrar os brasileiros, o que seria uma solução bem prática. Então, o cara fazia uma castração, queimava o testículo e ganhava um diploma: "Dei meu testículo para o bem do Brasil." Stanislaw Ponte Preta conta que o censor teria anotado: "cortem-se os testículos."

Acho que isso dá uma visão meio folclórica do que existia. O teatro foi uma das artes mais censuradas. Grupos se esfacelaram, como o Arena. Outros foram perseguidos, como o Oficina. Mas hoje existe uma coisa que, se não é pior, é mais ou menos igual, que é a censura econômica, a censura social, a censura política. Principalmente determinadas leis, como a Lei Federal de "Incentivo à Cultura". Em linhas gerais, você apresenta um projeto para o Ministério da Cultura. Se ele não gosta da peça, joga fora; se acha boa, entrega um "diploma" com o qual você pode pedir R$100 mil, R$200 mil, R$500 mil ou mais a grupos econômicos. O pedido é feito para a Esso, para a Shell, para a Coca-Cola – logicamente essas empresas não vão financiar quem fala contra o sistema ou contra o governo. Vão financiar quem fala a favor do capital. Esse sistema existe, é a Lei Rouanet. O teatro tem pressionado o Ministro da Cultura. Esperamos a revogação dessa lei o mais breve possível.

No Município de São Paulo houve um movimento, por volta de 2002, chamado "Arte Contra a Barbárie", do qual a classe teatral participou ativamente. O Principal fruto desse movimento é a atual lei de fomento ao teatro na cidade de

São Paulo. Embora não sendo perfeita, ela é um grande progresso no sentido de evitar que a arte cênica seja tratada como mera mercadoria. Com base nos seus achados, a cultura brasileira pode encontrar caminhos a serem capitulados em novos diplomas legais tanto no plano Municipal quanto Estadual e Federal. Assim sendo, poderemos evitar a censura violenta do regime militar e a atual censura econômica.

Idibal Pivetta (Cesar Vieira)[2]

2 Diretor do Teatro Popular União e Olho Vivo

ANISTIA
PARA TODOS
Há crianças brasileiras, lá fora, que falam Português com sotaque alemão, francês, mexicano. É o Português que aprenderam com seus pais exilados. Vamos trazer essas crianças pra casa. Vamos conquistar Anistia para todos: os nossos 10 mil exilados, os 5 mil cassados, aposentados, reformados ou demitidos compulsoriamente. Os estudantes impedidos de estudar pelo Decreto 477. As dezenas de brasileiros desaparecidos. E principalmente os 138 banidos e 200 presos políticos. Há brasileiros presos ou banidos por terem lutado armados contra um Estado de Exceção.
Há 10 anos, quando eles optaram pela política armada, o Congresso estava fechado, os sindicatos sob intervenção, as escolas ocupadas pela polícia. Portanto nós não podemos julgá-los, não devemos e não queremos. Queremos Anistia para todos. Quem não aceita democracia relativa, não pode aceitar anistia pela metade.
Apóie e divulgue a campanha pela Anistia Ampla e Irrestrita.
Comitê Londrinense pela Anistia e Direitos Humanos.
Seção do Comitê Brasileiro Pela Anistia.

4. A luta pela anistia no regime militar brasileiro e a construção dos direitos de cidadania[1]

1 Introdução

Neste texto exploro alguns significados da luta pela anistia no Regime Militar brasileiro conforme foram construídos pelos discursos dos "Movimentos de Anistia"[2]. Uma vez que a anistia aprovada no processo de transição à democracia não apresentou o caráter "amplo, geral e irrestrito", tal como defendido não apenas pelos "Movimentos de Anistia" mas também pelos demais setores e movimentos sociais que combatiam o regime militar, o que explica que ela tenha sido considerada como uma conquista sobre a ditadura? Procuro responder a essa questão explorando a luta pela anistia sob outra ótica, qual seja, de que a luta pela anistia não se definiu apenas como oposição ao regime militar, mas foi também um marco importante no processo de (re)constituição da sociedade civil no país. Essa luta construiu-se e interagiu com outros movimentos emergentes na cena pública brasileira, que lutavam pelo reconhecimento de seus *direitos* e pelo próprio *direito* de serem reconhecidos como "sujeitos portadores de *direitos*" (SADER, 1988).

Esses outros atores não apenas combatiam o autoritarismo institucional, mas construíam uma nova noção de cidadania procurando superar também o "autoritarismo social" (DAGNINO, 1994). Em sua interação com esses movimentos a luta pela anistia contribuiu para disseminar a percepção e afirmação dos *direitos* como categoria mediadora das relações sociais e definidora da noção de interesse público no país, conforme este foi se constituindo a partir do processo de "abertura" e "descoberta da sociedade civil" brasileira em resposta ao "terror do Estado" nos anos 1970 (WEFFORT, 1984).

Tendo em vista esse cenário, mesmo levando em conta que a transição brasileira foi realizada de maneira "lenta, segura e gradual", a anistia deve ser pensada como uma *conquista societal*. Não se trata de negar os limites da anistia

1 Este texto destaca alguns aspectos da dissertação de mestrado apresentada ao Programa de Pós-Graduação em Ciência Política da Unicamp em 27 de fevereiro de 2002, sob a orientação da Profa. Dra. Evelina Dagnino.

2 De acordo com a proposta organizativa aprovada pelo II Congresso de Anistia, realizado em Salvador em novembro de 1979, são considerados "Movimentos de Anistia": os Movimentos Femininos pela Anistia (MFPAs), os Comitês Brasileiros pela Anistia (CBAs) e as Sociedades de Defesa dos Direitos Humanos (SDDHs). Cf. Congresso Nacional de Anistia (1979, acervo do Projeto de Memória "Anistia 20 Anos").

política estrito senso adotada na transição política brasileira. Não obstante, arrisco dizer que a luta pela anistia ia além da obtenção de uma lei de anistia, embora esta fosse também fundamental. Os discursos dos "Movimentos de Anistia", permeados pela linguagem de *direitos*, contribuíram também para o fortalecimento dos vínculos de solidariedade entre os novos sujeitos e os movimentos sociais emergentes na sociedade brasileira. Pode-se dizer, então, que a constituição da anistia na cena pública norteava-se por um processo inovador que "[...] representava a sociedade comunicando consigo mesma, atuando paralelamente ao Estado." (EUGÊNIO, 1994, p. 115). Era um processo instituinte da sociedade civil, para usar a linguagem de Telles (1984). São essas questões que norteiam a análise aqui realizada.

2 A conquista da anistia

Para entender o significado da anistia como *conquista* resgato, inicialmente e de forma resumida, o debate *societal* sobre o formato de anistia pelo qual se lutava, destacando alguns eventos políticos a partir da segunda metade dos anos 1970 quando, posto em prática o projeto distensionista do regime militar com Geisel na presidência, o processo político seria marcado por avanços e recuos do regime e dos movimentos sociais, definindo as conquistas destes últimos bem como os limites da "abertura".

O primeiro evento político que destaco aqui remete às vitórias do Movimento Democrático Brasileiro (MDB) nas eleições legislativas de 1974, que mostravam o início da rearticulação da sociedade civil e significou a primeira manifestação abertamente política de oposição à ditadura desde 1968. Demonstrou também que as oposições não se acomodavam passivamente ao projeto de "abertura" do governo e que sabiam explorar suas possibilidades (SADER, 1988).

O "marco da virada" na oposição ao regime militar, no entanto, sobretudo no que diz respeito às lutas pelos direitos humanos, ocorreu com o assassinato do jornalista Vladimir Herzog no DOI-CODI, São Paulo, em 24 de outubro de 1975. Esse acontecimento desnudou o fato de que a repressão não discriminava classes e foi importante para que os setores da classe média e da elite aderissem às forças de oposição ao regime. A peculiaridade desse momento como ponto de inflexão na luta contra o regime militar foi que o repúdio não "[...] era mais de cidadãos que isoladamente depositavam seus votos nas urnas, mas de sujeitos coletivos que lutavam por sua organização." (ABRAMO, 1997, p. 188).

A partir daí, "[...] os cidadãos começavam a recorrer ao novo foro público para manifestar seu protesto contra a brutalidade governamental." (ALVES, 1985, p. 223). Ainda por ocasião da morte do jornalista, mais de 8 mil pessoas lotaram a Catedral paulistana para participar do culto ecumênico. Não obstante, pouco tempo depois, em janeiro de 1976, o operário Manoel Fiel Filho foi preso, torturado e morto no mesmo local e condições de Herzog. Esse fato teve um impacto sem precedentes tanto sobre o regime – e nos rumos de sua política de distensão – como sobre os membros da sociedade civil e em seu processo instituinte em movimentos organizados para pressionarem a ditadura militar.

Entre as forças que se organizavam contra a ditadura, surgia em 1975, em São Paulo, o "Movimento Feminino pela Anistia" (MFPA), sob a liderança da advogada Therezinha Zerbine. O movimento era pioneiro não apenas na luta sistemática pela anistia mas era também o "[...] primeiro movimento legalmente constituído para o enfrentamento direto do regime militar." (GRECCO, 1999). Esse movimento organizou-se como entidade civil e, conforme seus estatutos, atendia a dois objetivos básicos: "a) lutar por todo Homem atingido na sua dignidade de homem e de cidadania; b) promover a mulher cultural, social e civicamente, mostrando-lhe seus deveres e direitos para com a comunidade." (MOVIMENTO FEMININO PELA ANISTIA, 1978b, acervo do Arquivo Edgard Leuenroth).

Aos poucos os núcleos do MFPA se expandiram pelo Brasil[3] e, já neste primeiro ano de atuação, suas militantes reuniriam 16 mil assinaturas para o "Manifesto da Mulher Brasileira"[4], que reivindicava anistia política. A partir desse momento, o tema da anistia política crescia na cena pública como palavra de ordem agregadora da luta de diferentes setores de oposição ao regime militar. Isso não significa que a demanda de anistia tenha começado apenas então. Por exemplo, ainda em 1965 o jornalista Carlos Heitor Cony já defendera a anistia:

> Desde 1° de abril que o governo tem diante de si um dilema incontornável: ou processa e condena *regularmente* os milhares de acusados em todo o país; ou concede anistia. A primeira opção caiu por terra: os processos, em sua maioria, não foram feitos e os poucos que estão em curso pejaram-se de irregularidades e de deformações jurídicas e policiais. [...] Que o Congresso vote a anistia, baseado na falta de processos regulares, na falta de critérios e, principalmente, na falta de provas. (CONY, 1965, p. 22).

Além disso, no plano do poder instituído, em 1967, formara-se no Congresso Nacional a "Frente Ampla", que exigia a redemocratização, a revogação da legislação de controle e a realização de eleições livres e diretas. Em seu manifesto de lançamento, a Frente reclamava também "Anistia Geral, para que se dissipe a atmosfera de guerra civil que existe no país". Pouco depois, em agosto de 1968, o deputado Paulo Macarini (MDB-SC) apresentava o

3 No decorrer dos 4 anos de luta destacar-se-iam dez núcleos estaduais do MFPA: São Paulo, Rio de Janeiro, Paraná, Bahia, Ceará, Paraíba, Rio Grande do Sul, Sergipe e Pernambuco.

4 "Nós, mulheres brasileiras, assumimos nossas responsabilidades de cidadãs no quadro político nacional. Através da história provamos o espírito solidário da mulher, fortalecendo aspirações de amor e justiça. [...] Conclamamos a todas as mulheres no sentido de se unirem a esse movimento, procurando o apoio de todos que se identifiquem com a idéia da necessidade de anistia, tendo em vista um dos objetivos nacionais: a união da nação". (MOVIMENTO FEMININO PELA ANISTIA *apud* ZERBINE, 1979).

primeiro projeto de anistia, que anistiaria todos os punidos em decorrência do envolvimento nas manifestações em razão da morte do estudante Edson Luís. Mesmo derrotado no Congresso, mostraria que a demanda da anistia já encontrava ecos na sociedade brasileira.

Mas, voltando à segunda metade dos anos setenta, em 14 de fevereiro de 1978, no Rio de Janeiro, foi fundado o Comitê Brasileiro pela Anistia (CBA). Além de muitas militantes do MFPA, o CBA reunia também estudantes, advogados, artistas, membros da Igreja Católica e pretendia estabelecer uma articulação com as oposições sindicais e representantes de movimentos de bairros (COMITÊ BRASILEIRO PELA ANISTIA, 1979, p. 4). Com a formação do CBA, a reivindicação de anistia fortalecia-se ainda mais. Em 18 de abril do mesmo ano, estudantes e o setor jovem do MDB realizaram evento rememorando a anistia decretada em 1945 com a derrubada do Estado Novo e lançaram manifesto pela anistia:

> Quatorze anos de regime repressivo fizeram com que o povo manifestasse o seu cansaço. E começasse a retomar sua luta contra as mentiras e a falta de liberdade nesse país. O povo está cansado. Cansado de não votar, cansado de só trabalhar, cansado de produzir e não ter o que comer, cansado de um sistema de transporte coletivo aviltante, cansado de não ter casa nem roupa, cansado de morrer nos acidentes e não ter saúde. (SETOR JOVEM DO MDB, 1978, p. 9).

Desse momento em diante, por todo o ano, foram organizadas passeatas, que exigiam liberdade, e "Dias Nacionais de Protesto e Luta pela Anistia". Essas manifestações reuniam trabalhadores, sindicalistas, advogados, jornalistas, membros de igrejas e outros ativistas políticos, além de familiares dos mortos e dos "desaparecidos", estudantes e demais atingidos pelo regime militar. A partir dessas manifestações formaram-se também os "Comitês Primeiro de Maio pela Anistia" (MARTINS, 1978). Também em maio, juntamente com essa luta, o movimento sindical em ascensão iniciou, a partir dos metalúrgicos de São Bernardo do Campo, uma importante greve que em quatro meses atingia 235 mil trabalhadores do estado de São Paulo (ABRAMO, 1997).

Em novembro do mesmo ano, na cidade de São Paulo, realizou-se o I Congresso de Anistia. O "Manifesto à Nação", documento de encerramento desse congresso, recuperava o cenário político de crescimento das oposições ao regime militar:

> Hoje a Nação reivindica seus direitos. Operários vão à greve a fim de recuperar seu poder aquisitivo arruinado e exigir sua legítima liberdade de organização e manifestação. Advogados, falando em nome da nação indignada, repudiam firmemente a lei de segurança nacional, instrumento de perpetuação da violência e do arbítrio. Estudantes exigem o papel construtivo que lhes cabe na condução dos destinos da nação através de suas entidades livres e representativas. Os trabalhadores afirmam seu elementar direito de sindicalizados.
>
> Operários e estudantes; advogados, médicos e profissionais liberais; [...] religiosos; políticos e servidores públicos; negros e mulheres, vindos de todo o Brasil através de entidades representativas [...] e no caráter de vítimas da repressão [...]
>
> [...] repudiam a marginalização política, econômica e social do povo brasileiro, condenam a repressão que sobre eles se abate e exigem anistia. [...]
>
> O movimento pela anistia cresce nacionalmente. Está presente nas lutas que travam hoje diferentes setores da população por liberdade de organização e manifestação do povo oprimido, por liberdade de pensamento e por liberdades democráticas. (CONGRESSO NACIONAL PELA ANISTIA, 1978, acervo do Arquivo Edgard Leuenroth).

Nesse contexto de crescimento da luta contra o regime militar a revogação do AI-5, em outubro de 1978, por exemplo – ainda que o Ato tenha sido substituído pelas "salvaguardas constitucionais" –, foi uma importante vitória e os "Movimentos de Anistia" também interpretaram-na como um passo fundamental para o fim do aparato repressivo e para o retorno ao Estado de Direito. Em dezembro seguinte, a revogação do decreto de banimento de mais de 120 exilados foi outra importante conquista da luta pela anistia. Porém, não se pode perder de vista que, uma vez que os militares ainda controlavam o processo, foram excluídas daquela revogação "figuras indesejáveis" a eles, como Leonel Brizola, Luís Carlos Prestes, Miguel Arraes e Francisco Julião[5]. O movimento organizado em prol da anistia reconhecia que todas essas medidas representavam um avanço no processo político, mas eram ainda insuficientes.

Apresentando reformas e medidas de extinção e atenuação de penas, o regime militar buscava esquivar-se do debate sobre a anistia. Dessa forma, em entrevista à *Revista IstoÉ*, o general Figueiredo, na época ainda "candidato" ao posto de presidente, afirmava:

> O futuro pode rever a crueldade medieval das penas eternas, devolvendo direitos políticos, com cautelas especiais. Até mesmo para que, sem a anistia, possa começar de fato uma conciliação nacional no seu amplo e generoso sentido. (O QUE QUER FIGUEIREDO, 1978, p. 37).

5 Cf. *Os caminhos...* (1979, p. 31).

Não obstante, no ano de 1979, a conjuntura desfavorável ao regime, desenhada sobretudo a partir de 1978 com o surgimento dos CBAs e o fortaleciomento do movimento sindical, acentuou-se, de forma que os militares não tinham mais como negar a anistia. A partir de então, os próprios partidários da ditadura passaram a falar em anistia e, em 23 de janeiro, o senador Dinarte Mariz (Arena) apresentava na Câmara um projeto de anistia restrita.

O debate passaria, assim, a girar em torno de sua amplitude: embora o regime passasse a declarar que a anistia poderia ser decretada, dizia também que não atingiria a todos os punidos. Porém, para os "Movimentos de Anistia", essa só podia ser "ampla, geral e irrestrita" por ser a única que devolveria a todos os cidadãos todos os seus direitos. Além disso,

> [...] a conquista da Anistia não pode vir só. Ela exige a eliminação dos atos e leis de exceção, o estabelecimento das leis e mecanismos de livre representação e participação popular, além do fim radical e absoluto das torturas [...]
>
> É então, neste sentido, que *esta luta beneficia não apenas aqueles que foram diretamente punidos, mas a grande maioria do povo brasileiro, impedido hoje de participar ativamente da vida política e econômica do país, pelos atos e leis de exceção* [...]
>
> Reafirmamos que Anistia não é dádiva, mas sim uma conquista a ser feita por todos os brasileiros. (ENCONTRO NACIONAL DE MOVIMENTOS PELA ANISTIA, 1978, grifo nosso, acervo do Arquivo Edgard Leuenroth).

Essas mudanças na dinâmica institucional, junto com o crescimento da luta dos movimentos organizados, também foram acompanhadas por processos de transição da opinião pública, demonstrando uma incipiente conscientização da sociedade brasileira como um todo para essas questões. Assim, os resultados das eleições de 1978 acentuaram a tendência apresentada em 1974 de progressos eleitorais significativos do MDB, mas nessas últimas eleições processava-se, sobretudo, uma mudança de qualidade no grupo da oposição consentida, sendo eleitos principalmente ativistas políticos diretamente ligados a movimentos populares e a partidos e outros grupos de esquerda e clandestinos (KUCINSKI, 1982). Esses parlamentares "autênticos" defenderiam na arena institucional a anistia pela qual os movimentos sociais e setores organizados da sociedade lutavam[6].

Por exemplo, durante os debates de aprovação do projeto governista de anistia, em junho de 1979, o deputado Tidei de Lima (MDB) afirmava que se a presença da ditadura ainda era forte, não só impedindo que se discutisse livremente, mas impondo severos limites à anistia enquanto uma aspiração e conquista populares, o fato de estar-se discutindo a anistia não resultava de uma benesse da ditadura:

6 Destaquei alguns momentos do debate legislativo sobre a anistia e projetos propostos por parlamentares na monografia "A Anistia de 1979", defendida em 1999 junto ao Departamento de Ciências Sociais da Unicamp sob a orientação do Prof. Dr. Eliézer Rizzo de Oliveira (publicada nos *Cadernos de Pesquisa* do "Núcleo de Estudos Estratégicos" da mesma universidade).

Onde está?...

Não há Natal sem Jesus.
Não pode haver Paz com tantos
presos-desaparecidos,
milhares deles em nossa
pobre América Latina.

Homens e mulheres de boa vontade:
compareçam ao Ato Ecumênico pelos Desaparecidos.

— Reverendo Jaime Wright — D. Fernando - Bispo Auxiliar de São Paulo — Conjunto do Teatro Popular "União e Olho Vivo".

IGREJA DA CONSOLAÇÃO

domingo dia 27
15,00 horas

CBS - CBA - CLAMOR

- QUEREMOS A PAZ - MAS QUEREMOS TAMBÉM A JUSTIÇA!

> [...] a Nação aguarda ansiosa a apreciação sobre o projeto de anistia, *que há de ser, antes de mais nada, uma conquista do povo brasileiro, jamais uma dádiva dos que detêm o poder à força,* à custa da espada, mantendo em opressão o trabalhador e toda a Nação brasileira. (LIMA, 1979, p. 11, grifo nosso).

No entanto, apesar da amplitude da luta, a Lei de Anistia aprovada pelo regime militar em 22 de agosto de 1979 não atendia plenamente aos objetivos dos movimentos que lutavam por ela: primeiro, não era uma anistia *ampla e geral* porque não englobava todos os punidos pelo regime militar, sendo excluídos por volta de 195 "terroristas" – Art. 1°, § 2°, Lei nº 6.683/79 (BRASIL, 1980) –, conforme a definição do governo que embasava a "Lei de Segurança Nacional" vigente. Além disso, também não era uma medida *irrestrita* porque o retorno ou reversão às antigas atividades e aos postos ocupados pelos afastados ou aposentados pelo regime militar (civis e militares) dependia de aprovação da administração competente pelo respectivo cargo, devendo o anistiado requerer oficialmente esse deferimento – Art. 2° e 3°, Lei nº 6.683/79 (BRASIL, 1980).

A Anistia – "limitada, restrita e recíproca"[7] – correspondia antes aos ideais da descompressão "lenta, segura e gradual" do regime militar. Além de não ser "ampla, geral e irrestrita", ela contrariava ainda as reinvindicações de apuração das responsabilidades pelas torturas, mortes e "desaparecimentos" realizados pelo regime e da inclusão de todos os punidos, mesmo os envolvidos em luta armada e "crimes de sangue", uma vez que estes eram também imbuídos de motivação política. Especificamente com relação aos direitos civis e políticos, os "Movimentos de Anistia" consideravam que ela deveria significar também o fim das cassações políticas, da violação das liberdades individuais e de associação e reunião, e a reintegração automática aos postos de trabalho e atividade política[8].

Apesar desses limites, a anistia significou sim um avanço para a superação do autoritarismo institucional, permitindo o retorno dos cassados, exilados, foragidos e clandestinos que puderam reassumir suas verdadeiras identidades e recompor as forças políticas oposicionistas ao reocuparem seu lugar ao lado das lutas do povo brasileiro. Por isso, a anistia foi recebida pelos ativistas e movimentos como uma vitória sua:

> *O governo dos generais não pretendia anistia alguma. [...] Entretanto, o crescimento das forças populares exigindo a anistia foi naufragando essas idéias absurdas da ditadura.* Do confronto de forças que se deu resultou

7 Não tratarei aqui do significado da anistia recíproca para a estratégia de "abertura controlada" do regime militar; alguns aspectos dela foram trabalhados na monografia mencionada na nota 6.

8 Cf., por exemplo, Comando Geral pela Anistia... (1979, documento consultado no Projeto de Memória "Anistia 20 Anos").

> que o regime foi obrigado a concordar com a anistia, embora tenha conseguido momentaneamente impedir que a mesma tivesse caráter amplo, geral e irrestrito. Para o povo foi uma vitória parcial. A anistia há pouco efetivada, no que conseguiu libertar de prisioneiros políticos, no que conseguiu trazer de volta ao país brasileiros exilados e no que restaurou de direitos políticos e civis, refletiu a vontade e a vitória popular; no que impediu que todos os presos políticos fossem libertados, que todos os exilados voltassem à Pátria e todos os direitos atingidos por instrumentos de exceção fossem refeitos, refletiu o ponto de vista discriminador do poder imperante. O movimento popular deve revigorar-se com a vitória parcial alcançada e perseverar na luta pela anistia ampla, geral e irrestrita. (LIMA, 1979, p. 65, grifo nosso).

No que tange ao significado e ao impacto da adoção da anistia pelo regime militar para o andamento do processo político e para a recomposição das forças entre o regime e as oposições, Skidmore (1988) afirma que estas aceitaram a anistia restrita, fruto de negociações com o regime, em um processo em que os dois lados cederiam em alguns pontos e avançariam em outros. Apesar de não terem atingido seus objetivos, os "Movimentos de Anistia" e outros participantes deste processo consideraram a medida uma conquista importante, um passo para a continuidade da luta, que entrava em uma nova fase (CONGRESSO NACIONAL DE ANISTIA, 1979, documento consultado no Projeto de Memória "Anistia 20 Anos"). A interpretação dos participantes do processo rebate as ideias de anistia como concessão do regime militar. De acordo com Ana Maria Müller, uma das fundadoras do CBA – RJ e atualmente advogada de familiares de mortos e "desaparecidos" políticos, no momento de votação da Lei de Anistia pelo regime militar,

> Os presos faziam greve de fome e através dela protestavam contra a lei discriminatória que a Ditadura pretendia fazer passar. O Movimento de Anistia estava na rua. O povo estava envolvido. A solidariedade crescia...
>
> A campanha da anistia [...] desenvolveu-se num clima suprapartidário onde se demarcaram os objetivos a serem alcançados [...]
>
> A lei que conquistamos não foi a que queríamos, e foi aprovada sob veemente protesto da sociedade organizada, que tomou fôlego e aprendeu com ela a propor e marchar junto para novas conquistas.
>
> Através dessa experiência, a cada golpe da Ditadura, o movimento respondia com sua forma de organização espontânea. (MÜLLER, 1999).

Até aqui, tentei mostrar com o relato, ainda que sucinto, dos eventos e debates sobre o processo de anistia durante o regime militar brasileiro que os movimentos compreendiam que a anistia tinha que ser (e foi) conquistada. Mas a ideia de *conquista* não pode ser apreendida *a priori*[9]. Assim, tentarei resgatar nas próximas seções o que significou a *conquista societal* da Anistia. A hipótese aqui trabalhada é que, nos discursos dos movimentos, a Anistia assumiu uma acepção dinâmica e estratégica que foi se construindo no próprio desenrolar do processo político (DOIMO, 1995). A análise institucional e o debate oficial sobre ela, embora fundamentais, não permitem a compreensão desses outros significados que constituem e dinamizam a maneira como a ideia de anistia se inseriu, codificou e ressemantizou na cena pública por meio das lutas dos diferentes setores sociais por liberdades democráticas e justiça social. São essas questões que me guiam nas próximas seções deste texto[10].

3 A anistia na perspectiva da sociedade civil

Fernando Gabeira assim caracterizava a luta pela anistia:

> Não conheço em todo o período de militância na denúncia da ditadura brasileira no Exterior nenhuma palavra de ordem que tenha nos unido tanto quanto a anistia. De repente, e pela primeira vez, sentávamos todos juntos...
>
> [...] Não sei se vocês perceberam o alcance do que achamos. Nós achamos muito mais do que uma palavra de ordem. Achávamos um modo de convivência, de ação comum, enfim a maturidade política que em certos momentos faltou na nossa história [...]. (1979, p. 11).

Embora a experiência descrita por Gabeira tenha tido lugar em Estocolmo e descreva a luta dos exilados políticos brasileiros, ela também ilustra a maneira como as práticas de resistência ao regime militar e a luta pela anistia se constituíram no Brasil. Conforme prossegue:

> Tínhamos descoberto outra coisa: depois que conseguimos a unidade em torno da anistia ficou mais fácil falar com as pessoas que ainda não haviam se comprometido com a luta pela anistia. Elas viam que éramos uma só vontade em torno daquela luta e viam também que não éramos monolíticos. Éramos gente com opiniões diferentes que compreendeu que não se faz nada apenas com as pessoas que pensam de forma idêntica e sim que é preciso saber organizar as diferenças em torno de uma luta unitária.

9 Aliás, conforme documento do próprio *Movimento pela Anistia* "A democracia, a anistia, a liberdade, o direito à livre organização, o direito de uma vida digna, o direito à greve, o fim da censura são conquistas – e estas terão seu conteúdo qualitativo e quantitativo em íntima correspondência ao grau de organização da Oposição e da sua capacidade de manter-se unida" e "Não se trabalha sobre aquilo que não foi definido." (MOVIMENTO FEMININO PELA ANISTIA, 1978a, acervo do Arquivo Edgard Leuenroth).

10 O que defendo, nesse sentido, é que a anistia, mesmo restrita, foi uma conquista, mas a interpretação da vitória aqui dada se refere, sobretudo, a essa luta e aos processos que desencadeou a constituição da sociedade civil e do espaço público no país.

> O que se seguiu foi um avanço muito grande. A paranóia dos tempos do militarismo desapareceu. Ninguém mais se julgava especialmente seguido, via luzes estranhas, cliques no telefone etc. Sobretudo nos abrimos para as pessoas, perguntando mais sobre como viviam, o que pensavam [...] (1979, p. 12).

Esse depoimento indica como as lutas pelos "direitos humanos", pelas liberdades civis elementares e pela anistia foram capazes de unir setores sociais antes divididos, seja pela natureza diversa dos interesses que defendiam, seja por suas formas diferentes de pensamento. Assim, além da importância da *conquista* da anistia em si, a contribuição desse momento de lutas deve ser buscada também no significado da própria participação no movimento, no despertar da união entre as pessoas e na solidariedade que o tema da anistia representou[11].

Examinando a constituição das práticas de resistência à ditadura a partir dos grupos de base em São Paulo nos anos 1970, Brant (1980) destaca as experiências do medo e do terror, impostos pelo regime militar, como importantes para a formação de vínculos de solidariedade entre as pessoas, o que se colocou acima de suas divergências político-ideológicas. A indignação e a revolta, por um lado, e a consciência da legitimidade de suas lutas e protestos, por outro, foram, então, fundamentais para que as oposições ao regime militar acumulassem e articulassem forças, registrando o repúdio às arbitrariedades e à violência das forças repressivas do regime autoritário.

Assim, por um lado, o aparelho repressivo do regime militar, num primeiro momento, conseguiu acuar e tolher os segmentos da sociedade brasileira, esvaziar a política como construção pública e reconhecimento mútuo de *direitos* e identidades coletivas, mas, por outro, foi justamente este "refúgio no cotidiano" obrigado pela repressão que possibilitou a construção de uma identidade entre as pessoas, o que Weffort chamou de o "mínimo denominador comum de seres humanos desprotegidos e amedrontados" (WEFFORT, 1984, p. 94). Aos poucos os cidadãos perceberam que o medo tinha que ser vencido pela indignação e, na prática, isso se estabeleceu pela desobediência às proibições legais e extralegais, mas sempre ilegítimas, de realização de protestos, atos públicos, debates e greves (BRANT, 1980, p. 20). O medo seria, então, um elemento importante para a disseminação da solidariedade, originando práticas de luta em defesa dos "direitos humanos" e da anistia. Essa também é a interpretação de Weiss e Almeida:

> Naturalmente, a prisão de pais, mães, maridos, mulheres, irmãos, irmãs, filhos ou filhas transformava a vida diária em pesadelo. Não foram raros os casos em que os serviços de segurança tratavam de quebrar o silêncio dos militantes mais teimosos tomando como reféns, ameaçando ou até

11 A interpretação de que a luta pela anistia foi uma importante experiência de solidariedade transparece em vários depoimentos de participantes e ativistas desse movimento. O depoimento de Celeste Fon, familiar de preso político e participante do CBA – SP, ao projeto de memória "Anistia 20 Anos" realizado pela Fundação Perseu Abramo em 1999 é um exemplo: "Para mim, a luta pela Anistia Ampla Geral e Irrestrita foi sobretudo um grande momento de solidariedade, o maior que jamais vivi. Junto com os companheiros, tantos e tantas, aprendi que nunca estamos sozinhos se é justa a nossa causa [...] Eu, que entrei na luta pela vida e pela libertação dos meus dois irmãos, vivi a certeza de que eu tenho tantos irmãos que não os posso contar." (FON, 1999).

torturando um parente seu. Mesmo quando não se chegava a tais barbaridades, o abalo era imenso. [...] Quando as organizações destruídas saíam de cena, era à família que se recorria em busca de abrigo, dinheiro, providências para sair do país, além de afeto e solidariedade. [...] Nessa empreitada, para a qual nunca estiveram preparados, alguns pais, mães e membros da família se converteram em militantes eles próprios e criaram novas formas de fazer política. Transformaram a solidariedade familiar e privada em atividade pública. *Assim, a partir de experiências concretas e particulares, infundiram vida real na campanha genérica das associações civis pelos direitos humanos.* Não foi outra a origem do Movimento pela Anistia, na segunda metade dos anos 70 [...] (WEISS; ALMEIDA, 1998, p. 408, grifo nosso).

Apesar de concordar com a valorização das iniciativas e participação dos familiares, e sua transformação em militantes pelos "direitos humanos"[12], algumas questões podem ser levantadas sobre a interpretação proposta pelos autores. Por essa perspectiva, o movimento pela anistia, ao reunir os familiares dos atingidos na violação de seus direitos, estava concretizando uma campanha "genérica" das (solidárias) entidades de "direitos humanos" que vinham se constituindo no país. Mas, como analisa Baierle (1995), a ética que origina formas de solidariedade social não se baseia em uma "cidadania abstrata", regida por imperativos morais, antes é fruto de um aprendizado político a partir de fatos concretos. Dessa forma, as pessoas não se reúnem apenas por um gesto de solidariedade cristã, mas porque têm necessidades.

A criação de um movimento pela anistia representou a associação de pessoas que identificavam problemas e necessidades em comum ou, em outras palavras, a associação daqueles setores que construíam sua própria identidade coletiva a partir da defesa dos seus "direitos humanos" e de seus familiares. Assim, os direitos não têm seu conteúdo definido *a priori*, mas justamente corporificam demandas, reivindicações e carências dos próprios participantes dos movimentos (DOIMO, 1995). Ao mesmo tempo, porém, as demandas em torno das quais esses movimentos se organizam não podem ser simplesmente tomadas como carências ou necessidades materiais imediatas, pois, como direitos, são constitutivas de identidades coletivas e não de interesses (PAOLI, 1995). Essa concepção apareceu, aliás, ainda que de modo embrionário, nos próprios discursos em defesa da anistia. Por exemplo, com relação ao envolvimento das mulheres nesta luta, o MFPA afirmava:

> Estes movimentos evoluíram da perspectiva da defesa da *minha* família, dos *meus* privilégios, para [...] o estabelecimento de uma sociedade mais justa [...]

12 "O movimento pela anistia contava com a militância direta e dedicada dos familiares dos atingidos pela repressão, um pequeno exército de mães, irmãos, filhos de presos e desaparecidos dispostos a tudo. A repressão política tinha essa particularidade, ausente nas guerras convencionais, de criar cinco ou dez inimigos para cada um que eliminava." (Kucinski, 1982, p. 84).

> Nestes termos, [...] a organização de MOVIMENTOS FEMININOS PELA ANISTIA se justifica como forma específica de luta por um objetivo comum e está ligada a um período histórico determinado [...] (MOVIMENTO FEMININO PELA ANISTIA – RJ, 1964, acervo do Arquivo Edgard Leuenroth).

Essa citação retoma importantes questões referentes às contribuições da participação na luta pela anistia para a constituição da sociedade civil brasileira, mostrando como essa luta extrapolava a identificação e defesa restrita, embora fundamental, do *direito* à vida dos familiares atingidos pela repressão política: seus participantes também "[...] constituíram-se como sujeitos ativos e políticos, [...] lutando por mudanças profundas e significativas no tocante às políticas nacionais." (GRUPO DE ESTUDOS SOBRE A CONSTRUÇÃO DEMOCRÁTICA, 1999).

A citação também permite retomar a crítica à ideia de uma "campanha genérica das associações civis pelos direitos humanos", com base nos próprios significados de "direitos humanos" produzidos pelos participantes da luta pela anistia. De acordo com Weffort, naquele momento:

> A luta pelos direitos humanos era, sobretudo, a luta contra a censura à imprensa, contra as prisões ilegais e os seqüestros praticados por órgãos de segurança do Estado. Mais do que isso, era uma luta contra a tortura. (WEFFORT, 1984, p. 54)

Analisando os diferentes significados das lutas contra o regime militar provenientes das diferentes camadas sociais, Chauí (1986, p. 52) afirmou que a anistia aos presos e exilados políticos, assim como a liberdade de imprensa, a democratização dos serviços públicos – particularmente da educação e da saúde – e o fim da violência policial e militar eram demandas da classe média. Mas quando essa autora diz que a anistia era apenas uma demanda das classes médias, constrói essa ideia sobre a definição da anistia política em seu sentido jurídico estrito e imediato. Esse sentido não é, porém, suficiente para explicar o significado político e o alcance da luta pela anistia no Regime Militar dentro do contexto ampliado de democratização social que trabalho aqui.

As lutas pela liberalização e democratização assumiram, de fato, diferentes significados para os vários setores sociais, mas não eram excludentes entre si e a anistia foi reconhecida pelos próprios participantes da luta como agregadora de diferentes demandas. A seguir, destaco trechos de um manifesto que defende a anistia e que aponta para um elo possível entre as lutas:

> A luta pela Anistia é necessária e imprescindível para a obtenção de uma conquista maior: as liberdades democráticas.
>
> Estamos convencidos que todos os elementos básicos que dão justeza à luta pela Anistia estão colocados no momento político atual e já integram a consciência democrática de nosso povo.
>
> A luta pela Anistia se vincula, desde logo, com as lutas de todo o povo brasileiro por melhores condições de vida e de trabalho, por melhores salários, contra o aumento do custo de vida, por melhores condições de alimentação, habitação, transporte, educação, saúde e pela posse da terra para os que nela trabalham.
>
> Nestes anos todos, o sofrimento dos presos políticos foi também o dos *trabalhadores da cidade* – desde a intervenção nos sindicatos ao arrocho salarial; dos *trabalhadores do campo* – desde a expulsão de suas terras à repressão brutal em favor do latifúndio; dos *estudantes* – desde a dissolução de suas organizações representativas às invasões da Universidade.
>
> [...]
>
> A sucessão interminável de arbitrariedades e violências feriu a dignidade [...] do povo brasileiro.
>
> A sociedade brasileira está disposta a não tolerar mais a desumana repressão que se abateu sobre o País, nos últimos 14 anos.
>
> [...]
>
> Por isso estamos lutando pela ANISTIA. IMEDIATAMENTE. E afirmamos o direito de todos à inalienável liberdade de associação e de reunião, defendendo a livre organização dos trabalhadores em seus sindicatos, e em seus locais de trabalho e residência. (ENCONTRO NACIONAL DE MOVIMENTOS PELA ANISTIA, 1978, documento consultado no Projeto de Memória "Anistia 20 anos").

Destaco essa citação como exemplo do fato de o discurso articular diferentes demandas. A anistia assumia dentro desse um estatuto dinâmico e estratégico. Seguindo essa interpretação, não é possível compreender a luta pela anistia sem uma referência ao quadro ampliado dos "novos movimentos sociais" emergentes nos anos 1970 e é significativo o fato de o movimento pela anistia, enquanto defesa dos "direitos humanos", só ter se tornado uma força mobilizadora no cenário de proliferação daqueles movimentos. Cabe, então, contextualizar a emergência do movimento pela anistia durante o regime militar brasileiro nessa conjuntura.

Os anos 1970 foram marcados pela emergência de movimentos sociais que se organizavam em torno de suas carências básicas por políticas por educação, saúde, moradia e saneamento urbano; enfim, eram movimentos organizados em torno de reivindicações por direitos sociais que consolidaram também outro importante fluxo mobilizador (KOWARICK; BONDUKI, 1988). Embora, nos limites deste artigo, não seja possível afirmar a presença direta e orgânica desses setores no cotidiano da luta pela anistia, suas demandas estavam também, de alguma forma, presentes no discurso dos "Movimentos de Anistia", como exemplifica o documento a seguir:

> Pensamos, então, principalmente nas classes que foram, nos últimos anos, exploradas brutalmente no sangue e no espírito, condenadas a salários de fome e [...] que através da propaganda e nas escolas, quase conseguiu levar nossa gente à ignorância de sua própria condição e à renúncia ao futuro.
>
> Mas reencontraremos nossa dignidade e resgataremos nosso futuro. O movimento pela Anistia é apenas um dos movimentos que nossa gente começa a esboçar nesse sentido: contra o custo de vida, por um sindicalismo livre, pelo ensino gratuito em todos os níveis, pela organização comunitária, pela livre organização política. [...]
>
> Queremos Anistia para devolver milhares de cidadãos ao convívio social e às lutas democráticas, e não para alimentar a fome de tortura e perseguição que se instalou neste país nos últimos anos, junto com a fome de proteínas que aumentou como nunca. (COMITÊ LONDRINENSE..., 1978, Acervo Arquivo Edgard Leuenroth).

À luz dessas questões e cenário, retomo, então, a descrição das etapas principais do processo de constituição e ampliação dos direitos, da política e da própria anistia, a partir da luta pelos direitos humanos e das práticas instituintes de uma nova identidade societal. Para tanto, procuro identificar o momento em que os temas do *direito* e da anistia se tornam referência mobilizatória e como a interação daqueles diferentes elementos e lutas apontou para a construção do discurso sobre a anistia como uma forma de identificação de diferentes setores que lutavam tanto contra o regime militar como contra o autoritarismo social.

2.1 A luta pelos direitos humanos e os sujeitos políticos da anistia

O período da liberalização do regime militar brasileiro foi marcado por importantes mudanças no comportamento e na organização de vários setores da "sociedade civil" , convertida à luta de oposição ao regime militar e à valorização das virtudes da democracia. Explicitamente, essa mudança era fruto do impacto que as denúncias sobre os atentados operados pelo regime militar contra a vida e garantia da segurança das pessoas – que se tornaram recorrentes sobretudo a partir da segunda metade dos anos 1970 – provocava. Nesse sentido, identifiquei anteriormente o significado da morte do jornalista Wladimir Herzog no final de 1975 para a disseminação do repúdio ao "terror do Estado".

A partir desse cenário, os crimes e desrespeitos aos direitos humanos passaram a ser repudiados por amplos e diferentes setores e camadas da sociedade e a luta pela anistia e a defesa desses direitos tornaram-se referência "mobilizatória" contra o regime militar brasileiro.

Embora a defesa desses direitos não surja então, foi somente a partir desse período de abrandamento da censura que as denúncias e críticas às atrocidades do regime militar generalizaram-se. A liberalização na censura permitiu que as denúncias e o conhecimento da violência do regime tivessem um alcance maior na opinião pública, mas não se tratava apenas de uma generalização de denúncias. Um outro fenômeno caracterizaria a configuração desse momento de lutas contra as atrocidades do regime militar: a partir desse momento, elas não eram apenas relatadas ou denunciadas, mas passaram a ser amplamente nomeadas e difundidas como atentados aos direitos humanos (OLIVEIRA, 1991). Embora hoje esta ideia possa parecer banal, teve um significado político importante no momento de sua introdução na cena pública.

Não pretendo com isso afirmar, porém, que esse formato de reivindicar os direitos humanos era inteiramente novo na história do regime militar brasileiro. Vozes esparsas da sociedade civil já haviam se pronunciado a partir de uma linguagem de defesa desses direitos. Por exemplo, ainda em 1964, o então jornalista Márcio Moreira Alves já denunciara as primeiras torturas cometidas pelo regime militar como um atentado aos direitos humanos (SKIDMORE, 1988). Depois, em 1973, quando do assassinato do estudante Alexandre Vanucchi Leme, sua mãe Egle Maria, em carta endereçada ao papa, também se referia aos desrespeitos aos "direitos humanos" ocorridos no país com o advento do regime militar. O assassinato desse estudante, aliás, ocasionou as primeiras respostas mais articuladas da sociedade civil à violação dos "direitos humanos" pelo regime militar.

Assim, se em 1975 explodiu uma oposição generalizada ao regime, ela era fruto de um processo de rearticulação e amadurecimento que vinha se estabelecendo desde o início da década de setenta. Nessa trajetória de referência aos "direitos humanos" no regime militar, também teve destaque a atuação de setores progressistas da Igreja Católica (O'DONNELL; SCHMITTER, 1988), cuja atuação consolidou-se com a constituição das "Comissões de Justiça e Paz" ainda no início dos anos 1970, que tiveram também o engajamento da OAB. Até mesmo na arena institucional, o próprio regime militar, paradoxalmente, – e apesar dos limites de atuação que o organismo teria – havia concretizado em 1968 a iniciativa do governo Goulart de instaurar o Conselho de Defesa dos Direitos da Pessoa Humana (CDDPH). Esses fatos confluíram no contexto da liberalização política, fazendo com que a referência aos "direitos humanos" se tornasse, então, uma verdadeira força mobilizatória na sociedade civil na segunda metade dos anos 1970, como dito anteriormente (OLIVEIRA, 1991).

Para essa disseminação dos "direitos humanos" e a formação de uma cultura política democrática na sociedade brasileira alguns outros acontecimentos e processos sociais e culturais também foram importantes. Um deles estava relacionado à revisão de valores sócio-políticos da esquerda e sua adesão à democracia como um valor em si, em parte como consequência do aprendizado político advindo da experiência autoritária (WEFFORT, 1984). Cumpre ressalvar que esse processo de revisão de valores políticos da esquerda não era apenas um fenômeno brasileiro. Nesse momento, no mundo todo, uma crise do marxismo abriu espaço para a descoberta do valor político do cotidiano e para o desenvolvimento do conceito gramsciano de "sociedade civil". Essa abertura intelectual e prática da esquerda representaria uma nova sensibilidade para a importância do tema dos *direitos do homem*, tema que a esquerda tradicional, adepta do marxismo ortodoxo, por muito tempo havia depreciado, por tomá-lo como uma invenção estritamente burguesa.

Além das influências da cena internacional, foi também nesse momento que no Brasil mudaram os prognósticos da luta de oposição ao regime militar. O extermínio das guerrilhas revolucionárias pelas forças de segurança da ditadura exerceu um impacto importante sobre as práticas e valores políticos da esquerda brasileira. Com a derrota da tentativa de derrubar o regime pela via insurrecional, a esquerda passava a valorizar a organização da sociedade e a participação no jogo eleitoral, mesmo sob limitações (WEISS; ALMEIDA, 1999). É dentro dessa nova postura que deve ser compreendida, por exemplo, a expressiva adesão ao partido de oposição consentida, o MDB, que o levaria a vitórias significativas a partir das eleições de 1974. A renovação das ideias de participação política e a adesão à democracia como valor geral colocavam para as oposições a aceitação de que a ditadura deveria ser enfrentada pela via institucional, cujo caminho incluía a anistia política e a convocação de uma Assembleia Constituinte (MARTINS FILHO, 1998).

Esse contexto possibilitou que o tema da anistia se difundisse e protagonizasse a constituição de um movimento social organizado contra a ditadura militar brasileira. A ideia de anistia política aparecia como premissa de uma luta pacífica contra o regime militar e a partir disso foi constituído em 1975 o "Movimento Feminino pela Anistia", como já mencionado. Além da luta contra o regime militar, a constituição da anistia enquanto movimento organizado coincidiria, também, com o fortalecimento e o amadurecimento das lutas de diferentes setores e movimentos sociais que se identificavam como portadores de *direitos*; a interação desses movimentos e lutas levaria à ampliação do estatuto da anistia pela qual se lutava. O fato de o movimento pela anistia surgir de um grupo de mulheres é emblemático do encontro das lutas contra o autoritarismo institucional e contra o autoritarismo social. O discurso do MFPA mostrava a importância da luta pela anistia para a construção da cidadania feminina.

> Em determinado momento, sentimos que era obrigação de todo cidadão brasileiro [...] levantar uma das mais nobres bandeiras de luta: a Anistia a todos os presos políticos, banidos e privados dos seus direitos, ou que foram punidos pela Lei de Segurança Nacional ou pelos atos de exceção editados a partir de 1964.
>
> Decidimos que, inicialmente, as mulheres deveriam conduzir essa bandeira [...] porque, historicamente, sempre foram discriminadas por uma legislação que, de forma mais sutil, praticamente alijou-as de uma participação política mais efetiva. (MOVIMENTO FEMININO PELA ANISTIA, [1977?], p. 2, acervo do Arquivo Edgard Leuenroth).

Os movimentos de mulheres e demais movimentos emergentes – como o novo movimento sindical e os movimentos de moradores de periferia – baseavam sua luta em uma noção de "direitos humanos", entendendo-os não apenas como defesa da vida e integridade física, como se tornava explícito no repúdio às torturas, mas afirmando e denunciando a violência cotidiana que sofriam como violentação de sua dignidade e desrespeito à sua condição de humanidade (ABRAMO, 1997). Para esses grupos que articulavam sujeitos coletivos na tentativa de organizarem-se estruturadamente, os *direitos*, entendidos como fruto de suas lutas, não podiam ser determinados *a priori*, mas tinham seus significados e conteúdos construídos por suas práticas cotidianas. Essa elaboração dos *direitos* impactaria a luta pela anistia, renovando seu estatuto e seu campo de ação política. Do lado dos "Movimentos de Anistia", é possível dizer que uma de suas preocupações foi buscar uma aproximação e identificação com as lutas concretas e particulares daqueles outros movimentos sociais e sujeitos emergentes:

> É defendendo o direito de livre organização e manifestação para todos os setores explorados, é garantindo as Comissões de Fábrica, é apoiando o movimento do Custo de Vida, é lutando pela integridade física das lideranças

populares que a luta pela Anistia vai ultrapassar os limites estreitos, que até há pouco se encontrava para transformar-se em força nas mãos do movimento popular.

> [...] É necessário que estes vínculos sejam tais que os movimentos populares participem efetivamente do encaminhamento das lutas. [...] Só o movimento popular organizado será capaz de efetivar a conquista das liberdades para o povo brasileiro e a ANISTIA AMPLA, GERAL E IRRESTRITA. (COMITÊ BRASILEIRO PELA ANISTIA, 1978, acervo do Arquivo Edgard Leuenroth).

Na tentativa de estabelecer esses vínculos, uma das preocupações dos "Movimentos de Anistia" foi justamente interpelar a sociedade sobre o significado e a importância da anistia. Mas tomada *a priori*, por um lado, como um "pedido de perdão" e, por outro, entendida apenas como "promotora da conciliação e pacificação social"[13], a ideia de anistia política, inicialmente, encontrou dificuldade de penetração social. O depoimento de Maria Amélia Teles relata as primeiras dificuldades de aceitação da ideia de anistia:

> Desde que saí da prisão [...] pensava que a única forma de tirar todos(as) os(as) presos(as) daquela situação era através de um trabalho político como parte da Anistia. [...] Ela viria com a derrubada da ditadura. Coisa aliás que nós nunca assistimos no Brasil. [...]
>
> Na luta pela Anistia tive uma atuação polivalente. Discutia com os presos políticos, onde havia um setor significativo que era contrário a esta bandeira. Não aceitavam a Anistia mesmo sendo qualificada como ampla, geral e irrestrita. Eles achavam que a anistia era pedir perdão e eles não aceitavam a idéia. Afinal eles não tinham cometido crimes. No trabalho com as mulheres, muitas vezes aparecia o medo de defender a anistia por causa da repressão. Outras vezes havia um certo desprezo. Afinal a bandeira da Anistia era geral e não específica.
>
> Eu argumentava que a anistia significava um passo fundamental para a democracia. Assim poderíamos conquistar liberdades políticas. (TELES, 1999).

Segundo a leitura que faço dos "Movimentos de Anistia", como "resgate de *direitos*" a anistia já deveria ser pensada como um fim em si mesma, mas ela era também uma medida fundamental para a continuidade do processo político-institucional liberalizante, sendo ainda um importante instrumento de luta para a conquista de novos *direitos* e para o aprofundamento das lutas democráticas

13 Conforme denota seu estatuto jurídico (FUNDAÇÃO GETÚLIO VARGAS, 1987).

do povo brasileiro. Esse aprofundamento não estava apenas associado à ideia de conquista da anistia política enquanto uma lei que direcionaria a "abertura democrática" do regime, como tento demonstrar neste texto. Lutar pela anistia dos cassados, exilados e dos presos políticos não era um dever moral, mas algo que possibilitaria justamente a reintegração das lideranças, dos ativistas comprometidos com as lutas pelos "direitos humanos", por melhores condições de vida da população e pelo fim da ditadura. Chamar a atenção para esse encontro foi um caminho buscado para estabelecer vínculo com o movimento operário, por exemplo. Assim, em 1979,

> [...] no seu panfleto convocatório para o ato de 1° de maio, o CBA estampava a frase (acompanhada de um desenho vazio no meio): "Tem gente de menos neste 1° de maio". Dizia no verso: "Tem gente que não está aqui com a gente hoje, justamente porque esteve sempre ao lado do povo participando das mesmas lutas que nos trazem a este 1° de maio [...] a luta pela Anistia é a luta de cada trabalhador que quer rever seu irmão, sua mulher, seu filho". (EUGÊNIO, 1994, p. 140).

A tentativa de aprofundamento dos vínculos com o movimento sindical ficou explícita também durante os "Congressos de Anistia". O II Congresso de Anistia, que teve lugar em Salvador em novembro de 1979, estabeleceu como palavra de ordem "TODO APOIO À LUTA DOS TRABALHADORES CONTRA A REPRESSÃO". Se esses setores não estiveram organicamente envolvidos com a organização de comitês de anistia[14], suas demandas foram em grande parte agregadas na defesa desta medida[15]. No entanto, vai além do escopo deste artigo aprofundar a relação entre os "Movimentos de Anistia" e o movimento operário. A menciono apenas para ilustrar as questões envolvidas na luta pela anistia que apontariam para a ampliação de seu estatuto jurídico[16].

4 Considerações finais

Explorei alguns significados da luta pela anistia durante o regime militar brasileiro conforme desenvolvidos pelos "Movimentos de Anistia" no cenário de reconstituição da sociedade civil e da cidadania no país.

Ao emergirem na cena pública, os "Movimentos de Anistia" afirmavam que a anistia era um *direito*. Isso não significa que o tema dos *direitos humanos* tenha sido sua criação. Acredito ser correto afirmar, porém, a existência de uma associação da linguagem dos *direitos* vinculada à luta pela anistia aos demais movimentos populares e sociais emergentes nos anos 1970. Quando os "Movimentos de Anistia" falavam dessa medida como um *direito*,

14 Cumpre ressaltar também que os operários e sindicalistas emergiram como força política importante entre as oposições ao regime militar somente após as greves do fim da década, sobretudo em 1979. Esse fato permite relativizar sua anterior ausência maciça na luta pela anistia, contra aqueles que pretendem defender que essa luta não interessava às classes populares. Cf. Abramo (1997) e Sader (1988).

15 Do outro lado dessas relações, os sindicatos metalúrgicos, por exemplo, durante seu X Congresso Nacional, realizado em 5 de junho de 1979 incluíram a anistia ampla, geral e irrestrita entre suas teses políticas.

16 Também apenas de modo ilustrativo, nesse sentido cito um exemplo concreto de encontro da luta pela anistia com os movimentos de mulheres: durante o I Congresso de Anistia a Comissão de Mulheres "[...] chegou à conclusão de que a luta pela anistia está vinculada à luta pela emancipação feminina. Por isso, sugeriu a unificação das campanhas pela anistia com as campanhas que tratam dos problemas específicos da mulher, como creche, dupla jornada de trabalho e controle da natalidade." (MOVIMENTO FEMININO PELA ANISTIA, 1979, p. 8-9, acervo do Arquivo Edgard Leuenroth).

diziam, ao mesmo tempo, que este não devia ser resgatado apenas pelos punidos do regime militar, mas como uma medida que interessava a todos os brasileiros.

Por isso, neste texto procurei explorar como os discursos dos "Movimentos de Anistia" extrapolavam a defesa de uma lei de anistia. Assim, não apenas a conquista da anistia, embora limitada, foi pensada como um avanço, mas a participação nessa luta foi tratada como oportunidade de participação e descoberta de novas formas de expressão social e política, um momento de constituição de "sujeitos políticos" e de novas formas de "solidariedade social". Nesse sentido também a luta pela anistia, partindo da defesa dos "direitos humanos" e da reivindicação pelo estabelecimento do Estado de Direito (elementos constitutivos de seu objeto), contribuiria para a consolidação e disseminação da própria referência ao *direito* enquanto "gramática civil" que definia os termos e signos políticos da relação com o Estado e mesmo das relações e diálogos internos à esfera societária. Parece ser esse o sentido de vitória atribuído pelos movimentos à *conquista* da anistia.

Esse processo se estabeleceu à medida que os "Movimentos de Anistia" relacionavam-se com outros movimentos sociais – tais como os movimentos de trabalhadores e os de mulheres –, que traziam suas demandas para a cena pública e reivindicavam sua construção como "sujeitos políticos", afirmando suas identidades coletivas. Nesse processo, ampliavam e renovavam os conteúdos dos *direitos* e da *cidadania* enquanto estratégia política (DAGNINO, 1994). E, nessa trajetória, o próprio significado da anistia defendida também se renovaria.

Fabíola Brigante Del Porto[17]

17 Doutoranda do Programa de Ciência Política da Unicamp e Editora Assistente da Revista Opinião Pública – CESOP/Unicamp.

BRASIL
ANISTIA
LIBERDADE
DEMOCRACIA
COMITE NACIONAL PREPARATÓRIO BRASILEIRO
XI FESTIVAL MUNDIAL DA JUVENTUDE E DOS ESTUDANTES PELA SOLIDARIEDADE ANTI-IMPERIALISTA, A PAZ E A AMIZADE! CUBA, 1978

5. O Comitê Brasileiro pela Anistia de São Paulo (CBA-SP): memória e fragmentos[1]

Premissa

A história da luta pela Anistia Ampla, Geral e Irrestrita não tem um narrador oficial. O protagonismo dessa luta foi em parte anônimo, em parte conhecido e muitas vezes disperso em todo o país – que das mais diferentes formas e nos mais singulares gestos se revoltou contra a tirania que se abatera sobre os brasileiros com o golpe militar de 1º de abril de 1964. Poetas e cantores de cordel, artistas de rua e pixadores de muros, artistas plásticos e gráficos com seu traço sutil e ferino, compositores e músicos que espalharam com a melodia um grito de cale-se foram unânimes em exigir um basta e igualmente unânimes em perceber que, ao final, a anistia proposta trouxe "[...] em uma das mãos um ramo de oliveira e na outra uma vergasta.", na metáfora do poeta Drummond (ANDRADE, 1979).

Contar a história da anistia e das mulheres e dos homens que dela participaram é igualmente correr o risco de excluir sem saber e não incluir por desconhecer tudo o que contribuiu para que esta campanha e para que a anistia fosse alcançada. O gesto ético se sobrepôs à violência e conseguimos, envoltos nessa bandeira, abrir a porta dos presídios políticos, receber nos aeroportos os banidos e exilados, assistir à primeira aula de professores cassados e abraçar a amiga e o amigo que retornavam de um longo tempo clandestinos, mais sérios, grisalhos e precocemente taciturnos. Os militantes da Anistia celebraram junto com os familiares as primeiras homenagens aos mortos e exigiram esclarecimentos sobre os desaparecidos.

Partindo desta premissa, reúno neste texto fragmentos e memória da luta e da campanha, com a intenção de articulá-las com memórias complementares. Ao informar sobre as principais atividades que o CBA-SP organizou a partir de

1 Texto preparado para o Seminário Internacional "A luta pela Anistia: 30 anos", organizado pelo Arquivo Público do Estado de São Paulo e realizado no Memorial da Resistência, na Estação Pinacoteca do Estado de São Paulo, entre 11 e 15 de maio de 2009. Este texto foi elaborado a partir de documentos de meu arquivo pessoal e de memórias da campanha compartilhadas com Fernanda Coelho. Alguns fatos aqui relatados foram por mim apresentados no Seminário sobre Anistia organizado pela Fundação Perseu Abramo, em São Paulo, em 31 de março de 2009.

1978, e muitos de seus protagonistas, minha intenção é a de prestar uma homenagem a esses brasileiros e a tantos outros que, anonimamente, sustentaram a luta pela Anistia Ampla, Geral e Irrestrita.

1964 e 1978

O golpe militar em 1º de abril de 1964 institucionalizou a detenção, a prisão e o sequestro, o banimento, a tortura, o assassinato e desaparecimento, deixando um legado sinistro: 426 mortos e desaparecidos políticos, uma legião incontável de ex-presos torturados e histórias de vida truncadas. A viscosidade da memória da tortura ultrapassa o tempo, ficou aderida no corpo e na alma de quem a viveu. A memória da vida clandestina e do exílio é uma lembrança encapsulada e pulsante. O golpe de 64 e a memória dos acontecimentos que devastaram nosso país, sobretudo das mortes, dos desaparecimentos e dos efeitos da tortura, tornaram-se e mantêm-se como uma herança transgeracional.

O movimento pela anistia é fruto da indignação e um basta à ditadura militar. Em 1975, por iniciativa das mulheres e de Terezinha Zerbine, um abaixo-assinado com 16 mil assinaturas propunha a Anistia. Inicialmente pensada como perdão e esquecimento, a concepção logo foi ampliada.

Os Comitês Brasileiros pela Anistia (CBAs) surgem como uma organização independente, reunindo homens e mulheres dispostos a levar à frente um programa político mínimo e de ação que ia além do esquecimento e exigia a libertação imediata de todos os presos políticos; a volta de todos os exilados, banidos e cassados; a reintegração política, social e profissional dos funcionários públicos ou privados demitidos por motivos políticos em consequência dos efeitos dos Atos de Exceção; o fim radical e absoluto da tortura; a revogação da Lei de Segurança Nacional; o desmantelamento do aparato repressivo; o esclarecimento das mortes e dos desaparecimentos por motivação política; a denúncia sistemática da tortura e dos casos de mutilação; o julgamento e punição dos responsáveis.

Essa proposta alcançou vários setores da sociedade brasileira, que das mais diferentes formas expressaram sua adesão.

Maio de 1978

O CBA-SP foi constituído em 12 de maio de 1978, 3 meses após o CBA-RJ. Sua organização foi resultado de vários esforços isolados e dispersos nos anos anteriores, em defesa dos perseguidos políticos pelo regime militar. Já desde 1973 iniciativas – ora pessoais, ora de comissões – procuravam chamar a atenção da opinião pública para o avanço da ditadura. Nos anos 1976 e 1977, novos acontecimentos contribuíram para a organização de uma proposta política mais ampla de repúdio à ditadura. Uma das primeiras tarefas do CBA-SP e de sua Comissão Executiva foi a discussão e elaboração da "Carta de Princípios e Programa Mínimo de Ação", terminada em julho de 1978, cuja redação final coube a Perseu Abramo. Nessa Carta são reafirmados os princípios de combate à ditadura bem como um programa para a campanha que exigia: a libertação imediata de todos os presos políticos; a luta pelo esclarecimento das mortes e desaparecimentos políticos ocorridos e a responsabilização judicial de seus autores; a volta imediata de todos os exilados; a reintegração social e política de todos os beneficiados pela Lei de Anistia parcial; a revogação da Lei de Segurança Nacional e de todo o aparato repressivo (COMITÊ BRASILEIRO PELA ANISTIA – SP, 1978a).

O CBA-SP foi estruturado a partir de representantes de entidades e não exclusivamente por meio de filiações individuais. A compreensão era a de que esta forma de representação implicaria neste processo as entidades como um todo. As representações, mesmo individuais, como as de familiares, eram representações de interface na relação com os presos políticos e familiares de mortos e/ou desaparecidos. Por isso é que o CBA-SP não foi uma entidade juridicamente constituída, foi um colegiado livre que não estipulou funções, como a de presidente, vice-presidente, secretário e demais cargos em uma direção hierarquizada, mas sempre entendeu que todos os representantes e integrantes tinham iguais deveres. Evidentemente, na prática, e por força das possibilidades, algumas representações se expressavam como pessoais, mas isso não atrapalhou e nem impediu que um espírito comum de busca implacável da libertação da ditadura nos movesse. Assim é que o CBA-SP reuniu em seu elenco executivo pessoas já conhecidas publicamente e outras na qualidade de familiares dos militantes políticos atingidos. Na época em que o CBA-SP foi organizado, havia um enorme contingente de combatentes clandestinos no Brasil: eram militantes, familiares de militantes perseguidos, brasileiros determinados, que, dentro do país que lhes era hostil, se constituiram em uma coluna que não se curvou, sustentaram a luta de forma anônima e clandestina sob a férrea vigilância da ditadura.

Em 1978, cinquenta e três presos políticos ainda permaneciam em prisões de seis estados do país: Ceará, Rio Grande do Norte, Pernambuco, Bahia, Rio de Janeiro e São Paulo. Muitos presos haviam sido banidos e um contingente significativo de brasileiros – aproximadamente 10 mil – havia se exilado. Havia 4.682 demitidos e cassados e 245 estudantes expulsos da universidade pelo Decreto-Lei nº 477 (BRASIL, 1969). Ao todo, cerca de 40 mil brasileiros foram atingidos pelo regime militar, conforme o "Brasil Nunca Mais". (ARQUIDIOCESE DE SÃO PAULO, 1985).

A luta pela anistia, que era aberta e legal, contou desde a primeira hora com a participação das mulheres que se uniram à batalha, como mães, irmãs, esposas e amigas de atingidos e também como militantes até então clandestinas. O lugar de mãe, de esposa e de irmã são lugares, em si, que se qualificam pela sua condição subjetiva inquestionável: a história de Antígona, que lutou pelo sepultamento do irmão Polinices apesar da proibição de Creonte; a da mãe que diante de Salomão não permitiu dividir seu filho ao meio; a de Ifigênia, filha de Agamenon, que aceitou ser sacrificada pela causa da Grécia, entre outras, são figuras que fazem parte do imaginário cultural milenar como defensoras de entes queridos ou de seu país. Não são poucas as mulheres que, na história, combateram incansavelmente pela defesa da vida de familiares. No século XX, as avós e as mães da Praça de Maio são protagonistas de uma permanente campanha de busca de seus filhos e netos, exigindo esclarecimento sobre os 30 mil desaparecidos na Argentina.

O Comitê Brasileiro pela Anistia de São Paulo reuniu mulheres e homens, todos cidadãos brasileiros que se tornaram protagonistas da luta pela anistia no Brasil. Durante os dois primeiros anos, o CBA-SP teve como dirigentes e fundadores Luiz Eduardo Greenhalgh, advogado de presos políticos; Perseu Abramo, jornalista; Maria Auxiliadora Arantes (Dodora), da Comissão de Presos Políticos; Vanya Santana, da Associação dos Sociólogos no Estado de São Paulo; Judith Klotzel, da Associação de Docentes da USP; Ruth Escobar, empresária e diretora de teatro; Rubens Boffino, professor da Associação de Professores do Estado de São Paulo. Também se juntaram à Comissão Executiva: Helio Bacha, médico, e Maria Augusta Capistrano, da Comissão de Mortos e Desaparecidos Políticos. Posteriormente, Fernanda Coelho e Suzana Lisboa, representantes da Comissão de Mortos e Desaparecidos, vindas respectivamente do Rio de Janeiro e do Rio Grande do Sul, se integraram ao CBA-SP e, juntamente com Luiz Eduardo Greenhalgh e Maria Auxiliadora Arantes (Dodora), foram os quatro militantes do CBA-SP nos desdobramentos da luta da anistia, até o início dos anos 80.

Junto à Comissão Executiva se estruturaram núcleos de apoio à campanha, entre eles o Núcleo de Profissionais de Saúde, que prestou especial atenção aos presos políticos, sobretudo em relação às sequelas da tortura. As representantes desse núcleo eram Zilah Abramo e Martha Salomão, e nele também estavam os médicos Sergio Paschoal, Cláudio Meneghini, Jorge Mattar e Milton Martins. O Núcleo de Advogados foi essencial na defesa dos atingidos e, mesmo entre os que não participavam presencialmente de reuniões do CBA, muitos foram seus consultores em diversas ocasiões. Entre eles: José Carlos Dias, Idibal Pivetta, Belisário dos Santos Jr., Marco Antonio Barbosa, Mario Simas, Iberê Bandeira de Mello, Marcia Ramos de Souza. A Comissão Executiva fez contato com

Dalmo Dallari para discutir aspectos da anistia quando ainda estava em gestação o conteúdo da campanha. Com essa mesma intenção, Dona Jovina Pessoa, que participara da campanha da anistia na década de 40, ofereceu subsídios sobre instrumentos de luta a serem organizados e disponibilizou documentos.

Várias entidades e pessoas se juntaram ao CBA-SP e foram seus militantes das mais diferentes formas (COMITÊ BRASILEIRO PELA ANISTIA – SP, 1978b, 1979a). Conforme a relação de presenças, apresento as que de forma mais assídua participaram de reuniões da campanha: Associação Brasileira de Imprensa, com Alípio Freire; Instituto de Arquitetos do Brasil, com Clara Ant; estudantes universitários, do pró-UNE, do DCE livre da USP, da PUC-SP, de Campinas e de Piracicaba; Sindicato dos Jornalistas Profissionais no Estado de São Paulo, com Audálio Dantas, David de Moraes, e mais tarde Gabriel Romeiro, e movimentos de oposição sindical, como a oposição metalúrgica, com Clovis Castro. Entre os ativistas da luta pela anistia que participaram de incontáveis reuniões estavam: Celeste Fon, da Comissão de Presos Políticos; Leda Corazza Greenhalgh, Hugo Lenzi, Arnaldo Jardim, Paulo Massoca, Marcelo Barbieri, Claudio Lopes, Antonio Luiz Cunha (Luizão), José Roberto Manesco, Flávio Pachalsk; representantes da Comissão de Mães, entre elas Zilah Abramo e Adelaide R. da Silva; Raquel Pomar e Laura Petit, da Comissão de Mortos e Desaparecidos; ex-presos políticos, como Ivan Seixas, Alípio Freire, José Genoino; Rioco Kayano, as manas Maria Stela e Regina Stela, Claudia Costin Fuser e Igor Fuser, Regina Lopes, o professor universitário cassado Otávio Ianni e também os deputados Aurélio Perez, Irmã Passoni e Marco Aurélio Ribeiro. Esses, entre tantos, contribuíram nos encaminhamentos que antecederam a aprovação da Lei de Anistia pelo Congresso Nacional. Também artistas se engajaram nesta luta: Gianfrancesco Guarnieri, Lélia Abramo, Eva Wilma, Carlos Zara, Renato Consorte, Beth Mendes, Marilia Medalha. Henfil tornou-se o cartunista expressivo da luta pela anistia e Cláudio Tozzi, Otavio Roth e Elifas Andreato imortalizaram suas contribuições na ilustração dos artigos da Declaração Universal dos Direitos Humanos (Roth) e no cartaz que foi o símbolo da denúncia da tortura para o Prêmio Herzog (Andreato); aproximou-se também a artista plástica Amélia Toledo. Manoel Cyrillo de Oliveira, preso político e artista gráfico, foi o criador da capa dos Anais do I Congresso de Anistia e seu trabalho foi multiplicado posteriormente em muitos documentos do CBA.

A Conferência Nacional dos Bispos do Brasil (CNBB), por meio do Cardeal Arcebispo de São Paulo, Dom Paulo Evaristo Arns, a Associação Brasileira de Imprensa (ABI), com Barbosa Lima Sobrinho, e o Conselho Federal da Ordem dos Advogados do Brasil (OAB), com Raimundo Faoro e posteriormente Seabra Fagundes, foram instituições de abrangência nacional apoiadoras da luta pela anistia e com decisiva participação na defesa da vida de incontáveis presos políticos ainda encarcerados e condenados.

Houve intensa articulação com os CBAs no interior do Estado de São Paulo, que multiplicavam e expandiam a luta pela anistia através de atividades próprias públicas ou em parceria com o CBA-SP nas cidades de São José dos Campos, Santos, Campinas, Piracicaba, Limeira, Sorocaba, Ribeirão Preto, Bauru, ABC, Assis, Osasco, Itapira, Jacareí, Mogi das Cruzes e Guaratinguetá. Os contatos com o CBA-SP eram feitos por meio dos representantes de cada CBA, em reuniões em São Paulo e/ou de outras maneiras. A principal responsável pelo CBA-SP designada pela Comissão Executiva para esses contatos foi Maria Auxiliadora Arantes. Os seguintes foram contatos destes CBAs: em São José dos Campos, Fuad Chabchoul; em Santos, Edmea Ladevig; Campinas, Marcio Campos e Yara Salazar; Piracicaba, Maria Lucia Quaresma; Limeira (correspondência a/c Francisco Rafael Ribeiro); Sorocaba, Jocélio Drummond; Ribeirão Preto, Leopoldo Paulino; Bauru, Antonio Pedroso Junior; ABC, João Batista Silva; Assis, Antonio Carlos Bernardo; Osasco, Antonio Carlos Mourão; Itapira, Carlos Alberto de Castro; Jacareí, Mario Sergio Moraes; Mogi das Cruzes, Helio Dias Norvath; Guaratinguetá, Paulo Almada e Rui Horta (COMITÊ BRASILEIRO PELA ANISTIA – SP, 1979d).

Em julho de 1978, uma delegação do CBA-SP constituída por Ruth Escobar, Luiz Eduardo Greenhalgh, Maria Augusta Capistrano e Rosalina Santa Cruz participou do Congresso de Roma, convocado por exilados brasileiros e entidades europeias de apoio à luta pela derrubada da ditadura no Brasil. Também integraram a delegação do Brasil representantes do CBA-MG, Helena Greco e Heloisa Greco; do CBA-RJ, Arthur Müller e Ana Müller; representantes do CBA da Bahia além de advogados e parlamentares.

Novembro de 1978

O Primeiro Congresso pela Anistia, realizado em 2, 3, e 4 de novembro de 1978, em plena ditadura, foi um marco na implementação dos comitês de anistia, que chegaram a ser 60 organizações em todo o Brasil. O Congresso, realizado em São Paulo, foi antecedido de reuniões no Instituto Sedes Sapientiae com o aval de Madre Cristina, destacada apoiadora do movimento de resistência à ditadura. A abertura oficial do Congresso foi feita no teatro da PUC-SP, o TUCA, durante a reitoria da professora Nadir Gouvêa Kfouri que, um ano antes, em setembro de 1977, defendera com altivez o campus da PUC durante sua invasão pela Polícia Militar comandada pelo coronel Erasmo Dias. O encerramento foi feito no teatro de Ruth Escobar. Ao Congresso compareceram, além de representantes de todos os CBAs do Brasil e do Movimento Feminino pela Anistia, representantes de entidades apoiadoras da campanha: Eduardo Seabra Fagundes, da OAB Federal; o jornalista Helio Silva, da ABI; Helio Bicudo e José Gregori, da Comissão de Justiça e Paz-SP; representantes da Sociedade Brasileira para o Progresso da Ciência (SBPC); o Padre Virgílio Uchoa, da Conferência Nacional dos Bispos do Brasil (CNBB). Compunham a delegação estrangeira o jurista Lélio Basso, de Roma; Etienne Bloch, representando o Comitê de Solidariedade Brasil-França; Louis Joinet, de Paris, da Comissão Internacional de Juristas Católicos; André Jacques, do CIMAD (Organização internacional de apoio aos refugiados do mundo inteiro); Jean Bernard Weber e Paul Guilly Hart, da Suíça. Senadores da República e deputados federais que estiveram presentes ou enviaram mensagens de apoio: Mário Covas, Ulisses Guimarães, Freitas Nobre, Severo Gomes, Lisâneas Maciel, Chico Pinto e Gastone Righi. Inúmeras entidades e vários cidadãos brasileiros vindos de toda parte lotaram o teatro da PUC-SP, com capacidade para mais de 600 pessoas.

Junho de 1979

Em 15 de junho de 1979, ocorreu no Rio de Janeiro o Terceiro Encontro das Entidades de Anistia, e o CBA-RJ e a Comissão Nacional de Mortos e Desaparecidos divulgam uma publicação datilografada e encadernada sobre os presos, os mortos e desaparecidos (COMITÊ BRASILEIRO PELA ANISTIA – RJ; COMISSÃO NACIONAL..., 1979). Nela há uma relação dos mortos e desaparecidos no Brasil e no exterior, com suas biografias e as condições então conhecidas de seu assassinato; extensa lista com o nome de todos os torturadores e a descrição dos instrumentos de tortura, bem como a denúncia da máquina de tortura do Estado. Desde essa publicação, inúmeras outras apresentaram a lista dos torturadores e foram redigidas pelos próprios presos políticos, que ainda presos não temeram elaborar essas listas para enviá-las às autoridades brasileiras e também ao exterior através de seus familiares, advogados e colaboradores na luta contra a ditadura. A publicação referida reproduz em parte texto elaborado pelos presos políticos do Rio de Janeiro em 18 de abril de 1979 e foi encaminhada à OAB Federal, à CNBB, à ABI e à Comissão de Direitos Humanos do Movimento Democrático Brasileiro.

Julho de 1979

Em julho ocorre o IV Encontro dos Movimentos de Anistia, e o documento final – o texto "Reafirmação do Compromisso Nacional" (ENCONTRO DOS MOVIMENTOS DE ANISTIA, 1979) fazia um lúcida análise do movimento popular e do projeto político do governo de tentativa de sua institucionalização; denunciava o projeto de anistia humilhante e discriminatório; reafirmava o compromisso nacional de continuidade da luta com a exigência da libertação imediata de todos os presos políticos, da volta de todos os exilados, da reintegração de todos os demitidos, excluídos, reformados, cassados e aposentados; exigia também esclarecimentos das mortes e desaparecimentos de opositores, responsabilização dos que praticaram torturas e assassinatos, a revogação da LSN e o desmantelamento do ainda impune aparelho de repressão política.

Agosto de 1979

A campanha mais específica organizada pelo CBA-SP, que antecedeu a votação da Lei de Anistia em agosto de 1979, foi intensa nas ruas de São Paulo. Na sede do CBA, escritório de advocacia do então deputado federal Airton Soares em sociedade com Luiz Eduardo Greenhalgh e Márcia Ramos de Souza, um "Cronograma de Atividades" (COMITÊ BRASILEIRO PELA ANISTIA – SP, 1979c) fixado na parede do andar superior ficava disponível 24 horas por dia onde as comissões e os responsáveis pelas atividades se encontravam para recolher material de divulgação e sair em agrupamentos para os locais já pré-determinados e decididos em incontáveis reuniões anteriores. A intensificação ocorreu a partir do dia 21 de julho com uma reunião ampliada do Movimento Contra a Carestia no Sindicato dos Jornalistas. Foram organizadas panfletagens em porta de fábricas e no centro da cidade, principalmente no Largo São Francisco; debates em salões paroquiais, como na Igreja da Ponte Rasa e na Igreja Santo Antonio na Vila Campestre, no Curso Politécnico, na Associação de Funcionários do Hospital do Servidor Público. Foram também organizadas mesas-redondas na Freguesia do Ó, na capela do Socorro, em Osasco e na Vila Prudente. Foram encenadas peças teatrais de César Vieira – nome artístico de Idibal Pivetta, advogado de presos políticos – no Sindicato dos Metalúrgicos, além de pequenas passeatas com palavras de ordem e cartazes pelo centro da cidade, tendo sempre o Largo São Francisco como ponto de partida ou de chegada. Houve um grande debate no TUCA, no dia 6 de agosto, com o posicionamento dos movimentos de anistia frente ao projeto da ditadura, denunciando a parcialidade da anistia que estava em gestação no parlamento e com a denúncia da situação dos presos políticos, das torturas, das mortes e dos desaparecimentos. Em cada uma dessas atividades um representante do CBA se responsabilizava pela montagem, realização e coordenação da ação da campanha pela AAGI (Anistia Ampla, Geral e Irrestrita).

No dia 8 de agosto de 1979, o comício na Praça da Sé foi um marco decisivo na campanha da anistia. Até então a Praça de Sé estava proibida para manifestações, e a realização do Ato Público – cercada pela polícia militar, a pé ou a cavalo – foi uma vitória na conquista dos espaços públicos proibidos para manifestação de qualquer natureza. No coração da cidade de São Paulo e junto ao seu Marco Zero, os movimentos tomaram politicamente a praça, que voltou a ser do povo. A Convocatória para o Ato, escrita pelo CBA-SP em julho e assinada pelo Comando Geral pela *Anistia Ampla, Geral e Irrestrita* foi distribuída durante julho e agosto à população e dizia:

> Hoje se sabe no Brasil que o regime militar que se implantou no país em 1964, prendeu, torturou, matou, baniu e exilou, cassou e demitiu inúmeros brasileiros. [...] Fez calar a livre manifestação do pensamento, fechou universidades, invadiu sindicatos e deixou o povo sem liberdade e com fome, no campo e na cidade. Hoje os brasileiros que querem para esta nação a liberdade e a justiça, vêm publicamente exigi-las. [...] Este mesmo regime apresentou no dia 27 de junho um Projeto de Anistia Parcial por que deixa de fora muitos brasileiros atingidos durante estes 15 anos. Submete funcionários civis e militares a novos condicionamentos e humilhações para a re-integração em seus cargos. Deixa de fora trabalhadores e estudantes atingidos pela CLT e pelos Atos de Exceção. Deixa na prisão e no exílio muitos brasileiros. Nem sequer uma palavra sobre os que matou e fez desaparecer durantes estes anos. Este projeto deverá ser votado pelo Congresso Nacional em agosto. [...] Não podemos em nome da justiça e da própria grandeza da Anistia aceitá-lo e por isso mesmo repudiamos este projeto. Queremos uma Anistia ampla, geral e irrestrita que devolva à nação todos os brasileiros dela afastados. [...] Queremos uma Anistia que respeite a memória dos que foram mortos, a resposta para os casos de desaparecimentos e a responsabilização dos que os provocaram. Queremos a revogação da Lei de Segurança Nacional e de todas as leis repressivas. Conclamamos a todos, vindos das fábricas, das escolas e dos escritórios, de suas casas e de seus empregos, das lojas e das ruas, para que na Praça da Sé, se unam em ATO PÚBLICO na exigência de uma Anistia Ampla, Geral e Irrestrita para a nação brasileira. Vivemos um momento importante na história de nosso país. Devemos engrandecê-lo com a participação mais ampla de todo o povo.
>
> Todos na Praça da Sé no dia 8 de agosto às 18 horas!
>
> Comando geral pela Anistia Ampla geral e Irrestrita, São Paulo, julho de 1979. (COMITÊ BRASILEIRO PELA ANISTIA – SP, 1979b) .

A Praça da Sé ficou repleta, vigiada pelas forças militares e policiais. E desde então passamos a ocupá-la permanentemente em novos atos públicos. Houve um momento ímpar, que pessoalmente vivi, quando, como representante dos familiares de presos, fazia um pronunciamento no palanque e informava que, naquele momento, os presos políticos de São Paulo entravam em greve de fome juntando-se à campanha. Com o toque do carrilhão da Igreja da Sé, os pombos aninhados na torre se espantaram e um deles se alojou na faixa dos Securitários pela Anistia, estendida frente ao Portal da Sé. Esse momento, em imagem, ficou imortalizado pela lente do fotógrafo Juca Ferreira, da Agência F4 de Nair Benedito. Essa foto passou a ser o cartaz símbolo de inúmeros atos que depois se organizaram de comemoração pela Anistia, entre eles o Ato pelos 20 anos, realizado no TUCA, quando foram homenageados postumamente cinco brasileiros, marcos e símbolos da luta pela Anistia: o cartunista Henfil, a Madre Cristina, o jornalista e dirigente da Anistia, Perseu Abramo, o Reverendo Jaime Wright e o senador da República, Teotônio Vilela (ZERBINI; GREENHALGH; PIRES, 1999).

As reuniões pela campanha prosseguiram, tentando que a lei fosse como o movimento exigia – ampla, geral e irrestrita –, e entre 11 e 12 de agosto ocorreu um Encontro Nacional dos Atingidos no Rio de Janeiro, além de reuniões do Comando Geral da Campanha e uma reunião de ex-presos políticos no teatro Ruth Escobar. Para o dia 14 de agosto foi organizada a caravana de militantes, familiares e representantes de entidades rumo a Brasília para acompanhar o desenvolvimento do debate no Congresso Nacional e para fazer contato com parlamentares. No dia 21 foi realizado um segundo Ato na Praça da Sé.

Destaque especial se deve à participação do senador da ARENA, Teotônio Villela, presidente da Comissão Mista da Câmara e do Senado, que debatia o projeto da Lei de Anistia. A proposta de ampliação do projeto da ditadura, conforme exigência dos movimentos de anistia, foi encampada pelo senador, sobretudo a partir da aproximação cordial com os movimentos de anistia e com os atingidos. A movimentação de Teotônio pelo país iniciou-se em São Paulo em uma visita aos presos políticos que estavam no presídio da polícia militar "Romão Gomes", na Cantareira, conhecido como "presídio do Barro Branco". Teotônio ficou hospedado em São Paulo, no Hotel Jaraguá, à Rua Major Quedinho, e foi conduzido ao presídio por uma comitiva integrada por três pessoas: duas familiares de presos políticos do Barro Branco – Celeste Fon e Maria Auxiliadora Arantes – e Fernando Henrique Cardoso. Os três integrantes da comitiva ficaram fora dos portões do presídio. Teotônio entrou sozinho, permaneceu durante longo tempo com os presos e saiu de lá dizendo à imprensa que não encontrara entre os presos nenhum "abominável homem das neves" e nenhum "lobo das estepes", e sim encontrou homens que sofreram na busca de seus ideais. A partir de então iniciou sua memorável cruzada de visitas aos presos políticos do Brasil e tornou-se uma referência da luta

A1
1º CONGRESSO BRASILEIRO DE ANISTIA
DIAS:
30/11 a 03/12/96
LOCAL: AUDITÓRIO NEREU RAMOS
CÂMARA DOS DEPUTADOS (BRASÍLIA)
A CONFIRMAR: ALOJAMENTO GRATUITO
Agora
INSCRIÇÕES NA ABAP (GRATUITAS)
ASSOCIAÇÃO BRASILEIRA DE ANISTIADOS POLÍTICOS.
SBS - EDF. SEGURADORAS 9º ANDAR. BRASÍLIA - DF
CEP: 70093 - 900 - Fones: (061) 323 8569 - 225 3973- FAX: 323 7856
ANISTIA. MAIORIDADE NACIONAL!
Colabore com a anistia Fixe este cartaz em local público!

pela anistia. Em texto de homenagem, para a "Comemoração dos 20 anos de Anistia", Vanya Santana assim se refere a Teotônio:

> Ele chegou até nós em meio à luta. E chegou assim, simplesmente. [...] Cruzou o país a perguntar, a ouvir e se emocionar com a heróica, mas triste saga dos que caíram na luta pela liberdade. [...] Um guerreiro amável, incansável, que se mil vidas tivesse, mil vidas teria dado pelo bem da liberdade do Brasil e dos brasileiros, Teotônio fez morada eterna em nossos corações. (ZERBINI; GREENHALGH; PIRES, 1999).

Apesar de a anistia alcançada ter sido parcial e restrita, a atitude do senador teve o reconhecimento dos movimentos de anistia. O CBA-SP organizou uma homenagem, após a aprovação da Lei de Anistia, com a distribuição dos dois volumes do Relatório da Comissão Mista de Anistia. O evento foi organizado no recém-inaugurado SESC Pompeia. Uma pomba branca foi libertada de dentro de uma pequena gaiola entregue a Teotônio por dois jovens filhos de ex-presos políticos: Janaina Teles e André Arantes. Esse ato simbólico passou a ser um gesto repetido incontáveis vezes e integrado definitivamente às comemorações da Anistia.

O Balanço que o CBA-SP fez em junho de 1979, dois meses antes da publicação da Lei de Anistia, que já se sabia contrária ao que propunham os movimentos de anistia, levou-nos a organizar e participar de reuniões estaduais e nacionais com vistas ao 2º Congresso Nacional pela Anistia, que ocorreu em novembro de 1979 em Salvador, na Bahia. A partir de então o CBA-SP passou a compor a Comissão Executiva Nacional dos Movimentos de Anistia no Brasil e de suas reuniões nacionais, das quais éramos co-organizadores e dirigentes.

Outubro de 1979

Em outubro de 1979, já que a Lei de Anistia tinha sido uma agressão ao movimento de anistia e ao povo brasileiro, o CBA-SP elaborou textos de continuidade da luta pela AAGI, propondo: a luta pelo esclarecimento das mortes e desaparecimentos políticos ocorridos e a responsabilização judicial de seus autores; a volta imediata de todos os exilados; a reintegração social e política de todos os beneficiados pela Lei de Anistia parcial, e a revogação da Lei de Segurança Nacional e de todo o aparato repressivo.

Ao lado dessas consignas gerais, o CBA-SP acrescentou propostas específicas contra a violência policial; pelo apoio às lutas populares, greves e campanhas salariais; pelo aprofundamento do apoio jurídico e de saúde, e em apoio à reorganização partidária.

A questão da convocação de uma Assembleia Nacional Constituinte e a organização e manutenção da frente política passaram a ser discutidas em novo patamar, já que se esperava que os partidos políticos – reorganizados ou partidos novos – passassem a conduzir as lutas pelo processo de democratização no país, bem como a assunção pelos órgãos de classe de suas reivindicações específicas.

Novembro de 1979

O 2º Congresso Nacional de Anistia ocorreu em Salvador nos dias 15, 16 e 17 de novembro de 1979. O Congresso foi convocado pelos 17 movimentos de anistia e a organização esteve sob responsabilidade dos Comitês de Anistia de São Paulo, do Rio de Janeiro e da Bahia, dos Movimentos Femininos de Anistia de São Paulo e de Pernambuco e da Sociedade de Defesa de Direitos Humanos do Pará. A Convocatória do Congresso amplamente distribuída:

> Estipulada sob um regime militar que sempre se caracterizou como anti-nacional, anti-popular e anti-democrático, a Lei aprovada resultou em cometer mais e maiores injustiças. Não esvaziou os cárceres políticos; não facilitou a reintegração profissional dos servidores punidos; não abriu os quartéis para receber os militares cassados. O regime militar desfigurou, pois, e até onde pôde, o instituto universal da Anistia. E assim agindo, desafia a fibra do movimento e nos empurra a prosseguir a luta. (COMISSÃO EXECUTIVA NACIONAL..., 1979).

O Temário também constava do Manifesto-Convocação panfletado nas ruas de São Paulo e apresentava os três eixos de continuidade da luta: a) a luta pela Anistia e as lutas democráticas e populares; b) a defesa dos atingidos pela repressão política; c) questões político-administrativas dos Movimentos de Anistia.

Neste Congresso de Salvador houve a decisão histórica de instituir o Prêmio Jornalístico Vladimir Herzog de Anistia e Direitos Humanos, em vigor há quase 30 anos e sustentado pelo Sindicato de Jornalistas Profissionais no Estado de São Paulo. A proposta foi feita por Helena Greco, do CBA de Minas Gerais, e imediatamente encampada por todo o movimento de anistia. Coube ao CBA-SP construir e materializar o Regulamento do Prêmio, tarefa assumida imediatamente por Perseu Abramo. Durante várias edições do Prêmio, o CBA-SP integrou sua Comissão Julgadora. Das atividades decorrentes do 2º Congresso de Salvador e que deram seguimento às reivindicações da luta pela anistia, a deliberação de receber os exilados e banidos que retornavam foi uma decisão que possibilitou um momento ímpar de seguidas e renovadas emoções. Portando cartazes, faixas e adesivos e com músicas especialmente escritas para recebê-los, os Movimentos de Anistia promoveram uma integração incomum dentro de um país até então dividido, silenciado e ferido. A recepção nos aeroportos internacionais do Brasil levavam muitos, além dos militantes, a se incorporarem neste abraço congelado por tantos anos. Entre os exilados que chegaram ao Rio de Janeiro e a São Paulo estavam Betinho (o irmão do Henfil), Apolônio de Carvalho, Diógenes de Arruda Câmara, João Amazonas, Luiz Carlos Prestes, Miguel Arraes, José Dirceu, José Ibrahim, entre muitos. Houve também a decisão de realizar uma campanha específica pela volta de Flávio Koutzi, preso na Argentina, e de Flávia Schilling, presa no Uruguai. A campanha específica para a volta de Flávia Schilling envolveu diferentes iniciativas do CBA-SP. Foram confeccionados cartazes e também camisetas com os dizeres "Flávia, seu lugar é aqui", além de 100 mil selinhos adesivos distribuídos em caminhada, inaugurando esse recurso. Foi escrita a música "Uma canção para Flávia" e feita uma campanha massiva de arrecadação financeira para sua volta, resultado entregue a sua família. Em 8 de março de 1980 foi enviado texto de saudação sobre Flávia (COMITÊ BRASILEIRO PELA ANISTIA – SP, 1980) ao 2º Congresso da Mulher Paulista, com 3.500 congressistas, conclamando-as à campanha pela sua libertação e com a coleta ampla de assinaturas em um abaixo-assinado que foi posteriormente entregue ao Cônsul Geral do Uruguai. Foram escritos vários textos pela Comissão Executiva contando sua história, além do texto de Aton Fon, ex-preso político, lido em conjunto por todos os presentes no aeroporto de Congonhas, como um coro falado. Começava assim: "Oi Flávia, que bom ter você de volta!" Em longo texto escrito pelo CBA-SP sobre a trajetória dessa campanha, há um trecho que explicita novas preocupações que se impuseram:

> Consideramos que a participação dos movimentos de anistia na denúncia da situação de Flávia foi decisiva para que o regime brasileiro, ao cabo de 7 anos, e pela primeira vez, viesse a se interessar por uma cidadã brasileira presa e condenada em terras uruguaias, por lei uruguaia. Consideramos que a volta de Flávia inicia, para os movimentos de anistia, a execução de proposta já do Congresso de Salvador de solidariedade aos povos do Cone Sul e a exigência do respeito à soberania nacional e esclarecimento do seqüestro de uruguaios no Brasil. (COMITÊ BRASILEIRO PELA ANISTIA – SP, [19--]).

Essas experiências foram inovadoras e abriram novas formas de aproximação dos militantes do CBA-SP com a solidariedade aos povos da América Latina. A organização do Comitê Brasileiro de Solidariedade aos Povos da América Latina (CBS) contou com a experiência de luta acumulada pelo CBA-SP –

aprofundando uma articulação com exilados e refugiados políticos no Brasil, uruguaios, argentinos, paraguaios, chilenos – e também de apoio às lutas na América Central, principalmente à luta em El Salvador. Luiz Eduardo Greenhalgh, Fernanda Coelho, Maria Auxiliadora Arantes, Aton Fon, Mara Luz e Mauricio Maia de Souza foram ativos integrantes do CBS, entre outros.

1980 e anos seguintes

Em 1980, o CBA-SP organizou uma manifestação comovente, só de mulheres, nas ruas de São Paulo, durante a vinda do ditador Videla ao Brasil. As mulheres se reuniram na escadaria do teatro Municipal e seguiram pelo Viaduto do Chá até o Largo São Francisco. Ruth Escobar conseguiu várias matracas, usadas nas cerimônias da Sexta-feira Santa e, como grande diretora de teatro, propôs que todas se vestissem de preto e caminhassem em silêncio; lenços brancos na cabeça com os nomes dos desaparecidos e as matracas tocando vigorosas nas mãos. Nos vários cartazes portados estavam os nomes dos militantes desaparecidos na Argentina e no Brasil.

O CBA-SP promoveu, a partir dos anos 80, os primeiros traslados de restos mortais de assassinados pela ditadura. O reassentamento da identidade de Luiz Eurico Tejera Lisboa, alcançado principalmente pela determinação de Suzana Lisboa, foi o marco inicial da busca dos desaparecidos e estabeleceu um divisor de águas na luta dos familiares de mortos e desaparecidos. Foram feitos também os traslados dos restos mortais dos irmãos Iuri Xavier Pereira e Alex de Paula Xavier Pereira, de Pedro Ventura Pomar, de Carlos Nicolau Danielli e de Carlos Marighela. A decisão do Congresso de Salvador de ampliar a homenagem aos mortos e desaparecidos incluiu a proposta de dar seus nomes a ruas, praças, viadutos, escolas e logradouros públicos, o que foi encaminhado à Câmara de Vereadores.

Em 1981 a Comissão de Familiares de Mortos e Desaparecidos do CBA-SP participou ativamente da organização de uma caravana à região da Guerrilha do Araguaia, além de pedir esclarecimentos e exigir da União providências para a localização dos desaparecidos na região. Em relação aos mortos e desaparecidos, os pedidos de retificação de registro de óbito, ações declaratórias e de denúncia e de responsabilização da União são iniciativas que ainda hoje permanecem como imperativas. Após o encerramento das atividades organizadas dos CBAs, a Comissão de Familiares continuou em sua incansável luta em todo o país, mantendo seus objetivos. Suzana Lisboa, em 1995, passou a integrar como representante dos familiares a Comissão Especial sobre Mortos e Desaparecidos Políticos (CEMDP), instituída pela Lei 9.140/95, da Secretaria

Especial de Direitos Humanos da Presidência da República, que publicou em 2007 o livro *Direito à Verdade e à Memória* (BRASIL, 2007). O livro contém o relato de todos os casos analisados pela Comissão durante seus 11 anos de existência. A partir de 2005, também Diva Soares Santana, da Bahia, familiar dos mortos e desaparecidos, passou a integrar a Comissão.

Os familiares vinculados à Comissão de Familiares de Mortos e Desaparecidos Políticos e ao Instituto de Estudos sobre a Violência do Estado (IEVE) publicam novo dossiê em 2009 pela Imprensa Oficial do Estado de São Paulo (ALMEIDA, 2009). Esse levantamento, tendo como base relatos e dossiês que vinham sendo organizados durante a vigência da luta pela Anistia desde 1979, foi atualizado, ampliado e sistematizado por Suzana Lisboa, Janaína Teles, Maria Amélia Teles e Criméia de Almeida. As famílias dos mortos e desaparecidos de diferentes estados do nosso país mantém sua luta unida para que o tempo não deixe esmorecer o ânimo da sociedade brasileira, que assiste parcialmente anestesiada a defesa de sagrado dever de receber o esclarecimento sobre o que ocorreu com seus familiares. As famílias querem respostas públicas e particulares, e os brasileiros exigem a resposta pública através da justiça, do assentamento da verdade e da manutenção da memória de todos os casos de mortos e de desaparecidos ainda sem solução.

Sendo o movimento de anistia um movimento essencialmente político, organizado em torno de campanhas, o CBA tinha claro, já em 1979, que haveria um momento em que sua dissolução ocorreria política e naturalmente. Dirigentes e militantes da anistia, alguns passariam a se integrar na organização de comissões de direitos humanos, outros participariam do processo de reorganização partidária e sindical, e de outras lutas pela restauração e sustentação da democracia no Brasil. A compreensão dos dirigentes da luta pela anistia era a de que muitos brasileiros, agora reintegrados à luta política, reassumiriam sua militância, até então proibida, clandestina e perseguida. Vários dirigentes da anistia passaram a novas práticas políticas e se dedicaram à reorganização partidária, à construção de novos partidos políticos ou retornaram às suas organizações políticas, onde podiam atuar legalmente. Algumas propostas significantes da Anistia Ampla, Geral e Irrestrita foram vitoriosas: a abertura das prisões, a volta dos banidos e exilados, a reintegração profissional dos cassados e o início das homenagens aos mortos e desaparecidos.

A conquista da revogação da Lei de Segurança Nacional, o desmantelamento do aparato repressivo, o esclarecimento da situação dos desaparecidos, a extinção absoluta e radical da tortura, o julgamento e penalização dos responsáveis pelas mortes, desaparecimentos e tortura não foram objetivos minimamente alcançados. Essas são exigências que a sociedade brasileira deve assumir em sua plenitude e inteireza. São bandeiras mais amplas e maiores do que a campanha pela anistia e dizem respeito a um processo continuado a ser instituído nos legislativos ou então absorvido pelo judiciário e mesmo pelos executivos. A luta pela anistia deixou um legado parcialmente vitorioso e uma proposta de luta pela consolidação da democracia, que deveria e deve seguir em muitas outras mãos.

A campanha pela Anistia foi uma campanha específica e encerrada, apesar de a anistia alcançada não ter sido a que se exigia. A anistia concedida pela Lei 6.683 aos crimes conexos, aprovada pelo voto das lideranças dentro de um parlamento sob os limites da ditadura, foi imediatamente interpretada como uma anistia de dupla mão, anistiando as vítimas e ao mesmo tempo seus carrascos. A interpretação de quais são crimes conexos aos crimes políticos anistiados distorceu o entendimento a ponto de interpretar a tortura como um crime conexo ao crime político. Uniu em um mesmo laço o crime político e um crime imprescritível, a tortura. Hoje se sabe que há no Brasil 426 casos de mortos e desaparecidos, sendo cerca de 165 os casos de desaparecidos, dos quais somente 3 foram esclarecidos até agora. A atitude dos que retomam o esquecimento como um gesto de anistia expressa um entendimento que foi ultrapassado já em 1978, pela luta da Anistia Ampla, Geral e Irrestrita. Essa atitude expressa um "negacionismo" da memória em relação à história do Brasil, em relação à história oral de testemunhos e de imagens que se acumulam ao longo desses trinta anos. Têm sido escritos livros, teses acadêmicas, poemas, textos, filmes, peças de teatro, relatos individuais, dossiês que tornam públicas estas histórias. A instalação de lugares públicos onde as histórias dos combatentes que foram presos e torturados possam ser contadas tem sido uma iniciativa a ser destacada. E neste sentido estas histórias tem recebido, no Memorial da Resistência, expressiva acolhida. Esperamos que também os mortos e desaparecidos e suas biografias e história de luta possam aqui ser reverenciados.

O Estado de São Paulo, com a decisão política de devolver aos cidadãos um espaço para tornar públicas as memórias da resistência à ditadura, é um marco no processo de consolidação da democracia em nosso país. O Fórum Permanente de ex-Presos e Perseguidos Políticos do Estado de São Paulo tem feito deste lugar de memória um lugar também de debate e de denúncia. A realização do Seminário Internacional "A luta pela anistia: 30 anos", organizado pelo Arquivo Público do Estado de São Paulo com o apoio de 14 instituições parceiras, revela a disposição de fazer avançar o processo das conquistas democráticas.

O esclarecimento, bem como o julgamento e penalização, dos responsáveis é uma proposta que tem se mantido insolúvel. A abertura imediata de todos os arquivos da ditadura é imperiosa; o direito à verdade, à memória e à justiça é pré-requisito ao processo pleno de reconciliação nacional.

Maria Auxiliadora de Almeida Cunha Arantes (Dodora)[2]

2 Co-fundadora e dirigente do CBA-SP (1978-1982) e da Executiva Nacional dos Movimentos de Anistia. Psicóloga e Psicanalista. Integrante da Comissão de Direitos Humanos do Conselho Regional de Psicologia de São Paulo, CRP-SP, 6ª Região.

1945
1975
ento feminino pela anistia

ANISTIA
1945
1975
movimento feminino pela anistia

6. Mulheres na luta pela anistia: um exemplo, a Comissão de Mães em defesa dos Direitos Humanos[1]

Durante três anos (1978 a 1980), dediquei todo o meu tempo livre à campanha da Anistia. Representava no CBA/SP (Comitê Brasileiro pela Anistia) a Comissão de Mães em Defesa dos Direitos Humanos, que não era propriamente uma entidade, mas apenas um grupo de mulheres (a maioria mães de universitários) que se organizara em junho de 1977, quando os estudantes saíam às ruas para reivindicar seus direitos, ou para manifestar solidariedade para com os demais setores reprimidos da população, e tinham como resposta das autoridades toda forma de violência: espancamentos, prisões arbitrárias, bombas de gás lacrimogêneo, cerco e invasão dos *campi* universitários.

O motivo da criação desse grupo foi a tomada de consciência de que nós, mães de estudantes, não poderíamos continuar, cada uma isolada em sua casa, angustiada e impotente, esperando cada fim de ato público, cada fim de passeata, sempre temendo o pior. Resolvemos naquele momento desenvolver um trabalho coletivo que rompesse o que foi chamado, na carta de apresentação então elaborada, de "a cumplicidade passiva do silêncio", para assumir o apoio à luta dos nossos filhos, declarando publicamente nossa concordância e nossa identificação com os seus propósitos.

Para isso, foi preciso romper a barreira do medo e da acomodação que paralisava a maioria dos setores da população. Foi necessário também vencer outro tipo de resistência: o medo do ridículo. Por quê, argumentavam algumas de nós, deveríamos nos apresentar como um grupo de mães quando a maioria de nós tinha uma identidade profissional ou outros canais de participação em associações, entidades ou agremiações políticas? A ideia parecia a muitas sentimental e piegas. Para outras, ela sugeria uma atitude de tutela, de superproteção, que os estudantes não iriam tolerar. Outras viam aí uma indesejável conotação feminista.

1 Parte das informações que constam neste texto já foram desenvolvidas no artigo "A Comissão de Mães", publicado no livro *Pela democracia, contra o arbítrio: a oposição democrática, do golpe de 1964 à campanha das Diretas Já*. São Paulo: Fundação Perseu Abramo, 2006. Organizado por Flamarion Maués e Zilah Wendel Abramo.

Mas existiam algumas razões importantes para que o grupo assumisse esse papel e esse rótulo. A primeira era de ordem tática: apesar de toda a repressão, restava, ainda, uma certa mística e um certo respeito em torno da figura da mãe, que poderia conferir alguma imunidade para o desenvolvimento das nossas atividades. Por outro lado, esse rótulo poderia constituir um apelo para atrair aquelas pessoas que não tinham condições de se agregar a grupos mais definidos profissional ou politicamente.

A outra razão era mais profunda, e foi a que deu o verdadeiro sentido ao grupo. Era a convicção de que, como mães de estudantes que ingressavam na universidade naqueles anos terríveis, nós éramos uma categoria específica de atingidos pela repressão.

Nossos filhos herdavam uma universidade desfigurada: as organizações estudantis estavam destroçadas, os canais de comunicação e de participação bloqueados, a comunidade universitária privada de muitos dos seus valores mais representativos – vítimas que haviam sido de expurgos e de perseguições policiais; a autonomia universitária estava duramente atingida. Em tudo isso, um clima de amedrontamento em que vicejavam as mentiras oficiais e os grandes silêncios.

Nós, como professoras, como ex-estudantes, como cidadãs, havíamos lutado contra tudo isso e sido impotentes para evitar o desastre. Agora chegava a vez dos nossos filhos. Para nós, colocavam-se novos e cruciais dilemas: como transmitir às novas gerações nossa vivência e nossa memória dos fatos sem esmagá-los sob o peso da nossa amargura e da nossa revolta? Como optar entre a tentação de preservar a tranquilidade e a integridade física dos nossos filhos, empurrando-os para o caminho da omissão e do individualismo, e o dever de transmitir-lhes nossas convicções, nosso compromisso de luta, estimulando-os à resistência contra o estado de coisas vigente, com todos os riscos que isso poderia acarretar? Como traçar, para nós mesmas e para servir-lhes de exemplo, os difíceis limites entre prudência e conivência, entre a temeridade suicida e a firmeza na luta e na denúncia das arbitrariedades?

No momento em que o nosso grupo se formava, esses dilemas assumiam forma muito concreta: a repressão abertamente tentava se utilizar das mães, pais e outros familiares dos estudantes presos ou "detidos" para, nos clássicos sermões coletivos que precediam imediatamente a liberação, tentar, por meio de chantagem sentimental, obter desses jovens um compromisso de "bom comportamento". Nós, os familiares, seríamos os fiadores desse compromisso, que era a condição exigida para "evitar futuros aborrecimentos". O então secretário de Segurança Pública, numa das suas cômicas incursões pela

SAIA DA SOMBRA
DIGA CONOSCO
LI BER DA DE
MOVIMENTO FEMININO
PELA ANISTIA NO BRASIL
1975 ANO INTERNACIONAL DA MULHER
MEMÓRIA A MULHER BRÁSILEIRA NA VITORIOSA LUTA PELA ANISTIA GERAL • 1945

psicanálise, pretendia estabelecer uma espúria identificação entre os pais e as autoridades, declarando que a revolta dos jovens contra o Regime era uma expressão do conflito de gerações; eles estariam, no seu movimento, inconscientemente expressando sua revolta contra os pais e a geração adulta.

Por tudo isso, era fundamental que nós, os pais dos estudantes – especialmente as mães, como parte mais vunerável a esse tipo de chantagem –, assumíssemos uma postura que frustrasse essa manobra e desmascarasse o pretenso conflito de gerações. Era preciso responder com uma negativa veemente à pretensão das autoridades policiais, dizendo claramente que o objetivo desse grupo não era conter o movimento estudantil, mas, ao contrário, apoiá-lo no que fosse possível.

Assim, começamos a atuar organizando plantões de informações, que mantinham contato permanente com os diretórios estudantis, no sentido de receber e transmitir notícias sobre quaisquer incidentes (cercos, detenções, estudantes feridos ou ameaçados) e de estabelecer os necessários contatos com advogados, com a imprensa, com parlamentares e com a Comissão Justiça e Paz (CJP). Nossa atuação mais importante deu-se no caso da invasão da PUC: fomos nós que conseguimos vencer o clima de amedrontamento imposto pela polícia aos familiares das moças feridas pelas bombas, fazer o levantamento da situação das quatro maiores vítimas – Cristina, Iria, Graziella e Virgínia –, garantir que elas recebessem o adequado tratamento médico, e reunir o material informativo que integrou o dossiê utilizado pela CJP para instruir a ação indenizatória movida contra a Secretaria de Segurança Pública. Fomos nós também que fizemos o contato entre os familiares dos estudantes ameaçados de enquadramento na Lei de Segurança Nacional e os advogados que se ofereceram para defendê-los.

Amainada a onda de repressão contra o Movimento Estudantil, a Comissão de Mães pôde inserir-se nas lutas mais amplas por liberdades democráticas e integrar-se na campanha pela Anistia Ampla, Geral e Irrestrita. Passávamos da retaguarda para a linha de frente e agora éramos nós que gritávamos nossas palavras de ordem nas ruas e nas praças, trilhando o caminho aberto pelos estudantes.

As lembranças marcantes são inúmeras: a chegada de Flávia Schilling, finalmente libertada da prisão no Uruguai; a epopeia de Teotônio Vilela e do cardeal D. Paulo Evaristo Arns nas suas visitas aos presídios; a coragem da inesquecível Madre Cristina, quando, apesar da sua fragilidade, encontrou forças para enfrentar e expulsar um torturador que tinha se infiltrado numa reunião no *Sedes Sapientiae*; o grande comício em que reunimos 10 mil pessoas na Praça da Sé; a pomba que pousou na faixa da Anistia; a emoção de ver, num esplendoroso domingo de sol, a faixa aberta pela Fiel torcida corintiana num jogo no Pacaembu com as palavras "Anistia ampla, geral e irrestrita". Destaco, especialmente, duas mais, que revelam, além da coragem, a criatividade, a capacidade de improvisação, que foi uma das marcas da campanha:

- a chegada de Manuel da Conceição em Congonhas; vindo do exílio, foi carregado nos ombros dos circunstantes, numa verdadeira passeata improvisada no saguão do aeroporto, sob os olhos atônitos dos guardas armados, que não sabiam o que fazer diante de tanto atrevimento;
- a passeata organizada pelo CBA como repúdio à visita do ditador argentino Videla e como homenagem às mães da Praça de Maio. Só mulheres participaram: todas vestidas de preto, cada uma levando na cabeça um lenço branco com o nome de um dos mortos ou desaparecidos, vítimas do terror argentino. Não havia *slogans* nem palavras de ordem, somente cartazes e faixas com os nomes das vítimas. Desfilávamos em silêncio, e só se ouvia, de quando em quando, o barulho das matracas, ideia brilhante da atriz Ruth Escobar, que as havia encomendado na Penitenciária do Estado. Fomos do Teatro Municipal ao Largo de São Francisco, onde os homens (maridos, pais, amigos, companheiros) nos esperavam apreensivos. Apreensão inútil: por onde passávamos, os populares abriam caminho, respeitosos, emocionados.

Foram anos de muita emoção, de muita vibração, de muita solidariedade. A campanha da Anistia foi a continuidade natural do nosso trabalho inicial na Comissão de Mães. Ambas as experiências constituíram o processo de minha libertação do período anterior, de semi-clandestinidade, quando aparentemente tinha uma vida normal, com endereço certo, trabalho garantido, documentos em ordem. Mas os meus verdadeiros sentimentos, minhas ideias e convicções, estavam na clandestinidade, porque só podiam ser expressos "atrás de portas fechadas, à luz de velas acesas", como as dos conspiradores do *Romanceiro da Inconfidência*, cantados no belíssimo poema de Cecília Meireles.

São Paulo, abril de 2009

Zilah Wendel Abramo[2]

2 Socióloga, presidente do Conselho Curador da Fundação Perseu Abramo.

AMNISTIA
PER UN BRASILE LIBERO E DEMOCRATICO

7. Elas se revelam na cena pública e privada: as mulheres na luta pela anistia

Só queria embalar meu filho
Que mora na escuridão do mar
[...]
Só queria lembrar o tormento
Que fez meu filho suspirar
[...]
Só queria agasalhar meu anjo
E deixar seu corpo descansar
[...]
Quem é essa mulher
Que canta sempre esse estribilho?[1]

Entre as ações coletivas que aglutinaram as mulheres na década de 1970, a luta pela anistia política está presente em quase toda literatura sobre movimentos sociais e sobre o cenário conjuntural do período pós-luta armada, integrando uma das principais bandeiras da luta por liberdades democráticas, como ficou conhecida a resistência à ditadura.

A anistia política, conquistada no dia 28 de agosto de 1979, é um dos fatos de grande significado para o fim da ditadura brasileira. Porém, a anistia não veio como nós, os militantes desta luta, a desejávamos, pois a queríamos ampla, geral e irrestrita. Mas o ditador-militar que a assinou, mesmo por pressão de uma ampla frente de oposição, teve forças suficientes para decretá-la muito restrita, com o caráter de perdão e de conciliação nacional. Assim, o coroamento de um dos principais movimentos de oposição ao regime militar continua até hoje nas agendas dos movimentos de direitos humanos, fazendo ainda parte das reivindicações de setores progressistas da sociedade brasileira. Nenhum desaparecido político teve esclarecida a circunstância de seu assassinato,

1 *Angélica*, música de Chico Buarque, 1977

nem seus restos mortais foram devolvidos às famílias; os arquivos secretos não foram abertos; nenhum torturador foi sequer responsabilizado por crimes hediondos. E quando algum desses fatos citados foi esclarecido, foi fruto de ações isoladas.

No entanto, cumprindo o objetivo a que me proponho neste artigo – o de abordar o papel que nós mulheres representamos nessa luta –, começo por lembrar que esta foi uma luta de mulheres e homens e reafirmo o que todos já sabem: nós mulheres representamos um papel fundamental nessa conquista, iniciada pelo Movimento Feminino pela Anistia e pela Comissão de Mães, Familiares e Amigos dos Desaparecidos Políticos.

O Movimento Feminino pela Anistia e os Comitês Brasileiros pela Anistia, surgidos em 1975 e 1978, respectivamente, e que rapidamente se espalharam pelo país, constituíram-se em instrumentos de organização dessa luta. E a Comissão de Mães e Familiares de Desaparecidos e Mortos teve, neste contexto, um papel muito especial.

Não há dúvidas de que o movimento pela anistia aos presos políticos, reconhecido como um dos espaços especialmente privilegiados das práticas de resistência política à ditadura militar, foi um dos atores do movimento mais geral de caráter popular que muito contribuiu para o processo de abertura política e para o próprio avanço da organização popular que garantiria o posterior processo denominado "abertura democrática".

A anistia aos presos políticos do regime militar, que se inicia em 1975, agregou naquele momento político estudantes, intelectuais e ativistas de esquerda, lideranças dos bairros pobres de muitas cidades brasileiras, estendendo-se para o exterior, adquirindo um caráter massivo e suprapartidário. Entretanto, é impossível negar, ou melhor, deixar de ressaltar a importância decisiva das mulheres nesse movimento, que contou não só com a participação ampla dessas como também possibilitou a união real entre movimento feminino e feminista, aglutinando em suas lutas mães, companheiras, irmãs e parentes de presos e desaparecidos e, juntando entre outras, militantes de partidos políticos diversos, intelectuais e donas-de-casa ligadas à clubes de mães e demais associações populares e sindicais. Essa frente que vai se formando de forma frágil, vulnerável à repressão, inicialmente de composição majoritariamente feminina, expande-se em 1978 e 1979 para quase todas as cidades brasileiras por meio dos Comitês Brasileiros pela Anistia (CBAs). Reivindicavam não só uma anistia ampla e irrestrita aos perseguidos do sistema como também organizavam manifestos, boletins e atos públicos, não apenas em favor da anistia mas de denúncia às torturas e desaparecimento de opositores ao regime, no Brasil e no exterior.

A presença das mulheres é inegável em todo o processo de anistia política. Porém, o que se revela inovador nesse movimento é que a primeira voz que desencadearia o início dessa mobilização é a de uma mulher – Terezinha Zerbine[2]. Presente na famosa conferência da ONU, realizada no México em 1975, no ano que foi instituído como Ano Internacional da Mulher, Terezinha Zerbine, esposa de um general cassado pelo golpe de 1964, lança as bases do primeiro movimento nacional pela anistia pós-1964, denominado Movimento Feminino pela Anistia, apresentando em uma das plenárias desse evento internacional um manifesto assinado por mulheres brasileiras em favor da anistia.

Antes de apresentar a trajetória desse movimento e suas polêmicas, vale observar que as mulheres sofreriam duplamente o processo de repressão nesse período, seja quando eram detidas, seja quando viam seus filhos, companheiros, pais, irmãos desaparecerem ou serem presos, ou quando elas próprias eram presas ou desapareciam.

Nesse contexto, quando as mulheres emergem como portadoras dessas reivindicações, a sociedade brasileira patriarcal e classista "aceita" essa participação por reforçar os ideários patriarcais, pois, segundo seu pensamento, os movimentos sociais e populares dirigidos às mulheres e de composição feminina são sempre menos "perigosos".

Por ocasião da pesquisa da minha tese de doutorado (2004), algumas militantes da esquerda, recém-saídas de prisões políticas, prestaram depoimentos cujo conteúdo esclarece como começaram a participar de uma imprensa alternativa feminista e revelam, também, de forma bastante lúcida, o machismo dos militares e o machismo presente nas organizações da esquerda. Transcrevo a seguir parte dos depoimentos de Beatriz do Valle Bargieri (Bia), de Amelinha Silva Teles e de Iara Prado:

> **Bia** – Na verdade, uma coisa interessante é que começamos a participar no Brasil Mulher. Porque na época a gente viu o seguinte: era um espaço que as mulheres que tinham tido problemas de segurança, que tinham sido presas e etc. podiam usar esta nova militância para retomar sua militância política, com mais segurança. Era um espaço que ainda não estava fechado, porque como era um espaço novo, de mulheres, ainda não existia um impedimento declarado por parte da repressão. Então muita gente viu como sendo, assim, um dos raríssimos espaços possíveis de você ter alguma participação depois de sair da cadeia com poucos riscos, pois como você estava "queimada", visada, vigiada... porque essa questão de movimento de mulheres ninguém dava muita bola. Então, isso explica a Amelinha ter ido pra lá, eu (Bia) ter ido pra lá, a Diva também, depois você Rosa, era mesmo uma forma de ter uma participação política que ainda era permitida durante a Ditadura.

2 Terezinha Zerbine, que esteve presa em 1969, envolvida com o empréstimo de um sítio em Ibiúna, onde se realizou o famoso congresso da União Nacional dos Estudantes, era casada com o general Zerbine, cassado pelo AI-1, editado pelo governo militar em 1964.

Amelinha – Integrei-me à equipe do Jornal e da Sociedade Brasil Mulher desde outubro de 1975, quando saiu o número 0 do Jornal. Tomei conhecimento da publicação no Presídio Romão Gomes, onde freqüentava, semanalmente, pois meu companheiro se encontrava ali cumprindo pena, por motivos políticos. [...] Os presos vinculados ao PCdoB, partido ao qual eu pertencia à época, eram empenhados na defesa da anistia, uma de suas principais bandeiras. Para mim, o Brasil Mulher foi um grande instrumento de luta: eu já me encontrava entusiasmada com o feminismo e tinha a anistia como uma das principais incumbências que o Partido havia me designado. Assim pude ajuntar minha vontade de atuar no feminismo com minha militância partidária. Ocorre que eu entrei para o Brasil Mulher sem pedir licença para a direção do Partido, porque eles me queriam apenas junto às reuniões de anistia. Segundo eles, não era ainda hora de levantar as bandeiras feministas. Vivíamos sob a ditadura. Não havia justificativa para "pular etapas", expressão muito usada na época por eles (a direção do partido) [...].

Iara Prado – Cheguei ao Brasil Mulher por meio da APML em 1978. Fui reforçar o grupo de mulheres da APML, e o movimento das mulheres que começava a aparecer na periferia da Grande São Paulo, lutando por melhores condições de vida e contra a carestia, nos bairros pobres da crescente periferia da cidade. [...] um jornal da imprensa nanica, nos aproximava do movimento social das mulheres da periferia, colocando o jornal a serviço de suas lutas, divulgando nossas lutas e levando até as mulheres da periferia, conteúdos políticos mais abrangentes, como, por exemplo, a importância da luta pela anistia, da luta contra a censura da imprensa, da luta pelas liberdades democráticas. A atuação desse grupo foi sempre a de somar, e isso foi muito importante [...] O coletivo de mulheres que tocou o Brasil Mulher contava com outras forças políticas, como mulheres do PCdoB, mulheres do MR-8, mulheres sem partidos e outras pequenas articulações políticas [...]. Quando entrei no Brasil Mulher, eu era uma jovem mãe e vivenciava, em casa, as dificuldades da divisão do trabalho doméstico, a necessidade de dividir com meu marido a responsabilidade de criar bem os nossos filhos, o medo e a culpa de deixar meus filhos para ir trabalhar, para militar. Foi maravilhoso descobrir que as mulheres de Burgo Paulista, ou da Figueira Grande, ou as metalúrgicas de São Bernardo também tinham estas mesmas angústias! Isto nos deu muita força para atuarmos. Hoje, eu fico pensando que eu entrei nesta luta pensando em derrubar a ditadura e saí dela constituindo-me enquanto mulher.

O Movimento Feminino pela Anistia, no seu primeiro momento, numa conjuntura de grande repressão aos movimentos sociais pelas polícias políticas, por defender a anistia como perdão, conciliação e paz, não parecia tão ameaçador à ditadura. A capacidade de conciliar e harmonizar é considerada atributo feminino, intrínseca à nossa natureza feminina. Essa harmonia nada mais é do que esconder os conflitos, dissimular antagonismos – inconciliáveis –, para que a subordinação das mulheres continuasse parecendo natural, necessária e até justa. Foi essa concepção machista que levou os militares a não reprimir os jornais feministas ou pelo menos não fazê-lo da mesma forma que faziam com a imprensa alternativa dirigida por homens.

Paralelamente, com algumas intercessões pontuais, as mães, filhas e companheiras de militantes políticos presos, desaparecidos ou mortos, articulam uma ação própria, quase clandestina, de procurar indícios da prisão[3], burlar esquemas oficiais de visitas aos presos políticos, garantir padrões mínimos de respeito e dignidade aos detidos, nos órgãos de segurança ou em presídios. Essas ações consolidavam laços de companheirismo que se estabeleciam entre as famílias, formando uma rede de solidariedade e apoio mútuo quase que exclusiva de mulheres. Poucos pontos de apoio existiam nesse momento, e por segurança muitas mães e companheiras dos atingidos diretamente pela repressão não se integraram de imediato ao Movimento Feminino de Anistia com medo que tal atitude pudesse prejudicar sua ação junto aos parentes presos.

Participei com muita intensidade desse Movimento desde seu início, principalmente como irmã de Fernando Santa Cruz, militante desaparecido em 1974, e na condição de ex-presa política. Participei representando a comissão de desaparecidos em Roma, na Itália.

O começo da união das famílias

Era 1974, o mês era junho. Cheguei ao meu apartamento, na Rua Angélica, em São Paulo, ansiosa e triste; mais um dia sem notícias de Nando, irmão querido, preso e desaparecido desde 23 de abril daquele mesmo ano.

Naquela manhã, meu primeiro filho, André, tinha apenas cinco meses e estava no seu berço com aquele sorriso desdentado, tão lindo e inocente dos recém-nascidos. André, com tão poucos meses, já havia sido preso, ficando nas mãos dos policiais por dois dias naquele mesmo apartamento, quando eu e seu pai fomos sequestrados e presos pela segunda vez.

Estava perdida em meio a pensamentos que me eram constantes naquele momento: minha prisão, os dias de tortura, as lembranças das companheiras de mais de um ano de convivência forçada, dos mortos tão queridos, o medo do que poderia estar acontecendo com Fernando naquele momento, o que poderia vir a acontecer novamente comigo, com o Geraldo, com o André e com tantos outros companheiros que estavam na clandestinidade e os que estavam presos sem perspectiva de saírem da cadeia, condenados a muitos anos de prisão. Dirigi-me à porta do apartamento, temerosa como sempre, e encontrei um bilhete que fora colocado por baixo dela. Peguei-o e o li apressadamente.

> Sou uma mãe desesperada como a tua, em busca de minha filha presa e desaparecida. Peguei teu endereço ontem na Cúria quando fui falar com D. Paulo. Gostaria de encontrá-la lá na próxima terça-feira à tarde. Nossa dor e nossa luta são iguais, não falte!

3 Nesse período, as prisões ocorriam de forma clandestina, sendo o preso mantido sem a legalização da detenção geralmente por mais de 30 dias.

O bilhete estava assinado por Felícia, que só depois eu soube que se tratava da mãe de uma jovem chamada Isis Dias de Oliveira, desaparecida até hoje, como meu irmão.

Esse foi o começo, para mim, dos encontros entre aquelas mães, esposas, irmãs, que se transformaram no embrião da "Comissão de Familiares de Mortos e Desaparecidos Políticos". Muito sofremos juntas e muito lutamos no período que precedeu à promulgação da Lei de Anistia e posteriormente, mais ainda, uma vez que a Anistia nem sequer abordou essa questão. Na busca de desvendarmos o que realmente aconteceu a nossos familiares, nos juntamos com as famílias dos desaparecidos na Guerrilha do Araguaia, e as famílias foram se unindo e se reunindo pelo Brasil inteiro, mesmo depois de promulgada a Lei de Anistia, em 1979. A nossa família, que é muito grande, se espalhou por outras cidades, e assim mamãe, Marcelo, Tuca e Lincoln, meus irmãos, militaram no movimento em Recife-PE; Márcia, Dota e Eudes, irmãs e cunhado, no Rio. Durante muitos anos – desde aqueles primeiros encontros na Cúria de São Paulo em 1974, quando um grupo de familiares foi a Brasília junto com D. Paulo para ser recebido pelo General Golbery do Couto e Silva, e depois na formação oficial da Comissão no I Congresso de Anistia – nós, familiares, percorremos juntos cemitérios, ficamos horas e dias lendo e pesquisando livros de necrotério, recolhendo dados, buscando pistas. E assim, no trabalho cotidiano, o nosso grupo crescia mais e mais. Fui ao exterior para participar do Congresso de Anistia em Roma representando a Comissão, junto com D. Maria Augusta, esposa de David Capistrano. E quando voltamos, continuamos participando de passeatas, atos públicos e comícios; lutamos muito pela Anistia Ampla, Geral e Irrestrita. Mas quando a Lei de Anistia foi promulgada, nada havia de concreto sobre os mortos e desaparecidos.

Fomos a Brasília – eu, D. Egle, mãe de Alexandre Vanucchi Leme, e Ivan Seixas – lutar por uma Comissão de Inquérito para apurar os crimes da ditadura. Convencemos com os nossos depoimentos e apelos até os deputados mais conservadores sobre a importância desta CPI. Foi uma grande vitória na época: a CPI foi aprovada em plenário na Câmara Federal, com o apoio da maioria dos deputados do MDB, único partido de oposição na época. Mas como era esperado, foi vetado pelo ditador "de plantão" no dia seguinte.

Quando fiz um depoimento, em 1983, no Teatro Municipal, no Ato de julgamento da Lei de Segurança Nacional, o fiz em nome das famílias dos desaparecidos que continuavam sem saber do destino de seus entes queridos, sem apuração das nossas denúncias, sem responsabilização dos culpados e três anos já haviam transcorrido desde a promulgação da Lei de Anistia.

Os sábados e domingos em reuniões, as viagens, as vigílias, a dor e o sofrimento indescritíveis que passamos juntos por todos aqueles anos foram nos transformando numa grande família. E até hoje – mais de 30 anos depois – ainda continuamos desconhecendo as circunstâncias das mortes e desaparecimentos de nossos familiares. Permanece nossa luta pelo conhecimento de como os fatos realmente aconteceram e pelo resgate dos restos mortais e tudo que decorrer disto.

A maioria das famílias, assim como a nossa, nunca teve a possibilidade de sepultar os restos mortais de seus entes queridos; por outro lado, estamos vendo impunes os responsáveis falecerem e serem sepultados com honras militares e, pior ainda, os mais jovens estão até sendo nomeados para cargos públicos ou se perdendo no anonimato da impunidade.

A atuação da Comissão de Familiares foi muito importante e ainda há muito a se escrever sobre suas ações: a descoberta e os desdobramentos da Vala de Perus, em 1990; a Comissão que foi ao Araguaia descobrir as pistas dos mortos da Guerrilha, e muitas outras ações que devem ser resgatadas em nome da memória,da verdade e da justiça.

O caráter do Movimento

Sem dúvidas o Movimento pela Anistia tem uma especificidade própria: é dirigido diretamente ao Estado e sua reivindicação fundamental configura-se numa ação política que atinge um dos mais importantes pilares da ditadura militar que é a sua própria base de sustentação: a Lei de Segurança Nacional. O Movimento pela Anistia tem, portanto, um alvo concreto, factível: a flexibilização da doutrina de segurança nacional com a reivindicação do reconhecimento do Estado de Direito. Transforma-se, ainda em plena ditadura, em uma das bandeiras de amplas campanhas, verdadeiras frentes suprapartidárias, unindo setores, os mais díspares, em suas concepções políticas, ideológicas e filosóficas, na luta por liberdades democráticas.

O Movimento pela Anistia no Brasil nunca foi homogêneo, apresentava e suscita até hoje conflitos entre as várias forças políticas e pode ser concebido, no meu entender, em três fases:

- A primeira, começando em 1975, quando se tornam mais fortes as vozes dispersas no Brasil e no exterior em favor de uma anistia de caráter conciliador, mas onde já se começa a denunciar, embora de forma cautelosa, os abusos da ditadura, como torturas, assassinatos e desaparecimentos de pessoas presas pelos órgãos de repressão política do governo militar e muitos outros desrespeitos aos direitos humanos, cujo ícone é representado pelo lançamento do Movimento Feminino pela Anistia. O feminismo brasileiro, que ressurge nesse momento, está presente e se torna um dos principais protagonistas desse movimento, junto com uma significativa parcela da sociedade civil brasileira. Inclusive surge, em 1975, um jornal feminista intitulado "Brasil Mulher" que pretende, entre outras coisas, ser uma espécie de porta voz do movimento da anistia.

- A segunda fase começa em 1977, com a implantação dos Comitês Brasileiros pela Anistia (CBAs), que agregam também os Comitês por Direitos Humanos. Esses comitês se proliferaram por todo o Brasil, com posições mais radicalizadas em relação à anistia do que aquelas defendidas pelo Movimento Feminino pela Anistia. Sua composição ampla, envolvendo forças políticas de esquerda de diferentes matizes, transformou o movimento em uma imensa frente ampla de lutas pelas liberdades democráticas, agregando no seu interior forças políticas com princípios políticos, ideológicos e filosóficos conflitantes. Basta lembrar que essa campanha agrupou setores da ARENA e do MDB, das igrejas e dos comunistas de várias correntes, do movimento popular e dos ativistas da contracultura, ultrapassando os marcos de uma luta levada por mulheres e pela Igreja.

- A terceira inicia-se após a assinatura da Lei de Anistia, em agosto de 1979, e justifica-se pelo fato de a Anistia ter sido extremamente restrita. Este período posterior a 1978 persiste até hoje. Nesse momento vem sendo editados vários decretos, bem como a inscrição do instituto da anistia na Constituição Federal do Brasil, promulgada em 1988. Uma grande polêmica se dá em torno da reparação indenizatória que passa a ser reivindicada por acusados de torturas e, de forma especial, a discussão sobre a lei do sigilo, que impede a abertura dos arquivos da ditadura até hoje.

Revisitando algumas polêmicas

O momento de maior crescimento do movimento e de maior tensão se dá em 1978, quando surgem os CBAs. Nesse momento, o Comitê Brasileiro pela Anistia passa a existir com identidade própria e configura-se como movimento nacional. O I Encontro pela Anistia, realizado pelo CBA em Salvador, em 9 de setembro de 1978, é um passo importante que revela o crescimento e a politização do movimento. Nesse encontro foi defendida a ideia de que o movimento pela anistia se tornasse um movimento de massas, ampliando-se para todas as regiões do país e envolvendo diferentes grupos sociais; também se deliberou pela realização do I Congresso Nacional pela Anistia, o qual foi realizado dos dias 2 a 5 de novembro daquele mesmo ano, em São Paulo, nas dependências do Sedes Sapientiae e da PUC. Nós mulheres, ex-presas e familiares de desaparecidos e mortos, presentes nos dois eventos, exigimos o esclarecimento dos assassinatos de nossos entes queridos, seus restos mortais e a punição dos culpados.

Nesse momento, o Movimento Feminino pela Anistia perde forças, mesmo que de início realize atos conjuntos com o Comitê Brasileiro pela Anistia. Perde força e hegemonia não só por ser um movimento centrado na figura de uma mulher – Terezinha Zerbine –, mas por não ter um caráter massivo, além de ser pouco politizado, em virtude de seu caráter focal e do posicionamento de defesa, prioritariamente da anistia como conciliação e perdão.

Por outro lado, é inquestionável o papel das mulheres desde 1975 na luta pela Anistia. Podemos dizer que os CBAs, em 1977/1978, já encontraram uma grande parte do caminho construído por nós mulheres. A imprensa feminista teve um papel diferenciado quando, já em 1975, surge o jornal *Brasil Mulher*, que tem entre seus principais objetivos a defesa feminista das mulheres e a divulgação das ideias de anistia para presos políticos. Uma das suas editoras é a própria Terezinha Zerbine. O jornal aglutina já no seu início mulheres de várias tendências políticas e publica numerosos artigos, contendo posicionamentos dos mais diversos no campo feminista, na defesa dos direitos das mulheres e dos chamados setores democráticos. A anistia é um tema recorrente em todas as edições do jornal, a ponto de existir uma polêmica, a meu ver desinformada, de que o *Brasil Mulher* era um jornal da Anistia e não um jornal feminista.

Polêmicas à parte, o importante é que esse jornal feito por mulheres e dirigido às elas foi, desde 1975, um importante porta-voz tanto das ideias feministas como do movimento da Anistia. Por meio dele foram divulgadas – quando nossa voz era calada pela tortura, pelo medo e até pela morte – muitas cartas com denúncias e depoimentos de presas e presos políticos do regime militar sobre o exílio, a tortura e os desaparecimentos e assassinatos. Divulgou-se também artigos e denúncias censuradas em outros jornais tanto da imprensa tradicional como da imprensa alternativa. Como foi o caso daquela matéria do Jornal *O Movimento*, que teve toda uma edição proibida de circular: publicamos a mesma matéria pelo jornal *Brasil Mulher*, driblando a censura que nos desqualificava por sermos "um jornalzinho de mulheres", portanto inofensivo.

Como já foi dito, no jornal feminista *Brasil Mulher*, a anistia ocupou espaços importantes, desde seu número zero. Isso porque o *Brasil Mulher* surgiu com a missão de divulgar o recém-criado Movimento Brasileiro pela Anistia.

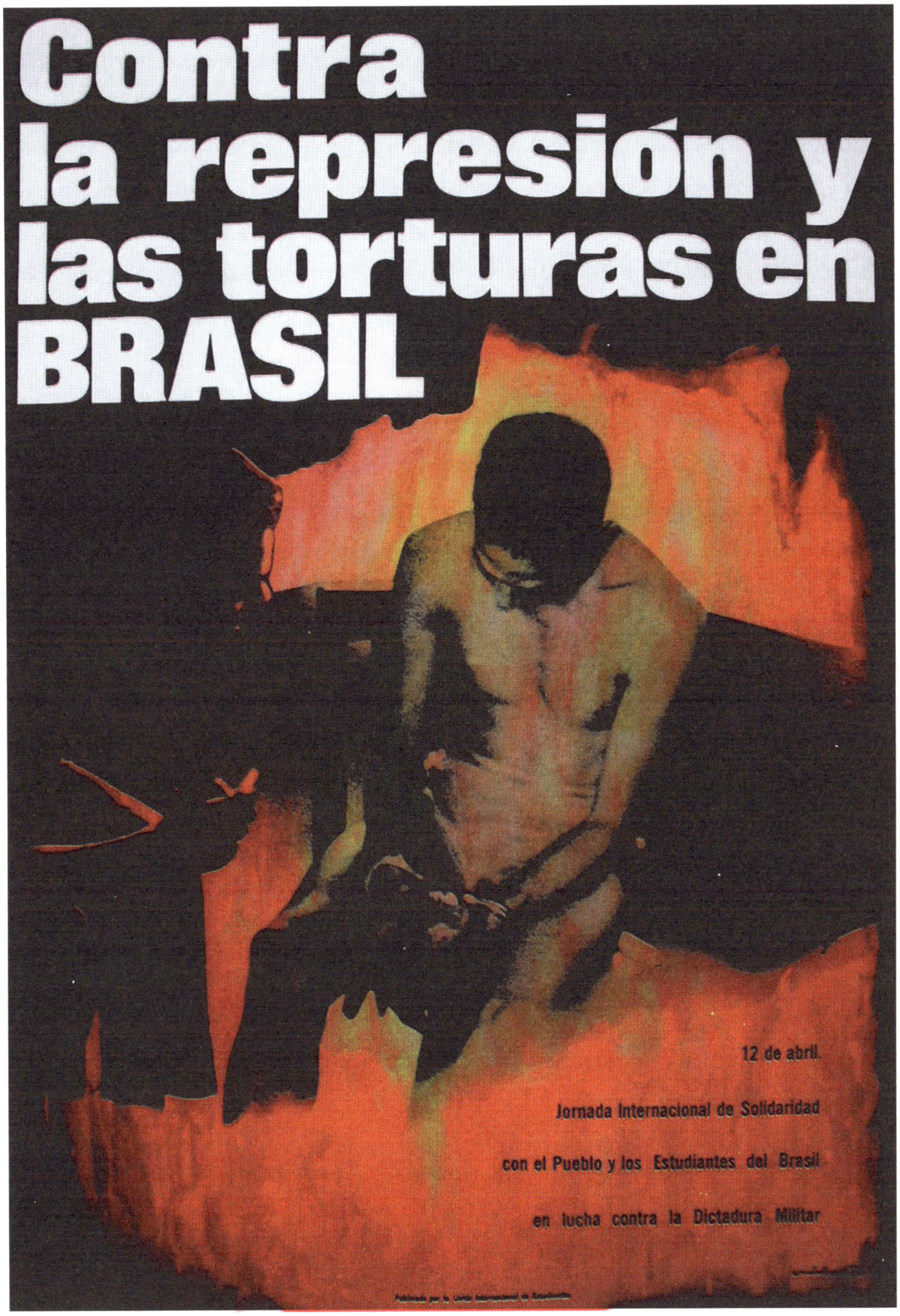

Posteriormente, com o "racha" provocado pelas divergências políticas entre Terezinha Zerbine e o coletivo feminista do jornal, em 1976, ela se desliga junto com outras companheiras do jornal, e este continua defendendo e politizando todo o debate sobre a anistia aos presos políticos do regime militar, uma vez que o seu coletivo passa a ser constituído por militantes de esquerda feministas. E com a saída de Terezinha Zerbine, em 1976, o jornal muda sua posição em relação à concepção de Anistia e assume o feminismo de forma mais radical.

Assim, muitas das suas edições, como veremos a seguir, publicaram artigos contendo posicionamentos sobre a concepção da anistia, seu caráter e sua extensão. Essa polêmica esteve presente nos debates políticos daquele período, dividindo a esquerda e a direita, os democratas e os conservadores, causando cisões no interior dos chamados setores democráticos e dividindo o próprio partido político que apoiava o governo militar – a ARENA – e a oposição ao regime, representada pelo MDB. A proposta de anistia no Brasil nunca foi unânime em seus propósitos, como demonstram as polêmicas presentes nos documentos que retratam o debate político dessa época.

Com o título "Anistia", a matéria colocada na página central do *Brasil Mulher* de número zero, publicado em outubro de 1975, conclamava as mulheres a assumirem sua responsabilidade e a se comprometerem com o quadro político nacional, insistindo para que elas se posicionassem em favor da anistia ampla, geral e irrestrita para os presos políticos do regime militar e relacionando o ano de 1975 – o Ano Internacional da Mulher – com a mobilização das mulheres brasileiras pela anistia.

A matéria "A Felicidade de Nosso Povo", publicada no número 1 do *Brasil Mulher*, de dezembro de 1975, mostra como a palavra "anistia" saiu dos livros de direito e chegou aos ouvidos e bocas dos brasileiros. Citando o artigo "Anistia e Reconciliação", de Alceu de Amoroso Lima, pensador cristão de 80 anos, e o Projeto de Anistia, de D. Paulo Evaristo Arns, Cardeal Arcebispo de São Paulo, a matéria reafirma a ideia da anistia como reconciliação.

No número seguinte do jornal, a polêmica sobre o caráter da Anistia aparece no *Brasil Mulher* de número 2, de 1976, com uma nova matéria publicada sob o título "Anistia não é perdão: é um direito", na qual são entrevistados advogados, sociólogos e historiadores, que expõem suas posições sobre a anistia, enfatizando a importância do seu caráter amplo e irrestrito a todos aqueles que foram cassados, exilados e que continuam presos em razão dos atos de exceção.

No ano de 1976 e nos seguintes, as reuniões da Sociedade Brasileira para o Progresso da Ciência (SBPC) se tornaram eventos de extrema importância para a vida política do país pelo espaço privilegiado que proporcionaram à discussão dos problemas nacionais, permitindo que a imprensa repercutisse a profunda insatisfação da universidade por meio da discussão de temas ligados à liberdade de expressão, censura, democracia e outros que demonstravam as posições políticas da sociedade brasileira em relação ao governo militar. Seus participantes eram estudantes e intelectuais dos mais renomados, que ainda podiam continuar no Brasil e que usaram esse espaço acadêmico para discutir os temas políticos de defesa da democracia e de denúncia dos desrespeitos aos direitos humanos. "A SBPC Pede a Volta dos Nossos Professores", matéria publicada no jornal *Brasil Mulher* em 1976, descreve a perda que sofreu a Universidade de São Paulo a partir da expulsão dos estudantes e da cassação dos seus mais expressivos professores em 1969. Esse tema é discutido em assembleia da SBPC de 1976, a qual aprovou a proposta de anulação do Decreto 477, que permitiu as punições e expulsões de estudantes, professores e funcionários das universidades; defende a anistia, em suas resoluções finais, para todos os que foram atingidos pelo Decreto 477, bem como a adesão da SBPC à luta pela anistia ampla e irrestrita.

As mulheres se expressam não só no debate no espaço da SBPC, mas também no apoio de uma ala progressista da Igreja Católica que representou uma força decisiva para o crescimento desse movimento pela sua penetração nos setores populares, através do trabalho comprometido dos padres das pastorais ligadas às Comunidades Eclesiais de Base, que interagiam diretamente com as comunidades pobres das periferias, trabalhando especialmente com os clubes de mães e com as associações de donas-de-casa.

Passados quase trinta anos, o processo de anistia ainda está acontecendo. Basta citar os recentes acontecimentos envolvendo a lei do sigilo para os crimes de tortura e assassinato, a luta pela abertura dos arquivos da ditadura e a polêmica sobre o caráter dos decretos assinados por diversos governadores no sentido de reparar danos causados pelas prisões e tortura durante o período que antecede a primeira Lei de Anistia. O governador de São Paulo, Geraldo Alckmin, seguindo a posição já assumida por outros governadores, assinou em novembro de 2001 o Decreto 46.397, que dispõe sobre indenizações a pessoas detidas sob acusação de terem participado de atividades políticas no período de 31 de março de 1964 a 15 de agosto de 1979, que comprovem sequelas de torturas e que tenham ficado sob responsabilidade de órgãos públicos do Estado de São Paulo. Por outro lado, a Medida Provisória assinada pelo presidente Fernando Henrique, em 2001, revela o quanto a anistia foi restrita, a ponto de ainda hoje existirem tantas reparações a serem feitas. Isto sem falar na punição dos responsáveis e o paradeiro dos desaparecidos e mortos em circunstâncias que deveriam ser investigadas e que nunca foram.

Rosalina de Santa Cruz Leite[4]

4 Assistente social, ex-presa política e familiar de desaparecido.

ANISTIA

ANISTIA
BRASILIENKOMMITTÉN
LUND MALMÖ
Box 11053 22011 lund
sweden
postgiro 918308-8

8. Anistia e os trabalhadores

Nossa abordagem sobre o processo da Anistia será feita sob a ótica dos trabalhadores operários e camponeses. Quantos foram assassinados durante os anos da ditadura? Principalmente no campo, os que resistiam e lutavam para não deixar suas posses eram espancados, torturados e assassinados de maneira covarde e brutal. Essa selvageria visava a migração em massa desses trabalhadores para os centros industriais, para aí se tornarem mão de obra servil e barata para as indústrias. A ditadura visava também a concentração de terras para os projetos da produção agropecuária para exportação. Os trabalhadores rurais que resistiram pagaram com a própria vida. Nem mesmo seus familiares foram poupados. No entanto, nenhum daqueles trabalhadores foi "anistiado", nenhuma dessas famílias destruídas foi reclamada ou reparada. Quantas centenas delas serão?

Segundo o *Houaiss*, anistia significa *perdão* ou *ato do poder público* que declara impuníveis delitos praticados até determinada data por motivos políticos..., ou penais.

Fica a pergunta inicial: quem praticou delitos e são os criminosos políticos? os que se opunham ao golpe ou os golpistas que surrupiaram o poder político ao povo e traíram a Nação?

A primeira declaração oficial de "delito" sujeito à cassação de direitos políticos data de 9 de abril de 1964. Curioso é notar que os primeiros cassados, na prática (depois de Goulart), foram os dirigentes sindicais, sem que houvesse declaração de culpas. Depois sucederam outras e outras tantas cassações. E chegamos à tortura e eliminação de vidas, além de outros tantos crimes hediondos.

Ainda antes do AI-5, a classe trabalhadora já vinha sendo punida. Milhares de trabalhadores, pelo simples fato de terem sido "delegados sindicais", foram cassados, presos ou tiveram de fugir, abandonando seus empregos. Outros ainda foram demitidos por indicação dos militares, ou "dedurados" pelos pelegos interventores que foram colocados pelos militares na direção dos sindicatos mais combativos da época.

Muitas outras formas de cassação foram impostas aos trabalhadores já nos primeiros anos com a eliminação compulsória de direitos, tais como perda da estabilidade, arrocho salarial constante pelos *Decretos-Leis*, hoje disfarçados com o nome de *Medidas Provisórias*. Qual a diferença real?

Desde o início, a ditadura via os trabalhadores como potenciais inimigos do regime. A preocupação dos militares era a implantação do novo sistema de produção industrial, alicerçado no capital das multinacionais, particularmente no capital do "Imperialismo americano". Como eles temiam a reação dos trabalhadores, entendiam que era preciso punir antes mesmo de qualquer reação. Implantaram o medo.

Os documentos mostram que a DSN (Doutrina de Segurança Nacional) tinha como seu *alicerce*: "garantir a segurança interna para permitir o desenvolvimento econômico, segundo o novo modelo". Por isso a classe operária deveria ser tratada como serviçal e qualquer rebeldia deveria ser punida, pois o essencial era garantir a implantação total do sistema. Isso explica a violenta repressão pelas forças de segurança durante as greves de Contagem e Osasco, em 1968, com espancamentos, prisão de dirigentes, cassações de suas diretorias e novas intervenções.

Assim como assassinaram Olavo Hansen, em 1970, que era rebelde e corajoso, pelas mesmas razões assassinaram Luiz Hirata, em 1971; Manoel Fiel Filho, em 1976; Santo Dias da Silva, durante a greve de 1979; Zequinha Barreto, Joaquim Alencar de Seixas (o pai do Ivan Seixas), Eduardo Leite (o Bacuri)... Quantos outros? Da mesma forma, os trabalhadores eram punidos quando decidiam enfrentar as poderosas empresas a fim de exigir melhores condições de trabalho, melhores salários. Ou seja: ou produz como queremos e o quanto queremos ou são punidos, são declarados inimigos. Quem produzia a riqueza do país era, portanto, tratado como criminoso político.

Nesse processo da Anistia é curioso observar que os que foram roubados em seus mais elementares direitos e punidos por exigir o retorno dos seus direitos é que tiveram de pedir anistia e não os reais criminosos, os militares golpistas e assassinos. Como se pode entender isso? Um grupo, com o poder das armas, violenta e trai toda uma nação, prende, tortura e mata e ainda deve dar o perdão?

Não podemos esquecer que o modelo econômico introduzido pela ditadura militar é o grande responsável pela crescente dependência econômica do Brasil para com o capital internacional, e tal política é crime de lesa-pátria. Não podemos esquecer que esse modelo jogou vários milhões de brasileiros nas grandes metrópoles, em condições habitacionais das mais precárias, gerando as

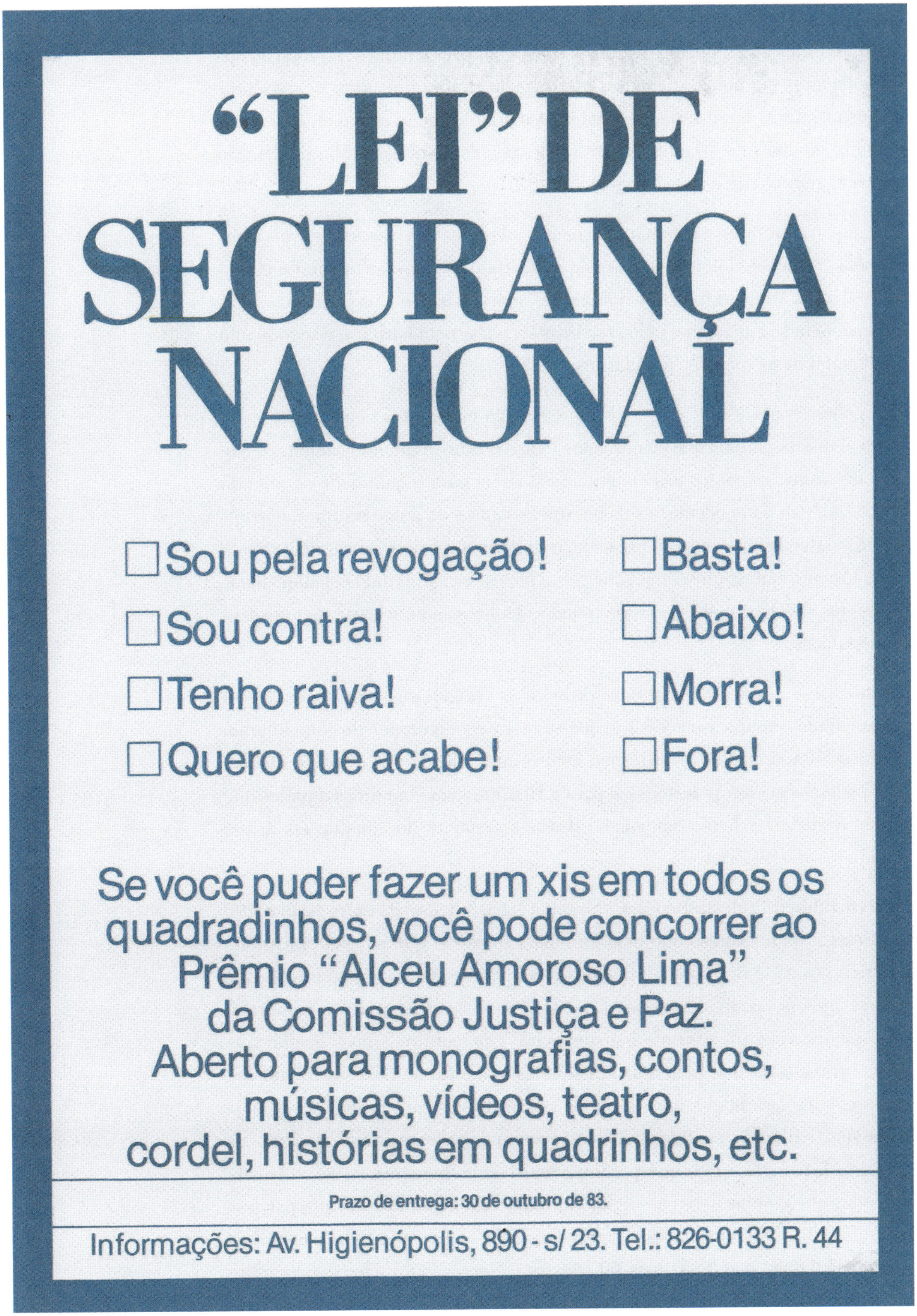
"LEI" DE SEGURANÇA NACIONAL
☐ Sou pela revogação!
☐ Basta!
☐ Sou contra!
☐ Abaixo!
☐ Tenho raiva!
☐ Morra!
☐ Quero que acabe!
☐ Fora!
Se você puder fazer um xis em todos os quadradinhos, você pode concorrer ao Prêmio "Alceu Amoroso Lima" da Comissão Justiça e Paz.
Aberto para monografias, contos, músicas, vídeos, teatro, cordel, histórias em quadrinhos, etc.
Prazo de entrega: 30 de outubro de 83.
Informações: Av. Higienópolis, 890 - s/ 23. Tel.: 826-0133 R. 44

tristes favelas e os cortiços, responsáveis pelo crescimento da miséria entre os mais humildes. Não podemos esquecer que depois de criminosa exploração dos trabalhadores em poucas décadas, esse mesmo capital deixou os construtores de suas riquezas na miséria crescente, na marginalização econômica e social, e que já são mais de 70 milhões de brasileiros nessa situação. Marginalização que vem gerando toda sorte de violência.

Portanto, os militares que tomaram o poder pela força são os responsáveis diretos pela crescente violência que assola o país (fato que nos faz lembrar a fábula do José J. da Veiga, *A hora dos ruminantes*, que ilustra bem os efeitos do capitalismo, pela sua ganância, pelo grau de corrupção, pela barbárie que implanta e pelo total desrespeito às populações).

Não podemos nos esquecer que os militares são os maiores responsáveis pela incrível dívida pública que compromete todo o desenvolvimento nacional e que impede os investimentos nas áreas sociais, vitais para a qualidade de vida do povo. Também não podemos esquecer que, se antes do golpe militar a corrupção já existia no país em grande escala, os militares a potencializaram ao ponto de se tornar o câncer que é hoje, que gerou metástase, atingindo em cheio todas as esferas dos três poderes, corrompendo ideologicamente parte significativa da população.

Por tudo isso, o povo é quem deve dizer se os verdadeiros criminosos devem ser anistiados ou não. É necessário que se resgate a dignidade dos que lutaram contra a ditadura, porque o fizeram com o mais elevado espírito de justiça. Não podemos aceitar que se passe para a História como bandidos aqueles que foram verdadeiros heróis nacionais. Rever o conceito de Anistia, eis aí um grande desafio histórico.

No livro bíblico "Eclesiástico", ou "Sirácida", 13: 3-4, escrita entre os anos 190 e 180 a.C., há uma frase que bem ilumina a injustiça que se está praticando contra o povo: "O rico comete injustiça e ainda ameaça; o pobre é injustiçado e ainda precisa pedir desculpas. Enquanto você for útil, o rico o explorará, mas quando você precisar ele o abandonará". Embora possamos aceitar que houve avanços na luta pela anistia naqueles anos, faz-se necessário também compreender que houve uma série de falhas, falhas que pesam ainda hoje sobre nós. Falhas de caráter político e conceitual. Sabemos que boa parte dos "congressistas" da época que participaram das deliberações sobre a Anistia entendia que os opositores ao regime militar eram criminosos e que por isso a punição foi correta. Outros congressistas, da classe abastada, entendiam que a anistia não poderia jamais ser irrestrita, como não foi. Houve barganhas vergonhosas, assim como aconteceu com as Diretas...

Essa anistia beneficiou os militares e o capital. Houve correntes políticas de esquerda que aceitaram essa vergonhosa barganha, pois interessava aos seus militantes que estavam no exílio. Mas "esqueceram" da solidariedade com outros que também lá estavam.

Muitos dos que voltaram defenderam um tipo de pacto social, uma imitação do Pacto da Espanha dos fins da década de 1970. Para isso era necessário que a classe operária e os políticos abrissem mão dos seus direitos. Mais uma vez os trabalhadores deveriam ser punidos.

Assim, de barganha em barganha, chegamos aos impasses que marcam este país.

Para os trabalhadores, a ANISTIA não existiu. O que os trabalhadores precisam é de justiça e não de PERDÃO, porque não somos criminosos. Pelos crimes devem pagar quem os praticou: os militares e o capital.

Waldemar Rossi[1]

1 Militante da Pastoral Operária e ex-membro da Comissão de Justiça e Paz.

78
ANISTIA

78
ANISTIA
COMITÊ BRASILEIRO PELA ANISTIA
SÃO PAULO
J. DE SOUZA/V. RIBAS

9. Essa anistia aí é um negócio de louco[1]

Parafraseando Millôr: "Todos os homens são iguais perante a lei mas alguns são mais iguais que os outros." Essa anistia aí é um negócio mais ou menos assim. Falando sério: Manoel Cyrillo é uma ameaça para qualquer ditadura; é um homem com um indestrutível senso de humor.

Presídio Político de São Paulo, 29 de junho de 1979.

Jaguar, salve!

Tou vivendo uma piada e nada melhor do que desabafar com quem leva o humor a sério. Seguinte: descobri que o tal "crime contra a humanidade" que supostamente teria cometido foi o deixar-me prender! É, sou preso político, sim. Há dez anos. Mas, voltando ao ponto, conclusãozinha esquisita, né? Ah, uma coisa: juro, é sincera!

Prestei uma atenção danada nas palavras do General e, depois, li e reli com dupla vigilância o projeto (a gente sente uma falsa sensação de vida parlamentar quando ouve esta palavra por estas plagas, concorda?). Como dizia, li com atenção desvelada o projeto de anistia parido pelos senhores do Planalto e meu entendimento foi exatamente aquele.

Veja se não estou certo. "Crime contra a humanidade", na certa, não foi ter pego em armas para opor-me à situação vigente. Poxa, me opus a uns caras que pintaram e bordaram com este país, com nosso povo. Já surgiram em cena bagunçando: assaltaram o Poder dando o maior chega-prá-lá em toda a legislação de então – legítima! Vitoriosos, não está no gibi o que os homens fizeram. Prá início de papo, criaram leis a torto e a direito. Nessa enxurrada de leis escrevinhadas pelos caras naufragaram as esperanças da Nação, do povão. Isso por uma lado, porque do outro, o deles e da panelinha, a onda foi legal pacas. Tudo ocorreu de vento e popa. Mas essa gente era um grupo muito diminuto... Só baixando o cacete na macacada ficariam no bem-bom. E o pau comeu solto, adoidado.

1 Texto originalmente publicado no jornal *O Pasquim*, Rio de Janeiro, ano 11, n. 526, p. 11, 27 jul., a 2, ano. 1979

Menina, foi um tal de sequestrar e guentar nego como nunca se viu nesse brasileiro país. Pra ocê ter uma idéia, basta dizer que as cadeias e quartéis estavam tão lotados, tão lotados, que os caras transformaram navios em presídios. Foi IPM pra todo lado, coisa de loco! Teve gente, como o velho Gregório Bezerra, que aguentou o tranco – e olha que foi, amarrado, arrastado por jipão do exército –, mas muitos morreram, o coitado do sargento Manoel Raimundo foi um desses. Seu cadáver apareceu no Guaíba algemado, escoriado, cheio de vestígios das torturas que o vitimaram.

Os homens a que me opus – essa foi impagável – maquinaram uma terrível. Antes, o virtual inimigo da segurança nacional era um agente externo, um inimigo externo. Pois bem, acredite se quiser, inventaram um novo inimigo da segurança nacional, alguém que chamaram de INIMIGO INTERNO. Isto é, qualquer fulano que os estorvasse. Com uma lei dessas em mãos, lá prá março de 1967, aí é que os caras piraram de tudo. O cassetete imperou.

Foi nessa hora, só aí, que surgiu a guerrilha urbana. A rural veio depois, mais tarde ainda. A guerrilha, portanto, foi resistência a um estado de coisas. Tá legal, concordo, reação violenta. Porém resposta à violência anterior – aquela dos ditadores. Hoje, quando a experiência guerrilheira findou, nosso povo pode tirar suas conclusões, seus ensinamentos. E muitas organizações de vanguarda já partiram pra essa. Algo inadmissível é os torturadores – eles! – eles ousaram pretender imiscuir-se nisso. Isso é coisa que diz respeito somente ao povo!

Por essas e outras, meu gesto armado foi político. Na época, legítimo. E sendo assim descartei a possibilidade de a luta armada daqueles anos ser o tal "crime contra a humanidade" aludido pelo General. Mesmo porque companheiros meus, geste que praticou as mesmíssimas ações, estão incluídos no projeto. Não tou contra isso. Pelo contrário, esse fato só explicita a dimensão da vitória de vocês, desse povaréu todo que luta pela Anistia, com maiúscula. Só aponto esse aspecto da coisa pra mostrar o fuzuê armado pelos homens. Talvez uma manobrinha tentando dividir a gente. Cês sabem, não vou dedurar ninguém, ele até já contou isso pra vocês. Só tou a fim de dar um exemplo pra sentirem a barra, verem como realmente vivo uma piada de mau gosto. Eu, o Gabeira e mais um pessoal (gente boa!) seqüestramos o embaixador do Grande Irmão do Norte, isto nos idos de 1969. Um dia, fui preso. Num outro dia, quem seria preso? É Isso mesmo, o Gabeira. Ambos fomo torturados, processados. Aí os fados nos separaram. Gabeira foi banido, seu processo sobrestado.

Fiquei, ô saco, presinho da silva e, claro, condenado. Sabe o que ocorrerá pela anistia do homem? Pois é, o Gabeira será alcançado e eu não... Será que esse cara pensa provocar briga entre mim e meu chegado? Sem essa, cara! Um jurista amigo meu, mas insuspeito, falou que essa faceta do projeto esculhamba preceito constitucional, certa ISONOMIA: "todos são iguais perante a lei".

Saca outro disparate em que posso me envolver. 10 anos depois de preso, ainda tenho um processo no STF (aliás, na verdade, o dito processo ta dando banda pela Esplanada dos Ministérios, está a meio caminho entre o STM e o STF). Portanto, posso me ver na ridícula situação de ser semi-anistiado. Ou, em outros termos, anistiado em algumas ações, em outras não. Ponte Preta, tu tá fazendo uma falta retada!

Meu amigo, as barbaridades frisadas são os problemas do preso político. O que não diriam os cassados, os que tiveram seus direitos políticos suspensos, os reformados, os transferidos pra reserva, os aposentados, os banidos, os exilados, os estrangeiros expulsos do país, enfim, todos os perseguidos? Será que esse bando de vítimas tá satisfeito com o projeto de anistia do General, dos assessorados pelo Golbery? Duvido muito... Duvido, também, que a Nação esteja satisfeita. O projeto necessita muito aperfeiçoamento, muito mesmo. Pena que os seres pensantes do Congresso Nacional sejam também eles, vítimas do regime. Mas, de qualquer maneira, o jeito é a gente dar a maior força pra estes caras. Força capaz de encurralar os arenosos. De dobrar o General e seus generais.

Bem, por hoje é só. Tomei um tempo danado de você, né mesmo? Em todo caso, quero cumprimentá-lo pelos dez anos de seu jornal. Nesse período, cês tiveram uma história muito bacana, bonita mesmo, gozada.

Ah, me desculpe, ia me esquecendo de, ainda não me apresentei: Sou o Mané Cyrillo. Os presos esperamos contar com *O PASQUIM*. E voltando à vaca fria, o negócio é seguir lutando pela Anistia, aquela: ampla, geral e irrestrita.

Meu abração.

Manoel Cyrillo de Oliveira Netto[2]

2 **Publicitário, trabalha na Comunicação Institucional da Petrobras. Na década de 60, foi militante do grupo de ação da ALN, tendo participado de inúmeras ações, entre elas a captura do embaixador norte-americano Charles Elbrick.**

ANISTIA
AMPLA E
IRRESTRITA

A LUTA PELA
DEMOCRACIA
LIBERDADES DEMOCRÁTICAS
CONSTITUINTE LIVRE E SOBERANA
ANISTIA AMPLA E IRRESTRITA
UNIDADE UnB 78

10. Exilados e acadêmicos: a luta pela anistia nos Estados Unidos[1]

Quase ninguém nos Estados Unidos levantou objeções contra o golpe de Estado de 1º de abril de 1964. A imprensa norte-americana apoiou quase unanimemente o rapidíssimo reconhecimento dado pelo Presidente Johnson ao novo governo militar e à agenda anticomunista dos líderes do novo regime. Os relatos de imprensa deixaram de lado em grande parte as maciças detenções de adversários do regime, considerando a mudança no poder como um "golpe incruento" que evitara uma guerra civil (WEIS, 1997). As notícias vindas do Brasil deram ao público desinformado a impressão de que o novo governo defendera a democracia contra um ataque comunista. Essa noção nada mais fez do que reforçar o arraigado sentimento público de 80% dos cidadãos norte-americanos que temiam a ameaça comunista em 1964, recorde histórico nas pesquisas de opinião sobre temas de política externa (SCHOULTZ, 1981).

Até mesmo senadores que costumavam expressar em voz alta suas posições, como Wayne Morse, do Oregon, que já questionara a política de Johnson na guerra do Vietnã, elogiou a mudança de regime, descartou acusações de intervenção de parte dos Estados Unidos e negou que os militares tivessem instaurado uma ditadura (UNITED STATES OF AMERICA, 1964a). Em tom e estilo típicos da maior parte dos debates no Congresso, o senador Wayne Morse, do estado de Oregon, subiu à tribuna no Senado norte-americano em 3 de abril de 1964 para "congratular-se com o Presidente dos Estados Unidos" por declarações atribuídas a este último e publicadas em um despacho da *Associated Press* sobre acontecimentos recentes no Brasil (UNITED STATES OF AMERICA, 1964b). Após solicitar consentimento unânime da Casa para que o artigo intitulado "*L.B.J. Sends Warm Note to Mazzilli*" (L.B.J. Manda Mensagem Calorosa a Mazzilli) fosse incluído nos anais (*Congressional Record*) do Legislativo, o nobre senador continuou a elogiar o Presidente: "Nesse particular, o Presidente Johnson novamente agiu com o mesmo extremo cuidado, tranquilidade e ponderação que caracterizaram seus demais atos; e merece nossos agradecimentos pela mensagem enviada ao novo Presidente do Brasil." Naturalmente,

1 Este artigo é baseado no livro *Apesar de vocês: a oposição à ditadura militar nos Estados Unidos, 1964-85*. São Paulo: Companhia das Letras, 2009.

Morse se referia ao rápido reconhecimento do novo regime brasileiro por parte de Johnson, no dia anterior.

O senador destacou em seguida que o governo norte-americano estivera envolvido na tomada do poder pelos militares:

> Quero deixar bem claro que posso afirmar, com base no conhecimento de que disponho – e creio que os membros da Comissão de Relações Exteriores do Senado têm sido integralmente informados, com todos os detalhes, dos acontecimentos no Brasil – que os Estados Unidos de forma alguma intervieram nem foram responsáveis em qualquer medida pelos fatos ocorridos no Brasil. Estou convencido de que os acontecimentos foram completamente brasileiros, e que resultaram de uma longa preparação.

Confiando que fora adequadamente informado pelo governo, Morse passou a repetir o relato fornecido pelo embaixador Lincoln Gordon e por funcionários da CIA e do Departamento de Estado, acrescentando sua própria interpretação ao que tinha acabado de ocorrer na semana anterior.

> Os acontecimentos no Brasil não resultaram de atos de uma junta militar ou de um golpe de uma junta militar. Ao contrário, a derrubada do Presidente do Brasil foi consequência de acontecimentos nos quais a força diretriz foi o Congresso brasileiro, agindo segundo Constituição do país, sustentado por um grupo militar que apoiou o respeito ao sistema constitucional brasileiro.

Morse argumentou que Goulart poderia ter permanecido no Brasil e ser julgado pelas acusações que lhe fossem imputadas, mas reiterou: "[...] não se poderia esperar que Congresso do Brasil, os governadores e o povo brasileiros ficassem inertes vendo seu governo e suas forças sendo gradualmente, passo a passo, entregues a um aparelho comunista." O senador pelo Oregon emitiu então a opinião de que o Presidente Johnson havia "muito pertinentemente esperado até que o sistema jurídico e constitucional do Brasil seguisse seu curso", enviando em seguida uma "mensagem calorosa" ao novo Presidente brasileiro. A "bela declaração", a prudência e a liderança de Johnson, afirmou Morse, mereciam suas congratulações.

Em seguida, o senador passou a ler um longo discurso expressando sua opinião a respeito da "guerra de McNamara no Vietnã do Sul". Anteriormente, naquele ano, ele e Ernest Gruening, do Alaska, tinham sido os dois únicos senadores a votar contra a resolução de Johnson sobre o golfo de Tonkin, a qual dava poderes ao presidente para escalar a guerra no Vietnã. Ironicamente, embora disposto a questionar sozinho a política exterior do governo no sudeste asiático, Morse apoiou a Casa Branca no que se referia ao Brasil.

Em comentários feitos mais tarde a seus colegas senadores, no mesmo ano, ele reiterou suas conclusões:

> Esta noite nenhum senador poderá citar o Brasil como exemplo de ditadura militar, porque esse não é o caso. O povo brasileiro continua a autogovernar-se. Se alguém acreditar que isso não é verdade, que veja o que está ocorrendo no Brasil quanto à troca de pontos de vista no Parlamento, na imprensa e em muitas fontes e forças da opinião pública. (UNITED STATES OF AMERICA, 1964c).

Membros da Câmara de Representantes repetiram a opinião de seus colegas do Senado (UNITED STATES OF AMERICA, 1964a).

No ano seguinte, o senador Morse mudou de opinião sobre o regime militar quando Castelo Branco decretou o Ato Institutional nº 2. O AI-2 aboliu os partidos políticos existentes, substituindo-os por duas agremiações: a Aliança Renovadora Nacional (ARENA), favorável ao governo, e o partido de oposição, o Movimento Democrático Brasileiro (MDB). Novas medidas autoritárias também tornaram indiretas as futuras eleições para presidente, vice-presidente e todos os governadores.

Mais uma vez o senador Morse se levantou no Senado, mas desta vez para criticar o apoio do governo norte-americano à ditadura militar:

> A notícia de que a junta militar brasileira assumira poder ditatorial significa um desastroso retrocesso para a liberdade na América Latina. Ainda pior do que isso é a continuidade do apoio financeiro dos Estados Unidos a esse regime. Ao fazê-lo, estamos rapidamente transformando a Aliança para o Progresso em uma aliança para um progressivo militarismo no hemisfério ocidental. A semântica que ouvimos de Washington e da camarilha brasileira, que procura dissipar o temor pela sorte das instituições democráticas naquela grande nação, somente engana àqueles que desejam ser enganados. (UNITED STATES OF AMERICA, 1965).

Morse pode ter se decepcionado com o governo brasileiro ao receber em seu gabinete em Washington a notícia do Ato Institucional nº 2, mas para a maioria dos observadores menos atinados, inclusive muitos jornalistas estrangeiros, o novo regime às vezes parecia ser apenas moderadamente autoritário.

Essa ilusão ajudou a conseguir endosso internacional e a manter o poder dos militares sobre o país durante os primeiros três anos. No final de 1967 e início de 1968, no entanto, uma nova geração de jovens brasileiros contestou o *status quo* político e exigiu o fim do governo militar. As mobilizações estudantis de 1968 e a ampla oposição à ditadura militar que determinou o AI-5 marcaram o começo dos anos mais duros do regime autoritário. A repressão e a tortura tornaram-se as características principais dos governos de Costa e Silva e Médici.

Se a situação no Brasil virou para a direita a partir de 1969, o processo político nos Estados Unidos criava novas condições para construir um movimento que contestava o apoio incondicional aos militares brasileiros. Entre 1969 e 1974, um pequeno grupo de dedicados ativistas da Igreja Católica e das igrejas evangélicas tradicionais, brasileiros exilados nos Estados Unidos, acadêmicos norte-americanos que pesquisavam assuntos relacionados com a América Latina e esquerdistas introduziu a questão dos direitos humanos no discurso público e criticu duramente a política internacional do governo norte-americano. Essa rede de ativistas moldou uma campanha sistemática para educar jornalistas, oficiais do governo e o público sobre os abusos que ocorriam sob o domínio dos militares. As atividades desse grupo ajudaram a isolar o regime militar e lançaram as bases para um movimento mais amplo de solidariedade nos Estados Unidos para com as lutas populares latino-americanas no final das décadas de 70 e 80. Na Europa, uma campanha paralela contra a tortura e as violações de direitos humanos no Brasil e, posteriormente, em outros países da América Latina se desenvolveu no mesmo período, embora tal movimento esteja para além do objetivo deste artigo.

A construção nos Estados Unidos de uma rede nacional de ativistas que tinham conexões internacionais, a documentação da tortura e opressão sistemáticas, o posicionamento público de figuras eminentes contra os abusos aos direitos humanos e o paciente estabelecimento de contatos de ativistas com aliados no Congresso e com a imprensa contribuiu para forjar uma imagem do Brasil sob o regime militar como país de tortura e terror. Também acentuou a percepção de que o governo dos Estados Unidos não deveria apoiar o regime. Relatos gráficos do tratamento de prisioneiros políticos criaram símbolos poderosos para um debate acerca da repressão política na América Latina sob regimes militares autoritários apoiados pelo governo dos Estados Unidos.

Nos Estados Unidos, esses esforços iniciaram uma mudança gradual na opinião pública e oficial que forneceu as bases para campanhas mais amplas contra a repressão, a tortura e os desaparecimentos na América Latina após o golpe no Chile. Enfrentando uma Casa Branca hostil, que abertamente deu suporte aos regimes militares pela América Latina durante os anos Nixon-Ford (1969-76), uma ampla base de ativistas tinha como objetivo que o Congresso norte-americano promulgasse medidas limitando o suporte do governo norte-americano aos regimes repressivos no exterior.

Vitórias legislativas no que diz respeito à América Latina incluíram a linguagem nas Leis de Auxílio Externo de 1973 e 1974: "O Congresso compreende que o Presidente deveria negar qualquer ajuda militar ou econômica ao governo de qualquer país estrangeiro que pratica o confinamento ou aprisionamento dos cidadãos desses países por motivos políticos." (SCHOULTZ, 1981, p. 195). Em 1975, a Emenda Harkin ao Ato de Assistência Estrangeira deu ao Congresso o poder para limitar a ajuda econômica dos Estados Unidos para "[...] qualquer país que se engaja num padrão consistente de rudes violações aos direitos humanos internacionalmente reconhecidos [...]" (BERTOLI, 1979, p. 6). No ano seguinte, essa restrição foi expandida para incluir a ajuda militar. Após Jimmy Carter ter adotado e popularizado, durante a campanha eleitoral de 1976, a questão dos direitos humanos como o critério que orientaria a política externa norte-americana, aquilo que uma vez tinha sido uma crítica política um tanto isolada à política externa norte-americana por parte de esquerdistas e certos liberais, de repente tornou-se parte das discussões nacionais sobre a direção das políticas governamentais no exterior.

No auge da repressão no Brasil, poucos brasileiros participaram das campanhas contra a ditadura militar nos Estados Unidos. O governo de Nixon (1969-74) não cedeu asilo político aos brasileiros que fugiam da repressão no Brasil ou que escapavam de uma possível morte no Chile depois do golpe contra Salvador Allende em 11 de setembro de 1973. Contudo, alguns brasileiros que não poderiam ficar no Brasil por causa da repressão lograram entrar no país com o apoio de esquerdistas das igrejas progressistas ou por meio de redes familiares. Assim foi o caso de Jovelino Ramos, Marcos Arruda e Anivaldo Padilha, todos opositores ao regime militar que não poderiam permanecer no Brasil. Nos Estados Unidos, eles formaram pequenos grupos de oposição à ditadura. Marcos Arruda, por exemplo, fundou o *Committee Against Repression in Brazil* (CARIB), em Washington, em 1971, para organizar um protesto contra a visita do presidente general Médici à Casa Branca em dezembro daquele ano. Anivaldo Padilha ajudou na publicação da *Brazilian Information Bulletin*, em Berkeley, que sistematicamente divulgou notícias sobre a tortura e as medidas arbitrárias do regime.

Em meados dos anos 1970, esse pequeno grupo de exilados políticos não oficiais nos Estados Unidos somado ao número crescente de estudantes de pós-graduação, que recebiam bolsas de estudo do governo brasileiro, gerou um contingente mais amplo de ativistas brasileiros no país. Os estudantes que recebiam apoio governamental permaneciam, em geral, bastante discretos, e a maioria evitava mostrar-se em público, porém muitos ainda participavam sem alarde de campanhas antiditadura (DAGNINO, 1999). Outros encontraram recursos alternativos para estudar no exterior.

Clóvis Brigagão foi um desses. As autoridades o haviam detido em 1971 sob alegação de atividades subversivas. Em setembro daquele ano ele saiu do país e foi para o México, onde estudou no Colégio do México com uma bolsa da Fundação Ford. Em seguida, candidatou-se ao programa de doutorado em ciência política na Universidade de Chicago para estudar com Philippe Schmitter, um cientista político que organizou uma campanha nos Estados Unidos em 1969 contra a aposentadoria compulsória de professores universitários brasileiros. Depois de terminar os seus estudos no México, a Fundação Ford lhe concedeu apoio financeiro para estudar nos Estados Unidos. Em Chicago ele conheceu pessoas que trabalhavam com uma organização anti-imperialista conhecida como *Chicago Area Group for the Liberation of the Americas* (Grupo da Área de Chicago para a Libertação das Américas – CAGLAS) e formou a *Liberation Brazil* (Libertação Brasil – LIBRA) para denunciar a repressão em vigor no Brasil.

Assim como outros grupos pequenos espalhados pelo país que trabalhavam com o Brasil no início da década de 1970, a LIBRA organizou eventos em estabelecimentos de ensino superior do Meio-oeste. Clóvis recorda haver convidado Paulo Freire, educador exilado que havia acabado de publicar *Pedagogia do Oprimido*, para falar de sua obra e da situação no Brasil. Ajudou também a organizar um evento importante, na Universidade de Chicago, com o arcebispo Hélder Câmara diante de um auditório lotado (BRIGAGÃO, 2003). Com o apoio do Comitê de Voluntários Retornados, organização de ex-voluntários radicais do Corpo de Paz, a CAGLAS produziu também um livreto de informação intitulado *Brazil: Who Pulls the Strings? Or: Alliance for Repression* ("Brasil: Quem Manda Realmente? Ou: Aliança para a Repressão") (COMMITTEE OF RETURNED VOLUNTEERS, [1971]). Com 84 páginas essa coleção de reproduções de artigos que criticavam a situação política, social e econômica no Brasil servia de útil instrumento educativo para indivíduos e grupos em todo o país que procuravam informar o público a respeito do Brasil e ao mesmo tempo fazer uma crítica coerente ao apoio norte-americano ao regime militar.

Essa rede de brasileiros também organizou cuidadosamente, entre 1973 e 1977, uma série de reuniões discretas e de âmbito nacional para coordenar o trabalho sobre o Brasil. Clóvis recorda uma reunião de cerca de 30 brasileiros para planejar atividades concatenadas, realizada na Universidade Princeton. Marcos Arruda, Anivaldo Padilha, Jovelino Ramos, Rubem César Fernandes, Maria Helena Moreira Alves, Tetê de Moraes, Pedro Celso Uchôa Cavalcanti, Abdias do Nascimento e outros estiveram presentes (BRIGAGÃO, 2003).

Dessas reuniões e outros debates surgiu a ideia de produzir um livro documentando a experiência dos exilados como parte de um esforço de promoção da noção de anistia. Segundo Pedro Celso Uchôa Cavalcanti, exilado político e professor na Universidade Washington em St. Louis, Rubem César Fernandes foi quem iniciou a ideia de documentar a experiência do exílio. Ambos haviam fugido do Brasil na década de 1960 e acabaram estudando na Polônia. Em seguida, Pedro Celso foi ser professor nos Estados Unidos e Rubem César foi para Nova York a fim de completar o doutorado na *Columbia*. "A ideia começou no ano da Revolução em Portugal, e acho também em grande parte por causa da vitória do MDB nas eleições de 1974", recorda Pedro Celso (CAVALCANTI, 2003). De Nova York, Rubem César conseguiu dinheiro da Fundação Ford para financiar o projeto, e Pedro Celso e Jovelino Ramos deram seus nomes como editores porque já haviam regularizado seu *status* legal nos Estados Unidos. Clóvis Brigagão, Rubem César Fernandes, Valentina da Rocha Lima e Marcos Arruda colaboraram nos bastidores. Paulo Freire, Abdias do Nascimento e

Nelson Werneck Sodré, eminente intelectual de esquerda, "patrocinaram" o projeto, porque seus nomes eram mais conhecidos no Brasil e entre os exilados que viviam no exterior.

Embora ninguém saiba o número exato, segundo as estimativas, entre cinco e dez mil brasileiros haviam sido exilados desde 1964. O governo baniu alguns, proibindo-os de regressar. Outros ainda enfrentavam acusações judiciais de subversão, enquanto muitos outros simplesmente fugiram do país temendo a prisão e a tortura. Desde o século XIX, os governos brasileiros mantinham longa tradição de conceder anistia aos adversários do regime. A proposta de preparar um livro a fim de promover a ideia também coincidiu com esforços de organizar no Brasil uma campanha em favor da anistia. Teresinha Zerbini, Branca Moreira Alves, Regina von der Weid e outros parentes de exilados ou prisioneiros políticos haviam formado corajosamente o Movimento Feminino pela Anistia a fim de pressionar o governo a oferecer alguma forma de reconciliação com opositores do regime, ainda nas prisões ou no exterior (VON DER WEID, 2006; MOVIMENTO FEMININO PELA ANISTIA..., 1990).

Em dezembro de 1974, o grupo baseado nos Estados Unidos enviou mil e quinhentos convites em pequenos pacotes a exilados brasileiros na América Latina, Europa oriental e ocidental, África e Ásia, pedindo que os destinatários escrevessem de quinze a vinte páginas sobre suas experiências no exílio. Quando as respostas tardaram, uma equipe procurou exilados no mundo inteiro para que colaborassem. Isso encareceu o projeto, porque os participantes tinham de viajar para coligir as narrativas e depoimentos das pessoas, mas também fez com que as respostas fossem mais espontâneas e menos formais. Também obrigou os organizadores do volume a tomar decisões sobre quem deveria ser entrevistado de maneira a assegurar equilíbrio político e uma ampla gama de experiências. Os coordenadores acabaram coligindo duas mil páginas de entrevistas e textos escritos (CALVACANTI; RAMOS, 1978. p. 10-20).

O livro *Memórias do exílio, Brasil 1964-19??: Obra coletiva* foi publicado inicialmente em Portugal, em novembro de 1976, e uma segunda edição apareceu no Brasil em setembro de 1978; à medida que a censura abrandava o processo de liberalização progredia. A data incompleta no título do livro colocava a urgente pergunta: "Quando terminará a experiência do exílio?" e sugeria também que a anistia era possível. O livro servia de importante instrumento educativo para os iniciadores da campanha no Brasil e no exterior (RAMOS, 2006; CAVALCANTI, 2003). Também fornecia uma ampla gama de descrições pessoais e de experiências sobre pessoas de gerações, correntes políticas e origens sociais diversas. As narrativas pessoais humanizavam os que viviam no exterior e retificavam imagens anteriores de comunistas e terroristas que o regime militar havia projetado no Brasil e no estrangeiro. Embora houvesse um visível desequilíbrio de gênero no livro, os organizadores do primeiro volume, junto com novos colaboradores, corrigiram a ausência de material significativo sobre mulheres publicando um segundo volume em 1980, depois da concessão da anistia política pelo governo (COSTA, 1980).

Oito meses após o aparecimento em Portugal da primeira edição das Memórias do exílio, o governo uruguaio revogou abruptamente a permissão de permanência no país concedida a Leonel Brizola, causando especulação na imprensa de que o Brasil estivesse por trás da ordem para dar fim a seu exílio naquele vizinho do sul. Brizola, cunhado do Presidente derrubado João Goulart, era um dos exilados particularmente indesejáveis, do ponto de vista dos militares. Assim como Luiz Carlos Prestes, secretário geral do Partido Comunista Brasileiro, que vivia na União Soviética, e Miguel Arraes, ex-governador de Pernambuco, exilado na Argélia, Brizola representava as correntes políticas anteriores a 1964, que eram anátema dos objetivos da "Revolução". Segundo Clóvis Brigagão, que mais tarde trabalhou junto a Brizola, o ex-governador do estado do Rio Grande do Sul conseguiu obter um visto para ir aos Estados Unidos mediante a intervenção de Brady Tyson – um pastor metodista que foi expulso do Brasil em 1966 e participou ativamente nas campanhas contra repressão –, e Andrew Young – o embaixador dos Estados Unidos nas Nações Unidas e ex-ativista do movimento negro pelos direitos civis (BRIGAGÃO, 2003).

Muito embora Brizola pudesse ser ainda uma *bête noire* para o regime militar, ele havia passado por uma transformação ao longo dos anos, o que o levou a uma aliança com social-democratas europeus. Ao chegar à Nova York, foi residir em uma espaçosa suíte no Hotel Roosevelt. O saguão do hotel transformou-se repentinamente em sala de espera e lugar de encontro de exilados de todos os matizes políticos, ansiosos por organizar uma estratégia para terminar com o governo militar. Nova York era uma encruzilhada internacional que facilitava os contatos de Brizola com adversários norte-americanos do regime militar, assim como com os que viviam no exílio na Europa.

Pouco depois de chegar aos Estados Unidos, Brizola transmitiu sua primeira mensagem ao Brasil em treze anos. Seu fervoroso nacionalismo durante o tempo em que governara o estado do Rio Grande do Sul nos primeiros anos da década de 1960 e a nacionalização da ITT (*International Telephone and Telegraph*), de propriedade norte-americana, provocaram uma crise nas relações com Washington durante o governo Kennedy. Quase uma década e meia depois, ele expressou gratidão aos Estados Unidos por oferecer-lhe asilo e elogiou a ênfase do presidente Carter nos direitos humanos como "uma mensagem que penetrou profundamente no povo latino-americano" (HOVEY, 1977, p. 10).

A partir de Nova York, e mais tarde de Lisboa, Brizola trabalhou incansavelmente para forjar, sob sua liderança, uma coalizão de ativistas políticos de todas as convicções que se preparavam para a esperada anistia, para o seu retorno ao Brasil e para a retomada do governo democrático.

No final do ano de 1977, a lenta e irregular política de liberalização estruturada por Geisel e seu principal assessor, general Golbery, assim como a mudança na Casa Branca com a eleição de Jimmy Carter, ofereciam novas oportunidades do ponto de vista dos ativistas que trabalhavam na Costa Leste. Incansável em sua dedicação à causa, Ralph Della Cava, professor de História do Brasil na *City Univeristy of New York, Queen*, continuava a integrar pessoas em sua rede de indivíduos preocupados com os acontecimentos no Brasil. Bela Feldman-Bianco, que estava estudando antropologia na Universidade de Columbia e é atualmente professor na UNICAMP, por exemplo, recorda que a jornalista brasileira Judith Patarra, pouco depois de sua chegada à Nova York para a função de correspondente da revista *Veja*, começou discretamente a ajudá-los transmitindo informações vindas do Brasil sobre as diversas estratégias que a oposição brasileira desenvolvera para acabar com o governo militar (BIANCO-FELDMAN, 2003; PATARRA, 2003). Patarra também desempenhou papel fundamental conseguindo a publicação no *New York Times* de um artigo de Thomas M. Capuano, um dos dois missionários norte-americanos que haviam sido presos e torturados em Recife naquele ano (PATARRA, 2003). O texto, publicado na página de opinião, contava com detalhes seu tratamento na prisão e era acompanhado por uma sombria ilustração, mostrando um homem amarrado e amordaçado e pendurado em um guarda-sol de praia, enquanto outros gozavam os raios do sol[2]. Surgindo imediatamente antes do último fim de semana das férias de verão, era mais uma forma de dramatizar o rude tratamento dispensado aos prisioneiros políticos brasileiros e deve ter sido uma imagem perturbadora para os leitores (CAPUANO, 1977, p. 21).

Uma nova legião de acadêmicos que trabalhava com o Brasil enriquecera as atividades na Costa Leste. Na área de Nova York, diversos ativistas, inclusive Ralph Della Cava, o professor de ciências políticas Kenneth Erickson e o antropólogo Sandy Davis, organizaram um evento no Centro de Pós-graduação da Universidade da Cidade de Nova York (CUNY) com o título "Retorno à Democracia no Brasil", a fim de debater as mudanças políticas que ocorriam no maior país da América do Sul (DELLA CAVA, 2008). Maria Helena Moreira Alves, que fazia um doutorado em Ciência Política na MIT focalizado no regime militar, também se envolveu nas atividades de organização antiditadura (ALVES, 2003). Joan Dassin, na época professora no Colégio Amherst, fora pesquisadora de pós-graduação na Universidade

2 Ilustração disponível na página 149.

MASSACRES PRATICADOS POR GOVERNOS

Campo de Execução, província de Kampot, Kampuchea 1982.

Depois da Segunda Guerra Mundial, o mundo descobriu o completo horror do Holocausto. Milhões de pessoas foram executadas, envenenadas ou morreram de fome por causa de sua raça ou crença.
Mas os massacres de pessoas inocentes feitos pelos próprios governos não pararam por aí.
Da Indonésia à Guatemala, de Uganda à Kampuchea, a matança continua: a matança de pessoas que são suspeitas de terem as idéias "erradas", as crenças "erradas", a educação "errada", os amigos "errados", a família "errada".

Os corpos de homens, mulheres e crianças são empilhados em valões e fossas de morte.

A Anistia Internacional exige que toda a verdade seja revelada e que os responsáveis sejam punidos. Nosso trabalho não vai parar enquanto existirem campos de execuções.

ANISTIA INTERNACIONAL **Campanha pelos Direitos do Cidadão** Seção Brasileira de São Paulo durante os piores anos da opressão política e ia e vinha todos os finais de semana de Amherst a Nova York a fim de colaborar naquela nova explosão de energia sobre o Brasil (DASSIN, 2003). Kenneth Erickson colaborou com Della Cava na redação de uma série de resoluções apoiando a transição para a democracia, destinadas a uma reunião da Associação de Estudos Latino-americanos que se realizaria em seguida (DELLA CAVA, 2009). A presença de Brizola em Nova York também serviu de catalizador para repensar a forma que poderia tomar um regime pós-ditatorial.

Clóvis Brigagão recorda haver organizado um encontro entre Brizola e Abdias do Nascimento, veterano intelectual e ativista afro-brasileiro, que era professor em *Buffalo*. Segundo Brigagão,

> O Brizola não entendia da questão negra. Achava que aquilo [racismo] não existia no Brasil. Então eu coloquei o Abdias do Nascimento na casa onde eu morava, com Zé Almino [de Alencar], Lélia Gonzalez, que era uma liderança negra nova no Brasil, e [outros novos dirigentes] [...] E durante a noite inteira o Abdias contou a história do Brasil do ponto de vista do negro e da escravidão, e aí acendou uma luz na cabeça do Brizola, entendendo o trabalho do negro na construção do Brasil. Foi a partir daí que o Abdias passou a ser uma figura ali ao lado dele quando ele veio para o governo no Rio de Janeiro [em 1982]. Ele teve cinco secretários negros. (BRIGAGÃO, 2003).

Em 1985, a Arquidiocese de São Paulo patrocinou a publicação de *Brasil, nunca mais*, versão abreviada do relatório de sete mil páginas que fora preparado entre 1979 e 1984. O título "Nunca mais" sugeria outras tragédias humanas, como o Holocausto e genocídios. Recordava igualmente a responsabilidade individual ou o imperativo moral incorporado na primeira petição pública surgida nos Estados Unidos denunciando a tortura no Brasil: "Não podemos nos calar", que circulou em 1970.

Apoiados em uma rede internacional que havia se formado na década anterior, ativistas brasileiros no campo dos direitos humanos organizaram a publicação de uma versão em inglês de *Brasil, nunca mais*. Alfred Stepan, professor de Ciência Política na Universidade Columbia, recorda haver recebido um telefonema do Brasil perguntando se poderia procurar um editor que fizesse a revisão da tradução do livro para o inglês. Por acaso, na parada do ônibus próxima à universidade, encontrou-se com Joan Dassin, que desempenhara atividades antiditadura em Nova York no final da década de 1970. Ela imediatamente concordou em rever a tradução. Também por sorte, Dassin havia acabado de

2 O cardeal Arns também fez questão de que a extensa documentação coligida fosse guardada no exterior a fim de impedir a possibilidade de que o material sobre o Brasil fosse destruído. O arquivo completo foi copiado pelo Projeto Latinoamericano de Microfilmagem e depositado no centro de Pesquisas em Bibliotecas, em Chicago (ARQUIDIOCESE DE SÃO PAULO, 1985, p. IX-XII; DASSIN, 2003).

3 Professor titular da Brown University, Providence, Rhode Island e autor de *Além do carnaval: a homossexualidade no Brasil do século XX*, entre muitas obras.

receber uma bolsa da Fulbright para viajar ao Brasil. Durante cinco meses ela trabalhou com Jaime Wright em São Paulo, acertando a linguagem da tradução para o inglês de um texto que documenta o horrendo tratamento dado aos presos políticos[2]. *Torture in Brazil*, título da edição em inglês de *Brasil, nunca mais*, lembrava a combinação do panfleto de dezesseis páginas produzido uma década e meia antes por Ralph Della Cava, pelo Reverendo William Wipfler do Conselho Nacional de Igrejas e outros, intitulado *Terror in Brazil*, que documentava a tortura cometida pelo regime militar, com o documentário de Saul Landau e Haskell Wechsler, *Brazil: A Report on Torture*, filmado com brasileiros exilados no Chile em 1971. O livro registrava os sofrimentos de milhares de pessoas que haviam lutado contra a ditadura. Continha também uma duradoura mensagem implícita de que tal tratamento jamais seria aceitável.

James N. Green[3]

Scenes and Echoes of Torture in Brazil

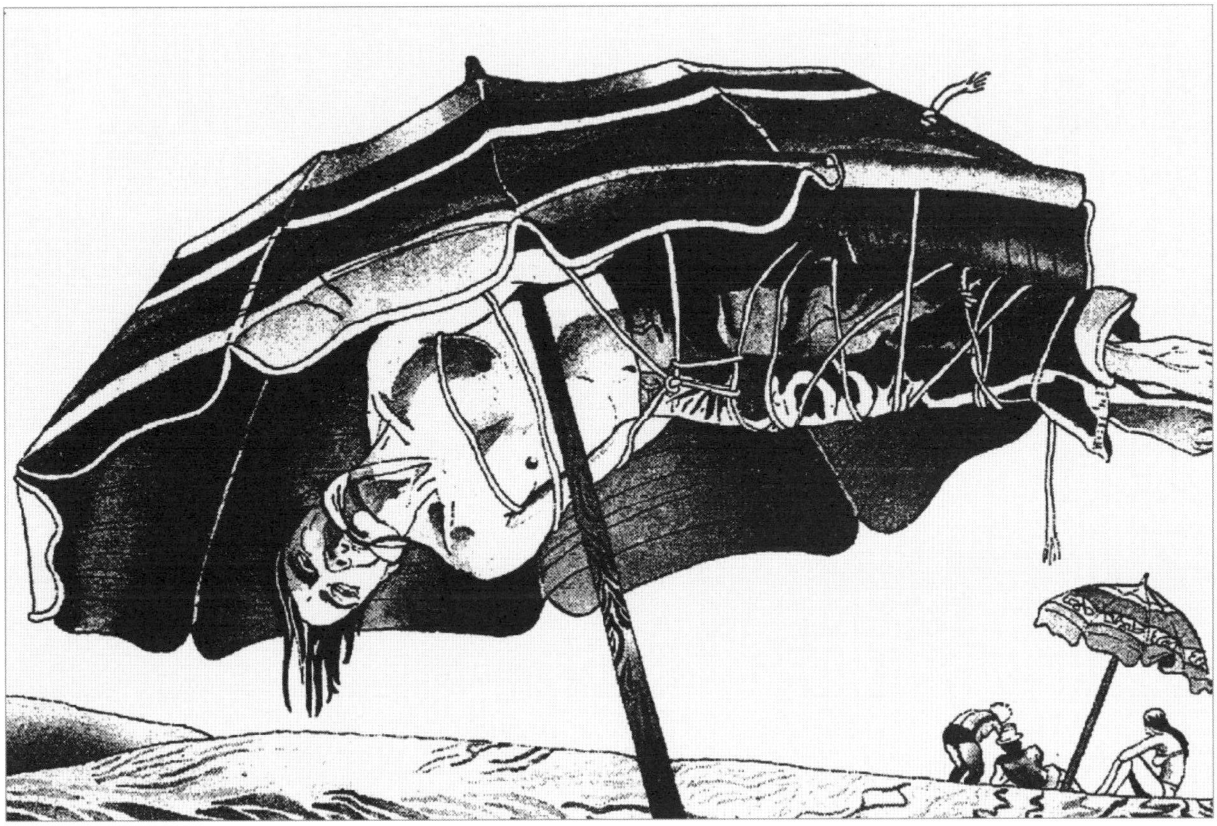

ANISTIA AMPLA, GERAL E IRRESTRITA

ANISTIA AMPLA, GERAL E IRRESTRITA

ANISTIA AMPLA, GERAL E IRRESTRITA

ANISTIA AMPLA, GERAL E IRRESTRITA

ANISTIA AMPLA, GERAL E IRRESTRITA

ANISTIA AM

ANISTIA AM

ANISTIA AM

ANISTIA AM

ANISTIA AMPLA, GERAL E IRRESTRITA

ANISTIA AMPLA, GERAL E IRRESTRITA

ANISTIA AMPLA, GERAL E IRRESTRITA

ANISTIA AMPLA, GERAL E IRRESTRITA

ANISTIA AMPLA, GERAL E IRRESTRITA

ANISTIA AM

ANISTIA AM

ANISTIA AM

ANISTIA AM

ANISTIA AMPLA, GERAL E IRRESTRITA

ANISTIA AMPLA, GERAL E IRRESTRITA

ANISTIA AMPLA, GERAL E IRRESTRITA

ANISTIA AMPLA, GERAL E IRRESTRITA

ANISTIA AMPLA, GERAL E IRRESTRITA

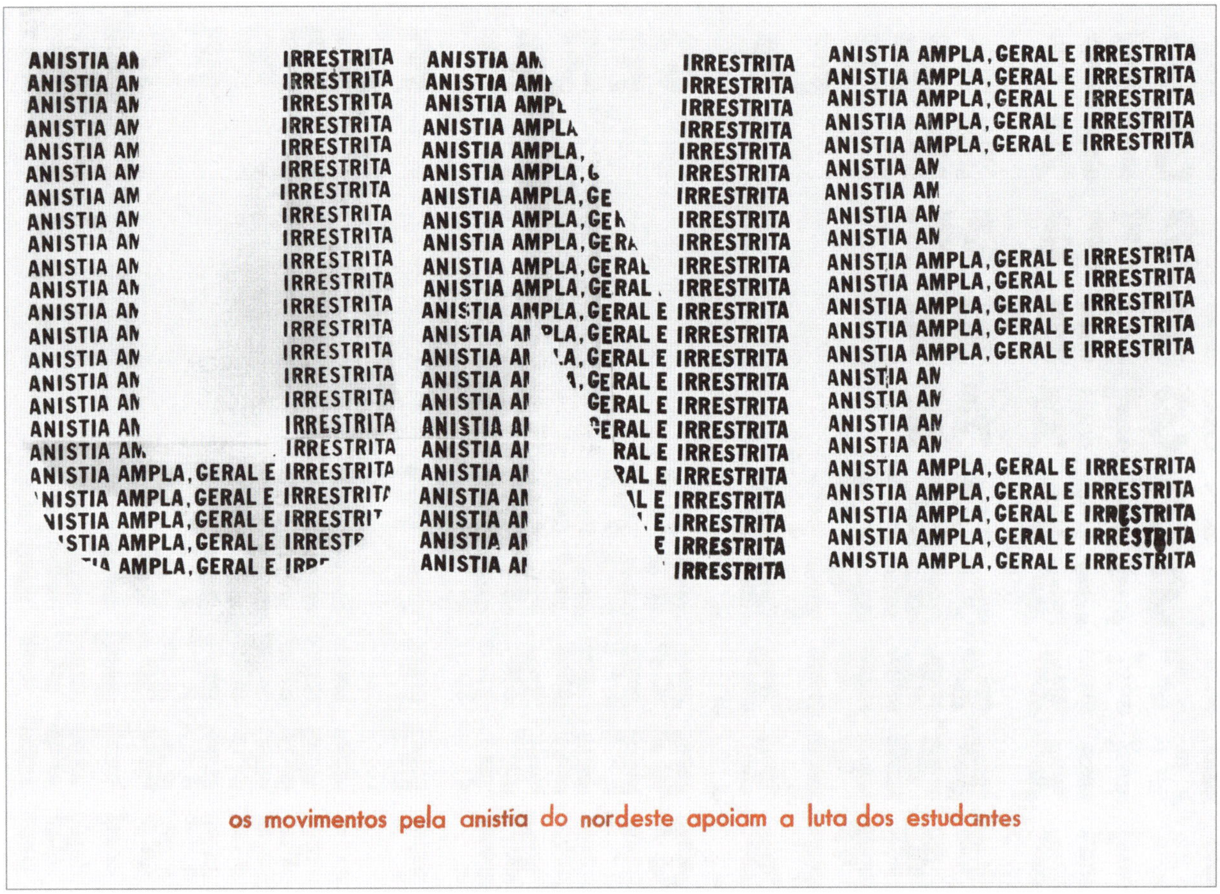
UNE
ANISTIA AMPLA, GERAL E IRRESTRITA
os movimentos pela anistía do nordeste apoiam a luta dos estudantes

11. Anistia e reparação: uma combinação imprópria[1]

Quando o tema em debate é a Lei de Anistia, uma das questões recorrentes entre especialistas, notadamente fora do país, é compreender como, no Brasil, o processo de acerto de contas em relação aos crimes ocorridos durante o regime militar acabou por priorizar o pagamento de reparações aos familiares e às próprias vítimas do período de arbítrio em detrimento de outras obrigações do Estado. Objeto central desta reflexão, as indenizações pagas aos perseguidos políticos serão analisadas neste artigo a partir da estrutura do que se convencionou designar "justiça de transição" (cujo foco principal está nos direitos e nas necessidades das vítimas) (BICKFORD, 2004, p. 1045-1047) e à luz dos constantes desenvolvimentos observados nas últimas décadas acerca da temática dos direitos humanos – o que abrange a legislação internacional, inclusive o direito humanitário. Antes de refletir sobre elas, no entanto, será preciso reconstituir brevemente não apenas as batalhas travadas em torno dos direitos das vítimas e seus familiares, mas também a campanha pela aprovação da própria Lei de Anistia – uma das peculiaridades do caso nacional, frequentemente ignorada, é que, aqui, a legislação nesse sentido foi reivindicada e não simplesmente imposta pelos militares.

No Brasil, a luta por anistia começou logo após o golpe de Estado, em 1964, quando o autodenominado Comando Supremo da Revolução editou um Ato Institucional (AI) estabelecendo o estado de exceção no país. Alceu de Amoroso Lima, mais conhecido como Tristão de Athayde, foi o primeiro a reivindicá-la. Em dezembro de 1964, durante entrevista a uma emissora de rádio carioca, o escritor católico apelou ao presidente Castello Branco pela concessão do benefício. Em seguida foi a vez do general Pery Constant Bevilacqua, ministro do Superior Tribunal Militar (STM), defender a adoção do expediente. Três anos mais tarde, reclamando "anistia geral, para que se dissipe a atmosfera de guerra civil que existe no país", a Frente Ampla, organizada por líderes da oposição como Carlos Lacerda, Juscelino Kubitschek e João Goulart, lançou um manifesto com o mesmo objetivo (ANISTIA, 1978, p. 12). Em 1967, a tese da anistia já havia sido aprovada em um congresso clandestino do então proscrito

1 Este artigo reproduz parte da reflexão desenvolvida em dissertação de mestrado e tese de doutorado, defendidas no Departamento de Ciência Política da USP, em 2003 e 2008, respectivamente.

Partido Comunista Brasileiro (PCB), mas só algum tempo depois ela seria encaminhada ao debate legislativo por intermédio do Movimento Democrático Brasileiro (MDB)[2]. Em 1968, por exemplo, utilizando-se de uma brecha na Constituição, o deputado Paulo Macarini (MDB-SC) apresentou projeto de anistia beneficiando os envolvidos nos acontecimentos que sucederam à morte do estudante Edson Luís de Lima Souto, no Rio de Janeiro (ANISTIA, 1978, p. 12). Só em agosto daquele ano outros dez projetos de anistia, todos encaminhados pela oposição, tramitavam na Câmara Federal. Passo decisivo foi dado em 1975 por Terezinha Zerbini. Mulher de um general cassado, ao lançar o Movimento Feminino pela Anistia conseguiu reunir 20 mil assinaturas em todo o país e também entregar uma carta à primeira-dama dos Estados Unidos, Rosalynn Carter, durante visita ao Brasil. No documento, não pedia nada àquela que havia sido nomeada, pelo próprio marido, missionária dos direitos humanos. Apenas saudava a administração norte-americana pela concessão de anistia aos resistentes de guerra (VIVEMOS..., 1977). Vale lembrar que a ideia de anistia estava associada à luta pela retomada da democracia, pela volta do Estado de Direito e pelo reconhecimento e respeito aos direitos humanos.

O ano de 1977 seria marcado por manifestações estudantis em protesto contra prisões e tortura de presos políticos que logo se tornariam também manifestações em prol da anistia, com os "Dias Nacionais de Protesto e Luta pela Anistia" e o surgimento dos "Comitês Primeiro de Maio pela Anistia", que pouco duraram (MARTINS, 1979, p. 193). No mês de outubro daquele mesmo ano, um primeiro sinal em direção à anistia seria dado, de forma discreta, por um aliado do próprio governo: o brigadeiro Délio Jardim de Mattos. À época ministro do Superior Tribunal Militar, Mattos sugeriu, durante conferência em Curitiba (PR), que as "punições revolucionárias" poderiam ser revistas (A ANISTIA..., 1979, p. 20). Para entender o que o ministro do STM queria dizer com isso é preciso ter em mente que desde o início o regime militar utilizou instrumentos excepcionais que reduziram ou suprimiram o direito de defesa dos acusados de crimes cometidos contra a segurança nacional. Na ausência de Estado de Direito, quem se opunha às suas ideias era classificado, pelo próprio regime, como inimigo da nação, podendo ser punido com o exílio (subdividido nas modalidades de confinamento, banimento ou mesmo asilo e refúgio), a suspensão de direitos políticos, a perda de mandato político ou de cargo público, a demissão ou perda de mandato sindical, a perda de vaga em escola pública ou a expulsão em escola particular e a prisão, além da inclusão dos nomes de opositores do regime nos arquivos dos órgãos da repressão (DALLARI, 197-). Havia também a pena de morte, estabelecida pelo AI de nº 14, mas que oficialmente nunca foi adotada – eliminados em execuções sumárias ou no decorrer de sessões de torturas, os adversários do regime perderam a vida de forma clandestina (FAUSTO, 2000, p. 481).

2 FREIRE, Roberto. Pronunciamento feito em 18.8.1999. Disponível em: <www.senado.gov.br/web/senador/freire/anistia.htm> Acesso em: 17 jul. 2001

A partir de 1977, os comitês de defesa dos direitos humanos multiplicaram-se pelo país e, em pouco tempo, organizações ligadas à ala mais progressista da Igreja Católica, como a Comissão de Justiça e Paz e as Comunidades Eclesiais de Base (CEBs), o Colégio Episcopal da Igreja Metodista, além de movimentos populares como o "Panela Vazia" e os dos metalúrgicos do Grande ABC, também passaram a apoiar a luta por anistia. Para coordenar as ações em prol dela, em fevereiro de 1978, advogados, familiares e amigos de presos e exilados políticos fundaram, no Rio de Janeiro, o Comitê Brasileiro pela Anistia (CBA). Em sua carta de princípios e em seu programa mínimo de ação, a entidade defendia que a anistia inscrevia-se "no quadro geral das demais lutas do povo brasileiro pelas liberdades democráticas" e pleiteava perdão imediato a todos os presos e perseguidos políticos (não-extensivo aos "algozes de suas vítimas"). Também reivindicava o fim absoluto das torturas, a libertação dos presos políticos e a volta dos cassados, banidos, exilados e perseguidos, a elucidação dos casos de desaparecimentos e a revogação da Lei de Segurança Nacional (CBA. CARTA DE PRINCÍPIOS..., 1978). Em maio, a discussão sobre anistia ampliou-se durante conferência nacional da Ordem dos Advogados do Brasil, realizada em Curitiba. Novamente, advogados exigiram a volta do Estado de Direito que, para eles, só seria restabelecido com "a participação efetiva do povo nos atos de criação e aplicação da ordem estatal" (SKIDMORE, 2000, p. 206). Para reforçar a necessidade de mudanças, lideranças do governo identificadas com a liberalização, como o Ministro da Justiça, Petrônio Portella, chegaram a pedir "mais pressão pública" à OAB, com a intensificação de publicidade em favor da anistia (SKIDMORE, 2000, p. 206).

Elaborada durante o Encontro Nacional de Movimentos pela Anistia, realizado no mês de setembro de 1978 na capital baiana, a "Carta de Salvador" imprimiu mais força à reivindicação. "A luta pela anistia é necessária e imprescindível para a obtenção de uma conquista maior: as liberdades democráticas", propunha o documento. Na carta, defendia-se que a anistia deveria ser ampla ("para todos os atos de manifestação de oposição ao regime"), geral ("para todas as vítimas dos atos de exceção") e irrestrita ("sem discriminações ou restrições") (CBA. ENCONTRO NACIONAL..., 1978). Favorável à apuração das denúncias de torturas e assassinatos de prisioneiros políticos que chegavam ao tribunal, logo depois o general Rodrigo Otávio Jordão Ramos, ministro do STM, pediria a revisão das punições decorrentes da excepcionalidade revolucionária e também defenderia a concessão de anistia (MARTINS, 1979, p. 206). Em novembro, em São Paulo, houve o Primeiro Congresso Nacional pela Anistia, com o apoio de entidades como a OAB, a CNBB, a ABI e a Sociedade Brasileira para o Progresso da Ciência (SBPC). Em 31 de dezembro expirou o AI-5. Em 1979, o país reingressaria em um precário Estado de Direito, baseado na Constituição imposta de 1967 e na Emenda Constitucional de 1969, com a luta por anistia disseminada em toda a sociedade.

Nas ruas e nos campos de futebol era possível ver cartazes e faixas defendendo a adoção do expediente. Carros também exibiam adesivos plásticos nos vidros, panfletos eram distribuídos nas esquinas e comícios buscavam sensibilizar a opinião pública a respeito do assunto. A orientação dos movimentos de anistia era de que a bandeira fosse estendida à prática dos sindicatos, das associações de bairro, das entidades profissionais e nos meios estudantis. A ideia era que a luta saísse do âmbito de seus movimentos e atingisse amplos setores da sociedade. Em junho, no Rio de Janeiro, foi realizado o III Encontro Nacional dos Movimentos de Anistia. Ao final do evento, um manifesto à nação foi divulgado. Um de seus trechos dizia:

> As entidades que lutaram pela anistia, reunidas no III Encontro Nacional, consideram uma vitória do ascenso do movimento popular e democrático o fato de o governo ser obrigado a tratar da anistia. Há poucos meses o próprio regime não admitia tal hipótese. (CONGRESSO NACIONAL PELA ANISTIA, 1978)

O documento também fazia uma espécie de inventário da situação dos perseguidos. Os dados divulgados indicavam que eram 55 os presos políticos condenados pela Lei de Segurança Nacional, 122 opositores do regime estavam desaparecidos, 200 haviam sido mortos em decorrência de torturas ou em confrontos com as forças repressivas, 4.877 foram cassados e, segundo estimativas da Comissão de Justiça e Paz da Arquidiocese de São Paulo, cerca de 10 mil estavam exilados (CONGRESSO NACIONAL PELA ANISTIA, 1999). Informações divulgadas pela imprensa indicavam que desde o golpe militar 550 cassados haviam perdido seus mandatos eletivos, 1.261 militares das Forças Armadas haviam sido punidos com base em atos institucionais, 2.429 pessoas haviam sido condenadas pela Lei de Segurança Nacional, sendo 1.729 punidas por crimes políticos, na caracterização da Procuradoria da Justiça Militar, e 700 condenadas por assalto e por atos de terrorismo. À época da elaboração da Lei de Anistia, 166 brasileiros estavam com seus direitos políticos suspensos e outras 960 pessoas já haviam cumprido o período de 10 anos de suspensão de tais direitos (A ANISTIA..., 1979, p. 22-23).

Foi assim, em virtude de uma nova realidade, em parte decorrente da própria dinâmica de liberalização do regime militar que, entre outras coisas, reduziu a capacidade de comando do governo, mas decidido a prosseguir na abertura política, que o então presidente João Batista

D. Oscar Arnulfo Romero
Arcebispo de San Salvador
Assassinado em 24.03.1980

JORNADA PELA PAZ NA AMÉRICA CENTRAL

Dias: 22-23-24 de março de 1990
Hora: 19h30
Local: Salão paroquial da Igreja de Santa Cecília
(Largo Santa Cecília, nº 202 - Metrô Santa Cecília)

Apoio:

FTD

Entidades promotoras: CDHAL (Cristãos pelos Direitos Humanos na América Latina), GTNM (Grupo Tortura Nunca Mais), FCD (Fraternidade Cristã de Doentes e Deficientes), COR (Centro Oscar Romero), CAPP (Comitê de Apoio ao Povo Paraguaio), CIES (Centro de Informações de El Salvador), CESEP (Centro Ecumênico de Serviços à Evangelização e Educação Popular), SPM (Serviço Pastoral dos Migrantes), CEPIS (Centro de Educação Popular do Instituto Sedes Sapientiae), D.A. ITESP (Diretório Acadêmico do Instituto de Teologia de São Paulo) e D.A. da Faculdade de Teologia N. Sª da Assunção.

Figueiredo levou adiante a ideia de anistia – concebida pelo chefe da Casa Civil, general Golbery do Couto e Silva, dentro do objetivo de aprofundar as reformas e reduzir a rigidez do sistema político, que naquele momento trabalhava contra o governo, diminuindo-lhe o controle sobre o processo de liberalização. Por rigidez do regime político deve-se entender, na análise de Brasílio Sallum Jr., "o caráter plebiscitário das eleições e a polarização rígida governo/antigoverno que marcava o sistema partidário" que fora criada pelo próprio regime (SALLUM JR., 1996, p. 28). Figueiredo assumiu o poder prometendo fazer do Brasil uma democracia e disposto a transformar a anistia no primeiro ato político significativo de seu governo (SKIDMORE, 2000, p. 412). Não demorou a receber, do CBA de Paris, correspondência protestando contra os crimes do regime militar e exigindo que a lei fosse geral e irrestrita. Cinco mil personalidades, entre elas Alain Resnais, Alfred Kastler, François Jacob, Gabriel García Márquez, Jean-Paul Sartre, Jean-Luc Godard, Julio Cortázar e Simone de Beauvoir, assinavam a carta (GRECO, 2003, p. 161-162). Algum tempo depois, em 28 de agosto de 1979, foi sancionada a Lei nº 6.683, que logo passou a ser considerada um marco na redemocratização do país, embora tenha sido aprovada basicamente nos termos que o governo queria e se mostrado mais adequada aos anseios de impunidade dos integrantes do aparato de repressão do que à necessidade de justiça dos perseguidos políticos. Ainda que os militares gostem de enfatizar que a lei vinha para "pacificar a família brasileira", a anistia não foi capaz de interromper a série de violações de direitos humanos iniciadas com o golpe de Estado. E também não pode ser considerada ampla, geral e irrestrita, como foi reivindicada, basicamente porque deixou de fora determinadas manifestações de oposição ao regime, como os casos classificados como terrorismo; excluiu os enquadrados em determinados atos de exceção, como os que cometeram os chamados "crimes de sangue"; e contemplou apenas os não condenados.

Durante a tramitação do projeto de anistia do governo, houve quem, como o Deputado Octacílio Queiroz (MDB-PB), propusesse emendas prevendo o pagamento de pensões mensais

> a todas as mães, viúvas, menores órfãos, esposa e filhos de pessoas desaparecidas, mutiladas e, por isso, impossibilitadas ao desempenho de qualquer atividade normal, física ou mental, em resultado de ação político-repressora de órgãos da Segurança Nacional cometida por policiais e outros agentes do setor público, inclusive na esfera estadual (CONGRESSO NACIONAL, 1982, p. 89).

O Deputado Carlos Alberto (MDB-RN), por exemplo, submeteu proposta acrescentando ao art. 4º do projeto do governo o seguinte parágrafo único: "Farão igualmente jus à pensão os dependentes de pessoas desaparecidas posteriormente à sua detenção pelos órgãos de segurança." (CONGRESSO NACIONAL, 1982, p. 239). Outros parlamentares também sugeriram modificações no texto original, estabelecendo a abertura de sindicância, pelo Ministério da Justiça, para apurar os casos de desaparecimento, e a instauração de inquérito, pela Polícia Federal, para investigar as circunstâncias em que se deram os sumiços, mas nenhuma dessas iniciativas prosperou. Obviamente, os militares receavam ser responsabilizados por torturas e assassinatos cometidos nos 15 anos que se seguiram ao golpe – a maior parte dos desaparecimentos no Brasil, com mais de 130 casos registrados, foi observada na primeira metade da década de 1970 (ARNS, 1985, p. 22).

Naquele momento, o primeiro do processo de acerto de contas, "pode-se dizer que a anistia significou uma tentativa de restabelecimento das relações entre militares e opositores do regime que haviam sido cassados, banidos, estavam presos ou exilados". Seu significado era de "conciliação pragmática, capaz de contribuir com a transição para o regime democrático" e, como era de se esperar de uma lei cuja denominação remete ao sentido amplo de esquecimento, a busca da verdade, entendida como a revelação das circunstâncias em torno dos crimes e os nomes dos envolvidos, não estava entre os seus objetivos (MEZAROBBA, 2006, p. 147). Como a legislação não foi capaz de atender às principais reivindicações dos perseguidos políticos e dos familiares das vítimas fatais do regime (o art. 6º da Lei de Anistia, por exemplo, permitia apenas que o cônjuge, um parente ou o Ministério Público requeressem uma declaração de ausência da pessoa que, envolvida em atividades políticas, estivesse desaparecida de seu domicílio, sem dar notícias há mais de um ano, considerando-se a data de vigência da própria lei), o tema naturalmente continuou em aberto.

Não foram poucos os esforços no sentido de ampliar a lei, inclusive durante o regime militar. Mas os primeiros avanços no processo de acerto de contas só começaram a acontecer à medida que os militares foram perdendo poder e simultaneamente ao fortalecimento da democracia e a incorporação da temática dos direitos humanos na agenda nacional. Foi dessa forma que, em dezembro 1995, o então presidente Fernando Henrique Cardoso (PSDB) sancionou a Lei 9.140, ou Lei dos Desaparecidos, reconhecendo como mortos 136 desaparecidos políticos cujos nomes estavam relacionados em seu anexo I. Aquela foi a primeira vez, no Brasil, que se admitiu, independentemente de sentença judicial, a responsabilidade objetiva do Estado pela atuação ilícita de seus agentes de segurança. Com esse ato legal, como observam Nilmário Miranda e Carlos Tibúrcio, o Estado brasileiro assumiu a responsabilidade geral pelas violações de direitos humanos cometidas durante o regime militar, como sequestros, prisões, torturas, desaparecimentos forçados e assassinatos, inclusive contra estrangeiros que residiam no país (na lista, constam os nomes de quatro desaparecidos políticos que não são brasileiros). A partir daí, os familiares passaram a ter o direito de requerer os atestados de óbito dos desaparecidos e a receber indenizações. Com a entrada em vigor da lei, uma comissão também foi criada para analisar as denúncias de outras mortes, ocorridas por motivação política e envolvendo causas não naturais, "em dependências policiais ou assemelhadas".

Não obstante o reconhecimento da importância da iniciativa do governo em elaborar um projeto de lei para tratar da questão dos mortos e desaparecidos políticos, os familiares das vítimas fatais do regime militar não conseguiram validá-la na íntegra, entre outros motivos, pelo fato de a iniciativa desobrigar o Estado de identificar e responsabilizar os que estiveram diretamente envolvidos na prática de tortura, com as mortes e desaparecimentos, e pelo ônus da prova ter sido deixado aos próprios parentes. Também não concordavam com a argumentação do governo, de atribuir aos limites impostos pela Lei da Anistia, a impossibilidade de se examinar as circunstâncias das mortes. E questionavam a exigência de apresentação do requerimento de reconhecimento da responsabilidade do Estado exclusivamente pelos familiares, limitando a questão à esfera doméstica, e não como um direito da sociedade. É preciso assinalar que durante todo o regime militar, e depois, na redemocratização, familiares de mortos e desaparecidos políticos seguiram lutando para que houvesse justiça, mas suas demandas pautavam-se principalmente pelo conhecimento da verdade (a revelação das condições em torno dos crimes), a apuração das responsabilidades dos envolvidos e a localização e identificação dos despojos das vítimas. O pagamento de reparações jamais figurou entre as prioridades reivindicadas. Mesmo assim, ao término de onze anos de atividades, a Comissão Especial sobre Mortos e Desaparecidos Políticos havia desembolsado cerca de 40 milhões de reais aos familiares de 353 vítimas fatais do regime militar – 475 casos passaram pela Comissão; o valor médio de cada indenização foi de 120 mil reais.

Ao contrário dos familiares das vítimas fatais do regime militar, os perseguidos políticos sempre estiveram às voltas com o aspecto financeiro da questão. Embora a Lei de Anistia previsse, em seu art. 2º, que "os servidores civis e militares demitidos, postos em disponibilidade, aposentados, transferidos para a reserva ou reformados" poderiam requerer o retorno ou reversão ao serviço antigo, na prática não foi exatamente isso o que aconteceu com a entrada em vigor da legislação. Depois de solicitar a anistia, os perseguidos tinham de pedir reversão ao serviço ativo e submeter-se à análise médica (que precisava

ser compatível com o último exame da época anterior à punição). Para que fossem eventualmente reconduzidos aos seus cargos não bastava existir vaga. Era preciso que houvesse interesse público na reintegração do anistiado. Provavelmente vislumbrando as dificuldades que se avizinhavam, antes mesmo da aprovação da lei já era possível observar certa preocupação com os direitos usurpados dessas vítimas, especialmente nas propostas enviadas ao Congresso Nacional, sobretudo aquelas que tratavam de casos envolvendo servidores civis e militares que haviam perdido seus postos de trabalho. Um exemplo disso foi o projeto encaminhado, em 1977, pelo Deputado Florim Coutinho (MDB-RJ) que, embora não concedesse indenizações, previa, além da anistia, a reversão dos militares e readmissão dos funcionários civis aos postos e cargos dos quais haviam sido afastados, a exceção dos autores de crimes de corrupção, crimes dolosos contra a vida e contra o patrimônio (ANISTIA, 1978, p. 14). Enquanto esteve tramitando, o próprio projeto do governo recebeu inúmeras propostas de emendas concedendo algum tipo de indenização aos perseguidos políticos. O primeiro substitutivo encaminhado à iniciativa oficial, de autoria do senador Marcos Freire (MDB-PE), por exemplo, supunha, de forma pouco clara, que

> as reparações devidas a quaisquer atingidos, não contemplados expressamente na presente lei, far-se-ão dentro dos princípios de justiça e eqüidade e de modo a corresponder sempre aos objetivos de anistia ampla, geral e irrestrita. (CONGRESSO NACIONAL, 1982, p. 54, 61, 81).

Na mesma direção, o Senador Tancredo Neves (MDB-MG) apresentou emenda defendendo o direito dos empregados da iniciativa privada – que haviam sido dispensados com base em Atos Institucionais ou Complementares, por terem participado de greves, outros movimentos trabalhistas ou por qualquer motivo de ordem política – à readmissão no emprego, "contando-se-lhes, para efeitos previdenciários e de estabilidade, o tempo de afastamento". Para Neves, que fundamentou sua proposta em poucas palavras, caberia à União o recolhimento dos encargos sociais devidos pelo empregado: "A reparação aos operários alcançados pelo arbítrio é essencial." Em outra emenda apresentada, o mesmo senador mineiro sugeriu que começasse a correr, na data de entrada em vigor da Lei de Anistia, "o prazo de prescrição das ações de reparação de danos decorrentes, direta ou indiretamente, de abusos praticados por agentes do poder público na repressão ou apuração de crimes políticos". Com isso, dizia, queria ver reaberta a possibilidade dos interessados em acionar a União "visando indenização civil devida nos termos da melhor tradição do Direito brasileiro" (CONGRESSO NACIONAL, 1982, p. 328). De qualquer maneira, ao ser sancionada, a Lei de Anistia vetou qualquer possibilidade de reparação. Em seu art. 11, talvez o formulado com mais clareza entre todos aqueles que integram a Lei 6.683, a proibição é explícita: "Esta Lei, além dos direitos nela expressos, não gera quaisquer outros, inclusive aqueles relativos a vencimentos, saldos, salários, proventos, restituições, atrasados, indenizações, promoções ou ressarcimentos."

Depois de anos envolvidos com portarias e circulares que, de forma pouco sistematizada, regulavam seus vencimentos, foi só com a entrada em vigor da Lei 8.213, em julho de 1991, que os anistiados passaram a ter direito a uma aposentadoria excepcional. Na ocasião, não eram poucos os processos que aguardavam, nos tribunais, a concessão da anistia negada pela administração pública. A situação ainda iria piorar antes do terceiro momento do processo de acerto de contas, entre o Estado e as vítimas do regime militar, começar a ser definido. Foi só em 1996, um ano depois de promulgada a Lei dos Desaparecidos, que ex-perseguidos políticos, reunidos em distintas entidades, de todas as regiões do país, decidiram unificar o discurso. Passados cinco anos de trabalho ordenado, em 2001 eles alcançaram que o governo Fernando Henrique Cardoso enviasse ao Congresso Nacional uma medida provisória para reduzir as perdas dos que foram impedidos de exercer suas atividades por causa da perseguição política sofrida durante o arbítrio. A entrada em vigor da Lei 10.559 e a instalação da Comissão de Anistia, no Ministério da Justiça, conseguiram, mais uma vez, ampliar a dimensão da anistia – com a capacidade do Estado de reparar economicamente ex-perseguidos políticos que a Lei 6.683 não havia conseguido reabilitar, compensando os danos causados a milhares de pessoas pelo uso discricionário do poder, embora isso nem sempre tenha relação direta com o sofrimento vivido pela vítima.

Organizados em cinco capítulos, na lei (que foi considerada bastante satisfatória pelos perseguidos políticos), estão assegurados os seguintes direitos do anistiado: declaração da condição de anistiado político; reparação econômica; contagem, para todos os efeitos, do tempo em que foi obrigado a afastar-se de suas atividades profissionais, devido à punição ou ameaça de punição; conclusão de curso interrompido por punição ou ao registro de diploma obtido em instituição de ensino fora do país e o direito à reintegração dos servidores públicos civis e dos empregados públicos punidos. Em seu parágrafo único, a legislação garante aos que foram afastados em processos administrativos – instalados com base na legislação de exceção, sem direito ao contraditório e à própria defesa, e impedidos de conhecer os motivos e fundamentos da decisão – a reintegração aos seus cargos (devido à idade dos requerentes, na prática essa reintegração tem ocorrido na inatividade). A lei também explicita de forma minuciosa todos os tipos de punição que permitem às vítimas o reconhecimento da condição de anistiado político e diz que a reparação econômica, prevista em seu capítulo III, pode se dar de duas formas distintas: em prestação única, que consiste no pagamento de trinta salários mínimos por ano de punição aos que não têm como provar vínculos com a atividade laboral e cujo valor em nenhuma hipótese pode exceder cem mil reais; e em prestação mensal, permanente e continuada, garantida àqueles que conseguirem demonstrar seus vínculos de trabalho. Desde que começou a funcionar, em Brasília, a Comissão de Anistia, destinada a analisar os pedidos de indenização formulados por aqueles que foram impedidos de exercer atividades econômicas por motivação exclusivamente política, já recebeu mais de 60 mil requerimentos.

Se a luta por anistia envolveu grande parte da sociedade, não se pode dizer o mesmo das reivindicações em torno das obrigações do Estado democrático e dos direitos das vítimas do regime militar – na verdade, se analisada com rigor, a legislação brasileira nos leva a desconfiar da existência de vítimas; não há uma única menção ao termo em todas as leis que integram o processo nacional de acerto de contas, da mesma forma que não há referência às violações de direitos humanos. Também não há igualdade no tratamento despendido aos perseguidos políticos. Ao basear-se na trajetória profissional da vítima, o esforço reparatório possibilita que sofrimentos análogos sejam considerados de maneira totalmente ímpar e, o mais grave, que sobreviventes daquele período recebam valores imensamente maiores do que os familiares das principais vítimas do regime militar, ou seja, os mortos e desaparecidos políticos. Pelo que foi sintetizado até aqui, tem-se claro, portanto, que o caminho percorrido pelo Estado evidencia que o investimento principal – senão o único – foi feito em justiça administrativa, voltada à compensação financeira, sem nenhum empenho na busca por punição e com apenas um pequeno esforço em direção à verdade – as revelações que ocorreram no desenvolvimento do processo se deram de forma praticamente acessória, na maioria das vezes como resultado do esforço de familiares de mortos e desaparecidos, ou das próprias vítimas, em reconstituir fatos constantemente negados e encobertos pelo regime militar; tais informações estão sistematizadas no livro *Direito à Memória e à Verdade*, lançado em 2007 pela Secretaria Especial dos Direitos Humanos. Mantido o caráter inicial de conciliação, explícito na Lei de Anistia e reiterado nas duas leis subsequentes, novos significados políticos foram conferidos ao processo de acerto de contas. Isso fica evidente na observação dos três momentos principais desse processo, orientado basicamente por legislação federal (a Lei de Anistia, de 1979; a Lei dos Desaparecidos, de 1995; e a Lei 10.559, de 2002):

> De seu caráter inicial de conciliação pragmática, observa-se que anistia viu seu significado evolver para o reconhecimento da responsabilidade do Estado em graves violações de direitos humanos e depois para a reparação econômica das perdas sofridas por ex-perseguidos políticos. (MEZAROBBA, 2006, p. 150).

Sabe-se, contudo, que são pelo menos quatro as obrigações que o legado de graves e sistemáticas violações de direitos humanos, como o deixado pelo regime militar brasileiro, gera aos Estados em relação às vítimas e às sociedades (MÉNDEZ, 1997, p. 255). Tais deveres consistem em: 1) investigar, processar e punir os violadores de direitos humanos; 2) revelar a verdade para as vítimas, seus familiares e toda a sociedade; 3) oferecer reparação adequada e 4) afastar os criminosos de órgãos relacionados ao exercício da lei e de outras posições de autoridade. Por sua vez, essas obrigações estão diretamente relacionadas a quatro direitos das vítimas e da sociedade: 1) o direito à justiça; 2) o direito à verdade; 3) o direito à compensação – e que compreende formas não-monetárias de restituição; e 4) o direito a instituições reorganizadas e *accountable*. Além disso, de acordo com o Comitê de Direitos Humanos e a Corte Interamericana, leis de autoanistia referentes a graves violações de direitos humanos e crimes contra a humanidade (caso dos sequestros, homicídios e ocultação de cadáveres cometidos por integrantes do regime militar, segundo normas do Direito internacional, vigentes à época do golpe de Estado) impedem a investigação desses fatos, perpetuando a impunidade sobre eles. Mais do que contrariar o Pacto Internacional de Direitos Civis e Políticos e a Convenção Americana sobre Direitos Humanos, tais legislações configuram violação desses tratados, acabando por gerar responsabilidade internacional do Estado pelo qual são mantidas – exemplo do Brasil, com a extemporânea permanência da Lei 6.683. Não passíveis de anistia, como se sabe, crimes contra a humanidade também não prescrevem, segundo o princípio do Direito internacional, reconhecido pela Assembleia Geral das Nações Unidas ainda antes da aprovação da Convenção sobre a Imprescritibilidade dos Crimes de Guerra e contra a Humanidade, em 1968 (MÉNDEZ; COVELLI, 2008).

Como se isso não bastasse, e afora desrespeitar o preceito constitucional elementar que é a *accountability* legal, baseada na igualdade e na universalidade de direitos e deveres (o que significa dizer, entre outras coisas, que todos têm direito ao acesso à Justiça e que todos, inclusive o Estado – e especialmente seus governantes –, respondem por seus atos), a permanência da anistia, ou melhor, da interpretação que a ela foi dada ainda durante o regime militar, também causa espécie pelo extraordinário apego a seu suposto aspecto penal (que permanece assegurando impunidade aos agentes estatais acusados de violações de direitos humanos), já que, até onde se tem notícia, nenhum tribunal jamais recorreu ao art. 11 da lei para impedir que vítimas do regime militar recebessem indenizações ou ressarcimentos, embora, como foi assinalado, essa talvez tenha sido a restrição formulada com mais clareza no texto da lei. A dificuldade do Estado brasileiro em reconhecer sua responsabilidade criminal em práticas envolvendo o aparato encarregado do uso legítimo da violência não constitui peculiaridade das violações ocorridas durante o regime militar. No que sugere ser um assustador padrão recorrente, em estudo sobre a atuação do Centro Santo Dias de Direitos Humanos, cuja prioridade, desde sua fundação, foi a violência policial que atinge a classe trabalhadora, em especial a cometida pela Polícia Militar do Estado de São Paulo, e que nunca esteve voltado à defesa de presos ou desaparecidos políticos, Adriana Loche deduz padrão similar. Ainda que em conjunto com a atuação nos processos penais a entidade também tenha desenvolvido "uma série de ações civis para obter o ressarcimento dos prejuízos decorrentes desta violência às famílias das vítimas" (LOCHE, 2003, p. 38), toda vez que houve interesse de seus familiares ou das próprias vítimas, a resposta do Judiciário na esfera criminal tem sido completamente distinta da postura adotada na arena cível. "É interessante notar que, diferente do que ocorre no julgamento dos policiais, em que se dá a absolvição dos culpados, nas ações indenizatórias há, em sua maioria, a condenação do Estado", observa Loche (2003, p. 48-49).

Tão ou mais grave do que isso, entretanto, afigura-se o pouco cuidado com a democracia, explicitado na análise do processo de acerto de contas entre o Estado brasileiro e as vítimas do regime militar e que, como se viu, pode ser resumido na combinação imprópria que tem possibilitado a permanência da anistia ao mesmo tempo em que são pagas reparações. Ainda que representem uma maneira acessível de manifestar respeito pelas vítimas, de exprimir reconhecimento pelos danos sofridos, de promover o desenvolvimento de memórias coletivas e de uma visão crítica a respeito de instituições públicas, no Brasil praticamente não foram adotadas medidas simbólicas de reparação na esfera individual. No âmbito coletivo, as poucas iniciativas levadas a termo constituem esforços bastante acanhados, principalmente em nível municipal, com vítimas emprestando seus nomes a ruas, ou uns poucos prédios e espaços públicos sendo destinados às reminiscências do período, sem grande visibilidade, ou ações equivocadas, como as Caravanas da Anistia, em desenvolvimento pela comissão homônima, com o intuito de promover a memória dos chamados "anos de chumbo" – como é possível condenar o terrorismo de Estado, enfatizar o reconhecimento dos episódios do passado ou homenagear as vítimas a partir de uma iniciativa cuja designação remete ao esquecimento? Ao optar quase que exclusivamente pelo pagamento de indenizações ou pensões individuais, o esforço reparatório desenvolvido no Brasil evidenciou sua preferência pela esfera privada, em total detrimento da dimensão pública que costuma caracterizar iniciativas do gênero, sinalizando certa intenção de melhorar, em alguma medida, a qualidade de vida de seus beneficiários, mas, sobretudo, de encerrar o assunto. Tal opção adquire dimensão ainda maior quando se tem em mente que uma reparação carrega em si mesma a significativa promessa de um futuro melhor – desde que haja um esforço coletivo de transformação social e reformas institucionais, como propõe Howard Adelman (2005, p. 303). Em resumo, em pleno século XXI, acostumados a altos níveis de violência e impunidade, parece evidente que seguimos incapazes, nos termos propostos pelo próprio Adelman (2005, p. 297), de corrigir o passado, para mudar o presente e então criar um futuro comum.

Glenda Mezarobba[2]

2 Pós-doutoranda no IFCH da Unicamp, é autora do livro *Um acerto de contas com o futuro: a anistia e suas conseqüências – um estudo do caso brasileiro* (Humanitas/Fapesp, 2006) e pesquisadora do INCT para Estudos sobre os Estados Unidos.

ana Morgne Barroso

Orlando Bonfim

Mario Alves de Souza

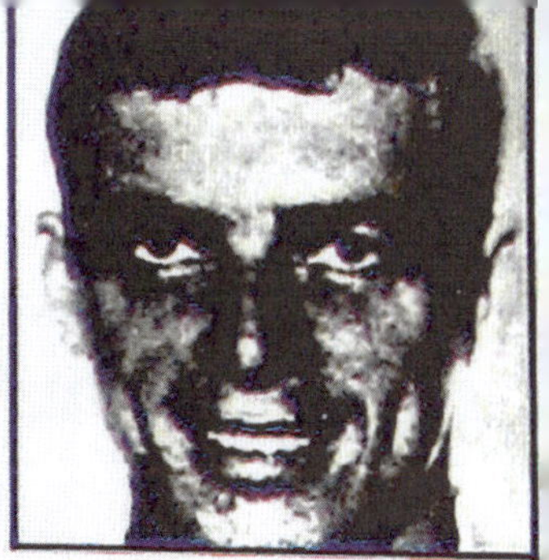

Stuart Angel Jones

osé Roman

Rubens Paiva

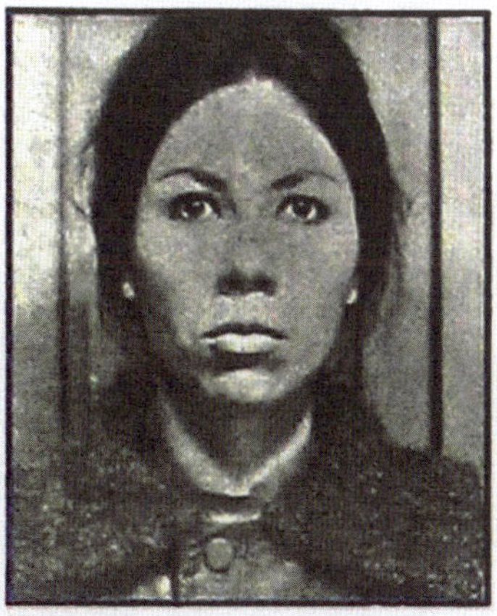

Heleni Teles Guariba

Walter de Souza Ribeiro

is Ignácio Maranhão Filho

Fernando A. de Santa Cruz

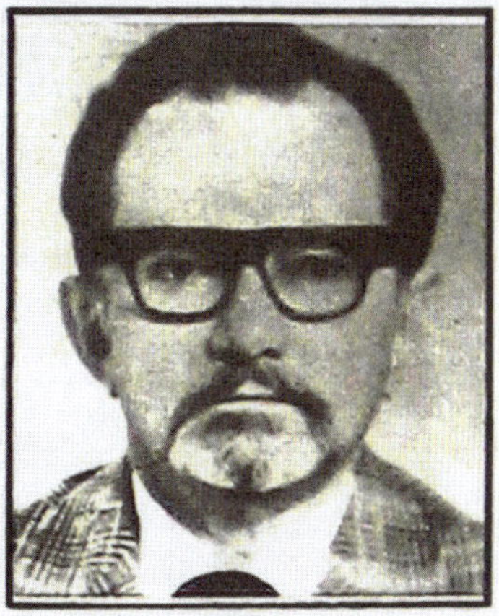

Hiram de Lima Pereira

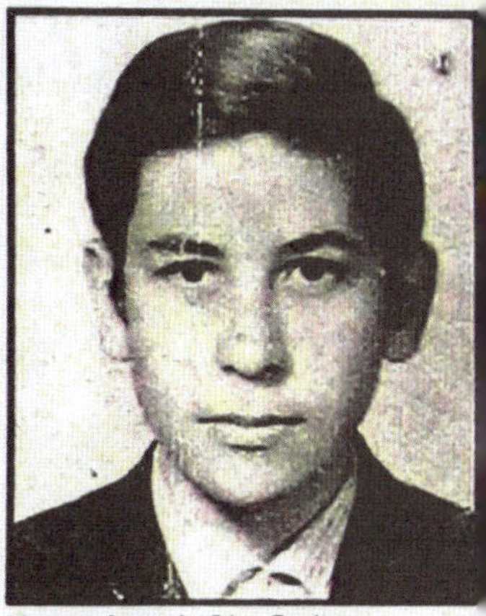

Marcos Antonio Dias Batista

na Rosa Kucinski

Itair José Veloso

Luis Eurico Tejera Lisboa

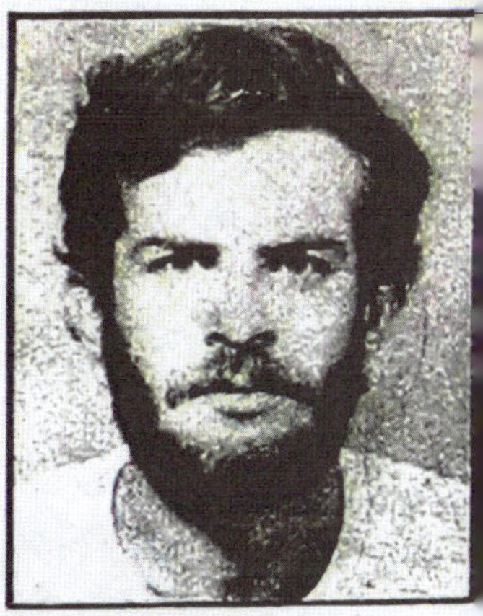

Honestino Monteiro Guimarães

tenegro de Lima

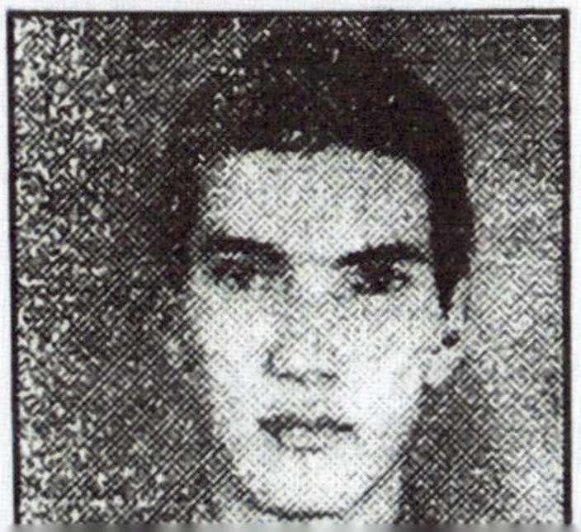

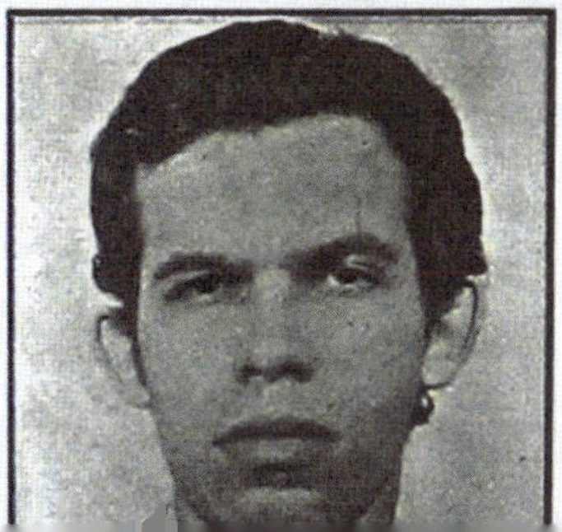

PROCURADOS
Eles foram presos, sequestrados e torturados.
Eram pais de família.
Encontram-se desaparecidos e talvez mortos.
ANISTIA
Qualquer informação procure o
Comite Brasileiro pela Anistia mais próximo
Jana Morene Barroso
Orlando Bonfim
Mario Alves de Souza
Stuart Angel Jones
Rui Frazão
José Roman
Rubens Paiva
Heleni Teles Guariba
Walter de Souza Ribeiro
Jorge Leal Pereira
Luis Ignácio Maranhão Filho
Fernando A. de Santa Cruz
Hiram de Lima Pereira
Marcos Antonio Dias Batista
Isis Dias de Oliveira
Ana Rosa Kucinski
Itair José Veloso
Luis Eurico Tejera Lisboa
Honestino Monteiro Guimarães
Paulo de T. Celestino da Silva
José Montenegro de Lima
Eduardo Collier Filho
Wilson Silva
Paulo Stuart Wright
Carlos Alberto S. de Freitas
David Capistrano
Virgílio Gomes da Silva
Edgar Aquino Duarte
CBA
Qualquer informação procure o
Comite Brasileiro pela Anistia mais próximo

12. A Anistia de 1979: uma análise sobre seus reflexos jurídicos, políticos e históricos[1]

1 Introdução

Em agosto de 2009, a Anistia completa 30 anos. Reflexo de movimentos sociais e encampada pela política distensionista do governo Geisel, a Anistia foi alvo de constantes indagações sobre seus limites e seu verdadeiro alcance. Embora não tenha refletido por completo os intentos populares, que clamavam por uma medida "ampla, geral e irrestrita", teve reflexos substanciais para a consolidação do regime democrático brasileiro.

Como consequências, podemos identificar a responsabilidade assumida pelo Estado sobre mortes e desaparecimentos ocorridos durante o regime militar (Lei n° 9.140/95), bem como o reconhecimento de que existiram perseguições políticas, perdas de empregos e prejuízos de ordem material (Lei nº 10.559/02). Nos dois casos, o Estado concedeu indenização aos familiares ou às próprias vítimas. A questão que se coloca agora é a seguinte: teria a Anistia de 1979 efetivamente atingido todos os seus efeitos pretendidos? ou ainda seria possível a divulgação dos nomes das pessoas envolvidas com a prática de torturas, bem como punições na esfera criminal e represálias na área administrativa? Este texto procura resgatar um pouco o significado dessa medida para o atual Estado Democrático.

1 Este artigo foi elaborado com base na dissertação de mestrado intitulada "Estado Democrático e políticas de reparação no Brasil: torturas, desaparecimentos e mortes no Regime Militar", desenvolvida por Larissa Brisola Brito Prado no Instituto de Filosofia e Ciências Humanas (IFCH) da Unicamp, orientada pelo Prof. Dr. Eliézer Rizzo de Oliveira e defendida em 13 de setembro de 2004.

2 A Anistia de 1979 e os contornos por ela delineados

Inicialmente, cabe esclarecer que a anistia pode ser compreendida sob três enfoques: jurídico, político e histórico. Sob o ponto de vista jurídico consiste em uma causa extintiva da punibilidade (para aquele que praticou o crime) ou do próprio processo penal (se ainda tramita a ação penal) cujo efeito recai no esquecimento completo das infrações cometidas por motivação política, "apagando o crime, extinguindo a punibilidade e demais consequências de natureza penal [...]" (JESUS, 1998, p. 694).

No âmbito político-social significa a retomada da cidadania: para aqueles que foram exilados, traduzia a possibilidade de retorno; em relação aos que foram dispensados ou compulsoriamente aposentados, significava a reintegração a seus empregos; no tocante àqueles que se encontravam presos em virtude da Lei de Segurança Nacional ou mesmo como reflexo da arbitrariedade, tinha o condão de promover a retomada da liberdade.

Em razão do alcance que essa medida teria, foram muitas as reivindicações dentro da sociedade civil, especialmente por parte do Movimento Feminino pela Anistia – capitaneado por Terezinha Zerbine –, da OAB (Ordem dos Advogados do Brasil), da ABI (Associação Brasileira de Imprensa), da Igreja, dos sindicatos – dos metalúrgicos, dos bancários, dos médicos, entre outros – e dos estudantes[2]. Na verdade, a busca pela anistia denunciava para esses grupos a existência de uma importante matriz para a construção da cidadania. Weffort (1985) e Sader (1988) observam que, especialmente a partir de 1968, os movimentos sociais passaram a convergir em direção a um objetivo comum: o restabelecimento da democracia e a garantia dos direitos individuais e coletivos.

Contudo, se de um lado essa busca pela cidadania fazia congregar interesses sociais para a conquista da anistia, de outro não há como ignorar que esse instituto, como consequência de um processo de liberalização controlado pelo regime, deveria ter também o condão de impedir desgastes para a instituição militar. Nesse sentido, D'Araújo, Soares e Castro ressaltam:

> Os pactos em torno das transições envolvem, além da liberalização imediata e da transferência de poder aos civis, uma definição do pós-autoritarismo [...]. Sem garantias mínimas, uma transição pacífica pode se transformar em conflitiva. O resultado é uma série de negociações a respeito de garantias ou salvaguardas. No Brasil, isso se revelou no debate sobre a anistia: os militares, particularmente os comprometidos com a repressão, demonstraram sua intranquilidade com possíveis vinganças, desforras, processos e condenações. (1998, p. 35)

Daí a compreensão da anistia sob a ótica da concessão/conquista dentro de seu terceiro aspecto, o histórico. Deveria a anistia também significar o perdão para os crimes praticados pelos militares contra membros da sociedade civil? Em nome da democracia a ser restaurada, caberia "apagar" as condutas dos militares envolvidos com a repressão? ou, em defesa da história e da memória, ao presente ainda resta alguma forma de resgatar esta "página infeliz de nossa história"?

2 Sobre os movimentos contrários à ditadura militar, há uma imensa bibliografia, dentre a qual destacamos MOREIRA ALVES (1984), SADER (1988), SKIDMORE (1988) e WEFFORT (1985).

Para buscar respostas a essas perguntas é necessário compreender do que dispunha essa lei, bem como a interpretação que lhe foi dada. A Lei de Anistia (n° 6.683/79), regulamentada pelo Decreto n° 84.143/79, estabelecia em seu artigo 1°:

> Art. 1° É concedida anistia a todos quantos, no período compreendido entre 2 de setembro de 1961 e 15 de agosto de 1979, *cometeram crimes políticos ou conexos com estes,* crimes eleitorais, aos que tiveram seus direitos políticos suspensos e aos servidores da Administração Direta e Indireta, de fundações vinculadas ao Poder Público, aos servidores dos Poderes Legislativo e Judiciário, aos militares e aos dirigentes e representantes sindicais, punidos com fundamento em Atos Institucionais e Complementares. (vetado).
>
> Parágrafo 1º Consideram-se conexos, para efeito deste artigo, os crimes de qualquer natureza relacionados com crimes políticos ou praticados por motivação política.
>
> Parágrafo 2° Excetuam-se dos benefícios da anistia os que foram condenados pela prática de crimes de terrorismo, assalto, seqüestro e atentado pessoal (grifo nosso).[3]

Além disso, tal dispositivo legal determinava a reintegração de servidores públicos civis e militares demitidos, transferidos ou aposentados em consequência dos atos de exceção praticados na época do regime militar, mediante requerimento endereçado aos órgãos competentes[4]. Da mesma forma, seriam contemplados pela anistia os empregados de empresas privadas que, por motivo de participação em greve ou outros movimentos reivindicatórios, tivessem sido despedidos ou destituídos de cargos administrativos ou de representação sindical.

Como se vê, de um lado, a Lei de Anistia expressamente excluía os crimes de terrorismo, assalto, sequestro e atentado pessoal – acompanhando, aliás, as articulações do governo –, mas, de outro lado, acabava por contemplar aqueles que cometeram "crimes conexos".

Aqui caberia uma primeira indagação: o que seriam "crimes conexos"? Segundo a doutrina de direito penal, "conexo" é todo crime que possui uma relação com um crime principal. Nas palavras de Jesus:

> [...] *pode ocorrer que exista um liame, um nexo entre os delitos. Nesse caso, fala-se em crimes conexos* [...]. A conexão pode ser: a) teleológica ou ideológica; b) consequencial ou causal; c) ocasional [...]. Há conexão teleológica (ou ideológica) quando um crime é praticado para assegurar a execução de

3 Disponível em: <http://www6.senado.gov.br/legislacao/ListaTextoIntegral.action?id=101867>. Acesso em: 24 ago. 2003. Ainda que o caput do artigo 1° da Lei 6.683/79 tenha sido vetado, sua redação foi repetida na íntegra pelo decreto que regulamentou a Lei de Anistia.

4 O artigo 8° do Decreto n° 84.143/79 dispunha que os requerimentos dos servidores militares civis da Administração Direta e Indireta e de fundações públicas seriam endereçados ao Ministro de Estado; aqueles formulados pelos servidores da Câmara dos Deputados, do Senado Federal, de Assembleia Legislativa ou de Câmara Municipal, ao respectivo presidente; os pedidos feitos por servidores do Poder Judiciário seriam endereçados ao presidente do respectivo Tribunal; os formulados pelos servidores de Estado, Distrito Federal, Território ou Município seriam endereçados ao respectivo governador ou prefeito; por fim, os requerimentos feitos pelo dirigente ou representante sindical seriam endereçados ao ministro de Estado do Trabalho. De qualquer forma, todos os pedidos deveriam ser endereçados aos respectivos órgãos competentes até o dia 26 de dezembro de 1979. Disponível em: <http://www6.senado.gov.br/legislacao/ListaTextoIntegral.action?id=102044>. Acesso em: 24 ago. 2003.

> outro. Ex.: o sujeito mata o marido para estuprar a esposa [...]. Há conexão consequencial (ou causal) quando um crime é cometido para assegurar a ocultação, a impunidade ou vantagem de outro. Ex.: o sujeito, após furtar, incendeia a casa para fazer desaparecer qualquer vestígio [...] A conexão é ocasional quando um crime é cometido por ocasião da prática de outro. Ex.: subtração de jóias por ocasião da vítima estuprada [...]. (1998, p. 214-215, grifo nosso).

Pela definição acima, é certo que não haveria como enquadrar a conduta dos militares na classificação de "crimes conexos", já que a existência dessa espécie delitiva pressupõe uma relação com um crime tido como principal. Ora, se o crime principal é um crime político (normalmente um daqueles previstos na Lei de Segurança Nacional) ou praticado por motivação política, por alguém que se coloca contra o *status quo* vigente, como entender que os militares pudessem ser beneficiados pela lei? Não havia razão jurídica para isso.

Além disso, é a própria Lei de Anistia que definia como conexos os crimes de qualquer natureza relacionados com crimes políticos ou praticados por motivação política, o que também não correspondia às condutas praticadas pelos militares. Nesse aspecto, alerta Bicudo:

> Não existe conexidade de crimes que atingem bens jurídicos diversos. No caso *não se pode encontrar* – aliás, é justamente o contrário que acontece – *equivalência de causas entre o ato daquele que afronta o sistema político prevalente e o daquele que o reprime: um quer mudança e atua em conseqüência; o outro quer manter o* status quo. Nos crimes conexos, um crime é pressuposto do outro. A unidade delitiva que se manifesta pela unidade do fato é o fundamento do instituto. Fora daí não existem crimes conexos, mas independentes, *porque palmilham caminhos diferentes e perseguem objetivos que não se confundem.* (BICUDO, 2000, p. 74, grifo nosso).

Se não por esses motivos, outra colocação nos leva ao mesmo entendimento. Seis anos após a Anistia, a Emenda Constitucional nº 26/85 completou em seu artigo 4º, parágrafo 2º:

> É concedida anistia a todos os servidores públicos civis da Administração direta e indireta e militares, punidos por atos de exceção, institucionais ou complementares. Parágrafo 2º *A anistia abrange os que foram punidos ou processados pelos atos imputáveis* previstos no "caput" deste artigo, praticados no período compreendido entre 2 de setembro de 1961 e 15 de agosto de 1979.[5] (grifo nosso).

5 Segundo Gaspari (2003, p. 26) "a estimativa é de que até fins do Governo Médici, teria havido cerca de 4 mil denúncias de tortura, mas nenhuma delas estava sendo apurada."

O dispositivo, portanto, é claro em afirmar que a anistia deveria contemplar todos os servidores públicos que foram punidos ou processados pelos atos institucionais e complementares, o que, como se sabe, não ocorreu com os militares.

Em outras palavras: se contra os militares envolvidos com a repressão sequer ocorreu um processo criminal, é certo que não poderiam ter sido contemplados pela anistia simplesmente porque ela se apresenta como uma causa extintiva da punibilidade (para aqueles que foram condenados) ou do processo penal (em casos em que a ação está em andamento).

Sobre isso, sabemos que as violações do direito à vida e à integridade física eram praticadas pelos integrantes do aparato repressivo dentro de uma seara obscura e ilegítima. Se isso é um fato, podemos então questionar: se o governo militar dizia agir dentro da esfera legal e sequer assumia a prática de atos transgressores da dignidade humana, como ele poderia lançar mão desse dispositivo e conceder a si próprio o beneplácito do esquecimento? Ou seja: como fazer esquecer o que formalmente sequer existia?

Nesse passo, vale a pena lembrar que durante o regime militar, especialmente após o AI-5, as acusações de torturas e mortes nem chegavam a ser apuradas pelo Judiciário. Não havia uma forma de saber o paradeiro daquelas pessoas que, após detidas pelos agentes militares, desapareciam. De modo semelhante, não existiam meios factíveis para a apuração de acusações de tortura, tampouco mecanismos jurídicos para a coibição de prisões ilegais.

Por fim, as razões motivadoras de uma anistia nem de longe poderiam conceber que ela fosse utilizada em benefício daqueles que eram responsáveis pela repressão. Instituto jurídico existente desde a Grécia Antiga, sua finalidade sempre foi provocar o esquecimento de delitos cometidos sob engajamento político, materializados em atitudes contrárias ao *status quo*. Aliás, esse caráter da anistia se mostra muito transparente pelos propósitos da Anistia Internacional, organização não governamental criada em 1961 para a defesa e proteção dos chamados "presos de consciência" (pessoas que, por suas convicções políticas, religiosas ou culturais acabavam sendo detidas pelos órgãos do Estado).

Desta forma, é juridicamente evidente a impossibilidade de que a anistia contemplasse os militares, pois: a) do ponto de vista da doutrina jurídica, a expressão "crime conexo" não teria o condão de abranger os excessos cometidos pelos militares, eis que não possuíam qualquer correlação com o crime político propriamente; b) a anistia é instrumento capaz de fazer esquecer condutas que formalmente foram notificadas à polícia ou estão sob a apreciação da Justiça (seja na fase do inquérito policial, seja no processo, seja, ainda, no momento da condenação); c) a recorrência à tortura como forma de coação pertencia à esfera extralegal (ou extraoficial) do regime militar, de modo que os excessos ou abusos não eram admitidos perante a sociedade e, assim sendo, não poderiam ser suscetíveis de um esquecimento; d) desde o início desse instituto, ele tem sido utilizado para beneficiar aqueles que tivessem praticado condutas de opositores ao sistema político vigente.

Contudo, bem sabemos que os militares foram abrangidos pela Lei de Anistia, entendida como "recíproca". Como isso se justifica, então?

A explicação não está pautada no direito, e sim na política. Com efeito, se o projeto de distensão pretendia imprimir uma abertura "lenta, gradual e segura", especialmente o quesito "segurança" deveria ser interpretado como a garantia de um retorno pacífico à democracia. Daí por que a preservação da imagem dos militares e o retorno ao Estado de Direito dependiam da forma como essa transição seria ultimada, o que elucidava a intenção dos militares com a expressão "crime conexo". Assim, de acordo com a interpretação feita pelos militares e por aqueles que, de alguma forma, vinculavam-se à atividade repressiva, a expressão "crime conexo" seria capaz de abarcar atos excessivos e/ou arbitrários praticados pelos agentes estatais. Foi exatamente com essa finalidade que o governo, impulsionado pelas reivindicações populares, inseriu essa expressão no corpo de texto da lei.

> Nas entrelinhas do projeto da anistia, sem festas, *o governo perdoou de forma ampla e irrestrita todos os funcionários dos serviços de segurança que possam ter cometido abusos na repressão aos adversários do regime. A medida [...] é preventiva,* pois não há registro de processos contra qualquer integrante das equipes que, trabalhando em estrito sigilo, destruíram pelo menos uma dezena de siglas subversivas no Brasil. Por isso mesmo, o benefício do esquecimento é seguro: a anistia alcança todos os que cometeram "crimes políticos ou conexos com estes" e não foram condenados; *no caso, abusos da repressão são considerados crimes "conexos".*
>
> [...] Assim, *com a anistia, um funcionário acusado de torturar um militante preso poderá replicar que cometeu um ato conexo a um crime político.* Contra ele não haverá processo nem julgamento, mesmo que existam provas cabais de sua culpa. (A REPRESSÃO..., 1979, p. 16, grifo nosso).

Na verdade, o enquadramento das torturas praticadas pelos agentes militares e civis dentro da expressão "crime conexo" significou o reconhecimento de que o aparelho repressivo atuou de modo ilegal, à margem do respeito aos direitos humanos. Em outras palavras, a anistia, aqui entendida sob o prisma político, foi a confissão tácita de que houve torturas e excessos. De fato, desde aquela época era plausível supor que, com o retorno ao Estado de Direito, ocorressem reivindicações, seja de vítimas diretas da repressão, seja de seus familiares ou cônjuges. E tais suposições, de fato, se concretizaram.

3 Desaparecidos e perseguidos políticos: das reivindicações às soluções apontadas pelo governo

Na fase de transição para a democracia, começaram a surgir algumas denúncias contra o regime militar especialmente por parte de pessoas que foram torturadas pelos agentes responsáveis pela repressão. Com efeito, o retorno de exilados e a libertação de presos políticos, reflexos da anistia, evidenciavam a prática de prisões ilegais, a utilização da tortura como meio de confissão e, pior que isso, desnudava a existência de desaparecidos políticos.

Apenas para elucidarmos tais questionamentos, vale a pena lembrarmos alguns exemplos sobre essas polêmicas. Dois anos após a Anistia, a ex-presa política Etienne Romeu identificou em Petrópolis a casa em que havia sido torturada e anunciou tal fato para a mídia. A reação das Forças Armadas foi imediata, negando veementemente as acusações e afirmando que a única intenção da militante era denegrir a imagem da instituição militar e tumultuar o processo de abertura política do governo (FORÇAS ARMADAS..., 1981).

A esse episódio sobrevieram investigações mais incisivas sobre o médico Amílcar Lobo – que atuava sob o codinome "Dr. Carneiro" na casa de Petrópolis –, conhecido por testar a resistência dos presos às sessões de tortura e indicar regiões do corpo onde as violações físicas não deixariam marcas. Na verdade, Amílcar Lobo acabou por ter seus registros cassados no CRM (Conselho Regional de Medicina) e no CFM (Conselho Federal de Medicina), mas conseguiu provimento favorável da justiça à sua reabilitação em 1996, sob o argumento de que o crime que havia praticado estava prescrito. Morreu em agosto de 1997, sem que qualquer decisão final lhe houvesse sido conferida (MEZAROBBA, 2003).

Também em abril de 1985, outra notícia foi divulgada pela imprensa de modo a questionar a real abrangência da anistia de 1979. Era a nomeação do Cel. Walter Jacarandá, acusado da prática de tortura, para a ocupação de um cargo de confiança do Corpo de Bombeiros (MEZAROBBA, 2003).

A tais casos outros tantos se somaram, entre os quais os escândalos em torno das mortes de Vladimir Herzog, Rubens Paiva, Lamarca, Marighella etc. Lado a lado a tais histórias, um movimento de familiares de desaparecidos políticos começava a ganhar força. Formou-se, assim, a CONADEP (Comissão Nacional dos Desaparecidos Políticos), que passou a pressionar o governo para a divulgação do paradeiro de seus entes. A CONADEP pretendia a confirmação das mortes e a responsabilização estatal, a divulgação dos nomes dos torturadores, com a consequente punição, além da indicação dos locais onde se encontravam os restos mortais daquelas pessoas. Apoiando a CONADEP, o Grupo Tortura Nunca Mais também possuía os mesmos intentos.

Lado a lado à pressão feita especialmente por tais grupos, passaram a existir *lobbies* por parte da Anistia Internacional e da *Humans Rights Watch* para que o Estado fornecesse uma solução capaz de selar um compromisso histórico com a questão dos mortos e desaparecidos políticos, até porque o Brasil já havia firmado internacionalmente pactos que o obrigava ao respeito dos direitos humanos, como exemplificavam a Convenção de Genebra, a Convenção Americana de Proteção dos Direitos Humanos, a Convenção Interamericana para Prevenir e Punir a Tortura, entre outros.

Sobre esse assunto, sintetizou Cavallaro, ex-diretor no Brasil da *Human Rights Watch/Americas*:

> A questão dos crimes cometidos pelo Estado, em casos como evidentemente foram os seqüestros, torturas e homicídios, requer uma solução justa. E esta solução internacional não é coisa da vontade de uma ou outra autoridade. É dever do Estado e direito da vítima e seus familiares [...]. (CAVALLARO, 1995, p. 3).

Além das organizações não governamentais, também os organismos internacionais, como a OEA (Organização dos Estados Americanos), após receberem denúncias de mortes e torturas praticadas pelo governo brasileiro, passaram a utilizar as formas de pressão de que dispunham – especialmente o recurso à opinião pública mundial – a fim de exigir que o governo tomasse as medidas cabíveis.

Porém, a questão dos direitos humanos e, especialmente, a atenção para o tratamento das violações ocorridas durante o Regime Militar, passaram a ganhar mais destaque em 1994, época em que o então candidato à Presidência da República, Fernando Henrique Cardoso, anunciou o objetivo de elaborar um Plano Nacional de Direitos Humanos, dentro do qual seria conferido tratamento à questão dos desaparecidos políticos.

Tão logo iniciado o governo Cardoso, a CONADEP apresentou ao ministro da Justiça, Nelson Jobim, uma lista contendo 369 nomes, dentre os quais 217 eram oficialmente reconhecidos como mortos e 152 considerados desaparecidos. Em junho de 1995, Jobim, atendendo à determinação do presidente Cardoso,

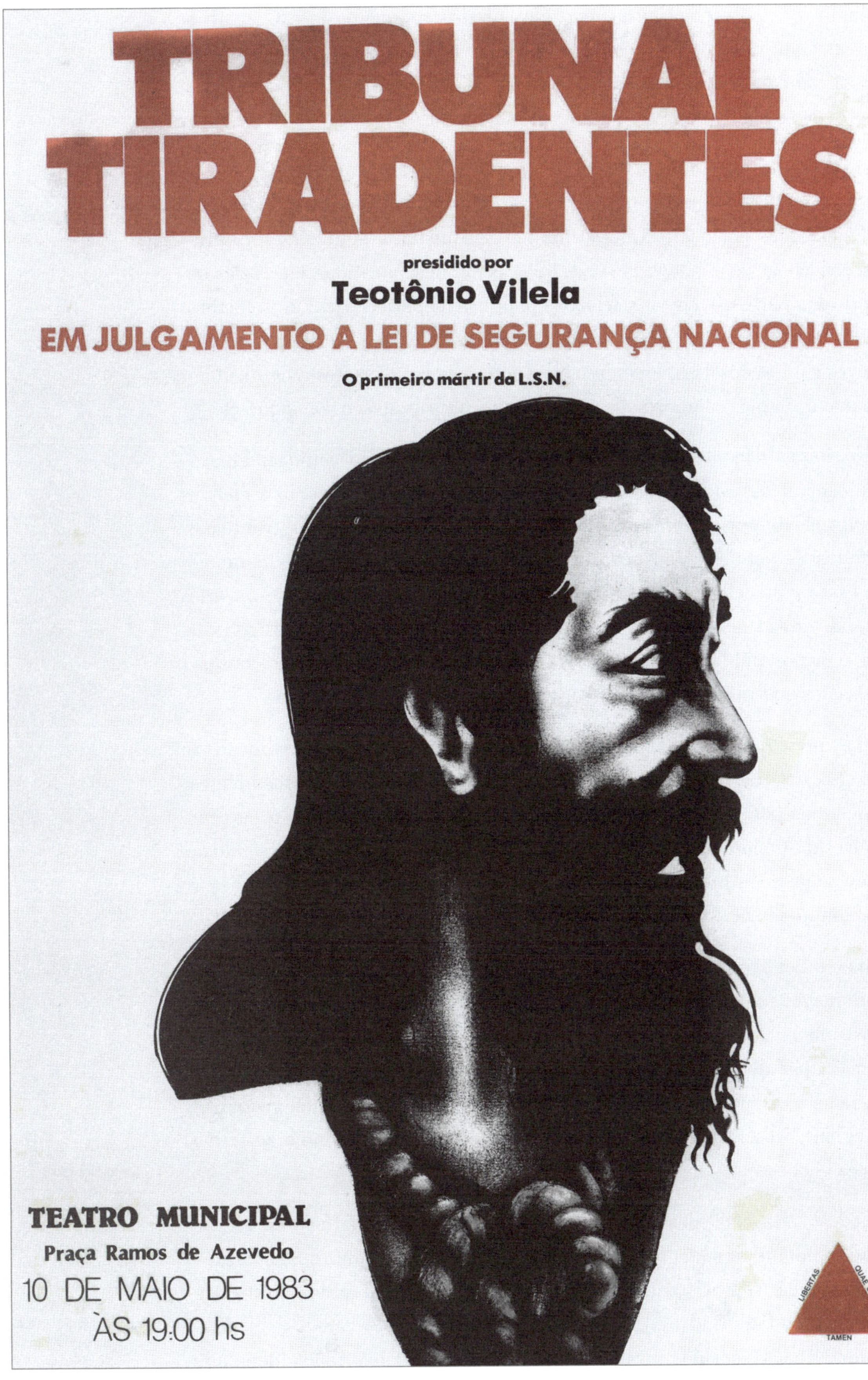
TRIBUNAL
TIRADENTES
presidido por
Teotônio Vilela
EM JULGAMENTO A LEI DE SEGURANÇA NACIONAL
O primeiro mártir da L.S.N.
TEATRO MUNICIPAL
Praça Ramos de Azevedo
10 DE MAIO DE 1983
ÀS 19:00 hs
LIBERTAS QUAE SERA TAMEN

incumbiu o então secretário nacional de Direitos Humanos, José Gregori, a apresentar um projeto que reconhecesse como mortas pessoas desaparecidas em razão de participação ou acusação de participação em atividades políticas entre 02 de setembro de 1961 e 15 de agosto de 1979.

Diante disso, foi elaborada a Lei nº 9.140/95 (posteriormente alterada pelas Leis n° 10.536/02 e 10.875/04). Norteada pelos princípios de reconciliação e de pacificação nacional, expressos na Lei de Anistia, a Lei n° 9.140/95 reconheceu como mortas 136 pessoas tidas como desaparecidas em razão de comprovada participação em atividades políticas no período de 2 de setembro de 1961 e 15 de agosto de 1979. Além disso, esclareceu a situação civil dos cônjuges e filhos dos desaparecidos ao permitir a emissão de atestados de óbito mediante a simples comprovação de casamento ou parentesco com aqueles.

Para o enquadramento na Lei n° 9.140/95, era necessário conjugar alguns fatores, quais fossem: a) a morte por circunstâncias não naturais; b) a efetiva participação da pessoa, ou, ao menos, acusação de que ela tivesse participado de atividades políticas; c) a ocorrência do evento em dependências policiais ou a essas assemelhadas. Em qualquer dos casos, caberia a uma Comissão Especial, criada pela lei, proceder à análise dos requerimentos, diligenciar junto a órgãos públicos para obter informações sobre os militantes, buscar ossadas dos guerrilheiros etc.

Por fim, previa aquele dispositivo legal a concessão de uma indenização, a título de reparação, para o cônjuge, companheiro(a), descendentes, ascendentes ou colaterais (até o quarto grau) dos mortos e desaparecidos, após o parecer favorável da Comissão Especial, calculada pela multiplicação da expectativa de vida da pessoa – tendo como base sua idade na data de seu desaparecimento – e o valor único de 3 mil reais.

Todavia, a Lei n° 9.140/95 não previu a possibilidade de investigações sobre as circunstâncias em que se deram as mortes, o que parecia demonstrar que tal instrumento legal era o resultado de pressões sociais, mas também de uma política capaz de garantir a continuidade do controle da situação nas mãos do Estado, a exemplo do que vinha ocorrendo desde o período distensionista do Regime Militar, quando foi atribuída a interpretação recíproca ao termo "crimes conexos".

A Comissão Especial dos Desaparecidos iniciou seus trabalhos em 1996[6]. Foi inicialmente formada por Miguel Reale Júnior (presidente), Suzana Keninger Lisboa (representante dos familiares dos desaparecidos políticos), Maria Eunice Paiva (advogada e esposa do ex-deputado Rubens Paiva), João Grandino Rodas (consultor jurídico do Itamaraty), Nilmário Miranda (deputado

6 As informações seguintes foram provenientes do estudo e coleta de dados realizados pela autora, quando do desenvolvimento de sua dissertação de mestrado, junto à Comissão Especial dos Desaparecidos e à Comissão da Anistia, ambas instaladas no Ministério da Justiça, Brasília.

e presidente da Comissão de Direitos Humanos da Câmara dos Deputados), Oswaldo Pereira Gomes (general de brigada e representante das Forças Armadas), Paulo Gustavo Gonet Branco (procurador geral da República), e funcionou ativamente de 1996 a 1997, analisando todos os pedidos interpostos.

Os requerimentos relativos às pessoas que pertenciam ao Anexo da Lei n° 9.140 foram automaticamente deferidos, eis que houve total presunção de veracidade da lista fornecida pela própria CONADEP. Nesses casos, bastava mencionar que os militantes integravam referida lista para que, de pronto, fosse deferida a indenização, tornando pendente apenas o cálculo da mesma na forma legal.

Situação diferente foi a dos demais requerimentos que deveriam ser instruídos com todas as provas necessárias a demonstrar que a morte ou o desaparecimento se deu por motivação política. Nesses casos, cabia aos peticionários anexarem aos seus pedidos o maior número possível de notícias de jornal e revistas da época. Na sequência, os processos eram distribuídos a um dos relatores cuja função seria analisar pedidos e provas, pedir diligências e emitir pareceres; posteriormente, eram marcadas sessões em que o colegiado se reunia para a apreciação dos casos, submetendo-os à subsequente votação.

Durante os trabalhos da Comissão, observou-se um relevante papel da CONADEP e do Grupo Tortura Nunca Mais, organizações que, por meio da elaboração de dossiês, tentavam trazer um pouco da trajetória de militância política daquelas pessoas. Aliás, em muitos dos casos, a participação da CONADEP fez-se necessária, especialmente porque a busca de informações junto a órgãos públicos, como a Polícia Federal e a ABIN (Associação Brasileira de Inteligência) dificilmente produzia resultados expressivos[7].

Como se vê, se a Lei nº 9.140/95 não havia sido aprovada exatamente da forma como pretendiam os familiares – vetando-se a possibilidade de que circunstâncias das mortes fossem divulgadas, tal como os fossem os nomes de torturadores, médicos e outras pessoas envolvidas com o aparelho repressivo – ao menos ela garantia a existência de um órgão (Comissão Especial) em que os familiares não só se faziam representar como também possuíam voz para nortear a análise dos requerimentos interpostos.

Aliás, os trabalhos da Comissão Especial passaram por momentos bastante conflituosos e polêmicos, o que pôde ser verificado na análise dos casos de Carlos Lamarca e Carlos Marighela. Com efeito, houve uma forte resistência por parte do Exército e dos representantes do governo em reconhecer a responsabilidade estatal no caso dos dois militantes, eis que ambos foram mortos em céu aberto, quando o dispositivo legal referia-se a "dependências policiais ou assemelhadas".

7 Em todos os casos examinados pela pesquisadora, as respostas-padrão da ABIN aos ofícios encaminhados pela Comissão Especial dos Mortos e Desaparecidos demonstravam o desinteresse do órgão em prestar informações.

Carlos Marighella, militante da ALN (Aliança Libertadora Nacional), foi morto em 4 de novembro de 1969, vítima de um cerco policial organizado pelo delegado Sérgio Paranhos Fleury. Embora a versão oficial apontasse seu falecimento em consequência de um tiroteio motivado após a resistência do militante à prisão, outros documentos e testemunhos comprovaram que a operação policial foi premeditada, que a arma encontrada com Marighella continha todas as munições (o que combate a versão de tiroteio) e que o militante foi alvejado por tiros antes de adentrar em seu carro, sem ter tido qualquer possibilidade de resistência. (MIRANDA & TIBÚCIO, 1999).

Por todas essas razões o caso foi submetido à Comissão Especial, momento em que se instaurou a dúvida: considerando que Marighella não havia sido morto em uma dependência policial propriamente, seria possível que a Comissão Especial lhe concedesse a indenização?

Para os conselheiros Oswaldo Pereira Gomes e Paulo Gustavo Gonet Branco, a resposta era negativa, pois a expressão "assemelhadas" só poderia significar modalidades de prisões ou cárceres. Porém, em parecer elaborado pelo Conselho Federal da OAB, a pedido de Clara Charf e Carlos Augusto Marighella (viúva e filho do militante), a conclusão foi favorável à procedência do requerimento, aplicando ao termo uma interpretação extensiva:

> Excluir os que morreram fora das dependências policiais, embora cercados pelos agentes públicos, entendendo que não se trata de "lugares assemelhados a elas", é reviver a mentalidade repressiva de 1964-1985, claramente recusada pela lei de 1995, quando fixou a responsabilidade do Estado decorrente daquela violência política [...] Seria inverter o sentido da lei e retrazer – quase 30 anos depois – conteúdos de arbítrio e crueldade que ela agora busca superar [...] Evidentemente, lei dispondo sobre desaparecidos, para reconhecer quem faleceu sem causas naturais em dependências policiais ou assemelhadas não deve ser interpretada estritivamente.[8] (BRASIL, 1996).

Referido entendimento acabou por ser endossado pelo relator Luís Francisco Carvalho Filho na fundamentação de seu voto favorável à concessão da indenização à viúva e ao filho de Carlos Marighella, que se manifestou no seguinte sentido:

> Quando a lei estabelece "dependências policiais ou assemelhadas" não está se referindo só a obras de engenharia, como prisões, prédios policiais, militares, ou mesmo prédios privados, eventualmente utilizados pelos órgãos de segurança, mesmo porque, como se sabe, o abuso repressivo ultrapassou

8 Parecer de João Luiz Duboc Pinaud a pedido da Comissão Nacional de Direitos Humanos do Conselho Federal da OAB, conforme consta do Processo nº 272/96.

> estes limites físicos. [...] A interpretação mais abrangente não é apenas mais generosa, é tecnicamente mais adequada ao espírito que motivou a edição da lei e mais adequada ao ambiente político atual. É preciso virar a página desse triste período da história brasileira e não faz sentido deixar de lado, por simples apego à literalidade, um pequeno resíduo de vítimas fatais da violência política arbitrária [...] . (BRASIL, 1996).

O conteúdo dessa decisão foi um importante balizador para a procedência dos casos de mortes em decorrência de um cerco policial, ainda que em céu aberto, como foram as situações de Pedro Pomar e Ângelo Arroyo, assassinados na Chacina da Lapa, Antônio Marcos Pinto, Maria Regina Lobo Figueiredo e Lígia Salgado Nóbrega, mortos na Avenida Suburbana, bem como Carlos Lamarca, no sertão baiano.

Aliás, sobre a questão que envolvia a morte de Lamarca, as Forças Armadas tinham uma particular relutância em aceitar que seus familiares fossem contemplados, especialmente por ter sido ele um desertor do Exército. Com efeito, em janeiro de 1969, o ex-capitão se engajou na luta armada e criou a VPR (Vanguarda Popular Revolucionária), à frente da qual dirigiria o treinamento de ações armadas visando o resgate de presos políticos. Em 1971, Lamarca se engajou no MR-8, deslocando-se para o sertão baiano com a intenção de lá estabelecer uma base de sua nova organização. Justamente por ter conhecimento das ações do militante e do local em que poderia ser encontrado, o Exército montou a "Operação Pajussara", que tinha por objetivo capturar e destruir o movimento e seus integrantes, especialmente Lamarca. Como consequência, em 17 de setembro de 1971, Carlos Lamarca e José de Campos Barreto (Zequinha) foram mortos a céu aberto.

Sobre isso, a própria versão oficial não negava a desproporcionalidade entre a atuação das forças de repressão e o caráter verdadeiramente necessário do ato. Considerando a situação narrada e apoiando-se na interpretação que o Conselho Federal da OAB conferiu ao termo "assemelhadas", a Relatora Suzana Keninger Lisboa assim concluiu:

> Lamarca fugia ao cerco, é evidente, como fugiam à prisão todos os brasileiros engajados na luta contra a ditadura militar – os que se exilaram, os clandestinos. As reais circunstâncias de sua morte não serão, por enquanto, conhecidas, mas as provas de que foi determinada e friamente executada são irrefutáveis. É, portanto, dever desta Comissão, acolher a solicitação de que sejam seus familiares beneficiários da Lei 9.140. Pelo resgate da verdade, por justiça e para que isso nunca mais aconteça. (BRASIL, 2007).

Após a apreciação de todos os pedidos apresentados à Comissão Especial no prazo estipulado pela Lei nº 9.140/95, os trabalhos daquele órgão se restringiram ao empenho na busca dos restos mortais dos desaparecidos políticos, em cumprimento ao artigo 4º, inciso II.

Referido intento, contudo, esbarrava em limitações financeiras e na ausência de comprometimento político, visto que a contratação de uma equipe capacitada para a realização de escavações, de institutos responsáveis pelo depósito das ossadas e de pessoas especializadas em sua identificação demandava investimento por parte do governo. Como exemplo, podemos citar o caso das 1.049 ossadas encontradas no Cemitério de Perus (SP), que, juntamente com outras, aguardaram sua identificação[9] pela Unicamp (Universidade Estadual de Campinas) durante 10 anos.

Tão ou mais complicadas foram as buscas na região do Araguaia (PA), onde ocorreu o maior foco da guerrilha travada em fins da década de 60 e início da década de 70. A estimativa é que cerca de 70 desaparecidos políticos devam ter suas ossadas lá enterradas[10].

Mesmo em meio a tantos contratempos, podemos entender que a Lei 9.140/95 conseguiu atingir grande parte dos objetivos a que se propusera. Repise-se aqui, mais uma vez: essa lei não tinha o escopo de divulgar nomes de pessoas envolvidas com a repressão, tampouco de determinar punições ou represálias. Pretendia a lei, pautada na interpretação conferida à Anistia de 1979, promover a responsabilização estatal pelas mortes e desaparecimentos, solucionar os embaraços civis experimentados pelos familiares e conceder-lhes indenizações a título de dano moral.

Mas as reivindicações por parte dos grupos engajados com a temática continuaram. E, como mais um reflexo disso, foi instituída, pela Lei nº 10.559/02, a Comissão de Anistia, que tinha a finalidade de reparar prejuízos de ordem material sofridos por aqueles que, em decorrência da perseguição política, perderam seus empregos ou foram, de alguma forma, prejudicados financeiramente.

Diferentemente da Comissão dos Mortos e Desaparecidos, a Comissão de Anistia iniciou seus trabalhos no início de 2003 e continua até os dias de hoje. Aqueles que pretendem uma indenização motivada pela perseguição política devem encaminhar seus requerimentos a uma das três Câmaras instituídas pela lei.

A primeira Câmara tem a finalidade de analisar requerimentos das pessoas que trabalhavam sem vínculo empregatício. Aqui, portanto, estão presentes estudantes, sindicalistas e profissionais liberais. A prova da perseguição política é requisito essencial para o deferimento da indenização e tal fato é comumente

9 Durante esse período, só foram reconhecidas as ossadas de Dênis Casemiro, Frederico Eduardo Mayr (encontrados na vala), Sônia Moraes, Antônio Carlos Bicalho Lana, Hélber José Gomes Goulart (localizados em outras sepulturas do Cemitério Dom Bosco), Emanuel Bezerra dos Santos (encontrado no Cemitério do Campo Grande) e Maria Lúcia Petit (localizada no Cemitério de Xambioá, Tocantins).

10 Segundo informações recentes, um dos objetivos do atual Secretário Nacional de Direitos Humanos, Paulo Vanuchi, é a realização de uma expedição para a região do Araguaia em 2009, a fim de localizar restos mortais dos desaparecidos. Disponível em: <http//www1.folha.uol.com.br/folha/Brasil/ult96u451751.html>, em 08/11/08 . Data de acesso: 25 jan. 2009.

feito pela análise do conjugado "histórico de engajamento político - resultado lesivo", podendo ser confirmada por notícias de jornais que noticiavam as prisões, por documentos dos sindicatos aos quais os militantes pertenciam e também por anotações e certidões da Agência Brasileira de Inteligência (ABIN). Após comprovado o tempo da perseguição política, procede-se à estimativa da evolução salarial que a pessoa teria, caso tivesse permanecido naquela função.

Diferentemente da primeira, a segunda Câmara que integra a Comissão de Anistia analisa as situações de pessoas perseguidas dentro da administração indireta (autarquia, fundação, sociedade de economia mista, empresa pública). Nesses casos, é necessário comprovar tanto o vínculo laboral do ex-perseguido com a Administração como também o colorido "político" que ensejou seu afastamento ou demissão.

Por fim, a terceira Câmara concentra a análise dos casos daqueles que pertenciam às Forças Armadas (Exército, Marinha e Aeronáutica) e, em virtude de um engajamento político, acabaram por ser excluídos.

É importante ressaltar que também a Lei nº 10.559/02 não teve a intenção de tratar da questão referente aos torturadores ou perseguidores políticos, sendo que foi instituída com a finalidade de conceder indenizações de cunho material àqueles que sofreram a perda de empregos e funções durante o regime militar.

Ao final deste item, cabe-nos questionar: diante dessas soluções trazidas pelo Estado Democrático, a questão relativa às "heranças" do regime militar estaria já finalizada? Façamos novamente uma análise pelas três vertentes: a jurídica, a política e a histórica.

4 A "herança" do regime militar e a democracia: reflexões finais

Angústia, dor, incerteza, saudade... Eis alguns dos sentimentos experimentados por aqueles que direta ou indiretamente sofreram com os atos praticados pelos agentes estatais durante o regime militar, dos quais as consequências até hoje buscam amenizar. Elaborada a Lei de Anistia em 1979, seu caráter recíproco permitiu que os militares também fossem por ela contemplados.

Contudo, diante do que se expôs neste texto, uma conclusão se mostra inevitável: do ponto de vista jurídico-penal, a Anistia de 1979 jamais poderia ser estendida àqueles que torturaram, mataram ou fizeram desaparecer os militantes contrários ao Sistema. Justamente por alguns estudiosos do tema terem essa percepção é que hoje se comenta a possibilidade de revogar a Lei de Anistia. Mas não nos parece ser este o caso. Não se trata de hipótese de revogação da lei, mas de uma mudança na interpretação que lhe foi conferida desde a época da liberalização do regime até a atualidade. Tal fato, porém, traz implicações políticas bastante complexas, uma vez que coloca em questionamento a estabilidade das instituições democráticas.

Ainda que fizéssemos hoje uma releitura da Lei de Anistia e chegássemos à conclusão de que efetivamente seu caráter bilateral foi um equívoco, ainda assim nos depararíamos com duas posições acerca da possibilidade ou não de punição (no âmbito criminal) dos militares: uma delas entende que todos esses crimes estão prescritos, de modo que não há mais que se cogitar de qualquer medida no âmbito criminal. A outra, com base em convenções internacionais, interpreta que tais crimes lesam a humanidade e têm caráter imprescritível. Reforçando essa corrente, um outro argumento é juridicamente relevante: o de que os crimes relativos ao desaparecimento de pessoas sequer se consumaram (pois o desaparecimento é um delito permanente). Se não houve consumação, o prazo prescricional sequer teria iniciado.

Tratamos nos parágrafos anteriores da possibilidade ou não de punição dos militares sob o prisma jurídico-penal. No que se refere, porém, à possibilidade política de que tais punições hoje ocorressem, parece certo que não seriam recomendáveis, diante da própria estabilidade democrática a que chegamos e da imagem que as Forças Armadas possuem na atualidade. Isto é, ainda que os nossos juristas consensualmente se posicionassem no sentido de que a punição dos militares é legalmente plausível (abandonando, portanto, a tese de que tais crimes estariam prescritos), haveria fortes obstáculos do ponto de vista político.

Na verdade, ainda dentro deste mesmo prisma (responsabilização criminal daqueles que manejavam o aparelho repressivo), a solução que mais contemplaria os intentos dos familiares seria a busca das Cortes Internacionais, como a Corte Interamericana de Direitos Humanos. Porém, tal viés fatalmente esbarraria no problema da obrigatoriedade ou não do cumprimento das decisões internacionais, especialmente em razão da soberania do país e da inexistência de meios coercitivos para tanto.

Se no âmbito jurídico-penal as discussões podem persistir (mas têm poucas chances de êxito), na esfera jurídico-cível as reivindicações das vítimas, de seus familiares e cônjuges já foram devidamente solucionadas pelo Estado, não só pela Lei 9.140/95 – que permitiu a emissão de atestados de óbito e a reparação dos danos morais aos familiares – como também pela Lei 10.559/02 – que criou a Comissão de Anistia para avaliar, caso a caso, os prejuízos materiais decorrentes da perseguição política.

E do ponto de vista histórico, o que ainda seria possível? Nesta seara, a abertura de arquivos da ditadura, por exemplo, é um tema ainda bastante presente na pauta política. Recentemente, aliás, foi alvo de calorosas discussões, desencadeadas pelo posicionamento assumido pelo secretário Nacional de Direitos Humanos, Paulo Vannuchi, ao afirmar que: "Enquanto estiver no cargo, trabalharemos no sentido de que esse assunto não morra [...] enquanto o país não tiver uma ampla e satisfatória exposição de toda a informação pertinente."

A posição de Paulo Vannuchi encontra apoio no entendimento do atual ministro da Justiça, Tarso Genro, mas tem forte resistência por parte dos militares, do ministro da Defesa, Nelson Jobim, e do órgão legitimado para a defesa da União, a Advocacia Geral da União. No segundo semestre de 2008, o debate se tornou bastante acirrado, especialmente em razão da divergência existente dentro do próprio governo.

O fato é que ainda hoje, 30 anos após a Lei de Anistia, muitos parentes daqueles que morreram na época do Regime Militar em razão das perseguições políticas ainda buscam seus restos mortais, a fim de conceder aos seus entes um sepultamento digno. Assim, dentro da perspectiva histórica, parece evidente a possibilidade de que esses familiares resgatem a memória de seus antepassados, o que, aliás, não violaria a Lei, ao menos no que tange seu significado jurídico. Porém, ainda restam dúvidas quanto aos reflexos que tais divulgações trariam para o contexto político.

Sabendo que a anistia foi conquistada pelos movimentos populares – mas também foi concedida pelo governo militar na exata medida de suas intenções, quais sejam, aquelas relacionadas à preservação da imagem das Forças Armadas dentro do regime democrático – e que as Leis nº 9.140/95 e 10.559/02 foram elaboradas graças às pressões de grupos envolvidos com a questão dos direitos humanos, mas não contemplaram todas as suas reivindicações (notadamente aquelas mais delicadas), podemos então suscitar algumas questões: estaria hoje o Estado de Direito preparado para eventuais revelações que abalariam sua estrutura, eis que implicariam na divulgação de envolvidos com o aparelho repressivo que, no cenário político atual, ocupam cargos ou posições de relevância? Como lidar com os consequentes pedidos de represálias administrativas que possivelmente ocorreriam? Caso tais revelações fossem feitas, a democracia sairia desmoralizada, por ter sua base abalada? ou, ao contrário, sairia fortalecida, justamente por ofertar respostas efetivas à sociedade? Em outras palavras: novas revelações – as quais, repita-se, são juridicamente possíveis e historicamente buscadas – seriam mais um fator de legitimação da democracia, ou, distintamente, seria um elemento de descrédito?

A resposta a tais questionamentos reclama uma análise específica do momento político atual em diante, buscando elucidar: a) o engajamento que os grupos de familiares e torturados políticos ainda possuem nos dias de hoje, especialmente para que suas demandas toquem com força o governo e as Forças Armadas; b) a forma como o Estado reagirá a cada divulgação dos nomes de envolvidos com a prática de torturas e mortes e a cada exposição das circunstâncias em que ocorreram; c) as sensações e as contrarreações que as atitudes do governo provocam nos grupos de defesa dos direitos humanos.

Como se vê, essa análise política ainda deve ser amadurecida no dia a dia...

Larissa Brisola Brito Prado[11]

11 Formada em Direito pela PUC Campinas e em Ciências Sociais pela Unicamp; mestre em Ciência Política pela Unicamp. Atualmente, advoga na área cível e ministra aulas de Política, Direitos Humanos e Processo Civil.

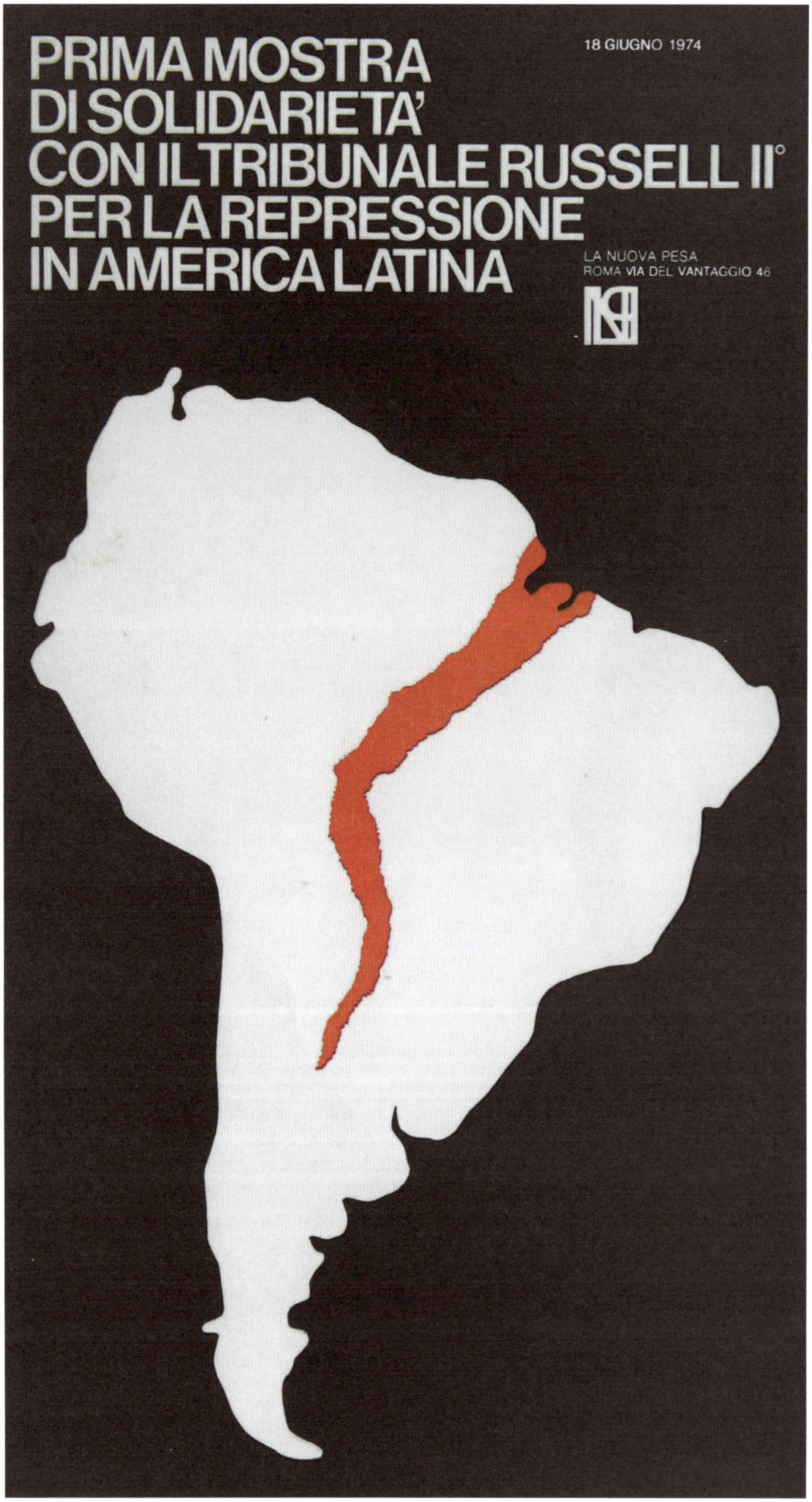
PRIMA MOSTRA
DI SOLIDARIETA'
CON IL TRIBUNALE RUSSELL II°
PER LA REPRESSIONE
IN AMERICA LATINA
18 GIUGNO 1974
LA NUOVA PESA
ROMA VIA DEL VANTAGGIO 46

13. Memória vs. Esquecimento, Instituinte vs. Instituído: a luta pela Anistia Ampla, Geral e Irrestrita

"Le seul élément qui réunit bourreaux et victimes, coupables et innocents, manipulateurs et manipulés, c'est encore une fois l'oubli. Seule l'honnêteté de la mémoire pourrait les diviser, séparer le bon du mauvais."
Paolo Rumiz[1]

"Ah, sabei que somos daqueles que se recordam!"
Victor Marouck[2]

A proposta deste artigo é discutir o significado da luta pela Anistia Ampla, Geral e Irrestrita empreendida pelos Comitês Brasileiros de Anistia (CBAs) – juntamente com o Movimento Feminino pela Anistia (MFPA), os presos políticos e os exilados brasileiros –, na segunda metade da década de 1970, e seu saldo político, cujos efeitos se estendem, sempre aos "trancos e barrancos", ao longo das três últimas décadas. Buscarei reconstituir um pouco da trajetória dessa luta, contextualizando-a, e problematizar parte da história que muitos querem esquecer/neutralizar/banalizar. História que envolve homens e mulheres que foram atingidos pelo terror de Estado e o combateram, que sofreram perdas definitivas, que ainda não completaram seu trabalho de luto e que reclamam reparação histórica. A centralidade dessa história é o resgate da memória dessa luta e desse luto, matéria dramaticamente contemporânea vinculada às contradições e vicissitudes do tortuoso processo de construção da cidadania no Brasil.

A discussão será feita no marco do que chamo "dimensões fundacionais da luta pela anistia"[3]. É o novo que se buscará interrogar. Como diz Claude Lefort (1987, p. 179): "um novo que não se apaga com um [eventual] insucesso." São as seguintes as questões levantadas: qual o real alcance desse movimento? qual a sua singularidade? que novidade ele representa? Em outras palavras, à maneira de Lefort (1991, p. 69), qual a dimensão do *político* nessa luta?

1 "O único elemento que agrega carrascos e vítimas, culpados e inocentes, manipuladores e manipulados é, mais uma vez, o olvido. Somente a honestidade da memória poderia dividi-los, separar o bom do ruim." RUMIZ, 1998, p. 103, tradução livre da autora.

2 MAROUK, 1880 apud OEHLER, 1999, p. 129.

3 É esse o nome da minha tese de doutorado, defendida em 2003 na Universidade Federal de Minas Gerais, na qual me baseei para elaborar este artigo.

O conceito de política de Hannah Arendt, do qual me aproprio aqui mais ou menos livremente (provavelmente bem mais do que menos), torna possível uma abordagem que permite acionar a chave da novidade contida no movimento em questão. Trata-se do princípio republicano, que articula *esfera pública, ação* e *cidadania*. Para Hannah Arendt (1997, p. 192, 197 e 203), a "*raison d'être* da política é a liberdade", que é vivida basicamente na *ação*. Longe de constituir direito natural e inalienável, a liberdade é produto do artifício humano. Seu *locus* é a esfera pública, o espaço do exercício da cidadania – definida como o "direito de ter direitos" – aquele que torna a "opinião significativa" e o "discurso eficaz". Essa é a única maneira de preservar a memória e realizar a história, que não é outra coisa senão a experiência de intervenção e construção do mundo comum.

O que define o espaço público para Arendt é que ele só pode ser construído pela ação e pelo discurso, não sendo de forma alguma dado, determinado ou instituído: é espaço em permanente construção, o qual só pode ser coletivo, plural. Trata-se de manifestação do "desejo de um mundo que transcenda a contingência das instituições" (LEFORT, 1991, p. 69), o que contém, por definição, demarcação radical em relação ao espaço e ao poder *instituídos*. Assim, o exercício da política e da cidadania é ontologicamente *instituinte* e se refere diretamente à constituição da esfera pública. Seu elemento fundante é o *dissenso* – não o *consenso* celebrado pela tradição liberal. É no exercício da cidadania, protagonizado pelo indivíduo que age e fala junto com outros indivíduos, que se realiza a prerrogativa de participação no "jogo do mundo". É isso que transforma os indivíduos em *cidadãos*, processo que constrói a *memória organizada* da sociedade – razão de ser da *polis*. Memória, história, política e cidadania estão, portanto, inextricavelmente entrelaçadas: "Somente com palavras e atos nos inserimos no mundo humano [...]" (ARENDT, 1997, p. 189).

Esse caráter *instituinte* do político, a ênfase dada ao dissenso e, sobretudo, a articulação da memória, da história e da cidadania estão presentes, com muita força, na luta pela Anistia Ampla, Geral e Irrestrita, aqui apresentada como exemplo notável de "amplificação da política"[4]. O perfil orgânico, político e programático dessa luta forjou-se como desafio/transgressão à ordem estabelecida, no cruzamento e na negação do *consenso imposto* sob o comando dos dois últimos generais-presidentes, Ernesto Geisel (1974-1979) e João Batista Figueiredo (1979-1985). A ditadura, então, procurava institucionalizar-se por meio de proposta de correção de rota com o projeto de "distensão/abertura lenta, gradual e segura" cujo núcleo é o assim chamado "generoso consenso", proposto/imposto pelo general Geisel na tentativa de consolidar o regime. Esse "consenso básico" para a "institucionalização acabada dos princípios

4 O termo é de Francisco de Oliveira em "Privatização do público, destituição da fala e anulação da política: o totalitarismo neoliberal" (2000, p. 65).

da Revolução de 1964" (GEISEL, 1975, p. 38-39)[5] – síntese perfeita da estratégia de estabilização então em andamento – tem certamente seus pressupostos também básicos, sintetizados com precisão por Eliezer Rizzo Oliveira (1994, p. 55): "A ditadura, por natureza, não convive com a negociação a não ser no interior de seus grupos de apoio."

Trata-se, portanto, de esquema de negociação interna – entre os blocos que participam do poder – cuja contrapartida é o reforço da criminalização daqueles que estão fora, da interdição do dissenso, da exclusão das oposições não consentidas ou não domesticáveis, das "minorias trêfegas e transviadas", ainda nas palavras do general Geisel. Para elas, o que prevalece é o tratamento hobbesiano clássico: "*Covenants without the sword are but words*" ("Pactos sem espadas são meras palavras").

A centralidade desse projeto é o que hoje talvez possa ser chamado de *garantia de governabilidade*, entendida naquele momento como necessidade de substituir a violência explícita pela coerção legalizada sem abrir mão do "potencial de ação repressiva" acumulado (STARLING, 1983, p. 129), o que se daria por meio das *salvaguardas eficazes* – medidas a serem incorporadas à Constituição e à Nova Lei de Segurança Nacional, promulgada a 17 de novembro de 1978 como reação à conjuntura que então se abria, de rearticulação da sociedade civil. A Nova Lei de Segurança Nacional (Lei n.º 6.620/78 em substituição ao Decreto-lei n.º 898/69) implementou, na prática, a institucionalização do AI-5 caracterizada nas seguintes determinações: atribuição de poderes quase ilimitados ao Ministro da Justiça, cabendo a ele a censura, a proibição e a apreensão de todo e qualquer material considerado nocivo à segurança nacional – está institucionalizada a censura sistêmica (art. 50); abrandamento das penas máximas paralelamente ao agravamento das penas mínimas, para garantir melhor aplicabilidade e maior alcance das punições; tipificação de elenco maior de crimes, como aqueles "contra a organização do trabalho e os delitos de imprensa" (art. 14), e da responsabilização criminal de jovens de 16 anos (art. 4) – prisão, portanto, para todos os opositores, não mais apenas para os chamados *esquerdistas* e/ou *terroristas*; institucionalização da incomunicabilidade e das prisões clandestinas na figura da "comunicação reservada ao juiz" (art. 53); criminalização de qualquer tipo de vinculação com entidades estrangeiras que "exerçam atividades prejudiciais à segurança nacional" (art. 12); proibição de "divulgar por qualquer meio de comunicação social notícia falsa, tendenciosa ou fato verdadeiro truncado ou deturpado, de modo a indispor ou tentar indispor o povo com as autoridades constituídas" (art. 14).

Está dado o controle total das manifestações políticas e/ou reivindicatórias – reforçado ainda mais pelo seu emparedamento nos estreitos limites do parla-

5 Todas as expressões entre aspas deste parágrafo foram extraídas dessa obra.

mento e das agremiações partidárias – que, juntamente com o "minucioso estabelecimento de garantias para o exercício cotidiano do poder" (STARLING, 1983, p. 129), constitui a principal preocupação a ser equacionada. Não se pode perder de vista que o parlamento e os partidos estão drasticamente descaracterizados pelas investidas continuadas da ditadura, já então na sua segunda década de existência. São os anos de "normalização defeituosa" (CARDOSO, I., 1990, p. 139) marcados, assim, por um projeto de *abertura política* gerado em contexto de encolhimento severo do espaço público e concebido para impedir a reconstituição e reocupação do mesmo.

O AI-5, de 13 de dezembro de 1968, vai ser abolido no final de dezembro de 1978, e o AI-13 (Lei do Banimento), em janeiro de 1979. Já não são necessários tais dispositivos reconhecidamente excepcionais, portanto necessariamente transitórios: estão dadas a "constitucionalização da exceção" e a internalização da repressão e da truculência na cultura política nacional (ARQUIDIOCESE DE SÃO PAULO, 1985, p. 8). Grande campeão da centralização política, Geisel prepara cuidadosamente e garante o controle de sua própria sucessão: em março de 1979, o general João Batista Figueiredo, ministro-chefe do Serviço Nacional de Informações (SNI), assume a Presidência da República para mandato de seis anos, imbuído da missão de levar a frente o projeto político tramado sob a chancela da "normalização defeituosa". Nos bons tempos de sociólogo, Fernando Henrique Cardoso fez curiosa descrição desse último general-*presidente*, espécie de síntese de todos os outros:

> O novo governo emergia trazendo um sinal de paz para os donos do poder, sob os escombros da resistência de alguns setores militares e sob o fogo de uma oposição unificada e derrotada. Figueiredo era tanto Médici como Geisel e nesta medida, era também Castello e, mais ainda, ao chamar Delfim para o gabinete, era ainda tudo o que fora o milagre, de Costa e Silva a Médici. (CARDOSO, F., 1981, p. 5).

Continuarão intocados o modelo econômico – a *modernização excludente* cuja consolidação é tributária exatamente do AI-5 – e, sobretudo, a essência mesma do regime, a Doutrina de Segurança Nacional e seus corolários imediatos, a estrutura do aparelho repressivo, a tortura institucionalizada e a *estratégia do esquecimento*, adotada, tanto quanto a tortura, como política de Estado. Ambas se constituem nas mais genuínas representações do estado de Segurança Nacional, levando ao paroxismo o projeto de supressão da esfera pública por meio da destruição da subjetividade, da inviabilidade da ação e da fabricação do silêncio – ou da "impossibilidade da política" (CHAUÍ, 1987, p. 18). O que é confirmado por Sebastião Velasco e Cruz, e Carlos Estêvão Martins (1983, p. 43):

> Sob a capa da ordem, protegida da curiosidade pública pelos rigores da censura, mas onipresente, lavrava a guerra suja contra os grupos de esquerda que haviam optado pela luta armada; estava a tortura erigida, então, em uma prática institucional a qual se repudiava publicamente mas se aceitava de fato em nome dos imperativos maiores da Razão de Estado; multiplicavam-se os assassinatos (morte "por atropelamento", "em combate", "em tentativa de fuga", na linguagem torta dos comunicados oficiais), bem como os seqüestros, que atingiam igualmente os militantes da referida esquerda e figuras da oposição legal ou semilegal; desenvolvia-se um exercício sistemático de intimidação que recorria a métodos policiais (detenção, interrogatório, seguidos de ameaças, na ausência de qualquer acusação específica), administrativos (exigência de atestados de bons antecedentes políticos para a obtenção de documentos, para acesso a cargos públicos etc.), econômicos (pressões sobre o empregador para que demitisse o funcionário com "ficha suja") e se estendia, no plano simbólico, ao terrorismo branco de oficiais paranóicos que enchiam as páginas dos mais importantes jornais do país com proclamações fantásticas onde a "liberdade sexual", o consumo de drogas e as opiniões políticas menos ortodoxas se fundiam como facetas da estratégia bolchevista para destruir a família, a harmonia social e a paz política. Subjacente à ordem, imperava o medo.

O principal ideólogo da Doutrina de Segurança Nacional, Golbery do Couto e Silva, foi também o principal articulador do projeto de *distensão política* e, a seguir, do projeto de anistia parcial do governo. Tudo foi engendrado, portanto, nas entranhas do regime (OLIVEIRA, 1994, p. 32) a partir da mesma matriz. É o próprio Geisel, do *generoso consenso*, quem defende, sem meias palavras, no melhor estilo "a mão que afaga é a mesma que apedreja" (ANJOS, 1997, p. 47):

> Acho que a tortura, em certos casos, torna-se necessária para obter confissões [...] Não justifico a tortura, mas reconheço que há circunstâncias em que o indivíduo é impelido a praticar a tortura para obter determinadas confissões e, assim, evitar um mal maior. (D'ARAÚJO, 1994, p. 225).

Essas questões autorizam a desmistificação de indefectível tipologia convencional, aquela que estabelece oposição mecânica entre dois blocos monolíticos inconciliáveis – militares *duros vs.* militares *moderados*. Tal clivagem e o próprio projeto de *distensão/abertura lenta, gradual e segura* parecem ser, isto sim, elementos constitutivos de permanente processo de acomodação entre setores que certamente têm suas nuances, mas não divergem em questões de fundo: como já foi dito, não há questionamento de coisa alguma que se refere ao arcabouço ideológico do regime, aos elementos que constituem o terror de Estado, ao modelo econômico, enfim, ao projeto de Estado e de Nação imposto pela ditadura militar. As divergências – que existem – giram em torno de sua aplicação e da posologia desejável na aplicação dos dispositivos que garantem o funcionamento do aparelho repressivo e compõem sua própria razão de ser – sequestros, torturas, mortes, *desaparecimentos*; a polarização é acentuada apenas nos momentos de disputa pelo aparelho de governo.

É em tom de perplexidade que Maria Celina D'Araújo corrobora essa avaliação ao analisar a documentação do acervo pessoal de Geisel, doado, em 1998, ao CPDOC da Fundação Getúlio Vargas:

> Tendo em vista este histórico de politização, era de se esperar que, durante o governo Geisel, a pasta da Justiça se convertesse em espaço especialmente relevante para o processo de abertura, sendo tal governo o que mais se destacou pelo esforço de "transição" do regime autoritário para um de "normalidade institucional" para usar o arcabouço conceitual do próprio Geisel em suas memórias. No entanto, quando se examinam os documentos relativos ao Ministério da Justiça que integram o arquivo do ex-presidente, a impressão que fica é bem diferente. Segundo estes registros, as medidas de endurecimento do regime teriam prevalecido sobre aquelas que preconizavam a democratização. [...] Conhecido pela liderança do processo de abertura política, a imagem do governo Geisel que sai desses papéis é a que enfatiza o controle político, a repressão à esquerda e à oposição, e a censura à imprensa. O ministério ali retratado situa-se mais como espaço de ação da "linha dura" do que como a esfera que comandou a mudança. Dito de outra forma, espelha mais o lado duro da ação do governo, pois efetivamente o governo Geisel usou os poderes excepcionais da ditadura, fechou o Congresso, cassou mandatos e comandou operações violentas contra os comunistas. (D'ARAÚJO, 2002, p. 22-23).

É nessa conjuntura que os movimentos sociais voltam a fazer política: atropelando a iniciativa da ditadura, sabotando e subvertendo a lógica do *generoso consenso*, escancarando os limites impostos. A dialética acaba, assim, por relativizar a eficácia do projeto aparentemente tão bem urdido. A sociedade começa a dar sinais de crescente capacidade de organização e de luta e passa a reocupar o espaço urbano resgatando a Cidade enquanto *locus* de exercício da cidadania, passando da resistência à iniciativa política. Greves operárias, rearticulação do movimento popular, ascensão do movimento estudantil: tudo isso reforça e aumenta a visibilidade da luta pela anistia. Essa retomada inclui também a mobilização dos *setores médios* de corte liberal – como a Ordem

A PAZ É FRUTO DA JUSTIÇA
25 A 31 DE MAIO
SEMANA MUNDIAL
DO PRESO-DESAPARECIDO
DIA PROGRAMAÇÃO HORA
25 ATO ABERTURA - DEPOIMENTOS 19^{30}
26 DEBATE JURIDICO 19^{30}
27 AUDIO-VISUAL E DEBATES 19^{30}
28 TEATRO - MUSICA - POESIA 19^{30}
29 ATO RELIGIOSO
LOCAL: INST. SEDES SAPIENTIAE
RUA MINISTRO GODOI 1.484 PERDIZES
SÃO PAULO
FAMILIARES DE PRESOS-DESAPARECIDOS
LATINOAMERICANOS

dos Advogados do Brasil (OAB), a Associação Brasileira de Imprensa (ABI), a Sociedade Brasileira para o Progresso da Ciência (SBPC) – além da insurgência da ala progressista da hierarquia da Igreja Católica, representativa na Conferência Nacional dos Bispos do Brasil (CNBB). É neste clima de despertar da sociedade civil e de combate ao projeto de institucionalização da ditadura militar que os Comitês Brasileiros de Anistia vão operar.

O Movimento Feminino pela Anistia (MFPA) surge em 1975 acumulando forças para a construção dos Comitês Brasileiros de Anistia (CBAs), que começam a se articular em 1977, entram em cena em 1978[6] e se tornam, então, a grande referência de luta contra a ditadura militar. Com os CBAs, a luta pela anistia supera o caráter insular e ganha universalidade: não é exagero afirmar que eles vão conseguir articular em torno da bandeira da Anistia Ampla, Geral e Irrestrita praticamente a totalidade de organizações, entidades e movimentos de oposição e resistência, de amplo espectro, Brasil adentro e afora. Danielle Forget (1991, p. 133) contextualiza:

> A abertura instiga a capacidade de mobilização de diferentes setores, como a Igreja, no sentido de reivindicações econômicas e sociais, os movimentos estudantis e lutas sindicais. Começam a afluir palavras de ordem na tentativa de nortear as tentativas de agrupamentos a favor do retorno à vida constitucional (volta ao "Estado de Direito" dos advogados, ou a favor de uma Assembléia Constituinte, reivindicações defendidas pelo MDB e pela Frente Nacional de Redemocratização). Mas nenhuma reivindicação recebe apoio popular comparável à campanha em prol da anistia, cuja ampla adesão das massas era mesmo inesperada. Evidentemente entraram em jogo, no caso, as aterradoras denúncias públicas de casos de sevícias cometidas pelo algozes do regime contra seus insurgentes.

Pode-se ousar dizer, então, que o movimento chega a assumir caráter de massa, ao menos na medida em que isso seria possível naquele momento. Na avaliação de Maria Hermínia Tavares de Almeida e Luiz Weis, o movimento pela anistia representa "o marco da virada, ao restituir a atividade política ao domínio público" (1998, p. 336-337). Thomas Skidmore, à sua maneira, descreve a intensa atuação dos "entusiastas da anistia":

> Esta era uma questão para a qual a oposição conseguira mobilizar considerável apoio. Os entusiastas da anistia apareciam onde quer que houvesse uma multidão. Nos campos de futebol suas bandeiras com a inscrição Anistia Ampla Geral e Irrestrita eram desfraldadas onde as câmaras de TV pudessem focalizá-las. Esposas, mães, filhas e irmãs se destacavam de modo especial

6 A data do surgimento dos CBAs pode ser estabelecida em fevereiro de 1978. O Comitê Brasileiro de Anistia do Rio de Janeiro, lançado oficialmente em 1° de fevereiro de 1978, foi o primeiro a ser criado, seguido de perto pelo Comitê Goiano de Anistia e pelo Comitê Brasileiro de Anistia-BA (abril/1978); em maio vieram os de São Paulo, Londrina e Rio Grande do Norte; em junho foi a vez de Santos, São Carlos e Brasília. A partir daí, o processo se precipita: na 1a Reunião Conjunta dos Movimentos de Anistia do Brasil (Brasília, 5 e 6 de agosto de 1978) se apresentam 14 entidades e 11 estados: os CBAs do Rio de Janeiro, de São Paulo, do Distrito Federal, da Bahia, do Mato Grosso do Sul, da Feira de Santana-BA, de Goiás, do Rio Grande do Sul (Comissão Provisória), a Sociedade Paraense de Defesa dos Direitos Humanos/núcleo Anistia e os MFPAs de SP, BA, PE, MG, RJ; no Encontro Nacional de Movimentos pela Anistia de Salvador (7 a 9 de setembro de 1978). Além desses, comparecem o Comitê Norterriograndense de Anistia, o Comitê Londrinense pela Anistia e Direitos Humanos/ Seção CBA, o Movimento Matogrossense pela Anistia e Direitos Humanos e os MFPAs de oito estados (SP, BA, MG, CE, PB, RS, SE e PE). (ENCONTRO NACIONAL DE MOVIMENTOS PELA ANISTIA, 1978).

> pelo seu ativismo, o que tornava mais difícil o descrédito do movimento por parte da linha dura militar. O Cardeal Arns chamou mais tarde a luta pela anistia "a nossa maior batalha." (2000, p. 425).

Busca-se de forma consciente e sistemática a popularização da luta pela anistia. É esse o eixo político do I Congresso Nacional pela Anistia, realizado em São Paulo nas dependências da Pontifícia Universidade Católica e do Instituto Sedes Sapientiae, de 2 a 5 de novembro de 1978. O princípio da popularização está contido no que ficou designado como "as duas faces da anistia" (CARTA..., 1978, p. 4):

- a primeira, relativa às questões vinculadas àqueles que já haviam sido atingidos pela repressão, prioridade exclusiva do movimento até o I Congresso Nacional pela Anistia;
- a segunda, nova diretriz então firmada, voltada para a defesa intransigente *dos que hoje estão lutando* (CARTA..., 1978), com ênfase no movimento operário e popular, principal alvo da ditadura nessa conjuntura de retomada das greves e dos organismos de base.

É o que reforça a Carta de Belém do Pará, aprovada na 2ª Reunião da Comissão Executiva Nacional (CEN), realizada naquela cidade nos dias 27 e 28 de janeiro de 1979:

> [...] A anistia tem dois significados fundamentais: primeiro – permitir que retornem à vida social e política todos, presos, condenados, cassados, exilados, demitidos, aposentados, enfim, perseguidos que lutaram contra o regime de arbítrio instalado no país em 1964; segundo – permitir que o povo brasileiro tenha o direito de se organizar, de se expressar, de se manifestar, sem ser vítima de violências e repressões. Todavia, diante do avanço das lutas populares – greves operárias, a luta dos camponeses pela terra, o rompimento da censura pela imprensa, o avanço do movimento contra o custo de vida, enfim toda a luta que o povo brasileiro desenvolve por melhores condições de vida e pelas liberdades políticas, o regime busca trocar de roupa. O aceno de uma anistia parcial é apenas mais uma manobra do regime para tentar se eternizar no Brasil. [...] O povo brasileiro, contudo, não se deixa mais enganar, exige ANISTIA AMPLA GERAL E IRRESTRITA. Exige o desmantelamento de todo aparelho repressivo que a tantos matou, torturou, trucidou nos últimos 15 anos. Exige a apuração das torturas, e que todos os torturadores sejam devida e legalmente responsabilizados. Exige liberdade e melhores condições de vida.

Nessa linha, há importante processo de interiorização do movimento e processo de internacionalização igualmente importante. Havia cerca de 20 mil exilados e 118 banidos (presos políticos trocados por diplomatas nos quatro sequestros que ocorreram de 1969 a 1971, expulsos do Brasil com base no AI-13) espalhados pelo mundo. Eles se organizavam em comitês de anistia para denunciar a ditadura militar brasileira e angariar o apoio das entidades de direitos humanos dos países que os acolheram. Em junho/julho de 1979, é realizado o Congresso pela Anistia e Liberdades Democráticas do Brasil, em Roma, coordenado pela Liga Internacional pelos Direitos e Libertação dos Povos (atual Fundação Lélio Basso), poderoso instrumento de pressão pela Anistia Ampla, Geral e Irrestrita, no mesmo momento em que o projeto de anistia da ditadura acabara de ser apresentado no Congresso Nacional. O protagonismo dos presos políticos é também notável: eles se organizavam nos cárceres e denunciavam para o Brasil e para o mundo as torturas sofridas e os assassinatos testemunhados nos porões da ditadura. Para isso, utilizavam-se de recursos como greves de fome, depoimentos em juízo e documentos repassados clandestinamente.

Com os CBAs, o movimento ganha também organicidade: ainda no I Congresso é criada a Comissão Executiva Nacional (CEN), que passa a unificar a agenda de lutas por todo o país e fortalece a articulação com os presos políticos e os exilados. Os encontros, congressos e campanhas passam a ter periodicidade mais do que regular, feérica.

Graças aos CBAs, a luta pela anistia ganha sobretudo visibilidade e radicalidade: eles se apresentam como o único movimento legal organizado nacionalmente cujo objetivo declarado é o enfrentamento direto da ditadura no seu arcabouço ideológico, a Doutrina de Segurança Nacional. Tornam-se o primeiro movimento de frente, na história do Brasil, a instaurar um espaço comum em torno de proposta de caráter político e estrutural caracterizada pelo confronto aberto e direto com o sistema. Esse não é encarado como eventual interlocutor a ser receptáculo de reivindicações, mas como o inimigo a ser denunciado, combatido e derrubado.

Radicalidade, visibilidade, organicidade, universalidade – a articulação desses elementos transversaliza as *dimensões fundacionais* da luta pela anistia, que podem ser assim definidas:

- o caráter instituinte consolidado no protagonismo dos movimentos organizados em torno da luta pela anistia e na sua capacidade de engendrar novos espaços de *contrapoder* a partir da ação e do discurso;

- o estabelecimento de princípios de gramática própria de direitos humanos a partir da consolidação de um discurso aberto contra o regime referenciado na luta contra o terror instituído pela ditadura militar e nos esforços mobilizados para a popularização da bandeira da Anistia Ampla, Geral e Irrestrita;

- a inauguração de movimento de memorização assumido como princípio político e programático a partir da luta pelo "direito à memória enquanto dimensão básica de cidadania" (PAOLI, 1992, p. 25-28), parte integrante do combate ao terror de Estado.

Na luta pela Anistia Ampla, Geral e Irrestrita, a iniciativa política está com a sociedade civil organizada, não com o Estado ou com a *institucionalidade* – os sujeitos ou os atores principais são os militantes das entidades de anistia, os exilados e os presos políticos. O *locus* dessa iniciativa, o lugar da *ação e do discurso* ou, melhor ainda, o lugar da história, é a esfera *instituinte* no marco da recuperação da Cidade enquanto espaço político – é esse o ponto de fuga a partir do qual essa história deve ser lida, em contraposição ao espaço *instituído* ou à esfera do *institucional*.

Para colocar a discussão na chave arendtiana da dialética "liberdade/necessidade" (ARENDT, 1900, p. 47-91; 1997, p. 97-103), podemos dizer que o "princípio inspirador" da luta pela anistia é a "liberdade pública", e o seu "ato realizador" é o combate à opressão, que se manifesta sobretudo na luta contra a repressão. Trata-se de movimento *político*, na acepção forte do termo, e é aí que se encontra a sua peculiaridade em relação aos chamados *novos movimentos sociais* ou *novos sujeitos emergentes*, com os quais procura se articular. O movimento pela anistia tem em comum com eles a novidade alvissareira do caráter *instituinte*: o esforço de todos se dirige para a construção de um espaço político, autônomo e independente, não a partir dos poderes e dos canais instituídos, mas apesar deles e, sobretudo, contra eles. O que faz a diferença do movimento pela anistia é a construção do *político* – não do *social* – como o lugar da ação. A dimensão do político é qualificada pelo investimento na construção de um espaço público de *contrapoder*, *contradiscurso* e *contramemória* a partir do enfrentamento direto à ditadura militar em período marcado pela tentativa de estabilização do regime com vistas à sua consolidação. Isso se dá no *movimento do contrapelo* como desafio à ordem estabelecida, ou, conforme já foi dito, no cruzamento e na negação do consenso imposto e no combate ao Estado de Segurança Nacional. No confronto direto com a ditadura militar, a motivação profunda do movimento pela anistia é a garantia do direito universal à *liberdade* e a criação das condições para o exercício da cidadania, portanto, a reconstrução do espaço público. Daí o seu caráter libertário e – por que não? – antitotalitário: o que está em jogo, afinal, é a própria recuperação da possibilidade da política enquanto tal.

Segundo elaboração do próprio movimento, nas *Resoluções Políticas Gerais* do I Congresso Nacional pela Anistia:

> Hoje não é possível manter expresso o exagero das penas de morte e da prisão perpétua, as cassações vitalícias, a imprensa calada. Ao regime impõe-se a necessidade de reconquistar bases de apoio e permanecer tal qual foi instaurado, e reformular-se para continuar.
>
> Assim é que estão postas as "reformas" políticas que vêm apenas perpetuar a exceção e o arbítrio, ordenadas ainda sob a orientação ideológica da Doutrina de Segurança Nacional.
>
> Os movimentos pela anistia entendem claramente que não se trata de reformar o poder judiciário, a legislação eleitoral, a LSN. Impõe-se a supressão do aparato repressivo, a desativação dos centros de tortura, oficiais, clandestinos ou militares. Impõe-se a responsabilização dos que, investidos da autoridade conferida pelo poder de polícia, têm praticado torturas e assassinatos; impõe-se acabar com a impunidade dos órgãos para-militares. (CONGRESSO NACIONAL PELA ANISTIA, 1978, p. 8).

Esse I Congresso Nacional pela Anistia é momento de demonstração de força de onde o movimento sai fortalecido, unificado, nacionalmente organizado, dotado de discurso homogêneo articulado em torno de questões consignadas sob a chancela do dissenso – na acepção de Jacques Rancière, dissenso que veio para "perturbar a ordem da polícia" (1996, p. 372) – em luta aberta contra o decantado *generoso consenso*. Para tais questões, fatalmente, o regime não teria respostas. Danielle Forget (1991, p. 134) identifica as peculiaridades do processo mencionado acima:

> Por intermédio do Movimento pela Anistia, a oposição consegue superar as divergências internas entre os diversos grupos que a compõem, concentrando-se com toda a força na conquista de um novo espaço político. As investidas do comitê vão além de um simples debate sobre o conteúdo legislativo eventual de uma anistia: seus membros investigam e denunciam as condições de vida dos presos políticos e lançam campanhas de defesa de direitos humanos baseadas nos casos de tortura.

Os trechos transcritos a seguir, extraídos da Carta do I Congresso Nacional pela Anistia e do documento aprovado no 4º Encontro Nacional dos Movimentos pela Anistia – realizado em São Paulo, em 7 de julho de 1979, logo após o envio do projeto oficial ao Congresso (27 de junho de 1979) –, ilustram de forma expressiva a análise de Forget. O primeiro sintetiza a radicalidade do perfil programático dos CBAs ao qualificar os epítetos *Ampla*, *Geral e Irrestrita*, sem os quais a *anistia* não seria digna desse nome:

> A Anistia pela qual lutamos deve ser *Ampla* – para todas as manifestações de oposição ao regime; *Geral* – para todas as vítimas da repressão; e *Irrestrita* – sem discriminações e restrições. Não aceitamos a anistia parcial e repudiamos a anistia recíproca. Exigimos o fim das torturas e do aparelho repressivo e a responsabilização judicial dos agentes da repressão e do regime a que eles servem.

O segundo revela avanço político e pioneirismo – a repressão policial generalizada contra os pobres é denunciada enquanto repressão política, contribuição significativa do então recém-criado Movimento Negro Unificado, que teve destacada participação no Congresso. O trecho mostra, assim, o movimento no sentido da popularização da luta:

> A repressão policial institucionalizada pelo regime está presente não só contra as manifestações políticas, mas também se generaliza a todos os que passam pelas suas mãos, e, particularmente, a grande parte das populações dos bairros pobres, que sofre diariamente a violência policial e termina por suportar, nas prisões, torturas e condições desumanas de tratamento. (CONGRESSO NACIONAL PELA ANISTIA, 1978).

O terceiro politiza definitivamente a questão ao qualificar a tortura, o assassinato e o *desaparecimento político* como crimes contra a humanidade, portanto, inanistiáveis:

> Os movimentos de anistia não podem aceitar o projeto de anistia discriminatória, condicionada e humilhante do governo. Não podem aceitar a exclusão daqueles que pegaram em armas contra o regime, na tentativa de estabelecer uma sociedade livre e justa, de acordo com seus ideais, e responder à violência, ao arbítrio e ao terror desencadeado especialmente após a decretação do AI-5, contra lavradores e operários, estudantes e intelectuais, parlamentares e religiosos, enfim personalidades, entidades, sindicatos e partidos representativos do povo brasileiro. [...] a ação dos que pegaram em armas não atingiu a população, isto é, não se constituiu para os mais competentes juristas em terrorismo. Terrorismo, verdadeiro crime contra a humanidade, tem sido cometido pelos agentes de órgãos de repressão militar e policial contra a população brasileira. Exemplo disso é a tortura, o assassinato e o "desaparecimento" de presos políticos. Esses são crimes que não podem ser anistiados. Desta forma, a tentativa de anistiar os torturadores, a partir da interpretação que se tem dado à redação propositalmente confusa do projeto governamental configura o outro lado do seu odiento projeto: enquanto mantém nos cárceres a maioria dos presos políticos, tenta absolver previamente os seus carrascos. [...] Projeto

> arbitrário que mantém pessoas acusadas dos mesmos atos pelos quais o governo pretende anistiar outros. Os condenados por terem apelado para a luta armada continuam presos. Os que foram processados [...] mas ainda não foram condenados, são anistiados. (ANISTIA, 1979).

Ainda segundo Danielle Forget, a partir de todos esses elementos, o movimento consegue articular um repertório propositivo sonoro, coerente e convincente, além de "altamente produtivo do ponto de vista lingüístico" (1991, p. 148-149). A bandeira da Anistia Ampla, Geral e Irrestrita contém em si dupla crítica radical, ao governo e ao regime. De fato, para reiterar algo que já se afirmou aqui mais de uma vez, essa palavra de ordem atinge o núcleo duro do sistema – a própria Doutrina de Segurança Nacional – ao exigir: responsabilização e punição do Estado e seus algozes; esclarecimento circunstanciado dos casos de tortura, mortes e desaparecimentos; fim das leis de exceção; supressão do aparelho repressivo; erradicação de todas as formas de opressão.

O grande fator complicador neste quadro diz respeito à "dimensão dialógica" (FORGET, 1991, p. 151-159), radicalmente ausente do discurso oficial e extremamente problemática para o movimento pela anistia:

- a ditadura, ao longo de 1979, empreende mudança discursiva importante ao ser obrigada a reconhecer a existência de um adversário, ainda que se recuse a nomeá-lo; dessa forma, mantém ativa a tática sistemática de desgaste e desqualificação de um projeto que é oposto ao seu, sem poder, contudo, ignorá-lo ou simular sua inexistência;
- os CBAs, por sua vez, terão que enfrentar o dilema de estabelecer mediação capaz de lidar com incursões e eventuais negociações no espaço institucional sem perda de substância crítica, evitando escorregar para o terreno do meramente reivindicatório, mantendo intacta a autonomia do movimento e, sobretudo, o seu caráter *instituinte*, a sua vocação para o dissenso e a sua dimensão eminentemente política.

Trata-se de disputa acirrada pela iniciativa política e quem larga na dianteira é o movimento pela anistia. É ele o primeiro a impor o seu referencial político e semântico, a partir do qual a ditadura vai procurar articular a sua proposta e o seu discurso – que são, portanto, reativos – e para isso ela vai ter que ganhar tempo. O discurso dos CBAs é de ofensiva, mais do que de resistência – a princípio, vai pertencer a eles a iniciativa política do processo. É essa a situação a ser enfrentada pelo general João Batista Figueiredo, em março de 1979, quando assume o governo para cumprir seu mandato de seis anos, ungido pelo general Geisel para dar sequência ao projeto de *abertura política* e consolidar o grande arsenal de instrumentos de controle e coerção herdado do período anterior.

Assim, apesar da resistência pétrea da ditadura militar, a combatividade do movimento pela anistia determina a sua inclusão definitiva na ordem do dia, o que o leva a conquistar espaço privilegiado na chamada *grande imprensa*, sobretudo a escrita. A imprensa alternativa – valorosa e valiosa aliada de primeira hora do movimento pela anistia – intensifica e potencializa ainda mais a campanha, repercutindo ao máximo o discurso e as ações do movimento. A Anistia Ampla, Geral e Irrestrita torna-se incontrastável causa nacional e seria enfrentada à altura pelo sistema. Não havendo mais como ignorar ou contornar a situação, os militares dirigem todos os seus esforços para tentar administrá-la/monitorá-la/controlá-la. Articula-se estratégia de apropriação, esvaziamento e regulação da bandeira da anistia com o intuito de enquadrá-la nos rígidos parâmetros estabelecidos pelo projeto de *normalização defeituosa* em andamento, que prevê o confinamento das discussões políticas nos domínios do aparelho de governo e, no limite, se não fosse possível evitá-lo, no esquálido e descaracterizado espaço do parlamento.

É nesse contexto que são travadas as discussões nos meios institucionais e militares. O governo busca manter o controle da situação. Vilas Boas Correia, então analista político do Estadão, escreve em sua coluna, ainda no início de 1978:

> O governo não conta apenas em abafar o impulso crescente da campanha pela anistia, mas em receber o apoio significativo de algumas centenas de cassados com a iniciativa que virá no embrulho do projeto alternativo de reformas políticas do senador Petrônio Portella de propor a revogação do artigo 185. [...] Ora, o debate em favor da anistia e que vem ganhando terreno pela própria evidência da insustentabilidade de situações, como a dos fulminados por castigos inexpiáveis, esbarra na inviabilidade evidente de uma medida inspirada na generosidade mas que perdoe a todos e agora. [...] Desde o primeiro instante ficou evidente que, para bloquear a anistia ampla e irrestrita, era preciso encontrar um canal paralelo que aliviasse a pressão, acudindo à necessidade de reparo das injustiças mais chocantes. (O ESTADO DE SÃO PAULO, 1978).

O próprio general João Batista Figueiredo, em matéria publicada logo após sua indicação como candidato oficial à sucessão do general Geisel na Presidência da República:

> Anistia é esquecimento. E não é possível esquecer os crimes dos que assaltaram bancos, assassinaram e sequestraram. Estes são crimes comuns. E não cabe a alegação de que a motivação foi política. Esses crimes, não é possível esquecer. O alegado motivo político não justifica nada. Muito ladrão rouba porque está passando fome – e no entanto paga por isto. [...] Não se deve confundir anistia com revisão. No processo de definição das reformas, é possível que se chegue à revisão das punições. Então, se poderia buscar fórmulas para verificar se realmente houve injustiça – e corrigir os casos em que a injustiça for constatada. Mas há um problema: na revisão também se pode cometer injustiça [...] (VEJA, 1978).

Ainda o general Figueiredo, a respeito do movimento pela anistia:

> [É] um prejuízo para o próprio andamento das reformas políticas nos termos em que [a anistia] vem sendo colocada. Tenta-se avançar demais, o que é um erro. (VEJA,1978).

E Delfim Neto, um dos mais articulados quadros do sistema, futuro ministro do governo Figueiredo, quando, em janeiro de 1978, lhe foi perguntado se considerava a anistia desejável:

> – Não. Em termos amplos, genéricos, absolutamente não. As punições devem ser estudadas caso a caso. É a única forma razoável e viável. Na minha opinião, a anistia ampla é impossível. (VEJA, 1978).

O senador José Sarney (Arena-MA) adverte:

> Esse assunto não pode ser tema de radicalização nem de julgamento da Revolução sob pena de não haver anistia e de não cumprir os objetivos da conciliação. [A discussão] não pode ser levada como o ponto fundamental, sob pena de comprometer todo o processo de abertura. (JORNAL DO BRASIL, 1978, p. 4).

Todas essas declarações constituem amostra representativa de um conjunto de formulações que se consolidará no processo de radicalização do embate, quando a ditadura se verá forçada a evoluir para a construção do projeto de anistia parcial. Já se explicita todo um repertório de argumentos que, repetidos à exaustão, demarcarão o discurso oficial, tais como:

"Anistia é *esquecimento*"

"Não podemos *conciliar* com o *terrorismo*"

"O processo não pode ser acompanhado de *pressões revanchistas*"

"Não podemos *conciliar* com quem não quer *conciliar*"

"Não é fácil a *posição de equilíbrio*"

"Espero que haja *desarmamento geral dos espíritos*"

"...mas, para ser *realista*..."

"O risco de *comprometer o processo de abertura*"

"*Avançar demais é um erro*"

Em negrito, estão destacadas as expressões-chave que sintetizam o conteúdo político do discurso e garantem a homogeneização do tom adotado pela retórica oficial. Elas podem ser consideradas as matrizes de um léxico próprio criado especificamente para o enfrentamento da questão da anistia. São termos dominantes na taxonomia instituída então pelo regime, no registro da ideia de controle – *concessão*, *conciliação*, *compromisso* e *consenso* – e do autoenaltecimento – *bondade*, *generosidade*, *equilíbrio*, *sobriedade*, *boa vontade*, *desprendimento*, *realismo*. De resto, trata-se da mesmíssima retórica praticada atualmente, com pouquíssimas variações, sempre que se retoma o debate sobre a necessidade de se construir uma justiça de transição que possa enfrentar o contencioso da ditadura militar, situação ainda muito longe de ser sequer equacionada.

A ojeriza da ditadura em relação à anistia manifesta-se precocemente, em sintomática medida de caráter preventivo, já na Constituição de 1969 (Emenda Constitucional n.º 1, que modifica a Constituição de 1967), cujo artigo 57 (item VI) determina que a sua proposição passaria a ser privativa do presidente da República, destituindo o Legislativo de mais uma das prerrogativas que lhe cabia tradicional, legítima e historicamente, medida que veio a descaracterizar radicalmente o próprio estatuto da *anistia* (OLIVEIRA, 1994, p. 52 e 65). O artigo 43 (item VIII) institui a sanção presidencial para a Lei de Anistia. Ainda em 1969, a Junta Militar baixou a única *desanistia* da história do país: o Decreto-lei nº 864 torna sem efeito a anistia concedida oito anos antes (Decreto-legislativo de 15 de dezembro de 1961) – que beneficiava todas as pessoas alcançadas pelos decretos de anistia posteriores a 1934 –, negando direito à reversão ao serviço, aposentadoria, inatividade remunerada, vencimentos, proventos ou salários atrasados a todos aqueles que perderam cargos, postos ou patentes, além de declarar prejudicados os processos ainda não julgados[7]. Naquele momento de extremo fechamento político, procurava-se obstar iniciativas ainda acanhadas, localizadas no âmbito do parlamento: em 1967, foram

7 Além dos militares da Junta, essa desanistia recebeu as assinaturas de Gama e Silva, Magalhães Pinto, Delfim Neto, Ivo Arzua, Mário Andreazza, Tarso Dutra, Jarbas Passarinho e Costa Cavalcanti. Cf. JUNTA Militar baixou em 69 única desanistia do país. Jornal do Brasil, Rio de Janeiro, 24 jun. 1978. 1º Caderno.

apresentados à Câmara dos Deputados três projetos de anistia, seguidos por outros dois em 1968, todos de iniciativa do MDB (KUCINSKI, 1982, p. 110). A conjuntura de então era bem diferente dessa que se abre em 1978-79: aí, como vimos, trava-se embate de proporções públicas sustentado por amplo movimento político de enfrentamento direto à ditadura militar, constituído legalmente e organizado nacionalmente.

O que está na base desse embate é a contenda Memória *vs.* Esquecimento. As duas polaridades em questão estão contidas dialeticamente e sobrepostas emblematicamente na palavra ANISTIA: *anamnesis* (reminiscência) e *amnésia* (olvido, perda total ou parcial da memória) aí se cruzam em permanente tensão. Se, de um, lado, a etimologia – do grego *amnêstia, de amnêtos 'olvidado'* – remete ao segundo termo do binômio, esta acepção pode ser ou bem confirmada, ou bem desmentida e superada pelo seu conteúdo político historicizado, trazendo à tona o primeiro termo da bipolaridade.

Colocam-se como contendoras duas concepções opostas e excludentes:

- anistia como resgate da memória e direito à verdade: reparação histórica, luta contra o esquecimento e recuperação das lembranças – *Anistia Ampla, Geral e Irrestrita / anistia-anamnese: memória instituinte;* e
- anistia como esquecimento e pacificação: *conciliação nacional, compromisso, concessão, consenso* – leia-se certeza da impunidade e, o que é pior, da inimputabilidade – *anistia parcial e recíproca / anistia-amnésia: memória instituída.*

A formulação deste enunciado é inspirada em Jean-Claude Métraux, que se refere com muita propriedade às leis de anistia como *leis de amnésia* no belo artigo *Le temps dechiré*:

> La violence subie dans le moyen ou le long terme engendre, outre une congélation des deuils liés aux pertes vécues durant cette période, une "fixation du temps". Deux tendances peuvent être observées: celle consistant a les fixer dans un passé depassé – ainsi dans la "tradition nouvellement composée" – ou à l'incruster dans un présent que nul temps n'áltère. Dans les deux cas intervient un "mecanisme protecteur", actif sous la violence, qui consiste en une séparation radicale entre la mémoire et son substrat, les faits. Ce mécanisme, malheureusement devrais-je dire, entre en résonance avec celui qui mettent en place les acteurs de la violence et qui vise à faire sombrer cette violence dans l'oubli le plus profond: *les lois d'amnistie, ou plutôt d'amnésie*, de l'Argentine et des autres pays du Cône Sud nous en montrent un piteux exemple. En resumé, le lien entre passé et présent est rompu et le futur privé de sève ne peut plus se construire, se créer. (1998, p. 105-197)[8]

8 "A violência sofrida a médio ou longo prazo engendra, além de um congelamento dos lutos ligados às perdas vividas durante este período, uma fixação do tempo. Duas tendências podem ser observadas: aquela que consiste em fixá-los em um tempo esgotado – como na 'tradição recentemente composta' – ou a incrustá-lo num presente que nenhum tempo pode alterar. Nos dois casos intervém um 'mecanismo protetor', ativo sob a violência, que consiste em uma separação radical entre a memória e seu substrato, os fatos. Este mecanismo – infelizmente, eu diria – entra em ressonância com aquele que os atores da violência acionam, e visa fazer soçobrar esta violência no esquecimento mais profundo. As leis de anistia, ou melhor, de amnésia, da Argentina e de outros países do Cone Sul, nos mostram um exemplo deplorável. Em resumo, o elo entre passado e presente é rompido e o futuro, privado de sua seiva, não pode se construir, se criar." (Tradução literal da autora)

A Lei nº 6.683, aprovada no Congresso a 22 de agosto e promulgada a 28 de agosto de 1979 – Lei de Anistia parcial (a *anistia de agosto*) – é a representação positivada da *anistia-amnésia*, logo, da estratégia do esquecimento e da produção do silenciamento. Ela reflete exemplarmente a lógica interna de sua matriz – a Doutrina de Segurança Nacional – sobretudo através de três dos seus dispositivos, expressos nos dois primeiros parágrafos do art. 1º e no art. 6º, respectivamente, todos eles voltados para o ocultamento da verdade e a interdição da memória: a pretensa e mal chamada *reciprocidade* atribuída à inclusão dos *crimes conexos*; a exclusão dos guerrilheiros, aqueles que *praticaram crime de sangue*, no jargão dos militares; e a declaração de ausência a ser concedida aos familiares dos desaparecidos políticos.

A *reciprocidade* constitui balão de ensaio que acaba por se tornar senso comum. Seus subprodutos mais importantes são a interdição da construção de uma justiça de transição no Brasil e a perpetuação da cultura da impunidade cuja essência é a garantia da inimputabilidade daqueles que perpetraram torturas, assassinatos e *desaparecimentos* durante a ditadura militar. Seu corolário é a sobrevivência com saúde da tortura: até hoje, no final da primeira década do chamado terceiro milênio, a tortura continua a ser uma das instituições mais sólidas do Brasil, juntamente com o latifúndio e a Rede Globo de Televisão. A anistia – *parcial* e *condicional* para os opositores do regime – é *total* e *prévia* para os torturadores, assassinos e agentes da repressão antes mesmo de qualquer julgamento, apesar da evidente aberração ética, histórica e jurídica aí contida. Hélio Bicudo (2001, p. 85-88)[9] desconstrói a viabilidade de uma lei que "contempla ao mesmo tempo as vítimas do poder e seus algozes":

> O entendimento da chamada lei de duas vias sedimentou-se durante os últimos anos de regime militar e nada tem a ver com o que possa se entender válido em hermenêutica jurídica. A lei em questão especifica claramente aqueles que se beneficiam de seus termos e ali não se faz menção, em nenhum momento, àqueles que, em nome do regime militar, torturaram e mataram. É certo que o diploma legal estende seus efeitos àqueles que cometeram crimes conexos: os crimes de qualquer natureza relacionados com crimes políticos ou praticados por motivação política. Não existe conexidade de crimes que atingem bens jurídicos diferentes. No caso não se pode encontrar – aliás, é justamente o contrário que acontece – equivalência de causas entre o ato daquele que afronta o sistema político prevalente e o daquele que o reprime: um quer mudanças e atua em consequência; o outro quer manter o status quo. Nos crimes conexos, um é pressuposto do outro.

9 Para essa discussão, ver também na mesma obra: DALLARI, Dalmo de Abreu. Crimes sem anistia, p. 31-34; COMPARATO, Fábio Konder. Ética política e honra militar, p. 35-38; DIAS, José Carlos. Os desaparecidos, p. 69-72.

A exclusão dos guerrilheiros reitera a cristalização do conceito-chave "inimigos internos" e a necessidade de sua eliminação. É esse o maior paradoxo da lei aprovada: os presos políticos condenados estão excluídos e aqueles que praticaram as mesmas ações, mas não tiveram processo transitado em julgado, são anistiados. É a *anistia encarcerada*, como a caracteriza o jornalista Elio Gaspari, à época colunista da revista *Veja*. Sua análise, a partir da lógica interna do sistema, tem plausibilidade:

> A astúcia do projeto está em sua capacidade de anistiar revéis e fugitivos sem abrir as celas. Anistiando-se os autores de crimes de sangue que conseguiram ficar soltos, ratifica-se uma situação concreta. Negando-se a anistia aos que estão presos, dá-se a impressão de que esses crimes não mereceram a anistia e, com isso, contentam-se militares. Esse é o caminho da astúcia e do realismo. No entanto, o fato de a providência ser realista não quer dizer que o governo tenha tomado o caminho correto. Num raciocínio difundido entre os defensores da restrição, acredita-se que a anistia não deve ser ampla porque semelhante medida é típica dos movimentos vencedores. Como os terroristas são perdedores, que se dêem por felizes se o Natal lhes trouxer o indulto. Além de um erro formal, pois a anistia típica dos vencedores é a irrestrita (que lhes devolve funções) e não a ampla (que apenas solta e esquece), essa noção de vencedor poderoso e perdedor impotente carrega um risco e, muitas vezes, uma maldição: a História. (1979, p. 130).

A declaração de ausência é tentativa de resolver assepticamente e por decreto a questão dos *desaparecidos políticos*, categoria também fabricada pelos militares, a qual designa aqueles que foram assassinados, geralmente sob tortura, e cujas mortes não foram assumidas pelo Estado. Suas famílias, no lugar do direito ancestral de enterrar os entes queridos, teriam que se contentar com a presunção de suas mortes através do recurso ao atestado de ausência se – e somente se – conseguissem provar o desaparecimento, o que configura agravante perverso, considerado absolutamente inaceitável pelos CBAs: a inversão do ônus da prova – que deveria caber ao Estado – para as vítimas. Inversão essa mantida até hoje.

Os CBAs rejeitam categoricamente a anistia parcial, pessimamente chamada *recíproca*. Ao fazê-lo, insistem na continuidade da luta pela Anistia Ampla, Geral e Irrestrita a partir de uma palavra de ordem que reflete a sua vocação *instituinte*: *"Agora é na rua, a luta continua!"*

A partir do aprofundamento do movimento de memorização baseado na evocação voluntária e sistemática da memória do *Terror* – e da luta contra ele –, o movimento busca desconstruir a usurpação metódica da história e da verdade promovidas pela ditadura. É esse o núcleo que determina a continuidade da luta cujo eixo principal é o binômio *direito à memória / exigência da verdade*. Esse eixo articula as grandes contradições contidas nesses três nós górdios da Lei de Anistia parcial: a *reciprocidade*, a questão dos mortos e desaparecidos e a tortura enquanto instituição.

A Lei nº 6.683/79 constitui, certamente, importante ponto de inflexão no movimento pela anistia: de sua aprovação adveio certo esvaziamento dos movimentos, ao mesmo tempo em que a continuidade da luta levou às máximas consequências a dialética *memória vs. esquecimento*. É nessa tensão que se enquadra tanto o processo de crescimento quanto o de esgotamento da saga dos CBAs. Este começa em 1980, no rescaldo da aprovação da anistia parcial. Não é possível, contudo, precisar data para seu término, o que é devido, de um lado, à feição eminentemente evanescente por ele assumido e, de outro, ao caráter permanente próprio do embate aí contido, o qual constitui "luta titânica ainda sem desfecho", como observa Daniel Aarão Reis Filho (1999, p. 9).

Não há como negar que, ao longo desses últimos trinta anos, a *anistia-amnésia* tem sobrepujado a *anistia-anamnese*, apesar dos avanços relativos desta – insuportavelmente lentos, muitas vezes distorcidos, mas certamente significativos. Tal situação é garantida pela *diluição da memória coletiva dos eventos da repressão* (CARDOSO, I., 1990, p. 105) praticada também pelos governos legalmente constituídos desde o fim da ditadura e reforçada pela longevidade e pelo caráter totalmente conservador da transição política – mais uma transição sem ruptura, mais uma transição *com esquecimento* – articulada pela hierarquia das Forças Armadas, o próprio núcleo de poder do regime militar. A cultura do terror, do extermínio, da impunidade, do sigilo prosperou e permanece arraigada no aparelho policial e repressivo. Junto com ela está presente, também, a cultura da criminalização do dissenso, da polêmica, da pobreza e dos movimentos sociais. Hoje, assistimos ao terrível espetáculo da reciclagem perversa da Doutrina de Segurança Nacional: se naquela época os inimigos internos eram todos e quaisquer opositores do regime, agora os inimigos internos são nada menos que aqueles 2/3 da população que vivem no limiar da linha de miséria, que devem ser monitorados, contidos e, no limite, eliminados. São eles agora – as *classes perigosas/torturáveis* de sempre –, de novo, os principais alvos da repressão policial, da violência institucional, da tortura e do extermínio.

A estratégia do esquecimento tem sido literalmente cevada nesses vinte e quatro longos anos de transição controlada. E tem sido levada ao paroxismo nestes tempos de pensamento único do modelo chamado *neoliberal*. Exemplo emblemático é a figura do sigilo eterno do Decreto-lei 4.553/2002 incorporado à

Lei 11.111/2005 que remete à questão do interdito colocado ao acesso aos arquivos da repressão. Trata-se de caso que beira à esquizofrenia política: apesar dos discursos dos Ministros da Justiça e da Secretaria Especial de Direitos Humanos – favoráveis à responsabilização dos torturadores da ditadura militar e à abertura dos arquivos –, não se toma medida concreta para a revogação da Lei 11.111/2005, flagrantemente inconstitucional, e a Advocacia Geral da União recorre sistematicamente a favor de torturadores e assassinos de presos políticos.

Esse processo de consolidação da hegemonia política da *anistia-amnésia* acaba por revelar que ao longo dessa história um tesouro está se perdendo – e aqui recorro a Hannah Arendt – "não mercê das circunstâncias históricas e da adversidade da realidade, mas por nenhuma tradição ter previsto seu aparecimento ou sua realidade, por nenhum testamento o ter legado ao futuro [...]" – ele está se perdendo pela ação do olvido, por "um lapso de memória que acometeu não apenas os herdeiros como, de certa forma, as testemunhas" (ARENDT, 1997, p. 31). Seus componentes são muito semelhantes àqueles do tesouro perdido pelo poeta René Char ao fazer a passagem de volta da memorável experiência de republicanismo radical da Resistência Francesa para a "opacidade triste de uma vida particular voltada apenas para si mesma", como foi descrito por Arendt no belo prefácio de *Entre o passado e o futuro* (1997, p. 28-32). O que está em risco nos dois casos é o próprio espírito de contestação, que pode ser identificado com a capacidade de utopia, virtude republicana que leva à criação do espaço público onde a política pode ser praticada, ou *onde a liberdade possa aparecer*.

A luta pela anistia, à sua maneira, porta todos estes atributos, que estão contidos na sua própria herança, cuja essência é a instauração do espaço de contrapoder, contramemória e contradiscurso que compõem a *anistia-anamnese*. Todos os princípios programáticos da luta pela Anistia Ampla, Geral e Irrestrita continuam valendo; os nós górdios apontados acima ainda não foram desatados. Não estão em questão, portanto, a solidez dessa herança e o alcance dessa luta, mas a transformação da vivência em experiência e de ambas em conhecimento compartilhado pela sociedade, articulação que só pode ser feita pela memória (ARENDT, 1997, p. 31-32). Em outras palavras, a herança existe, o testamento é que não foi devidamente lavrado, travando a transmissão do magnífico legado em questão.

Heloisa Amélia Greco[10]

10 Doutora em História pela Universidade Federal de Minas Gerais. Trabalha na coordenação de projetos e pesquisa do Centro de Referência Audiovisual da Fundação Municipal de Cultura de Belo Horizonte. Foi militante da luta pela anistia ampla, geral e irrestrita como membro do Comitê Brasileiro de Anistia/MG e do Movimento Feminino pela Anistia/MG. Atualmente é coordenadora do Instituto Helena Greco de Direitos Humanos e Cidadania de Belo Horizonte.

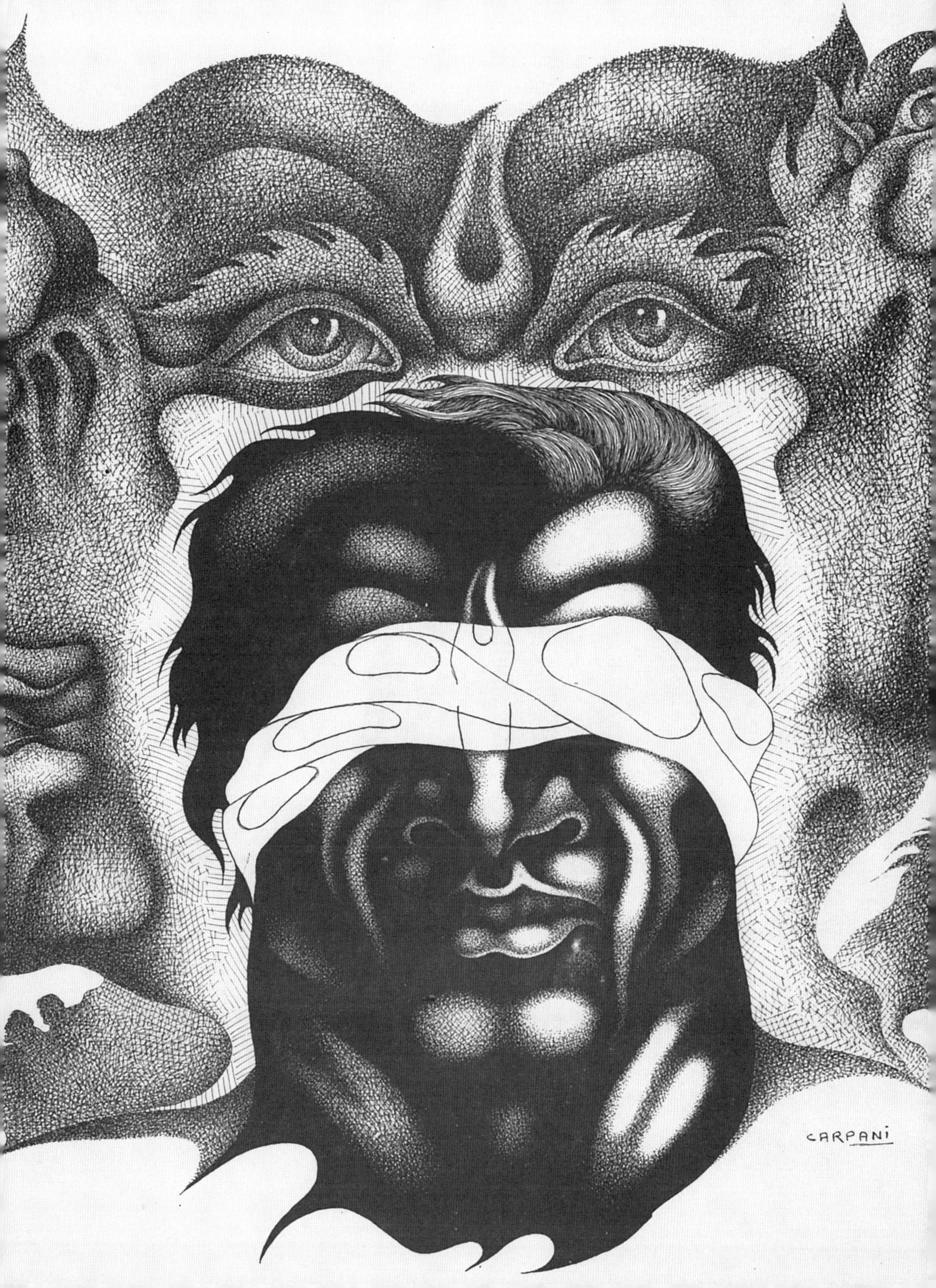
CARPANI

AMERICA LATINA

Por la vida y la libertad
Juicio y castigo a los culpables

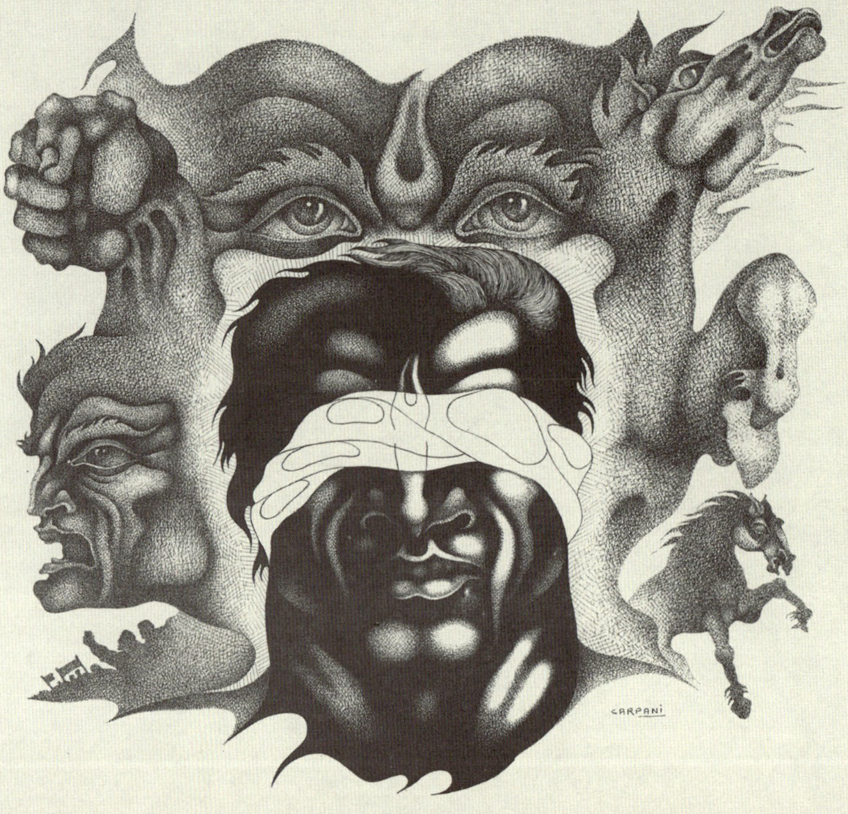

FEDEFAM - 5º CONGRESO

Buenos Aires - 12 - 19 de Noviembre de 1984

FEDERACION LATINOAMERICANA DE ASOCIACIONES DE FAMILIARES DE DETENIDOS-DESAPARECIDOS

Por informes y/o adhesiones (01) 46-4709 (01) 45-5646 y (01) 37-0377

14. Operação Condor: conspiração contra a sociedade do conhecimento

Para compreender o que é a Operação Condor é preciso determinar, em primeiro lugar, o contexto histórico internacional – refiro-me ao enfrentamento entre os Estados Unidos e a União Soviética conhecido universalmente como Guerra Fria. Na América Latina ficou conhecida pela Doutrina de Segurança Nacional, seu suporte ideológico.

Franck Gaudichaud, estudioso do tema, fez uma interpretação interessante do contexto histórico. Nesse período dos anos 50, 60 e 70 teve lugar uma intensa mobilização e politização social; um forte incremento de partidos e de organizações revolucionárias; a classe trabalhadora vislumbrou a possibilidade de definir e decidir um projeto de país solidário; a atmosfera de revolução centro-americana; a ascensão ao poder de governos nacionalistas que proclamaram a ruptura com o capitalismo. Por exemplo: Jacobo Arbenz, na Guatemala; Paz Estensoro, na Bolívia; Perón, na Argentina; Castro, em Cuba; João Goulart, no Brasil. No Paraguai, o presumido herdeiro político do presidente Chávez, Dr. Roberto L. Petit, propõe a reforma agrária. O processo latino-americano se aprofunda com a subida ao poder do governo democrático de Salvador Allende e também com o triunfo da Revolução Sandinista na Nicarágua. Além disso, cabe assinalar que corriam como rastilho de pólvora na América Latina a teoria econômica da dependência, a teologia da libertação e a educação libertadora de Paulo Freire.

A enérgica intervenção militar norte-americana teve como consequências o retrocesso do movimento operário; a imposição de uma era de *terrorismo de Estado*; a destruição dos espaços de participação democrática; a destruição física de militantes e líderes dos movimentos revolucionários; o controle da sociedade civil e a desarticulação da sociedade política; e relações privilegiadas com o setor empresarial multinacional, que culmina com o estabelecimento do modelo econômico neoliberal, selvagem e criminoso.

Henry Kissinger, secretário de Estado norte-americano, foi o mentor/criador da Operação Condor e Pinochet, seu capataz que pôs em prática esse pacto criminoso. Este contou, por sua vez, com o apoio de todas as forças militares da região: no Brasil, João Baptista Figueiredo; na Argentina, Jorge Videla; no Paraguai, Alfredo Stroessner; na Bolívia, Hugo Banzer; no Uruguai, Gregorio Alvarez.

Segundo Patricia McSherry, da Long Island University, estudiosa da Operação Condor, "vários documentos recentemente desclassificados pelo Departamento de Estado demonstram que oficiais militares da inteligência dos Estados Unidos consideraram a Operação Condor uma Organização *contraterrorista legítima.*"

Arquivos secretos da polícia política paraguaia

Em 22 de dezembro de 1992, com apoio judicial, descobri o *arquivo secreto da polícia política* do ex-ditador Alfredo Stroessner, que continha documentos desde o ano de 1929: perseguição aos anarquistas, socialistas, comunistas e subversivos. Encontram-se nesse arquivo documentos sobre a perseguição política no Paraguai, a conexão nazista, a Operação Condor e o tráfico de armas. A descoberta dos arquivos paraguaios foi fundamental. Em 1975, os serviços de inteligência do Cone Sul sistematizaram a cooperação informal mantida por esses países.

Nesses artigos há uma carta do general Contreras, da DINA (Direção Nacional de Inteligência), dirigida ao paraguaio Guanes Serrano, denominando de Primeiro Encontro de Trabalho da Inteligência Nacional o nascimento do Condor. Contreras propunha que as instalações da DINA fossem o quartel-general centralizador das operações.

Assunção, 1978. É realizado o Segundo Encontro Bilateral de Inteligência, ao qual compareceram militares argentinos, paraguaios, bolivianos, uruguaios, brasileiros e chilenos. Foi ratificado o funcionamento da Operação, definida em três fases:

1. Intercâmbio de informações sobre o inimigo;

2. Investigação do objetivo;

3. Detenção (sequestro) e traslado do objetivo ao seu lugar de origem.

Entreguei ao juiz espanhol Garzón vários documentos do Arquivo do Terror, com os quais "juntam-se mais provas contra Pinochet", e que permitiu em grande medida a detenção do ex-ditador chileno em Londres durante 18 meses.

Segundo o Arquivo do Terror do Paraguai, cada país sul-americano tinha seu próprio arquivo da repressão, mas o de Assunção era o mais eficiente, porque era o país de maior estabilidade política da região.

A Reunião da Inteligência em Santiago do Chile

Na reunião da Inteligência realizada em Santiago do Chile para a constituição da Operação Condor, entre 25 de novembro e 1º de dezembro de 1975, Manuel Contreras, representando Pinochet, propôs aos participantes do evento, entre outras coisas, estabelecer um "Arquivo centralizado dos antecedentes de pessoas, organizações e outras atividades direta ou indiretamente ligadas à subversão". Em linhas gerais, disse ele, algo similar ao que a Interpol tem em Paris, porém dedicado à subversão. Naquela oportunidade foi estabelecida a transmissão de comunicação por telex, o que hoje nos propicia compreender a enorme quantidade de telex nos arquivos secretos da polícia política da ditadura paraguaia.

Na mesma ocasião foi também aprovado que os adidos Condor das Embaixadas desfrutariam de imunidade diplomática para o sucesso de sua gestão[1]. Além disso, foi acordado como método de trabalho:

- o desaparecimento dos oponentes ao regime;
- a tortura sistemática;
- a entronização ou controle e manipulação dos meios de comunicação;
- o exílio forçado de grupos sociais e políticos.

O enviado da DINA chegou a Assunção em 2 de novembro de 1975 e reuniu-se imediatamente com o embaixador chileno e o adido militar. Cabe destacar que a sede da representação diplomática chilena funcionava no imóvel/propriedade privada do ex-chefe da repressão política paraguaia, Pastor Coronel.

Segundo as pesquisas de John Dinges, renomado professor universitário norte-americano, compareceram à Reunião da Inteligência em Santiago do Chile: o capitão da Marinha, Jorge Casas, representando a Argentina; o major Carlos Mena, da Bolívia; o general Manuel Contreras, do Chile; o coronel José A. Fons, do Uruguai; e o general Benito Guanes Serrano, do Paraguai. O Brasil se integrou ao grupo um ano depois, mas se negou a participar das ações criminosas fora da América Latina.

Minha experiência pessoal com os adidos militares

Fui sequestrado pela polícia política em 26 de novembro de 1974 e levado diretamente a um *tribunal* integrado pelos adidos militares da Argentina, do Brasil, do Chile, da Bolívia e do Uruguai, evidentemente com a presença do general Alejandro Fretes Dávalos, Condor 1, e do general Benito Guanes

1 Arquivo do Terror, Assunção, Documento nº 0002F0155/0164.

Serrano, Condor 2 do Paraguai. O coronel da Força Aérea do Chile, Jorge Oteiza López, queria conhecer meus contatos com os subversivos da Universidad del Norte, em Arica, onde estudei Sociologia da Educação. O chefe de polícia de Córdoba, Argentina, comissário Héctor García Rey, queria saber dos meus contatos com os subversivos da Universidad de la Plata, onde realizei meu doutorado em Ciências da Educação. O ano era 1974.

Como diretor do Instituto Juan Bautista Alberdi, aplicamos as ideias da educação libertadora de Paulo Freire e concretizamos a democracia na aula (1965-1972). Como presidente da Associação de Educadores de San Lorenzo, criamos a Cooperativa de Consumo, Poupança e Crédito. Finalmente, construímos, sob o sistema de Ajuda Mútua, a Casa do Mestre (*Villa del Maestro*) e proclamamos *por um teto próprio a cada educador paraguaio*.

Todas essas experiências solidárias foram analisadas pelo tribunal militar Condor, e meu delito foi classificado como *terrorismo intelectual*.

Minha esposa, a educadora Celestina Pérez, morreu em consequência da tortura psicológica a que foi submetida pela polícia política de Pastor Coronel. Fizeram-na escutar por telefone meus gemidos e gritos e, no décimo dia, à meia-noite, chamaram-na para comunicar minha morte e dizer que "fosse retirar meu cadáver". A notícia produziu nela um profundo impacto e ela sofreu um infarto. Morreu de dor em 5 de dezembro de 1974.

Consegui recuperar minha liberdade provisória após 30 dias de greve de fome em setembro de 1977, graças às enérgicas gestões do Comitê de Igrejas e da Anistia Internacional. Mais tarde, o governo do Panamá me concedeu asilo político e também me apoiou para conseguir um posto na Unesco, em Paris, como consultor para a América Latina (1978-1992).

Operação Condor. A conspiração contra a sociedade do conhecimento

Minha experiência pessoal com a Operação Condor no âmbito universitário teve lugar em abril de 1972, na Universidad Nacional de La Plata, onde fiz meus estudos de doutorado em Ciências da Educação, na qualidade de bolsista do governo argentino.

Muito casualmente, encontrei-me na referida Universidade com o adido militar da Argentina no Paraguai, coronel Juan Carlos Moreno. Eu o conhecia porque fui diretor do Instituto Juan Bautista Alberdi, do Paraguai, que mantinha uma relação estreita com essa representação diplomática em Assunção. Ele me disse que havia se reformado como militar e nesse momento estava ocupando o cargo de assessor técnico do reitor, Dr. Guillermo Gallo, também ex-militar.

Trinta anos depois, fiquei sabendo que a tarefa específica do coronel da inteligência Juan Carlos Moreno na Universidad de La Plata era a preparação da lista dos subversivos, estudantes e professores, que posteriormente foram presos, torturados, desaparecidos e exilados.

Nessa ocasião, também tomei conhecimento de que o Dr. Guillermo Gallo, ex-militar, foi ao Rio de Janeiro, na década de 1970, onde entrou em contato com as autoridades universitárias brasileiras, oferecendo sua experiência para limpar os comunistas dos centros de estudos universitários. Essa é a prova cabal de que a nossa ignorância de ontem e de hoje foi sabiamente planejada em Washington através de sua Secretaria de Estado, do Banco Mundial, do Fundo Monetário Internacional e do Banco Interamericano de Desenvolvimento.

Depois de 15 anos de paciente investigação em Paris, onde fui um educador desterrado a serviço da Unesco, como consultor para a América Latina, em 22 de dezembro de 1992, em Assunção, coube-me a honra de abrir as portas do passado com o apoio de um jovem e valente juiz penal, José Agustín Fernández, o que nos propiciou ter acesso a essa história contada pelos próprios repressores com a frieza do esquema nazista. Refiro-me à descoberta do *arquivo secreto da polícia política* da ditadura paraguaia, também chamada pela imprensa de "arquivo da Operação Condor".

Hoje, presumo que foi o coronel Moreno que enviou ao dirigente ditatorial do meu país, Alfredo Stroessner, um exemplar da tese que defendi na Universidad de La Plata (*Paraguay*: *Educación y Dependencia*, 1979), na qual afirmava que no Paraguai "[...] a educação só beneficia a classe dominante. Está a serviço do subdesenvolvimento e da dependência." Minha tese foi inspirada fundamentalmente na concepção da educação libertadora do notável educador brasileiro Paulo Freire. Um tribunal militar integrado pelos adidos militares da Argentina, da Bolívia, do Chile, do Uruguai e militares paraguaios torturou-me selvagemente durante 30 dias. Meu delito foi classificado por esses egressos da Escuela de las Américas, Zona del Canal de Panamá, como *terrorismo intelectual*, o que me valeu 3 anos de cárcere, o assassinato de minha esposa, o confisco de meus bens e quase 15 anos de exílio na Europa. Meus sonhos de pregar nas escolas paraguaias a educação libertadora foram transformados em pesadelos.

No campo de concentração de Emboscada, a ditadura colocou juntos anarquistas, socialistas, liberais, colorados, febreristas, independentes, maoístas, trotskistas, ateus, seguidores da Bíblia, comunistas e ligas agrárias cristãs camponesas simpatizantes da teologia da libertação. Ali, todos os 400 prisioneiros nos contaminamos ideologicamente e o resultado foi o lançamento no "mercado" de

400 mulheres e homens com uma alta consciência revolucionária para avançar rumo ao socialismo. Que ironia do destino, não é mesmo?

Por esse motivo, dou todo o meu apoio aos professores e alunos do curso de Ciências da Comunicação da Universidad de La Plata, que estão levando adiante no âmbito universitário esse trabalho tão importante de investigação sobre o tema "Condor: conspiração contra a sociedade do conhecimento". Creio que também a Universidade do Rio de Janeiro (UERJ) deveria somar seus esforços para esclarecer as violações aos direitos humanos cometidas nas universidades brasileiras, pois *temos de conhecer a verdade para que a justiça possa atuar*, porque milhares de famílias foram destruídas pela Operação Condor e ainda não puderam elaborar seu luto.

Os gizes brancos de nossas salas de aula foram ensanguentados pelos militares da região a serviço de uma potência estrangeira (Estados Unidos) – uma traição à pátria, segundo a Constituição e as leis.

Cabe destacar que o total trágico da Operação Condor na América Latina foi de mais de 100 mil vítimas inocentes, em sua maioria líderes operários, estudantes, professores, pesquisadores, artistas, jornalistas, médicos, advogados, intelectuais – isto é, a *classe pensante da América Latina*. O delito desses supostos subversivos foi ter portado seus lápis como armas, querendo desenhar um país justo, sem exclusões e solidário – ou seja, *revolucionário*.

Atilio Boron, em seu prólogo à *Nova hegemonia mundial* (2004), disse textualmente:

> Nos momentos em que as ditaduras pareciam prestes a acabar com as ciências sociais nesta região, quando esses regimes perseguiam ou assassinavam nossos cientistas sociais, um departamento especializado da Agência Sueca de desenvolvimento internacional (ASD) – nos referiremos à SAREC – cumpriu um papel essencial, e não somente para salvar as vidas de nossos colegas.

Basta recordar a estimativa de que, nos anos 70, mais de 2 mil cientistas sociais tiveram de sair à força de seus países.

Segue-se o plano de trabalho proposto pela Universidad Nacional de La Plata.

O projeto de investigação que o CICEOP – Centro de Investigación em Estudios de Opinión Publica de la Facultad de Periodismo y Comunicación Social de la Universidad Nacional de La Plata – realiza vai demonstrar que a última ditadura militar argentina (1976-1983), ao intervir nas universidades de todo o

"vivos se los llevaron
vivos los queremos"
Semana Internacional por los Detenidos Desaparecidos
9 al 15 de mayo 1983
AGRUPACION DE FAMILIARES DE DETENIDOS DESAPARECIDOS - CHILE
¡son muchos más...!

país, instalou uma *conspiração contra a sociedade do conhecimento* por meio de perseguição ideológica, com o consequente desaparecimento de intelectuais, artistas, estudantes e, em particular, da classe dirigente sindical.

As universidades brasileiras não ficaram alheias a um regime militar que tinha por objetivo implementar uma perseguição física e ideológica em todos os estratos sociais: políticos, gremiais, industriais, religiosos; toda a sociedade foi submetida a um governo que implementou o terror como forma de submissão.

Mas o processo de reorganização nacional encarnado pelas Forças Armadas argentinas era parte de uma trama perversa que tinha os mesmos objetivos e as mesmas formas e fins em vários países do Cone Sul.

O que se comprovou como sendo a Operação Condor – a vinculação entre civis e militares de nossos países que tinha como meta aniquilar por desaparecimento físico ou fazer calar vastos setores de nossas sociedades, para instalar *manus militaris* o modelo neoliberal, ou seja, a privatização selvagem – teve seu correlato nas Universidades Nacionais. O novo paradigma está fundamentado na ideia de um *mercado total* e introduz a *total insegurança social*. O ruído de sabres permitiu brotar como fungos Colégios e Universidades privadas que formaram a nova classe dirigente do neoliberalismo.

Através de fichas e papéis encontrados na Faculdade de Jornalismo e Comunicação da Universidad Nacional de La Plata foi demonstrado que eram objetivo de aniquilamento e desaparecimento não apenas os estudantes argentinos, mas também os de outras nacionalidades que estavam estudando nessa universidade.

Além dos estudantes argentinos, também paraguaios, peruanos, colombianos, equatorianos e bolivianos aparecem citados nas listas encontradas por essa equipe de investigação; listas em que constam os nomes de estudantes e docentes expulsos, suspensos e investigados por se encontrarem fora da concepção ideológica da Operação Condor nas universidades.

Os documentos mencionam 35 alunos de universidades nacionais que foram punidos e hoje se encontram desaparecidos. Desse modo, as mais de 700 fichas dão mostra cabal da ação militar de nossos países nas universidades do Cone Sul.

A militarização das universidades teve como consequência direta a imposição de um cenário perverso, no qual os interventores militares ocuparam o lugar do "saber dizer", do "saber pensar" e de "modelos a serem imitados para erradicar os elementos dissidentes que perturbaram a ordem".

Assim se expressa a ditadura militar argentina em seu *Comunicado nº 2*: "Comunicamos a toda a população que todas as fontes de produção e locais de trabalho, estatais e privados, a partir desta data serão consideradas objetivos de *interesse militar*. Buenos Aires, 25 de março de 1976." (ARGENTINA, 1976a).

O Comunicado nº 19 diz :

> Comunicamos à população que a junta de generais determinou que seja reprimido com a pena de reclusão por tempo indeterminado aquele que, por qualquer meio, difundir ou propagar comunicados ou imagens provenientes ou atribuídas a associações ilícitas ou pessoas ou grupos notoriamente dedicados a atividades subversivas ou ao terrorismo. Será punido com reclusão de até dez anos aquele que por qualquer meio difundir, divulgar ou propagar notícias, comunicados ou imagens com o propósito de perturbar, prejudicar ou desprestigiar as atividades das Forças Armadas, de segurança ou policiais. Buenos Aires, 24 de março de 1976. (ARGENTINA, 1976b).

Lei nº 21.261:

> Fica temporariamente suspenso em todo o território nacional o direito de greve, assim como qualquer outra medida de força, paralisação, interrupção ou diminuição do trabalho ou seu desempenho em condições que de algum modo possam afetar a produção, tanto por parte dos trabalhadores como de empresários e de suas respectivas associações ou organizações. Buenos Aires, 24 de março de 1976. (ARGENTINA, 1976c).

Lei nº 21.264, Art. 2º:

> Aquele que se manifestar de qualquer forma contra os meios de transporte, de comunicação, usinas, instalações de gás ou água corrente, ou outros serviços públicos, será punido com *reclusão por tempo indeterminado ou morte*. Buenos Aires, 14 de março de 1976. (ARGENTINA, 1976d).

Lei nº 21.276. Art. 7º:

> Fica proibida, no espaço das universidades, toda atividade que assuma formas de doutrinamento, propaganda, proselitismo ou agitação de caráter político ou gremial, docente, estudantil ou não docente. Buenos Aires, 29 de março de 1976. (ARGENTINA, 1976e).

A Dra. Sandra Carli, em um interessante artigo intitulado "Rupturas y continuidades", publicado pelo Instituto Espacio de la Memoria, *Diario Del 24 de marzo*, diz o seguinte:

> A ditadura militar significou no campo da educação um corte dramático: o desaparecimento de muitos professores, mestres e estudantes de diferentes níveis do sistema educativo foi associado a uma política de repressão e censura, que alguns autores chamaram de *um golpe aos livros*. Desde a escola primária até a universidade, desde o jardim-de-infância até os centros culturais e bibliotecas, todos foram afetados pela Ditadura Militar, enquanto se instalava uma política de controle e disciplina das instituições sob a hipótese de que todas elas eram potencialmente espaços da "subversão apátrida".
>
> De uma perspectiva histórica mais ampla, a ditadura implicou um corte nos processos de transmissão intergeracional da cultura, provocado pelo desaparecimento e o exílio de muitos professores e também pelos comportamentos de *autocensura* que levaram muitos a se tornarem "outros" nas mesmas instituições. De uma cultura que no início dos anos 70 tinha vitalidade significativa, discurso crítico, projeto político, inquietação intelectual e renovação pedagógica ao obscurantismo da segunda metade dessa década houve apenas um passo, no qual identificamos retrospectivamente muitos dos que transitamos pela escola secundária durante essa época.
>
> A ditadura deteve a modernização, a renovação e o desenvolvimento institucional das universidades públicas, déficit que o ciclo democrático não conseguiu ainda saldar – a distância que vai se configurando entre o setor público e o setor privado.
>
> No sistema universitário que sobreviveu a esse corte produzido em 1976, e que as políticas públicas deverão resolver, continua sendo mantida a crença no valor e na justiça de uma educação pública de qualidade para todos.
>
> Minha própria experiência evoca algumas imagens: o clima rarefeito e silenciado da escola secundária, as passeatas contra a ditadura militar dos anos 80 na Universidad de Buenos Aires, o tédio da formação universitária antes do retorno à democracia. Todas as trajetórias educativas na Argentina têm vestígios da ditadura militar, pois de diferentes maneiras foram destruídos, impossibilitados ou obstruídos itinerários plurais de ensino, aprendizagem e vinculação com o conhecimento (Buenos Aires, março de 2007).

Também Ricardo Piedro, em seu artigo intitulado "Los grupos economicos financiaron el genocídio", declara que

> Dos trinta mil desaparecidos, 68% eram trabalhadores. Foram expulsos de seus locais de trabalho acusados de serem elementos subversivos. O sequestro e o assassinato dos melhores filhos da classe trabalhadora impuseram o terror em suas famílias. Da Central dos Trabalhadores Argentinos (CTA)

> denunciamos o plano concebido pelos grandes grupos econômicos e pelas forças armadas para implementar o *terrorismo de Estado* e o genocídio, que teve como objetivo disciplinar socialmente a classe trabalhadora e impor o neoliberalismo como modelo econômico e social. Esses grupos econômicos financiaram e apoiaram de diversas maneiras o genocídio e o terror como forma de governo: Ford, Mercedes Benz, Ingenio Azucarero Ledesma, Astillero Astarsa, e Metrina, Acindar ou Siderca, entre outros, são exemplos concretos da cumplicidade que pretendeu desarticular e destruir todas as formas de organização social e solidária. (PIEDRO, 2007).

Invasão da biblioteca da Universidade Católica do Paraguai

O comissário Victorino Oviedo, treinado nos cursos da alta inteligência da Argentina; Angel Mario Ali, advogado; e o escrivão Juan José Benítez, funcionários da polícia política a cargo de Pastor Coronel, assumiram perante o reitor do Seminário, Jorge Adolfo Livieres, o encargo de inventariar e confiscar os perigosos livros de inspiração marxista existentes na Biblioteca Católica. Isso aconteceu em 7 de abril de 1976. Para tanto, o escrivão repressor lavrou a ata correspondente. A partir de 22 de dezembro de 1992, os livros foram parar no Arquivo do Terror (Documentos 00132 F, 2053 e 2054).

No documento 00022F 0365 consta também que o escrivão Benítez Rickmann foi "informante":

> Encarrego o comissário Antonio Taboado de verificar as informações proporcionadas pelo escrivão Juan José Benítez Rickmann sobre os antecedentes do cidadão Emilio Antonio Moram, funcionário da Intendência Geral do Exército.
>
> O comissário Taboada, no referido dia (12 de dezembro de 1974) entrevistou o comissário Raymundi (torturador conhecido por sua violência), que confirmou os antecedentes do Senhor Moran.

Finalmente, cabe destacar que escrivão Benítez Rickmann é egresso da *XIII Promocion del Colegio Nacional de Guerra*, a cargo do capitão da marinha Aníbal B. Zarza, e se especializou em psicopolítica (Documento 00185 F 0596). Durante a ditadura, o escrivão Benítez Rickmann foi promovido ao cargo de porta-voz oficial do governo.

Hoje, na democracia, os três repressores (Oviedo, Ali e Benítez Rickmann), que nos negaram o direito à vida e à liberdade, andam soltos pelas ruas como se nada houvesse acontecido, na mais absoluta impunidade, e a impunidade é incompatível com a democracia.

O avanço cultural norte-americano começou, no Paraguai, quando os Estados Unidos enviaram um especialista em Educação, Ralph Burn, para criar a Cidade Universitária de San Lorenzo. Isso aconteceu em 20 de junho de 1959. Em seu relatório final chama a atenção a declaração de que "[...] os estudantes universitários paraguaios têm uma inclinação muito grande a introduzir política nos assuntos da Universidade."

Posteriormente, a Universidade Nacional de Assunção firmou um acordo com a Usaid Paraguay e a Universidade do Estado do Novo México (NMSU) com o objetivo de criar um programa de venda e locação de livros didáticos. Isso implicava que a juventude estudiosa paraguaia só podia ler livros de autores norte-americanos, ou de autores nacionais ou latino-americanos pró-ianques (ALMADA, 1979).

A propósito da *Operação Condor como uma conspiração contra a sociedade do conhecimento*, destaca-se que os objetivos da Equipe de Investigação da Universidade são os seguintes:

- Investigar nome e sobrenome de civis e militares que, nas unidades nacionais, implementaram a política de perseguição física e ideológica;
- Analisar os vínculos existentes entre as Forças Armadas que realizaram a Operação Condor Universitária;
- Realizar uma investigação a partir da análise crítica do discurso para revelar a perversa trama que está por trás dos documentos encontrados;
- Realizar novas buscas de documentos dessa época em arquivos universitários de faculdades e universidades nacionais;
- Estabelecer vínculos com universidades e países do Cone Sul para replicar essa investigação;
- Estabelecer vínculos com países, organizações e personalidades que investigam e defendem os povos dos delitos de lesa humanidade.

A França e os Estados Unidos foram os grandes difusores do *terrorismo de Estado* na América Latina. Organizaram centros, particularmente os Estados Unidos, para ensinar métodos de tortura. Enviaram assessores e instrutores. Difundiram uma quantidade extraordinária de material bibliográfico. Com referência a isso, encontramos no Arquivo do Terror um documento norte-americano intitulado *Como manter vivos os torturados*, documento que depois desapareceu misteriosamente...

Como antecedente do *terrorismo de Estado* na América, temos a mensagem do presidente Johnson ao Congresso, em 1963, que diz, entre outras coisas: "Nosso principal objetivo na América Latina é ajudar, onde for necessário, o contínuo desenvolvimento das forças militares e paramilitares capazes de proporcionar, junto com a polícia e outras forças de segurança, a necessária segurança interna."

Pinochet, com sua Operação Condor, na década de 1970, globalizou o *terrorismo de Estado*, e hoje, com a globalização da justiça, o general chileno foi processado por *crimes de lesa humanidade* na Espanha, Suíça, França, Itália, Alemanha, Argentina e em seu próprio país, o Chile, onde todos os juízes, sem exceção, não tiveram a coragem de ordenar a prisão e condução ao cárcere do genocida Pinochet. Na democracia, a justiça chilena é complacente com os ladrões e verdugos, e implacável com os sonhadores... e Pinochet morreu impune, levando para o inferno milhões de dólares em bens indevidamente apropriados.

O Condor nos quartéis brasileiros

Partimos da premissa de que o *poder militar* não existe para definir uma nação. O poder militar existe simplesmente para defender a Nação. Sua missão essencial é a de custodiar a integridade territorial e defender as autoridades legitimamente constituídas.

Na década de 1970, houve uma intervenção abusiva e ilegal do setor militar na gerência política e na gerência repressiva, como guarda pretoriana. Veja esse exemplo encontrado no Arquivo do Terror do Paraguai: em 5 de agosto de 1969 (Documento nº 484*)*, o chefe do II Departamento do Estado Maior do Brasil pede ao ditador Stroessner informações sobre cidadãos civis e militares brasileiros no período pré-Condor. Pede informações sobre *Carlos Lamarca*, capitão do exército brasileiro, nascido no estado da Guanabara, em 27 de outubro de 1937, filho de Antonio Lamarca e Gertrudes da Conceição Lamarca. Pede também os antecedentes do soldado brasileiro *Carlos Roberto Zanirato*, do cabo *José Mariane Ferreira Alves*, do 2º sargento *Jorge Rodrigues* e de *Deracilia de Almeida Rodrigues* etc.

Segundo a jornalista argentina Eleonora Gosman, em setembro de 1996, as Forças Armadas brasileiras não conseguem digerir a indenização paga pelo Estado aos familiares do capitão Carlos Lamarca, militar que teve a coragem de liderar um movimento de guerrilha urbana entre 1969 e 1971. Segundo a mesma jornalista,

> [...] o caso de Lamarca, assassinado em 1971 no interior do estado da Bahia, produziu reações muito opostas. Os generais do Brasil sempre o consideraram um *traidor e inimigo* da *Pátria, por ter desertado do seu regimento, com armas e munições, para passar às fileiras da Aliança Popular Revolucionária*,

uma organização armada da época – "um péssimo exemplo". *O exército jamais reconheceu que suas forças executaram Lamarca a sangue frio, mas um laudo judicial demonstrou o contrário. O líder guerrilheiro foi assassinado por um grupo de militares sob o comando do general Milton Cerqueira. Este alto oficial é hoje Secretário de Segurança Pública do Rio de Janeiro* [A jornalista argentina refere-se ao mês de setembro de 1996].

No ano de 1995, correu a notícia em Assunção, Paraguai, de uma Lei de Anistia promulgada em 1979, ainda durante o regime militar *brasileiro*, que "[...] exclui qualquer investigação para a atribuição de responsabilidades pelos desaparecidos."

Compartilho plenamente o critério do Prêmio Nobel da Paz, Adolfo Pérez Esquivel, quando afirma: "[...] anistia é uma coisa, investigação é outra." Temos de conhecer toda a *verdade para que haja justiça. Uma anistia não invalida o direito que os familiares têm de uma investigação.*

O Poder Judiciário tem de ser o defensor da Constituição. Neste século XXI, o poder real já não pode estar nos quartéis, mas nas urnas, na Constituição e nas instituições republicanas e democráticas.

Em prol da saúde da democracia da América Latina, não podemos nos concentrar na denúncia dos horrores cometidos pelas ditaduras militares, mas sim nos exemplos de toda a vida desses lutadores sociais pela libertação e contra a dependência.

Finalmente, não podemos abrir as portas do futuro sem abrir o passado, sem vinganças e sem impunidade.

Dr. Martin Almada[2]

2 Paraguaio, ganhador do Prêmio Nobel Alternativo de 2002. Vítima da Operação Condor e descobridor de seus arquivos secretos.

Pela ANISTIA no
URUGUAI

Pela ANISTIA no
URUGUAI
26 de novembro · 19,30 hs. Sind. Jornalistas R. Rego Freitas 530
Pró-Cut SP · Pró-Cut Nacional · Intersindicais de RJ e RS

15. O Brasil inspirou a Operação Condor

No Brasil, a grande novidade trazida com o golpe militar de 1964 foi o advento, de plena vigência em nosso país, da "Doutrina da Segurança Nacional", inaugurando, assim, uma longa e trágica noite de repressão, tortura, exílio, mortes e desaparições: os chamados "Anos de Chumbo".

Ingenuamente imaginávamos que estaríamos em frente a mais um dos tantos golpes que, de quando em quando, assolavam nossa América Latina.

Que grande engano!

E seria mais ainda, pois, buscando a hegemonia na América do Sul, o Brasil também exportou a "Doutrina" e suas práticas para toda a região, especialmente para os países do Cone Sul, passando a atuar fortemente na formação de "agentes de inteligência", ou seja, repressores, pois segundo essa doutrina "Todo o gesto humano é um gesto de guerra. A favor ou contra [...]" (COMBLAIN, 1978) e, sem saber, entramos em uma guerra, chamada depois de "guerra suja". Convém recordar que já em 1959, na Escola Superior de Guerra (ESG), iniciou-se um curso sobre essa "especialidade", tendo funcionado somente por um ano.

O reinício dos referidos cursos de formação de repressores e "arapongas" dá-se em 1965, um ano depois do golpe, funcionando nesses moldes até 1973, quando foi criada a Escola Nacional de Informações (EsNI), que recebeu a incumbência de formar os novos quadros das "forças de segurança".

Na nova escola eram ministradas aos alunos, além das disciplinas próprias da atividade de espionagem, aulas de línguas estrangeiras, ideologias políticas, História etc. Entre vários e distinguidos alunos, podemos nomear Osvaldo Enrique Romo Mena, reconhecido torturador e um dos dirigentes da *Dirección de Inteligencia Nacional* (DINA) chilena. É sempre importante lembrar que agentes brasileiros não só ajudaram a organizar a DINA, como também atuaram em conjunto com seus agentes em vários e tristes episódios.

Além disso, nossos "especialistas" promoviam constantemente "conferências bilaterais" e intercâmbio de materiais produzidos em nossos "aparelhos de repressão", que foram muito utilizados por seus similares em todo o Cone Sul de nossa América. Exemplo: o "Dicionário de Termos e Expressões, Nomes e Siglas utilizados pelos Subversivos Terroristas", elaborado pelo delegado de polícia brasileiro Edsel Magnotti, foi encontrado no *Archivo del Terror* (Assunção – Paraguai) e acabou por se constituir em uma fonte fundamental para a compreensão da atuação dos órgãos de repressão e os conceitos criados por eles.

É importante sublinhar que os acontecimentos políticos institucionais ocorridos em 1973, no Cone Sul, foram da maior relevância, pois no mês de junho tivemos o golpe militar no Uruguai e no mês de setembro o golpe militar no Chile. Os dois episódios tiveram importante participação da ditadura militar brasileira, que não admitia nos países vizinhos a ocorrência de experiências com governos de esquerda que viessem a estimular internamente a chamada "subversão" e, no exterior, dificultar a expansão de seus interesses econômicos.

É bastante sintomática, no governo do Gen. Emilio Garrastazu Médici (1969-1974), a promoção de uma duríssima repressão no plano interno contra toda e qualquer oposição ao regime e, em consequência, sobre todos os demais países da América do Sul, sob forma de intervenções, mais ou menos disfarçadas, sem sequer buscar a justificação doutrinária de "fronteiras ideológicas".

Vejamos: o golpe de Estado dado na Bolívia pelo Gen. Hugo Banzer contou com forte apoio logístico do Brasil, cujos aviões militares, sem ocultar as insígnias da FAB, descarregaram em Santa Cruz de La Sierra fuzis, metralhadoras e munição.

Poucos meses depois, em dezembro de 1971, o Uruguai esteve a ponto de sofrer uma intervenção militar por parte do Brasil. As tropas do então 3º Exército (RS/SC/PR), hoje Comando Militar do Sul, prepararam-se para invadi-lo executando a famosa "Operação 30 Horas" (tempo necessário para ocupar o território do Uruguai), o que só não aconteceu porque o Gen. Liber Seregni, candidato da "Frente Ampla" (partidos de esquerda e centro-esquerda), perdeu as eleições para os conservadores. Mas, mesmo assim, os "agentes" brasileiros continuaram colaborando ativamente no combate às organizações da esquerda uruguaia.

É de se destacar que o "*Proyecto de Documentación del Cono Sur*", do *National Security Archive* (Washington-DC), recolheu e catalogou 15 documentos secretos dos Estados Unidos, os quais demonstram claramente que o Brasil estava muito preocupado que o exemplo de Salvador Allende no Chile se repetisse no Uruguai.

Essas preocupações eram também compartilhadas com a Argentina, cujos "agentes de inteligência militar" constantemente trocavam informações com seus colegas brasileiros, tendo inclusive celebrado um acordo para intervir em eventos políticos no Uruguai.

O então presidente Médici viajou a Washington entre os dias 7 e 9 de dezembro de 1971, quando ainda não havia nenhuma definição das eleições uruguaias. Na ocasião, realizou várias reuniões com o presidente americano Richard Nixon, o assessor de Segurança Nacional, Henry Kissinger, o secretário de estado, William Rogers, e com o Gen. Vernon Walters, que seria em breve o novo subchefe da CIA. Em vários documentos que registram as referidas reuniões com o presidente brasileiro, Richard Nixon menciona a colaboração do Brasil visando influir nas eleições uruguaias, e Henry Kissinger sublinha o apoio de Garrastazu Médici à doutrina Nixon na América Latina. Segundo essa doutrina, uma nação como o Brasil exerceria o papel de potência regional subsidiária, atuando em favor dos interesses dos EUA.

As eleições no Uruguai foram levadas a efeito em 28 de novembro de 1971. Os líderes da "Frente Ampla", ao tempo, fizeram denúncias no sentido de que o Brasil e os EUA estariam apoiando uma campanha de intimidação contra seus candidatos. Depois de uma exagerada demora de mais de dois meses, em 15 de fevereiro de 1972 o Tribunal Eleitoral anunciou a vitória de Juan Maria Bordaberry, do governista Partido Colorado, com 41% dos votos, pouco mais do que os 40% obtidos pelo Partido Nacional. A "Frente Ampla" terminou em terceiro lugar, com 18% dos votos.

Mesmo com o Uruguai ainda sob democracia, sabe-se que o delegado Sérgio Paranhos Fleury (DOPS/SP) foi o principal colaborador na organização dos "Esquadrões da Morte" destinados a exterminar os "Tupamaros" (militantes do Movimento de Libertação Nacional Tupac Amaru), que naquela época realizavam operações espetaculares de guerrilha urbana. E, finalmente, em junho de 1973, quando do golpe militar que implantou uma das mais ferozes ditaduras da região, o Brasil, que influíra direta e indiretamente no feito, brindou o exército uruguaio com centenas de caminhões e automóveis Volkswagen, em uma operação da ordem de quase um milhão de dólares.

Não é por mera casualidade que o famoso cineasta Costa Gavras, em seu célebre filme "Estado de Sítio", exibe em uma de suas cenas um avião da Varig aterrissando no Aeroporto Internacional de Carrasco (Montevidéu), do qual são retiradas caixas contendo aparelhos de tortura. Um pouco mais adiante, em outra cena, aparece o famoso Dan Mitrione ministrando uma aula de tortura, havendo na parede ao fundo uma bandeira do Brasil e outra do Uruguai.

O Brasil também teve muito a ver com o golpe militar no Chile

Desde 1971, agentes brasileiros do Serviço Nacional de Informações (SNI) atuavam no Chile buscando desestabilizar o governo de Salvador Allende e monitorando os exilados brasileiros, que naquele momento chegavam a mais de cinco mil pessoas. Entre esses agentes, uma vez mais encontramos Sérgio Paranhos Fleury, o homem dos "Esquadrões da Morte". E, mais ainda, o próprio embaixador do Brasil no Chile estava envolvidíssimo com os golpistas!

GANHAMOS!

Com essa palavra, o então embaixador da ditadura militar brasileira, Antônio Cândido da Câmara Canto, comemorou o triunfo do golpe militar de Pinochet, para o qual ele, como também o governo militar do Brasil, trabalhou intensamente.

Um longo artigo publicado no jornal *La Tercera*, do dia 3 de agosto de 2003, sob o título "*La ayuda secreta de los militares brasileños*", afirma que o embaixador Câmara Canto era conhecido como o "[...] quinto homem da junta [militar]"[1] por suas estreitas relações com os golpistas. (LA TERCERA, 2003).

Destacado pelo Itamaraty para servir no Chile entre 1968 e 1975, Câmara Canto estabeleceu estreitas relações com as mais altas figuras do Exército e da Marinha e, logo após o golpe, foi o primeiro diplomata a reconhecer e legitimar a Junta Militar de Pinochet. Câmara Canto chegou a receber do assessor da Junta Militar, Álvaro Puga, o reconhecimento: "Era um homem que estava ao nosso lado."

Nathanael Davis (embaixador norte-americano quando do golpe militar), em seu livro *The last two years of Salvador Allende* (*Os últimos dois anos de Salvador Allende*), já havia afirmado que o embaixador brasileiro havia tentado, em 1973, aproximar a embaixada dos Estados Unidos dos planos golpistas.

> Durante um jantar, o embaixador brasileiro me fez uma série de convites (que não aceitei), para participar de uma coordenação de embaixadas, visando o planejamento cooperativo, buscando unir esforços, no sentido de provocar a queda de Allende. (DAVIS, 1985).

Considerado um exímio cavaleiro e grande colecionador de arte (segundo *La Tercera*), Câmara Canto era "profundamente antimarxista" e havia estabelecido uma grande amizade com o Gen. Sérgio Arellano Stark, um militar que foi peça chave no golpe e na posterior repressão.

Em setembro de 1975, Câmara Canto, por razões de saúde, deixou seu cargo em Santiago do Chile. No *cocktail* de despedida, compareceu o Gen.

1 Todas as traduções são livres e do autor, salvo indicações.

Gustavo Leight, membro da Junta Militar; logo após, uma comissão integrada pelos generais Sérgio Arellano Stark e Herman Brady acompanhou-o até o aeroporto.

O ex-embaixador dos Estados Unidos no Chile, Edward Korry, declarou em 1977 ao Comitê de Relações Exteriores do Senado norte-americano que: "[...] tinha motivos para crer que os brasileiros haviam atuado como 'conselheiros' dos militares chilenos. [agregando] O apoio técnico e psicológico ao golpe, veio do Brasil." (UNITED STATES OF AMERICA, 1977).

Em 1985, o já referido embaixador Nathanael Davis narrou em seu livro: "A conexão brasileira foi confirmada por muitas fontes." (DAVIS, 1985).

Quando, na tarde de 11 de setembro, os membros da Junta Militar presidida por Pinochet realizavam o juramento na Escola Militar de Santiago do Chile, receberam ali mesmo a visita do embaixador brasileiro, senhor Câmara Canto, como o primeiro representante de um governo estrangeiro a reconhecer a Junta que usurpara o poder.

E não poderia ser diferente, pois tudo havia ocorrido de acordo com o planejado, não se fazendo necessário recorrerem à alternativa prevista em caso de fracasso do golpe. Frente a um insucesso os militares golpistas ingressariam no Clube Militar (que fica ao lado da Embaixada do Brasil), de onde, escalando o muro, encontrariam abrigo e refúgio seguro.

Um mês depois, em outubro, um telegrama da CIA (Central Intelligence Agency), enviado de Santiago para Washinton, dizia:

> Brasileiros libertados recentemente do Estádio Nacional relataram que quando estavam presos naquele local, foram interrogados por pessoas que falavam fluentemente o português e, por isso, supunham que se tratava de "agentes dos serviços de inteligência". (UNITED STATES OF AMERICA, [----]).

Também circulavam versões de que a ditadura militar brasileira havia, logo após o golpe, assessorado e ensinado técnicas de tortura aos militares chilenos e que todos os procedimentos seriam do conhecimento do embaixador.

Entre os dias 25 de novembro e 1º de dezembro de 1975, em Santiago do Chile, justos dois meses depois de o senhor Câmara Canto ter deixado a Embaixada do Brasil, ocorreu a grande reunião – convocada pelo Gen. Contreras, então chefe da DINA –, que contou com a participação de militares dos países do Cone Sul, e era destinada a "criar formalmente" a Operação Condor.

Como parte da melhor técnica da arapongagem brasileira, só agora, passados mais de 30 anos, logramos saber quem foram os militares que representaram a ditadura brasileira no nefasto evento: Ten. Cel. Flávio de Marco (também conhecido pelo codinome "Tio Caco"), chefe da delegação, e o Maj. Thaumaturgo Sotero Vaz, o "Doutor Sabino", de saliente atuação no Araguaia.

Com todos esses antecedentes, não é difícil imaginar o papel protagônico do Brasil quando da criação do sinistro organismo que tanto enlutou nossa região.

O que sabemos com segurança é que a partir de então os "Adidos Militares", junto às embaixadas dos países membros do "*Plan Condor*", adquiriram enorme importância, pois utilizando estrategicamente a "mala diplomática", com seu sigilo garantido, remetiam as informações de interesse do "Condor", além de usarem um sistema codificado de comunicações.

Não é por casualidade que, nos primeiros dias do golpe militar, mais de 100 brasileiros que estavam no Chile sob a proteção do Alto Comissariado das Nações Unidas para Refugiados (ACNUR) foram presos e levados para o Estádio Nacional, onde foram interrogados e torturados, inclusive por repressores brasileiros. Além disso, temos a lamentar a morte e desaparição de seis brasileiros, ocorridas naqueles dias de extrema violência produzida pelos militares chilenos. Entre esses casos encontra-se o assassinato de *Nilton Rosa da Silva*, gaúcho de Cachoeira do Sul, ocorrido em uma manifestação de rua em apoio a Salvador Allende, no dia 15 de junho de 1973, três meses antes do golpe.

A bem da verdade, o Brasil teve um papel protagonista

Para ser fiel à história, faz-se necessário dizer que a ditadura militar brasileira, por meio de seu imenso aparelho repressivo e de forma pioneira, já se utilizava das práticas que viriam a ser adotadas pelas demais ditaduras da região que integraram formalmente a "Operação Condor".

Em 11 de dezembro de 1970, o ex-coronel *Jefferson Cardan de Alencar Osório*, seu filho, que também se chama Jefferson, e seu sobrinho, *Eduardo Lepetigui*, foram sequestrados em Buenos Aires e levados para o Rio de Janeiro, onde o coronel cumpriu uma pena de prisão até 1977.

Lamentavelmente, foi diferente a sorte do ex-major do Exército brasileiro *Joaquim Pires Cerveira* e do jovem estudante *João Batista Rita Pereda*, também sequestrados em Buenos Aires, em dezembro de 1973. Os dois se encontravam exilados, sob a proteção do ACNUR, em Santiago do Chile. Com o golpe de 11 de setembro de 1973, buscando salvar suas vidas, transferiram-se para Buenos Aires, onde continuaram vivendo sob a proteção das Nações Unidas.

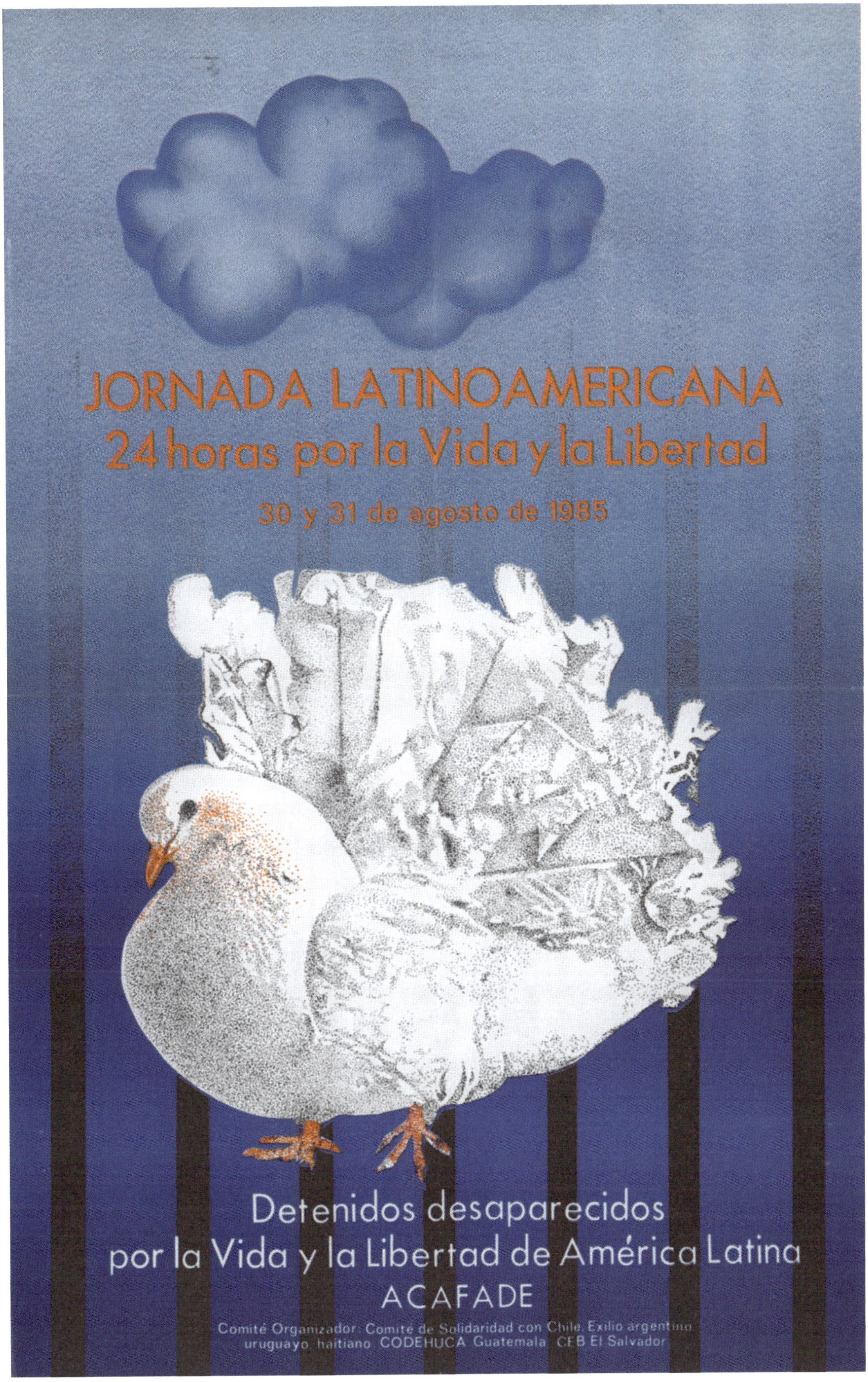
JORNADA LATINOAMERICANA
24 horas por la Vida y la Libertad
30 y 31 de agosto de 1985
Detenidos desaparecidos
por la Vida y la Libertad de América Latina
ACAFADE
Comité Organizador: Comité de Solidaridad con Chile. Exilio argentino.
uruguayo, haitiano. CODEHUCA Guatemala. CEB El Salvador

Várias e várias vezes foram procurados por grupos armados na casa onde residiam. Na última vez, acompanhava um grupo um senhor que falava português, identificado como "Denis Reis", sem se saber sua patente militar. Na noite de 12 para 13 de janeiro de 1974, eles foram vistos no quartel da Polícia do Exército (DOI-CODI), no Rio de Janeiro, portando evidentes sinais de tortura. (ALTO COMISSARIADO..., [----]).

O jornal *The Guardian* (Londres), de 19 de fevereiro de 1974, publicou:

> Rebeldes brasileiros torturados depois de sequestrados [...] [...] dois brasileiros do movimento de oposição clandestina que estavam refugiados na Argentina, foram sequestrados em Buenos Aires e estão sendo torturados no Rio de Janeiro [...]

Também em dezembro de 1973 desaparece em Buenos Aires *Edmur Péricles Camargo*, conhecido como o "Gauchão". Segundo informações existentes, ele seria passageiro de um voo que vinha de Santiago do Chile com destino à Montevidéu, fazendo escala em Buenos Aires, de onde foi retirado de bordo pela repressão argentina agindo em colaboração com sua congênere brasileira.

Um informe do CENIMAR (Centro de Informações da Marinha – serviço secreto da marinha brasileira) registra o seguinte:

> [...] preso por autoridades brasileiras e argentinas, quando o avião em que vinha do Chile para o Uruguai aterrissou no aeroporto de Ezeiza (Buenos Aires). Usava o nome falso de *Henrique Vilaça*. (BRASIL, [19--]).

Existem diversas peças probatórias que permitem afirmar que o Brasil e a Argentina mantinham permanentes contatos e reuniões tratando da troca de informações de inteligência, visando especialmente desenvolver e coordenar atividades repressivas. Essa afirmativa encontra sustentação, entre outros elementos, na análise do memorando nº 4, datado de 29 de outubro de 1974, remetido por Enrique Lautaro Arancibia Clavel (agente da DINA na Argentina) a Santiago do Chile, em que relata textualmente: "[...] Contatos estabelecidos: coronel Floriano Aguiar, adido Militar do Brasil na Argentina, ofereceu-me informações sobre a subversão argentina [...]." (CLENVEL, 1974). Ora, o conteúdo de tal memorando nos remete ao raciocínio lógico de que havia vínculos profundos entre os aparelhos repressivos do Brasil e da Argentina. Confirma tal entendimento o documento desclassificado nº 1.619, apresentado pelo Dr. Martin Almada, quando de seu depoimento na Justiça da Argentina, e que se refere à "Informação nº 965/B/74", da Segunda Seção do Estado Maior do Exército do Uruguai com sede em Montevidéu, que diz textualmente em seu cabeçalho: "[...] informação proporcionada pelo Adido Militar da República Federativa do Brasil." (PARAGUAY, [----]). E, diz no item "distribuição": "[...] Adido Militar do Paraguai exemplar 1 – Adido Militar do Chile exemplar 2 – Adido Militar da Argentina exemplar 3 [...]"

Na causa nº 16.307/06 – *Juzgado Nacional en lo Criminal y Correccional Federal nº 4* (Justiça Federal da Argentina) – a cargo do Dr. Ariel Lijo, processo em que fui testemunha, sendo réus o ex-comandante do Exército argentino, Gen. Cristino Nicolaídes, o Cel. Antonio Hermínio Simon, entre outros (condenados a vinte e cinco anos de prisão), constam os seguintes depoimentos:

- **Nestor Norberto Cendón** (Agente Penitenciário Federal a serviço da repressão argentina): "[...] o serviço de inteligência do exército argentino contava com bases no Brasil, com sedes em São Paulo e Rio de Janeiro." "Em *Paso de Los Libres* também, e era só cruzar a ponte e estava-se em Uruguaiana."
- **Cel. Antonio Hermínio Simon** – (páginas 5.824/5.825): "Fui chefe do Destacamento de Inteligência 123 (*Paso de Los Libres*), minha missão era proporcionar inteligência militar ao Corpo de Exército II e ao Centro de Inteligência do Estado Maior Geral do Exército, tendo como centro gravitacional na ordem de combate (ordem de ação), o então III Exército brasileiro, com atuação nos estados do Rio Grande do Sul, Santa Catarina e Paraná." (ARGENTINA, 2007).

Além do mais, vários documentos brasileiros também evidenciam os vínculos existentes entre os aparelhos repressivos do Cone Sul.

O *Correio Braziliense* publicou em 2007 uma série de matérias, que tinham como tema central a existência, no âmbito do Itamaraty, de um "Centro de Informações do Exterior" (CIEx), absolutamente clandestino, criado pelo embaixador Manoel Pio Corrêa (formado na Escola Superior de Guerra).

Pio Corrêa teve destacada atuação repressora, quando nos Anos de Chumbo exerceu a representação diplomática do Brasil em Montevidéu, e posteriormente em Buenos Aires, onde ficou célebre por, em pleno aeroporto de Ezeiza, dar recibo a agentes da repressão argentina pela entrega de brasileiros perseguidos, que seriam embarcados em avião da FAB rumo ao Brasil.

Outro caso bastante pontual, pouco conhecido e de final feliz, é o do então jovem estudante argentino Guillermo Torres Castaños, na época com 20 anos de idade, preso pela Polícia Federal brasileira no Rio de Janeiro, em plena Copacabana, no dia 24 de julho de 1977; foi levado para uma praia distante, onde imediatamente compareceram dois militares argentinos que passaram a torturá-lo com choques elétricos, utilizando para tanto a bateria do automóvel. Depois o levaram para as dependências policiais, onde o torturaram em busca de informações sobre outros argentinos "subversivos", que possivelmente se encontrassem no Brasil.

Restando inútil o interrogatório, passaram a levá-lo, pela manhã e à tarde, ao calçadão da praia para sinalizar a presença de "companheiros". A fim de evitar uma provável fuga, os dois agentes federais que o custodiavam amarraram em sua perna um pedaço de madeira, dificultando assim a possibilidade de sair às carreiras.

No seguir dos dias, já estabelecida uma rotina de conversas amigáveis, um dos agentes sai para comprar cigarros. Guillermo aproveita, pede para afrouxar um pouco as amarras de sua perna que já o machucavam, no que é atendido. Aproveita o descuido, agride o policial e foge dirigindo o automóvel!

Localização do alvo e posterior translado e/ou execução

Quando chegamos nesse ponto, é do maior interesse examinar os dossiês existentes no *Archivo Nacional de La Memoria* em Buenos Aires, onde encontraremos as informações existentes relativas às desaparições de cidadãos brasileiros e descendentes de brasileiros na Argentina e de cidadãos argentinos desaparecidos no Brasil.

Ao examinarmos tais documentos, encontraremos no registro nº 3.636, que se refere ao cidadão ítalo-argentino Horacio Domingo Campiglia, desaparecido no Rio de Janeiro, Aeroporto do Galeão, em 12 de março de 1980, a seguinte informação:

> [...] o referido viajava com o nome falso de Jorge Piñero, junto com a senhora Monica Susana Pinus de Binstock (registro SDH nº 619), também desaparecida na mesma ocasião. Foram vistos posteriormente, na Argentina, em um centro clandestino de detenção. Continuam desaparecidos até o dia de hoje.

O governo do Brasil reconheceu sua responsabilidade no episódio, indenizando as respectivas famílias.

Fato similar se verifica no caso registrado sob o nº 1.713, que documenta a desaparição no Rio de Janeiro, e o posterior translado à Argentina, do jornalista Norberto Armando Habegger. Consta no referido documento que testemunhas afirmam que:

> [...] no mês de junho de 1978, membros do Grupo de Tarefas nº 2, da repressão argentina, planificaram, no centro clandestino de detenção chamado "El Banco", o sequestro de Habegger, tendo sido levado a efeito, no dia 3 de julho desse mesmo ano, na cidade do Rio de Janeiro.

Outro caso que chama a nossa atenção é o que se refere a *Enrique Ernesto Ruggia*, um jovem estudante argentino, desaparecido entre os dias 8 e 11 de julho de 1974, ao tentar ingressar no Brasil junto com um grupo de refugiados brasileiros perseguidos pelos aparelhos repressivos de ambos os países, que mais adiante abordaremos com riqueza de detalhes.

É oportuno também nos referirmos às informações oferecidas pela jornalista e escritora Stella Calloni, em suas obras *Operación Condor – Pacto Criminal* e *Los Años Del Lobo*, onde registra que um dos documentos encontrados no "Arquivo do Terror" (Paraguai), na verdade um informe sem assinatura, remetido do Brasil e endereçado a Pastor Coronel, dizia o seguinte: "[...] bom trabalho realizado pelos brasileiros, constante da desaparição de vários argentinos, entre eles, Norberto Habegger [...]." (2001, p. 87; 1999, p. 124).

O referido documento, segundo a escritora, menciona a prisão, em operação conjunta, dos cidadãos *Lorenzo Ismael Viñas* (CONADEP[2] nº 992) e *Jorge Oscar Adur* (CONADEP nº 400), ambos sequestrados em 26 de junho de 1980, em Uruguaiana (RS), fronteira do Brasil com a Argentina.

No ano anterior, mais exatamente em 17 de novembro de 1979, também em Uruguaiana, registrou-se a ocorrência de outro caso típico: dois policiais gaúchos, acompanhados de um oficial fardado da *Gendarmeria* argentina, realizam uma nova Operação Condor, sendo vítimas *Cristina Glória Fiori de Viña*, cidadã argentina, e *Margarita Megol Villas de Moroz*, cidadã espanhola que logrou fugir de seus algozes. Em 24 horas, o delegado federal Dr. José Hahn apurou tudo, sendo os policiais brasileiros condenados pela Justiça gaúcha e posteriormente expulsos da corporação.

Em junho de 1989, no Rio de Janeiro, os jovens argentinos *Fernando Carlos Falco* (19 anos) e *Damian Mazur* foram presos ilegalmente pela Polícia Federal brasileira e interrogados em suas dependências por policiais federais argentinos. Imputavam-lhes a acusação de haverem participado do ataque ao *Quartel de La Tablada*, em Buenos Aires. A denúncia pública promovida pelo Movimento de Justiça e Direitos fez com que suas vidas fossem salvas, já que foram ameaçados de serem levados para a Argentina, onde haveria um "acerto de contas". O Ministro Sepulveda Pertence, do STF, determinou ao Ministério Público Federal as providências cabíveis.

2 *Comisión Nacional sobre la Desaparición de Personas.*

Um caso clássico de Operação Condor que, sem sombra de dúvida, obteve a maior repercussão nacional e internacional foi o sequestro dos uruguaios *Lilian Celiberti* (professora), seus dois filhos menores, *Camilo* e *Francesca* e de *Universindo Rodríguez Díaz*, então jovem estudante de medicina, ocorrido no dia 12 de novembro de 1978, no Bairro Azenha, em Porto Alegre.

Foi o primeiro caso em todo o Cone Sul no qual foram exibidas as vísceras do Condor, comprovando cabalmente a sua existência e seu modo de agir, sendo parte de seus responsáveis, os mais insignificantes é verdade, devidamente sancionados por nossa Justiça, em memorável e pioneira sentença, proferida pelo saudoso Dr. Moacir Danilo Rodrigues, em que ficou reconhecida a veracidade das denúncias e da existência do *Plan Condor*.

Brasileiros desaparecidos na Argentina

Brasileiros desaparecidos antes do golpe militar na Argentina (24/3/1976)

Edmur Péricles Camargo

(1/12/1973 – CONADEP nº 6.009)

Edmur nasceu em São Paulo, em 4/9/1914, filho de Tomás Benedito Moura Camargo e de Maria da Penha Amaral Vilaça.

Desapareceu em dezembro de 1973, aos 57 anos de idade.

Era dirigente do grupo M3G (Marx + Mao + Mariguella + Guevara).

Jornalista, solteiro, negro, forte, envolvido nas lutas de Porecatu de 1951 a 1953. Banido do Brasil em janeiro de 1971, quando do sequestro do embaixador da Suíça no Brasil, foi para o Chile.

Depois do golpe militar no Chile foi para a Argentina.

Desde então temos poucas informações confiáveis sobre o paradeiro de Edmur. Em um informe do CENIMAR, diz o seguinte: "[...] junho/75, preso por autoridades brasileiras e argentinas, quando o avião em que vinha do Chile para o Uruguai aterrissou no aeroporto de Ezeiza (Buenos Aires). Usava o nome falso de *Henrique Vilaça*."

O governo federal reconheceu a responsabilidade do Estado e pagou indenização a sua família. (Lei nº 9.140/95)

Joaquim Pires Cerveira

(dezembro/1973 – CONADEP nº 7.691)

Joaquim era major do Exército brasileiro e está desaparecido desde 1973, quando tinha 50 anos de idade. Foi preso em Buenos Aires, juntamente com João Batista Rita Pereda (integrante do M3G), por policiais brasileiros em conjunto com a repressão Argentina, segundo testemunhas da prisão/sequestro. A operação foi comandada pelo delegado de polícia Sérgio Paranhos Fleury (do DOPS paulista) na madrugada do dia 11 para 12 de dezembro de 1973.

Alguns presos políticos tomaram conhecimento da chegada de uma ambulância no DOI-CODI, que funcionava na Rua Barão de Mesquita, no Rio de Janeiro, e que trazia Cerveira e João Batista Rita Pereda.

O "Dossiê" relata: "Estavam atados juntos, em posição fetal, tendo os rostos inchados e a cabeça coberta de sangue."

Cerveira era gaúcho de Santa Maria (RS), onde nasceu em 14/12/1923.

Era filho de Marcelo Pires e de Auricela Goulart Cerveira.

Militar nacionalista, vinculado a Leonel Brizola, foi punido pelo AI-1 logo após o golpe de março de 1964, quando passou à reserva.

Em outubro de 1965, foi preso e entregue à 5ª Região Militar.

Em 1967, a Justiça Militar o absolveu.

Em 1968, ajudou o coronel Jefferson Cardim de Alencar Osório a fugir da prisão militar, em Curitiba.

Em 1969, fundou um pequeno grupo rebelde, composto basicamente por ex-militares, chamado "Frente de Libertação Nacional" (FLN) e que chegou a realizar ações de guerrilha urbana com a VPR (Vanguarda Popular Revolucionária) e a ALN (Aliança de Libertação Nacional), no Rio Grande do Sul e no Rio de Janeiro.

Em 1970, foi preso juntamente com sua esposa Maria de Lourdes e seu filho; foram torturados no DOI-CODI do Rio de Janeiro.

Foi incluído na relação de 40 presos políticos em troca do embaixador da Alemanha no Brasil. Todos foram banidos do país.

Sua desaparição foi reconhecida pela Lei nº 9.140/95.

João Batista Rita Pereda

(dezembro/73 – CONADEP nº 7.833)

Desaparecido desde 1973, quando tinha 25 anos de idade.

Militante do M3G, nasceu em Braço do Norte, Santa Catarina, no dia 24/6/1948, filho de Graciliano Miguel Rita e de Aracy Pereira Rita.

Estudou em Criciúma no "Ginásio Tereza Michel", onde completou o curso ginasial, depois foi morar em Porto Alegre, onde cursou o secundário no "Colégio Julio de Castilhos".

Por suas atividades políticas foi preso em janeiro de 1970, em Porto Alegre, e novamente em abril do mesmo ano, quando o torturaram no DOI-CODI do Rio de Janeiro.

Foi banido do Brasil em janeiro de 1971, quando do sequestro do embaixador da Suíça no Brasil, viajando para o Chile na companhia de outros 69 presos políticos. Com o golpe, foi para a Argentina, onde se casou com a exilada chilena Amalia Barrera, que hoje vive na Alemanha.

Sua irmã, Maria Rita Apolinário, vive no Brasil, e a outra irmã, Aidê Rita, vive nos Estados Unidos.

Foi preso na madrugada do dia 11 para 12 de dezembro de 1973, juntamente com o ex-major Joaquim Pires Cerveira.

Segundo testemunhas do sequestro, João Batista e o ex-major Cerveira foram presos por um grupo de homens armados, falando português, e comandados por um homem que seria o delegado Sérgio Paranhos Fleury, do DOPS de São Paulo.

Sua desaparição foi reconhecida pela Lei nº 9.140/95 como de responsabilidade do governo do Brasil.

Sidney Fix Marques dos Santos

(15/2/76 – CONADEP nº 3.129)

Dirigente do Partido Operário Revolucionário Trotskista (PORT), nasceu em 20 de janeiro de 1940, em São Paulo. Desapareceu em 1976, na Argentina, aos 36 anos de idade.

Abandonou o Curso de Geologia da Universidade de São Paulo para dedicar-se à militância política, sendo o editor responsável pelo jornal "Frente Operária" do PORT. Ingressou na clandestinidade logo após o golpe militar de 1964 e, em 1972, exilou-se na Argentina, onde trabalhava como programador na IBM.

Foi sequestrado em Buenos Aires, às 21h30 do dia 15 de fevereiro de 1976, quando agentes da Polícia Federal Argentina ingressaram em sua casa.

Informações não confirmadas dizem que foi levado para o CCD (*Centro Clandestino de Detención*) Campo de Mayo, onde ficou até agosto de 1977. (ALTO COMISSARIADO..., [----]).

Quando de sua desaparição, a família buscou informações junto aos governos da Argentina e do Brasil. Acionou a OEA (Organização dos Estados Americanos), a ONU (Organização das Nações Unidas) e até o Congresso dos Estados Unidos da América, sem nenhum resultado.

Um informe do CENIMAR diz: "Teve sua casa invadida por agentes da *Seguridad Federal de Argentina*. (BRASIL, 19--a).

Francisco Tenório Cerqueira Junior

(18/3/76 – CONADEP nº 1.061)

Nasceu no Rio de Janeiro, em 4/7/1940.

Desapareceu em 18 de março de 1976, quando tinha 35 anos de idade.

Pianista consagrado, "Tenorinho", como o conheciam, apresentava-se em Buenos Aires juntamente com o violonista Toquinho, sendo que acompanhava em uma gira nosso grande "poetinha" Vinícius de Moraes.

Foi preso no dia 18 de março de 1976, logo após sair do Hotel Normandie (onde se hospedavam), buscando uma farmácia para comprar um analgésico.

Vinícius de Moraes, Toquinho e alguns amigos, como o poeta Ferreira Goulart (exilado em Buenos Aires, naquele momento), realizaram uma busca inútil. Em 1986, o torturador argentino Cláudio Vallejos, que integrava os "servicios" da Marinha da Argentina, em entrevista à revista "Senhor" (nº 270), menciona os vários destinos de cidadãos brasileiros em mãos da repressão argentina, inclusive o caso de Francisco Tenório Cerqueira Junior. Um dos documentos apresentado por Vallejos diz:

> *Dia 20 de marzo de 1976 – cuando el capitan Acosta solicita al contra almirante Chamorro, permiso para contactar con el agente de enlace, código de guerra 003, letra C, del SNI – Servicio Nacional de Informaciones (Brasil), porque buscaba la colaboración para identificar y pedia informaciones sobre la persona del detenido Francisco Tenório Cerqueira Junior. (VALLEJOS, 1986).*

O governo brasileiro jamais tomou qualquer atitude, nem sequer a de comunicar à família do músico o trágico acontecimento.

Sua desaparição foi reconhecida pela Lei nº 9.140/95. Também o governo da Argentina reconheceu sua responsabilidade sobre o ocorrido e indenizou a família em um total de $263.165,00 (pesos argentinos).

Brasileiros desaparecidos depois do golpe militar na Argentina (24/3/1976)

Sérgio Fernando Tula Silberbeg

(8/4/76 – CONADEP nº 3.008)

Nasceu no Rio de Janeiro, em 29/3/1955.

Professor de Educação Física, foi sequestrado em sua casa, na Rua Republiquetas, 3.066, Buenos Aires – Capital Federal – por agentes da Policia Federal da Argentina, que tripulavam uma viatura policial.

Segundo informações, eles o levaram para o Campo de Mayo (CCD). No entanto, não há confirmação oficial.

Maria Regina Marcondes Pinto de Espinosa

(8/4/76 – CONADEP nº 3.089)

Maria Regina nasceu em 17/7/1946 no município de Cruzeiro, São Paulo, filha de Benedito Rodrigues Pinto e de Iracy Ivette Marcondes Pinto.

Foi militante do Partido Operário Comunista (POC) estando desaparecida desde 1976, quando tinha 29 anos de idade.

Consta em um relatório do CENIMAR, que Maria Regina "desapareceu" depois de sequestrada. (DOU nº 60 de 28/3/1981 – DOU/SP)".

Residia na Rua La Pampa, nº 2.971, Buenos Aires – Capital Federal – sendo professora de português na "*Escuela Berlitz*".

Em um informe do exército brasileiro diz-se: "[...] em 08 de abril de 1976, foi presa na Argentina." (BRASIL, 1981).

No fim de 1969 ou princípio de 1970, saiu do Brasil com documentação legal e foi à Paris encontrar-se com seu companheiro Emir Sader, que então tinha problemas com a Justiça Militar do Brasil. Em Paris ficou por seis meses, sendo que viajaram ambos para Santiago do Chile, onde ela se juntou ao "Movimento

ESTO ES UNA REALIDAD !..
Abuelas de Plaza de Mayo
convocan a la
MARCHA POR LA VIDA
y la vigencia integral de los derechos humanos
Martes 5 de Octubre, 17 hs.
Punto de reunión: Avda. de Mayo y Lima
NIÑOS DESAPARECIDOS EN LA ARGENTINA
desde 1976
Si USTED sabe algo...
AYUDENOS a encontrarlos
Abuelas de Plaza de Mayo
Casilla de Correo 1937
(1000) Correo Central
y muchos otros... más los nacidos en cautiverio
¿Dónde están los hijitos nacidos en cautiverio de éstas y otras parejas desaparecidas en la Argentina desde 1976?
¿Dónde?
SUS BEBES...
¿DONDE ESTAN?
¿Dónde?
¿DONDE?
¿DONDE ESTAN LOS HIJITOS NACIDOS EN CAUTIVERIO DE ESTAS Y OTRAS PAREJAS DETENIDAS DESAPARECIDAS EN LA ARGENTINA DESDE 1976?
ABUELAS DE PLAZA DE MAYO Casilla de correo 1937 - Correo Central - 1000 Cap. Federal

de Esquerda Revolucionária" (MIR). Durante o tempo em que viveu e estudou em Santiago, por três ou quatro vezes foi à São Paulo, de maneira clandestina, para visitar seus familiares.

Quando da derrubada do Presidente Salvador Allende, foi levada presa ao Estádio Nacional. Libertada, imediatamente regressou ao Brasil, onde ficou por seis meses.

Após, foi para Buenos Aires objetivando encontrar-se com seu companheiro Edgardo Enriquez – médico, filho do ex-Ministro da Educação do governo de Allende e dirigente do MIR. Os dois, desde então, seguem desaparecidos.

De Edgardo, tempos depois, chegou a notícia de que um preso político chileno teria escutado a sua voz, em uma prisão do Chile, gritando: "*Soy Edgardo Enriquez, y me van a matar*".

Jorge Alberto Basso

(15/4/76 – CONADEP nº 1.956)

Nasceu em 17/2/1951 em Buenos Aires, e era filho de pai argentino e mãe brasileira. Viveu sua juventude em Porto Alegre, onde cursou o secundário no Colégio Julio de Castilhos. Era militante do Partido Operário Comunista (POC) e está desaparecido desde 1976, quando se encontrava na capital argentina.

No ano de 1971, saiu de Porto Alegre para Santiago, onde ingressou na Faculdade de História da Universidade do Chile. Com o golpe militar, transferiu-se para Buenos Aires, onde vivia com seu avô.

Preso no dia 15 de abril de 1976, em um hotel no centro de Buenos Aires, segue desaparecido. Uma informação, não confirmada, diz que o levaram para a penitenciária de Rawson.

Em um relatório do CENIMAR consta: "[...] preso em um hotel no centro de Buenos Aires [...]". (DOU nº 60 de 28/3/81 – DOU/SP).

Sua desaparição foi reconhecida oficialmente pelo governo da Argentina, que pagou uma indenização a sua família.

Walter Kennet Nelson Fleury

(9/8/76 – CONADEP nº 5.325)

Desapareceu em Buenos Aires, em 9 de agosto de 1976.

Residia na Rua Olleros, nº 3.612, Hotel Esperanza, Capital Federal.

Trabalhava na fábrica da Ford, na Panamericana, Zona Norte de Buenos Aires. Foi sequestrado em seu domicílio, às 4h do dia 9/8/1976, por policiais e membros das forças armadas vestidos de civis.

Segundo uma informação obtida pelo CELS (Centro de Estudos Legais e Sociais), Walter foi visto em novembro e dezembro de 1976 na Brigada Guemes, prisão localizada na periferia de Buenos Aires. No mesmo episódio, também levaram presa sua companheira Claudia Julia Fita Muller – CONADEP nº 5.324.

Roberto Rascado Rodriguez

(CONADEP nº 2.212)

Nasceu em 3/3/1956 – Brasil.

Estudante de Arquitetura.

Foi preso em 17/2/1977, à 1h30, em sua residência na Rua Virrey Cevallos, nº 1.165 - 3º - A – Constituición – Capital Federal, por seis agentes dos "serviços" da Marinha Argentina. Visto preso no CCD Club Atlético.

Luis Renato do Lago Faria

(CONADEP nº 1.565).

Desapareceu em 7 de fevereiro de 1980.

Vivia na Argentina desde 1973 e era estudante do sexto ano da Faculdade de Medicina da Universidade de Buenos Aires.

Grupo de refugiados brasileiros (ACNUR) que PRETENDIA, da Argentina, ingressar no Brasil em julho de 1974:

Onofre Pinto – ex-sargento do Exército brasileiro);

Daniel José de Carvalho (CONADEP nº 6.303);

Joel José de Carvalho (CONADEP nº 6.304);

José Lavechia (CONADEP nº 7.167);

Vitor Carlos Ramos;

Enrique Ernesto Ruggia – jovem estudante argentino que acompanhou o grupo que pretendia ingressar clandestinamente no Brasil.

Brasileiros mortos e/ou desaparecidos no Chile

Nilton Rosa da Silva – conhecido como "Bonito" (24 anos)

Natural de Cachoeira do Sul (RS).

Pertencia às brigadas do MIR e foi assassinado em 15/6/73, por um tiro na cabeça, durante manifestação de rua em apoio ao governo de Salvador Allende, 87 dias antes do golpe. O homicídio nunca foi apurado.

Túlio Roberto Cardoso Quintiliano

Fuzilado em 12/9/1973, no Regimento Tacma, sendo que seus restos mortais provavelmente estejam no Pátio 29, do Cemitério Geral de Santiago, em tumba NN (não nomeada).

Luis Carlos de Almeida

Preso em 14/9/1973 em sua casa (Santiago do Chile).

Após ser torturado, foi levado até uma das pontes sobre o rio Mapocho, onde foi fuzilado.

Nelson de Souza Kohl

Exilado na Argentina desde janeiro de 1971.

Em 1972 foi para o Chile, onde trabalhava no "*Instituto de Estudios Economicos y Sociales*". Foi preso pela Força Aérea Chilena em 15/9/1973 e está desaparecido até hoje.

Wanio José de Mattos ou Vanio José de Mattos

Ex-capitão da Força Pública de São Paulo. Preso, é levado para o Estádio Nacional, junto com tantos outros brasileiros. Barbaramente torturado, veio a falecer sem ter recebido a menor atenção médica.

Jane Vanini

Fuzilada em 6/12/1974, em Concepción, Chile. Foi companheira do jornalista José "Pepe" Carrasco, editor da revista *Análises*, que também foi assassinado pela repressão chilena.

Brasileiro desaparecido na Bolívia

Luiz Renato Pires de Almeida

Gaúcho, nascido em 18 de novembro de 1944, na localidade de Formigueiro, à época município de São Sepé (RS).

Era filho de Lucrécio de Almeida e de Doca Pires de Almeida, tendo nove irmãos.

Ao completar os cursos primário e ginasial, transferiu-se para a cidade de Santa Maria (RS) a fim de seguir seus estudos.

Ingressou na Faculdade de Agronomia, participou do movimento estudantil, chegando inclusive à direção do Diretório Acadêmico de sua faculdade. Com o golpe militar de 1964, a Universidade foi invadida e muitos dos estudantes ativistas foram presos, ou caíram na clandestinidade.

Em 1966, Luiz Renato foi preso pelo DOPS/RS e levado para a Ilha Presídio. Em outubro do mesmo ano consegue fugir, seguindo para o Rio de Janeiro. No final de 1967, ou início de 1968, viaja para Moscou, ingressando na Universidade Patrice Lumumba, onde conheceu e vinculou-se a Oswaldo Chato Peredo, reorganizador do Exército de Libertação Nacional, que empreendia a luta guerrilheira nas montanhas da Bolívia.

Desapareceu em outubro de 1970, provavelmente nas regiões de Masapar e Haicura, a 300 km de La Paz. Luiz Renato e outros companheiros caíram mortos pelas tropas bolivianas, estando desaparecidos até os dias de hoje.

Jair Krischke[3]

3 Ativista dos Direitos Humanos, com atuação nos países do Cone Sul.

O QUE VOCÊ PODE FAZER

A Anistia Internacional está trabalhando por estas mudanças faz 30 anos. Para continuarmos, precisamos de pessoas como você para:

- assinar nossas publicações
- associar-se como colaborador
- escrever cartas para autoridades e presos
- ser membro voluntário (individual ou de um grupo)
- fazer campanhas e divulgar a Anistia
- Auxiliar na arrecadação de recursos

E ajudar a acabar com as violações dos Direitos Humanos em todo o mundo.

A sua caneta pode salvar vidas!

ANISTIA INTERNACIONAL Campanha pelos Direitos do Cidadão Seção Brasileira

16. A Convenção Americana sobre Direitos Humanos frente à impunidade dos regimes ditatoriais

Agradeço imensamente aos organizadores deste Seminário, e em particular ao doutor Marlon Alberto Weichert, que me concederam a grande honra de ser convidado para pronunciar esta palestra inaugural. Assumo a responsabilidade com emoção, porém, sobretudo com muita humildade, pois abordamos temas que, além de suas conotações jurídicas e políticas, movem sentimentos profundos, particularmente a dor nunca aliviada das vítimas das violações aos direitos humanos e de seus parentes. A eles começo rendendo homenagem, com o maior respeito.

A impunidade por graves violações aos direitos humanos é absolutamente incompatível com as obrigações gerais assumidas pelos Estados Partes na Convenção Americana sobre Direitos Humanos ("a Convenção" ou "a Convenção Americana"), com respeito à totalidade dos direitos reconhecidos pela mesma Convenção, e, portanto, absolutamente incompatível com a própria Convenção. Essas obrigações gerais estão estipuladas nos artigos 1º (1) e 2º da Convenção Americana, cujos termos são os seguintes:

> Artigo 1. Obrigação de Respeitar os Direitos
>
> Os Estados Partes nesta Convenção comprometem-se a respeitar os direitos e liberdades nela reconhecidos e a garantir seu livre e pleno exercício a toda pessoa que esteja sujeita à sua jurisdição, sem discriminação alguma por motivo de raça, cor, sexo, idioma, religião, opiniões políticas ou de qualquer outra natureza, origem nacional ou social, posição econômica, nascimento ou qualquer outra condição social.
>
> Artigo 2. Dever de Adotar Disposições de Direito Interno
>
> Se o exercício dos direitos e liberdades mencionados no artigo 1 ainda não estiver garantido por disposições legislativas ou de outra natureza, os Estados Partes comprometem-se a adotar, de acordo com as suas normas

constitucionais e com as disposições desta Convenção, as medidas legislativas ou de outra natureza que forem necessárias para tornar efetivos tais direitos e liberdades.[1]

Desde a sua primeira sentença, no caso *Velázquez Rodríguez*, a Corte Interamericana de Direitos Humanos determinou que a obrigação de garantia estipulada no artigo 1º da Convenção

1 Estes dois artigos reproduzem, na essência, o enunciado do artigo 2º do "Pacto Internacional de Derechos Civiles e Políticos", segundo o qual:
Artigo 2º
Cada um dos Estados Partes no presente Pacto se compromete a respeitar e a garantir a todos os indivíduos que se encontrem em seu território e estejam sujeitos a sua jurisdição, os direitos reconhecidos no presente Pacto, sem distinção alguma de raça, cor, sexo, idioma, religião, opinião política ou de outra índole, origem nacional ou social, posição econômica, nascimento ou qualquer outra condição social.
(2) Cada Estado Parte se compromete a adotar, conforme aos seus procedimentos constitucionais e às disposições do presente Pacto, as medidas oportunas para ditar as disposições legislativas ou de outro caráter que sejam necessárias para tornar efetivos os direitos reconhecidos no presente Pacto e que não estivessem já garantidos por disposições legislativas ou de outro caráter.

> [...] implica o dever dos Estados Partes de *organizar todo o aparato governamental* e, em geral, todas as estruturas através das quais se manifesta o exercício do poder público, *de forma tal que sejam capazes de assegurar juridicamente o livre e pleno exercício dos direitos humanos.* Como conseqüência desta obrigação os Estados devem *prevenir, investigar e punir* toda violação dos direitos reconhecidos pela Convenção e *procurar, além disto, o restabelecimento, se possível, do direito violado e, neste caso, a reparação dos danos produzidos pela* violação dos direitos humanos.[2]

Esse conceito foi reiterado sistematicamente pela jurisprudência da Corte, que o precisou definindo que o Estado é o *garantidor* do respeito aos direitos humanos, inclusive nas relações interindividuais, quando por sua aquiescência, ação ou omissão, contribuiu para sua violação. Assim, declarou a responsabilidade do Estado pelos crimes cometidos por grupos paramilitares ou parapoliciais, como as chamadas "Patrullas Civiles" *(Patrulhas Civis)* que operaram durante o conflito armado da Guatemala[3], ou as denominadas "Autodefensas" *(Autodefesas)* colombianas[4]. Deste modo, declarou a particular natureza do compromisso dos Estados Partes na Convenção Americana, que têm "a obrigação, *erga omnes*, de proteger a to-

2 Corte IDH, *Caso Velázquez Rodríguez*. Sentencia de 29 de julio de 1988. Serie C, no. 4, parágrafo 166; também parágrafos 164-177; Corte IDH, *Caso Godínez Cruz*. Sentencia de 20 de enero de 1989. Serie C, no. 5, parágrafo 175, também parágrafos 173-188. Os nomes dos casos citados são os nomes oficiais e encontram-se em espanhol; os textos citados são tradução livre e não oficial para o português do texto original oficial em espanhol.

3 Corte IDH, *Caso Blake*, Sentencia de 24 de enero de 1998. Serie C, no. 36, parágrafo 78.

4 Corte IDH, *Caso de la "Masacre de Mapiripán"*. Sentencia de 15 de septiembre de 2005. Serie C, no. 134, parágrafo 111.

das as pessoas que se encontrem sob sua jurisdição"[5]. Os Estados Partes, portanto, são juridicamente os garantidores da Convenção para com toda pessoa sob sua jurisdição, à qual devem todos os meios de proteção de tais direitos e não podem legitimamente se recusar a fornecer a garantia que lhe é devida.

O artigo 2º da Convenção, por sua parte, expressa uma regra geral de Direito internacional consuetudinário que obriga aos Estados Partes em um tratado a *adotar disposições de Direito interno* necessárias para cumprir suas obrigações internacionais. No caso da Convenção, essas obrigações se traduzem na efetividade do gozo, respeito e garantia dos direitos humanos. O artigo 2º não somente obriga aos Estados Partes a adotar novas disposições de Direito interno que dotem de efetividade a Convenção na ordem doméstica; *estão também obrigados a suprimir toda norma ou prática* que seja incompatível com os deveres assumidos segundo a mesma Convenção[6].

Esse marco geral fornece os dados jurídicos necessários para concluir que a impunidade pelas violações aos direitos humanos protegidos pela Convenção é radicalmente incompatível com esta. Tentarei demonstrar, em primeiro lugar, como essa afirmação é válida em termos gerais; e, em segundo lugar, como mantém sua validade inclusive frente às atuações de ditaduras militares passadas, por maior que seja o tempo já transcorrido desde seu término, e nem sequer frente a obstáculos que tenham surgido posteriormente às infrações, como, por exemplo, as leis de anistia, a prescrição ou a irretroatividade da Convenção com respeito a fatos anteriores ao início de suas vigências para cada Estado.

A impunidade ofende a obrigação de garantir os direitos humanos

A garantia oferecida pela Convenção Americana compreende as obrigações do Estado de investigar, punir e reparar as violações dos direitos humanos ocorridas dentro de sua jurisdição. Isso abrange combater a impunidade, definida pela Corte como "a falta em seu conjunto de investigação, persecução, captura, julgamento e condenação dos responsáveis das violações dos direitos protegidos pela Convenção Americana [...]"[7].

No âmbito das Nações Unidas, o Relator Especial Louis Joinet definiu a impunidade como

> a ausência, *de iure ou de facto*, da atribuição da responsabilidade penal dos autores de violações dos direitos humanos, assim como de sua responsabilidade civil, administrativa ou disciplinar, de modo que eles escapem de toda investigação que possa permitir sua responsabilidade,

5 Corte IDH, *Caso de la Comunidad de Paz de San José de Apartadó,* Resolución de Medidas Provisionales de 18 de junio de 2002, considerando 11. Também, por exemplo, Corte IDH, *Caso de la "Masacre de Mapiripán",* Sentencia de 15 de septiembre de 2005. Serie C, no. 134, parágrafo 111.

6 "O dever geral do artigo 2 da Convenção Americana sobre Direitos Humanos implica a adoção de medidas em duas vertentes. Por uma parte, a supressão das normas e práticas de qualquer natureza que implique em violação às garantias previstas na Convenção. Pela outra, a expedição de normas e o desenvolvimento de práticas condizentes à efetiva observância de tais garantias." Corte IDH, *Caso Castillo Petruzzi y otros.* Sentencia de 30 de mayo de 1999. Serie C, no. 52, parágrafo 207; Corte IDH, *Caso Baena Ricardo y otros.* Sentencia de 2 de febrero de 2001. Serie C, no. 72, parágrafo 180.

7 Corte IDH, *Caso de la "Panel Blanca" (Paniagua Morales y otros).* Sentencia de 8 de marzo de 1998. Serie C, no. 37, parágrafo 173.

prisão, julgamento e, caso seja reconhecida sua culpabilidade, a condenação a penas apropriadas, e a reparar os prejuízos sofridos por suas vítimas.[8] (NACIONES UNIDAS, 1997).

Nesta matéria, no entanto, cabe fazer uma distinção relevante para o tema desta apresentação. Uma situação de impunidade ocorre quando o aparato do Estado foi incapaz, apesar de fazê-lo com seriedade, de esclarecer um delito, ou de identificar, capturar e castigar os que o cometeram. A impunidade nesses casos é, em termos gerais, um tema criminológico, policial ou penal. Em outras situações, a impunidade baseia-se em que a ofensa foi cometida sob a cobertura do poder público ou com sua aquiescência e até sua proteção, cujos meios oferecem ao perpetrador segurança de que não será identificado e muito menos processado e castigado. Nesses casos a impunidade configura uma grave violação dos direitos humanos e contradiz flagrantemente a obrigação, estipulada pela Convenção, de garantir esses direitos. É essa a impunidade que acompanhou os crimes cometidos pelas ditaduras e os autoritarismos latino-americanos e à qual, portanto, se refere esta apresentação.

A Corte Interamericana salientou que os Estados Partes na Convenção devem erradicar a impunidade e têm "a obrigação de combater tal situação *por todos os meios legais disponíveis* já que a impunidade propicia a repetição crônica das violações de direitos humanos e a total indefensabilidade das vítimas e de seus familiares"[9]. Essa obrigação, em determinadas circunstâncias, é imperativa e não admite desfechos diferentes ao seu cumprimento, porque protege bens jurídicos absolutos, que entram no âmbito do *ius cogens*, ou seja, das normas imperativas do Direito internacional, que não podem ser derrogadas pelo efeito da vontade dos Estados.

Impunidade e *ius cogens*

O tema da impunidade, especialmente dentro do contexto de crimes atribuídos a ditaduras militares latino-americanas, assume uma perspectiva especial quando estão em questão violações da maior gravidade dos direitos humanos, que configuram delitos contra o Direito internacional, tais como ocorrem com o genocídio, os crimes de guerra e os delitos de lesa humanidade, também se incluindo as execuções extrajudiciais, a tortura e o desaparecimento forçado de pessoas.

Nestes casos, a natureza jurídica das obrigações do Estado, segundo a Convenção, assume uma dimensão particular, que vai além de seu caráter

8 Esse documento contém o *Conjunto de principios para la protección y la promoción de los Derechos Humanos, para la lucha contra la impunidad*. Os Principios foram atualizados pela Comissão de Direitos Humanos das Nações Unidas em 2005 com base na proposta preparada pela especialista independente Diane Orenlitcher (E/CN.4/2005/102/Add.1, 8 de febrero de 2005). Os Principios estão reunidos sob o "guarda-chuva" de três direitos: a) o direito de saber; b) o direito à justiça; c) o direito a obter reparação.

9 Corte IDH, *Caso de la "Panel Blanca" (Paniagua Morales y otros)*. Sentencia de 8 de marzo de 1998. Serie C, no. 37, parágrafo 173. Também Corte IDH, *Caso de las Hermanas Serrano Cruz*. Sentencia de 9 de septiembre de 2005. Serie C, no. 131, parágrafo 170; Corte IDH, *Caso García Prieto y otros*. Sentencia de 20 de noviembre de 2007. Serie C, no. 168, parágrafo 101; Corte IDH, *Caso Zambrano Vélez y otros*. Sentencia de 4 de julio de 2007. Serie C, no. 166, parágrafo 123 e Corte IDH. *Caso Kawas Fernández*. Sentencia de 3 de abril de 2009 Serie C, no. 196, parágrafo 190.

erga omnes. A Corte recorreu ao conceito de *ius cogens*, ou seja, de Direito internacional imperativo, tradicionalmente reservado ao Direito dos Tratados, para referi-lo à proibição absoluta das mais graves violações aos direitos humanos.

Essa iniciativa da Corte a coloca na vanguarda no tangente à valorização da dignidade da pessoa humana como um dos componentes chaves do Direito internacional contemporâneo. Como o presidente da Corte, Antônio Augusto Cançado Trindade, expressou em um de seus votos fundamentados,

> Em meu entendimento, é neste capítulo central do Direito Internacional, o da responsabilidade internacional (talvez mais que no capítulo do direito dos tratados), que o *ius cogens* revela sua real, ampla e profunda dimensão, atingindo todos os atos jurídicos (inclusive os unilaterais), e incidindo (inclusive além do domínio da responsabilidade estatal) nos próprios fundamentos de um direito internacional verdadeiramente universal.[10]

Somente certas violações dos direitos humanos entram no *ius cogens*. Trata-se de atentados que se contrapõem a uma proibição absoluta e que ofendem em tal grau a consciência universal que sua punição é obrigatória. Em termos gerais, respondem ao conceito de crimes de lesa humanidade. Exemplos destas gravíssimas ofensas aos direitos humanos são a tortura, o desaparecimento forçado de pessoas e as execuções sumárias ou extrajudiciais realizadas no âmbito de ataques generalizados à população civil.

10 Corte IDH. *Condición Jurídica y Derechos de los Migrantes Indocumentados.* Opinión Consultiva (OC-18/03) de 17 de septiembre de 2003. Serie A, no. 18. *Voto concordante do Juiz A. A. Cançado Trindade*, parágrafo 70. No conceito do Juiz Cançado Trindade "podemos considerar tais obrigações *erga omnes* a partir de duas dimensões, uma horizontal e outra vertical, que se complementam. Assim, as obrigações *erga omnes* de proteção, em uma dimensão horizontal, são obrigações atinentes à proteção dos seres humanos devidas à comunidade internacional como um todo. No marco do direito internacional convencional, elas vinculam todos os Estados Partes nos tratados de direitos humanos (obrigações *erga omnes* partes), e, no âmbito do direito internacional geral, vinculam todos os Estados que compõem a comunidade internacional organizada, sejam ou não Partes nesses tratados (obrigações *erga omnes lato sensu*). Em uma dimensão vertical, as obrigações *erga omnes* de proteção vinculam tanto os órgãos e agentes do poder público (estatal), como as pessoas simples (nas relações interindividuais)". (Ibid., parágrafo 77)

A jurisprudência interamericana tratou com a inequivocidade e o rigor necessário estas graves situações:

a) Com respeito à *tortura*, a Corte estabeleceu que

> Existe um regime jurídico internacional de proibição absoluta de todas as formas de tortura, tanto física como psicológica, regime que pertence atualmente ao domínio do *ius cogens*. A proibição da tortura é completa e inderrogável, inclusive nas circunstâncias mais difíceis, tais como guerra, ameaça de guerra, combate ao terrorismo e quaisquer outros delitos, estado de sítio ou de emergência, comoção ou conflito interno, suspensão de garantias constitucionais, instabilidade política interna ou outras emergências ou calamidades públicas.[11]

b) Também é de ius cogens a proibição absoluta do desaparecimento forçado de pessoas. A Corte concluiu, a partir do Preâmbulo da Convenção Interamericana sobre Desaparecimento forçado de Pessoas[12] e "[...] perante a gravidade particular destes delitos e a natureza dos direitos lesionados, [que] a proibição do desaparecimento forçado de pessoas e o correlativo dever de investigá-las e punir aos seus responsáveis alcançou caráter de *ius cogens*."[13]

c) Na mesma direção, a Corte empregou conceitos trazidos do Direito penal internacional para dotar de natureza de *ius cogens* certas violações dos direitos humanos que, por sua gravidade, configuram *crimes de lesa humanidade*. Nessa direção afirmou que

11 Corte IDH, *Caso Tibi*. Sentencia de 7 de septiembre de 2004. Serie C, no. 114, parágrafo 143. Também, anteriormente, Corte IDH, *Caso de los Hermanos Gómez Paquiyauri*. Sentencia de 8 de julio de 2004. Serie C, no. 112, parágrafo 111; Corte IDH, *Caso Maritza Urrutia*. Sentencia de 27 de noviembre de 2003. Serie C, no. 103, parágrafos 89 e 92. E posteriormente, Corte IDH, *Caso Baldeón García*. Sentencia de 6 de abril de 2006. Serie C, no. 147, parágrafo 117; Corte IDH, *Caso Caesar*. Sentencia de 11 de marzo 2005. Serie C, no. 123, parágrafo 59; Corte IDH, *Caso García Asto y Ramírez Rojas*. Sentencia de 25 de noviembre de 2005. Serie C, nº 137, parágrafo 222.

12 "Considerando que o desaparecimento forçado de pessoas constitui uma afronta à consciência do Hemisfério e uma grave ofensa de natureza hedionda à dignidade inerente à pessoa humana, em contradição com os princípios e propósitos consagrados na Carta da Organização dos Estados Americanos." (ORGANIZACIÓN DE LOS ESTADOS AMERICANOS, s/d).

13 Corte IDH, *Caso Goiború y Otros*. Sentencia de 22 de septiembre de 2006. Serie C, no. 153, parágrafo 84. Também Corte IDH, *Caso La Cantuta*. Sentencia de 29 de noviembre de 2006. Serie C, no. 162, parágrafo 157.

> [...] a prática de crimes de lesa humanidade, incluindo o homicídio executado em um contexto de ataque generalizado ou sistemático contra setores da população civil, violaria uma norma imperativa do direito internacional. Tal proibição de cometer crimes de lesa humanidade é uma norma de *ius cogens*, e a punição destes crimes é obrigatória conforme o direito internacional geral.[14]

Perante fatos de natureza e gravidade semelhantes, surge de pleno direito uma obrigação de investigá-los, desde o primeiro momento em que as autoridades tenham conhecimento deles. A investigação deve ser realizada pelo Estado *ex officio* e sem dilação, e deve ser "séria, imparcial e efetiva"[15]. A Corte lembrou que o dever de investigar é uma obrigação de meios, e não de resultados. No entanto, deve ter um significado e ser assumida pelo Estado como um dever jurídico próprio, e não como uma simples gestão de interesses particulares, nem como uma simples formalidade condenada de antemão a ser ineficaz[16].

A Corte também reiterou que

> a investigação deve ser realizada por todos os meios legais disponíveis e orientada à determinação da verdade e à persecução, captura, julgamento e eventual castigo de todos os responsáveis intelectuais e materiais dos fatos, especialmente quando nesses estiverem ou possam estar envolvidos agentes estatais.[17] Trata-se, portanto, de combater e erradicar a impunidade.

A erradicação da impunidade

A jurisprudência citada contém os componentes fundamentais para a erradicação da impunidade, que foram igualmente identificados no âmbito das Nações Unidas (NACIONES UNIDAS,1997, 2005), a saber: 1) a determinação da *verdade;* 2) a *justiça,* que compreende o julgamento e a punição dos responsáveis e 3) a *reparação.*

No Sistema Interamericano foi proposta a questão do *direito à verdade.* A Comissão Interamericana de Direitos Humanos considerou que se trata de um direito autônomo da sociedade, que surge como princípio emergente do direito internacional sob a interpretação dinâmica dos tratados de direitos humanos e, especificamente, dos artigos 1.1 (obrigação dos Estados de respeitar e garantir os direitos humanos), 8º (direito ao devido processo), 25 (direito a um recurso judicial efetivo) e 13 (direito a buscar e receber informação da Convenção

14 Corte IDH, *Caso Almonacid Arellano.* Sentencia de 26 de septiembre de 2006. Serie C, no. 154, parágrafo 99.

15 Corte IDH, *Caso Juan Humberto Sánchez.* Sentencia de 7 de junio de 2003. Serie C, no. 99, parágrafo 112; Corte IDH, *Caso García Prieto y otros.* Sentencia de 20 de noviembre de 2007. Serie C, no. 168, parágrafo 101; Corte IDH, *Caso Heliodoro Portugal.* Sentencia de 12 de agosto de 2008. Serie C, no. 186, parágrafo 144.

16 Corte IDH, *Caso Velásquez Rodríguez.* Sentencia de 29 de julio de 1998. Serie C, no. 4, parágrafo 177; Corte IDH, *Caso García Prieto y otros,* Sentencia de 20 de noviembre de 2007. Serie C, no. 168, parágrafo 100, e Corte IDH, *Caso Cantoral Huamaní y García Santa Cruz.* Sentencia de 10 de julio de 2007. Serie C, no. 167, parágrafo 131.

17 Corte IDH, *Caso de las Hermanas Serrano Cruz. Interpretación de la Sentencia de Fondo, Reparaciones y Costas.* Sentencia de 9 de septiembre de 2005. Serie C, no. 131, parágrafo 170; Corte IDH, *Caso García Prieto y otros.* Sentencia de 20 de noviembre de 2007. Serie C, no. 168, parágrafo 101, e Corte IDH, *Caso Zambrano Vélez y otros.* Sentencia de 4 de julio de 2007. Serie C, no. 166, parágrafo 123.

Americana)[18]. A Comissão também afirmou que o direito individual à verdade "se fundamenta nos artigos 8 e 25 da Convenção", porém que também "se baseia no artigo 13.1"[19].

A Corte, por sua vez, em sua primeira aproximação ao direito à verdade, concluiu que se tratava de "um direito não existente na Convenção Americana embora possa corresponder a um conceito ainda em desenvolvimento doutrinal e jurisprudencial"[20]. No entanto, logo a Corte destacou de maneira apreciável esse pronunciamento ao concluir reiteradamente que

> o direito à verdade está incluído no direito da vítima ou seus familiares a obter dos órgãos competentes do Estado o esclarecimento dos fatos violadores e as responsabilidades correspondentes, através da investigação e o julgamento previstos nos artigos 8 e 25 da Convenção.[21]

Esta posição não nega a existência de um direito à verdade, mas sim o afirma, com a reserva de que não se trataria de um *direito autônomo.*

Por sua parte, a Assembleia Geral da OEA, em seu 36º período de sessões (Santo Domingo, 2006), aprovou uma Resolução sobre o tema, explicitamente reconheceu "a importância de respeitar e garantir o direito à verdade para contribuir com o fim da impunidade e promover e proteger os direitos humanos"[22]. Em um nível mais reduzido, a "Declaração Final da Cúpula Social do MERCOSUL" também, explicitamente, enfatizou "a importância de garantir o direito à verdade e à memória" (parágrafo 13).

No âmbito universal, o Comitê de Direitos Humanos, criado pelo Pacto Internacional de Direitos Civis e Políticos das Nações Unidas, afirmou que o familiar de uma vítima tem o direito de saber o que ocorreu com ela e que a violação desse direito converte este familiar, por sua vez, em vítima da violação do Pacto[23]. Adicionalmente, o Preâmbulo da Convenção das Nações Unidas para a proteção de todas as pessoas contra os desaparecimentos forçados contém o reconhecimento explícito do "direito a conhecer a verdade sobre as circunstâncias de um desaparecimento forçado e o destino da pessoa desaparecida, assim como o respeito do direito à liberdade de buscar, receber e difundir informações para esta finalidade".

Por sua vez, o Escritório do Alto Comissariado de Direitos Humanos preparou um Relatório sobre o direito à verdade (ALTO COMISIONADO..., 2007). Ali se declara que "o direito à verdade é um direito individual que presta assistência tanto às vítimas como a seus familiares, porém também tem uma

18 Corte IDH, *Caso Bámaca Velásquez*. Sentencia de 25 de noviembre de 2000. Serie C, no. 70, parágrafo 197.

19 Corte IDH, *Caso Barrios Altos*. Sentencia de 14 de marzo de 2001. Serie C, no. 75, parágrafo 45.

20 Corte IDH, *Caso Castillo Páez*. Sentencia de 3 de noviembre de 1997. (Fondo). Serie C, no. 34, parágrafo 86.

21 Corte IDH, *Caso Bámaca Velásquez*. Sentencia de 25 de noviembre de 2000. Serie C, no. 70, parágrafo 201; Corte IDH, *Caso Barrios Altos*, Sentencia de 14 de marzo de 2001. Serie C, no. 75, parágrafo 48. Corte IDH, *Caso Blanco Romero*. Sentencia de 28 de noviembre de 2005. Serie C, no. 138, parágrafo 62; Corte IDH, *Caso de la Masacre de La Rochela*. Sentencia de 11 de mayo de 2007, Serie C, no. 163, parágrafo 147; Corte IDH, *Caso Almonacid Arellano*. Sentencia de 26 de septiembre de 2006. Serie C, no. 154, parágrafo 148; Corte IDH, *Caso Zambrano Vélez y otros*. Sentencia de 4 de julio de 2007. Serie C, no. 166, parágrafo 149.

22 Assembleia Geral da OEA. Resolução 2175 (XXXVI-O/06). *Direito à verdade*.(Aprovada na 4ª sessão plenária, ocorrida em 6 de junio de 2006)

23 Caso no. 107/1981 (*Quinteros vs. Uruguai*).

dimensão coletiva e social" (parágrafo 83). Ele é reconhecido como um *direito autônomo*, embora esteja "estreitamente ligado a outros direitos humanos" (parágrafo 85).

A investigação de certos fatos, precisamente quando se tratou de violações graves, massivas e sistemáticas dos direitos humanos, foi confiada em diversos casos a comissões especiais que podem ser denominadas de forma genérica como "comissões da verdade"[24]. Em geral, foi reconhecido que as comissões da verdade, dependendo de seu mandato e sua independência, podem cumprir uma função importante na luta contra a impunidade e o ressarcimento das vítimas. Porém essas comissões não são órgãos judiciais nem são aptas para substituir a justiça[25]. É um instrumento para esclarecer a verdade, não para fazer justiça. Além disto, a verdade mais convincente é a que pode surgir de um processo judicial, onde sejam respeitadas todas as garantias ao acusado e onde o debate contraditório torne mais evidente sua culpabilidade ou sua inocência. Esse critério foi também acolhido e postulado na jurisprudência da Corte:

> [...] o estabelecimento de uma comissão da verdade, de acordo com o objeto, procedimento, estrutura e finalidade de seu mandato, pode contribuir para construção e preservação da memória histórica, o esclarecimento de fatos e a determinação de responsabilidades institucionais, sociais e políticas em determinados períodos históricos de uma sociedade. As verdades históricas que sejam conseguidas através desse mecanismo, não devem ser entendidas como um substituto do dever do Estado de assegurar a determinação judicial de responsabilidades individuais ou estatais pelos meios jurisdicionais correspondentes, nem com a determinação de responsabilidade internacional que corresponda a este Tribunal. Trata-se de determinações da verdade que são complementares entre si, pois todas têm um sentido e alcance próprios, assim como potencialidades e limites particulares, dependentes do contexto em que surgem e dos casos e circunstâncias concretas analisadas. Com efeito, a Corte outorgou especial valor aos relatórios das Comissões da Verdade ou de Esclarecimento Histórico como provas relevantes na determinação dos fatos e da responsabilidade internacional dos Estados em diversos casos que foram submetidos à sua jurisdição.[26]

Sem sombra de dúvidas, é dentro do sistema judicial que o assunto da responsabilidade individual pelas violações aos direitos humanos deve ser resolvido e onde, do mesmo modo, deve ser acordada a reparação devida às vítimas de tais violações[27]. Neste caso, é necessária a punição dos respon-

24 Sobre as "comissões da verdade" e seu desempenho, cf. HAYNES, P. *Unspeakable Truths*: Facing the Challenge of Truth Commissions. New York: Routledge, 2002.

25 Cf. MENDEZ, J.E. Accountability for Past Abuses. Human Rights Quarterly, v. 19, no. 2, p. 267 et seq., maio 1997. Do mesmo autor, Derecho a la Verdad frente a las graves violaciones a los Derechos Humanos. In: *La aplicación de los tratados sobre Derechos Humanos por los tribunales locales*. Buenos Aires: Ed. Del Puerto-CELS, 1997. p. 536 et seq.

26 Corte IDH, *Caso Zambrano Vélez y otros*. Sentencia de 4 de julio de 2007. Serie C, no. 166, parágrafo 128.

27 O tema da reparação por graves violações aos direitos humanos foi abordado, no âmbito universal, da maneira mais completa, pelos "Princípios e diretrizes básicos sobre o direito das vítimas de violações manifestas das normas internacionais de direitos humanos e de violações graves do direito internacional humanitário a interpor recursos e obter reparações" (*Principios y directrices básicos sobre el derecho de las víctimas de violaciones manifiestas de las normas internacionales de derechos humanos y de violaciones graves del derecho internacional humanitario a interponer recursos y obtener reparaciones*), aprovados pela Assembleia Geral das Nações Unidas, segundo Resolução 60/147 de 16 de dezembro de 2005. A prática do Sistema Interamericano de Direitos Humanos foi um nutriente relevante dessa Resolução. De acordo com esta prática, a reparação deve procurar a *restitutio in integrum* do dano causado à vítima, segundo o Direito internacional, que compreende medidas de restituição, de não repetição. De indenização do dano material e imaterial e de satisfação. Não se aborda o tema nesta dissertação devido ao seu curto tempo.

sáveis, e, neste sentido, é indispensável que, previamente, o próprio órgão judicial tenha disponibilizado a investigação e o completo esclarecimento dos fatos.

O sistema judicial, no entanto, tem limitações. Em certas situações, essas limitações advêm da situação de fato do sistema judicial do país, em um determinado momento. Frequentemente o sistema de justiça de transição é frágil e carece da devida independência, seja porque está impregnado de vícios do passado, seja porque é o resultado de uma mudança política cuja tendência o contagia[28].

Outras limitações podem revestir um caráter jurídico formal. A elas é dedicado o capítulo a seguir desta dissertação.

Obstáculos legais à atribuição de responsabilidade por violações aos direitos humanos

Certas instituições jurídicas podem inibir a possibilidade de determinar responsabilidade legal pela infração de uma norma jurídica. Entre elas podem ser mencionadas as leis de anistia, a prescrição, a obediência devida, o direito de asilo, as limitações à extradição e a proibição do julgamento em ausência. Estas instituições jurídicas *não são aplicáveis às violações mais graves dos direitos humanos.* A jurisprudência do sistema interamericano ocupou-se da anistia e da prescrição, às quais irei me referir imediatamente. Em seguida mencionarei os limites que a vigência temporária da Convenção pode impor para a determinação da responsabilidade internacional do Estado por fatos anteriores à sua ratificação pelo Estado relacionado.

Obstáculos à responsabilidade no Direito interno

Os delitos mais graves contra os direitos humanos têm tal entidade que seus perpetradores não podem escapar da condenação em virtude de certos institutos jurídicos cujo efeito normativo é o de inibir ou extinguir a responsabilidade legal (penal, civil ou administrativa) de determinadas transgressões à ordem jurídica. A Corte Interamericana afirmou especificamente que a "proibição de cometer crimes de lesa humanidade é uma norma de *ius cogens, e a punição destes crimes é obrigatória conforme ao direito internacional geral*"[29] (grifo meu). Como consequência da natureza dos direitos violados e dos crimes implicados, que constituem infrações às normas imperativas do Direito internacional (*ius cogens*), "o Estado não poderá argumentar prescrição, irretroatividade da lei penal, nem o princípio *ne bis in idem*, assim como qual-

28 Somente para citar um exemplo da primeira dessas situações, a Comissão da Verdade de El Salvador, apesar de ter identificado os supostos responsáveis de diversos delitos muito graves, concluiu o seguinte: "A Comissão não acredita que possa encontrar uma saída para os problemas que examinou reintroduzindo-os no que é uma de suas causas mais relevantes. O quadro que este relatório apresenta não se configuraria se o sistema judicial tivesse funcionado adequadamente. É óbvio que ainda este sistema judicial não se transformou o suficiente para concretizar um sentimento de justiça que impulsione a reconciliação nacional. Pelo contrário, um debate judicial no atual cenário, longe de satisfazer um honesto desejo de justiça, poderia servir para reviver velhas frustrações e entorpecer assim esse objetivo fundamental que é a reconciliação. Sendo este o contexto atual, é claro que neste momento a Comissão somente confia em uma administração judicial renovada com base nos Acordos de Paz, para que seja ela quem aplique plena e oportuna justiça." Cf. *De la Locura a la Esperanza: la guerra de 12 años en El Salvador"*. É o título que a Comissão deu ao seu Relatório, o qual está publicado em *Las Naciones Unidas y El Salvador.* Introducción del Secretario General de las Naciones Unidas, Sr. Boutros Boutros-Ghali. (Serie de Libros Azules de las Naciones Unidas, volumen IV). Departamento de Información Pública. Naciones Unidas. Nueva York, 1995. p. 307-437. A menção é da página 403 de tal volume.

29 Corte IDH, *Caso Almonacid Arellano*. Sentencia de 26 de septiembre de 2006. Serie C, no. 154, parágrafo 99. Também Corte IDH, *Caso Barrios Altos*. Sentencia de 14 de marzo de 2001. Serie C, no. 75, parágrafo 41.

quer excludente similar de responsabilidade, para escusar-se de seu dever de investigar e punir os responsáveis"[30].

As anistias

A anistia pode ser um instrumento de clemência, de magnanimidade e de perdão, na medida em que responde a fins legítimos, especialmente se é o mais forte quem perdoa o mais fraco; o perseguidor, ao perseguido; o vencedor, ao vencido. No campo do Direito internacional humanitário, o Protocolo II dos Convênios de Genebra de 1949, explicitamente indica que

> (a) à cessação das hostilidades, as autoridades no poder procurarão conceder a anistia mais ampla possível às pessoas que tenham participado no conflito armado ou estejam privadas de liberdade, internadas ou detidas pelos motivos relacionados com o conflito armado. (Art. 6.5).

Porém a anistia pode se perverter e degenerar em uma ferramenta para a impunidade, particularmente quando é decidida pelos mesmos que perpetraram, direta ou indiretamente, os crimes que se perdoam ou quando a anistia é arrancada sob a pressão e a ameaça dos mesmos perpetradores.

Esta última foi, lamentavelmente, uma prática comum entre os governos autoritários na América Latina, que ditaram leis de anistia para se perdoarem a si mesmos. Trata-se de anistias promovidas por um regime autoritário para beneficiar os seus funcionários perante as acusações que poderiam ser dirigidas aos mesmos por graves violações aos direitos humanos. Essa prática reprovável foi conhecida como *autoanistias*. Tratou-se de uma legislação especificamente dirigida a assegurar a impunidade dos perpetradores de gravíssimas violações aos direitos humanos ocorridas sob a era autoritária.

A Corte Interamericana de Direitos Humanos foi categórica ao tachar como ilegítimas e radicalmente nulas tais autoanistias. No emblemático caso *Barrios Altos*, em que estava em jogo uma lei desta natureza ditada sob o regime do Fujimori, a Corte estipulou o seguinte:

> Esta Corte considera que *são inadmissíveis* as disposições de anistia, as disposições de prescrição e o estabelecimento de excludentes de responsabilidade que pretendam impedir a investigação e punição dos responsáveis das violações graves dos direitos humanos tais como a tortura, as execuções sumárias, extralegais ou arbitrárias e os desaparecimentos forçados, todas proibidas por violar direitos inderrogáveis reconhecidos pelo Direito Internacional dos Direitos Humanos.[31]

30 Corte IDH, *Caso Almonacid Arellano*. Sentencia de 26 de septiembre de 2006. Serie C, no. 154, parágrafo 151.

31 Corte IDH, *Caso Barrios Altos*. Sentencia de 14 de marzo de 2001. Serie C, no. 75, parágrafo 41.

32 Ibid., parágrafo 44. Também Corte IDH, *Caso Almonacid Arellano*. Sentencia de 26 de septiembre de 2006. Serie C, no. 154, parágrafo 119.

> Como conseqüência da manifesta incompatibilidade entre as leis de autoanistia e a Convenção Americana sobre Direitos Humanos, as mencionadas leis *carecem de efeitos jurídicos e não podem seguir representando um obstáculo para a investigação dos fatos* que constituem este caso nem para a identificação e o castigo dos responsáveis, nem poderão ter igual ou similar impacto no que diz respeito a outros casos de violação aos direitos consagrados na Convenção Americana ocorridos no Peru.[32] (grifo meu)

As leis de autoanistia, além disto, "deixam as vítimas indefesas e conduzem à perpetuação da impunidade, o que as torna manifestamente incompatíveis com a letra e o espírito da Convenção Americana"[33]. Portanto, tais leis são "*per se* uma violação da Convenção e gera(m) responsabilidade internacional do Estado"[34].

A radical perversão das leis de anistia deve logicamente acarretar como efeito a privação de todo efeito jurídico delas, disposto na sentença da Corte Interamericana. A ineficácia jurídica dessas leis produz efeitos *erga omnes*, ou seja, absolutos, e não somente referente ao caso *sub judice*. A mesma Corte também assim o determinou no caso *Barrios Altos* ao afirmar que ditas leis não podem ter efeito "no que diz respeito a outros casos de violação aos direitos consagrados na Convenção Americana ocorridos no Peru"[35]. Também, em sua decisão sobre a interpretação da sentença no mesmo caso *Barrios Altos*, a Corte destacou que a manutenção da vigência de uma lei de anistia para delitos contra os direitos humanos viola o artigo 2º da Convenção. Afirmou também que "o resolvido na sentença de mérito no caso Barrios Altos tem efeitos gerais"[36].

Em resumo, disse a Corte, perante a estas leis o Estado deve

> (i) assegurar que não sigam representando um obstáculo para a investigação da execução extrajudicial [*a vítima*] e para a identificação e, neste caso, punição dos responsáveis, e (ii) assegurar que o Decreto Lei nº 2.191 [anistia] não siga representando um obstáculo para a investigação, julgamento e, neste caso, punição dos responsáveis de outras violações similares [...].[37]

O efeito *erga omnes* dessa decisão também foi reconhecido por instâncias judiciais internas, em particular pela Argentina, cuja Corte Suprema declarou a nulidade das leis conhecidas como "de obediência devida" e "de ponto final". Nessa sentença argentina, concluiu-se que o "traslado das conclusões da Corte Interamericana no caso 'Barrios Altos' ao caso argentino é fundamental, se é que as decisões do Tribunal internacional mencionado devam

33 Corte IDH, *Caso Barrios Altos*. Sentencia de 14 de marzo de 2001. Serie C, no. 75, parágrafo 43.

34 Corte IDH, *Caso Almonacid Arellano*. Sentencia de 26 de septiembre de 2006. Serie C, no. 154, parágrafo 119.

35 Corte IDH, *Caso Barrios Altos*. Sentencia de 14 de marzo de 2001. Serie C, no. 75, parágrafo 44. Também Corte IDH, *Caso Almonacid Arellano*. Sentencia de 26 de septiembre de 2006. Serie C, no. 154, parágrafo 119.

36 Corte IDH, *Caso Barrios Altos. Interpretación de la Sentencia de Fondo.* (art. 67 Convención Americana sobre Derechos Humanos). Sentencia de 3 de septiembre de 2001. Serie C, no. 83, parágrafo 18.

37 Corte IDH, *Caso Almonacid Arellano*. Sentencia de 26 de septiembre de 2006. Serie C, no. 154, parágrafo 145.

ser interpretadas de boa fé como pautas jurisprudenciais"[38]. A Corte Suprema argentina decidiu que

> as leis de ponto final e de obediência devida apresentam os mesmos vícios que levaram a Corte Interamericana a rejeitar as leis peruanas de "auto-anistia", pois, da mesma forma, ambas constituem leis *ad hoc*, cuja finalidade é a de evitar a persecução de graves lesões aos direitos humanos.

A prescrição

As conclusões da Corte com respeito à anistia se aplicam também em relação à prescrição. Em determinada oportunidade em que se pronunciou sobre um caso no qual a prescrição havia sido invocada, afirmou-se especificamente que "são inadmissíveis as disposições de prescrição ou qualquer obstáculo de direito interno mediante o qual se pretenda impedir a investigação e punição dos responsáveis pelas violações de direitos humanos"[39].

Este caso (*Bulacio*) apresenta uma particularidade. A vítima foi um jovem que morreu estando detido como resultado de uma batida policial em uma boate de Buenos Aires. Permaneceu detido em condições inadequadas por um curto período, no qual evidenciou problemas de saúde que poderiam ter sido ocasionados por maltratos propiciados ao jovem durante a detenção. Foi levado a um hospital e uma semana depois faleceu. Tratou-se de um caso ocorrido quando a democracia tinha sido restabelecida na Argentina e não aconteceu dentro de um ataque à população civil, nem de um padrão de violações sistemáticas e graves aos direitos humanos. Portanto, ainda que, sem dúvida, tenha sido realizada uma lesão ao direito à vida, não pareciam estar presentes as condições que a mesma Corte descreveu para que ocorra uma violação do *ius cogens*, cuja punição é obrigatória conforme o Direito internacional geral. A Corte, pois, manifestou seu rigor ao incluir este crime na categoria daqueles que, por sua enorme gravidade, são imprescritíveis.

Essa foi uma ocasião para outra sentença paradigmática da Corte Suprema de Justiça da Argentina. A Corte Suprema estava em desacordo com as conclusões da Corte Interamericana e criticou a sentença *Bulacio*; no entanto, levando em consideração o caráter obrigatório que têm as sentenças da mesma, acolheu os seus termos:

> [...] se coloca o paradoxo de que somente é possível cumprir com os deveres impostos ao Estado Argentino pela jurisdição internacional em matéria de direitos humanos restringindo fortemente os direitos de defesa e a um pronunciamento em um prazo razoável, garantidos ao responsabilizado pela Convenção Interamericana. Dado que tais restrições, no entanto, foram dispostas pelo pró-

38 *Corte Suprema de Justicia de la Nación de la República Argentina. Caso Simón*. Sentencia de 14 de junio de 2005.

39 Corte IDH, *Caso Bulacio*. Sentencia de 18 de septiembre de 2003. Serie C, no. 100, parágrafo 116.

> prio tribunal internacional para assegurar o cumprimento efetivo dos direitos reconhecidos por tal Convenção, *apesar das reservas apontadas, é dever desta Corte, como parte do Estado Argentino, dar-lhes cumprimento no âmbito de sua autoridade jurisdicional.*[40] (grifo meu)

De todo modo, posteriormente, a Corte reiterou que a imprescritibilidade está relacionada às mais graves violações dos direitos humanos, o que acaba sendo inteiramente congruente com a fundamentação dessa particularidade no *ius cogens*. Em uma sentença de 2008 a Corte concluiu o seguinte:

> [...] ao se tratar de *graves violações de direitos humanos* o Estado não poderá argumentar prescrição ou qualquer excludente de responsabilidade, para escusar-se de seu dever de investigar e punir os responsáveis.[41] (grifo meu)

Limites impostos pela vigência temporária da Convenção

A Convenção Americana, como qualquer tratado, está sujeita ao princípio de irretroatividade pautado pelo artigo 28 da Convenção de Viena sobre o Direito dos Tratados:

> Salvo se o contrário resultar do tratado ou tenha sido estabelecido de outro modo, as disposições de um tratado não vinculam uma Parte no que se refere a um ato ou fato anterior ou a qualquer situação que tenha deixado de existir à data da entrada em vigor desse tratado em relação a essa Parte.

A Corte reconheceu que sua competência *ratione temporis* pode estar limitada pelas razões mencionadas. No entanto, lembrou, desde suas primeiras sentenças, o princípio de Direito relativo à continuidade do Estado, com independência do governo:

> Segundo o princípio de Direito internacional da identidade ou continuidade do Estado, a responsabilidade subsiste independentemente das mudanças de governo no transcorrer do tempo e, concretamente, entre o momento em que se comete o fato ilícito que gera a responsabilidade e aquele em que ela é declarada. O ponto anterior é válido também no campo dos direitos humanos embora, de um ponto de vista ético ou político, a atitude do novo governo seja muito mais respeitosa com esses direitos do que a tinha o governo na época em que as violações foram praticadas.[42]

A Corte reconheceu que a irretroatividade pautada no artigo 28 da Convenção de Viena, antes citada, se aplica ao reconhecimento de sua jurisdição obrigatória.

40 *Corte Suprema de Justicia de la Nación de la República Argentina. Caso Espósito*. Sentencia de 23 de diciembre de 2006, parágrafo 16.

41 Corte IDH, *Caso Ticona Estrada*. Sentencia de 27 de noviembre de 2008. Serie C, no. 191, parágrafo 147.

42 Corte IDH, *Caso Velázquez Rodríguez*, Sentencia de 20 de enero de 1989. Serie C, no. 5, parágrafo 184; Corte IDH, *Caso Godínez Cruz*, Sentencia de 29 de julio de 1988. Serie C, no. 4, parágrafo 194.

A isto acrescenta-se, no tangente à jurisdição da Corte, a disposição do artigo 62(2) da Convenção, que autoriza os Estados a fixar certos limites temporais ao reconhecimento de tal jurisdição[43], com a qual diversos Estados limitaram os efeitos do reconhecimento dessa jurisdição a fatos ocorridos em momento imediatamente anterior à ela, como um veículo para que os regimes legítimos que sucederam aos autoritarismos do passado não se vejam compelidos a assumir a responsabilidade do Estado por atos dos governantes da era precedente.

Portanto, a Corte somente é competente *ratione temporis* para conhecer casos que tenham acontecido depois do reconhecimento de sua competência pelo Estado relacionado; no entanto, a mesma Corte esclareceu que embora se trate de fatos passados, se eles mesmos ou seus efeitos relevantes projetaram-se para frente no tempo, ela também pode reconhecer "sobre as situações que em tal data [a do reconhecimento de sua competência obrigatória] não tivessem deixado de existir"[44], ou seja, tenham nascido no passado.

A Corte determinou os limites dentro dos quais deve ser aplicado o princípio de retroatividade, de maneira que o comprometimento dos Estados ao ratificar a Convenção, particularmente no tangente à *garantia* dos direitos protegidos, não se veja fragilizado em prejuízo das vítimas. Sem tê-lo manifestado abertamente, a Corte diferenciou a aplicação retroativa e a aplicação imediata da Convenção. A aplicação retroativa, proibida pelo Direito internacional geral, está referida à inaplicabilidade da Convenção a fatos consumados antes que ela tenha entrado em vigência, assim como aos efeitos jurídicos desses fatos passados, que foram produzidos antes que a Convenção tenha entrado em vigor. A aplicação imediata, no entanto, se refere à aplicação da Convenção não somente com relação aos fatos que ocorram no futuro, mas também a todo estado de fato que subsista quando a Convenção entre em vigência, embora esse estado de fato tenha sido configurado com anterioridade. Também é imediata a aplicação do tratado aos efeitos jurídicos originados em fatos anteriores, porém, que se prolongaram e subsistem para o momento em que a Convenção entra em vigor para um Estado determinado.

Nesse marco, o princípio de irretroatividade não é óbice para que a Convenção se aplique a todo fato que exista no momento de sua entrada em vigor. Refiro-me em seguida a três situações diferentes, nas quais a irretroatividade ficou inteiramente referida ao acontecido antes da entrada em vigor da Convenção.

Aplicação imediata à realidade atual

Em primeiro lugar, quando os Estados ratificam a Convenção, assumem obrigações exigíveis com respeito à ordem jurídica e à realidade social e política existentes

43 A declaração pode ser feita incondicionalmente, ou sob condição de reciprocidade, por prazo determinado ou para casos específicos. Deverá ser apresentada ao secretário-geral da Organização, que encaminhará cópias da declaração aos outros Estados membros da Organização e ao secretário da Corte.

44 Corte IDH, *Caso de las Hermanas Serrano Cruz. Excepciones Preliminares*. Sentencia de 23 de noviembre de 2004. Serie C, no. 118, parágrafo 65.

no Estado no momento da ratificação. Em virtude dessas novas obrigações, os Estados assumem o dever jurídico de modificar a velha realidade para ajustá-la aos novos paradigmas. Nesse âmbito, destaca a disposição do artigo 2º da Convenção, citado ao início deste texto, em cujos termos os Estados se obrigam "a adotar [...] as medidas legislativas ou de outra natureza que forem necessárias para tornar efetivos [...] os direitos e liberdades [cujo exercício] não estejam já garantidos por disposições legislativas ou de outra natureza". Ou seja, os Estados assumem um dever fundamental, o de adequar o ordenamento jurídico interno aos requerimentos das obrigações internacionais em matéria de direitos humanos "e adotar em seu ordenamento jurídico interno todas as medidas necessárias para que o disposto na Convenção seja realmente cumprido e colocado em prática"[45]. Esta obrigação é exigível desde o momento em que o Estado é parte na Convenção, em virtude do artigo 27 da Convenção de Viena sobre o direito dos Tratados, segundo a qual um Estado "não poderá invocar as disposições de seu direito interno como justificativa do não cumprimento de um tratado".

Isto implica que o Estado deve legislar segundo a Convenção o ordena ou requeira; e também que deve suprimir de imediato toda norma ou prática incompatível com a Convenção[46].

Este é o caso das leis de anistia promulgadas anteriormente à ratificação da Convenção e à aceitação da competência obrigatória da Corte. Esse tribunal não é competente para se pronunciar sobre a compatibilidade entre a Lei de Anistia e a Convenção no momento em que esta lei foi promulgada, nem sobre a aplicação dela em época anterior à ratificação da Convenção. Porém, ao ratificar a Convenção, surge *ipso jure* a obrigação do Estado de ab-rogar essa lei e de não aplicá-la no futuro. Em um caso relativo à *autoanistia* chilena, a Corte disse:

> [...] a Corte não tem competência para declarar uma suposta violação ao artigo 2 da Convenção no momento em que tal Decreto Lei foi promulgado (1978), nem sobre sua vigência e aplicação até 21 de agosto de 1990, porque até esse momento não existia o dever do Estado de adequar sua legislação interna aos padrões da Convenção Americana. Não obstante, a partir dessa data, tal obrigação vigora para o Chile, e esta Corte é competente para declarar se a cumpriu ou não.[47]

Aplicação imediata a direitos processuais pendentes de satisfação

Em situação semelhante encontram-se certos direitos que, apesar de terem uma manifestação processual, ostentam um conteúdo independente e autônomo, como ocorre com o direito ao devido processo e a um recurso judicial efetivo, reconhecidos nos artigos 8º e 25 da Convenção. Embora se trate de fatos

45 Corte IDH, *Caso Cantos (fondo)*. Sentencia de 28 de noviembre de 2002, parágrafo 59. Igualmente cf. Corte IDH, *Caso "La Última Tentación de Cristo" (Olmedo Bustos y otros)*. Sentencia de 5 de febrero de 2001. Serie C, no. 73, parágrafo 87; Corte IDH, *Caso Hilaire, Constantine y Benjamin y otros*. Sentencia de 21 de junio de 2002. Serie C, no. 94, parágrafo 112.

46 Corte IDH, *Caso Castillo Petruzzi y otros*. Sentencia de 30 de mayo de 1999. Serie C, no. 52, parágrafo 207; Corte IDH, *Caso Baena Ricardo y otros (270 trabajadores vs. Panamá)*... Sentencia de 2 de febrero de 2001. Serie C, no. 72, parágrafo 180; Corte IDH, *Caso Durand y Ugarte*. Sentencia de 16 de agosto de 2000. Serie C, no. 68, parágrafo 137. No mesmo sentido, sobre um caso concreto de violação do direito à liberdade pessoal, cf. Corte IDH, *Caso Suárez Rosero*. Sentencia de 12 de noviembre de 1997. Serie C, no. 35, parágrafo 99.

47 Corte IDH, *Caso Almonacid Arellano*, Sentencia de 26 de septiembre de 2006. Serie C, no. 154, parágrafo 50.

passados, seu processo jurídico tem que ser feito atendendo os padrões aos que o Estado está submetido a partir do momento em que fica obrigado pela Convenção. Assim, por exemplo, em um caso no qual a Corte foi muito restritiva, delimitando sua competência *ratione temporis*, devido aos termos particulares nos quais sua competência foi aceita pelo Estado relacionado[48], ficou impedida de julgar certos efeitos permanentes e ainda em andamento da infração original (desaparecimento forçado das vítimas). No entanto,

> [...] todos aqueles fatos acontecidos posteriormente ao reconhecimento da competência da Corte [...] referentes às alegadas violações aos artigos 8 e 25 da Convenção, em relação com o artigo 1.1 da mesma, não estão excluídos pela limitação realizada pelo Estado, posto que se trata de atuações judiciais que constituem fatos independentes.[49]

A jurisprudência da Corte foi reiterada e congruente nessa direção. O conceito subjacente é o de que a obrigação de *garantir* os direitos humanos nasce e é exigível desde o momento em que o Estado ratifica a Convenção. Nas situações em que a violação de um direito tenha acontecido antes da ratificação, o princípio de irretroatividade impede que seja atribuída ao Estado responsabilidade por não ter cumprido a obrigação de *respeito* ao direito ofendido; porém não exclui que seja reclamada ao mesmo Estado a obrigação de *garantia*, que implica a investigação, processamento dos responsáveis e reparação às vítimas, inclusive quando o fato lesivo seja anterior à ratificação. Não pode ser outra a interpretação do artigo 1(1) da Convenção, em geral, e dos artigos 8º e 25, em particular. Assim, por exemplo, em relação à violação à integridade pessoal que tenha ocorrido antes da ratificação da Convenção e o reconhecimento da competência da Corte, esta concluiu:

> [...] ao ter conhecimento dos fatos alegados, surgiu para o Estado a obrigação de investigar a alegada violação ao direito à integridade pessoal [...] Tal obrigação se encontrava pendente de cumprimento em 27 de julho de 1993, data do reconhecimento da competência da Corte. Motivo pelo qual que é a partir dessa data que este Tribunal tem competência para conhecer sobre o não cumprimento de tal obrigação.[50]

Diante do exposto, o Tribunal interpreta que o Estado não garantiu o acesso à justiça, em virtude da falta de investigação, eventual punição dos responsáveis e a reparação integral derivadas das consequências das supostas torturas alegadas [...]. Com base nas considerações anteriores, a Corte conclui que o Estado é responsável da violação das garantias e proteção judiciais estabelecidas nos artigos 8.1 e 25.1 da Convenção Americana, em relação com o artigo 1.1 da mesma [...].[51]

48 Trata-se do Caso *Serrano Cruz. Excepciones Preliminares*, Sentencia de 23 de noviembre de 2004. Serie C, no. 118. El Salvador, ao aceitar a competência obrigatória da Corte, excluiu não somente as situações anteriores àquele momento, mas também aquelas que tiveram seu "princípio de execução" anteriormente ao reconhecimento. A Corte interpretou que semelhante ressalva lhe impedia conhecer de maneira absoluta sobre o desaparecimento forçado das irmãs Serrano Cruz (parágrafo 79).

49 Caso de las hermanas Serrano Cruz. Excepciones Preliminares. Sentencia de 23 de noviembre de 2004. Serie C, no. 118, parágrafo 84.

50 Corte IDH, *Caso Ticona Estrada*, Sentencia de 27 de noviembre de 2008. Serie C, no. 191, parágrafo 97.

51 Sentencia de 27 de noviembre de 2008. Serie C, no. 191, parágrafo 98.

Aplicação imediata a violações continuadas aos direitos humanos

Finalmente, a Corte afirmou sua competência para conhecer casos de violações contínuas ou permanentes dos direitos humanos que, tendo acontecido anteriormente à ratificação da Convenção e ao reconhecimento de sua competência por parte do Estado relacionado, subsistem para esse momento. Esta é a situação característica dos desaparecimentos forçados:

> Este Tribunal considerou em diversas ocasiões que pode exercer sua competência *ratione temporis* para examinar, sem infringir o princípio de irretroatividade, aqueles fatos que constituem violações de caráter contínuo ou permanente, ou seja, aqueles que aconteceram antes da data de reconhecimento da competência da Corte e persistem ainda depois dessa data.[52]

Esse último *dictum* da Corte permite-me aproximar ao enunciado de algumas conclusões.

Conclusões

A análise, em termos estritamente jurídicos, da questão da impunidade das ditaduras militares que a América Latina sofreu nos conduz a certas conclusões no âmbito da Convenção Americana sobre Direitos Humanos:

1. A impunidade pelas violações aos direitos humanos, qualquer que seja a sua forma, é radicalmente incompatível com a Convenção Americana sobre Direitos Humanos. Portanto, todos os Estados Partes nessa Convenção têm a obrigação internacional de combatê-la e erradicá-la.

2. A obrigação de combater e erradicar a impunidade é fundamental, inescusável e inderrogável perante os casos de violações da maior gravidade dos direitos humanos, que configuram delitos contra o Direito internacional, e entram na esfera do *ius cogens*, como ocorre com o genocídio, os crimes de guerra e os delitos de lesa humanidade, incluídas as execuções extrajudiciais, a tortura e o desaparecimento forçado de pessoas.

3. A erradicação da impunidade compreende: a) a determinação da *verdade;* b) a *justiça,* que compreende o julgamento e a punição dos responsáveis; e c) a *reparação.*

4. As leis chamadas de autoanistia e, em geral, as leis de anistia, cuja finalidade é a de evitar a persecução de lesões graves aos direitos humanos, são radicalmente incompatíveis com a Convenção, violam o *ius cogens* e não produzem efeito jurídico. Devem ser consideradas como nulas de nulidade absoluta e os Estados onde elas existam têm a obrigação peremptória de aboli-las.

5. A prescrição não pode ser invocada para assegurar a impunidade de violações dos direitos humanos que atentem contra o *ius cogens*.

6. A obrigação de combater a impunidade perdura em relação aos fatos acontecidos no passado, sob um regime político diferente do regime democrático em vigor no momento em que se reclama a efetiva garantia de direitos ofendidos ou violados por uma ditadura precedente.

52 Caso Tucona Estrada. Sentencia de 27 de noviembre de 2008. Serie C, no. 191, parágrafo 29. Também Corte IDH, *Caso Blake. Excepciones Preliminares*. Sentencia de 2 de julio de 1996. Serie C, no. 27, parágrafos 39 e 40; Corte IDH, *Caso Nogueira de Carvalho y otros*. Sentencia de 28 de noviembre de 2006. Serie C, no. 161, parágrafo 45; e Corte IDH, *Caso Heliodoro Portugal*. Sentencia de 12 agosto de 2008. Serie C, no. 186, parágrafo 25.

7. O Estado responde por graves violações dos direitos humanos cometidas no passado, inclusive antes de ter ratificado a Convenção, quando se trata de delitos continuados, quando estiver pendente a investigação que o Estado está obrigado a empreender com todos os meios legais e quando essas violações estiverem amparadas em uma anistia ilegítima e não abolida pelo Estado.

As conclusões que assim esboço obedecem a uma análise estritamente jurídica, fundamentada no Direito internacional dos direitos humanos e na interpretação da Convenção Americana sobre Direitos Humanos segundo o mesmo Direito internacional, tendo como orientação a jurisprudência da Corte Interamericana de Direitos Humanos.

Essas conclusões podem ser recebidas por alguns, de boa fé inclusive, como muito rigorosas e inflexíveis. Ao aforismo *dura lex sed lex* se oporá o que nos mostra que *súmmum ius summa iniuria*. Que estes temas se sobrepõem com a transição à democracia, que é um tema essencialmente político e que requer medidas de indulgência na busca da reconciliação nacional. Uma análise jurídica como a que tive a honra de apresentar pode ser desprezada por sua falta de visão e de realismo políticos.

O fato de me adiantar a esses argumentos e a outros com os mesmos traços excede os termos do tema que os organizadores do Seminário Internacional "A Luta pela Anistia: 30 anos" tiveram a generosidade de me solicitar. Além disto, a atividade acadêmica que será desenvolvida nos próximos dias compreende temas de justiça transacional, em que cabem perguntas e respostas sobre as inquietações que delineei.

No entanto, não posso terminar sem fazer alguma breve consideração a esse respeito. Se nos atemos ao projeto político de transição à democracia, os arquitetos que o desenham e os condutores que o executam não podem deixar de se perguntar, no plano essencialmente político, onde começa a transição e para onde ela se dirige. *A transição à democracia não é genuína se não é uma transição para o Estado de Direito, ou seja, para um pacto social em que a Lei esteja acima de todos e ninguém esteja acima da Lei.*

Quem quiser ser fiel a esse projeto político de transição deveria ver com desconfiança toda sugestão de contaminar o pacto social com a impunidade. As medidas de indulgência, indulto ou de perdão incondicionais, cujo propósito seja evitar a persecução de lesões graves aos direitos humanos, são a prolongação e a sobrevivência no presente da violência, dos fatos de força e do medo que imperou no passado sob as ditaduras. O Estado de Direito não poderá jamais se modelar sobre um pacto de medo ou de encobrimento. A transição empreendida nesses termos em nada garante, desde o ponto de vista político, a conquista de uma democracia estável nem de um Estado de Direito respeitado por todos.

A justiça não é e nem pode ser vingança. Seria inaceitável, é certo, que um processo penal esteja em mãos de políticos e não de juízes autênticos, pois se desvirtuaria assim mais uma vez o Estado de Direito e se abriria um novo campo para a arbitrariedade. Do que se trata é que o devido processo impeça a "caça às bruxas"; que a justiça institucional afogue toda tentação de vingança pessoal. A justiça cumprida e oportuna é o meio que a civilização encontrou para inibir a tendência à vingança, à obtenção de justiça pelas próprias mãos. Nesse sentido, *combater a impunidade com a justiça não é um instrumento para a vingança, mas sim, muito pelo contrário, o mecanismo institucional do Estado de Direito para conjurá-la.*

Finalmente, o perdão artificial, o concedido pelo governo e não pelos sofredores, *não acalma nada.* Pelo contrário, mantêm vivas as chamas do sofrimento e suas lembranças. Além da perversão jurídica das anistias está sua inutilidade para a sociedade e até para os próprios perpetradores. *Enquanto o perdão não emane dos sofredores, das vítimas, de seus parentes, jamais os perpetradores terão paz e nem a sociedade se acalmará.* O caso do Pinochet é bem eloquente.

A justiça, a reparação, a verdade não são somente temas jurídicos. São também temas políticos, atinentes ao Estado que se quer construir, do destino ao qual a transição deve chegar para construir a democracia.

Permito-me finalizar invocando um dos maiores poetas espanhóis do século XX, Antonio Machado, que em sua sabedoria disse:

> No hay verdades estériles, ni aun siquiera aquellas que se dicen mucho después que pudieron decirse; porque nunca para la verdad es tarde. Lo censurable es que se pretenda confundir y abrumar con la verdad rezagada a quienes acertaron a decirla más oportunamente. Esto encierra una cierta injusticia y, en el fondo, falta de respeto a la verdad. Pero dejemos a un lado nuestro amor propio herido de hombre no escuchados a tiempo, y alegrémonos de que la verdad se diga, aunque sea tardíamente y aunque parezca dicha en contra nuestra.[53] (1964, p. 500-581)

São Paulo, 11 de maio de 2009

Pedro Nikken[54]

53 Tradução: "Não existem verdades estéreis, nem mesmo sequer aquelas que são ditas muito depois que poderiam ter sido ditas; porque nunca é tarde para a verdade. O censurável é que se pretenda confundir e abrumar com a verdade atrasada a aqueles que acertaram em dizê-la mais oportunamente. Isto encerra certa injustiça e, no fundo, falta de respeito à verdade. Porém deixemos de lado nosso amor próprio ferido do homem não escutado a tempo, e nos alegremos de que a verdade seja dita, ainda que tardiamente e embora pareça dita contra nós".

54 Ex-presidente da Corte Interamericana de Direitos Humanos, conferencista convidado do Seminário Internacional "A Luta pela Anistia: 30 anos".

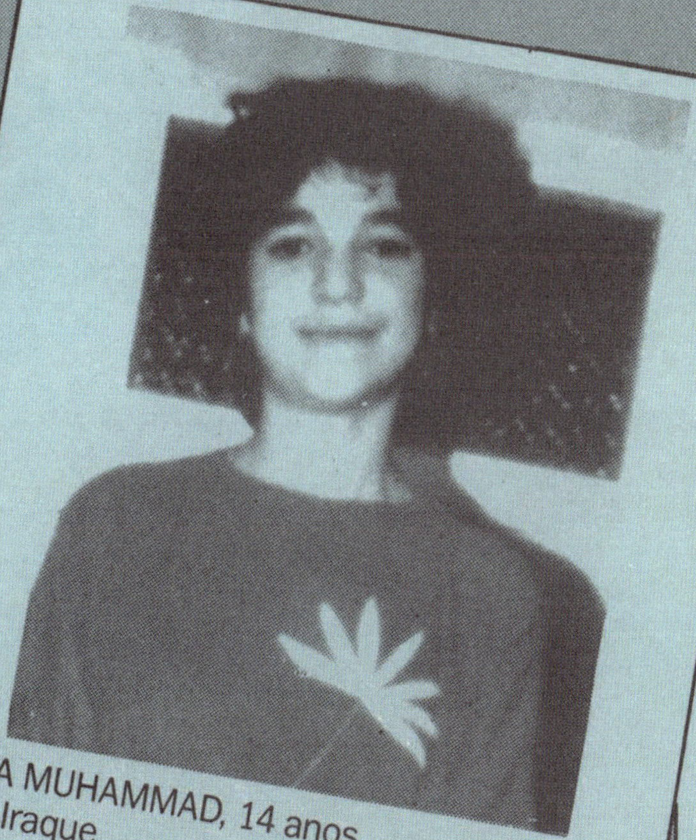

TRIFA MUHAMMAD, 14 anos
aís: Iraque
venenada por ser de família kurda.

MOHAMED SRIFI, professor universitário
país: Marrocos
Sentenciado a 30 anos de prisão por suas idéias pacíficas (anti-monarquia).

MULUGETTA MOSISSA, economista

PRISIONEIROS DE CONSCIÊNCIA

V. SKANDARAJAH
país: Inglaterra
Foi obrigado a retornar a Sri Lanka apesar de saber que seria torturado (atitude contrária às normas internacionais).

TRIFA MUHAMMAD, 14 anos
país: Iraque
Envenenada por ser de família kurda.

MOHAMED SRIFI, professor universitário
país: Marrocos
Sentenciado a 30 anos de prisão por suas idéias pacíficas (anti-monarquia).

MULUGETTA MOSISSA, economista
país: Etiópia
Preso a 10 anos por sua origem étnica.

FEBE ELISABETH VELASQUEZ, jornalista
país: El Salvador
Sindicalista morta quando atiraram uma bomba na sede do Sindicato.

Você diz tudo o que pensa?

Em muitos países você poderia ser preso apenas por isto! Mais de oitenta governos consideram o fato de dizer tudo o que se pensa como crime. Só o dizer! Os "criminosos" podem dicar presos por anos sem acusação nem julgamento. Muitas vezes, são torturados ou simplesmente "desaparecem".

Para muitos **prisioneiros de consciência** a única esperança é que alguém fale por eles. Um tipo de ação como a que se propõe a Anistia Internacional. Precisamos de ajuda para continuar, pois a cada preso de consciência que é libertado, outra vítima da tirania é posta no seu lugar.

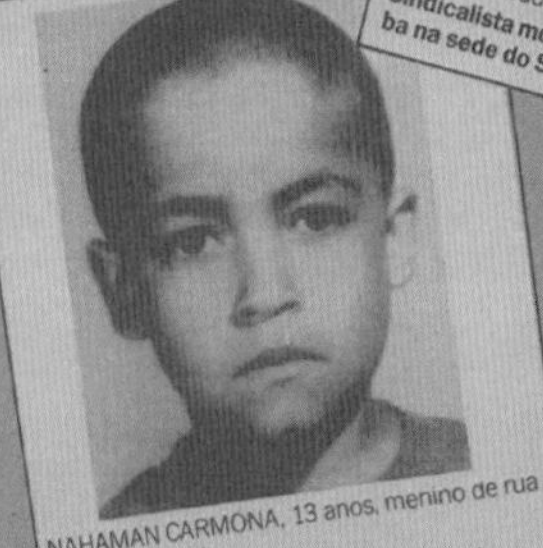

NAHAMAN CARMONA, 13 anos, menino de rua
país: Guatemala
Chutado por quatro policiais até morrer.

ANISTIA INTERNACIONAL **Campanha pelos Direitos do Cidadão** Seção Brasileira

17. Lei de Anistia: a relação entre o Supremo Tribunal Federal e a Corte Interamericana de Direitos Humanos

Introdução

Vivemos em um momento de reapreciação e evidente valorização do Direito Internacional dos Direitos Humanos pelo Supremo Tribunal Federal (STF).

A Emenda Constitucional 45, de 8 de dezembro de 2004 (EC 45/04), que introduziu o parágrafo 3º no artigo 5º da Constituição Federal (CF/88)[1], estimulou a revisão da jurisprudência do STF sobre os tratados internacionais de direitos humanos.

Assim, vários ministros do STF adotaram novos padrões hermenêuticos sobre o estatuto interno dos tratados de direitos humanos, formando *recente maioria* e modificando a visão tradicional de outrora, que os via apenas como equivalentes à lei ordinária federal, sujeitos à suspensão de eficácia caso surgisse lei posterior em sentido contrário.

Essa visão tradicional no STF considerava que

> Os tratados ou convenções internacionais, uma vez regularmente incorporados ao direito interno, situam-se, no sistema jurídico brasileiro, nos mesmos planos de validade, de eficácia e de autoridade em que se posicionam as leis ordinárias, havendo, em conseqüência, entre estas e os atos de direito internacional público, mera relação de paridade normativa. (BRASIL, 2001, p. 429).

Consequentemente, não havia a prevalência automática dos atos internacionais em face da lei ordinária, já que a ocorrência de conflito entre essas normas deveria ser resolvida pela aplicação do critério cronológico (a normatividade posterior prevalece – *later in time*) ou pela aplicação do critério da especialidade.

1 *In verbis*: "Os tratados e convenções internacionais sobre direitos humanos que forem aprovados, em cada Casa do Congresso Nacional, em dois turnos, por três quintos dos votos dos respectivos membros, serão equivalentes às emendas constitucionais."

No caso de tratados internacionais de direitos humanos, o STF já havia mantido a mesma posição tradicional (ora alterada) quando analisou a aplicação doméstica da *Convenção Americana de Direitos Humanos*, incorporada internamente em 1992. No caso da prisão civil do depositário infiel, mencione-se o julgamento do **HC 72.131** (BRASIL, 2003), *leading case* no STF, no qual os ministros Marco Aurélio, relator originário, Francisco Rezek, Carlos Velloso e Sepúlveda Pertence votaram pela concessão da ordem, ou seja, pela prevalência da *Convenção Americana de Direitos Humanos*; já pelo indeferimento votaram os ministros Moreira Alves, Maurício Corrêa, Ilmar Galvão, Celso de Mello, Octavio Gallotti, Sydney Sanches e Néri da Silveira, formando-se a maioria. O relator para o acórdão foi o ministro Moreira Alves. Para reforçar tal visão, o STF comparou a CF/88 com a Constituição argentina, a qual, depois da reforma de 1994, consagrou expressamente a *hierarquia constitucional* dos tratados de direitos humanos. Para a Corte Suprema brasileira, a diferença entre as duas Constituições demonstrava que, quando o constituinte almeja estabelecer um *status* normativo diferenciado aos tratados de direitos humanos, ele assim o faz expressamente[2].

Todavia, tal entendimento do STF sempre possuiu ferozes críticos. De fato, forte corrente doutrinária pregava, desde 1988, que a Constituição atual incorporou automaticamente as normas de tratados internacionais de direitos humanos ratificados pelo Brasil, dotando tais normas de uma dignidade constitucional, por força do art. 5º, §§ 1º e 2º da própria CF/88[3]. Para essa corrente, o art. 5º, § 2º, assegura a hierarquia de norma constitucional (PIOVESAN, 1996, p. 89) a tratados de direitos humanos ratificados pelo Brasil[4].

A visão tradicional do STF acima mencionada, no que tange aos tratados de direitos humanos, passou por forte revisão. No recém-julgado **RE 466.343** (BRASIL, 2008), simbolicamente também sobre a prisão civil do depositário infiel, a maioria dos votos sustentou novo patamar normativo para os tratados internacionais de direitos humanos, inspirados pelo § 3º do art. 5º da CF/88, introduzido pela EC 45/04.

A nova posição prevalecente no STF foi capitaneada pelo ministro Gilmar Mendes, que, retomando a visão pioneira de Sepúlveda Pertence (BRASIL, 2003, em seu voto no **HC 79.785**-RJ), sustentou que os tratados internacionais de direitos humanos que não forem aprovados pelo Congresso Nacional no rito especial do art. 5º, § 3º da CF/88 têm natureza supralegal: abaixo da Constituição, mas acima de toda e qualquer lei. No mesmo sentido formaram a nova maioria os ministros Marco Aurélio, Ricardo Lewandowski, Cármen Lúcia e Menezes Direito. Essa corrente, agora majoritária, admite, contudo, que tais tratados tenham estatuto *constitucional*, desde que aprovados pelo Congresso

2 Nos termos da decisão do Excelso Pretório: "Diversa seria a situação, se a Constituição do Brasil – à semelhança do que hoje estabelece a Constituição argentina de 1853, no texto emendado pela Reforma Constitucional de 1994 (art. 75, n. 22) – houvesse outorgado hierarquia constitucional aos tratados celebrados em matéria de direitos humanos." (Cf. BRASIL, 1999).

3 No texto da Constituição: "Art. 5º, § 1º - As normas definidoras dos direitos e garantias fundamentais têm aplicação imediata. § 2.º Os direitos e garantias expressos nesta Constituição não excluem outros decorrentes do regime e dos princípios por ela adotados, ou dos tratados internacionais em que a República seja parte."

4 Cf. Cançado Trindade (1993, p. 27-54). No mesmo sentido, Bastos e Martins (1988-1989), e Rocha (1996, p. 77-81).

pelo rito especial do parágrafo 3º do artigo 5º (votação em dois turnos nas duas Casas do Congresso, com maioria de três quintos).

Foram votos parcialmente vencidos, no tocante ao estatuto normativo dos tratados de direitos humanos, os dos ministros Celso de Mello, Cezar Peluso, Eros Grau e Ellen Gracie, que sustentaram a hierarquia constitucional de *todos* os tratados sobre direitos humanos, aprovados ou não pelo rito especial do artigo 5º, § 3º. De fato, para Celso de Mello, trata-se de adaptar a CF/88, pela via interpretativa, ao novo contexto social de aceitação da internacionalização dos direitos humanos. Assim, o ministro Celso de Mello, revendo sua posição anterior, sustentou que os tratados internacionais de direitos humanos ratificados pelo Brasil sempre integram o ordenamento jurídico como norma de estatura constitucional. De acordo ainda com a nova visão – até o momento minoritária – do ministro Celso de Mello, a CF/88 em sua redação original determina a prevalência dos direitos humanos (art. 4º, inc. II da CF/88) e reconhece o estatuto constitucional dos tratados internacionais de direitos humanos (art. 5º, § 2º da CF/88). Dessa forma, os tratados de direitos humanos, mesmo que anteriores à EC 45/04, são normas consideradas constitucionais[5].

Por outro lado, este "bom momento" que valoriza o Direito Internacional dos Direitos Humanos é ainda *parcial* e enfoca apenas o rol de direitos protegidos nos mais diversos tratados internacionais.

Porém, o Brasil já fez mais: já reconheceu a jurisdição obrigatória de órgãos internacionais, como a Corte Interamericana de Direitos Humanos, que têm como tarefa fixar a interpretação do alcance das obrigações internacionais de direitos humanos contraídas pelo Estado.

Assim, ao mesmo tempo em que se prestigia o Direito Internacional dos Direitos Humanos, alçando os tratados internacionais a um estatuto supralegal (atual maioria dos ministros do STF) ou mesmo constitucional (Carlos Velloso[6] e agora Celso de Mello), deve ser iniciada também a valorização das deliberações dos órgãos internacionais judiciais ou quase-judiciais, que podem condenar o Brasil por violações de direitos humanos.

Por isso, o presente artigo visa estudar a influência das deliberações internacionais sobre direitos humanos na construção da jurisprudência do STF, em especial no que tange à Lei de Anistia, que completa 30 anos.

Para iniciar a discussão do tema, será feita uma breve exposição sobre os mecanismos judiciais ou quase-judiciais internacionais que produzem tais deliberações internacionais sobre direitos humanos, com foco na análise do funcionamento da Corte Interamericana de Direitos Humanos.

5 Vide voto do min. Celso de Mello no *HC 87.585*-TO.

6 Para Velloso, "Nesse caso, no caso de tratar-se de direito e garantia decorrente de Tratado firmado pelo Brasil, a incorporação desse direito e garantia, ao direito interno, dá-se com status constitucional, assim com primazia sobre o direito comum. É o que deflui, claramente, do disposto no mencionado § 2o do art. 5o da Constituição da República". (2004, p. 35-46, em especial p. 39).

Em seguida, apreciaremos as possibilidades de uso dos fundamentos das deliberações anteriores da Corte Interamericana sobre as leis de anistia das ditaduras militares sul-americanas para verificar o uso da jurisprudência internacional como referencial na tomada de posição do STF.

1 Noções gerais dos mecanismos de controle pertencentes ao Direito Internacional dos Direitos Humanos: a tardia adesão brasileira

O Direito Internacional dos Direitos Humanos consiste no *conjunto de direitos e faculdades* previsto em normas internacionais que assegura a dignidade da pessoa humana e beneficia-se de garantias internacionais institucionalizadas[7].

Sua evolução nessas últimas décadas é impressionante. Desde a *Carta da Organização das Nações Unidas* (ONU), de 1945, e a *Declaração Universal de Direitos Humanos* (DUDH), de 1948, dezenas de tratados e convenções consagraram a preocupação internacional com a proteção de direitos de todos os indivíduos, sem distinção. Retrato acabado da internacionalização da temática dos direitos humanos é a crescente adesão dos Estados a mecanismos internacionais judiciais ou quase-judiciais, que *analisam* petições de vítimas de violação de direitos humanos, *interpretam* o direito envolvido e *determinam* reparações adequadas, que devem ser cumpridas pelo Estado. O Brasil é um dos Estados que aderiu a tais mecanismos internacionais de proteção de direitos humanos de modo tardio e ainda incompleto. De fato, o Brasil utilizou a possibilidade, tradicional no Direito Internacional, de não se submeter à jurisdição plena de determinado órgão criado por um tratado de direitos humanos no momento da ratificação. No máximo, o Brasil aceitava submeter relatórios a órgãos internacionais de supervisão e controle ou acatava como meras recomendações os pronunciamentos desses órgãos sobre indivíduos submetidos à nossa jurisdição.

Apenas anos depois da ratificação desses tratados, após mobilização da sociedade civil e de segmentos de agentes públicos, o Brasil aderiu a alguns mecanismos de controle que emitem *deliberações internacionais* ou até *sentenças internacionais* cogentes ao Estado.

Em relação ao objeto de nosso artigo, cabe mencionar que o Estado brasileiro reconheceu, em 1998, a jurisdição obrigatória e vinculante da Corte Interamericana de Direitos Humanos, órgão da *Convenção Americana de Direitos Humanos*. Como o presente artigo visa analisar os diversos impactos do reconhecimento brasileiro da jurisdição da Corte Interamericana de Direitos Humanos na análise da Lei de Anistia, a seguir detalharemos o funcionamento do chamado Sistema Interamericano de Direitos Humanos.

7 Vide Carvalho Ramos (2002, p. 25).

2 O mecanismo judicial: o Sistema Interamericano de Direitos Humanos e o papel da Corte de San José

2.1 Noções Gerais

Há quatro diplomas normativos principais que compõem o chamado "Sistema Interamericano de Direitos Humanos": a *Declaração Americana dos Direitos e Deveres do Homem* (1948), a *Carta da Organização dos Estados Americanos* (1948), a *Convenção Americana de Direitos Humanos* (1969) e também o *Protocolo de San Salvador*, assinado em 1988, relativo aos direitos sociais e econômicos.

A *Convenção Americana de Direitos Humanos* foi assinada em San José, Costa Rica, em 1969, no seio da Conferência Especializada de Direitos Humanos, da Organização dos Estados Americanos (OEA), mas entrou em vigor apenas em 1978. Esse tratado, conhecido também como *Pacto de San José da Costa Rica*, é hoje o principal diploma de proteção dos direitos humanos nas Américas por vários motivos: 1) pela abrangência geográfica, uma vez que conta com 24 Estados signatários; 2) pelo catálogo de direitos civis e políticos e 3) pela estruturação de um sistema de supervisão e controle das obrigações assumidas pelos Estados, que conta inclusive com uma Corte de Direitos Humanos, a Corte Interamericana de Direitos Humanos, com sede em San José da Costa Rica.

O Brasil incorporou definitivamente a *Convenção Americana de Direitos Humanos* pelo Decreto Presidencial nº 678, de 11 de novembro de 1992. Somente em 8 de setembro de 1998 foi encaminhada a Mensagem Presidencial nº 1.070 ao Congresso, pela qual foi solicitada a aprovação

> [...] para fazer a declaração de reconhecimento da competência obrigatória da Corte Interamericana de Direitos Humanos em todos os casos relativos à interpretação ou aplicação da Convenção Americana de Direitos Humanos para fatos ocorridos a partir do reconhecimento de acordo com o previsto no parágrafo primeiro do artigo 62 daquele instrumento internacional.

Aprovada no Congresso Nacional, foi editado o Decreto Legislativo 89/98, em 3 de novembro de 1998. Finalmente, o Brasil encaminhou nota transmitida ao secretário-geral da OEA (Organização dos Estados Americanos) no dia 10 de dezembro de 1998, reconhecendo a jurisdição obrigatória da Corte Interamericana de Direitos Humanos, obrigando-se, assim, a implementar suas decisões. Tal reconhecimento foi promulgado, internamente, pelo Decreto 4.463, de 8 de novembro de 2002, quase quatro anos após o encaminhamento da nota à OEA.

Resta, então, analisar os traços característicos do sistema americano de proteção de direitos humanos para, após, verificar o uso pelo STF da produção jurisprudencial da Corte Interamericana de Direitos Humanos.

2.2 Traços Característicos do Subsistema Americano de Direitos Humanos

2.2.1 O Modelo da *Convenção Americana de Direitos Humanos*

A *Convenção Americana de Direitos Humanos* repetiu o modelo judicial de apuração de violação de direitos humanos previsto anteriormente na *Convenção Europeia de Direitos Humanos*. A influência do modelo europeu original (depois sensivelmente alterado, em especial pelo Protocolo nº 11) é vista pelo estabelecimento de dois órgãos encarregados de promover e julgar os Estados violadores de direitos humanos: a Comissão Interamericana de Direitos Humanos, com sede em Washington, e a Corte Interamericana de Direitos Humanos, com sede em San José da Costa Rica.

Cabe à Comissão Interamericana de Direitos Humanos a missão de promover o respeito aos direitos previstos na *Convenção Americana de Direitos Humanos*, podendo recomendar condutas aos Estados, sugerir soluções amistosas entre vítimas de violação de direitos humanos e Estados, bem como, no limite, propor *ação de responsabilidade internacional* contra um Estado perante a Corte Interamericana de Direitos Humanos. Esta, por seu turno, só pode ser acionada pelos Estados contratantes e pela Comissão Interamericana de Direitos Humanos, que exerce a função similar a do Ministério Público brasileiro (parte processual e fiscal da lei).

A vítima (ou seus representantes) possui somente o direito de petição à *Comissão Interamericana de Direitos Humanos*, que analisa tanto a admissibilidade da demanda (há requisitos de admissibilidade, entre eles, o esgotamento prévio dos recursos internos) quanto seu mérito. Caso a Comissão Interamericana de Direitos Humanos arquive o caso (demanda inadmissível ou, quanto ao mérito, infundada) não há recurso disponível à vítima. Outra hipótese de ser o caso apreciado pela Corte Interamericana de Direitos Humanos ocorre se algum Estado, no exercício de uma verdadeira *actio popularis*, ingressar com a ação contra o Estado violador. Até o momento, os Estados americanos *nunca* exerceram tal prerrogativa[8].

2.2.2 A Sentença da Corte

Proposta a ação de responsabilidade pela Comissão Interamericana de Direitos Humanos ou por um Estado, inicia-se um devido processo legal, no qual as partes e as vítimas de violação de direitos humanos (como assistentes do Autor, de acordo com o Regulamento da Corte de 2001) podem exercitar todas as faculdades processuais comumente existentes no processo civil interno. A sentença de procedência deve assegurar à vítima o gozo do direito violado e ainda estabelecer as formas de reparação das consequências da medida ou situação que haja configurado violação desses direitos[9].

Os arts. 62 e 63 da *Convenção Americana de Direitos Humanos* preveem que a Corte Interamericana de Direitos Humanos deve estabelecer a reparação devida e determinar o gozo do direito em questão. Com isso, nota-se que há uma grande diferença entre efeito de uma sentença de procedência em uma ação de responsabilidade internacional do Estado por violação de direitos humanos no sistema europeu e no sistema interamericano. No sistema europeu, é possível a fixação de uma satisfação equitativa pecuniária pela Corte Europeia de Direitos Humanos como alternativa à existência de impedimentos internos à plena execução da sentença internacional. Assim,

8 Até o momento, desde de 1979, todas as ações propostas na Corte foram oriundas da Comissão. Os Estados americanos continuam a ser extremamente cautelosos em processar outro congênere por violação de direitos humanos. Ver meus comentários aos casos contenciosos e consultivos da Corte em Carvalho Ramos (2001).

9 Cf. o art. 63 da *Convenção Americana de Direitos Humanos*.

admite-se que uma decisão internacional, no caso da Corte Europeia de Direitos Humanos, não possa ser cumprida em sua integridade pelo Estado e isso não acarretará nova responsabilização internacional, mas apenas a outorga de uma indenização pecuniária à vítima[10].

Já no sistema judicial interamericano há o dever do Estado de cumprir integralmente a sentença da Corte Interamericana de Direitos Humanos. Aliás, na literalidade do art. 63.1, preocupa-se a *Convenção Americana de Direitos Humanos* com a *restitutio in integrum* em primeiro lugar, estipulando ser dever do Estado restaurar o gozo do direito ou liberdade violados. No caso de fixação de indenização pecuniária, há a previsão na *Convenção Americana de Direitos Humanos* de execução da parte da sentença que determinar a citada indenização, de acordo com os procedimentos internos de execução de sentenças contra o Estado.

Assim, exige-se o cumprimento no sistema interamericano das necessárias obrigações de fazer e não-fazer exigidas para que a vítima possa fazer valer o seu direito violado. Colabora para isso também o art. 2º da Convenção Americana de Direitos Humanos, que firma o dever genérico dos Estados de introduzir toda e qualquer medida interna necessária para o cumprimento dessa Convenção. Assim, as sentenças da Corte Interamericana de Direitos Humanos devem ser totalmente cumpridas, existindo a obrigação internacional derivada de cumprir de boa-fé tais decisões[11].

De acordo com o art. 68 da *Convenção Americana de Direitos Humanos* existem *duas regras de execução* de sentença prolatadas por aquela Corte. A primeira regra, tradicional em termos de execução de sentença internacional, estipula que a execução das sentenças da Corte Interamericana de Direitos Humanos depende da normatividade interna. Assim, cabe a cada Estado escolher a melhor forma, de acordo com seu Direito, de executar os comandos da Corte Interamericana de Direitos Humanos. A segunda regra firmada no art. 68.2 da *Convenção Americana de Direitos Humanos* é a inovação do sistema interamericano. Consiste na menção da utilização das regras internas de execução de sentenças nacionais contra o Estado para a execução da parte indenizatória da sentença da Corte Interamericana de Direitos Humanos. De fato, estabelece o artigo 68, § 2º, que as disposições dessa Corte, referentes a indenizações, poderão ser executadas de acordo com o Direito interno de cada Estado-Parte[12].

No caso de não-cumprimento *sponte propria* das decisões da Corte Interamericana de Direitos Humanos, há a previsão do art. 65 da *Convenção Americana de Direitos Humanos* que possibilita à Corte a inclusão dos casos em que o Estado não tenha dado cumprimento a suas sentenças no seu relatório anual à Assembleia Geral da OEA.

10 Vide Carvalho Ramos (2002).

11 Ver Corte IDH. *Parecer Consultivo n. 5/85*, 13 de novembro de 1985. San José: Secretaría de la Corte, 1985, parágrafo 22.

12 Artigo 68 – "*1. Os Estados-partes na Convenção comprometem-se a cumprir a decisão da Corte em todo caso em que forem partes. 2. A parte da sentença que determinar indenização compensatória poderá ser executada no país respectivo pelo processo interno vigente para a execução de sentenças contra o Estado.*"

3 O direito à verdade e as Leis de Anistia

3.1 Aspectos Gerais

Após mais de 10 anos do reconhecimento brasileiro da jurisdição da Corte Interamericana de Direitos Humanos (1998-2009), bem como da existência de pelo menos uma sentença condenatória (*Caso Damião Ximenes Lopes*, além da sentença de improcedência no *Caso Gilson Nogueira de Carvalho*[13]) contra o Brasil, sem contar as recentes ações contra o Brasil (*Casos Sétimo Garibaldi* e *Arley José Escher y Otros*) e as várias medidas provisórias da Corte (cautelares – como nos *Casos Penitenciária Urso Branco, Penitenciária Araraquara* e do *Complexo Tatuapé da FEBEM*), considero ser útil apresentar ao leitor os precedentes internacionais que poderiam ser utilizados pelo STF no caso da Lei de Anistia, compatibilizando a interpretação interna e internacional sobre direitos humanos.

3.2 Os Direitos Humanos e o Direito Penal: Rumo ao Paradigma de Proteção às Vítimas

A invocação da proteção de direitos humanos no campo do Direito Penal e Processual Penal visa, em geral, garantir os direitos fundamentais dos acusados tanto na elaboração das leis penais (proporcionalidade na dosimetria da pena, escolha adequada dos bens jurídicos merecedores da proteção penal, entre outros) quanto no processo penal e execução da pena (observação do devido processo legal penal, execução da pena em respeito à dignidade humana).

Contudo, há ainda uma segunda face da influência da proteção de direitos humanos na área penal: a exigência de investigação, persecução e punição penal dos autores de violação de direitos humanos. No Direito Internacional dos Direitos Humanos consolidou-se o paradigma de respeito às vítimas por meio dos *mandados internacionais de criminalização* das condutas de violação de direitos humanos (CARVALHO RAMOS, 2006, p. 9-55).

Diante da gravidade das condutas de violação de direitos humanos, há o dever do Estado em investigar e punir os responsáveis pelas violações, de modo a evitar a impunidade e prevenir a ocorrência de novas violações.

Há vários textos normativos do Direito Internacional dos Direitos Humanos que comprovam a existência desse dever de punir criminalmente em nome da proteção de direitos humanos. Entre outros, a Conferência da ONU sobre Direitos Humanos, ocorrida em 1993, determinou, na *Declaração e Programa de Ação de Viena*, que os Estados têm o "dever de investigar alegações de desaparições forçadas e ainda de processar criminalmente os responsáveis por violações de

13 Ver estudo sobre os casos Damião Ximenes Lopes e Gilson Nogueira de Carvalho em Carvalho Ramos (2007, p. 10-31).

direitos humanos". Além disso, o Estado deve revogar qualquer legislação interna que dificulte tal tarefa[14].

A Corte Interamericana de Direitos Humanos, no célebre *Caso Velásquez Rodriguez*, sustentou que tal dever de investigar, processar e punir é fruto do disposto no art. 1.1 da *Convenção Americana de Direitos Humanos*. Tal artigo impõe aos Estados a obrigação de *garantia* do respeito aos direitos protegidos por essa Convenção, o que implica dizer que cabe aos Estados prevenir a ocorrência de novas violações[15].

Nesse sentido, em outra decisão da Corte (*Caso dos Meninos de Rua da Guatemala*) estabeleceu-se que

> [...] debe la Corte señalar que, del artículo 1.1, se desprende claramente la obligación estatal de investigar y sancionar toda violación de los derechos reconocidos en la Convención como medio para garantizar tales derechos.[16]

Cite-se a outra decisão da Corte Interamericana de Direitos Humanos, relativa ao *Caso Suarez Rosero*, na qual novamente essa Corte estabeleceu o *dever do Estado equatoriano de investigar e punir* as pessoas responsáveis pelas violações de direitos humanos mencionadas na sentença. De acordo com a Corte Interamericana de Direitos Humanos:

> Como consecuencia de lo dicho, la Corte considera que el Ecuador debe ordenar una investigación para identificar y, eventualmente, sancionar a las personas responsables de las violaciones a los derechos humanos a que se ha hecho referencia en esta sentencia.[17]

Assim, o "dever de investigar, processar e punir", imposto corriqueiramente aos Estados contratantes da *Convenção Americana de Direitos Humanos* pela Corte Interamericana de Direitos Humanos desde os chamados casos hondurenhos, é modalidade de "garantia de não-repetição". A investigação e punição, enquanto dos autores de violações de direitos humanos, apontam para a necessidade de prevenção de futuros abusos. Para a mesma Corte, a prevenção consiste

> [...] no conjunto de todos os meios de natureza legal, política, administrativa e cultural que promova a proteção de direitos humanos e assegura que todas as violações sejam consideradas e tratadas com atos ilícitos, os quais, como tais, acarretam punição dos responsáveis e na obrigação de indenizar as vítimas.[18]

14 De acordo com o texto, "60. Os Estados devem ab-rogar leis conducentes à impunidade de pessoas responsáveis por graves violações de direitos humanos, como a tortura e punir criminalmente essas violações, proporcionando, assim, uma base sólida para o Estado de Direito."

15 Art. 1º - Obrigação de respeitar os direitos. 1. Os Estados-partes nesta Convenção comprometem-se a respeitar os direitos e liberdades nela reconhecidos e a garantir seu livre e pleno exercício a toda pessoa que esteja sujeita à sua jurisdição, sem discriminação alguma, por motivo de raça, cor, sexo, idioma, religião, opiniões políticas ou de qualquer natureza, origem nacional ou social, posição econômica, nascimento ou qualquer outra condição social.

16 Ver em Corte IDH. *Caso Villagrán Morales y Otros*. Sentença de Mérito de 19 de novembro de 1999. Série C, nº 63, parágrafo 225.

17 Ver em Corte IDH. Caso *Suarez Rosero*. Sentença de 12 de novembro de 1997, parágrafo 107, p.31.

18 Corte IDH. *Caso Velásquez Rodríguez – Mérito*. Sentença de 29 de julho de 1988, Série C, nº 4, parágrafo 175. Mais comentários sobre esse caso em Carvalho Ramos (2001, p. 118-145).

Como se sabe, uma sociedade que esquece suas violações presentes e passadas de direitos humanos está fadada a repeti-las.

A *Convenção contra a Tortura e outros Tratamentos ou Penas Cruéis, Desumanos ou Degradantes* estabeleceu, em seu art. 4º, a obrigação do Estado de punir os crimes com penas adequadas que levem em conta a sua gravidade. Tal convenção exige investigação, persecução penal e indenização às vítimas. A *Convenção sobre a Eliminação de todas as formas de Discriminação Racial* estipula, por sua vez, a necessidade de criminalização de certos atos de discriminação racial[19]. Ainda o art. 6º dessa Convenção exige que sejam estabelecidos remédios judiciais para a justa reparação da discriminação racial sofrida. Já o Comitê estabelecido pela *Convenção contra a Tortura e outros Tratamentos ou Penas Cruéis, Desumanos ou Degradantes*, confrontado com as leis internas restringindo a persecução penal ou mesmo extinguindo a punibilidade de certas violações de direitos humanos, decidiu que tal Convenção, quando aborda a proteção contra a tortura, inclui a necessidade de investigação e punição, concluindo que os Estados devem evitar leis de anistia a atos de tortura, pois tais leis violam o dever de investigar e punir[20].

Logo, o Direito Internacional dos Direitos Humanos reconheceu a existência de obrigação da identificação dos agentes responsáveis pela violação dos direitos protegidos, persecução criminal dos mesmos e consequente afastamento da função pública que porventura exerçam. Essas obrigações buscam o combate à impunidade, com o consequente *desestímulo* a novas condutas atrozes. Por outro lado, espera-se que os direitos humanos sejam verdadeiramente garantidos na esfera internacional e que o processo de responsabilização dos perpetradores não termine com uma declaração vazia de conteúdo do Estado requerido de que "iniciará as investigações" (CARVALHO RAMOS, 2004)[21]. De fato, no *Caso dos Meninos de Rua da Guatemala* houve vários assassinatos e torturas de crianças constatados, sem que os responsáveis fossem punidos, em face da ausência de uma investigação séria por parte do aparato policial-judicial daquele Estado.

Nesse sentido, a Corte Interamericana de Direitos Humanos foi direta ao ponto e declarou que:

> Esta Corte ha señalado con claridad que la obligación de investigar debe cumplirse con seriedad y no como una simple formalidad condenada de antemano a ser infructuosa. Debe tener un sentido y ser asumida por el Estado como un deber jurídico propio y no como una simple gestión de intereses particulares, que dependa de la iniciativa procesal de la víctima o de sus familiares o de la aportación privada de elementos probatorios, sin que la autoridad pública busque efectivamente la verdad.[22]

19 Art. IV, b.

20 De acordo com o Comitê: "*O Comitê tem notado que alguns Estados vêm concedendo anistia em relação aos atos de tortura. Anistias são geralmente incompatíveis com o dever dos Estados de investigar tais atos, de garantir a ausência de tais atos em suas jurisdições e assegurar que eles não ocorram no futuro.*" Tradução livre. Cf. Roht-Arriaza (1995, p. 29).

21 Ver ainda em Carvalho Ramos (2005).

22 Ver em Corte IDH. *Caso Villagrán Morales y Otros*. Sentença de Mérito de 19 de novembro de 1999. Série C, nº 63, parágrafo 226.

Deve-se evitar, então, que o ônus da prova do envolvimento de agentes públicos seja da vítima, pois o Estado deve possuir agentes independentes capazes de auxiliar na busca da verdade. Pelo contrário, deve ser estabelecido, sob pena de responsabilização internacional do Estado, um sistema interno eficiente de investigação, punição e indenização às vítimas.

Em resumo, é patente hoje a necessidade do Estado de investigar em boa-fé todas as alegações de violação de tratados internacionais de direitos humanos. A perda de cargos públicos e a impossibilidade de reocupar tais funções também devem ser impostas, de modo a impedir novas violações[23].

3.3 A Lei de Anistia Brasileira, o Caso Herzog e o STF

Julgo conveniente abordar, neste ponto do estudo, os recentes casos de reparação às vítimas de violações graves de direitos humanos pelas ditaduras latino-americanas, tendo em vista a recente reabertura de processos contra os envolvidos em atos bárbaros de tortura, homicídios, desaparecimentos forçados e outras condutas de violação de direitos humanos na ditadura militar brasileira, o que redundará, sem dúvida, na apreciação final da matéria pelo STF.

Em primeiro lugar, a legislação nacional a ser utilizada, de regra, em casos de reparação de direitos humanos violados, é a legislação interna geral que rege a matéria da responsabilidade civil e penal de um determinado Estado. De fato, a criação de regras próprias para a reparação de violações de direitos humanos iniciou-se apenas com as leis especiais editadas a partir da normalização democrática nos países latino-americanos recém-egressos de ditaduras.

Na Argentina, a política especial de reparação às vítimas da ditadura militar inicia-se em 1986 com a edição da Lei 23.466, de 30 de outubro, que estabeleceu pensões para familiares de pessoas desaparecidas de maneira involuntária até o dia 10 de dezembro de 1983. Novos diplomas normativos foram editados e aumentaram progressivamente o número de beneficiários do programa de reparação, sendo fixadas as bases para o cálculo da reparação[24].

No caso do Chile, a Comissão Nacional de Verdade e Reconciliação propôs ao governo chileno uma série de medidas destinadas à reparação às vítimas e seus familiares por conta de atos violadores de direitos humanos ocorridos durante a ditadura. Assim, com base nesse trabalho, foi editada a Lei 19.123, de 3 de janeiro de 1992, que proporciona uma série de vantagens financeiras às famílias e vítimas de violações, como pensões e indenizações de prestação única, além de auxílio médico e educacional.

23 Cf. Ramcharan (1989, p. 288).

24 Ver as Leis 24.111/94, 24.436/95 e os decretos 70/91 e 2151/91. Cf. Paolillo (1997, p. 983-1006).

No caso uruguaio, a Lei 15.848, de dezembro de 1986, estabeleceu a extinção da punibilidade dos autores de crimes contra os direitos humanos durante a ditadura. Essa extinção não afetou o pagamento de indenizações às vítimas e familiares, mas impossibilitou a persecução criminal dos autores dos delitos.

O caso brasileiro segue a regra geral aqui apontada. Em relação às leis especiais relativas à reparação às vítimas e familiares da ditadura recente brasileira, cite-se a Lei 6.683, de 28 de agosto de 1979, que concedeu anistia ampla, geral e irrestrita aos que participaram do processo de golpe e manutenção do regime ditatorial e também àqueles acusados de crimes políticos e conexos. Em 1995 foi aprovada a Lei 9.140 que estabelece o montante da indenização às vítimas e familiares de pessoas mortas ou desaparecidas por violações de direitos fundamentais por parte do Estado brasileiro.

Entretanto, a obrigação internacional, nascida da violação de direitos humanos, de investigar e punir – cada vez mais clara em tratados de direitos humanos – foi deixada de lado pelas leis de reconciliação nacional.

Essa omissão proposital fez parte de um processo no qual os agentes responsáveis pelas violações de direitos humanos exigiram um *tratamento privilegiado* em troca do apoio à redemocratização. Entretanto, como já salientado, não pode o Estado opor sua legislação interna como justificativa para o inadimplemento da obrigação de total reparação às vítimas, o que inclui, como vimos, a obrigação de investigar e perseguir em juízo os agentes responsáveis pelos atos de violação de direitos humanos.

A Comissão Interamericana de Direitos Humanos, por seu turno, manteve-se fiel aos princípios da responsabilidade internacional do Estado por violação de direitos humanos e condenou o Estado uruguaio pela edição da Lei de Reconciliação Nacional, que atentaria contra o dever de investigar e punir os responsáveis pelos atos de violações de direitos humanos. Para a Comissão Interamericana de Direitos Humanos, o Uruguai, ao editar a citada Lei 15.848/86, violou o art. 1.1 da Convenção *Americana de Direitos Humanos* (garantia e respeito aos direitos humanos). Logo, tal lei interna é incompatível, segundo essa Comissão, com a *Convenção Americana de Direitos Humanos* e com a *Declaração Americana de Direitos e Deveres do Homem*. A Comissão Interamericana de Direitos Humanos concluiu recomendando ao Uruguai que adotasse *todas as medidas necessárias* ao estabelecimento da verdade dos fatos e da identificação dos responsáveis pelas violações[25].

No *Caso Loayza Tamayo*, a Corte Interamericana de Direitos Humanos enfrentou a posição do Estado peruano, que se insurgiu contra o dever de investigar e punir os responsáveis pela ilegal detenção da Sra. Tamayo, alegando anistia

25 Ver Comissão IDH. *Report nº 29/92 (Casos 10.029, 10.036, 10.145, 10.305, 10.372, 10.373, 10.374 e 10.375)*, de 2 de outubro de 1992. In: 13 *Human Rights Law Journal* (1992), p. 340-345.

geral aos membros das Forças Armadas e Polícias Civil e Militar.[26] A Corte Interamericana de Direitos Humanos foi enfática ao repudiar a posição do Peru. Para a Corte Interamericana de Direitos Humanos, os Estados não podem justificar o inadimplemento de suas obrigações internacionais invocando dispositivos internos. Logo, como a *Convenção Americana de Direitos Humanos* garante a toda pessoa sujeita à jurisdição de um Estado o acesso à justiça para fazer valer seus direitos, impõe-se aos Estados a obrigação de prevenir, investigar, identificar e sancionar os autores das violações de direitos humanos.

Segundo a lapidar sentença da Corte:

> Los Estados no pueden, para no dar cumplimiento a sus obligaciones internacionales, invocar disposiciones existentes en su derecho interno, como lo es en este caso la Ley de Amnistia expedida por el Perú, que a juicio de esta Corte, obstaculiza la investigación y el acceso a la justicia. Por estas razones, el argumento del Peru en el sentido de que le es imposible cumplir con ese deber de investigar los hechos que dieron origen al presente caso debe ser rechazado.[27]

Já no *Caso Barrios Alto*, a Corte Interamericana de Direitos Humanos reiterou seu entendimento de que as leis de anistia violam a *Convenção Americana de Direitos Humanos*. De fato, em passagem extremamente clara, a Corte Interamericana de Direitos Humanos afirmou que:

> [...] son inadmisibles las disposiciones de amnistía, las disposiciones de prescripción y el establecimiento de excluyentes de responsabilidad que pretendan impedir la investigación y sanción de los responsables de las violaciones graves de los derechos humanos tales como la tortura, las ejecuciones sumarias, extralegales o arbitrarias y las desapariciones forzadas, todas ellas prohibidas por contravenir derechos inderogables reconocidos por el Derecho Internacional de los Derechos Humanos.[28]

Nesse último caso, a Corte Interamericana de Direitos Humanos assinalou que as leis de anistia adotadas pelo Peru de Fujimori violaram o art. 8.1 da *Convenção Americana de Direitos Humanos* (direito dos parentes das vítimas de serem ouvidos por um juiz – direito de acesso à justiça), o art. 25 (direito ao devido processo legal) e finalmente o art. 1.1 (obrigação de garantir os direitos humanos por meio da punição aos autores das violações)[29]. Foi determinado ao Estado peruano, então, que simplesmente investigasse, processasse e punisse os responsáveis pelas violações, até então "anistiados"[30].

26 O governo Fujimori é o responsável pela aprovação dos Decretos-leis 26.479 e 26.492 (leis de anistia).

27 Ver em Corte IDH. *Caso Loayza Tamayo, Reparações.* Sentença de 27 de novembro de 1998. Série C, nº 42, parágrafo 168.

28 Corte IDH. *Caso Barrios Altos.* Sentença de 14 de março de 2001. Série C, nº 75, parágrafo 41.

29 Corte IDH. Caso *Barrios Altos.* Sentença de 14 de março de 2001. Série C, nº 75, parágrafos 42 e 44.

30 Corte IDH. Caso *Barrios Altos.* Sentença de 14 de março de 2001. Série C, nº 75, parágrafos 4º e 5º do dispositivo da sentença.

Resta saber qual deve ser a posição da Corte Interamericana de Direitos Humanos em face da lei de anistia brasileira. Tal assertiva pode parecer surpreendente, pois o Brasil, ao reconhecer a jurisdição da Corte Interamericana de Direitos Humanos, no final de 1998, inseriu no ato de reconhecimento a tradicional "cláusula temporal" pela qual somente casos ocorridos *após* tal data seriam adjudicáveis à tal Corte. Contudo, há precedentes na jurisprudência da Corte Interamericana de Direitos Humanos que reconhecem o caráter *permanente* de determinadas violações de direitos humanos. Cite-se, por exemplo, o *Caso Blake*, no qual a Guatemala justamente alegou não ter a Corte Interamericana de Direitos Humanos jurisdição sobre os eventos que ocasionaram o assassinato do jornalista americano Nicholas Blake, que ocorreu em 1985, antes do reconhecimento, pelo Estado guatemalteco, da jurisdição dessa Corte com a citada "cláusula temporal", o que ocorreu em 1987.

A Corte Interamericana de Direitos Humanos não aceitou tal defesa preliminar, uma vez que a violação analisada não dizia respeito à violação ao direito à vida do Sr. Blake, mas sim à violação do art. 1.1, entre outros, uma vez que a Guatemala, até o julgamento do caso, não havia ainda punido os responsáveis por aqueles atos bárbaros. Logo, as violações a tais artigos perduravam no tempo, sendo *posteriores ao reconhecimento* da jurisdição obrigatória da Corte Interamericana de Direitos Humanos. Recentemente, a Corte Interamericana de Direitos Humanos reiterou esse entendimento na decisão adotada no *Caso de La Comunidad Moiwana vs. Suriname*, julgado em 15 de junho de 2005, no qual se apurava a responsabilidade internacional do Suriname por um massacre ocorrido em novembro de 1986. Para a Corte Interamericana de Direitos Humanos, o Suriname deve responder pelos seus atos omissivos *após o reconhecimento da jurisdição da Corte Interamericana de Direitos Humanos*, entre eles, o de não ter investigado e punido os autores do massacre.

No caso brasileiro, em face do ocorrido na chamada "guerrilha do Araguaia", e nos casos de tortura, homicídios e desaparecimentos forçados, a situação é similar. Os fatos e a Lei de Anistia são da década de 1970, bem antes do reconhecimento brasileiro da jurisdição obrigatória da Corte Interamericana de Direitos Humanos, mas os corpos continuam desaparecidos e os responsáveis por eventuais violações de direitos humanos continuam impunes, uma vez que a anistia impediu as possíveis ações penais. Assim, a lógica do *Caso Blake* pode ser perfeitamente aplicada ao Brasil, tornando ineficaz a cláusula temporal inserida no nosso ato internacional de reconhecimento da jurisdição da Corte Interamericana de Direitos Humanos. Saliente-se, por fim, que o *Caso Blake*, que nos traz essa interpretação sobre os limites à jurisdição temporal da Corte, foi sentenciado em 24 de janeiro de 1998, quase um ano antes do reconhecimento pelo Brasil da jurisdição da Corte Interamericana de Direitos Humanos[31].

31 Ocorrido em 10 de dezembro de 1998.

Porém, no Brasil, há ainda precedentes internos que aplicam a citada Lei de Anistia e consideram extinta a punibilidade penal de acusados de violação de direitos humanos da época da ditadura.

No que tange ao homicídio do jornalista Vladimir Herzog ocorrido nas dependências do DOI-CODI São Paulo (Destacamento de Operações de Informações do Centro de Operações de Defesa Interna do II Exército brasileiro) em 1975, houve tentativa de persecução penal dos responsáveis pela sua morte (na versão oficial da época, suicídio) em 1992. Naquele ano, o Ministério Público de São Paulo requisitou a abertura de inquérito policial à Polícia Civil para apurar as circunstâncias de seu homicídio, motivado pelos novos elementos de prova então surgidos a partir de declarações prestadas por Pedro Antônio Mira Granieri (vulgo "Capitão Ramiro") à revista *Isto É, Senhor*, edição de 25 de março de 1992 (Inquérito Policial nº 704/92 – 1ª Vara do Júri de São Paulo). Granieri foi investigador de polícia civil requisitado para atuar no DOI-CODI e figurava como investigado no citado inquérito policial pela prática de homicídio. Entretanto, por força de *Habeas Corpus* impetrado em seu favor, a Quarta Câmara do Tribunal de Justiça de São Paulo determinou o trancamento do Inquérito Policial por considerar que os ilícitos criminais teriam sido contemplados pela anistia prevista na Lei 6.683/79 (SÃO PAULO, 1993)[32].

Cabe, então, ao STF adequar a jurisprudência interna à jurisprudência internacional e reconhecer: 1) a invalidade das leis de autoanistia e a impossibilidade de se alegar extinção de punibilidade nesses casos, pela hierarquia superior das normas dos tratados de direitos humanos; 2) que a *Convenção Americana de Direitos Humanos*, pela sua estatura constitucional e internacional, exige a plena investigação e punição penal aos perpetradores de atos bárbaros de ofensa a direitos humanos e 3) evitar que o Brasil seja condenado pela Corte Interamericana de Direitos Humanos por descumprir a jurisprudência reiterada da própria Corte Interamericana de Direitos Humanos.

4 Pelo diálogo das Cortes e o exemplo do encontro das Supremas Cortes do MERCOSUL

O uso de tratados internacionais de direitos humanos para a fundamentação de decisões do STF não é novidade. Após a redemocratização e a edição da CF/88, o Brasil ratificou diversas convenções internacionais de direitos humanos, entre elas a *Convenção Americana de Direitos Humanos* (incorporado internamente em 1992) e o *PIDCP* (incorporado internamente em 1992).

Além disso, a redação do art. 5º, § 2º da CF/88 levou a parte da doutrina a reconhecer a natureza constitucional desses tratados, o que motivou os operadores

32 O Recurso Especial interposto ao Superior Tribunal de Justiça não foi conhecido por questões processuais. Registre-se que as informações envolvendo o caso Herzog são fruto do trabalho minucioso sobre o tema de Marlon Alberto Weichert, procurador regional da República.

do Direito a invocarem o seu uso perante o Poder Judiciário e, naturalmente, perante o STF.

Assim, colacionam-se diversos casos envolvendo a interpretação destes tratados internacionais de direitos humanos nas mais variadas matérias jurídicas no STF.

Para comprovar tal afirmação, bastou o uso singelo da ferramenta de pesquisa no *site* do STF, com o tema "convenção americana de direitos humanos", e obtivemos acórdãos sobre: prisão do depositário infiel, duplo grau de jurisdição, uso de algemas, crimes hediondos e individualização da pena, presunção de inocência, videoconferência no processo penal, direito a recorrer em liberdade no processo penal, duração prolongada e abusiva da prisão cautelar, direito de audiência e o direito de presença do réu, entre outros[33].

Por outro lado, é extremamente difícil encontrar repercussão no STF das decisões internacionais de direitos humanos oriundas de órgãos em relação aos quais o Brasil reconhece a jurisdição. Mesmo quando se discute o alcance e sentido de determinada garantia da *Convenção Americana de Direitos Humanos* não se busca verificar qual é a posição de seu intérprete, a saber, a Corte Interamericana de Direitos Humanos, cuja jurisdição obrigatória o Brasil já reconhece desde 10 de dezembro de 1998.

Como exemplo, cite-se o *HC 82.959*, no qual se discutiu a mudança de orientação do STF e foi decidida a inconstitucionalidade do art. 2º, § 1º, da Lei 8.072/90. Várias foram as decisões citadas, entre elas, os casos Plessy vs. Ferguson, Brown vs. Board of Education, Mapp vs. Ohio, Linkletter vs. Walker, da Suprema Corte dos Estados Unidos da América e o Caso Markx da Corte Europeia de Direitos Humanos. Contudo, em que pese a Corte Interamericana de Direitos Humanos já possuir vasto repertório sobre o devido processo legal e os cânones de interpretação *pro homine*, raramente seus casos são mencionados.

Mesmo quando se discute o estatuto normativo da *Convenção Americana de Direitos Humanos* (equivalente à lei ordinária federal, supralegal ou natureza constitucional), não se menciona a *Opinião Consultiva nº 14* da Corte Interamericana de Direitos Humanos, que afirma que a *Convenção Americana de Direitos Humanos* deve ser cumprida, em qualquer hipótese, em nome da proteção de direitos humanos, mesmo que contrarie dispositivo constitucional menos protetivo (se for mais protetivo, impera o art. 29 da própria *Convenção Americana de Direitos Humanos*, que favorece a aplicação da norma interna mais benéfica). Ou seja, não se menciona, até o momento, o *garante* maior das normas internacionais de direitos humanos impostas ao Estado, que são os órgãos internacionais criados pelos tratados e aos quais o Brasil reconheceu a jurisdição.

33 A citada pesquisa foi efetuada em 19 de março de 2008, com a localização de 79 acórdãos. Vide <www.stf.gov.br>.

A situação é mais dramática nos casos da Corte Interamericana de Direitos Humanos, da Comissão Interamericana de Direitos Humanos, do Comitê pela Eliminação de toda forma de Discriminação contra a Mulher e do Comitê pela Eliminação de toda forma de Discriminação Racial.

É que, nesses casos, o Brasil expressamente reconheceu a competência de órgãos judiciais ou quase-judiciais internacionais em apreciar casos de violação aos tratados respectivos. Não seria razoável, por exemplo, ao julgar a aplicação de determinado artigo da *Convenção Americana de Direitos Humanos*, o STF optasse por interpretação não acolhida pela própria Corte Interamericana de Direitos Humanos, abrindo a possibilidade de eventual sentença dessa Corte contra o Brasil.

De fato, não atenderia aos comandos dos próprios tratados ignorar a posição dominante dos órgãos encarregados justamente da interpretação de seus dispositivos. O mesmo ocorre no Judiciário brasileiro: não atende aos encômios da boa jurisdição o comportamento de alguns juízos que ignoram a posição consolidada do STF, o que só onera a parte prejudicada, que por certo recorrerá e ganhará naquele Tribunal.

A situação tem-se alterado. De fato, no R.E 511.961-SP que decidiu pela ausência de obrigatoriedade do diploma específico de jornalismo para o exercício da profissão de jornalista, a posição da Corte Interamericana de Direitos Humanos (contrária à obrigatoriedade) foi extremamente citada pelo STF. No voto do ministro relator, Gilmar Mendes, houve transcrição de parte substancial do Parecer Consultivo nº 5 da Corte de San José[34]. A menção aos precedentes desses órgãos internacionais de direitos humanos na jurisprudência do STF é mais um passo a ser dado na valorização do Direito Internacional dos Direitos Humanos perante nossa Suprema Corte.

Desde 2001, com nosso livro *Direitos Humanos em Juízo – Comentários aos Casos contenciosos e consultivos da Corte Interamericana de Direitos Humanos* (CARVALHO RAMOS, 2001), há intensa discussão doutrinária sobre casos concretos e opiniões consultivas da Corte Interamericana de Direitos Humanos, que contou até, por muitos anos, com a ativa participação do jurista brasileiro Antônio Augusto Cançado Trindade, hoje juiz da Corte Internacional de Justiça (que foi inclusive presidente da Corte de San José).

Por isso, pugnamos por um *diálogo entre as Cortes*, uma vez que ambas – STF e Corte Interamericana de Direitos Humanos – cumprem a mesma missão de assegurar o respeito à dignidade humana e aos direitos fundamentais. Nesse sentido, o exemplo das atividades coordenadas pelo STF no que tange ao Mercosul pode ser útil.

34 BRASIL. Supremo Tribunal Federal. RE 511.961-SP, Recorrente: Ministério Público Federal e outro, Recorridos: União e outro. Julgamento em 17 de junho de 2009.

Nesse caso, o STF coordena anualmente o Encontro das Supremas Cortes do Mercosul no qual são debatidas e buscadas soluções visando a implementação e uniformização da normativa Mercosul no âmbito dos Poderes Judiciários dos Estados membros. Tal iniciativa incorporou o Judiciário às discussões sobre o Mercosul e, em especial, sobre a necessidade de cumprimento de suas normas e dos laudos arbitrais eventualmente prolatados sob a égide do *Protocolo de Olivos*, que inclusive criou um Tribunal Permanente de Revisão do bloco[35].

No caso da decisões da Corte Interamericana de Direitos Humanos (e, por extensão, para evitar futuras ações em tal Corte, dos informes e medidas cautelares da Comissão Interamericana de Direitos Humanos) sugere-se a instalação de foro ou secretaria permanente unindo os Poderes Legislativo, Executivo e Judiciário, além do Ministério Público Federal, Conselho Federal da Ordem dos Advogados do Brasil (OAB), Conselhos nacionais do Ministério Público e da Justiça, de modo a instar os responsáveis pela implementação dos comandos internacionais a agir.

Conclusão

Após a adesão brasileira a mecanismos internacionais de averiguação de respeito a normas de direitos humanos, cabe agora compatibilizar a jurisprudência do STF sobre os diversos direitos protegidos com a posição hermenêutica dos citados órgãos internacionais. Com isso, a postura do STF será plenamente condizente com os compromissos internacionais de adesão à jurisdição internacional de direitos humanos assumidos pelo Brasil, superando a tradicional fase da "ambiguidade", na qual o Brasil ratifica os tratados de direitos humanos, mas não consegue cumprir seus comandos normativos *interpretados* pelos órgãos internacionais.

A nova postura do STF no que tange aos tratados internacionais de direitos humanos permite vislumbrar um futuro promissor no relacionamento de nossa Corte Maior com os órgãos internacionais de proteção judicial ou quase-judicial de direitos humanos, em especial a Comissão e a Corte Interamericanas de Direitos Humanos. Por isso, é extremamente importante a continuidade da divulgação do conteúdo das deliberações internacionais de direitos humanos e da possibilidade de seu uso nos diversos processos judiciais relativos a direitos humanos em curso no STF, em especial no que tange à nossa Lei de Anistia.

André de Carvalho Ramos[36]

35 Ver sobre a atuação do STF no que tange ao MERCOSUL em <http://www.stf.gov.br/encontro4/>.

36 Professor de Direito Internacional e Direitos Humanos da Faculdade de Direito da USP (Largo São Francisco). Doutor e Livre-Docente em Direito Internacional (USP). Procurador Regional da República.

O TRABALHO DA
ANISTIA INTERNACIONAL
A Anistia Internacional busca um maior respeito aos direitos do cidadão e trabalha na proteção de alguns de seus direitos fundamentais. Ela não apóia nem faz oposição a qualquer governo ou sistema político.
Suas atividades se concentram nos prisioneiros:
• Busca a libertação dos prisioneiros de consciência. São homens e mulheres detidos por suas convicções, cor, origem étnica, sexo ou religião, que não usaram nem defenderam o uso da violência.
• Reivindica julgamentos justos e sem protelação para todos os prisioneiros políticos e atua por pessoas detidas sem acusação formal.
• É contra a pena de morte e a tortura ou outros tratamentos cruéis, desumanos ou degradantes para qualquer prisioneiro, sem exceção.
Anistia Internacional não aceita recursos de nenhum governo e mantém seu trabalho com doações e contribuições de seus membros.
ANISTIA INTERNACIONAL Campanha pelos Direitos do Cidadão
Seção Brasileira

18. Justiça transicional e qualidade institucional no Brasil e na Argentina

Introdução

No tema direito à verdade e qualidade institucional, há que se trabalhar necessariamente com a dimensão axiológica da qualidade institucional vinculada à realização dos fins da democracia. Para tanto, não se pode esquecer que, normalmente, nas ditaduras, como nas que ocorreram no Brasil e na Argentina, não se respeita a necessária despersonalização do exercício do poder político. Nesses países não houve o direito à existência real da oposição. Assim, frente a leis de anistia elaboradas pelos usurpadores do poder, como no Brasil, ou mesmo por um poder democrático posterior, como no caso da Argentina, há que se analisar a fundo a existência de legitimidade e respeito aos valores democráticos.

A população tem o direito de conhecer sua história. O passado foi o presente e determinou o futuro. Entretanto, quando o passado se refere a um período de exceção ao Estado de Direito, fica mais difícil a qualquer cidadão obter informações sobre o que ocorreu.

No contexto de uma Justiça Transicional, há sempre uma necessária composição entre as necessidades de justiça e os reclamos de paz. Assim, pode-se observar que, em um período de transição à democracia, os Estados costumam adotar uma ou mais das seguintes medidas referentes à memória e à justiça dos fatos cometidos durante os períodos de exceção: julgamento e punição (processos penais); reconhecimento (comissões de verdade e reconciliação) e simples esquecimento (anistias).

No presente trabalho, pretendem-se analisar quais dessas medidas devem ser obrigações do Estado. Ademais, pretende-se, vislumbrando as medidas adotadas pelos Estados brasileiro e argentino para permitir os direitos à verdade e à justiça nos seus países, depois de superado o período de exceção, observar a relação da adoção de tais medidas com a qualidade institucional em suas democracias.

Qualidade institucional e direito à verdade

O reconhecimento e a plena vigência dos direitos humanos, bem como a transparência sobre os atos dos governos são, indiscutivelmente, condições básicas para a plena realização da democracia. Ademais, esta pressupõe a possibilidade da oposição intervir na vida pública, com direito a falar e ser ouvida.

Como sempre, segue atual a afirmação de Welzel, referindo-se ao direito natural, sempre recordada em momentos em que se faz necessária a defesa dos direitos do ser humano. Nas palavras do jusfilósofo:

> Un orden social es solo Derecho, si es más que la manifestación de una determinada relación de poder; es decir, si en él se contiene el intento de hacer realidad lo justo y adecuado bajo las condiciones y supuestos de un momento histórico. Solo desde este punto de vista puede un orden social enfrentarse con el individuo, no solo con la coacción, sino con la pretensión de obligarle en conciencia [...]
>
> Lo que queda del mundo de ideas del Derecho natural no es un sistema de principios jurídicos materiales eternos, sino la exigencia frente al Derecho positivo – una exigencia que hay que cumplir bajo condiciones siempre nuevas – de que la lucha en torno a la conformación justa de las relaciones sociales sea siempre una polémica entre ideas, y no se trate de poner fin a ella por el sometimiento, ni mucho menos por la aniquilación del hombre por el hombre. (2005, p. 342-343).

Assim, também se poderia considerar que as leis de anistia, longe de serem impostas aos cidadãos, deveriam ser resultado de uma verdadeira intenção geral com vistas à reconciliação nos períodos de transição à democracia. Para tanto, deveriam ser ouvidas as vítimas e seus familiares, intervenientes legítimos e necessários no processo. Até porque o Estado tem o dever de adequar seus fins às necessidades e expectativas de seus cidadãos. Ainda mais quando esses foram vítimas do próprio Estado.

De acordo com Federici, a qualidade institucional do Estado

> [...] se trata de una percepción acerca del valor que tienen los resultados empíricos atribuidos a la capacidad de acción de los gobiernos en términos jurídicos, administrativos, técnicos y presupuestarios. En otras palabras, se trata de la *capacidad de aplicación de los recursos estatales a la realización de las políticas públicas necesarias para satisfacer razo-*

nablemente las expectativas de la población y las finalidades del Estado, proveyendo bienes públicos de manera legítima, eficiente y equitativa. (2007, p. 208, grifo nosso).

Ademais, não se pode esquecer que a qualidade institucional deve estar necessariamente vinculada à ética pública. Como bem observa Bosca:

> Si no hay ética pública, no hay calidad institucional. No es una cuestión marginal, puesto que de ella depende el destino de una democracia, y con él la misma calidad de vida de una comunidad. La sociedad civil debe salvarse a sí misma porque la clase política no lo hará [...] la calidad de la democracia no se juega solamente en una estructura institucional, sino sobre todo en el espíritu que la informa. (2007, p. 88-89).

Ou seja, em um Estado Democrático de Direito, a defesa das instituições é o primeiro passo para impedir que o direito seja apenas um reflexo do poder.

O segundo passo, imediato, é o fortalecimento dos valores morais da sociedade, principalmente dos servidores públicos. Somente assim se pode lograr diminuir ou mesmo suprimir a corrupção que tornaria o primeiro passo improfícuo. De modo que a moral, ao fim, transforma-se na garantia última do direito.

Nesse contexto, faz-se necessário concluir que, eticamente, é necessária à própria saúde da moral estatal a garantia do direito dos familiares das vítimas (sejam minoria ou não), e mesmo da população toda, saber o que ocorreu em seu passado recente mais obscuro.

Pode-se, inclusive, dizer que a situação dos desaparecidos forçados se aproxima da pena de Antígona[1], qualificada por Lacan como sendo "Antígona no entre-duas-mortes". Referindo-se ao lamento de Antígona, alude Lacan:

> Quando começa essa queixa? A partir do momento em que ela transpõe a entrada da zona entre a vida e a morte, onde o que ela já tinha dito ser toma forma do lado de fora [...] Seu suplício vai consistir em ser trancada, suspensa, na zona entre a vida e a morte. *Sem ainda estar morta, ela já está riscada do mundo dos vivos* [...] (1997, p. 339, grifo nosso).

De fato, ocorreu o mesmo com os desaparecidos da ditadura militar. Depois de sequestrados já estavam riscados do mundo dos vivos. Somente lhes restava esperar, enquanto eram torturados, a chegada inevitável da morte.

1 Flagrada cobrindo de cinzas o cadáver de seu irmão Polinices, conforme o costume fúnebre tebano, contrariando o decreto que havia proibido o sepultamento daquele, *Antígona* é levada a *Creonte, que havia ditado o decreto,* e condenada à *morte sendo* encarcerada viva no túmulo dos Labdácidas, de quem descendia.

No entanto, a tragédia sofocliana tem também outra interessante similitude com os crimes cometidos durante a ditadura militar. Trata-se do direito dos familiares de velarem seus mortos. Se o decreto de Creonte implicava uma afronta ao direito de Antígona de velar seu irmão, o mesmo ocorre com a não elucidação do destino das vítimas desaparecidas. E as leis brasileiras que impedem o acesso aos arquivos secretos do período ditatorial logram o mesmo efeito.

Ao impedir o direito à verdade, essas leis impedem que feridas sejam sanadas. A dúvida e a incerteza sobre o que há passado a seus filhos(as), esposos(as), pais, etc. tornam, ademais, imprescritível a dor e impossível o perdão.

Necessidade de atuação por parte do poder público

De acordo com Comparato (1995, p. 1-3), o Estado responsável por crimes de tortura, assassinato e desaparecimentos forçados deve ir até o fim no cumprimento de seus três deveres fundamentais, quais sejam: 1) apurar a verdade dos fatos; 2) indenizar as vítimas e seus familiares; 3) punir os autores de tais crimes.

Esse é também o pensamento da Anistia Internacional:

> Los Estados tienen la obligación de respetar, proteger y hacer realidad el derecho de las víctimas de violaciones de derechos humanos a interponer recursos efectivos. Esta obligación incluye tres elementos:
>
> • Verdad: establecer los hechos respecto a las violaciones de derechos humanos ocurridas en el pasado.
>
> • Justicia: investigar las violaciones cometidas en el pasado y, en el caso de que se reúnan suficientes pruebas admisibles, emprender acciones judiciales contra los presuntos responsables.
>
> • Reparación: dar reparación plena y efectiva a las víctimas y a sus familiares en sus cinco formas: restitución, indemnización, rehabilitación, satisfacción y garantías de no repetición. (2007, p. 3).

Tais medidas seriam necessárias para possibilitar uma transição coerente e segura à democracia. Além de prestar jurisdição adequada às vítimas (até aquele momento privadas de direitos pelo próprio Estado), o cumprimento desses deveres por parte do Estado teria também efeitos preventivos – gerais e especiais – a impedir novas tentativas de instalação de sistemas ditatoriais ou, mesmo na democracia, tentativas de transgressão sistemática dos direitos humanos.

De modo que o saneamento das feridas passadas seria uma escala necessária para o estabelecimento de uma democracia madura. Nesse sentido, observa Cuya:

> Luego, la difusión de las informaciones sistematizadas por la Comisión de la Verdad ayuda al despertar de la sociedad a una atroz realidad que no se quiso ver o reconocer en su momento debido. Esta toma de conciencia acerca del pasado de violaciones a los derechos humanos es importante para avanzar en la reconstrucción de la democracia y del estado de derecho, que no se podrán alcanzar mientras persistan las heridas de los tiempos de violencia. (200-).

Ou seja, se o direito à verdade é essencial para o desenvolvimento dos sistemas democráticos, a atuação das instituições públicas em busca deste direito tem relação direta com a avaliação de sua qualidade institucional.

Essa importante observação resulta clara na seguinte parte do voto concorrente do juiz A. A. Cançado Trindade no caso "Barrios Altos"[2]:

> 4. Estas ponderaciones de la Corte Interamericana constituyen un nuevo y gran salto cualitativo en su jurisprudencia, en el sentido de buscar superar un obstáculo que los órganos internacionales de supervisión de los derechos humanos todavía no han logrado transponer: *la impunidad con la consecuente erosión de la confianza de la población en las instituciones públicas.* Además, atienden a un clamor que en nuestros días es verdaderamente universal, recuérdese, al respecto, que el principal documento adoptado por la II conferencia mundial de derechos humanos (1993) exhortó a los estados a derogar la legislación que favorezca la impunidad de los responsables de violaciones graves de los derechos humanos, [...] y sancionar esas violaciones [...]. (grifo nosso).

Nesse sentido, torna-se necessário analisar as medidas tomadas pelos poderes públicos dos dois países observados, no que se refere ao cumprimento de seus três deveres acima mencionados: reparação, verdade e justiça.

Os deveres de reparação e verdade no Brasil e na Argentina

A Argentina editou importantes leis buscando garantir a justa reparação às vítimas da ditadura e a familiares de desaparecidos. Entre elas, destaca-se a Lei nº 24.043, de 23 de dezembro de 1991, que previu o pagamento de indenizações às vítimas do terrorismo de Estado. Tal lei recebeu interpretação extensiva pela Corte Suprema (CS), como no caso "*Yofre de Vaca Narvaja*" – CS, 14 de outubro de 2004. Depois veio a "*Ley de beneficio a las personas ausentes por desaparición forzada y a las fallecidas como consecuencia del accionar de las fuerzas armadas*" (Lei nº 24.411).

2 Corte IDH, caso Barrios Altos v. Peru.

Da mesma forma, a Lei nº 25.914/2004, previu indenização para os filhos nascidos durante a privação da liberdade de suas mães e/ou desaparecidos por razões políticas.

Logo depois de Uganda (*Comisión de Investigación sobre la Desaparición de Personas en Uganda*, 1974) e Bolívia (*Comisión Nacional de Investigación de Desaparecidos Forzados*, 1982), a Argentina também se adiantou no estabelecimento de uma Comissão de Verdade, o que veio a se transformar em um fenômeno mundial[3].

Por meio do Decreto 187, foi criada nesse país a *Comisión Nacional sobre la Desaparición de Personas* (CONADEP) pelo presidente Raúl Alfonsín, em 15 de dezembro de 1983.

Tal comissão teve o objetivo de investigar as graves e sistemáticas violações aos direitos humanos levadas a cabo pelo governo militar durante a chamada "*guerra súcia*" entre 1976 e 1983, também conhecida como "*Proceso de Reorganización Nacional*". Sua investigação resultou no livro "*Nunca Más*", entregue ao presidente Alfonsín em 20 de setembro de 1984.

Ademais, até hoje são tomadas medidas para garantir o direito à verdade, como os relatos de vítimas sobreviventes de sequestros expostos em programas televisivos.

No Brasil, com a Lei nº 9.140/95, que reconheceu como mortas as pessoas desaparecidas em razão de participação política na época da ditadura militar e obrigou a União a indenizar os familiares das vítimas, e a Lei nº 10.559/2002, que instituiu reparações pelos gravames sofridos pelas vítimas sobreviventes do regime militar[4], se há cumprido simplesmente o dever de reparação.

Neste país nunca foram criadas Comissões de Verdade e Reconciliação (direito à verdade). Tampouco se há punido agentes de Estado por crimes cometidos durante o período ditatorial[5] (direito à justiça). Além disso, a não abertura dos arquivos da ditadura impede maiores avanços no descobrimento da verdade.

Por tal razão, a Procuradoria Geral da República brasileira interpôs uma Ação Direta de Inconstitucionalidade (ADI ou ADIN) impugnando o art. 23 da Lei nº 8.159/1991, e os arts. 3º e 4º da Lei nº 11.111/2005. Tais dispositivos delegam ao Executivo a fixação de categorias de sigilo dos documentos públicos, instituindo uma comissão com a finalidade de decidir sobre a aplicação das restrições ao acesso de tais documentos.

Pela importância da ADIN nº 4.077, e também pela claridade de seus termos, seguem algumas partes de sua petição inicial:

3 Segundo a Anistia Internacional (2007), de 1974 a 2007 foram criadas ao menos 33 comissões de verdade em 28 países.

4 Em razão da anistia prevista no artigo 8º do Ato das Disposições Transitórias da Constituição de 1998 (ADCT).

5 Como adiante será referido.

7. Como sabemos, numa República Democrática, nem a cidadania nem os direitos políticos se resumem a votar e ser votado. Incluem também a participação ativa dos cidadãos no devido processo político, peticionando aos Poderes públicos, fazendo as suas sugestões, postulando o que de direito, *conditio* e *condendo*, questionando as decisões proferidas e, enfim, atuando plenamente na *civitas*. O pressuposto dessa atuação é exatamente o direito à informação (art. 5º, XIV e XXXIII) [...]

16. Não se trata de uma questão de interesse privado, mas de expressão pública [...]

35. Em relatório elaborado pela UNESCO em colaboração com o Conselho Internacional de Arquivos, foram identificados os principais direitos que se acham dependentes de uma política de proteção e de divulgação dos dados constantes de registros coligidos pela polícia e pelos serviços de inteligência dos regimes autoritários como elementos, às vezes, únicos de prova das arbitrariedades. Muitos dos direitos evidenciados naquele documento se aplicam à realidade brasileira [...] como segue:[6]

a) os direitos de índole individual

Direito à intimidade, à identidade e à verdade familiar [...]

Direito a esclarecer eventuais políticas ou medidas discriminatórias oficiais com graves repercussões na vida pessoal, familiar e profissional dos perseguidos (art. 5°, *caput*, XLI);

Direito à pesquisa histórica e escolar [...];

Direito à anistia de prisioneiros políticos e a pessoas que sofreram algum tipo de penalidade em decorrência de seus vínculos ideológicos, religiosos, étnicos ou raciais (art. 8° e 9°, ADCT);

Direito à indenização e reparações por prejuízos sofridos pelas vítimas da repressão (art. 8° e 9°, ADCT);

Direito de restituição de bens, eventualmente, confiscados.

b) Direitos coletivos:

Direito dos povos e nação à escolha de seu próprio caminho para a transição política: Comissões para ou sobre a Verdade [...]

Direito dos povos à integridade de sua memória escrita [...]

O direito à verdade: os cidadãos têm o direito de acesso a informações sobre a conduta dos agentes e atores sociais e políticos durante o regime antigo.

6 QUINTANA, Antonio G. Archives of the security services of former repressive. Report prepared for UNESCO on behalf of the International Council of Archives. Paris: UNESCO, 1997. p. 9 et seq.

O eventual provimento dessa ação pode em fim representar um importante passo do Brasil no caminho do descobrimento de seu passado.

Importa também observar que, como referido, o direito à verdade, ademais de sua dimensão individual, possui também outra coletiva. É o que também esclarece a Comissão Interamericana de Direitos Humanos:

> El derecho a la verdad es un derecho de carácter colectivo que permite a la sociedad tener acceso a información esencial para el desarrollo de los sistemas democráticos y a la vez un derecho particular para los familiares de las víctimas, que permite una forma de reparación [...] (1999, par. 224).

De modo que o Estado não tem apenas uma dívida com os familiares das vítimas, mas sim com toda a sociedade e até consigo mesmo, com seu aspecto "democrático de direito". O mesmo se poderia dizer a respeito do direito à justiça.

Direito à justiça

A Argentina passou, mais recentemente, por dois períodos de ditadura militar (1966-1973 e 1976-1983), intercalados por um pequeno retorno à ordem constitucional (1973-1976)[7].

Já em 1983, as forças armadas ditaram a Lei 22.294, que foi propriamente uma lei de autoanistia. Depois da posse do Presidente Raúl Alfonsín em 10 de dezembro de 1983, logo veio a Lei 23.040[8], que derrogou a Lei de autoanistia nº 22.924.

Em 14 de agosto de 1984 foi ratificada a Convenção Americana sobre Direitos Humanos – CADH (1969) –, logo após ser aprovada pelo Congresso Nacional mediante a Lei 23.054. O Pacto de Direitos Civis e Políticos foi ratificado mediante a Lei 23.313. A Convenção Contra a Tortura e outros Tratamentos ou Penas Cruéis, Desumanas ou Degradantes, adotada pela Assembleia Geral das Nações Unidas em 10 de dezembro de 1984, foi aprovada pela República Argentina mediante a Lei 23.338[9].

Ademais, importa recordar que a Convenção para a Prevenção e Punição do Crime de Genocídio, aprovada pela III Assembleia Geral das Nações Unidas em 9 de dezembro de 1948, já havia sido ratificada pela República Argentina pelo Decreto-lei 6.286/1956. Todas essas convenções citadas receberam hierarquia constitucional desde 1994, segundo o art. 75, inc. 22 da Carta Magna[10].

Em 9 de dezembro de 1985, ocorreram o julgamento e a condenação dos integrantes das Juntas Militares pela "*Cámara Federal de la Capital Federal*", que foram confirmados pela Corte Suprema em 30 de dezembro de 1986.

7 O primeiro ato do governo constitucional do presidente Héctor J. Cámpora, em 25-5-1973, foi ditar a Lei 20.508, anistiando de forma geral os crimes executados até aquela data.

8 Cuja validez constitucional foi confirmada pela Corte Suprema em "Dufour, Félix E.", Fallos 306:174.

9 Sancionada em 30 de julho de 1986; promulgada em 19 de agosto de 1986 e publicada no "B.O." em 26-2-1987.

10 A Convenção de Viena sobre o Direito dos Tratados, concluída em Viena em 23 de maio de 1969, também foi aprovada pela Lei 19.865, ratificada pelo poder executivo nacional em 5 de dezembro de 1972 e em vigor desde 27 de janeiro de 1980. No entanto, tal lei não possui rango constitucional por não ser uma convenção sobre direitos humanos.

A partir desse momento, tendo em vista a pressão exercida pelas forças armadas, surgiram as tentativas de, por meios legislativos, impedir tais julgamentos. Primeiramente surgiu a Lei 23.492, de 24 de dezembro de 1986, denominada "*Punto Final*", seguida da Lei 23.521, de 8 de junho de 1987, chamada de "*Obediencia Debida*". A primeira restringiu novas reclamações a respeito de crimes cometidos durante a ditadura a um período de 60 dias[11]. A segunda funcionou como anistia aos militares de posição intermediária, que teriam obrado em virtude de obediência devida[12].

Depois disso, ampliando a impunidade, o presidente Carlos Menem, por meio dos decretos de 6 de outubro de 1989 e 29 de dezembro de 1990, indultou os oficiais que haviam sido excluídos dos benefícios da Lei de *Obediencia Debida*. Esse, sim, foi o verdadeiro e derradeiro golpe ao direito à justiça.

11 O art. 1º da lei estabelece "la extinción de la acción penal respecto de toda persona por su presunta participación en cualquier grado, en los delitos del art. 10 de la Ley 23.049, siempre que: no estuviere prófuga; no estuviere declarada en rebeldía; no haya sido ordenada su citación a prestar declaración indagatoria, por tribunal competente, antes de los sesenta días corridos a partir de la fecha de promulgación de la referida ley".

12 O resultado dessas leis, na verdade, não se distanciava muito da posição desde o início defendida pelo presidente Alfonsín, de punir apenas os grandes responsáveis pelas atrocidades, poupando os subalternos.

Em 1995, no caso "*Priebke*", *Fallos* 318-2148, a Corte Suprema reconheceu (em que pese a dissidência dos juízes Petracchi, Belluscio e Levene) a imprescritibilidade dos crimes contra a humanidade, concedendo a extradição de Erich Priebke ao governo da Itália, para ser julgado por participação na morte de 335 pessoas na chamada "*matanza de las Fosas Adreatinas*", de março de 1944.

Ainda no ano de 1995, foi aprovada pela Lei 24.556 a Convenção Interamericana sobre o Desaparecimento Forçado de Pessoas, sendo que, em 1997, a Lei 24.820 lhe outorgou hierarquia constitucional.

A Convenção sobre Imprescritibilidade dos Crimes de Guerra e dos Crimes Contra a Humanidade[13] foi aprovada por meio da Lei 24.584, em 29 de novembro de 1995, sendo ratificada por meio do decreto 579/2003, e tendo recebido outorgamento de hierarquia constitucional pela Lei 25.778 (3 de setembro de 2003)[14].

Finalmente, o Tratado de Roma, firmado em 19 de junho de 1998, e seu Estatuto do Tribunal Penal Internacional anexo, que deu uma definição de crime contra a humanidade, foram aprovados pela Lei 25.390 em 30 de novembro de 2000 (ARGENTINA, 2001).

As leis de *Punto Final* e de *Obediencia Debida* foram derrogadas (sem retroatividade) por meio da Lei 24.952 (1998), e depois tiveram declarada sua nulidade pela Lei 25.779, em 2003. Além disso, no *Fallo* "Simón", de 14 de junho de 2005, as leis de *Punto Final* e *Obediencia Debida* tiveram sua inconstitucionalidade declarada pela Corte Suprema.

Nesse contexto, a Corte Suprema Argentina, nos *Fallos* "Arancibia Clavel" (8 de março de 2005), "Simón" (14 de junho de 2005) e "Mazzeo" (13 de julho de 2007), vem, majoritariamente, considerando os crimes cometidos pelos agentes de Estado durante a ditadura argentina como sendo crimes contra a humanidade, e por tanto imprescritíveis e insuscetíveis de anistia e indulto[15]. Ademais, no caso "Mazzeo", a Corte Suprema reviu o alcance da garantia da coisa julgada nesses delitos[16].

Os principais argumentos da Corte são baseados nas convenções ratificadas pela República Argentina, bem como pela existência do direito consuetudinário internacional (que já previa a imprescritibilidade e a não anistiabilidade dos crimes contra a humanidade quando de seu cometimento pelos agentes de Estado argentinos). Para tanto, argumentam que o "direito de gentes" sempre foi reconhecido pela *Constituición de la Nación* (CN) argentina. Está previsto atualmente no art. 118 da CN, sendo que originariamente, na CN de 1853, já constava em seu art. 102.

13 Nessa, a definição dos crimes contra a humanidade surge da remissão feita à definição dada no Estatuto do Tribunal Militar Internacional de Nuremberg, de 8 de agosto de 1945.

14 Em 10 de setembro de 2007, a CIDH parabenizou a Argentina por ser o oitavo país latinoamericano que ratifica todos os tratados interamericanos de direitos humanos. Os outros Estados que já haviam ratificado todos os tratados interamericanos de direitos humanos são Costa Rica, Equador, México, Paraguai, Peru, Panamá e Venezuela. O último tratado ratificado pela Argentina, com depósito do instrumento de ratificação em 5 de setembro de 2007, é o protocolo para a abolição da pena de morte.

15 Em seus votos dissidentes (entre eles o considerando 62 de sua dissidência no *fallo* Simón), o juiz Fay lança importantes argumentos contrários a essa tese. Refere tratar-se do uso do direito penal do inimigo, onde, pela primeira vez, os direitos humanos estariam sendo utilizados para fortalecer o poder penal estatal e não para proteger o acusado.

16 A esse argumento, além de Fait, também a Juiza Argibay (cons. 6º e ss.) teve voto dissidente.

Também é considerado o fato de que a Comissão Interamericana é a intérprete da Convenção Americana de Direitos Humanos. Tal competência foi reconhecida expressamente pela República Argentina, conforme atestam os *fallos* 315:1492 ("Ekmekdjian"), 318:514, 319:3148 e 321:3555. Assim, a Corte argentina estaria vinculada à interpretação da Convenção dada pela Corte Interamericana de Direitos Humanos (CIDH). E o entendimento desta é justamente o de que não são admissíveis obstáculos de direito interno a impedir os países de cumprir sua obrigação de sancionar os crimes cometidos contra os direitos humanos. Assim, na ocorrência de crimes contra a humanidade, nem a prescrição, nem as anistias e indultos, e nem mesmo a coisa julgada e sua correspondente garantia do *ne bis in idem*, seriam obstruções aceitáveis à necessária obrigação de investigação e julgamento (CIDH – "Barrios Altos", "Velásquez Rodrígues" e "Almonacid").

No *fallo* "Mazzeo", a Corte Suprema Argentina, depois de citar a jurisprudência da CIDH (Serie C nº 154, caso "Almonacid", de 26 de setembro de 2006, parágrafo 124), refere a existência do "controle de convencionalidade" como obrigação dos juizes, ademais do controle de constitucionalidade.

Como refere a Corte[17]:

> En otras palabras, el Poder Judicial debe ejercer una especie de "control de convencionalidad" entre las normas jurídicas internas que aplican en los casos concretos y la Convención Americana sobre Derechos Humanos. En esta tarea, el Poder Judicial debe tener en cuenta no solamente el tratado, sino también la interpretación que del mismo ha hecho la Corte Interamericana, intérprete última de la Convención.

Com relação ao caso brasileiro, em que pese haver sofrido um período ditatorial extenso, o direito à justiça não logrou sucesso.

A ditadura brasileira surgiu com o golpe militar de 31 de março de 1964. Os militares se autoproclamavam revolucionários, protegendo a população da ameaça comunista. A "revolução", de posse do poder político, precisava apoderar-se do poder da "verdade". Para isso, utilizou-se de todos os instrumentos de exclusão, toda "microfísica do poder", que foi se exacerbando a cada novo Ato Institucional, até o escancaramento do regime ditatorial com a edição do Ato Institucional nº 5 (AI-5), dando poderes "macrofísicos" ao governo.

O AI-5, ao contrário dos AIs anteriores, teria duração indefinida, dando ao presidente poderes para, entre outras coisas, cassar políticos, fechar o Congresso e suspender a garantia do *habeas corpus*[18].

Mesmo na Argentina, que teve uma ditadura mais repressiva que a brasileira, não houve a suspensão dessa garantia do cidadão[19].

17 cons. 21 del *fallo* "Mazzeo, Julio L.", 13/7/2007, exptes. M. 2334. XLII y M 2335. XLII.

18 A suspensão do *habeas corpus* é tão aberrante que não pode ser aceita em caso algum. É o que já referiu a Corte Interamericana em seus principais julgamentos acima referidos.

19 Entretanto, em que pese a manutenção de tal garantia na Argentina, é bem verdade que ela não teve seus necessários efeitos práticos, uma vez que os militares não respondiam adequadamente à requisições de informação por parte dos juizes. De fato, as autoridades pertinentes informavam, apenas, que as pessoas a cujo favor se interpunham os *habeas*, não se encontravam detidas. Tal impossibilidade de controle judicial das ilegalidades cometidas pelo governo militar foi assinalada pela Corte Suprema no caso "Pérez Smith".

Em 1979, surgiu a Lei nº 6.683, que, ao anistiar os crimes ocorridos antes e durante a ditadura[20], pretendia superar o passado como parte de um projeto de abertura democrática.

Ao contrário das leis de *Punto Final* e *Obediencia Debida* aprovadas por um governo democrático posterior ao período de exceção, a lei de anistia brasileira pode ser justamente considerada uma lei de autoanistia[21]. De fato, a Lei 6.683/79 foi aprovada pelo próprio governo militar, que, depois de praticar crimes contra o que existe de mais humano em parte de sua população, se autoimuniza[22].

Entretanto, ao contrário das leis argentinas de "olvido", essa lei manteve sem interrupções seus efeitos. Somente em outubro de 2008 a Ordem dos Advogados do Brasil (OAB) impetrou uma Arguição de Descumprimento de Preceito Fundamental[23], pedindo que seja dada à Lei de Anistia

> [...] uma interpretação conforme à Constituição, de modo a declarar, à luz dos seus preceitos fundamentais, que a anistia concedida pela citada lei aos crimes políticos ou conexos não se estende aos crimes comuns praticados pelos agentes da repressão contra opositores políticos, durante o regime militar (1964-1985).

De fato, no que se refere ao direito à justiça, o Brasil está muito longe de alcançar o desenvolvimento ocorrido na Argentina.

Inicialmente se pode observar que o Brasil, ao contrário daquele país, não ratificou importantes tratados sobre direitos humanos.

No que se refere ao sistema regional dos direitos humanos, o Brasil é signatário da Convenção Interamericana sobre Direitos Humanos, "Pacto de São José da Costa Rica", aprovada pelo Decreto nº 678, de 6 de novembro de 1992. No entanto, está pendente a ratificação da Convenção Interamericana sobre Desaparecimento Forçado de Pessoas, aprovada pela Assembleia Geral da Organização dos Estados Americanos em Belém do Pará, a 9 de junho de 1994[24].

Já no âmbito do sistema da ONU, o Brasil ratificou os seguintes importantes instrumentos internacionais de direitos humanos: 1) Convenção para a Prevenção e Punição do Crime de Genocídio (1948), ratificada em 15 de abril de 1952; 2) Pacto Internacional dos Direitos Civis e Políticos (1966), ratificado em 24 de janeiro de 1992[25]; 3) Convenção contra a Tortura e outros Tratamentos ou Penas Cruéis, Desumanas ou Degradantes (1984), ratificada em 28 de setembro de 1989[26].

20 A Lei considera como conexos e igualmente perdoados os crimes de "qualquer natureza" relacionados aos crimes políticos ou praticados por motivação política no período de 2 de setembro de 1961 até 15 de agosto de 1979.

21 Caso se entenda que o art. 1° da Lei 6.683/1979 se extende aos agentes do governo.

22 Ora, não existe auto-perdão em relações interpartes. E, como o governo não estava legislando apenas para sua autoconsciência, resta óbvio que tal imunidade resulta inválida frente ao povo brasileiro, e, principalmente, frente às vítimas das atrocidades.

23 ADPF n° 153, protocolada en 21/10/2008.

24 A Convenção Internacional para a Proteção de Todas as Pessoas contra o Desaparecimiento Forçado, em que pese haver sido assinada pelo Brasil em 6 de fevereiro de 2007, também não foi ratificada.

25 O Brasil não ratificou os dois protocolos facultativos ao Pacto Internacional dos Direitos Civis e Políticos.

26 O Protocolo Opcional à Convenção contra a Tortura e outros Tratamentos ou Penas Cruéis, Desumanas ou Degradantes, também foi ratificado em 12 de janeiro de 2007.

Não obstante, o Brasil não ratificou a Convenção sobre a Imprescritibilidade dos Crimes de Guerra e dos Crimes Contra a Humanidade, de 26 de novembro de 1968; nem o Estatuto de Roma, do Tribunal Penal Internacional, firmado em 19 de junho de 1998. Tampouco ratificou a Convenção de Viena sobre o Direito dos Tratados, de 1969, com entrada em vigor internacional em 27 de janeiro de 1980.

Também a contribuir para o insuficiente desenvolvimento do trato do tema direito à justiça no Brasil está o fato de que, em que pese a previsão dos § 3º e 4º do art. 5º da CF/88[27], acrescentados pela Emenda Constitucional nº 45/2004, nenhum dos tratados de direitos humanos já ratificados, entre os acima referidos, recebeu ainda alcance constitucional[28]. Tampouco há ocorrido adesão a nenhum Tribunal Penal Internacional.

Ademais, não há nenhuma referência na Carta Magna brasileira sobre o direito de gentes. Disso decorre o fato de que, até o presente momento, nenhum agente de Estado tenha sido processado por crimes cometidos contra a população civil durante a ditadura.

27 Art. 5º da CF/88:
§ 3º Os tratados e convenções internacionais sobre direitos humanos que forem aprovados, em cada Casa do Congresso Nacional, em dois turnos, por três quintos dos votos dos respectivos membros, serão equivalentes Às emendas constitucionais.
§ 4º O Brasil se submete à jurisdição de tribunal Penal Internacional a cuja criação tenha manifestado adesão.

28 Em verdade, o único tratado aprovado nos termos do § 3º do art. 5º da CF, pelo Decreto Legislativo nº 186, de 9 de julho de 2008, foi o texto da Convenção sobre os Direitos das Pessoas com Deficiência e de seu Protocolo Facultativo, assinados em Nova Iorque, em 30/3/2007.

Entretanto, após haver sido anunciado, no final do ano de 2007, que a justiça italiana havia expedido mandados de prisão contra 140 repressores da América do Sul, dos quais 13 são brasileiros, tornou-se indiscutível a necessidade de atuação da justiça brasileira[29].

Nesse contexto, procuradores da República de São Paulo encaminharam representações às Procuradorias da República de São Paulo, do Rio de Janeiro e de Uruguaiana (RS), relativas a cidadãos italianos vítimas de desaparecimento forçado no Brasil durante o período militar.

O caso remetido à procuradoria de Uruguaiana refere-se ao cidadão ítalo-argentino Lorenzo Ismael Viñas, militante do grupo "*montoneros*", que, ao pretender evadir-se para a Itália, por intermédio do Brasil, teria sido sequestrado e devolvido pelas autoridades brasileiras aos militares argentinos, logo após atravessar a fronteira (Paso de Los Libres–Uruguaiana).

A investigação desse caso, juntamente com a do desaparecimento do padre argentino Jorge Oscar Adur, requisitada pelo Ministério Público Federal de Uruguaiana à Polícia Federal daquela cidade, trata-se do primeiro e único caso, após o restabelecimento da democracia, de tentativa de punição por fatos cometidos durante o regime militar no Brasil. O entendimento se baseia no fato de que tais crimes, por serem considerados de *lesa humanidade*, seriam insuscetíveis de anistia e de prescrição.

Leis de anistia e direito à verdade

Com as leis de anistia, nos países que sofreram períodos ditatoriais, se há pretendido sanar os ferimentos com o simples esquecimento. Como se, não havendo como reparar o passado nem punir proporcionalmente os culpáveis, não restasse mais que perdoar e esquecer.

Entretanto, para Hannah Arendt e Jankélévitch (DERRIDA, 2006, p. 20), apenas se perdoa onde se poderia julgar e castigar. Ou seja, haveria uma simetria entre punir e perdoar, de modo que os homens não seriam capazes de perdoar o que não podem punir.

Desse modo, os crimes cometidos pelos agentes de Estado, durante as ditaduras, devidamente classificados como sendo crimes contra a humanidade, seriam imperdoáveis, justamente pela impossibilidade de serem devida e proporcionalmente castigados. Ou seja, o inexpiável, irreparável, seria também imperdoável e imprescritível.

É verdade que Derrida discorda desse entendimento. Para o famoso filósofo ocorreria justamente o contrário, ou seja, se há algo que perdoar, seria uni-

29 Em fim, já não havia como negar a participação do Brasil na denominada Operação Condor, uma aliança político-militar entre os vários regimes ditatoriais da América do sul, quais sejam Brasil, Argentina, Uruguai, Paraguai, Chile e Bolívia – criada com o objetivo de coordenar a repressão à dissidência política nesses países.

camente o imperdoável, o pecado mortal, o que não se pode punir. Assim, o perdão seria puro, desinteressado e incondicional, independente do arrependimento do culpável. Mas nem mesmo esse entendimento é compatível com as anistias. Derrida deixa muito claro que tal perdão não se confunde com anistia, prescrição ou mesmo desculpa.

Segundo o autor (DERRIDA, 2006, p. 21-22) o perdão é algo heterogêneo à ordem jurídica, judicial ou penal. E somente pode ser concedido pela vítima, sem intermediários. Mas, no Ocidente, a tradição teológica concede ao soberano um direito exorbitante de perdoar. Isso baseada em que, além da vítima, Deus também poderia perdoar. E como o soberano era o representante de Deus na terra, disso provinha seu direito.

Hoje em dia, entretanto, poderia-se argumentar que esse direito exorbitante, ao pretender anistiar os crimes cometidos pelos agentes de Estado, só poderia ser aceito quando exercido por um governo democrático, posterior ao que praticou os crimes atrozes (verdadeira anistia), e, de preferência, com a sanção do povo ao perdão, conforme ocorreu no referendo uruguaio em 16 de abril de 1989, à Lei nº 15.848/1986 daquele país.

É também verdade que, mesmo nesse caso, não se poderia falar propriamente em perdão, pois este só poderia ser concedido, efetivamente, pelas vítimas (ou, talvez, por seus familiares), diretamente aos agressores, ou seja, sem qualquer intermediação jurídica ou política. Afinal, ninguém pode medir o valor da vida, muito menos a do outro. Mas uma anistia referendada pela população respeitaria, ao menos formalmente[30], o sistema democrático.

Ademais, é necessário recordar que o esquecimento, vinculado ao perdão, também é utilizado para justificar a prescrição dos crimes. Entretanto, não há como esquecer o que nos é ocultado. Apenas o medo do desprazer é que poderia justificar a afirmação de que a violência opressiva da ditadura no Brasil representa um assunto encerrado, superado. Mas o desprazer de relembrar esses fatos e proporcionar-lhes justiça resulta necessário, tanto para possibilitar um reinício, quanto para impedir um retrocesso.

No caso do Brasil, resulta necessário reconhecer a inércia do Estado na responsabilização desses crimes aberrantes. Mas, mais que isso, é preciso agir. A permanência dessa omissão, mesmo após vinte anos da CF/88, é prova suficiente do quão ilusória é a ideia do necessário "progresso histórico". Em verdade, ninguém pode saber para onde caminha a humanidade, muito menos esperar passivamente a vitória da democracia na dialética Estado de direito *vs.* estado de exceção.

30 Seria necessário, ainda, verificar se tal decisão não representaria uma ditadura da maioria, principalmente nos casos em que apenas uma minoria há sofrido a persecução do terrorismo de Estado. De modo que queda aqui apenas uma reflexão a demonstrar a complexidade da aceitação de tais medidas de imunidade a crimes tão atrozes.

Reflexão final

No contexto de uma Justiça Transicional, tem o Estado o dever de cumprir certas obrigações, necessárias a uma transição justa e legítima, a possibilitar uma democracia permanente.

Assim, em frente à existência de crimes contra a humanidade cometidas pelo regime anterior, o Estado não pode se omitir, devendo, além de possibilitar o direito à verdade e à reparação às vítimas e seus familiares, fazer justiça julgando os culpados. Isso o deve à toda sociedade, e não somente às vítimas.

É necessário recordar que tais crimes, conforme o costume internacional, são considerados de *lesa humanidade*, por lesá-la como um todo, ainda que executados somente contra o corpo de parte de seus membros. De modo que os *montoneros* e a esquerda brasileira, bem como toda oposição aos regimes militares instalados na América do Sul, foram objeto direto de um crime perpetrado contra toda a humanidade, contra toda liberdade de pensamento e qualquer anseio democrático.

E é por isso que, na democracia, não se pode aceitar escusas para a tortura e a morte. Nem a anistia nem a prescrição podem exercer tal papel de justificativa metafísica. De forma que o cumprimento dos deveres de reparação, verdade e justiça, é uma obrigação do Estado. Uma dívida cuja satisfação, esperada pela população, transforma-se em finalidade do Estado Democrático de Direito.

Do que se pode concluir que, a uma mais ampla adoção das medidas necessárias a cumprir os deveres estatais acima previstos, corresponde uma maior qualidade institucional dos poderes governamentais. E, como observado, neste caminho o Estado Argentino avançou muito mais que o brasileiro, o que demostra uma maior capacidade institucional aliada a uma elogiável vontade política.

Ivan Cláudio Marx[31]

31 Procurador da República na cidade de Uruguaiana-RS, Doutorando pela UMSA – Universidade Museo Social Argentino.

C. Bustos Reyes
el 5-IX-74 - MIR
Jacqueline del C. Binfa Contreras
Detenida el 27-VIII-74 - MIR
Carmen C. Bueno Cifuentes
Detenida el 29-XI-74 - MIR
Antonio S. Cabezas Quijada
Detenido el 17-VIII-74 - P.S.
Mario A. Carrasco Díaz
Detenido el 16-IX-74 - U.P.
Alfonso R. Chafreau Oyarce
Detenido el 31-VII-74 - MIR
Juan R. Chacón Oliva
Detenido el 15-VII-74
Gallardo Agüero
el 20-IX-74 - MIR
Héctor M. Garay Hermosilla
Detenido el 8-VII-74 - MIR
Gregorio A. Gaete Farías
Detenido el 15-VIII-74 - P.S.
Carlos A. Gajardo Wolff
Detenido el 20-IX-74 - P.S.
María E. González Inostroza
Detenida el 15-VIII-74 - MIR
Juan E. Ibarra Toledo
Detenido el 25-VII-74 - MIR
Mauricio Jorquera En
Detenido el 5-VIII-74
S. Neira Muñoz
el 9-XII-74 - MIR
Jorge E. Ortiz Moraga
Detenido el 12-XII-74 - MIR
Nilda P. Peña Solari
Detenida el 10-XII-74 - MIR
Pedro E. Poblete Córdova
Detenido el 19-VII-74 - MIR
Vicente Palomino Benítez
Detenido el 16-IX-74 - MIR
Luis Jaime Palomino Rojas
Detenido el 7-XII-74 - MIR
Marcos Quiñones Lem
Detenido el 17-VII-74
Villalobos Díaz
el 17-I-74 - MIR
Víctor M. Villarroel Gangas
Detenido el 25-VI-74 - MIR
Eduardo H. Ziede Gómez
Detenido el 15-VI-74 - MIR
Francisco Aedo Carrasco
Detenido el 7-IX-74 - P.S.
Miguel Acuña Castillo
Detenido el 8-VII-74 - MIR
Alberto Vladimir Arias Vega
Detenido el 22-VIII-74 - P.C.
Juan Carlos Andrónico A
Detenido el 4-X-74
uel Cortés Joo
el 14-II-75 - MIR
Washington Cid Urrutia
Detenido el 8-XII-74 - MIR
Luis E. Durán Rivas
Detenido el 14-IX-74 - MAPU
Jorge H. D'Orival Briceño
Detenido el 31-X-74 - MIR
Félix de la Jara Goyeneche
Detenido el 27-XI-74 - MIR
Modesto S. Espinoza Pozo
Detenido el 22-VIII-74 - MIR
Rodolfo A. Espejo Gó
Detenido el 15-VIII-74
la Cruz Lazo Lazo
el 30-VII-74 - P.S
Mónica Llanca Iturra
Detenida el 6-IX-74 - MIR
Juan R. Molina Mogollones
Detenido el 29-I-75 - MIR
Pedro Merino Molina
Detenido el 14-IX-74 - P.C.
Germán Moreno Fuenzalida
Detenido el 15-VII-74 - MIR
Rodolfo Marchant Villaseca
Detenido el 2-I-75 - P.S.
Eugenia del C. Martin
Detenida el 24-X-74
obotham Bravo
el 31-XII-74 - P.S.
Hugo Ríos Videla
Detenido el 14-II-75 - MIR
Carlos Salcedo Morales
Detenido el 16-VIII-74 - MIR
Ariel Salinas Argomedo
Detenido el 25-IX-74 - MIR
Fernando Silva Camus
Detenido el 27-XI-74 - MIR
Enrique Toro Romero
Detenido el 10-VII-74 - P.C.
Bárbara Uribe Tamb
Detenida el 10-VII-74

EL REGIMEN MILITAR
DE PINOCHET
LOS DETUVO TORTURO VEJO
E HIZO DESAPARECER.
¡JUSTICIA!
Ciudadanos chilenos mencionados en las listas de los 119 (22 y 24 de julio de 1975), detenidos desaparecidos al igual que cientos de compatriotas.
AGRUPACION DE FAMILIARES DE DETENIDOS DESAPARECIDOS

19. Centros de documentação universitários: o trabalho com a memória nas lutas por direitos e contra o esquecimento

O jornal *FÓRUM*, órgão da Comissão dos Ex-Presos e Exilados Políticos do Estado de São Paulo, ao comentar a inauguração do Memorial da Resistência, no antigo DEOPS de São Paulo, destaca o fato "não como uma simples reinauguração do mesmo espaço com outro nome", mas como "objeto de muita luta e insistência dos ex-presos políticos de São Paulo" e como "a instalação pública de um projeto museológico criativo e marcante do período de ditaduras em nosso país". Destacando que "o desrespeito à vida, à igualdade e à dignidade continua gerando fome, pobreza e desigualdade; que a tortura e a violência são fatos comuns nas prisões e delegacias ainda hoje" afirma "2009 como ano simbólico para recuperar do esquecimento aspectos importantes de nossa história e, com isso, reforçar a luta pelo direito à memória e à verdade". Insiste na perspectiva e no desejo de que a receptividade encontrada pelo movimento dos ex-presos políticos na sociedade brasileira "se transforme em vontade política e ações que fortaleçam instituições, organismos, projetos governamentais e civis que traduzam esta vontade em realidade" (FÓRUM, 2009, p. 4).

Num momento em que nos reunimos para refletir sobre o processo de lutas em torno da Lei de Anistia, propomo-nos a trazer para o debate o papel desempenhado pela memória nesse processo de lutas sociais, políticas e culturais, e as responsabilidades públicas das instituições de preservação no sentido de recuperar e dar acesso ao amplo leque de memórias e de permitir diálogo e reflexão com o passado, com vistas a construir um presente e futuro mais justos e igualitários.

Desde 1986 coordeno o Centro de Documentação e Informação Científica (CEDIC), da Pontifícia Universidade Católica de São Paulo, além de integrar, como professora, o Departamento de História da mesma Universidade. Como aluna de História da PUC-SP, no início dos anos 1960, vivendo o movimento estudantil da época, compartilhei projetos de luta contra a injustiça e desigualdade sociais, pela construção de relações mais democráticas em nosso país. Integramos organizações e movimentos em favor da reforma universitária, em meio aos debates e lutas por reformas de base em pauta. Nas mobilizações articulavam-se estudantes, trabalhadores, sindicalistas, políticos, profissionais liberais, jornalistas, artistas e sacerdotes que defendiam as mesmas bandeiras. Sobrevivendo ao período de grave repressão engendrado naqueles anos, de derrubada das instituições democráticas, de desarticulação dos movimentos, de perseguição e tortura de militantes e simpatizantes daqueles projetos, novas formas de luta se forjam, testemunhando que o poder e a dominação não estão definitivamente instalados; que sofrem contestações e resistências.

Nesse processo, invisto, hoje, junto com outros colegas e companheiros, no trabalho de preservação das memórias dessas lutas, em suas várias formas de expressão e tendências. Esse trabalho implica destacar a natureza política da própria memória, enfatizar seu caráter ativo na construção histórica, considerando-a como um campo minado pelas lutas sociais, no qual esforços de ocultação e de clarificação estão presentes nas disputas entre sujeitos históricos diversos, produtores de diferentes versões, interpretações, valores e práticas culturais.

Nessa mesma direção, trabalhando com um grupo de historiadores da PUC-SP e de outras instituições acadêmicas, temos questionado, também, tendências da historiografia que se traduzem em narrativas homogeneizadoras da história, que produzem a invisibilidade e a inaudibilidade dos dissidentes e o apagamento dos vestígios de suas histórias e memórias, ao tempo em que se proclamam versões autorizadas dos acontecimentos na vida de nosso país. Atentos a questões que nos interpelam no presente, assumimos o compromisso de recuperar vestígios de histórias e memórias de grupos excluídos ou pouco reconhecidos como sujeitos de direitos, de reavivar suas lembranças, procurando tornar visíveis as diferenças e as desigualdades sociais como resultado de forças que se opõem e se complementam. Nessa perspectiva, retirando a História do campo da erudição neutra, ou da mera especulação do passado, investimos na construção de outras narrativas históricas que coloquem em evidência essas diferenças e desigualdades como possibilidades alternativas à realidade social[1].

Nesse universo de questões, compartilhando com o Grupo Memória Popular inglês a convicção de que "[...] toda atividade política é, intrinsecamente, um processo de argumentação e de definição histórica" e que "[...] todos os programas políticos envolvem tanto uma construção do passado quanto de perspecti-

1 Essas reflexões estão em duas publicações deste grupo de professores do Departamento de História da PUC-SP: Fenelon (2004) e Maciel (2006).

vas futuras" (GRUPO MEMÓRIA POPULAR, 2004, p. 291), trazemos para o debate as relações entre história e memória e assumimos lidar com a questão dos direitos humanos, da justiça e da paz pelo viés da lida com a memória e da reflexão sobre ela.

Os Centros de Documentação e Memória universitários e militantes, como entidades e instituições significativas de preservação e difusão de memórias de grupos em luta de resistência e por reconhecimento de direitos na realidade brasileira, constituem-se em terrenos ricos para discutirmos essas questões. Embora boa parte deles tenha imergido na década de 1970, no feixe imbricado de projetos em choque para o Brasil, por onde se engendraram o golpe militar de 1964 e a Lei de Anistia, as lutas por direitos se constituem num amplo e longo processo que vai muito além desse período.

O golpe de 1964, na memória brasileira, tornou-se uma referência apropriada tanto pelas forças autoritárias quanto pelas de resistência, cada uma formulando suas próprias versões e argumentações históricas. Os arquivos gerados no longo processo de articulações entre grupos militares, empresariais e políticos autoritários brasileiros, com o apoio e financiamento do governo norte-americano, trazem as marcas dos modos como o projeto autoritário opera e se constrói, nas várias dimensões da vida social ao qual resistem forças divergentes. Arquivos das instituições conservadoras, criadas com o objetivo de controlar e reprimir organizações sindicais e político-partidárias de movimentos estudantis e populares, produzem um vasto programa de informação e propaganda, gerando uma quantidade substancial de documentos que traduzem sentidos, significados, argumentações e o *modus operandi* das forças autoritárias articuladas. Entre eles vale destacar o do Instituto Brasileiro de Ação Democrática (IBAD), o do Instituto de Pesquisa Econômica e Social (IPES), o do Serviço Nacional de Informação (SNI), o da Operação Bandeirante (OBAN), os dos Destacamentos de Operação e Informação dos Centros de Operação de Defesa Interna (DOI-CODIs), ligados às Forças Armadas, e os dos Departamentos de Ordem Política e Social (DOPS), em parte hoje na Agência Brasileira de Informação (ABIN). Essas instituições constroem uma rede ampla e imbricada de relações, em nível nacional e latino americano, produzindo informações estratégicas sobre organizações, pessoas, localidades, projetos, ações etc. que compõem riquíssimos dossiês.

A censura e a repressão exercem violência sobre militantes e suspeitos; acervos são fechados, recolhidos ou empastelados. Resistindo a essa investida, ações estratégicas de movimentos e organizações logram preservar alguns, ocultando-os em locais mais seguros e inusitados ou enviando-os ao exterior.

Nesse processo, alguns acervos sobrevivem e novos são criados, frutos de rearticulações militantes que investem na produção e divulgação de informações como meio de instrumentalizar as lutas e de firmar presença na realidade nacional. Agem em defesa dos direitos humanos, em particular de presos e exilados políticos, lutando por justiça, paz e pela anistia. Nessas movimentações, também se formam Centros de Documentação e Memória populares, com objetivos específicos de produzir informações e de preservar memórias em risco.

O clima tenso de repressão, controle, perseguições e arbitrariedades que se impregna na vida política, social e cultural do país e, particularmente, nos meios de comunicação é, também, vivido pelas universidades nos anos 1960 e 1970. Na contramão das censuras e interdições aos debates públicos das associações científicas ou em sala de aula, pesquisas acadêmicas, interessadas em estudar e discutir problemáticas vividas pelo país, esbarram na carência de informações causada pela vigilância, fechamento e queima de arquivos, tanto de pessoas físicas quanto jurídicas.

Essa situação estimula boa parte de Centros de Documentação e Memória universitários criados nesse período a reunir e disponibilizar arquivos e coleções de documentos de grupos políticos, operários, sindicais, estudantis e de outros movimentos populares, além de um conjunto riquíssimo de títulos da imprensa operária e militante. Nesse processo, firmam-se como espaços de preservação de memórias reprimidas, perseguidas e ocultadas e como instrumentos significativos nas lutas democráticas. Cuidando não só de organizar e disponibilizar seus acervos, mas, igualmente, de investir nas políticas de democratização da informação, favorecem oportunidades de investigação, reflexão e diálogo com projetos em disputa no país e para o país, inscrevendo-se, assim, nas lutas por uma ordem social mais justa, mais livre e igualitária.

O Centro de Documentação e Informação Científica Professor Casemiro dos Reis Filho[2] (CEDIC), da PUC-SP, criado no feixe imbricado dessa trama, articula-se à própria tradição da Universidade Católica de São Paulo de compromisso com as questões do social, de luta por direitos e contra a injustiça e desigualdade sociais, de resistência aos governos autoritários. Os arquivos e coleções de documentos preservados nesse Centro expressam, sobretudo, o papel desempenhado por grupos militantes ligados à Igreja Católica nas lutas sociais no Brasil, particularmente a partir dos anos 1950.

Entre esses arquivos, os da Ação Católica Brasileira (ACB) e seus Movimentos especializados[3], custodiados pelo CEDIC, expressam dimensões complexas vividas por estudantes, trabalhadores, sacerdotes, profissionais liberais, grupos

2 Centro criado por ato da Reitoria da PUC-SP em 1980.

3 São Movimentos especializados da ACB: Juventude Agrária Católica (JAC), Juventude Estudantil Católica (JEC), Juventude Independente Católica (JIC), Juventude Operária Católica (JOC) e a Juventude Universitária Católica (JUC).

de mulheres – constituídos em movimentos e organizações – no conturbado processo no qual se engendra a ditadura militar de 1964 e as resistências a ela. Parte desses Movimentos foram vividos no interior da própria PUC-SP.

Esses registros possibilitam dialogar com experiências militantes da Juventude Universitária Católica (JUC) e da Juventude Estudantil Católica (JEC), como suas formas de organização e atuação, as orientações que seguem, suas propostas e diferenças nas lutas pelas reformas de base em pauta naquela conjuntura, modos como integram o movimento estudantil, sobretudo nos anos 1950 a 1970. Jucistas constituem força expressiva em várias gestões da União Nacional dos Estudantes (UNE) e das Uniões Estaduais dos Estudantes (UEE) naqueles anos; compartilham e disputam propostas e espaços com outras tendências nesse universo. Esses registros trazem ricas informações sobre manifestações públicas do período, que estavam cercadas por forte controle policial. Ao lado deles, as coleções Movimento Estudantil (ME), Ação Popular (AP), Aliança Libertadora Nacional (ALN), todas custodiadas pelo CEDIC, traduzem dimensões significativas dessa trama complexa de resistências estudantis, articuladas a trabalhadores, partidos políticos e movimentos variados. Revelam momentos cruciais vividos pelos militantes, reivindicando liberdade de expressão e ação, denunciando injustiças e desigualdades sociais, perseguições e violações de direitos, realizando estratégias de luta, nas cidades e no campo, alguns tomando armas para resistir às agressões policiais e militares.

Pelas próprias relações entre os Movimentos JUC e JEC com o Movimento de Educação de Base (MEB), o arquivo deste último também foi doado ao CEDIC por militantes. Nos anos 1960, o MEB representou uma força mobilizadora de populações menos favorecidas, investindo numa proposta educacional via programas radiofônicos, que se estendeu, sobretudo, pelo Nordeste brasileiro e também por países da América Latina, como o Paraguai. Desenvolvendo uma perspectiva questionadora e politizada de educação formal, provocou reações dos governos ditatoriais e vários de seus membros foram perseguidos. O professor Paulo Freire, criador do método de ensino no qual o movimento se baseou, também foi vítima desse processo, sendo exilado pelo regime militar.

Coleções de documentos de movimentos femininos, que se expandem nesse período, também estão disponíveis no CEDIC. Essas coleções testemunham os modos como as mulheres aproveitavam brechas no enfrentamento da opressão. Menos visadas como forças questionadoras e de resistência pelas instituições autoritárias, mães de família, esposas de presos e desaparecidos políticos e militantes em grupos de mulheres, em várias dimensões da vida social, lograram se organizar naquele período, constituindo-se em presença ativa nas Comissões de Familiares de Presos e Desaparecidos Políticos, nas Comissões de Justiça e Paz, nos Movimentos e no Comitê Brasileiro de Anistia (CBA), em suas várias seções, nos anos 1970 e 1980.

Transcorridos já mais de 30 anos da chamada "abertura" e da Lei de Anistia, integrantes dessas lutas levantam, hoje, novas questões que se colocaram com as transformações históricas vividas no passar desse tempo; questionam os limites e vícios das leis que foram votadas sob a pressão do movimento popular e que revelam a intenção clara de anistiar aqueles que praticaram crimes de tortura em detrimento da questão fundamental de identificar e punir os torturadores. Apoiados por advogados, procuradores, juristas e outros setores profissionais e sociais, reclamam, hoje, a obrigação da reparação dos danos materiais e, sobretudo, morais causados aos perseguidos políticos e a seus familiares. Em favor destes continuam a fazer avaliações críticas e realimentando suas lutas, que se reconfiguram na atualidade.

Todos esses conjuntos documentais oferecem ricos subsídios aos processos judiciais variados que foram se impondo e se ampliando, resultado do conjunto dessas lutas em vários âmbitos profissionais e militantes, em meio aos inúmeros obstáculos postos pelo regime autoritário, por suas instituições e parceiros.

Reunir e disponibilizar esses arquivos no CEDIC significa, também, preservar dimensões da memória da própria PUC-SP, onde algumas dessas militâncias foram vividas. O teatro da Universidade, o TUCA, também se constituiu nesse processo em que muitas das resistências se faziam por meio das artes cênicas e literárias, da música e de outras práticas culturais. Com o apoio de algumas gestões de Reitoria da PUC-SP e do próprio cardeal Dom Paulo Evaristo Arns, o teatro abrigou manifestações, reflexões e debates, movimentos de estudantes, de associações profissionais, de artistas, de grupos de mulheres e de grupos populares variados, em luta por liberdade e justiça social. Foi palco de Congressos Feministas, de associações profissionais e de militantes, em ebulição no momento.

Pelo fato de esses movimentos e de as classes trabalhadoras e organizações sindicais e populares[4] encontrarem na PUC-SP muitos aliados ao longo desse período, a Universidade também sofreu censuras e invasões, e seu teatro, TUCA, foi incendiado pelas forças da repressão. Apesar das forças em contrário, ambos continuam a ser símbolos das lutas democráticas no país.

Além desses arquivos e coleções, o CEDIC abriga, ainda, o da Juventude Operária Católica (JOC) e da Juventude Agrária Católica (JAC), que revelam projetos e pautas de reivindicação de trabalhadores urbanos e rurais, sua atuação

4 Citem-se a oposição sindical, os movimentos populares contra a carestia, os das panelas vazias, os por creches, os por saúde e educação, o movimento popular de bairros, entre outros.

nas organizações sindicais, contrariando um senso comum que afirma que as lutas sociais dos anos 1960 e 70 circunscreveram-se às classes médias. Membros da JOC integram fileiras nos movimentos que constituem Comissões de Fábrica e a Oposição Sindical. Estes e outros trabalhadores são duramente perseguidos pelo regime militar; além dos integrantes do movimento sindicalista, dirigentes da JOC, em nível nacional e local, foram presos e torturados e o Movimento passou para a clandestinidade. Grupos de jocistas rearticulam suas lutas nas Comunidades Eclesiais de Base (CEBs) e nos Movimentos Pastorais (MPs), e outras tendências no movimento rural.

Entre os trabalhadores rurais e agricultores familiares jacistas, formaram-se algumas tendências, entre as quais as que se articularam às Ligas Camponesas e à guerrilha rural, que foram severamente reprimidas. Alguns militantes reaparecem, posteriormente, integrando as Comissões Pastorais da Terra (CPT) e o Movimento dos Trabalhadores Rurais Sem Terra (MST). O CEDIC também custodia coleções de documentos de algumas dessas entidades.

O conjunto desses arquivos e coleções permite dialogar com trajetórias militantes, na cidade e no campo, os modos como resistem ao período da ditadura e enfrentam as repressões e arbitrariedades do poder instituído; traz indícios da emergência de novos movimentos populares, que agregam antigos e novos militantes e reconfiguram as lutas sociais em áreas diversificadas de atuação no trabalho, na cidade e em outros locais de habitação; testemunha suas formas de organização e ação, impregnadas de questões e reivindicações de direitos nas lutas por terra, moradia, saúde e educação e nas lutas por direitos da criança, dos velhos, das mulheres, dos negros, dos índios. Alguns grupos ainda trazem vínculos com a Igreja Católica, enquanto outros não.

Esses diversos arquivos permitem, também, avaliar as tensões que a prática política dos chamados "leigos" engendra no interior da hierarquia da Igreja Católica, em que tendências se batem em torno de perspectivas diversas e opostas na forma de interpretar e viver as lutas sociais e políticas e a militância religiosa. Enquanto algumas autoridades hierárquicas criticam e reprovam o envolvimento de militantes nas lutas sindicais, populares, estudantis, político-partidárias e exigem que se afastem das mobilizações, outras os apoiam e são, por isso mesmo, marginalizadas ou, elas próprias, se afastam da Igreja instituída. Essas tensões se acentuam no transcorrer dos anos 1980 e 1990, desdobrando-se em novos movimentos e organizações.

A própria Conferência Nacional dos Bispos do Brasil (CNBB) vive essas tensões no seu interior, e se prolongam durante os anos de abertura política. Graças à Direção da CNBB, o arquivo da Equipe Nacional da JOC, que havia sido apreendido pelo DOPS de São Paulo, é recuperado pela Igreja Católica, sendo custodiado pelo Instituto Nacional de Pastoral (INP), em funcionamento junto àquela. Esse mesmo Instituto abriga boa parte dos conjuntos documentais dos Movimentos da ACB, das CEBs e das Pastorais. Ciente da importância da preservação dessas memórias, a CNBB aceitou proposta do CEDIC de organizar, inventariar e microfilmar os arquivos da ACB, custodiados por ambas as Instituições, articulando, ela própria, financiamento da Comissão Episcopal alemã, Adveniat, para esse trabalho do Centro, que possibilita, hoje, pleno acesso a essas memórias.

Ampliando o trabalho de preservação da memória desses Movimentos e reconhecendo a importância dessas experiências sociais na construção do destino de nosso país, o CEDIC recorreu aos relatos orais de uma parte dos integrantes desses movimentos (trabalho ainda em curso), organizando uma coleção rica em detalhes sobre os modos como os militantes viveram e interpretaram essa realidade, como se organizaram nas diferentes modalidades de luta, como enfrentaram as disputas internas aos Movimentos e à própria Igreja, como viveram, suportaram e resistiram às perseguições, prisões, torturas e outros abusos do poder, nesse período negro de nossa história, e como se colocam, hoje, diante das novas situações vividas. Essas narrativas sinalizam questões implicadas nas reorientações de perspectivas e práticas dos grupos militantes e da hierarquia da Igreja daqueles anos aos nossos dias, que ainda demandam maiores reflexões e debates.

Além destes, outro arquivo custodiado pelo CEDIC merece especial menção, pelo significado e amplitude das lutas que o engendraram assim como por sua importância nos debates e ações atuais em torno das questões de anistia, reparações, indenizações, punições, justiça e paz em pauta na agenda pública de nosso país. Trata-se do arquivo do Comitê de Defesa dos Direitos Humanos para os Países do Cone Sul (CLAMOR). Organizado em 1977, no calor das tensões e violências do regime militar, esse Comitê é fruto do trabalho corajoso de um grupo de jornalistas, advogados, pastores, sacerdotes e militantes[5], apoiados por Dom Paulo Evaristo Arns, cardeal arcebispo de São Paulo, e auxiliado financeiramente pelo Conselho Mundial de Igrejas (CMI). Concentrado na sede da Cúria Metropolitana de São Paulo, o Comitê se firma na cena pública brasileira no final dos anos 1970 e nos 80, resistindo à violência e à tortura, trabalhando em defesa de prisioneiros, exilados, clandestinos e desaparecidos no Brasil, na Argentina, no Chile, no Paraguai e no Uruguai[6]. Quebrando o silêncio imposto pela ditadura militar, o grupo realiza trabalho minucioso, articulado e ágil de informação, de denúncia de violações de direitos humanos; localiza e identifica presos e crianças desaparecidas; divulga informações nacional e internacionalmente, além de encaminhar ações, processos judiciais e de oferecer guarida a refugiados e clandestinos. Centralizadas em São Paulo, as ações do Comitê, aos poucos, se ampliam numa rede de relações com outras organizações brasileiras, latino-americanas e europeias, assumindo especificidades em cada localidade e em cada país, com a contribuição de outros movimentos e simpatizantes, vivendo, ou não, na clandestinidade.

O arquivo do CLAMOR possibilita acompanhar como movimentos de resistência fazem face à truculência militar, autoritária e abusiva, que se entretece numa eficiente rede de relações nesses países da América Latina. Informes gerais, artigos, denúncias, cartilhas, folhetos, fichas de identificação de adultos

5 O núcleo inicial desse Comitê é formado pelo pastor presbiteriano Jaime Wright, pela jornalista inglesa Jan Rocha, correspondente internacional no Brasil, e pelo advogado Luiz Eduardo Greenhalgh, junto à Pastoral dos Direitos Humanos e Marginalizados da Arquidiocese de São Paulo, contando com o apoio incondicional do cardeal arcebispo de São Paulo, Dom Paulo Evaristo Arns.

6 Além do Brasil, onde o regime autoritário se instala em 1964, no Uruguai e no Chile esse fato ocorre em 1973, na Argentina em 1976, enquanto o Paraguai já vivia o governo ditatorial desde 1954.

e crianças, anotações minuciosas sobre cada caso, periódicos e uma riquíssima série de correspondência compõem esse arquivo.

Uma das forças desse movimento e de seu arquivo está nos relatos pessoais. A vida e o drama de cada um emergem da generalidade dos fatos e notícias sobre milhares de desaparecidos, ou sobre a existência de cemitérios clandestinos onde estão soterrados inúmeros "desconhecidos", sem direito a uma identificação. Essas narrativas lançam luzes sobre aprisionamentos em condições sub-humanas em verdadeiros "campos de concentração"[7]; sobre torturas físicas e psicológicas de homens e mulheres, destituídos de sua própria identidade; sobre o tratamento dado às grávidas e aos bebês nascidos nas prisões; sobre assassinatos cruéis, desaparecimentos da noite para o dia, casas cercadas, invadidas e seus moradores mortos. É exemplar o caso do casal de uruguaios Mário e Vitória, relatado pelo Boletim CLAMOR: refugiados em Buenos Aires, tiveram sua casa invadida pelas forças da repressão; o casal, morto no local, teve seus filhos levados pela polícia militar. A luta do CLAMOR para reencontrá-los e recuperá-los, já adotados por uma família, no Chile, após uma terrível trajetória, é exemplo significativo das práticas do Comitê.

Esses registros revelam, ainda, como pessoas comuns, muitas vezes distantes da política, desenvolvem, na resistência cotidiana às opressões e às arbitrariedades do poder autoritário, maior consciência social e política; como se solidarizam e se fortalecem, encorajando-se mutuamente, promovendo ações e manifestações públicas, amparando clandestinos, perseguidos, refugiados e suas famílias, em vários países, tanto na América como na Europa. As *Madres de Plaza de Mayo*, em 1977, por exemplo, fazem manifestações e encaminham matérias pagas aos jornais, na Argentina, reclamando informações sobre desaparecidos, exigindo informações e tratamento digno, dentro dos trâmites da lei e da Justiça. Clandestinos e refugiados se rearticulam com antigos e novos companheiros, ampliando e estendendo os movimentos de resistência e denúncia. Com apoio de advogados, juristas, jornalistas e sacerdotes, processos judiciais vão sendo montados, articulados à difusão de informações e denúncias em periódicos de grupos profissionais e militantes, ecoando, por vezes, em alguns órgãos da grande imprensa.

No arquivo do CLAMOR é possível recuperar o inventário dessas lutas e colher informações úteis aos processos de defesa de ex-presos, em favor de desaparecidos, contra torturadores etc.

Para além de narrativas que emocionam, pasmam, revoltam e repugnam, esses registros nos interpelam, dando indícios do feixe imbricado e ardiloso por meio do qual os regimes ditatoriais na América Latina foram sendo engendrados, mas também são enfrentados, por corajosas resistências.

7 Em 1985, a publicação de *Brasil: Nunca mais* revelou que a violência da ditadura brasileira gerou 224 locais de tortura em todo o território brasileiro.

Nessa mesma direção, o CEDIC ainda disponibiliza o arquivo do Grupo Solidário São Domingos, formado em 1982. Esse movimento se firma, no Brasil, nas lutas por justiça e paz, no combate às ditaduras militares, principalmente na Guatemala, no Haiti, no Nicarágua, no Panamá e no Timor Leste, além de assumir novas configurações no apoio e parceria com movimentos como o dos Trabalhadores Sem Terra, da Comissão Pastoral da Terra, e em defesa da cultura indígena.

Todos esses e outros arquivos e coleções disponíveis, hoje, nos Centros de Documentação e Memória oferecem ricos subsídios ao resgate do inventário das lutas sociais. Criados em momento estratégico de luta contra a ditadura investem na preservação de trajetórias e memórias de grupos marginalizados ou pouco reconhecidos numa sociedade capitalista neoliberal como a nossa, que exclui, domina, oprime e oculta os conflitos e as diferenças. Esses Centros desempenham um papel significativo e firmam-se nas lutas de resistência. Graças ao seu trabalho, podemos dialogar com essas trajetórias e memórias, reconhecendo nelas sujeitos de direitos, com perspectivas alternativas na vida social do país, e contribuir com suas lutas contra a desigualdade e injustiça sociais.

Nessa direção, os Centros de Documentação e Memória se projetam na vida brasileira, investidos da responsabilidade pública e social de reunir e custodiar arquivos e coleções de documentos, garantindo maior acesso a trajetórias e memórias passadas e presentes que se batem, liberdade de expressão, direito à informação, à educação, à terra, à moradia, ao trabalho, à saúde, direitos étnicos e culturais e direito à melhor qualidade de vida.

O CEDIC tem realimentado essa tradição, mobilizando, com outros companheiros, profissionais e militantes, os debates sobre a responsabilidade pública das instituições de preservação cultural, frente às reivindicações de direitos, que se colocam na agenda pública atual, particularmente nas questões referentes ao direito à memória. Além de preservar seu próprio acervo, o Centro colabora com instituições, entidades, organizações e movimentos, assessorando-os no tratamento aos seus arquivos e coleções.

Graças às condições de preservação e de acesso que o CEDIC oferece ao seu acervo e à expressão assumida pelo CLAMOR nas lutas sociais e políticas, no Brasil e no Cone Sul, este foi nomeado ao Registro Nacional do Brasil do Programa Memória do Mundo da UNESCO[8]. Esse reconhecimento representa maior aproximação entre diferentes áreas profissionais e militantes, promovendo avanços nas lutas contra as desigualdades sociais em nosso país.

Nesse âmbito de discussões, arquivos públicos ou privados também ampliam e diversificam seus horizontes de trabalho, reunindo e/ou disponibilizando

8 Nominação realizada em novembro de 2007, no Arquivo Nacional, no Rio de Janeiro, com a presença dos representantes do Programa Memória do Mundo, da UNESCO América Latina.

conjuntos documentais antes inacessíveis e recuperando outros de situações de risco. Novos acervos são localizados, identificados e organizados. Museus, tanto tradicionais como novos, também investem nessa direção, não só descortinando memórias antes reprimidas e ocultadas como desenvolvendo uma ação educativa significativa com novas gerações, a exemplo do Memorial da Resistência.

Essas propostas se ampliam e se reforçam, atualmente, com o apoio do Arquivo Nacional, cujo Projeto "Memórias Reveladas: Centro de Referência das Lutas Políticas no Brasil (1964-1985)"[9] visa a implantação de uma política pública de integração em rede de acervos e instituições, viabilizando o cumprimento de um requisito constitucional de acesso à informação a serviço da cidadania. Sob seu comando e orientação vem sendo montado o "Portal Memórias Reveladas", para ser alimentado por uma Rede Nacional de Cooperação e Informações Arquivísticas que congrega instituições e entidades públicas e privadas, organizações não governamentais, movimentos, comissões, grupos profissionais e militantes em todo o país, custeadores de arquivos forjados nas lutas sociais e políticas do período.

A aproximação crescente entre grupos militantes, profissionais e políticos e instituições de preservação documental, mediada e alimentada pelo desenvolvimento de políticas, ações e projetos articulados, é fator que reforça as lutas historicamente situadas por direitos e, entre elas, as lutas pela Anistia.

O conjunto dos arquivos forjados nessas lutas sociais, ao tempo em que revelam pessoas e grupos firmando presença e reivindicando direitos, desnudando as tensões geradas nas múltiplas dimensões da vida social, alargando o campo da prática política e modificando os termos em que ela se faz, também possibilita instrumentalizar e reforçar denúncias e resistências à dominação e aos regimes autoritários. Dialogar com esse passado representa uma oportunidade não só de avaliar como esses processos se forjam e se transformam, enfrentando forças adversas na perspectiva, como também de alimentar essas lutas no presente. As histórias desses grupos militantes, assim como de outros movimentos populares, no enfrentamento do aumento do custo de vida, dos problemas de desemprego, da falta de moradia, dos problemas de discriminação social, racial e cultural não terminam. No neoliberalismo que vivemos hoje, que investe na diluição e no ocultamento da luta de classes, e no qual as ações coletivas caem em descrédito, somos desafiados a pensar e a avaliar nosso compromisso diante da engrenagem da violência e da tortura durante os anos de chumbo, assim como frente a outras formas de dominação e exclusão e de violação de direitos; somos desafiados a indagar sobre como temos

9 Este projeto vem organizando uma Rede Nacional de Cooperação e Informações Arquivísticas, reunindo instituições de preservação e movimentos sociais e políticos dedicados a alimentar um Banco de Dados em torno dessas lutas. O CEDIC é um dos parceiros nessa Rede.

reagido diante das carências vividas por trabalhadores, mulheres, negros, índios, velhos, jovens, crianças, nas cidades e nos campos; como temos olhado e qualificado suas reivindicações e lutas.

Compreender as dimensões políticas dessas lutas como possibilidades e projetos alternativos em embate na realidade brasileira é reconhecer seus produtores como sujeitos de direitos, é dispor-se a enfrentar a grave questão das desigualdades sociais em nosso país. Conhecer as origens, formas e tendências dessas lutas e desenvolver uma vontade política comprometida com uma ação mais transformadora da sociedade é uma tarefa que compete a todos nós, como profissionais e cidadãos.

Encarar os desafios dessa tarefa é uma atitude possível, recomendável e salutar. Nunca me esqueço de uma avó argentina, convidada a relatar sua experiência no Congresso Internacional de História Oral, em Roma, em 2004, narrando seu aprendizado de luta pela filha e pelo genro desaparecidos na prisão durante a ditadura militar em seu país. Ela dizia:

> eu era apenas uma dona de casa quando perdi minha filha, desaparecida na prisão. Em minhas andanças para encontrá-la, estendi meu olhar para além do lar e da família, o universo dentro do qual havia vivido até então; aos poucos fui compreendendo mais amplamente a trágica realidade que vivíamos; aprendi a me informar, a questionar, a denunciar, a reivindicar, a vencer o medo e a compartilhar meu drama com outras mães e avós. Nós nos fortalecíamos mutuamente visitando prisões, escrevendo cartas, exigindo notícias junto a autoridades policiais, indo a jornais, dando entrevistas coletivas, organizando manifestações, fazendo conferências em toda parte. Recuperei minha filha, entregaram-me seu corpo morto, mas não consegui encontrar meu neto, nascido na prisão. Não sei se poderei, um dia, encontrá-lo, mas sei que posso contar essa história a outros jovens que têm a idade que ele teria, para que, conhecendo esse passado, possam, ao menos, tentar não cometer os mesmos erros de gerações anteriores.

São Paulo, maio de 2009

Yara Aun Khoury[10]

10 Professora do Departamento de História e coordenadora do Centro de Documentação e Informação Científica Prof. Casemiro dos Reis Filho, da PUC-SP.

a la vida, a la libertad,
a la democracia, a la paz...
tenemos derecho

20. Desarquivando a anistia

A história da repressão e da resistência políticas brasileiras ainda está por ser escrita, pois depende, em grande parte, do processo de democratização do Brasil, processo este lento e gradual. Infelizmente, a democracia brasileira ainda é frágil, pois não foi conquistada na sua plenitude. Exemplo dessa debilidade está nas dificuldades enfrentadas pelos familiares de mortos e presos desaparecidos que, desde 1985, tentam liberar os arquivos da ditadura militar, muitos dos quais ainda permanecem secretos. Quando liberados, dependem de pesquisas sistemáticas dedicadas a identificar as violações dos direitos humanos perpetrados pelo Estado.

Nesta direção, cabe-nos ressaltar a postura arrojada do governo do estado de São Paulo que, em 1994, liberou totalmente a consulta aos documentos do Fundo DEOPS/SP, sob a guarda do Arquivo Público do Estado. Dessa iniciativa têm se beneficiado os anistiados, os familiares de mortos e presos desaparecidos, jornalistas, advogados e historiadores. Diante de cada dossiê ou prontuário policial analisado nos damos conta da violência física e psicológica sustentada por aqueles que, em nome da segurança nacional, torturaram e assassinaram centenas de brasileiros. Os relatórios de investigação e as fichas de identificação que compõem esses processos documentam décadas de violência e terrorismo de Estado. A primeira sensação que temos é de que toda a sociedade brasileira foi, durante décadas, mapeada, invadida no seu cotidiano, estuprada. A ditadura militar não foi "tão branda" como alguns querem fazer acreditar.

À primeira vista parece impossível adentrarmos fundo nessa documentação do DEOPS/SP que, organizada de acordo com a lógica policial, se abre para um emaranhado de informações complexas, muitas vezes desconectadas. Localizar documentos que comprovem as prisões arbitrárias, a tortura e os assassinatos não é tarefa fácil. Mas, felizmente, existe uma ordem por procedência e data que, cruzada com os testemunhos orais, podem nos aproximar dos mandantes dos crimes. Temos que aprender a "ler nas entrelinhas" em busca de indícios e sinais. Relatórios, fotografias, telegramas, jornais, ofícios, pôsteres e panfletos compõem hoje um importante *corpus* documental que pode nos ajudar a avaliar os mecanismos de repressão sustentados pelo Estado brasileiro, assim como redimensionar os movimentos de resistência ao autoritarismo em diferentes períodos da história contemporânea do Brasil. O fato de esses documentos registrarem atos de violência em um tempo *continuum* demonstra que a gênese dessa mentalidade repressora antecede 1964. Uma herança que tem raízes profundas e cujos tentáculos nos remetem à ditadura Vargas (1937-1945) e, por que não, ao dia seguinte da proclamação da República, quando foi promulgado um primeiro Decreto-Lei de censura.

Os documentos do Fundo DEOPS nos remetem à imagem de um imenso labirinto com múltiplas entradas e dezenas de saídas, algumas fechadas. A chave está em decifrar os códigos adotados pela Polícia Política que, enquanto braço repressor do Estado, tinha uma lógica própria. Este raciocínio – o da lógica da suspeição e do "etiquetamento" do suspeito ou do criminoso acusado de crime político – não é muito diferente daqueles adotados por outras polícias políticas, como, por exemplo, da Argentina, do Chile, de Portugal, da Espanha, da Itália e da Alemanha nazi-fascistas, guardadas as suas proporções.

O foco de suas ações se fazia direcionado para o controle do cidadão que, por antecipação, era sempre um suspeito em potencial. Não importava se operário ou intelectual, analfabeto ou acadêmico, sapateiro ou diplomata, homem ou mulher, jovem ou velho, estrangeiro ou brasileiro. Os "policiais da ordem" eram treinados para suspeitar diante de qualquer indício de "desordem" ou "desvio". Deveriam ser detalhistas nas suas anotações dedicadas ao aperfeiçoamento do controle e ao ocultamento dos atos de violência sem limites. A violência começa nas suas próprias ações planejadas para inibir, punir e até mesmo matar em nome da ordem e da segurança nacional. A serviço de um regime de exceção, o DEOPS nos deixou um grande legado: um arquivo recheado de documentos e de silêncios propositais, típicos do fenômeno do ocultamento. Liberar, sistematizar e digitalizar esses acervos são, portanto, prioridades para a recuperação da justiça e da verdade, assim como para a escrita da nossa memória política[1].

O "fichamento" da Anistia

Entre os milhares de processos abertos pela Polícia Política de São Paulo, deparamo-nos com o "fichamento" do movimento pró-anistia que, desde 1968 – quando se ouviram os primeiros manifestos dos estudantes e jornalistas seguidos de adesões populares –, foi sistematicamente vigiado, investigado e registrado. Fica evidente, por meio dos documentos que compõem os prontuários e dossiês do Fundo DEOPS/SP, que essa mobilização, desde o seu primeiro pulsar, foi considerada pelo Estado e pela Polícia Política como um ato de subversão, ou seja, uma "ação fora da ordem e contrária à segurança nacional". Assim, por meio

1 Desde 1996 os prontuários e dossiês do Fundo DEOPS/SP estão sendo analisados pelos pesquisadores do PROIN – Projeto Integrado Arquivo do Estado-USP –, financiados pela Fapesp. Através de dois projetos temáticos, um deles ainda em andamento, essa equipe tem produzido estudos específicos com base nesse acervo, sendo a Anistia um dos temas em questão. Sobre as pesquisas e banco de dados produzidos pelo PROIN, consultar o site www.proin.usp.br.

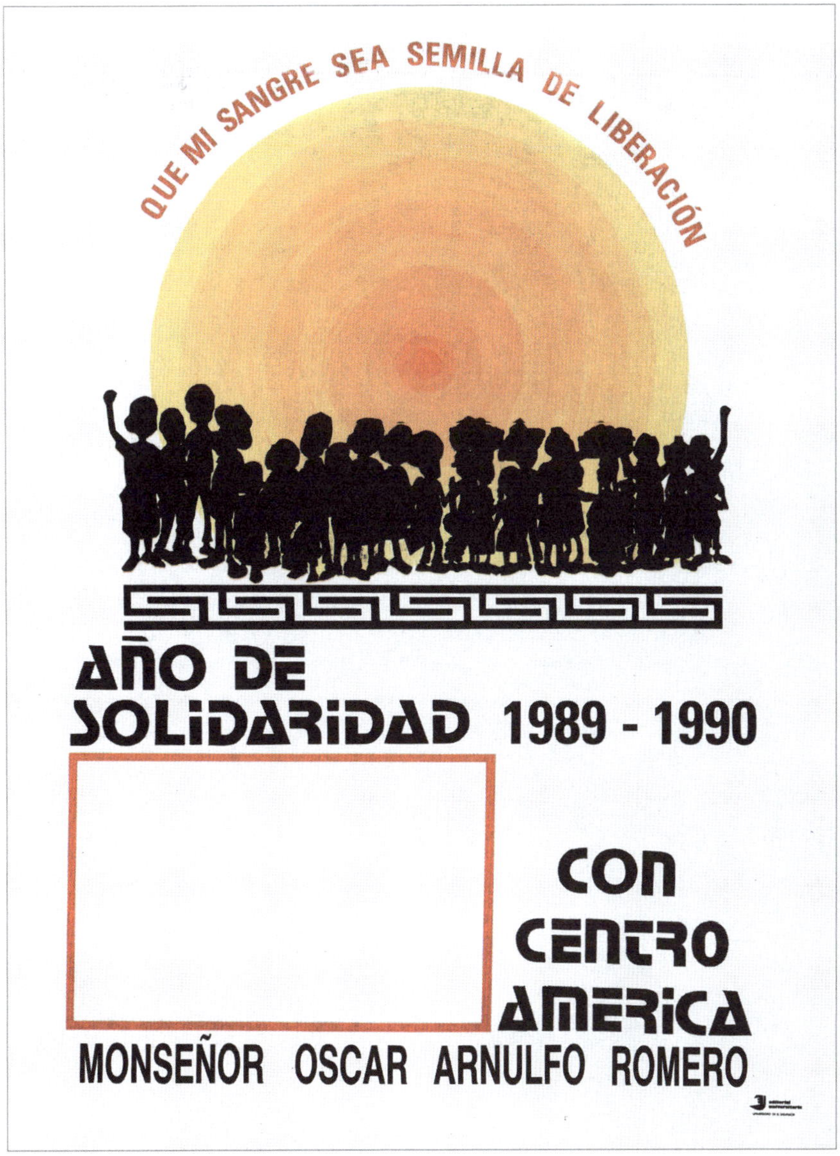

desses registros temos a possibilidade, ainda que de forma fragmentada, de reconstituir o movimento pró-anistia sob dois ângulos distintos: enquanto movimento de resistência e enquanto movimento vigiado e reprimido pelo DEOPS.

As informações detalhadas e pontuais anotadas nas fichas policiais, nos relatórios e nos informes produzidos pelos investigadores do Serviço Secreto do Gabinete de Investigação demonstram que as autoridades policiais ficaram incomodadas com as propostas e os avanços do movimento pró-anistia, que culminou com a aprovação da Lei nº 6.683, de 28 de agosto de 1978, que "concede anistia e dá outras providências [...]". Todos aqueles que tiveram seus direitos políticos suspensos[2] ou que haviam sido beneficiados por essa Lei de Anistia não escaparam do olhar vigilante do DEOPS.

2 Cf. *Ficha Policial de Jacob Gorender*, jornalista e tradutor. Prontuário nº 145.975, Caixa: 121. Fundo DEOPS/SP. APESP. Gorender também aparece na ficha de Geraldo Heller Fernandes. Prontuário nº 91.737.

Cerca de 256 fichas policias contendo a palavra "anistia" podem ser identificadas na Base de Dados PROIN[3], sem citar aqui as possíveis referências existentes nos dossiês temáticos. Nessas fichas, o "histórico" do cidadão beneficiado pela Lei de Anistia, de agosto de 1978, permite-nos reunir fragmentos dessa vigilância que concentrou sua atenção naqueles que, de uma ou outra forma, estavam comprometidos com a "desordem política", ou seja, identificados como: "Foragido da Justiça", "Profissional da Subversão"[4], "Elemento do Partido

3 Durante o Projeto Temático PROIN I - "Inventário DEOPS", financiado pela Fapesp, foram digitadas 184 mil fichas que cobrem todo o período de existência do DEOPS/SP: 1924-1984. Fazendo a busca nesse banco de dados, que transcreve as anotações policiais sem qualquer intervenção, é possível uma relação dos anistiados e ativistas envolvidos com o movimento pró-anistia.

4 Cf. *Ficha Policial de Osmar Jesus M. Barbosa*. Prontuário nº 34, Caixa: 211. Fundo DEOPS/SP. APESP.

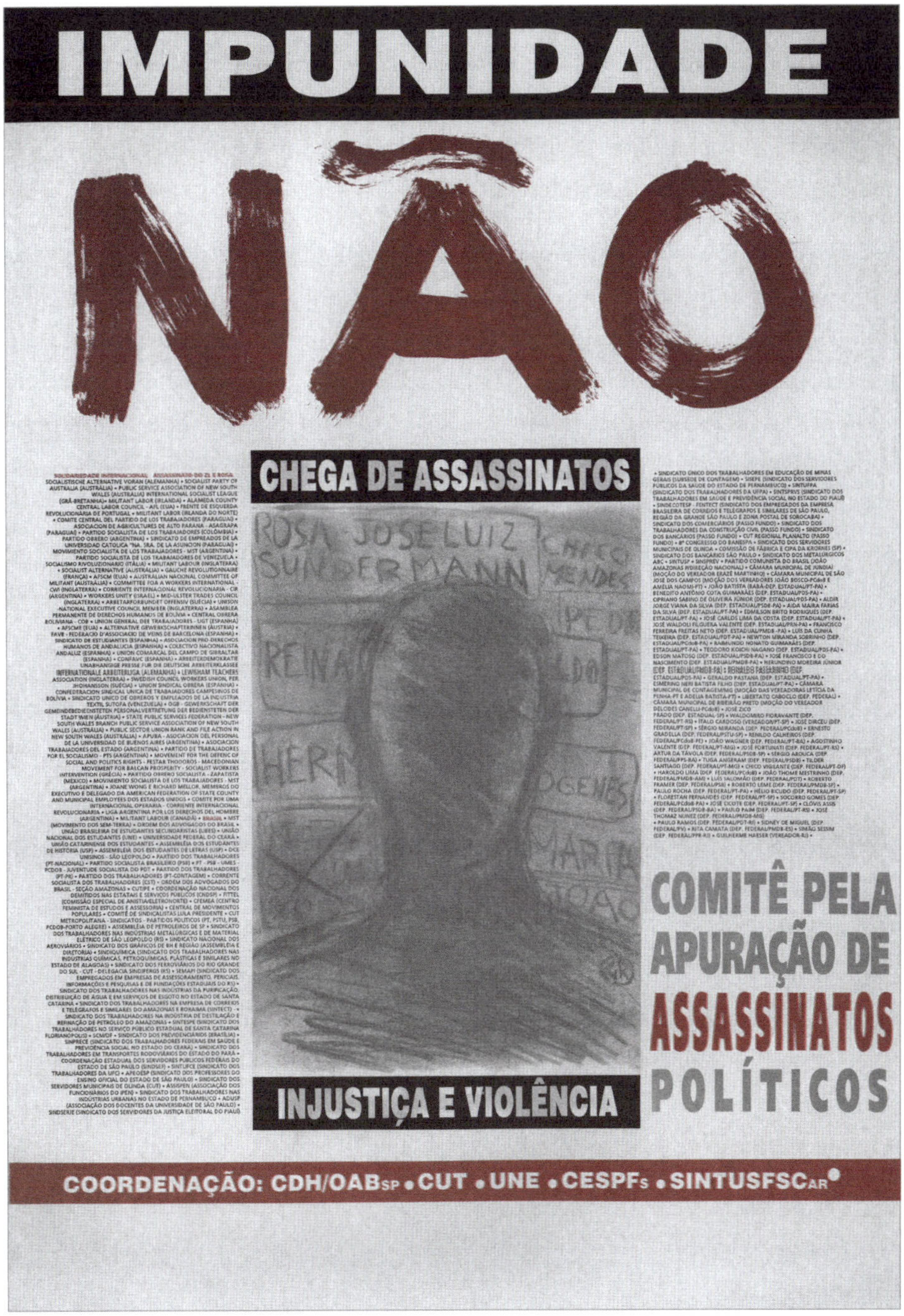

5 Relação anexada ou arquivada no Prontuario nº 143.007, fls. 72. Cf. *Ficha Policial de Irineu de Moraes*, operário, agente do jornal *Hoje*, morador em Araraquara, SP. Prontuário nº 68.733, Caixa: 118. Fundo DEOPS/SP. APESP.

6 Cf . *Ficha Policial de Armando Augusto Vargas Dias*. Prontuário nº 335. Fundo DEOPS/SP. APESP.

7 Arquivada no Prontuário nº 149.313. Cf. *Ficha Policial do ex-militar Darcy Rodrigues*. Prontuário nº 29.352, Caixa: 62. Fundo DEOPS/SP. APESP.

8 Relação arquivada no Prontuário nº 61.573. Cf. *Ficha Policial de Edmauro Gofpert*, Caixa: 69; Prontuário nº 144.470, de Vitor Carlos Ramos, Caixa: 261. Fundo DEOPS/SP. APESP.

9 Relação anexada ao Prontuário nº 110.385 (Leonel Brizola). Cf. *Ficha Policial de Elson Costa*. Prontuário nº 140.601, Caixa: 73. Fundo DEOPS/SP. APESP.

Comunista", "Simpatizantes do Interior do Estado de São Paulo"[5]. Muitos tinham o seu nome inscrito nas relações de "Banidos em troca do Embaixador da Suiça"[6]; "Banidos em troca do Embaixador da Alemanha Ocidental"[7]; "Asilo de Brasileiros na Embaixada da Argentina no Chile"[8] ou ainda na "Relação arquivada referente aos condenados por crimes capitulados na LSN"[9].

Outros receberam a "atenção" do DEOPS por serem detidos pela Polícia Federal, por terem participado do VII Congresso do Partido Comunista Brasileiro (PCB), realizado em 13 de dezembro de 1982 em São Paulo[10], assim como por terem participado de outras atividades promovidas por esse partido[11]. Outros foram fichados por participarem da Ação Popular Marxista Leninista do Brasil[12], do 30º Congresso da [extinta] UNE[13] e da Conferência Sul-Americana Pró-Anistia dos Presos Políticos de Espanha e Portugal[14].

Por exemplo, na ficha de Antonio Martini consta que ele foi condenado "[...] em 3 ou 06/06/66 a 3 anos como incurso nos arts. 9 e 7 da Lei 1.802/53. Relação arquivada no prontuário n° 128.660. Vide prontuário n° 103.355, referente à FORAGIDOS DA JUSTIÇA. 18/11/80 – Cópia do Ofício 1.135/80 – Lei n° 6.683/79 (anistia), referente a LUIZ CARLOS PRESTES"[15]. Na ficha policial do ex-tenente Apollonio Pinto de Carvalho, foi anotado:

> Condenado em 3 ou 06/06/66, 7 anos como incurso nos artºs 9 e 7 [sic] da Lei 1.802/53. Relação arquivada no prontuário 128.660. Cópia de processo arquivada no prontuário 489, referente à LUIZ CARLOS PRESTES (fls. 260) 2ª auditoria da 2ª R. Militar a qual está processando o retro mencionado (comunica através do of. 1.129 de 16/10/69. 2ª R. Militar – P. nº 5.491/69. Vide prontuário 103.355, referente à FORAGIDOS DA JUSTIÇA 26/10/78 – BANIDOS em troca do Embaixador da Alemanha Oriental, arq. No prontuário 149.313 18/11/80 - Cópia do Ofício 1.135/80 - Lei nº 6.683/79 - (anistia), referente a LUIZ CARLOS PRESTES.[16]

Para Armando [sobrenome não identificado] consta que seu nome está na "Relação arquivada no Prontuário nº 145.761, de Pedro Lobo de Oliveira", além de remeter ao Prontuário nº 19.773, referente a "Banidos do território nacional" e "Banidos do Embaixador da Suiça". Consta que Armando foi "beneficiado com a Lei nº 6.683/79, Processo nº 139/69, Ofício nº 1598/79 - (Anistia)"[17].

Trinta anos depois...

As manifestações de vários militares em agosto de 2008, por ocasião dos 29 anos da promulgação da Lei de Anistia, demonstraram que ainda não conseguimos fechar um círculo completo. A Anistia ainda não se fez ampla, segura e plena como se pretendia. Dúbia – o que é uma ironia –, essa lei continua a proteger os perpetradores responsáveis por mortes e desaparecimentos premeditados e por traumas que nem o tempo consegue apagar. Depois de tantos anos sem justiça, não há indenização que apague da memória de quem quer que seja o medo e as cicatrizes das torturas físicas e psicológicas. Não há plástica, não há cirurgia para os ferimentos da alma. Uma coisa é certa: ainda temos esperanças de justiça e de respeito aos direitos humanos, pois, acredito, esse

10 Ver Prontuário nº 69.882

11 Arquivado no Prontuário nº 97.600, 12/8/1980. Cf. *Ficha Policial de Sebastião Vitorino da Silva*. Prontuário nº 97.002, Caixa: 241. Fundo DEOPS/SP. APESP.

12 Ver Prontuário nº 99.716. Cf. *Ficha Policial da professora Edyr Lopes Maia*. Prontuário nº 28.987, Caixa: 71. Fundo DEOPS/SP. APESP.

13 Ver Prontuário nº 145.397. Cf. *Ficha Policial de Franklin de Souza Martins*. estudante. Prontuário nº 145.290, Caixa: 93. Fundo DEOPS/SP. APESP.

14 Ver Prontuário nº 135.160. Cf. *Ficha Policial de Humberto da Silva Delgado*. Prontuário nº 135160, Caixa: 115. Fundo DEOPS/SP. APESP.

15 *Ficha Policial de Antonio Martini*. Prontuário nº 106.275, Caixa: 27. Fundo DEOPS/SP. APESP.

16 *Ficha Policial de Appolonio Pinto de Carvalho*. Prontuário nº 53.03. Fundo DEOPS/SP. APESP.

17 *Ficha Policial de Armando [...]*. Prontuário nº 86.228. Fundo DEOPS/SP. APESP.

labirinto tem uma saída. Não poderemos ser herdeiros deste silêncio comprometido pelo ocultamento oficializado que continua a proteger os mandantes e os executores de crimes contra a humanidade.

Daí uma explicação para a hesitação do governo em abrir os arquivos da repressão; daí uma explicação para a reação dos torturadores que são passíveis de julgamento ainda que a Lei de Anistia não precise ser alterada, como defendem os procuradores federais da República, Marlon Alberto Weichert e Eugênia Augusta Gonzaga Fávero. No entanto, na arena das negociações, o sistema de "compadrio" – herdado dos tempos coloniais – ainda impera. Continuamos a conviver com os acasalamentos do Poder que, comprometido com as heranças autoritárias e populistas, hesita fazer cumprir os princípios democráticos. Felizmente algumas luzes iluminam esse nosso labirinto, sendo uma delas os "arquivos da repressão", que são também arquivos-símbolos da resistência. Esses documentos permitem, com certeza, reconstituirmos e reavaliarmos as circunstâncias em que as violações ocorreram, identificarmos os agentes da repressão e recuperarmos, nas entrelinhas, os vestígios deixados pelos torturadores. Essa questão certamente não é uma página virada da história, conforme afirmou o senador Jefferson Peres em abril de 1998:

> Grupos como *Tortura Nunca Mais* e o projeto *Brasil Nunca Mais* da Arquidiocese de São Paulo estão esquecendo que a Anistia não é um ato unilateral é geral – cobre os dois lados. Repudio atos de ódio e revanchismo político de grupos como o *Tortura Nunca Mais* porque, quando o Congresso votou a anistia, virou a página autoritária no pressuposto de que não voltaria atrás senão como referência histórica. (REDAÇÃO MSM, 2004).

Os familiares dos mortos e desaparecidos e o povo brasileiro, na sua totalidade, têm direito à informação, à verdade e à memória. Essa questão não é página virada da história e muito menos "referência histórica", pois ela ainda é fato, é história em movimento.

Maria Luiza Tucci Carneiro[18]

18 Maria Luiza Tucci Carneiro é historiadora, Livre Docente pela Faculdade de Filosofia, Letras e Ciências Humanas da Universidade de São Paulo, docente junto ao Programa de Pós-Graduação em História Social pelo Departamento de História e ao Programa de Direitos Humanos da Faculdade de Direito São Francisco, ambos da Universidade de São Paulo. É também coordenadora-geral do PROIN – Projeto Integrado Arquivo Público do Estado-USP – e autora de vários livros e artigos sobre antissemitismo, repressão e resistência em tempos de ditadura.

VERDAD Y JUSTICIA PARA
LOS DETENIDOS – DESAPARECIDOS
JUICIO Y CASTIGO PARA TODOS LOS CULPABLES.
Solicitamos:
– Cese la desaparición forzada.
– Cese la persecusión a los organismos humanitarios.
– Derogar el estado de sitio y el decreto 50 en El Salvador.
– Declarar inconstitucional el decreto 8-86 en Guatemala.
ASOCIACIÓN CENTROAMERICANA DE FAMILIARES DE DETENIDOS DESAPARECIDOS –ACAFADE–
29 – 30 Agosto 1986.
Jornada Latinoamericana

21. Direito à informação: o acesso aos documentos dos órgãos da repressão

Grande parte da história envolvendo o período da ditadura militar no Brasil e sua violenta repressão aos dissidentes políticos já foi revelada. Isso vem ocorrendo graças às iniciativas de vítimas, familiares e de algumas autoridades. Entretanto, ainda há muito por se conhecer.

O objetivo visado na luta pelo acesso irrestrito aos documentos daquela época é o conhecimento *integral* sobre os fatos, e sua autoria, relacionados às mortes e desaparecimentos forçados de militantes políticos para fins de promoção do acesso à verdade e à Justiça. Frisamos a palavra "integral", pois, como já dissemos, muito já se sabe (número de mortos, suas identificações, órgãos responsáveis pelas prisões ilegais etc.), porém não se tem conhecimento das versões inteiras sobre cada um dos eventos criminosos. Por exemplo, em determinado homicídio no qual se sabe que o corpo da vítima foi jogado ao mar: onde a pessoa foi interrogada? Por quantas horas? Quem foram os oficiais responsáveis pelo interrogatório mediante tortura? Em que momento e onde a vítima veio a falecer? Quem deu e quem executou a ordem para que o corpo fosse colocado em um helicóptero e jogado ao mar?

Por mais que os governos brasileiros digam que estão "abrindo arquivos" e que têm colocado documentos à disposição do público em geral para conhecimento, questões como as citadas acima continuam sem respostas. Isso ocorre porque documentos sigilosos das Forças Armadas, especialmente, relacionados ao período nunca foram revelados.

Este texto visa identificar no ordenamento jurídico pátrio os motivos pelos quais ainda temos documentos sigilosos em relação ao tema e o que poderia ser feito para modificar essa situação.

1 As normas que regem a matéria

O artigo 5º, inciso XXXIII, da Constituição Federal deve ser o ponto de partida para qualquer estudo sobre sigilo de documentos públicos, pois ele fixa que:

> todos têm direito a receber dos órgãos públicos informações de seu interesse particular, ou de interesse coletivo ou geral, que serão prestadas no prazo da lei, sob pena de responsabilidade, *ressalvadas aquelas cujo sigilo seja imprescindível à segurança da sociedade e do Estado.* (grifo meu)

A lei que regula o tema é a de nº 11.111/2005. Tal norma, em resumo, estabelece:

- que o sigilo possa ser decretado por 30 anos e prorrogado por prazo indeterminado;

- a criação da Comissão de Averiguação e Análise de Informações Sigilosas no âmbito da Casa Civil, que pode analisar a qualquer tempo as classificações já feitas e, inclusive, reavaliá-las.

Os Decretos 4.553/2002 e 5.301/2004, por sua vez, regulamentares em relação à Lei 11.111, são claros no sentido de que *o presidente da República tem o poder de levantar sigilos já decretados a qualquer tempo.*

Apenas com o que se leu até aqui, é possível verificar que no Brasil ainda é possível haver sigilo eterno em relação a certos documentos. É por isso que, se nada for feito, documentos do período da ditadura que trazem informações mais completas sobre os crimes cometidos pelos agentes da repressão poderão permanecer para sempre sob sigilo.

Por outro lado, é possível perceber que há uma Comissão no âmbito da Casa Civil com poderes para reavaliar qualquer grau de sigilo já decretado, e o presidente da República, por simples decreto de sua lavra, pode, a qualquer tempo, levantar o sigilo. Ou seja, a legislação existente já dá poderes às autoridades da esfera federal para que elas mesmas, independentemente de nova lei, tragam documentos de fato relevantes ao conhecimento público.

Há ainda o Decreto 5.584/2005. Ele foi divulgado, à época de sua edição, como sendo aquele que "levantou o sigilo dos documentos da ditadura". Não é verdade. Ele apenas transfere ao Arquivo Nacional os documentos do Conselho de Segurança Nacional, da Comissão Geral de Investigações e do Serviço Nacional de Informações. Ele não remeteu ao Arquivo Nacional, por exemplo, documentos do Exército brasileiro.

E mais, tal decreto mantém expressamente, em seu artigo 10º, o sigilo de documentos que tenha sido decretado nos termos do Decreto 4.553/2002. Logo, não modificou em nada a legislação vigente.

Há também que se ressaltar o fato de que a transferência de tais documentos ao Arquivo Nacional ocorreu apenas por meio de microfilmagens. Isso significa que

os documentos em papel foram previamente selecionados e os que não foram microfilmados, soubemos mais tarde, foram destruídos. Tudo com base em ata e formalmente em ordem. A verdade, todavia, é que esse Decreto 5.584/2005 não representou qualquer tipo de abertura.

Com o recém-lançado projeto "Memórias Reveladas", o conteúdo dos documentos cuja microfilmagem foi remetida ao Arquivo Nacional, acima citado, foi disponibilizado na internet para facilitar o acesso ao público.

Até o momento, essa é a legislação brasileira que trata do sigilo de documentos.

2 Projeto de nova lei

No dia 13 de maio de 2009, juntamente com o mencionado projeto "Memórias Reveladas", o presidente da República anunciou o encaminhamento de projeto de nova lei que cuidará do sigilo de documentos no Brasil.

Consideramos que seu texto representa um avanço em relação à legislação atual, mas que não precisaria de uma nova lei para definir vários dos pontos que constam ali. É como se o presidente da República houvesse transferido ao Congresso Nacional uma decisão que ele poderia adotar individualmente.

O projeto de nova lei, em síntese, dispõe que: a) é possível proceder-se a uma reanálise das classificações anteriores; e b) documentos que interessem a direitos humanos não poderão permanecer sob sigilo.

Esse último ponto é de valor inquestionável, pois nenhum documento da ditadura que contenha informações sobre os crimes ocorridos no período poderá permanecer oculto. Contudo, não se pode deixar de observar, mais uma vez, que tal disposição poderia ter sido veiculada por simples decreto. E ainda, como não há um inventário sobre a documentação atualmente existente sob sigilo, mesmo que venhamos a ter uma disposição como essa, dificilmente será possível o acesso a tais documentos, já que não se sabe o que e nem onde procurar.

3 Principais iniciativas do Ministério Público Federal em relação ao tema

A nosso pedido – formulado em conjunto com o procurador regional da República da Terceira Região, Marlon Weichert, e com a então procuradora regional dos Direitos do Cidadão em Brasília/DF, Lívia Tinocco –, o procurador geral da República enviou notificação ao senhor presidente da República para que, em cumprimento à notificação da Organização das Nações Unidas, datada do ano de 2005, e, em razão de possibilidade legal nesse sentido, DESCLASSIFIQUE documentos de interesse de familiares de mortos e desaparecidos políticos. Isso ocorreu no ano de 2006 e nada foi feito nesse sentido pela Presidência da República.

Em maio de 2008, também pela Procuradoria Geral da República, foi interposta, perante o Supremo Tribunal Federal, a ADI/4077 em relação à Lei 11.111. Tal ação tem a ministra Ellen Grace como relatora e ainda não há nenhuma decisão a respeito.

Em novembro de 2008, representamos à Procuradoria da República em Brasília quanto a uma notícia juntada pela Advocacia Geral da União em ação civil pública proposta em São Paulo contra os ex-comandantes do DOI/CODI. A notícia mencionada trata-se de uma nota oriunda do Exército no sentido de que todos os documentos do período foram destruídos, bem como a respectiva ata de destruição. Tal representação ainda está em andamento e recebeu o número 138/2009-30.

Conclusão

Nossa legislação, apesar de sua questionável constitucionalidade ao admitir ainda hoje a possibilidade de sigilo eterno, é suficiente para permitir, a qualquer tempo e por simples ato da Presidência da República, a desclassificação e abertura de arquivos relativos à repressão militar ocorrida durante a ditadura brasileira.

Se o presidente da República ainda mantém o sigilo é porque assim prefere agir, ou porque não pode levantá-lo. E, se assim o faz, é por razões que fogem à nossa compreensão, mas não por razões legais.

Por outro lado, a ausência de um inventário e transparência quanto ao local onde estariam tais documentos (um dia eles existiram, é certo) faz com que, mesmo em um cenário de total abertura e acesso a conteúdos sigilosos, tenhamos dúvidas sobre a possibilidade de se encontrar informações relevantes para fins de responsabilização penal, civil ou administrativa.

Assim sendo, seria bastante oportuna e salutar a criação de Comissões de Verdade, de preferência no âmbito do Ministério da Justiça, para apuração integral de cada um dos crimes ocorridos. Isso pode ser feito com base não apenas em abertura de documentos sigilosos, mas também em provas diversas, como por exemplo os procedimentos já abertos para concessão de indenizações pecuniárias.

Toda medida voltada para o integral conhecimento dos fatos criminosos aqui tratados é necessária para o acesso à verdade, à memória e à justiça, pressupostos para a consolidação do regime democrático, que não se coaduna com o esquecimento e a impunidade de crimes tão graves que são classificados como crimes praticados contra toda a humanidade.

Eugênia Augusta Gonzaga Fávero[1]

1 Procuradora da República em São Paulo-SP. Mestre em Direito Constitucional pela PUC-SP e uma dos responsáveis por procedimentos administrativos e judiciais relacionados aos mortos e desaparecidos políticos.

NUESTROS MUERTOS SON SEMILLA DE LIBERTAD

NUESTROS MUERTOS SON SEMILLA DE LIBERTAD
codo a codo... a construir una nación
PATRICIO MANZANO G.
21 años, estudiante U.Ch.
Muerto el 9-II-85.
CARLOS GODOY E.
23 años, promotor de ventas.
Muerto el 22-II-85.
EDUARDO VERGARA T.
19 años, poblador.
Muerto el 29-III-85.
RAFAEL VERGARA T.
18 años, poblador.
Muerto el 29-III-85.
PAULINA AGUIRRE T.
20 años, estudiante.
Muerta el 29-III-85.
MANUEL GUERRERO C.
36 años, profesor, 2 hijos.
Hallado muerto el 30-III-85.
SANTIAGO NATTINO A.
67 años, diseñador, 3 hijos.
Hallado muerto el 30-III-85.
JOSE MANUEL PARADA M.
34 años, sociólogo, 4 hijos.
Hallado muerto el 30-III-85.
OSCAR FUENTES F.
19 años, estudiante USACH.
Muerto el 9-IV-85.
JULIO 1985.
santiago solidario
Y uds. que los mataron, ¿cómo viven?

22. Guia de fontes sobre anistia

Arquivo Edgard Leuenroth - AEL

INSTITUIÇÃO DETENTORA DO ACERVO

Arquivo Edgard Leuenroth- AEL, UNICAMP, Campinas, SP

Endereço: Centro de Pesquisa e Documentação Social – Instituto de Filosofia e Ciências Humanas – Universidade Estadual de Campinas – Cidade Universitária Zeferino Vaz – Barão Geraldo – Campinas - SP

Telefones: (19) 3521-1622 - Fax: (19) 3521-7060

Sítio na internet: www.ifch.unicamp.br/ael

Email: ael-cpds@unicamp.br

HISTÓRICO

O Arquivo Edgard Leuenroth – AEL – como é conhecido, iniciou suas atividades em 1974 com a chegada dos documentos de Edgard Leuenroth (pensador anarquista, militante das causas operárias, linotipista e jornalista por ofício e paixão) na época adquiridos pela UNICAMP para constituir um centro de documentação histórica que possibilitasse o acesso às fontes primárias, tão necessárias aos ingressantes do recém-criado programa de pós graduação do Instituto de Filosofia e Ciências Humanas da UNICAMP. Há mais de 30 anos o AEL vem cumprindo seus objetivos de atender a demanda acadêmica e preservar os registros históricos da sociedade. Além daquele acervo que o originou, recebeu outros tantos ligados à história social brasileira, à história do trabalho e da industrialização, do movimento operário, da esquerda, da política, da cultura e dos intelectuais, da questão agrária, dos direitos humanos, da imprensa, da opinião pública, dos movimentos sociais, da saúde e da Antropologia. Destaca-se por sua atuação como núcleo de documentação e pesquisa voltado à captação de acervos para a preservação da memória social, política e cultural brasileira. Disponibiliza ainda coleções em microformas reproduzidas de arquivos e bibliotecas de instituições brasileiras, americanas e européias.

FUNDOS E COLEÇÕES

Coleção: Brasil Nunca Mais (BR UNICAMP IFCH/AEL BNM)

Descrição: a coleção contém 175 metros lineares de documentação textual e 249 fotografias. O projeto *Brasil Nunca Mais* foi idealizado por Dom Paulo Evaristo Arns, então assessor do Cardeal Arcebispo de São Paulo, e pelo Reverendo Jaime Wright, pastor da Igreja Presbiteriana. Contou com o apoio financeiro do Conselho Mundial das Igrejas, organismo internacional ecumênico sediado em Genebra. Coleção formada a partir da reprodução dos processos de presos políticos do período da ditadura militar, depositados nos arquivos do Superior Tribunal Militar e Supremo Tribunal Federal. Foram obtidas cópias de 706 processos completos e dezenas de outros incompletos. É possível conhecer a relação dos denunciados, indiciados, testemunhas e declarantes, bem como os nomes dos funcionários encarregados e escrivães da PM, médicos legistas e membros do Conselho de Justiça envolvidos nas ações de repressão aos movimentos de massa, diligências e investigações; informações sobre os réus e organizações visados pela repressão e sobre as leis repressivas. Contém estudos sobre a tortura no Brasil e no mundo, com quadros estatísticos, além da transcrição de depoimentos sobre tortura com informações sobre os mortos e desaparecidos políticos. Os "Anexos" têm origem diversa, foram apreendidos em posse dos militantes ou em diligências às residências e aparelhos, e anexados como "prova de subversão".

Séries/ datas-limite/ localização física: a coleção está organizada em índices elaborados pela equipe do projeto *Brasil Nunca Mais*, contendo 12 volumes com os seguintes títulos: "O Regime Militar"; "A Pesquisa BNM"; "Os Atingidos"; "Os Funcionários"; "Perfil dos Atingidos" (publicado em livro); "As Leis Repressivas"; "A Tortura" (3v.); "Os Mortos"; "Índice dos Anexos"; "Inventário dos Anexos"/1964-1979/Armário deslizante 04, BNM.

Fundo: Comitê Brasileiro pela Anistia (BR UNICAMP IFCH/AEL CBA)

Descrição: o fundo contém 2 metros lineares de documentação textual (70 pastas suspensas), 21 títulos de periódicos, fotografias e 8 cartazes. Registra uma das mais importantes atuações da sociedade civil contra a violência aos presos políticos brasileiros, no final da década de 1970, em pleno período de ditadura militar. Os documentos são relativos às atividades administrativas da entidade e de alguns de seus núcleos estaduais e municipais, a atividades de divulgação e apoio aos presos e famílias, às inúmeras manifestações de apoio e solidariedade recebidas pelo Comitê e documentação relativa aos presos políticos – biografias, depoimentos, registros das famílias, histórico da repressão e regime carcerário. Contém correspondências, manuscritos de anotações, endereços e informações sobre presos políticos, documentos administrativos, cartazes, textos, panfletos, periódicos e documentos de divulgação de eventos realizados com a finalidade de divulgar a violência política e propagar os direitos humanos.

Séries/ datas-limite/ localização física: o fundo está organizado em 4 séries e 12 subséries: **série** Produção; **série** Presos Políticos; **série** Manifestações de Apoio; **série** Eventos. Anexos: periódicos e cartazes. Os cartazes e periódicos foram catalogados na coleção CPDS: Cartazes: CPDS/00295, 679, 120, 676, 265, 627, 625 e 203. Periódicos: consultar listagem anexa ao inventário na sala de consultas do AEL/ 1978-1985/ Armário deslizante 01, CBA, p.001-070.

Conteúdo: série Produção: administrativa e núcleos; **série** Presos Políticos: históricos, denúncias, regime carcerário, produção de presos; **série** Manifestações de Apoio: entidades, grupos e comitês, categoria profissional, sociedade civil, assinaturas conjuntos de entidades, profissionais e sociedade civil, assinaturas sem referência de autor: **série** Eventos: encontros, manifestações, reuniões e outros congressos.

Fundo: Duarte Pacheco Pereira (BR UNICAMP IFCH/AEL DPP)

Descrição: o fundo contém 18 artigos de jornal, 1 fita de vídeo, 1 fita de som, 102 folhetos, 2 fotografias, 30 livros, 24 títulos de periódicos, 1 tese, 96 documentos textuais, 01documento tridimensional. Documentos relativos a partidos de esquerda e a movimentos sociais acumulados pelo titular durante sua militância política, especificamente a mais recente, pois grande parte dos documentos do período de sua clandestinidade (1968-1979) foi perdida. Reúne documentos da organização de esquerda Ação Popular – AP, destacando-se as resoluções nacionais, declarações de encontros, resoluções políticas e diretivas, textos para debates e textos para militantes, jornais da organização, além de livros, revistas e recortes sobre a AP. Do PCdoB reúne documentos das décadas de 1960 e 1970, jornais, textos de divulgação publicados pelo partido e documentos de luta interna reunidos por força dos entendimentos mantidos com vistas à unificação entre as duas organizações partidárias. Junto a estes dois grandes temas, o fundo traz também documentos do movimento estudantil e do PCBR.

Séries/ datas-limite/ localização física: documentação não inventariada. Para sua consulta, é necessário agendar visita com três dias de antecedência.

Fundo: Gilberto Mathias (BR UNICAMP IFCH/AEL GM)

Descrição: o fundo contém 1 cartaz, 1 metro linear de documentação textual, 2 títulos de periódicos. O fundo reúne documentos de organizações de esquerda, às quais o titular esteve ligado, que atuaram na clandestinidade no Brasil, entre 1960 e 1975, e que funcionaram de forma dispersa quando se estabeleceram no exterior, aproximadamente no período compreendido entre 1970 e 1979. A documentação compreende comunicados, textos e publicações mimeografadas, panfletos e correspondência relativos às organizações: Política Operária (PO), Organização Revolucionária Marxista Política Operária (POLOP), Partido Operário Comunista (POC), Movimento Revolucionário 8 de Outubro (MR-8), Vanguarda Armada Revolucionária Palmares (VAR-PALMARES), Ação Libertadora Nacional (ALN), Partido Comunista Brasileiro Revolucionário (PCBR) e Democracia Socialista (DS). Reúne também documentos relativos à campanhas internacionais de ajuda aos presos políticos, bem como periódicos das organizações e outros de temas afins.

Séries/ datas-limite/ localização física: o fundo está organizado em duas séries: **série** Política Operária e **série** Movimento de Apoio no Exterior/1960-1979/ Armário deslizante, GM, pasta 001-024.

Conteúdo: série 1 - Política Operária - Agrupa em suas sub-séries as organizações de esquerda com volume significativo de material, respeitando, em cada pasta, a ordem cronológica. Reúne textos, comunicados, panfletos, correspondências e pequenas publicações mimeografadas. Compõem essa série as seguintes organizações de esquerda: Política operária, Partido Operário Comunista, Movimento revolucionário 8 de outubro, Vanguarda Armada Revolucionária e Democracia Socialista.

Série 02 - Movimento de Apoio no Exterior - Compreende parte significativa da coleção produzida no exterior e que teve a finalidade de apoiar o trabalho das organizações que a mantiveram no Brasil e estão reunidos na sub-série "Apoio Intelectual". Já a sub-série "Apoio a presos políticos" apresenta material contido na coleção relativo a campanhas internacionais de defesa de direitos humanos ou a denúncias de presos políticos brasileiros.

Coleção: Jessie Jane (BR UNICAMP IFCH/AEL JJ)

Descrição: a coleção contém 0,25 metros de documentação linear equivalente a 136 documentos, 1 foto preto e branco 12,0 x 18,0 cm. Correspondência trocada entre Jessie Jane Vieira de Souza e seu marido Colombo Vieira de Souza no período em que ambos estiveram na prisão. O casal, que era militante da ALN, foi preso em 1º de julho de 1970, quando executava a ação de seqüestro do Caravelle PP-PDX da companhia de aviação Cruzeiro do Sul, no aeroporto do Galeão, Rio de Janeiro, junto com os irmãos Heraldo e Fernando Palha Freire. A operação, idealizada pelos quatro participantes, não havia sido planejada pela organização. O casal, que participava da Ação Libertadora Nacional (ALN) permaneceu durante nove anos nos presídios de Bangu e Ilha Grande; sofreram torturas no Destacamento de Operações de Informações do Centro de Operações de Defesa Interna (DOI-CODI) e no Centro de Informações e Segurança da Aeronáutica (CISA). Em 1972 obtiveram autorização judicial para se casarem e, em setembro de 1976, nasceu Leta, filha do casal, na Clínica São Sebastião, Rio de Janeiro, sob vigilância policial e tortura psicológica.

Séries/ datas-limite/ localização física: a coleção está organizada pela ordenação cronológica das cartas/ 1970-1976/ Armário deslizante, JJ, pastas 001-136.

Fundo: Luiz Carlos Prestes (BR UNICAMP IFCH/AEL LCP)

Descrição: o fundo contém 11 metros lineares de documentação textual, 82 cartazes, 636 fotografias, 142 folhetos, 366 títulos de periódicos, 1.007 livros, 5 teses, 1 fita de áudio rolo, 1 fita de vídeo, 131 ilustrações, 21 objetos tridimensionais. Luiz Carlos Prestes era engenheiro, capitão do Exército quando participou do levante dos tenentistas no Rio de Janeiro, em 1922. Em 1925, aliou-se aos dissidentes e, em Foz do Iguaçu, com Miguel Costa, iniciaram a Coluna Miguel Costa-Prestes. Em 1927, com o final da Coluna, permaneceu em Puerto Suarez, na Bolívia, quando recebeu a visita de Astrojildo Pereira com o convite para que ingressasse no Partido Comunista Brasileiro (PCB). Em 1945 foi eleito senador, tendo seu mandato cassado em 1947. Seguiram-se mais de 70 anos de vida pública, dos quais grande parte na clandestinidade e vivendo fora do Brasil. Prestes era marca de expressivo carisma, conhecido pela alcunha de Cavaleiro da Esperança. Em 1980, desligou-se do PCB e registrou seus motivos na Carta aos Comunistas. Os documentos são relativos ao período de exílio em Moscou, que termina com a anistia, quando retorna ao país. Reúnem manuscritos, livros, jornais e revistas, registros impressos de atividades políticas das quais participou, documentação de divulgação do Brasil no exterior e campanha pelos direitos humanos. A coleção de recortes de jornais abrange temas variados relativos ao Brasil: além de matérias sobre o próprio Prestes. Destaca-se o jornal Voz Operária e os relativos ao Comitê Central, ao qual Prestes esteve ligado durante muitos anos. Há ainda depoimentos de membros do Partido Comunista. Cartazes, folhetos, periódicos e parte das fotografias catalogados em sistema eletrônico - PESQUISARQH. Livros catalogados no Sistema Virtua: http://www.unicamp.br/bc/

Séries/ datas-limite/ localização física: documentação não inventariada, consultar mapa do acervo na sala de pesquisa/ 1963-1990; predominante: 1963-1981/ localização física por itens.

Coleção: Militância Política e Luta Armada no Brasil (BR UNICAMP IFCH/AEL MPLA)

Grupo: 1 Denise Rollemberg; 2 Marcelo Ridenti; 3 Jean Rodrigues Salles; 4 Mário Augusto Medeiros da Silva

Descrição: a coleção compõe-se de 159 fitas-cassete contendo 76 entrevistas, sendo 45 com transcrição; 1 volume encadernado contendo as transcrições e roteiros de 6 entrevistas transcritas e 1 tese de mestrado. Contém entrevistas com ex-militantes da luta armada, líderes estudantis e ex-exilados políticos brasileiros, oriundos de diversas organizações políticas atuantes no Brasil durante o período da ditadura militar, desde o golpe de 1964 até a anistia política em 1979. As entrevistas realizadas pelos produtores das coleções destinaram-se à produção de trabalhos acadêmicos na área de História Social. Encontram-se depoimentos sobre movimento estudantil, militância política, estrutura das organizações políticas a que pertenciam os militantes, movimentos guerrilheiros urbanos e rurais, luta armada e ações terroristas das organizações políticas de esquerda, exílio político e treinamento guerrilheiro em Cuba.

Séries/ datas-limite/ localização física: a coleção está organizada em 4 grupos e 4 séries:

Grupo 1, **série** entrevistas, 1995-2000, FC/0310 a FC/01310-105/Deslizante 7

Grupo 2, **série** entrevistas, 1985-1986, FC/00087 a FC/00139 /Deslizante 7; transcrições: Deslizante 1

Grupo 3, **série** entrevistas, 05.08.1999 - 17.05.2000/ deslizante 01

Grupo 4, série entrevistas, 25.11.2004 à 08.07.2005, FC/01478 à FC/01488, deslizante 7 transcrições: deslizante 1.

Conteúdo:

Grupo 1, série entrevistas - entrevistas com ex-militantes da luta armada, líderes estudantis e ex-exilados políticos brasileiros durante o período da ditadura militar, desde o golpe de 1964 até a anistia política em 1979.

Grupo 2 série entrevistas - entrevistas com ex-militantes da luta armada, oriundos de diversas organizações políticas atuantes no Brasil entre 1964 e 1979, desde o golpe militar até a anistia política.

Grupo 3 série entrevistas - entrevistas com ex-militantes comunistas durante o período de ditadura militar na década de 60 do século XX no Brasil.

Grupo 4 série entrevistas - entrevistas com ex- militantes políticos de movimentos da luta armada no período pós-64.

Coleção: Movimentos Sociais Recentes (BR UNICAMP IFCH/AEL MSR)

Grupos temáticos: Movimento Operário e Sindical; Movimento Social e Popular; Movimento Político; Questão Agrária; Movimento Internacional e Entidades de Apoio

Descrição: 14 metros lineares de documentação textual; 221 cartazes; 55 fotografias; 1 desenho; 10 mapas, 23 títulos de jornais brasileiros, 107 folhetos 16 pacotes na Reserva Técnica com textos, periódicos e artigos de jornais em quantidade ainda não avaliada. De origem e composição diversa, esta documentação foi produzida por entidades ligadas à CUT, Oposição Sindical, sindicatos metalúrgicos e de outras categorias profissionais, por movimentos voltados à defesa dos direitos humanos, da reforma agrária, do meio-ambiente. Inclui ainda documentação de associações de bairro e entidades de apoio como o DIEESE, FASE, Instituto Cajamar e do próprio CPV. Trata-se de material significativo para pesquisa abordando sindicatos e sindicalismo na década de1980. É composta por folhetos, panfletos, manifestos, cadernos, boletins, estatutos, informes, relatórios, cartas, discursos, entre outros, que refletem a história dos eventos políticos e processos definidores da democratização brasileira.

Séries/ datas-limite/ localização física: a coleção está organizada em 4 grupos temáticos, sendo os dois grupos abaixo relacionados ao tema; Movimento Político e Movimento Internacional e Entidades de Apoio/ 1970-1980/ Localização física por item.

Fundo: Voz da Unidade (BR UNICAMP IFCH/AEL VU)

Grupos: 1. Política Internacional (VU/PI); 2. Partido Comunista Brasileiro (VU/PCB); 3. Sindicalismo (VU/SIN); 4. Política Nacional (VU/PNA); 5. Conjuntura Econômico Sociocultural (VU/ESC).

Descrição: o fundo contém 16.445 imagens fotográficas, 3 cartazes, 2 títulos de periódicos, 3 metros lineares de documentação textual (127 pastas suspensas), 22 fitas de áudio em rolo. O jornal Voz da Unidade surgiu em março de 1980, em São Paulo, como periódico legal dos comunistas. A primeira equipe de coordenação do jornal foi Henrique Cordeiro (diretor) e Armênio Guedes, Lindolfo Silva, Teodoro Mello, Gildo Marçal Brandão (conselheiros editoriais). Por todo o país, os militantes "Amigos da Voz" montaram comitês de apoio e difusão do jornal, nos bairros, escolas e locais de trabalho com a finalidade e obter legitimidade, maior popularidade e, em diversos momentos, angariar fundos para sua continuidade. Defendeu as idéias democráticas veiculadas pelos militantes comunistas em todo o país e foi também incentivador das campanhas internas e externas do Partido. O Voz da Unidade foi publicado até o 9º Congresso do PCB, em 1991. Como parte do Programa de Preservação da Memória do Partido Comunista Brasileiro (PCB), o Partido Popular Socialista (PPS), em maio de 1992, deixou sob custódia do AEL, a documentação do PCB que se encontrava sob guarda do Instituto Astrojildo Pereira. A documentação foi transferida ao AEL em 25 de maio de 1992, pelo Partido Popular Socialista (PPS), através de seu então presidente nacional, Roberto Freire, em regime de custódia. O fundo é composto, em sua grande maioria, pela documentação fotográfica do jornal, além de alguns títulos de periódicos e cartazes. As imagens fotográficas formam um importante retrato da atuação do Partido Comunista Brasileiro e do panorama político, econômico e sócio cultural nacional e mundial durante a década de 80 do século 20.

Séries/ datas-limite/ localização física: o fundo está organizado em grupos e séries, sendo os dois grupos abaixo relacionados ao tema:

Grupo 2/ Partido Comunista Brasileiro/ Série 1/ fotografias/ 1910-02.06.1991 (predominante 198_)/ VU/PCB 00001 a VU/PCB 2110.

Grupo 4/ Política Nacional/Série 1/ fotografia/ 1891 - 25.05.1990/ VU/PNA 00001 a V/PNA 04626 pastas 01 a 154.

Conteúdo:

Grupo 2/ Partido Comunista Brasileiro/ Série 1/ fotografias / 1910-02.06.1991 (predominante 198_)/ VU/PCB 00001 a VU/PCB 2110. A série reúne imagens das principais atividades do partido em nível nacional, estadual e regional, tais como comissões provisórias do PCB, congressos, conferências, convenções, comemorações, manifestações e reuniões

Grupo 4/ Política Nacional/Série 1/ fotografia/ 1891 - 25.05.1990/ VU/PNA 00001 a VU/PNA 04626 pastas 1 a 154. A série contém imagens referentes a importantes manifestações políticas ocorridas no país ao longo da década de 80 do século 20, além de retratar as diversas campanhas eleitorais e eleições em todos os níveis de representação e de diversos partidos políticos.

Nota: Nem todo o conteúdo das pastas é relativo à anistia e ditadura, apenas algumas fotos.

HEMEROTECA

Nome do periódico: *Anistia*

Descrição: Órgão Oficial do Comitê Brasileiro pela Anistia

Datas-Limite: 1978 (abr. n. especial, 1,2); 1979 (1, 3,5,6)

Nome do periódico: *Anistia*

Descrição: São Paulo, SP, Brasil

Datas-Limite: 1978 (abr.)

Nome do periódico: *Anistia Internacional*

Descrição: Seção brasileira da Anistia Internacional, São Paulo, SP, Brasil

Datas-Limite: 1999, 29 (8-9, 11)

Nome do periódico: *Anistia Internacional Boletim Informativo*

Descrição: São Paulo, SP, Brasil

Datas-Limite: 1991, 21 (2)

Nome do periódico: *Brésil Bulletin*

Descrição: Comitê *Bresil pour l'Aministie* – Paris, França

Datas-Limite: 1976 (+ especial Brasil Dossiers (1-2), 1); 1977 (2); 1978 (1)

Nome do periódico: *Frente Brasileno de Informaciones Comite de Denuncia a la Represion em Brasil*

Descrição: Santiago, Chile

Datas-Limite: 1971, 3 (23, 24); 1972, 3 (33-34, 35-36, 37); 1973, 4 (38-42)

Nome do periódico: *GTNM*

Descrição: CAJUEIRO, Marcelo – Editor – Grupo Tortura Nunca Mais, Rio de Janeiro, RJ

Datas-Limite: 1988, 2 (5-8); 1989, 3 (9,11); 1991, 3 (12); 1992, 4 (jul-ago, 13); 1993, 6 (set/out, 14-15); 1994, 7 (mai-jun, 4-5); 1994, 8 (16-18); 1995, 9 (19-21); 1994, 7 (mai-jun, 4-5); 1994, 8 (16-18); 1995, 9 (19-21); 2002, 14 (41-42); 2002, 17 (43-44); 2003, 17 (44); 2003, 18 (45-47); 1996, 10 (22-26); 1998, 10 (27-29); 1999, 11 (30-32); 2000, 12 (33-35); 2001, 12 (35); 2001, 13 (36, 38-39); 2002, 13 (40); 2004, 18 (48-51); 2005, 18 (54); 2005, 19 (52, 54); 2006, 20 (55); 2006, 21 (57-59); 2007, 22 (60-63); 2008, 22 (64-65).

Nome do periódico: *Mães em luta*

Descrição: Comitê Brasileiro de Solidariedade com as "Mães de *Plaza de Mayo*" – Buenos Aires, Argentina

Datas-Limite: 1979 (1)

Nome do periódico: *Maria Quitéria*

Descrição: Boletim do Movimento Feminino pela Anistia São Paulo, SP, Brasil

Datas-Limite: 1977, 1 (1-2); 1978, 2 (3); 1979, 3 (4), exemplares em papel e microfilme.

Nome do periódico: MPLA Movimento pela Libertação dos Presos dos Araguaia

Descrição: MPLA – Editor – Belém, PA, Brasil

Datas-Limite: 1982 (jan, jun-jul)

Nome do periódico: *Partilha*

Descrição: Órgão Informativo dos Centros e Comissões de Direitos Humanos, São Paulo, SP, Brasil

Datas-Limite: 1986 (8)

Nome do periódico: *Passo a passo*

Descrição: BAPTISTA, Jorge – Editor – Centro de Defesa dos Direitos Humanos de Osasco, Osasco, SP, Brasil

Datas-Limite: 1983, 2 (3)

Nome do periódico: *Resistência*

Descrição: CARVALHO, Luiz Maklouf – Editor

Sociedade Paraense de Defesa dos Direitos Humanos – Mitograph – Entidade Produtora

Datas-Limite: 1978 (4)

Arquivo Público do Estado de São Paulo

INSTITUIÇÃO DETENTORA DO ACERVO

Arquivo Público do Estado de São Paulo

Endereço: Rua Voluntários da Pátria, 596 – Santana – São Paulo/SP - CEP: 02010-000

Telefone: (11) 2221-4785 – **Fax**: 2221-4785 r. 2025

E-mail: faleconosco@arquivoestado.sp.gov.br

Sítio na Internet: www.arquivoestado.sp.gov.br

HISTÓRICO

As origens do Arquivo Público do Estado remontam a 1721, quando o território de São Paulo desmembrou-se do de Minas Gerais. Nesta ocasião, o governador da capitania — Dom Rodrigues César de Meneses — solicitou ao vice-rei "cópias das ordens mais modernas que há de haver". O secretário de governo, Gervásio Leite Rebelo, deu abertura ao arrolamento dos papéis oficiais, que se constituiu no núcleo inicial do atual acervo da instituição.

O Arquivo Público do Estado de São Paulo, inicialmente Arquivo Provincial, subordinado à Secretaria de Governo, foi criado através da lei n. 20 (196) de 8 de março de 1842. Porém, apenas em 1891, com a criação da Repartição de Estatística e do Arquivo do Estado, subordinada à Secretaria do Interior, é que se efetivou.

Ao longo de sua história o Arquivo do Estado passou por diversas secretarias – do Interior; da Educação e Saúde Pública; da Cultura, Esportes e Turismo; da Cultura, Ciência e Tecnologia; da Cultura e, em 2007, constituiu-se numa das unidades da Casa Civil pelo dec. 51.991, retornando assim às suas origens, uma vez que a Casa Civil é sucessora da Secretaria de Governo.

ACERVO

O Arquivo do Estado vem custodiando os documentos oficiais produzidos pela administração pública estadual desde o século XVI, além de arquivos privados de personalidades públicas nacionais.

Os documentos manuscritos equivalem aproximadamente a sete quilômetros lineares, formados por documentação de origem e natureza bastante diversa, proveniente tanto das secretarias de Estado, quanto do Poder Judiciário, dos cartórios e de municípios. Destaca-se entre os conjuntos documentais o da Delegacia de Ordem Política e Social (DEOPS) e a hemaroteca mais completa do Estado de São Paulo. O acervo conta com cerca de um milhão de imagens – entre negativos, cópias fotográficas, postais, caricaturas, ilustrações – e com um arquivo de origem privada formado por cerca de 60 metros lineares de documentação.

ATRIBUIÇÕES

O Arquivo Público do Estado de São Paulo é uma Unidade da Casa Civil e é responsável pela preservação e difusão do patrimônio documental do Estado, garantindo pleno acesso à informação. Visa, com isso, subsidiar as decisões governamentais, apoiar o cidadão na defesa de seus direitos, incentivar a produção de conhecimento científico e cultural e preservar a memória pública.

DOCUMENTAÇÃO SOBRE ANISTIA DO FUNDO DEOPS

Fundo: DEOPS-SP

Descrição: composto por 1.173 metros lineares de documentação textual e iconográfica, cuja produção abarca as datas de 1924 (criação do órgão) a 1983 (sua extinção). O Departamento Estadual de Ordem Política e Social de São Paulo (DEOPS/SP) foi criado em 30 de dezembro de 1924 pela lei nº 2.034 e regulamentado pelos Decretos n.º 4.405-A, de 17 de abril de 1928, e nº 4.715, de 23 de abril de 1930. Desde sua criação, cumpriu a função de assegurar e disciplinar a ordem no país, vigiar, prevenir e investigar o crime social e político e, ainda, obter, arquivar e trocar informações sobre indivíduos considerados "suspeitos", "criminosos" ou "terroristas".

Após a extinção do DEOPS/SP, em 4 de março de 1983 por meio do Decreto n. 20.728, seu arquivo ficou sob a guarda da Polícia Federal até o final do ano de 1992. Nesse período observa-se que o arquivo continuou a ser utilizado e novos documentos foram incorporados ao conjunto documental até o ano de 1990. Por meio do decreto nº 34.216, de 19 de novembro de 1992, o acervo ficou sob a guarda do Arquivo do Estado, que, com base na resolução nº 38, de 27 de dezembro de 1994, abriu à documentação à consulta pública.

Grupo: Serviço Secreto (Divisão de Informações)

Séries: Dossiês

Descrição: criada no início da década de 1940 e finalizada em 1990, quando o acervo já estava sob a guarda da Polícia Federal, os dossiês abordam investigações sobre movimentos políticos, estudantis, religiosos, comunismo, niponismo, fascismo, anarquismo, entre outros. Segundo o artigo 9º do Decreto nº 11.782, de 30 de dezembro de 1940, o Serviço Secreto passou a ser subordinado diretamente ao Superintendente do Deops, abrigando 16 setores. As atividades desse setor eram definidas diretamente pelo Superintendente, que também designava os chefes dos setores e o corpo de investigadores reservados.

Os dossiês produzidos pelo Serviço Secreto foram arquivados por meio de código alfanumérico, o qual ainda não foi totalmente desvelado pelos pesquisadores e arquivistas. Embora estudos tenham sido realizados sobre o tema, não foram definidos os assuntos dos dossiês, já que o fichário apenas remete às palavras encontradas nos documentos. Esse conjunto é constituído por 9.626 pastas.

O fichário remissivo da série Dossiês do Serviço Secreto está organizado em ordem alfabética de nomes e temas, composto por cerca de 1.100.000 fichas. Trata-se do instrumento de pesquisa mais importante do fundo, devido à diversidade de temas e nomes arquivados, tendo sido elaborado pela própria polícia política.

LOCALIZAÇÃO	DOCUMENTOS SOBRE A ANISTIA
50-Z-9-42.767	Relatório sobre o militante do PST, Carlos Augusto Amaral Hoffmann, 4/10/1978.
50-Z-9-39.253	Relatório sobre destituição do cargo de ministro de Guerra do General Newton Leal, 14/4/1975.
20-C-44-28.810	Livro "Anistia" escrito pelo senador Teotônio Vilela, 1982.
20-C-44-27.746	Boletim Amnistía Internacional, volume V, nº9, setembro de 82, apreendido no XI Congresso da UCBC (União Cristã Brasileira de Comunicação Social), realizado na PUC/ SP em setembro de 1982.
20-C-44-27.739	Carta aberta escrita pela Anistia Internacional.
20-C-44-24.463	Relatório sobre livro "Semente da Liberdade", 4/6/1982.

LOCALIZAÇÃO	DOCUMENTOS SOBRE A ANISTIA
30-C-1-23.107	Relatório sobre denúncias feitas no exterior pela Anistia Internacional e Cruz Vermelha.
50-Z-129-19.646	Relatório sobre o livro "Anistia para um homem que sonhou com a liberdade", escrito por Aldenor de Sá Porto.
20-C-44-16.201	Panfleto "Anistia: uma luta que continua contra a lei de segurança nacional".
20-C-44-15.730	Relatório sobre o movimento sindical intitulado "Anistia: uma luta que continua contra a lei de segurança nacional".
21-Z-14-15.024	Relatório sobre o lançamento do livro "Anistia" escrito pelo senador Teotônio Vilela, 27 a 28/1/1983.
21-Z-14-14.803	Relatório referente ao ato público pela anistia dos presos políticos no Uruguai, realizado nos dias 26 a 27/11/1982.
50-Z-0-14.411	Relatório sobre o debate "Anistia e Direitos Humanos" realizado no Teatro Ruth Escobar em 22/5.
50-Z-0-14.410	Relatório sobre o II Ciclo de debates sobre a conjuntura nacional, anistia e transição democrática.
50-Z-0-14.406	Relatório sobre o movimento "Pró-Anistia".
50-Z-0-14.405	Relatório sobre a reunião no Teatro Ruth Escobar para discussão da criação da comissão executiva e coordenação geral do movimento pró-anistia.
50-Z-0-14.403	Panfleto intitulado "Anistia é liberdade".
50-Z-0-14.396	Recorte do jornal Diário do Norte intitulado "Terezinha Zerbini quer anistia sem radicalismo", 22/9/1977.
50-Z-0-14.393	Relatório sobre reunião realizada no Teatro Ruth Escobar para discussão da Anistia, realizado no dia 10/4/1978.
50-Z-0-13.981	Reportagem publicada no jornal O Estado de São Paulo, intitulada "Anistia: 60 países violam os direitos", publicado no dia 8/3/1977.
21-Z-14-13.775	Relatório sobre a venda do livro "Anistia: semente da liberdade" no Sindicato dos Médicos de São Paulo, 4/6/1982.
50-C-22-10.915	Revista Apesar de Tudo/ UNE, contendo imagens do movimento pela Anistia, publicada no dia 23/6/1978.
50-C-22-10.648	Boletim da União Municipal dos Estudantes de São Carlos (UMESC), sobre anistia, intitulado "Todos em casa até o Natal!", publicado no dia 18/4/1978.
50-C-22-10.615	Relatório sobre "Considerações sobre pressões pela Anistia", de 2/5/1978.
50-C-22-10.391	Relatório sobre Assembléia para formação oficial de uma entidade para anistia geral aos presos políticos, de 11/4/1978.
50-C-22-10.154	Convite afixado no mural Ruth Escobar para o lançamento do livro "Anistia para um homem que sonhou com a liberdade".
50-C-22-10.139	Convite para lançamento do livro "Anistia para um homem que sonhou com a liberdade", escrito por Aldenoura Sá Porto.
50-C-22-10.048	Relatório sobre o movimento estudantil e a campanha pela Anistia no campus da USP, de 3/3/1978.
50-C-22-10.043	Relatório de investigação sobre o campus da Universidade de São Paulo - USP, mais especificamente sobre a Faculdade de História e Geografia.
20-C-44-8.112	Panfleto intitulado "Anistia ampla, geral e irrestrita", distribuído pela PUC de São Paulo.
50-Z-130-8.072	Boletim nº 9, distribuído no XI Congresso da UCBC - União Cristã Brasileira de Comunicação Social, de 30/10/1982.
50-Z-130-8.065	Panfleto da Anistia Internacional distribuído no XI Congresso da UCBC - União Cristã Brasileira de Comunicação Social, de 28/4/1982.

LOCALIZAÇÃO	DOCUMENTOS SOBRE A ANISTIA
50-Z-130-8.047	Relatório sobre o lançamento do livro "Anistia", escrito pelo senador Teotônio Vilela.
20-C-44-7.906	Carta aberta da Anistia Internacional em solidariedade ao povo da Guatemala.
20-C-44-7.893	Panfletos de convocação para manifestação pública pela Anistia.
21-Z-14-7.501	Relatório sobre livro "Anistia: semente da liberdade", de 16/8/1979.
21-Z-14-6.813	Panfleto sobre Anistia, produzido pelo Comitê Brasileiro de Anistia da Baixada Santista.
20-C-44-6.122	Boletim da Comissão Brasileira da Anistia de São Paulo – CBA – sobre o fim do exílio intitulado "Cada companheiro que volta fortalece nossa luta".
50-D-26-6.069	Artigo publicado no jornal Última Hora, intitulado "Anistia Irrestrita, por quê?", s/d.
20-C-44-6.034	Boletim elaborado pelo grupo de mulheres do Comitê Irma/ Aurélio (MDB).
43-Z-0-5.789	Artigo publicado no periódico JornaLeste, de setembro de 1979, nº7, ano 4, intitulado "Anistia pela metade", de 20/11/1979.
50-C-0-5.794	Relatório sobre reivindicações feitas no campus da PUC para reforma constitucional, intitulado "Anistia, liberdades democráticas, maior participação das classes inferiores", de 24 e 25/10/1977.
21-Z-14-5.555	Relatório sobre semana da anistia em Sorocaba-SP, em que foi debatido o tema: Anistia x Direitos Humanos, realizado em 25/10/1978.
43-Z-0-5.188	Artigo publicado no periódico JornaLeste de setembro de 1979, nº7, ano 4, intitulado "Show pela anistia de verdade", p.20, de 20/11/1979.
50-Z-130-5.286	Artigo publicado no jornal de alunos das escolas isoladas, intitulado "Anistia: um direito a ser conquistado", de 10/03/1978.
50-Z-130-5.285	Boletim da Faculdade de Direito USP, intitulado "Avançar na luta pela Anistia", de 17/3/1978.
50-Z-130-5.275	Folheto do Comitê Brasileiro de Anistia de São Paulo, intitulado "Anistia é liberdade", de 17/4/1978.
50-Z-130-5.274	Apreensão do Caderno Pró-Anistia, sobre o 33º aniversário da grande anistia de 1945, distribuído na Universidade São Paulo – USP, campus de Ribeirão Preto, no dia 25/4/1978.
50-Z-130-5.273	Moção de apoio à luta dos presos políticos de Itamaracá.
50-Z-130-5.271	Boletim do CBA/ SP contendo artigo sobre a campanha de assinaturas pró-anistia, de junho/ 1978.
50-Z-130-5.270	Boletim do Movimento Feminino pela Anistia, núcleo Ceará.
50-Z-130-5.269	Boletim sobre a sessão de abertura da 30º Reunião do SBPC no Teatro Cultura Artística, "pela reintegração, pela anistia, pela democracia", 9/7/1978.
50-Z-130-5.268	Boletim sobre Anistia, Comitê eleitoral do MDB no Teatro Ruth Escobar, 26/7/1978.
50-Z-130-5.267	Boletim do CBA de São Paulo convocando vigília cívica em repúdio às prisões políticas e pela anistia, de 29/7/1978.
50-Z-130-5.266	Panfleto "CBA 78".
50-Z-130-5.265	Carta aberta pela"Campanha pela libertação dos presos de Itamaracá".
50-Z-130-5.264	Carta de princípios e programa mínimo de ação do CBA/ SP, de 31/7/1978.
50-Z-130-5.253	Folhetim sobre Anistia do CBA/ SP, de 10/9/1978.
50-Z-130-5.250	Panfleto de apoio à greve de fome.
50-Z-130-5.249	Boletim da diretoria do DCE - Livre em apoio à greve de fome, distribuído na PUC de São Paulo, em 11/9/1978.
50-Z-130-5.242	Convocatória para o Ato Público do CBA na Câmara Municipal, dia 10/12/1978, e manifestação pelos direitos humanos.

LOCALIZAÇÃO	DOCUMENTOS SOBRE A ANISTIA
50-Z-130-5.241	Convite às entidades para participar da mesa-redonda intitulada "Profissionais de saúde: ética e torturas". Panfleto do evento, CBA/ SP, 13/12/1978.
50-Z-130-5.237	Jornal Opinião, da PUC de São Paulo, publicado em agosto de 1979.
50-Z-130-5.226	Relatório sobre o primeiro dia de atividades do I° Congresso Nacional pela Anistia, de 3/11/1978.
50-Z-130-5.225	Relatório sobre o show programado para o Congresso pela Anistia.
50-Z-130-5.220	Relatório sobre a plenária final do I° CBA (Congresso Brasileiro pela Anistia), de 5/11/1978.
50-Z-130-5.216	Relatório sobre o I° Congresso Nacional pela Anistia, 5/11/1978.
50-Z-130-5.215	Relatório sobre o Congresso Brasileiro pela anistia, de 7/11/1978.
50-Z-130-5.214	Carta convocatória para o movimento de Anistia.
50-Z-130-5.213	Carta escrita pela Comissão Brasileira de Anistia de São Paulo – CBA – sobre o Encontro Nacional de Movimentos pela Anistia, cidade de Salvador, BA.
50-Z-130-5.212	Boletim do Comitê pró-anistia geral no Brasil, de Portugal, em apoio ao I° Congresso Brasileiro pela Anistia, de 2 a 5/11/1978.
50-Z-130-5.210	Boletim em apoio ao serviço ecumênico de solidariedade.
50-Z-130-5209	Mensagem dos presos políticos de Itamaracá ao I° Congresso Brasileiro dos movimentos pela Anistia.
50-Z-130-5.208	Mensagem dirigida ao Congresso Brasileiro pela Anistia.
50-Z-130-5.207	Carta do Comitê de Solidariedade em apoio ao I° Congresso Nacional pela Anistia.
50-Z-130-5.206	Carta do Partido Trabalhista Espanhol à Eny Raymundo Moreira, presidente do Comitê Brasileiro pela Anistia, em apoio ao I° Congresso Nacional pela Anistia.
50-Z-130-5.204	Boletim do I° Congresso Brasileiro pela Anistia, realizado em Salvador, BA.
50-Z-130-5202	Folheto apreendido no I° Congresso Brasileiro pela Anistia, intitulado "Porque lutar por anistia? Avanços e conquistas".
50-Z-130-5.201	Carta das presas políticas de Pernambuco sobre o I° Congresso pela anistia no Brasil, de 5/11/1978.
50-Z-130-5.196	Carta dos Comitês de Anistia sobre o I° Congresso Brasileiro pela Anistia, de 2 a 5/11/1978.
50-Z-130-5.195	Boletim de Abertura do I° Congresso Brasileiro pela Anistia, de 2 a 5/11/1978.
50-Z-130-5.192	Boletim do movimento feminino pela anistia, Maria Quitéria, ano I, n°2, junho de 1977, contendo entrevista com o professor Euzébio Rocha.
50-Z-130-5.187	Boletim do I° Congresso Nacional pela Anistia, de 2 a 5/11/1978.
50-Z-130-5.186	Boletim do I° Congresso Brasileiro pela Anistia, sobre violação de direitos humanos, tortura e a profissão médica, apreendido na PUC de São Paulo.
50-Z-130-5.184	Boletim do I° Congresso Nacional pela Anistia, contendo lista de desaparecidos, banidos e mortos.
50-Z-130-5.181	Boletim do CBA, intitulado "Anistia: uma luta democrática".
50-Z-130-5.180	Carta aberta do Comitê Brasileiro pela Anistia do Rio de Janeiro.
50-Z-130-5.179	Carta aberta dos Comitês e Movimentos pela Anistia, de 13/10/1978.
50-Z-130-5.178	Carta aberta dos presos políticos do Rio de Janeiro sobre reforma da Lei de Segurança Nacional, de 16/10/1978.
50-C-0-5.005	Panfleto afixado nos murais da POLI, sem referência, agosto de 1977.
20-C-44-4.975	Convocatória para ato público e documento final sobre movimentos de Anistia de São Paulo, de 8/7/1979.

LOCALIZAÇÃO	DOCUMENTOS SOBRE A ANISTIA
20-C-44-4.949	Relatório sobre encontro de profissionais de saúde em que foi debatido o tema Anistia, de 23/8/1979.
20-C-44-4.917	Revista da Comissão Pró-Anistia, de Lins-São Paulo.
20-C-44-4.912	Panfleto do Sindicato dos Trabalhadores Metalúrgicos de São Paulo e Boletim pela libertação de 11 sindicatos presos.
20-C-44-4.911	Boletim intitulado "Liberdade para os presos políticos do Itamaracá".
50-Z-130-5.026	Boletim do Iº Congresso Nacional pela Anistia - Manifesto à Nação, distribuído no Congresso Nacional pela Anistia, de 5/11/1978.
50-Z-130-5.021	Resumo das resoluções do Iº Congresso Nacional pela Anistia.
50-Z-130-5.020	Boletim sobre o Iº Congresso Nacional pela Anistia, de 2 a 5/11/1978.
50-Z-130-5.019	Carta aberta do Partido Trabalhista Espanhol ao Presidente do Comitê Brasileiro pela Anistia.
20-C-44-4.893	Cartas dos presos políticos sobre a greve de fome.
20-C-44-4.892	Panfleto sobre anistia e direitos humanos.
50-Z-130-5.008	Folheto de apoio ao Congresso Nacional da Anistia, de 10/11/1978.
20-C-44-4.889	Reportagem do jornal Folha de São Paulo, intitulada "Cem exilados querem seus direitos de volta", publicada no dia 11 de novembro de 1978.
50-Z-130-5.005	Boletim do CBA de São Paulo sobre o Encontro Nacional do Movimento pela Anistia.
50-Z-130-5.002	Carta convocatória para o movimento de anistia de todo país.
20-C-44-4.859	Relatório sobre o Ato pela Anistia.
20-C-44-4.845	Carta aberta ao Congresso Nacional para reivindicação da Anistia aos presos políticos.
20-C-44-4.836	Boletim da PUC intitulado "A ditadura prende trabalhadores e os enquadra na lei de segurança nacional. Mais oito presos políticos no Brasil", de 21/8/1979.
20-C-44-4.804	Boletim da ECA da Universidade de São Paulo, intitulado "Solidariedade à greve de fome", de 16/8/1979.
20-C-44-4.802	Convocatória para o ato do dia 21/8, realizado na Praça da Sé, cidade de São Paulo.
20-C-44-4.801	Boletim do Comitê de libertação dos presos políticos de Itamaracá sobre greve de fome e ato político pela Anistia.
20-C-44-4.784	Comunicado da APROPUC sobre paralisação das atividades em apoio à greve de fome.
20-C-44-4.782	Boletim do DCE em apoio à greve de fome, de 20/8/1979.
20-C-44-4.767	Panfleto pela Anistia, s/d..
20-C-44-4.763	Relatório sobre concentração e show pela Anistia, realizado na Praça da Sé, cidade de São Paulo, SP.
20-C-44-4.752	Relatório sobre o movimento estudantil e formação do Comitê pela Anistia do curso de Letras da Universidade de São Paulo – USP, de 20/8/1979.
20-C-44-4.751	Boletim da PUC de São Paulo sobre a paralisação em repúdio ao projeto de Anistia do governo e apoio à greve de fome dos presos políticos, publicado em 20/8/1979.
20-C-44-4.750	Boletim da Semana Jurídica da PUC de São Paulo, contendo notas sobre o debate da luta pela Anistia.
20-C-44-4.743	Boletim das faculdades da Escola de Comunicação e Artes da Universidade de São Paulo - USP, intitulado "Solidariedade à greve de fome dos presos políticos", de 16/8/1979.
20-C-44-4.738	Relatório sobre concentração na Praça da Sé em apoio à greve de fome e fim da ditadura e liberdade para os presos políticos de Itamaracá, escrito em 17/8/1979.

LOCALIZAÇÃO	DOCUMENTOS SOBRE A ANISTIA
50-Z-30-4.741	Carta da Anistia Internacional pedindo informações e a libertação do preso político e estudante de geografia Antonio Carlos de Mello Pereira.
20-C-44-4.709	Relatório sobre o lançamento do livro "Anistia: semente da liberdade".
20-C-44-4.706	Livro apreendido "Semente da liberdade", de Terezinha Godoy Zerbine.
20-C-44-4.685	Relatório sobre o ato público realizado na cidade de Santos, SP, organizado pelo CBA.
20-C-44-4.639	Auto de exibição e apreensão dos acusados por afixarem cartazes em muros e postes contendo folheto de convocação para passeata, a ser realizada na Praça da Sé; abaixo assinado pela anistia; convocatória do Comitê Brasileiro de Anistia – CBA, de São Paulo; relatório policial Piracicaba sobre CBA instalado na mesma cidade.
20-C-44-4.638	Convocatória para participação do Ato Público pela libertação dos presos políticos de Itamaracá e pela "Anistia ampla, geral e irrestrita".
20-C-44-4.636	Carta aberta ao Congresso Nacional escrita pelos presos políticos do Barro Branco.
21-Z-14-4.581	Relatório sobre o evento realizado no Teatro Ruth Escobar, reivindicando a anistia geral aos presos políticos, em 11/4/78.
20-C-44-4.568	Relatório sobre a manifestação pela Anistia, s/d..
20-C-44-4.567	Relatório sobre o ato público pela Anistia, realizado no largo São Francisco, cidade de São Paulo, no dia 11 de agosto de 1979.
20-C-44-4.560	Folheto intitulado "Por que queremos uma anistia, ampla, geral e irrestrita?".
21-Z-14-4.509	Relatório sobre os debates e conferências promovidas pelo Instituto de Estudos Políticos, Econômicos e Sociais (IEPES) do MDB da cidade de Ribeirão Preto, de 30/3/1978.
50-C-22-4.422	Declaração do estudante José Welmowicki a favor da anistia geral para todos os presos políticos.
50-Z-130-4.231	Boletim sobre o debate realizado na Faculdade de Medicina da Universidade de São Paulo pela reintegração dos professores cassados, de 23/10/1978.
50-H-84-4.159	Auto de qualificação e interrogatório sobre frases pichadas em bancos com os dizeres "Anistia ampla e irrestrita para o povo brasileiro", Minas Gerais.
50-H-84-4.155	Cartazes apreendidos, intitulados "Anistia ampla e irrestrita para o povo...".
20-C-44-3.790	Boletim Anistia, elaborado pelo CBA da cidade de Bauru, SP, em 28/6/1979.
20-C-44-3.781	Relatório sobre o movimento pela Anistia na Universidade de São Paulo - USP, de 5/7/1979.
20-C-44-3.743	Panfleto de divulgação do Ato Público pela Anistia.
20-C-44-3.742	Boletim do Comitê pela libertação dos presos políticos de Itamaracá.
20-C-44-3.709	Panfleto de divulgação do Ato Público, a ser realizado no teatro TUCA da cidade de São Paulo, pela libertação dos presos políticos de Itamaracá.
20-C-44-3.699	Panfleto comemorativo do Dia Nacional de Luta pela Anistia.
20-C-44-3.659	Panfleto de apelo à população pela liberdade para os presos políticos do Itamaracá.
50-Z-261-2.779	Artigo publicado no jornal O Diário de Piracicaba, intitulado "Anistia na voz de Clarice Herzog".
20-C-44-2.461	Folheto do Comitê Brasileiro pela Anistia, localizado na Baixada Santista, 1979.
20-C-44-2.354	Folheto do Comitê Brasileiro pela Anistia, intitulado "Anistia, uma luta de todos nós!".
50-Z-130-2.445	Relatório referente à distribuição de convites para noite de autógrafos do livro "Anistia: semente da liberdade" de autoria de Terezinha Godoy Zerbine, 23/8/1979.
50-G-2-2.130	Reportagem do jornal O Estado de São Paulo, intitulado "Na Cúria Enviada da Anistia", s/d..

LOCALIZAÇÃO	DOCUMENTOS SOBRE A ANISTIA
50-Z-98-2.207	Reportagem publicada no jornal Diário de Notícias, de Porto Alegre, RS, intitulada "Anistia Ampla e generosa", de 4/10/1975.
50-E-3-1.673	Relatório da Anistia Internacional, contendo notícias chegadas às redações de jornais.
50-J-152-1.455	Reportagem do Jornal do Brasil, intitulado "Movimento em São Paulo reúne 600 por Partido Socialista", publicado em 20/3/1978.
50-J-152-1.418	Reportagem do jornal O Estado de São Paulo, intitulada "Anistia Internacional ganha Nobel da Paz de 1977", publicada em 11/10/1977.
50-Z-71-1.229	Reportagem do Jornal do Brasil, intitulado "Delegada da Anistia não vê os presos", publicado em 22/03/1978.
50-Z-71-1.227	Reportagem do jornal Notícias Populares, intitulado "Anistia Internacional já chegou a Curitiba", s/d..
50-C-0-1.111	Relatório de investigação sobre o campus Universidade de São Paulo – USP, mais especificamente sobre o movimento pela Anistia ocorrido na Faculdade de História e Geografia.
30-B-38-979	Boletim da Comissão pelo Ato Nacional dos Jornalistas, reivindicando anistia aos presos e exilados políticos.
30-B-38-924	Folheto do Movimento Feminino pela Anistia.
30-C-1-22-846	Boletim de reivindicação pela construção de um comitê contra a repressão e a tortura na América Latina.
50-G-2-651	Boletim da Anistia Internacional sobre o Arcebispo de São Paulo.
50-A-14-501	Informação sobre a libertação de todos os presos políticos, noticiado pela BBC de Londres, Inglaterra.
50-L-0-198	Reportagem do Jornal da Tarde, intitulado "Anistia: a visita de Hammarberg ao Brasil", de 14/11/1977.
50-L-0-197	Reportagem do jornal O Estado de São Paulo, intitulado "Anistia: Brasil tem 213 presos políticos", publicada em 15/11/1977.
50-L-0-196	Reportagem do jornal Última Hora, intitulado "Café na cama – O homem da Anistia", de 16/11/1977.
50-L-0-195	Reportagem do Jornal da Tarde, intitulada "Anistia Internacional quer abrir um escritório no Brasil", publicada em 12/11/1977.
50-K-118-304	Artigo escrito por Nelson de Melo para o jornal O Estado de São Paulo, intitulado "Anistia a todos – menos para os terroristas", s/d.
50-E-15-45	Reportagem do jornal O Estado de São Paulo, intitulada "A Anistia inicia ano de ação pelos presos políticos", s/d.
50-E-15-41	Reportagem do jornal O Estado de São Paulo, intitulada "A Anistia Internacional é parcial", publicada em 14/12/1975.
50-K-118-135	Reportagem de jornal O Estado de São Paulo, intitulado "Anistia divulga lista de 39 desaparecidos", publicado em 5/11/1978.
21-Z-14-5635 a 5637	Relatório sobre a Semana da Anistia, realizada na cidade de Sorocaba, SP.
50-E-10 (seq. 10 a 12)	Relatório sobre o presidente da Anistia Internacional, Thomas Hammarberg, em visita a Brasília e fotografia, de 15/11/1977.
50-Z-0-14.854/ 14.855	Boletim do Iº Congresso Brasileiro pela Anistia, da PUC de São Paulo, de 3/11/1978.
50-Z-0-14.814/ 14.831	Boletim do Iº Congresso Brasileiro pela Anistia, da CBA de São Paulo, de 2 a 5/11/1978.
50-E-10 (seq. 9)	Carta aberta da Amnesty International, proveniente da Suíça, enviada ao DEOPS de São Paulo.

LOCALIZAÇÃO	DOCUMENTOS SOBRE A ANISTIA
50-Z-0-14.407 a 14.409	Carta dirigida ao Almirante Hélio Leite sobre o movimento pela Anistia de São Paulo.
50-Z-0-14.376 a 14.380	Relatório da 3ª reunião do Comitê de Anistia, realizada na cidade de São Paulo.
50-L-0-190 a 195	Relatório referente a Thomaz Hammarberg, membro da Amnesty Internacional.
50-E-10 (seq. 5)	Carta aberta da Anistia Internacional, dos Estados Unidos, enviado ao DEOPS de São Paulo.
50-Z-9-43.852/ 43.856	Relação dos réus anistiados, de 17 de setembro de 1980.
20-C-44-28.777/ 28.778	Relatório sobre o lançamento do livro "Anistia", de 26/1/1983.
20-C-44-4848/ 4849	Jornal O Trabalho, contendo artigo intitulado "Luta pela anistia ampla, geral e irrestrita", s/d.
20-C-44-4759/ 4760	Informe do DEOPS sobre o show pela anistia, realizado no S.C.Corinthians Paulista.
20-C-44-4672/ 4673	Boletim do Diretório Central dos Estudantes sobre Anistia.
20-C-44-4.753 a 4.755	Relatório do DEOPS sobre o ato público em prol da anistia, realizado na cidade de Santos, SP.
20-C-44-4635 e 4635a	Boletim e folheto do CBA, das cidades de Santo André, São Bernardo do Campo, São Caetano e São Paulo, sobre as limitações da Lei de Anistia.
50-E-15-36/ 37	Carta do membro da Anistia Internacional ao DEOPS, solicitando informações a respeito de cinco professores desaparecidos.
20-C-44-4827 a 4.828	Programação da Semana Jurídica da PUC de São Paulo.
20-C-44-3793 a 3794	Relatório sobre o CBA, da cidade de Bauru, de 5/7/1979.
20-C-44-4577 a 4578	Carta aberta reivindicando "Anistia irrestrita e liberdades democráticas", publicada no jornal Causa Operária, de 8/8/1979.
20-C-44-3760 a 3762	Folheto "Liberdade para os presos políticos de Itamaracá".
20-C-44-27.759 a 27.762	Relatório sobre o XI Congresso da UCBC (União Cristã Brasileira de Comunicação Social), realizado na PUC de São Paulo.
30-B-38-1.001/ 1002	Cartas escritas pelos membros da Anistia Internacional sobre o preso político Renato Tapajós.
20-C-44-4850 a 4.858	Relatório detalhado sobre o ato público pela Anistia, realizado na Praça da Sé, cidade de São Paulo, SP.
20-C-44-28.764 a 28.772	Relatório sobre II Encontro Ecumênico dos Direitos Humanos no Brasil, promovido pela Anistia Internacional da Seção do Rio de Janeiro.
50-C-22-10.871 a 10.873	Relatório sobre a participação do movimento estudantil no ato público realizado na cidade de Campinas, SP, reivindicando a anistia ampla, geral e irrestrita.
50-K-119-91	Reportagem do Jornal do Brasil, intitulada "Anistiado é intimado a dizer como Theodomiro escapou", de 17/9/1979.
50-K-119-90	Reportagem do Jornal do Brasil, intitulada "Exilados voltam com festa e lembram os que ficaram no exterior sem anistia", de 15/9/1979.
50-Z-30-5.514/ 5.515	Carta escrita pelo membro da Anistia Internacional do Canadá, solicitando informações a respeito do caso João Massena Macera Melo, ex-deputado estadual.

LOCALIZAÇÃO	DOCUMENTOS SOBRE A ANISTIA
50-K-119-89	Reportagem do Jornal do Brasil, intitulada "Prestes decide voltar ao país mesmo com anistia parcial. Partido Comunista insiste na ampla e irrestrita", publicada em 24/7/1979.
50-K-119-84	Reportagem publicada no Jornal do Brasil sobre o livro "Anistia: semente da liberdade", escrito por Terezinha Zerbine, de 16/8/1979.
50-Z-71-1210 a 1211	Ficha de Terezinha de Godoy Zerbine, elaborada pelo DOPS do estado do Paraná.
50-Z-71-1217 a 1219	Histórico político e social de Terezinha Zerbine.
50-J-1522-1.419	Reportagem do Jornal do Brasil, intitulado "Premio Nobel a Anistia Internacional", s/d.
50-Z-130-5182/ 5183	Boletim do Comitê Brasileiro pela Anistia, da cidade do Rio de Janeiro, sobre o I° Congresso Nacional pela Anistia, realizado na PUC da cidade de São Paulo, de 3/11/1978.
50-Z-130-5000/ 5001	Boletim do CBA de Sao Paulo, sobre o Encontro Nacional do Movimento pela Anistia, realizado na cidade de Salvador, BA, em 9/9/1978.
50-Z-130-5218 a 5219	Relato sobre o I° Congresso Nacional pela Anistia.
50-Z-130-5251 a 5252	Carta aberta dos grevistas de fome à população.
50-Z-130-5010 a 5012	Boletim do I° Congresso Brasileiro pela Anistia, de 2 a 5/11/1978.
50-Z-130-5221 a 5223	Relatório sobre sessão de debates do Congresso Brasileiro pela Anistia, de 4/11/1978.
50-Z-130-5227 a 5229	Relatório sobre o I° Congresso Brasileiro pela Anistia, de 2/11/1978.
50-Z-130-5006 e 5009	Boletim do CBA, do estado de Minas Gerais, intitulado "Subsídios para discussão sobre quem são os terroristas no Brasil. Luta pela anistia", de novembro de 1978.
50-Z-130-5230 a 5236	Relatório sobre o Congresso Nacional pela Anistia, realizado no TUCA, PUC de São Paulo, de 2/11/1978.
50-C-1329.	Relatório sobre o Ato Público pela Anistia dos Presos Políticos, realizado no campus da PUC de São Paulo, de 3/5/1977.
50-Z-130-5013 a 5017 e 5027	Boletim do I° Congresso Brasileiro pela Anistia.
30-Z160-12.499	Panfleto da Anistia Internacional, sediada em Londres, Inglaterra.
50-Z-0-14-856 a 14.862	Boletim do CBA, contendo pesquisa sobre a Anistia.

Grupo: Delegacia Especializada de Ordem Social

Descrição: a Delegacia de Ordem Social era responsável por investigar movimentos sociais, como greves, campanhas contra a carestia, além de fiscalizar a ação dos sindicatos e dos trabalhadores organizados, produzindo inquéritos, relatórios e prontuários de presos.

Outras atividades mais específicas também faziam parte da rotina de trabalho da Delegacia de Ordem Social, sendo elas: proceder à prevenção e à repressão aos delitos contra a Ordem Social; despachar os pedidos de autorização para a realização de assembleias em sindicatos e sociedades; examinar para remessa à Justiça os inquéritos referentes à Ordem Social, instaurados pelas Delegacias do Interior, processando neles as revisões necessárias, determinando o preenchimento das lacunas existentes pelas autoridades processantes (dos municípios de origem); organizar escalas especiais para o policiamento de reuniões, manifestações públicas de natureza de Ordem Social e datas comemorativas que costumam ser festejadas por organizações ou partidos de orientação subversiva da Ordem Social, no sentido de impedi-las; enviar diariamente ao Serviço Secreto um relatório das investigações feitas e dos fatos principais que possam interessar ao governador do Estado, relativo à Ordem Social, tais como greves eclodidas, comícios relâmpagos, prisões em flagrantes etc.; policiar pontos de embarque e desembarque de transportes públicos no sentido de deter elementos suspeitos, prevenir sabotagens etc.; organizar cadastro de elementos que se orientam por credos ou ideologias contrárias ao regime democrático ou à ordem social vigente, incluindo um índice para as buscas de urgências; anotar nas fichas de cadastro todas as atividades dos elementos referidos, inclusive os processos e prisões que sofreram; encaminhar ao Serviço Especial de Vigilância (SEV) os elementos referidos que forem estrangeiros para o necessário processo de expulsão do território nacional; apresentar, no fim de cada decênio, ao senhor diretor do DOPS, um relatório de todos os trabalhos executados pela delegacia especializada. Secretaria de Estado dos Negócios da Segurança Pública/ Ver: Departamento de Ordem Política e Social. Resumo histórico do Dops. São Paulo: Tipografia do Departamento de Investigações, 1953, p. 17-33.

SÉRIES	DATAS-LIMITE	LOCALIZAÇÃO
Dossiê Anistia	1978-1979	OS 0006/ OS 0007
Dossiê Comitê da Baixada Santista Pró-Anistia (doc.1); reunião da executiva regional do Comitê Brasileiro Pró-Anistia, 08/10/79 (doc.2).	1978-1979	OS 1063
Dossiê Comitê Brasileiro pela Anistia - Iº Encontro Regional Sul das Entidades de Anistia (doc.1B).	1979-1980	OS 1095
Dossiê Anistia e Denúncia - Denúncia completa elaborada pelos condenados com a colaboração do advogado Luiz Eduardo Greenhalgh - Relação dos condenados com as respectivas penas (doc.15); "Terroristas Condenados Excluídos da Lei de Anistia" (doc.21).	1978-1979	OS 1116
Dossiê do Comitê Municipal pela Anistia em São José dos Campos.	1978	OS 1181

Grupo: Delegacia Especializada de Ordem Política

Descrição: as Delegacias Especializadas de Ordem Política e de Ordem Social foram as que tiveram maior atuação e destaque dentro do DEOPS. Apesar de sua separação a partir de 1945, possuíam competências muito semelhantes, o que as levava a atuarem paralelamente ou em conjunto em muitos casos.

Entretanto, as questões políticas ficavam a cargo da Delegacia Especializada de Ordem Política. Além de acompanhar comícios e eleições, esse setor ainda fornecia informações sobre a situação política nas cidades do interior, dos partidos políticos, personalidades e cargos. Nesse acervo, encontram-se dossiês, contendo recortes de jornais, relatórios e inquéritos que, por sua vez, também possuem duplicatas arquivadas na série prontuários. A partir da década de 1960, com a demanda crescente do aparelho repressivo militar, essa delegacia ampliou suas atribuições, passando a investigar as ações dos movimentos estudantis e das organizações clandestinas.

SÉRIES	DATAS-LIMITE	LOCALIZAÇÃO
Dossiê Anistia, contendo recortes dos jornais do "O Estado de São Paulo" e "Folha de São Paulo".	1977-1982	OP 0610
Dossiê Comitê 1º de maio pela anistia e dossiê do Comitê de Defesa dos Presos Políticos - C.D.P.P.	s/d.	OP 1601
Dossiê Anistia Internacional	1977-1982	OP 0612
Dossiê Anistiados	1979-1982	OP 0613

DOCUMENTAÇÃO SOBRE ANISTIA DA HEMEROTECA

O levantamento a seguir é parcial e não representa a totalidade de fontes a respeito do tema "Anistia" existentes no acervo de hemeroteca do Arquivo Público do Estado. Serve, no entanto, de guia para a condução inicial de pesquisas que tratam do assunto.

Coleção: Jornais

Descrição: O Arquivo Público do Estado guarda uma grande coleção de jornais que datam do século XIX aos dias atuais, totalizando mais de 200 títulos. Alguns destes títulos apresentam significativa cobertura do tema da anistia, como se vê a seguir:

A GAZETA

DATA	TÍTULO DA MATÉRIA
13/8/1979	"Anistia: semana poderá ser decisiva"
13/8/1979	"Governo inicia hoje o exame das 305 emendas que foram apresentadas ao seu projeto de anistia"; "Trabalhadores pedem anistia ampla, geral e irrestrita" – p.3
22/8/1979	"Congresso rejeita a anistia ampla" – p.3
22/8/1979	"Congresso Nacional rejeita substitutivo do MDB por uma anistia, geral, ampla e irrestrita por 209 x 195" – p.3

DIÁRIO POPULAR

DATA	TÍTULO DA MATÉRIA
1/7/1979	"Brossard não vê relação entre a anistia e extinção de partidos"; "Estima-se em 195 o número dos que deixarão de ser anistiados" – p.4
1/7/1979	"Waldheim convida 60 países para discutir problema dos refugiados"; "Argentina liberta 190 presos políticos" – p.6
4/7/1979	"Anistia Internacional da Finlândia aprecia o projeto de anistia" – p.4
4/7/1979	"Freitas Nobres analisa o projeto de anistia do chefe do Governo"; "Oposicionistas preparam um substitutivo ao projeto de anistia" – p.4
7/7/1979	"Tancredo Neves elogia projeto de anistia de iniciativa do Governo"; "Arena não aceitará qualquer emenda ao projeto de anistia" – p.4
8/7/1979	"Vilela colhe dados para Comissão que examina o projeto de anistia" – p.4
9/7/1979	"Condenado à morte quer que Teotônio Vilela ouça presos políticos" – p.4

DATA	TÍTULO DA MATÉRIA
9/7/1979	"Argentina liberta seis sindicalistas" – p.5
10/7/1979	"Teotônio Vilela foi a Barro Branco conversar com presos sobre anistia"; "Preso político é solto após cumprir pena ao lado de presos comuns" – p.4
11/7/1979	"Teotônio não ouviu magistrado"
11/7/1979	"Juiz auditor pede ao STM que esclareça funções de Teotônio"; "Dom Paulo Arns pensa que os torturadores não merecem anistia" – p.4
12/7/1979	"Violência e anistia" – p.10
14/7/1979	"Exilado volta e fica surpreso" – p.6
15/7/1979	"Não há condições favoráveis para retorno dos cientistas"; "Advogado anuncia pressões sobre a refugiada uruguaia" – p.6
16/7/1979	"Readmitidos funcionários dispensados"
16/7/1979	"Superintendente do Hospital do Servidor readmite funcionários"; "Paulo Egydio defende a legalização do PC. O Coronel Erasmo discorda" – p.3
16/7/1979	"O bispo Dom Angélico defende a legalização do Partido Comunista" – p.4
18/7/1979	"Marchezan não vê sentido em se resolver caos ocorrido no passado" – p.4
20/7/1979	"Aureliano admite que emendas ao projeto de anistia sejam aceitas"; "Hugo de Abreu declara ser favorável a uma anistia total" – p.4
20/7/1979	"Anistia com conciliação"; "Exilado volta após 6 anos" – p.6
21/7/1979	"Teotônio Vilela visita a única presa política em São Paulo"; "Mandados de prisão contra Arraes e Francisco Julião" – p.4
22/7/1979	"Sala: SBPC contribuiu para abertura política"
23/7/1979	"Teotônio responde ao ministro da justiça e fala sobre anistia"; "Deputado do MDB disposto a debater com militares o projeto de anistia"; "Militares punidos pela Revolução analisam o projeto de anistia" – p.4
23/7/1979	"Anistia: Freire quer volta dos militares ao serviço ativo" – p.7
24/7/1979	"Freitas Nobre visita presos políticos em greve de fome no Rio" – p.4
26/7/1979	"Dom Paulo Evaristo não pôde ver presos políticos" – p.5
26/7/1979	(Portugal) "Esquerda aprova anistia militar" – p.7
28/7/1979	"Marco Maciel diz ser inócua a greve de fome dos presos políticos" – p.4
29/7/1979	"Música e anistia na Casa de Detenção" – p.7
31/7/1979	"Anistia volta a ser um problema" – p.6
01/8/1979	"Continua a greve de fome dos presos políticos do Rio e de Pernambuco" – p.4
02/8/1979	"Teotônio Vilela vai convocar entidades para falarem sobre a anistia" – p.4
03/8/1979	"Instalada a Comissão de Anistia"
04/8/1979	"Falta de número impede discussão do projeto da anistia" - p.4
05/8/1979	"Oposição apresentará substitutivo ao projeto de anistia do Governo" – p.4
06/8/1979	"Visita a presos políticos em greve" – p.19
08/8/1979	"Anistia: oposição apresenta amanhã substitutivo ao projeto do Governo" – p.4
08/8/1979	"Suarez no Congresso critica anistia para os crimes de sangue" – p.6

DATA	TÍTULO DA MATÉRIA
08/8/1979	"SBPC quer modificar o projeto de anistia" – p.15
09/8/1979	"Anistia: governo admite aperfeiçoamento do projeto no Congresso" – p.4
09/8/1979	"O MDB deverá votar pela anistia" – p.6
09/8/1979	"Suarez em São Paulo, desmentindo o que falou da anistia" – p.12
10/8/1979	"Anistia: oposição quer presença de Portella na Comissão do Congresso" – p.4
12/8/1979	"Estudantes e emedebistas em ato pela anistia ampla" – p.4
12/8/1979	"Visita de D. Hélder a presos políticos" – p.17
13/8/1979	"Teotônio Vilela diz que projeto de anistia não passa de engodo"; "Governo começa hoje a decidir sobre emendas ao projeto de anistia" – p.4
15/8/1979	"Ainda em setembro, depois da anistia, reformulação partidária" – p.4
16/8/1979	"Governo admitiria pequena modificação no projeto de anistia" – p.4
17/8/1979	"Anistia: comissão inicia debate do substitutivo Ernany Satyro" – p.4
18/8/1979	"Sarney garante que ARENA estará unida no projeto de anistia" – p.4
18/8/1979	"É esta a situação dos presos políticos em greve de fome" – p.15
18/8/1979	"Ampliação da anistia" – p.20
19/8/1979	"Suspensas as visitas aos presos políticos do Barro Branco" – p.4
20/8/1979	"ARENA fechará questão para aprovar o substitutivo ao projeto de anistia"; "Permitido ontem só a parentes visita aos presos políticos" – p.4
21/8/1979	"Repercute a fuga do terrorista" - p.4
21/8/1979	"Congresso inicia hoje discussão da anistia que será votada amanhã" – p.4
21/8/1979	"Theodomiro já deve estar fora do País" – p.7
21/8/1979	"Anistia: na USP aulas de protesto" – p.11
22/8/1979	"Congresso vota hoje a anistia"
22/8/1979	"Congresso vota hoje projeto da anistia discutido em clima tenso"; "Brizola regressa dia 6 de setembro via Paraguai"; "Governo diz que propôs a anistia possível" – p.4
22/8/1979	"Mulher de Theodomiro não acredita em sua fuga para o Exterior" – p.10
23/8/1979	"Anistia. Congresso aprovou projeto que o Governo queria"
23/8/1979	"Congresso aprova anistia, na forma proposta pelo Governo"; "O substitutivo aprovado"; "Críticas e aplausos na Câmara Municipal"; "Deputados estaduais do MDB, com exceção de Sala, criticam decisão" – p.4
23/8/1979	"Anistia e suas frustrações" – p.8
24/8/1979	"Após a anistia, indulto"
24/8/1979	"Figueiredo quer conceder indulto, mas com exame de caso por caso"; "Repercussões da aprovação do projeto de anistia"; "Preparativos para a recepção a Brizola" – p.4
24/8/1979	"Presos políticos encerram greve de fome"; "Nenhuma pista surgiu ainda sobre a fuga de Theodomiro" – p.6
24/8/1979	"Exilado chegou e foi para o DOPS: condenado a 20 anos" – p.8
25/8/1979	"Prosseguem as críticas da Oposição à aprovação do projeto de anistia"; "Oposição prepara recepções a Brizola e Arraes" – p.4
26/8/1979	"Veto no projeto de anistia"

DATA	TÍTULO DA MATÉRIA
26/8/1979	"Figueiredo vetaria parcialmente anistia aprovada pelo Congresso" – p.4
27/8/1979	"Figueiredo deverá sancionar hoje sem solenidade a lei da anistia" – p.4
28/8/1979	"Marinho garante que anistia não trouxe desgaste ao Governo"; "Imediata libertação de presos beneficiados pela anistia" – p.4
29/8/1979	"Anistia já é lei"
29/8/1979	"Figueiredo sanciona projeto de anistia com veto parcial" – p.4
30/8/1979	"A marcha da anistia no Brasil"
30/8/1979	"Alguns presos políticos poderão ser soltos hoje" – p.4
30/8/1979	"Presidente da CM de Porto Alegre reempossa vereadores cassados"; "Exilado regressa criticando regime"; "Anistia a funcionários municipais punidos por participarem de greve" – p.4
30/8/1979	"Anistia: juizes começaram a expedir alvarás de soltura" – p.22
31/8/1979	"38 foram anistiados ontem"
31/8/1979	"Governo não tem esquema especial para a volta dos exilados políticos"; "Prestes e outros exilados políticos já podem voltar"; "Mantido veto à anistia a servidores que fizeram greve" – p.4
31/8/1979	"Os 326 anistiados" ; "Ontem, em São Paulo, o Superior Tribunal Militar soltou 38"; "O benefício também atingiu Edval Nunes da Silva, o Cajá"; "Quase todos os vôos trazem os anistiados"; "Ninguém incendiará este País – eu garanto – palavras do ministro do Exército em entrevista concedida ontem"; "No Rio, 3ª Auditoria também anistia Leonel Brizola"; "Délio Jardim pede união e deputado ataca Brizola"– p.20

DIÁRIO DE SÃO PAULO

DATA	TÍTULO DA MATÉRIA
1/6/1979	"Projeto de anistia ainda sem definição"
1/6/1979	"Servidores ficaram a salvo: anistia virá protegê-los" – p.4
1/6/1979	"Anistia reúne-se, no fim do mês, em Roma" – p.6
1/6/1979	"Publicado na Argentina apelo por desaparecidos" – p.7
2/6/1979	"Os limites da anistia do Governo" – p.6
2/6/1979	"Time do MDB só joga no Torto se sair a anistia"; "Itamar quer convocar Portella" – p.7
3/6/1979	"Familiares de presos criticam ação das auditorias paulistas" – p.6
5/6/1979	"Anistia pronta 2ª feira"
5/6/1979	"Os convidados para o Congresso pró-anistia" – p.2
5/6/1979	"MDB e Arena acabam mesmo. Projeto da Nova Lei Orgânica dos Partidos vai ao Congresso em agosto"; "Itamar perde e Petrônio não mais será convocado" – p.5
5/6/1979	"Anistia, doutrina de consciência para Ruy Barbosa" – p.6
5/6/1979	"Dom Eugênio quer anistia sem demagogia" – p.7
6/6/1979	Charge – p.2
6/6/1979	"Fon confirma torturas e dá os nomes"; "Aparecido Galdino: depois de sete anos, a liberdade" – p.4
6/6/1979	"Eu fui preso no Congresso de Ibiúna"; "Um estudante no exílio" – p.5
7/6/1979	"Os retornados"

DATA	TÍTULO DA MATÉRIA
7/6/1979	"Anistia ou adjetivo restritivo?" – p.2
7/6/1979	"Alves Corrêa, chefe do EMFA. Matogrossense é favorável ao pluripartidarismo"; "D. Avelar defende concessão de anistia total e irrestrita" – p.5
7/6/1979	"Galdino: a liberdade, afinal 'Sinto-e cansado. Mas não pretendo exigir reparações tardias'"; "Ibrahim: trabalhadores nunca deixaram a luta" – p.6
8/6/1979	"Metalúrgica propõe anistia irrestrita e recebe aplausos"; "Após oito anos no exílio, regressa ao País, Valéria Pinho"; "Arenista faz defesa de anistia ampla na Câmara" – p.6
9/6/1979	"Anistia: Ulysses responde"; "Projeto no Congresso dia 15"
9/6/1979	"Uma anistia sem restrições" – p.2
9/6/1979	"Temores pelo regresso de Leonel Brizola" – p.5
9/6/1979	"Ulysses rebate arenistas. Anistia parcial não traz esquecimento, diz o presidente do MDB"; "CBA e MFA fazem concentração pelos mineiros desaparecidos" – p.7
10/6/1979	"Anistia vai amanhã a Figueiredo"
10/6/1979	"Antigo padre clama por anistia"
10/6/1979	"Para D. Agnello, terroristas não devem ter anistia" – p.6
12/6/1979	"Brizola perde a paciência. Cansado de esperar anistia, quer voltar de qualquer jeito"
12/6/1979	"Anistia em forma quase concreta" – p.3
12/6/1979	"Em Brodosqui, bispos fazem apelo à anistia"; "Anistia precisa beneficiar ex-militares da Aeronaútica" – p.4
12/6/1979	"Brizola ameaça voltar já. Diz que sua paciência está se esgotando diante das protelações" – p.5
12/6/1979	"Vamos desarmar os espíritos. Esta a palavra de ordem de Délio Mattos, numa alusão à anistia" – p.6
13/6/1979	"Ulysses não polemizará com Brizola"
13/6/1979	"Anistia é de nossa índole (Arena)" – p.2
13/6/1979	"Brizola pôs muita lenha na fogueira"; "Representação pede apuração de assassínio"; "Justiça e Paz procura os desaparecidos" – p.5
13/6/1979	"Ulysses poupou Brizola. Não fez comentário" – p.6
13/6/1979	"Anistia não pode incluir terroristas" – p.7
14/6/1979	"Quem pegou em armas, mesmo sem matar, estará excluído"; "A nova Lei Orgânica já tem as suas linhas estruturadas" – p.5
16/6/1979	"Figueiredo vai ouvir o CSN sobre a anistia. A medida faz parte do ritual legal para encaminhamento da matéria ao Congresso"
16/6/1979	"O que estão dizendo de Brizola em Brasília"; "Anistia e impunidade" – p.2
16/6/1979	"Na anistia, o fim da Arena e do MDB"; "Conselho recebe, segunda-feira, projeto de anistia" – p.3
16/6/1979	"Voltei a viúva de Lamarca, depois de ter passado dez anos em Cuba" – p.7
17/6/1979	"Quem financiou Leonel Brizola?"; "Como ficará o MDB depois da anistia?" – p.2
17/6/1979	"Anistia: atraso foi provocado por detalhismo" – p.6
19/6/1979	"Anistia vai chegar ao Congresso dia 27. Portella garante que ela é mais ampla do que se espera"
19/6/1979	"Corruptos ficarão fora da anistia"; "Anistia e censura" – p.2
19/6/1979	"Em Brizola, dois seres em conflito" – p.3

DATA	TÍTULO DA MATÉRIA
19/6/1979	"Alcançaremos os objetivos da anistia?"; "A anistia já está pronta. O Conselho de Segurança está convocado para o seu exame, dia 27"; "Os que voltarem antes serão recebidos com rigor, pela lei" – p.5
19/6/1979	"Partidos livres e povo organizado. Esta a bandeira de Brizola, que pretende lutar pelos marginalizados" – p.6
20/6/1979	"Farhat acha que Brizola deve esperar"
20/6/1979	"A psicologia em forma de anistia" – p.3
20/6/1979	"Anistia: ponto final ainda não foi decretado" – p.5
20/6/1979	"Ex-presidente da UNE não se beneficiará"; "Punições serão revistas. MEC reestruturará situação de professores atingidos pelo arbítrio"; "Zerbini aprova medida 'É hora de conciliaçaõ'"; "Castro Lima não vai procurar cientistas"; "La Roque lamenta restrições impostas" – p.6
21/6/1979	"Forças Armadas repudiam manifestações de Brizola. Exército e Marinha emitem comunicado e Aeronáutica se manifesta"; "Ulysses admite que MDB poderá ter sua anistia"
21/6/1979	"Mais críticas a Leonel Brizola"; "General condena a ressurreição da UNE" – p.2
21/6/1979	"Ministros militares reagem. E relembram Brizola como insuflador da subversão antes de 64"; "Ex-punida recebe homenagens" - p.5
21/06/1979	"Governo quer anistia. Nem mesmo as declarações de Brizola vão interferir"; "Se participasse, STF agiria como ditador"; "Será difícil fazer emendas, diz líder" – p.6
22/6/1979	"Revisão de punições a professores vem como projeto de anistia" – p.13
22/6/1979	"Salário antes, anistia depois. Nova política salarial do Governo quase pronta para ir ao Congresso"; "Portella: manifestos não afetam a anistia"
22/6/1979	"Vereadores preparam debate sobre anistia" – p.2
22/6/1979	"Portella: anistia não sofrerá modificação" – p.3
22/6/1979	"Físicos querem recuperação de cargos perdidos" – p.6
23/6/1979	"Anistia: Figueiredo fala 2ª"
23/6/1979	"A atmosfera que espera por Brizola" – p.3
23/6/1979	"Conferência pela anistia no Brasil" – p.4
23/6/1979	"Anistia pode ser ampliada. Governo estuda a possibilidade de admitir emendas ao projeto" – p.5
24/6/1979	"Anistia: a luz no fim do túnel"
24/6/1979	"MDB insistirá na anistia irrestrita" – p.2
24/6/1979	"Herança de 15 anos" – "De Prestes a Alencar Furtado. Existem, ainda, 844 cidades que não completaram os dez anos de silêncio a que foram condenadas" – p.3
24/6/1979	(continuação) "Herança de 15 anos" – "Apesar do radicalismo, Médici cassou menos"; " A maioria já purgou os efeitos do ato. E aguarda a anistia" – p.4
24/6/1979	(continuação) "Herança de 15 anos" - "O período de Castelo a Medici foi o mais duro, com maior número de punições" – p.5
24/6/1979	(continuação) "Herança de 15 anos" – "O caminho da anistia está aberto. Conduzirá para a pacificação?" – p.6
26/6/1979	"100 pessoas excluídas da anistia"
26/6/1979	"Apelo em favor da anistia" – p.2
26/6/1979	"Figueiredo interpelado. Familiares querem saber dos guerrilheiros mortos"; "Projeto de anistia ganha hoje a forma definitiva"; "A oposição aceita, mas ainda quer a ampliação" – p.4

DATA	TÍTULO DA MATÉRIA
26/6/1979	"Cem pessoas, aproximadamente, não serão beneficiadas pela anistia, nos termos de que se tem conhecimento, a ser proposta ao Congresso pelo presidente Figueiredo. Esse contingente é basicamente formado pelos integrantes da chamada Esquerda Armada. Estas pessoas ficarão na dependência do julgamento dos seus casos, na Justiça. A espera da saída jurídica. O governo poderá pagar um elevado preço político por essas exclusões" – p.6
27/6/1979	"Sumiu o projeto de anistia. Dor de cabeça para Portella, um dia antes da festa"
27/6/1979	"Virgilio foi ver a anistia de perto" – p.2
27/6/1979	"Figueiredo, o introdutor da nova era"; "Tenso, Portella grita: o projeto foi roubado"; "Provas foram obtidas com torturas, denuncia Dallari" – p.4
27/6/1979	"Anistia, hoje, no Congresso. Mensagem será assinada à tarde, na presença de 300 convidados"; "Parlamentares criticam o benefício"; "O reencontro de irmãos" – p.5
28/6/1979	"Figueiredo cumpre a palavra. Quando candidato prometeu a anistia, e ela aí está"
28/6/1979	"Anistia responsável" – p.2
28/6/1979	"João Figueiredo: 'o dia mais feliz da minha vida'. Depois de 15 anos, a paz, afinal"; 'Eu disse, Guilherme, que iria cumprir o que prometi'; "Três de setembro será o prazo fatal de análise" – p.3
28/6/1979	"Veio na hora certa para reconstruir. Foi unilateral e muito mais abrangente que a do MDB"; "Enfim, o começo da reconciliação" – p.4
28/6/1979	"Meditei sobre as exclusões. Conheço esse sofrimento.Tenho, porém, a consciência tranqüila"; "Porque o ideário da Revolução de 64 continua vivo"; "Os presentes concordaram, foi um ato generoso e histórico"; "Ulysses: o texto é restritivo. E nós vamos emendá-lo rapidamente" – p.5
28/6/1979	"Anistia ampla, geral, irrestrita. Além da manutenção dos partidos, anistia total é o que pede documento aprovado pelo MDB" – p.6
29/6/1979	"Anistia alcança até torturadores"; "MDB tentará melhorar projeto de Figueiredo" – p.2
29/6/1979	"São falsos os que querem ampla"; "STF recebe interpelações de informes sobre mortos" – p.4
29/6/1979	"Injustiças serão sanadas"; "Para professores, uma farsa"; "Não é isso que sonhávamos"; "Parece um deboche, diz cassado"; "Para Fagundes, o projeto é inusitado e ilógico"; "Um ato cristão. Mas não se pode perdoar torturas"; "Meia anistia é reflexo do relativismo"; "Apesar de não ter grandeza, é melhor que nada"; "Próximo passo é dar autonomia" – p.6
30/6/1979	"General não comenta indulto"; "A surpresa como arma de Figueiredo" – p.2
30/6/1979	"Missão irrestrita para a anistia "- p.3
01/7/1979	"195 fora da anistia. Mas ainda existem dúvidas e o projeto poderá sofrer desdobramentos"
01/7/1979	"Direitos e deveres" – p.2
01/7/1979	"Dúvidas vão ao STF. Sobral entende que aquela Corte deverá dissipar as divergências"; "Discriminação vai ser corrigida, diz senador"; "Itamar confirma substitutivo da proposta da presidência"; "Para Audálio, ficaram brechas, e os torturadores, sem punição"; "Conferencistas de Roma aprovam rejeição ao projeto restritivo"; "Foram 195 os excluídos da anistia de79" – p.5
01/7/1979	"Direitos Humanos – Foi uma 'caçada de loucos'. Um crime político que, tumultuado, tentou-se converter em crime comum" – p.6
01/7/1979	"Anistia para os Municípios" – p.7
01/7/1979	"1.723 presos políticos na Argentina" – p.8
03/7/1979	"Uma bandeira desfigurada. É como o parlamentar vê o projeto de anistia proposto pelo Governo"; "Exilado volta 13 anos depois" – p.7

DATA	TÍTULO DA MATÉRIA
03/7/1979	"O decreto corrigirá a Lei. Senador acha que a regulamentação vai melhorar a anistia"; "Imperfeito e restrito. Mas uma conquista"; "Linguagem dúbia objetiva beneficiar torturadores" – p.8
04/7/1979	"Direitos Humanos: Portella convoca segunda reunião"; "Debatida a ampliação da anistia"
04/7/1979	"Uma lição aos escravos do ódio"; "Anistia em duas versões" – p.2
04/7/1979	"Uma estranha anistia. Preparada para dar margem a rendimento político"; "Um estrangulamento não é crime de sangue. Arranhão é" – p.5
05/7/1979	"Mário Soares cumprimenta pela anistia"
06/7/1979	"Petrônio examina tortura"
07/7/1979	"Novos partidos acima da anistia" – p.3
07/7/1979	"Sem amor não há mão estendida e nem anistia"; "Anistia 'vai dar muito discurso e reclamações'" – p.4
08/7/1979	"O dilema do prefeito Reynaldo" – p.2
08/7/1979	"Governo quer esquecer ranços da UDN. O desejo de pôr fim à repressão aumenta. Mas a paz só virá quando a anistia não descriminar"; "Vítimas também devem anistiar, diz D. Paulo" – p.6
10/7/1979	"A nova etapa da anistia ainda está sem previsão" – p.4
10/7/1979	"Projeto é discriminatório. É o que diz Villela sobre anistia, repetindo a opinião de presos"; "Substitutivo vai depender da sensibilidade"; "Que faça boa viagem. É o desejo de Pires a Brizola" – p.5
11/7/1979	"Anistia e bom senso"; "Instrumento da subversão"
11/7/1979	"MDB pode recusar o projeto de anistia" – p.6
12/7/1979	"Anistia poderá vir em setembro"
12/7/1979	"Já se pensa em ampliar. Mudanças podem anistiar muitos não beneficiados"; "Pedida extensão a trabalhadores vítimas do AI-5" – p.4
13/7/1979	"Reforma só irá ao Congresso após a anistia"
14/7/1979	"Um 'purgatório' para os anistiados" – p.3
14/7/1979	"As falhas da anistia" – p.4

O ESTADO DE SÃO PAULO

DATA	TÍTULO DA MATÉRIA
11/12/1975	"OAB pede apoio a acordos sobre direitos humanos" – p.28
14/12/1975	"Anistia Internacional" é parcial – p.17
16/12/1975	"Deputado pede anistia no Natal" – p.22
20/12/1975	"Cardeal lamenta a falta de anistia a presos por ideais" – p.12
20/12/1975	"Inquérito conclui pelo suicídio de Vladimir Herzog"; "A íntegra do relatório" – p.14
20/12/1975	"IPM conclui pelo suicídio de Vladimir Herzog" – p.15
21/12/1975	"Cresce dúvida sobre reforma institucional" – p.5
21/12/1975	"Igreja de Portugal pede anistia" – p.20
30/12/1975	"Mulheres vão propor emendas ao Código Civil"
19/07/1979	"Conselho quer ampliar a anistia" – p.1

DATA	TÍTULO DA MATÉRIA
20/7/1979	"Sarney condiciona indulto político"; "Petrônio nega que fale pelo conselho"; "Presos políticos da BA darão sugestão a Vilela"; "Para Abreu, é incoerente não beneficiar terroristas"; "Délio conhece radar do CTA" – p.5
22/7/1979	"A anistia e a imagem do Brasil"
22/7/1979	"Mesmo restrita, a anistia repercute bem o exterior" - p.8
22/7/1979	"Analistas dos EUA acreditam no projeto"; "Anistia propõe investigação"; "Imagem no Brasil melhora"; "Exterior passou a divulgar mais o País, diz Itamaraty" – p.9
24/7/1979	"Ayrosa diz que pressões não vão alterar a anistia"; "Governo acha greve de fome 'natural'"; "Para Richa, projeto prejudica MDB" – p.2
24/7/1979	"PCB diz que a anistia fortalece luta da oposição" - p.6
25/7/1979	"STM já analisa a situação dos presos"; "OAB quer medida ampla" – p.4
26/7/1979	"Mãe de exilado diz que Figueiredo é 'generoso'"; "MDB promoverá passeata no Rio" – p.4
27/7/1979	"Marchezan admite estudo sobre lei contra terror"; "Anistia poderá sair no dia 7" – p.2
9/8/1979	"STM não divulga mais nomes dos não-anistiados" – p.4
9/8/1979	"Governo acusado de 'negociar' a anistia" – p.5
9/8/1979	"Suárez: a anistia foi passo necessário" – p.7
10/8/1979	"Figueiredo diz que vetará o substitutivo da anistia" – p.2
11/8/1979	"Comissão vota 4ª feira parecer sobre anistia"; "MDB insiste na ampliação" – p.2
12/8/1979	"Sátyro não quer ampliar a anistia" – p.2
12/8/1979	"Anistia é questão de honra para a SBPC" – p.30
14/8/1979	"Ampla, geral, irrestrita..." – p.2
14/8/1979	"26 de junho será o limite para anistia" – p.4
15/8/1979	"Anistia vai beneficiar estudantes e sindicalistas" – p.2
16/8/1979	"O substitutivo de Sátyro altera vigência da anistia"; "Congresso pode antecipar a votação"; "Délio defende restrições do projeto" – p.2
17/8/1979	"15 de agosto, novo limite para concessão de anistia"; "Até os arenistas admitem falhas" – p.4
18/8/1979	"Votação da anistia é antecipada para terça"; "Passarinho acusa Vilela"; "Ministro rejeita pressões" – p.5
18/8/1979	"STM ignora anistia e absolve acusações"; "Depois de nove anos, exilado vem de férias" – p.9
19/8/1979	"MDB ainda não decidiu como vai votar a anistia"; "Partidos não conseguem chegar a um entendimento"; "Polícia proíbe visita aos presos políticos" – p.2
19/8/1979	"Anistia a todos – menos para os terroristas" – p.10
21/8/1979	"Petrônio: anistia sai sem pressão"; "Passarinho admite presa na votação"; "Marchezan confia na bancada"; "Amaral pede medida ampla" – p.4
21/8/1979	"MDB quer votar a emenda de Marinho"; "Almirante admite a anistia por etapas" – p.5
22/8/1979	"Governo decide: Arena não pode ampliar anistia"
22/8/1979	"Agora as atenções são para volta dos anistiados" – p.3
22/8/1979	"Congresso aprova anistia hoje"; "Arena decide fechar questão"; "Sarney não atende MDB"; "Petrônio: governo rejeita ampliação" – p.4
22/8/1979	"Farhat deseja retorno dos exilados" – p.5

DATA	TÍTULO DA MATÉRIA
23/8/1979	"Aprovada anistia que exclui os terroristas"
23/8/1979	"A anistia e a esperança" – p.3
23/8/1979	"Anistia é aprovada sem a emenda Marinho"; "Denúncia e tumulto prejudicam votação"; "Arenistas falam sob vaia"; "Substitutivo divide MDB" – p.4
23/8/1979	"Farhat: Congresso aceita conciliação"; "Greves são suspensas"; "Brizola lamenta a limitação da lei" – p.5
24/8/1979	"Marchezan: a Arena evitou um novo 68"; "Generais desejam feliz retorno"; "Sanção ainda não tem data"; "Maciel admite fazer 'apelos'"; "Marinho diz que o Brasil precisa esquecer passado"; "6 ficarão livres em SP"; "DEOPS detém exilados"; "STM nomeia comissão" – p.4
25/8/1979	"Para STM anistia não atinge 40"
25/8/1979	"Figueiredo dará o indulto aos presos antes de 1980" – p.3
25/8/1979	"STM ainda discute quem será excluído" – p.4
26/8/1979	"Anistia poderá receber veto parcial"
26/8/1979	"Artigo 1º da anistia poderá ser vetado"; "OAB lança campanha para punir maus-tratos a presos"; "Exilados na França ainda esperam" – p. 4
28/8/1979	"A lei da anistia será sancionada hoje, com veto"
28/8/1979	"Anistia e não lei para favorecer interesses" – p.3
28/8/1979	"Petrônio: anistia sai hoje com veto"; "Exército prepara o retorno de oficiais" – p.5
29/8/1979	"O governo poderá ampliar a anistia com outro projeto"
29/8/1979	"Figueiredo sanciona anistia com veto parcial"; "Governo corrige erro"; "Fagundes: medida não era necessária"; "Ministro admite nova etapa para se evitar discriminação" – p.4
30/8/1979	"Arenista teme a volta de exilados"
30/8/1979	"Farhat nega nova anistia agora" – p.5
30/8/1979	"Milton: volta de exilados não preocupa o exército" – p.6
30/8/1979	"Anistia já beneficia 69 pessoas e 6 são soltas"; "Auditorias estudam casos de SP"; "Mais de 27 presos devem sair hoje" - p.11
31/8/1979	"Para o ministro, exército não teme a volta de exilados"
31/8/1979	"Petrônio diz que a posse no sul é nula" – p.4
31/8/1979	"Délio espera que os exilados colaborem" – p.5
31/8/1979	"STM dá anistia a 326"; "5 deixam Barro Branco"; "Ainda não definida a situação de 9 presos"; "A relação dos nomes" – p.10

FOLHA DE SÃO PAULO

DATA	TÍTULO DA MATÉRIA
1/7/1979	"Sem anistia 195, diz Planalto"
1/7/1979	"A prova da anistia" – p.2
1/7/1979	"STF deverá dirimir dúvidas da anistia" – p.5
1/7/1979	"Anistia: Quércia tem substitutivo" – p.7

DATA	TÍTULO DA MATÉRIA
1/7/1979	"A luta de um jurista contra a repressão"; "Anistia discriminatória e humilhante"; "Projeto frustrou expectativas" – p.8
1/7/1979	"Por mais anistia e mais liberdade" – p.10
1/7/1979	"O começo da anistia" – p.11
2/7/1979	"Depois da anistia"; "Anistia para o Congresso" – p.2
2/7/1979	"Projeto de anistia provoca injustiças"; "Presos políticos do Rio não vão aceitar indulto" – p.4
3/7/1979	"Anistia ou reabilitação" – p.3
3/7/1979	"Para os intelectuais, anistia lhes nega o perdão esperado" – p.8
4/7/1979	"Teotônio colhe subsídios para ampliar anistia" – p.4
4/7/1979	"Vilela estuda forma de ampliar anistia" – p.5
5/7/1979	"Anistia terá substitutivo da oposição"
5/7/1979	"Freitas condena condições que o projeto impõe"; "Vice-líder considera a reforma inevitável" – p.4
6/7/1979	"Contra-sensos da anistia" – p.2
7/7/1979	"Anistia em duas etapas é decisão oficial intocável" – p.5
7/7/1979	"CDDPH poderá examinar casos de torturas no Rio" – p.6
8/7/1979	"Teotônio inicia a visita aos presos políticos"
8/7/1979	"Vilela inicia contatos com presos políticos" – p.4
8/7/1979	"Militares conservadores acham anistia prematura" – p.7
9/7/1979	"Governo anistia a si próprio, diz Teotônio Vilela" – p.4
10/7/1979	"Ninguém quer indulto, diz Teotônio"
10/7/1979	"Presos pediram a Vilela anistia irrestrita" – p.4
11/7/1979	"Vilela afirma que anistia do governo é massa de manobra" – p.4
12/7/1979	"Petrônio diz que ordenou o fim de interrogatórios" – p.4
13/7/1979	"Figueiredo reitera veto a terroristas"; "Para Teotônio anistia é um projeto 'maquiavélico'"
13/7/1979	"Figueiredo vetará emenda que 'anistia terrorista'" – p.4
13/7/1979	"Teotônio, a anistia decorre da política externa" – p.5
14/7/1979	"MDB admite toda emenda à anistia"
14/7/1979	"MDB garante que substitutivo não afasta as emendas"; "Farhat acena com a possibilidade do indulto para depois"; "Gaúchos criam nova entidade, a Ampla"; "Petrônio admite prazo amplo"; "Presos políticos apelam a Vilela" – p.4
15/7/1979	"Vilela fará relatório sobre presos políticos"
15/7/1979	"Senador incentiva a luta pela anistia ampla 'mas sem adotar radicalismos'" – p.31
15/7/1979	Charges - Folhetim – p. 16
17/7/1979	"Entidades querem que MDB rejeite a anistia parcial" – p.4
17/7/1979	"MDB diz que vota anistia sem pressões"
17/7/1979	"Brossard desmente pressões para rejeitar anistia" – p.4

DATA	TÍTULO DA MATÉRIA
18/7/1979	"Igreja não consegue impedir greve de fome"; "CDDPH reúne-se para debater casos de torturas" – p.5
19/7/1979	"Presos dizem a Vilela que consideram anistia injusta" – p.5
19/7/1979	"STM levanta processos para aplicar anistia"; "Petrônio pedirá anistia ampla, decide o CDDPH"- p.6
20/7/1979	"Hugo Abreu quer anistia irrestrita" – p.4
20/7/1979	"Portella justifica restrições à anistia" – p.5
20/7/1979	"Presa vai aderir à greve" – p.6
21/7/1979	"Teotônio já falou com 50 prisioneiros"
21/7/1979	"A anistia não comporta adjetivos, diz Dom Ivo"; "Greve de fome tem solidariedade no Rio" – p.5
21/7/1979	"Fagundes crê que Portela levará pedido do CDDPH" – p.6
22/7/1979	"Os caminhos da anistia" – p.2
22/7/1979	"Hoje, presos políticos do Rio iniciam greve de fome" – p.7
22/7/1979	"Ausência do MDB dificulta melhor atuação do CDDPH"; "Ampliar e não combater a anistia, diz Cardoso Alves"; "Os exilados anônimos" – p.8
23/7/1979	"No Rio, 14 iniciam greve de fome"
23/7/1979	"Vilela aponta omissões e deficiências de anistia ampla"; "Começa greve de fome dos presos do Rio"; "D. Eugênio é contra" – p.4
24/7/1979	"Anistia poderá receber emendas, dizem arenistas" – p.4
24/7/1979	"Médicos atentos à greve de fome dos presos políticos"; "PC analisa a anistia"; "CBA-SP inicia campanha para informar povo" – p.6
25/7/1979	"Para OAB, anistia oficial é mesquinha"
25/7/1979	"OAB condena a 'odiosa discriminação' da anistia"; "Para Teotônio o parecer é perfeito". "No Rio, CBA promove apoio público a presos políticos" – p.5
26/7/1979	"O poder anistiante"
26/7/1979	"Vilela termina visita aos presos"; "Presos políticos em greve de fome recebem intelectuais"; "Dom Paulo é impedido de entrar no Barro Branco"; "Encontros preocupam médicos"; "Em São Paulo público apóia greve"; "Os grevistas e suas penas" – p.6
27/7/1979	"Chargistas visitam presos"; "Dom Paulo novamente não pôde ver presos"; "Em Itamaracá, 8 aderem 2ª feira"; "OAB-SP proporá emenda à anistia" -
28/7/1979	"Anistia mais ampla é melhor, diz Dilermando"
28/7/1979	"Dilermando espera que o Congresso amplie a anistia" – p.5
29/7/1979	"Anistia com indulto" – p.2
29/7/1979	"STM pretende ampliar anistia com rapidez" - p.5
29/7/1979	"Poucos voltarão com a anistia, diz cientista"; "Dinarte alerta contra os riscos da greve de fome" – p.6
30/7/1979	"Mães de presos políticos vão fazer pressões" – p.2
31/7/1979	""Fagundes quer anistia plena de uma só vez" – p.5
31/7/1979	"Familiares de grevistas vão amanhã ao congresso"; "Itamaracá já aderiu"; "Para Teotônio, pressão popular ampliará anistia"; "A passeata reúne 1.500 em S. Paulo" – p.9
1/8/1979	"Congresso reabre com debate sobre anistia"

DATA	TÍTULO DA MATÉRIA
1/8/1979	Anistia agora em fase de definição, "Congresso reabre hoje e anistia é o tema principal"; "Prevê-se 70 emendas e um substitutivo"; "Figueiredo entrega a Délio pedidos de sargentos punidos"; "Entidade quer a reintegração de dez cientistas"; "Demitidos pedem a reabertura de prazo"; "Severo diz que presos não são revanchistas" – p.4
1/8/1979	"Délio Jardim pede compreensão para a democratização"; "Anistia e terrorismo/ Presos e greve/ Militares cassados/ Política e PC/ Legalidade e endurecimento" – p.5
2/8/1979	"Uma emenda à anistia já aceita"
2/8/1979	"Prazo da anistia será dilatado"; "Cientistas punidos acham projeto 'inaceitável'"; "Pressão emocional não modificará o projeto"; "Presos verão substitutivo" – p.4
3/8/1979	"Comissão mista visitará presos"
3/8/1979	Comissão Mista decide ouvir presos políticos, "Anistia começa a ser examinada"; "Passarinho não admite que comissão se torne uma CPI"; "MDB espera votação do seu substitutivo"; "Comitês criticam Passarinho"; "Primeiras emendas do projeto já são apresentadas"; "Planalto fica na expectativa" – p.5
4/8/1979	"Arena contra visita aos presos"
4/8/1979	"Anistia: Arena recua da visita a presos"; "MDB já tem as linhas básicas" – p.5
5/8/1979	"A anistia do MDB excluíra os torturadores"
5/8/1979	"Vereador quer anistia local" – p.4
5/8/1979	"Projeto do MDB exclui torturadores da anistia"; "Militares consideram perdão 'humilhante'"; "Presos de SP podem fazer greve" – p.7
6/8/1979	"MDB divulga amanhã substitutivo da anistia"; "A greve resiste aos apelos" – p.4
7/8/1979	"MDB convoca hoje comissão da anistia"
7/8/1979	"Anistia: subcomissões apresentarão relatório", "Erro da Arena permite ao MDB reunir comissão"; "Teotônio divulga denúncias"; "Passarinho acha difícil a ampliação"; "Para Ulisses tortura não é ação política"; "Prorrogado por 5 horas o prazo para as emendas" – p.5
8/8/1979	"Anistia é examinada sem Arena"; "Paulo Freire retorna e fica um mês no país"
8/8/1979	"Arena não evita relatórios sobres presos"; "Vilela mantém subcomissões"; "Amanhã a proposta do MDB" – p.5
8/8/1979	"Presos em greve de fome no Rio são submetidos a exame" - p.6
8/8/19790	"Marcos Freire debate anistia"; "Freire volta para 'reaprender' o Brasil"; "Exilado faz apelo por passaporte/ USP quer punidos reintegrados agora/ Exilado retorna"– p.7
9/8/1979	"Tríplice apelo"
9/8/1979	"Anistia: MDB apresenta hoje seu substitutivo"; "Reforma da Constituição é inoportuna, diz Viana"; "Passarinho restringe emendas"; "Emenda pretende beneficiar os sindicalistas" – p. 5
9/8/1979	"Democracia é possível sem recessão, mostra Suárez"; "A anistia foi um passo conveniente e necessário" – p.6
9/8/1979	"Ulisses fará visita aos presos em greve"; "D. Hélder irá ao Itamaracá"; "Na Praça da Sé, 5 mil pela anistia irrestrita"; (foto) – p.7
10/8/1979	"Anistia tem último dia para emendas"
10/8/1979	"MDB apresenta hoje o substitutivo à anistia"; "No Rio, os artistas apóiam a greve de fome"; "Comissão divulgará estado dos presos"; "Cebrade pede projeto sem as discriminações" – p.5
10/8/1979	"Auditorias proíbem visitas a presos grevistas em SP"; "Artistas pedem anistia irrestrita" – p.7

DATA	TÍTULO DA MATÉRIA
11/8/1979	"Arena decide terça como vota anistia"
11/8/1979	"A Arena selecionará as emendas à anistia"; "No Rio, greve de fome atinge a fase crítica" – p.6
12/8/1979	"Projeto de anistia tem 305 emendas"
12/8/1979	"Anistia e Desenvolvimento" – p.2
12/8/1979	"Presos já apresentam fraqueza"; "Hoje, Teotônio participa de ato no ABC"; "Políticos usam a anistia com objetivos eleitorais" – p.10
12/8/1979	"Em Natal preso ainda em greve" – p.12
13/8/1979	"Anistia mutilada" – p.3
13/8/1979	"Petrônio conclui anistia"; "Em S. Bernardo, duras críticas ao projeto"; "Grevistas do Itamaracá vão para hospital" – p.4
14/8/1979	"Admitidas 2 emendas à anistia"
14/8/1979	"Anistias restritas" – p.2
14/8/1979	"Anistia a crimes eleitorais"; "Ulisses responsabiliza governo por grevistas"; "Em São Paulo mais 2 aderem"; "Projeto entra em pauta na segunda-feira" – p.6
15/8/1979	"As emendas à anistia terão decisão hoje"; "D. Paulo revela nova relação de desaparecidos"
15/8/1979	"Anistia: comissão mista define alterações no projeto"; "Petrônio revela hoje decisão sobre algumas emendas"; "No Rio, três mil vão às ruas pela anistia ampla" (foto) – p.6
15/8/1979	"Mais 99 desaparecidos" – p.7
16/8/1979	"A anistia na História Brasileira" – p.2
16/8/1979	"Projeto de anistia tem substitutivo arenista" – p.5
17/8/1979	"A nova data da anistia é 15 de agosto"
17/8/1979	"A Nova Anistia" – p.2
17/8/1979	"Comissão mista aprova substitutivo arenista"; "Texto final do Projeto"; "Presos em greve de fome estão em perigo" – p.5
18/8/1979	"Protesto na praça tranqüila"
18/8/1979	"Marchezan pede fim da greve de fome e acena com promessas"; "O ato pela anistia concentra mil na Praça da Sé" – p.5
19/8/1979	"Arena confiante na aprovação do substitutivo"
19/8/1979	"Deops divulga lista sobre presos políticos em 4 estados"; "Partidos não vão reunir bancadas ao votar anistia"; "Proibidas visitas a prédio de SP" – p.5
20/8/1979	"Preso político foge na Bahia"; "Portela receberá pedido por anistia"; "Luís Viana visita no Rio presos em greve de fome"; "Presídio é aberto a parentes"; "Exilados encerram atitude solidária" – p.4
21/8/1979	"A anistia, sob tensão"; "Duas versões sobre a fuga"
21/8/1979	"... Ampla, Geral, Irrestrita" – p.3
21/8/1979	"Políticos discutem preocupação com a volta de exilados" – p.4
21/8/1979	"MDB ainda tenta convencer o governo que ampliar medida"; "Congresso discute anistia hoje"; "Ato público na Sé, às 18 horas de hoje"; "Congresso recebe memorial com 30 mil assinaturas"; "Auditor restringe visitas a preso políticos em SP"; "Documentos explicam a não participação"; "Ulisses está pessimista" – p.5
22/8/1979	"Magalhães reafirma que o preso político fugiu"; "Mulher de Teodomiro não acredita e exige provas" – p.6

DATA	TÍTULO DA MATÉRIA
22/8/1979	"Projeto da anistia é intocável"
22/8/1979	"O trote da Anistia"; "Anistia Mesmo, e Agora" – p.3
22/8/1979	"Anistia é votada hoje e sanção deve ser até segunda"; "Governo não aceita novas emendas"; "Mil pessoas nas galerias ouvindo os parlamentares" – p.4
22/8/1979	"Em todo o País, concentração pela anistia irrestrita"; "Manifestações dispersadas em Minas e Brasília"; "Na Praça da Sé ato reúne 5 mil pessoas"; "No plenário vazio, deputado critica a insensibilidade"; "Presos suspendem a greve após votação do projeto"; "Juiz decide: soro mesmo à força" – p.5
23/8/1979	"Aprovada a anistia do governo"
23/8/1979	"Duas anistias" – p.2
23/8/1979	Emenda "irrestrita" foi derrotada por apenas 5 votos, "Aprovada anistia parcial que Governo admitia"; "MDB vota a favor, mas com ressalva"; "Presença de soldados leva a protestos"; "As principais alterações"; "O substitutivo de Ernani Sátiro" – p.4
23/8/1979	Emenda "irrestrita" foi derrotada por apenas 5 votos, "Anseios insatisfeitos"; "Promessas de que a luta vai continuar"; "Na OAB um ambiente de decepção"; "MDB protesta hoje contra irregularidade na votação" - p.5
23/8/1979	"Presos políticos encerram a greve de fome no 32º dia"; "Até o final, presos mantinham esperança"; "No Rio, cinco mil vaiam aprovação do projeto" – p.6
23/8/1979	Charge "O Pato" (Ciça - Cecilia Whitaker Vicente de Azevedo Alves Pinto) – p.38
24/8/1979	"O indulto não sairá de imediato"
24/8/1979	"Indulto Amplo" – p.2
24/8/1979	"Os novos passos da anistia"; "Governo avalia pressão que Vilela quer que continue"; "Figueiredo sanciona lei na terça-feira"; "Luis Viana já enviou projeto à Presidência"; "MDB continua luta contra discriminatória"; "Comissão do STM estuda medidas para ampliação"; "Foi um passo inicial, diz dirigente do PCB" – p.4
24/8/1979	"Os presos políticos, os exilados e a anistia (foto)"; "Comitê avisa aos exilados que ainda podem ser detidos"; "Em São Paulo, os presos políticos lançam manifesto", "No Ceará e Recife também chega ao fim movimento"; "Conselho da OAB acredita que Teodomiro fugiu"; "De volta do exílio após oito anos" – p.6
24/8/1979	"Anistiados vão condicionar a reforma política" – p.7
24/8/1979	"Viúva de preso na Oban denúncia as torturas à família" – p.8
25/8/1979	"O planalto vê alternativas para anistia"
25/8/1979	"A universidade e a anistia" – p.3
25/8/1979	"Visitas aos presos continuam proibidas" – p.6
26/8/1979	"Rescaldo da anistia" – p.2
27/8/1979	"Quércia pede que o governo faça anistia social" – p.4
27/8/1979	"OAB quer apurar responsabilidade dos torturadores"; "Presos políticos do Barro Branco repudiam indulto" – p.5
27/8/1979	"Será sancionada amanhã a anistia"
27/8/1979	"Projeto de anistia teria veto parcial" – p.6
28/8/1979	"Indulto não sai, revela Passarinho"
28/8/1979	"Reformulação espera volta dos exilados" – p.4
28/8/1979	"Figueiredo poderá vetar expressão que amplia a anistia" – p.5
29/8/1979	"A anistia em vigor, com veto"
30/8/1979	"A espera do indulto" – p.2

DATA	TÍTULO DA MATÉRIA
30/8/1979	A anistia já está em vigor, "Figueiredo sanciona a lei apenas com veto parcial"; "Para juristas, veto aumentou restrição"; "Até 1981 não haverá preso político"; "Texto 'deficiente' ainda pode levar a interpretação dúbia" – p.4
30/8/1979	"Anistia: a volta dos exilados e a situação dos presos políticos"; "Em São Paulo, sete deverão ser libertados" – p.5
30/8/1979	"No Sul, primeira crise da anistia"
30/8/1979	A morosa aplicação da anistia de Figueiredo, "No Rio, 3 presos são libertados"; "A única presa do Rio já em liberdade"; "Para exilados, medida é injusta e arbitrária"; "Ex-líder da UEE reaparece após 8 anos" – p.4
30/8/1979	"A morosa aplicação da anistia de Figueiredo"; "Auditores de S. Paulo ainda esperam comunicação oficial"; "Rituais burocráticos" – p.5
31/8/1979	"No Sul, anistiados são reintegrados na câmara" – p.6
31/8/1979	"Os anistiados já estão livres"
31/8/1979	"Anistia e burocracia" – p.2
31/8/1979	"A anistia chega para alguns do Barro Branco"; "Rio tem mais um libertado"; "Volta dos exilados ainda não é maciça"; "Para OAB, essa anistia não é verdadeira"; "STM anistia 326, entre presos e desaparecidos"; "Mortos também constam da relação" – p.5
31/8/1979	"Governo 'pune' 15 arenistas da anistia ampla" – p.6

Movimento

DATA	TÍTULO DA MATÉRIA
25/6 a 2/7/1979	"A cartada da anistia restrita"
25/6 a 2/7/1979	"As restrições à anistia restrita. O ministério do Exército com sua estranha nota contra Brizola, é um reduto dos ultra direitistas?"; "Uma exigência nacional. Em 1975 surgiu o Movimento Feminino pela Anistia. Na semana passada já havia mais de 40 entidades na luta" – p.8
25/6 a 2/7/1979	"Um blefe do regime"; "Manobras de perpetuação"; "O preço da anistia"; "Já não se fazem anistias como antigamente" – p.9.
25/6 a 2/7/1979	"Quem fez luta armada também merece anistia" – p.22-23
25/6 a 2/7/1979	"Charges" – p.24
2 a 7/7/1979	"O projeto de Figueiredo. Porque de tão restrito. As divergências dentro do governo"; "O que fazer agora?" – p.4.
2 a 7/7/1979	"O poder se perdoa"; "A oposição condena as restrições" – p.5-6.
2 a 7/7/1979	"Os beneficiados, os mais conhecidos" – p.6.
2 a 7/7/1979	"O MDB deve votar favoravelmente ao projeto da anistia parcial encaminhando pelo governo ao Congresso" – p.8.
2 a 7/7/1979	"Concurso vida a irrestrita" – p.10.
2 a 7/7/1979	"Charges" – p.24
9 a 15/7/1979	"Votar contra o projeto"; "A palavra na praça" – p.5.
9 a 15/7/1979	"É preciso derrotar a anistia restrita. Ela visa retardar e impedir a anistia ampla, geral e irrestrita" – p.9
9 a 15/7/1979	"Acusados, anistiados e promovidos" – p.10.
9 a 15/7/1979	"O governo não admitirá ser julgado"; "Anistiar torturadores? Que tese mais absurda!"; "Indulto: atentado a dignidade dos presos"; "Com restrições não há pacificação" – p.11.

DATA	TÍTULO DA MATÉRIA
16 a 22/7/1979	"O fogo cerrado de Teotônio"; "Demagógico e injusto" – p.6.
16 a 22/7/1979	"Nem todos assinaram" – p.8
16 a 22/7/1979	"Exilado pede passaporte"; "Anistia restrita para preservar o regime"; "Cravos e Anistia" - p.22
16 a 22/7/1979	"Torturadores e mortos sem Anistia" – p.23
23 a 29/7/1979	"Brilho político num grande final. Amazônia e Anistia foram os grandes temas na reunião dos cientistas" (SBPC) – p.2
30/7 a 5/8/1979	"Presos, torturados, absolvidos e não anistiados" – p.11
30/7 a 5/8/1979	"Anistia para os golpistas de 64?"; "Demagógico, Mal intencionado e injusto" – p.23
6 a 12/8/1979	"O Congresso tem obrigação de aceitar pressões democráticas" – p.7; "O terror policial, até contra crianças" – p.8; "Agonia e morte de Luiz Eduardo Merlino" – p.9
6 a 12/8/1979	"A anistia oficial e seu plano sinistro" – p.11
6 a 12/8/1979	"Fogo cerrado. As manifestações em torno da anistia eclodem por todo país, com as atenções voltadas para Brasília" – p.13
6 a 12/8/1979	"Contra a moral e os bons costumes" – p.22
6 a 12/8/1979	"Pouco ampla. Nada geral. Muito restrita" – p.23
13 a 19/8/1979	"A volta de Arraes" – p.6
20 a 26/8/1979	"Anistia: a batalha final. Virar a mesa pela irrestrita. O debate sobre a anistia no Congresso, nesta semana, promete ser apaixonante e decisivo"; "Uma bandeira que chega às ruas. A luta pela anistia ampla saiu dos recintos fechados e provoca grandes manifestações"; "O reencontro dos ex-presos. Cerca de 300 ex-presos políticos repudiam em São Paulo o projeto do governo, considerado 'vergonhoso'" – p.6-7
27/8 a 2/9/1979	"Uma vitória de Pirro" – p.3-4
27/8 a 2/9/1979	"A derrota do regime. Os setores populares souberam tomar iniciativa e mobilizar para a luta contra a anistia restrita" – p.4
27/8 a 2/9/1979	"Anistia mantém ex-militares afastados" – p.22
27/8 a 2/9/1979	Charges – p.24
3 a 9/9/1979	"As duas faces da anistia" – p.3
3 a 9/9/1979	"A sanção da lei. Não houve lágrima, nem as de crocodilo"; "O recuo cada vez mais difícil" – p.3
3 a 9/9/1979	"Falam os primeiros anistiados" – p.4-5
3 a 9/9/1979	Charge – p.24

VERSUS[1*]

DATA	TÍTULO DA MATÉRIA
agosto /1979	"A Anistia do rei não serve. O menino André pergunta: O exílio acabou?"- p.1
agosto/1979	"Anistia!" – p.3
agosto/1979	"Leituras *que la América sea solo um pilar...*" - p.16-24
agosto/1979	"Viagem através do espelho e o que André viu nele" – p.25-27

1 Matérias tratam predominantemente do tema exílio.

Coleção: Revistas

Descrição: o Arquivo tem sob sua guarda um diversificado acervo de revistas composto por cerca de 1.200 títulos e 32 mil exemplares que datam das primeiras décadas do século XIX aos dias atuais. É possível encontrar revistas de variedades e cultura, revistas femininas, de artes, religião, humor, esportes, clubes e moda, que revelam a pluralidade de temas e a efervescência política, econômica e social de São Paulo, de outros Estados e também do exterior.

Destacam-se títulos como: Revista Feminina (1915-1925), Eu Sei Tudo – Magazine Semanal Ilustrado (1927-1948), Revista do Instituto Histórico e Geográfico do Brasil (1839-1986), Revista do Instituto Histórico e Geográfico de São Paulo (1895-1995), Revista da Faculdade de Direito de São Paulo (1893-1994), Manchete (1952-2004), Realidade (1966-1999), Cruzeiro (1929-1982). Veja (1968-2008) e Visão (1952-1992). Alguns dos títulos podem ser acessados digitalmente, pela internet ou no terminal de consultas do salão de atendimento.

VEJA

DATA	TÍTULO DA MATÉRIA
1/2/1978	"Anistia" – "Tema do momento" - p.28-29.
8/2/1978	"Anistia"- "Efeito Natural" - p.25.
1/3/1978	Capa: "Anistia" – "Como rever as punições" "Anistia em julgamento" – p. 34-47.
25/10/1978	"A primeira sondagem" – "O futuro governo só fala em conciliação após as eleições. Mas Figueiredo lançou o seu balão de ensaio e descobriu que não é impossível falar com o MDB" – p.20-22. "Quem vai ganhar" – "Mais do que soltar presos, o projeto governamental beneficia muitos bandidos e exilados" – p.27-28.
8/11/1978	"Anistia" – "Outros casos" – p.27.
30/1/1979	"Brasil" - "A anistia mais perto" – "Figueiredo vai conceder a anistia, mas não a estenderá aos envolvidos em ações armadas" – p.12-17.
14/2/1979	"Brasil" - "Abrindo a cadeia" – "Esvaziando as prisões, o governo abre caminho para uma anistia que exclui ex-terroristas" – p.20-22.
28/3/1979	"Ansitia" – "Pouco em comum"- "As intenções do governo e a emenda do MDB" – p.23.
18/4/1979	"Brasil" - "Anistia? Só restrita..." – "A imensa maioria dos brasileiros quer a anistia - e defende um projeto como o do governo, pois 62% desejam que seja restrita" – p.20-23.
25/4/1979	"Anistia" – "Segue o debate" – "As reações à pesqusa da VEJA"- p.24.
23/5/1979	"Ansitia" – "Hora certa" – "O projeto vai ao Congresso na próxima semana" – p.22-23.
20/6/1979	"Brasil" – "O presidente forte e sua anista para quase todos" – "Aos 100 dias de governo, o general Figueiredo formaliza o seu gesto de conciliação" – p.20-21.
27/6/1979	Capa: "Anistia" –" Para quem, quantos e como" "Brasil" – "A anistia de 1979" – "O projeto de Petrônio Portella deverá ganhar mais amplitude no gabinete de Figueiredo, mas nem assim vai satisfazer aos punidos" – p.20-25.
4/7/1979	"A festa da anistia. O próximo passo já está decidido: o indulto. Mas a conciliação oferecida por Figueiredo apenas se completará com outra anistia - a dos indultados." - p.14-15
4/7/1979	"A repressão perdoada. Os agentes dos serviços de segurança que cometeram abusos também estão anistiados" - p.16-17
4/7/1979	"A voz de quem manda. No "Plano Mestre", o governo projetou o futuro político do país. E não permitirá alterações." - p.18-19

DATA	TÍTULO DA MATÉRIA
4/7/1979	"Sumiu o texto da anistia do sofá de Portella" – p.20
11/7/1979	"Limites em discussão. O paradoxo da anistia: quem está fora é beneficiado, quem está dentro fica de fora" - p.25-26
11/7/1979	"Futuro traçado. Brizola volta pelo sul, mas fica no Rio" – p.27
18/7/1979	"Sinal de alerta. Presso do Rio articulam uma greve de fome" – p.22-23
25/7/1979	"Caso reaparecido. Oito anos depois, reabre-se a discussão sobre o desaparecimento do ex-deputado Rubens Paiva" – p.26-27
1/8/1979	"Eu fazia cara feia por obrigação. Em sua primeira entrevista exclusiva desde que assumiu o cargo, o presidente Figueiredo confirma a ampliação gradual e segura da anistia" – p.16-20
1/8/1979	"Papel para a família. Governo vai emitir uma certidão de "paradeiro ignorado" em caso de desaparecidos" – p.22-23
1/8/1979	"Jejum político. O que esperam os presos de sua greve de fome" – p.24
8/8/1979	"Advertência. O STM protesta contra as manobras com presos" – p.32
15/8/1979	"Faixa de risco. Sintomas perigosos para os presos em jejum" – p.34-35
15/8/1979	"A caminho. O fim da diáspora brasileira" – p.35
15/8/1979	"Direitos Humanos - Fuga forjada. O preso foi retirado da cela para morrer" – p.36
15/8/1979	"A anistia encarcerada" (Elio Gaspari) – p.130
22/8/1979	"Leves enxertos. O projeto vai à votação com pequenas mudanças" – p.38
29/8/1979	"A página virada. Com ruidosas manifestações a favor e contra, num clima que lembrava dezembro de 1968, o Congresso aprovou a 48ª anistia da História do Brasil" – p.20-23
29/8/1979	"O jogo da moderação. O demagogo de 1960, radical de 1963, fidelista de 1967 e social-democrata de 1977, volta ao Brasil com a anistia e mostra-se tão cauteloso quanto vago" – p.24-28
29/8/1979	"Espaço ocupado. Um plano para absorver a chegada dos exilados" – p.34
29/8/1979	"Argentina – A lei dos mortos. Tecnicamente, não existem mais desaparecidos" – p.42
5/9/1979	"Nas asas da anistia. Não houve policiamento nem gestos hostis. Abriram-se cadeias e aeroportos, e apenas a emoção cercou os que voltaram ao país e a liberdade" – p.20-23
5/9/1979	"Volta à superfície. Os clandestinos começam a abandonar seus esconderijos. Também estão anistiados" - p .23
5/9/1979	"O grande seqüestro. Dez anos depois descobre-se que o Cinemar juntou 200 homens e bazucas para resgatar Elbrick" – p.76-78
12/9/1979	"A chance da conciliação. Brizola chegou, Arraes vem aí e Prestes diz que está a caminho. O Brasil não tem mais exilados e a sombra de 64 desaconselha o jogo da tensão" - p.20-25

VISÃO

DATA	TÍTULO DA MATÉRIA
9/7/1979	"Domando a 'abertura' com o projeto de anistia já anunciado, mais iminente reformulação partidária e a revisão da legislação trabalhista, o presidente João Figueiredo pretende criar as bases para o cumprimento de sua promessa de 'democratizar o país'" – p.16
9/7/1979	"Partidos - No segundo semestre, novidades" – p.17
9/7/1979	"Anistia - Na medida adequada 'para a época'" - p.18
23/7/1979	"Editorial - A prioridade das prioridades prioritárias..." – p.11
6/8/1979	"Entre socialismo e demagogia. O trabalhismo começa a erguer-se, com a constituição de dois PTBs. De comum entre eles, apenas o desejo de ficar com uma sigla que 'vende'. No ideário, propostas socialistas e muita demagogia" – p.16-22
3/9/1979	"Anistia - Irrestrita, não. A maioria arenista garantiu a aprovação do projeto do Governo, de anistia 'restrita'" – p.21-22

Centro de Documentação e Memória da UNESP - CEDEM

INSTITUIÇÃO DETENTORA DO ACERVO

Centro de Documentação e Memória da UNESP – CEDEM

Endereço: Praça da Sé 108, 1º andar – Centro – São Paulo/SP – CEP: 01001-900

Telefone: (11) 31059903 – **Fax:** (11) 31659903 ramal 39

E-mail: celia@cedem.unesp.br

Sítio na Internet: www.cedem.unesp.br

Responsável: Profa. Dra. Célia Reis Camargo, Coordenadora

Equipe técnica:

Ana Sena, Jacy Machado Barletta, Luis Alberto Zimbarg, Sandra Moraes, Sandra Santos, Solange de Souza, Coordenadora do Projeto Memória da Universidade, Anna Maria Martinez Corrêa

HISTÓRICO E OBJETIVOS

O Centro de Documentação e Memória da UNESP – CEDEM é especializado na prestação de apoio informativo à pesquisa social e responsável pela guarda de acervos documentais relacionados à história política e aos movimentos sociais contemporâneos do Brasil.

Como parte integrante do organismo universitário preocupou-se desde cedo com a história da UNESP. No início de suas atividades, em 1987, o CEDEM inaugurou uma linha de pesquisa fundamentada no projeto Memória da Universidade, instalando o núcleo inicial de documentos que formou a primeira de suas duas linhas de acervo, voltada esta para a história do ensino superior do Estado de São Paulo. Por essa razão desenvolveu-se, paralelamente, uma frente de trabalho – que permanece ativa – relacionada ao projeto, mas executada no campo da documentação e da informação institucional: a orientação e coordenação das políticas de gestão documental na UNESP, envolvendo o seu sistema de arquivos e as demais atividades sobre a informação institucional de caráter técnico, administrativo e científico.

Em 1994, em decorrência de sua preocupação com a preservação da memória política e social, o Centro passou a receber a custódia de importantes acervos documentais sobre a história brasileira do último século. Essa segunda linha de acervo foi inaugurada com a transferência de grandes conjuntos de documentos acumulados pelo ASMOB – Archivio Storico Del Movimento Operaio Brasiliano, pelo PCB – Partido Comunista Brasileiro e pelo CEMAP – Centro de Documentação do Movimento Operário Mario Pedrosa. Daí em diante, o CEDEM tornou-se um centro aglutinador de arquivos e coleções, de informações, referências, estudos e pesquisas sobre a história política do Brasil contemporâneo, privilegiando a memória da esquerda e dos movimentos sociais.

Como espaço voltado para a reflexão e produção de estudos interdisciplinares no campo das ciências humanas também se constituiu como laboratório de aprendizagem e de trabalho para estudantes e profissionais das ciências sociais aplicadas que, na realização de pesquisas, cumprindo estágios ou participando de projetos voltados para a organização de nosso acervo, acabam recebendo uma formação importante para atuar no mercado de trabalho, seja pela prática de pesquisa em arquivos ou pelo conhecimento das metodologias e técnicas utilizadas na área da documentação e da arquivologia.

O CEDEM, também, promove diversos tipos de eventos, estendendo seus serviços e ampliando as possibilidades de acesso social às suas informações. Entre eles, destaca-se Teses em Debate, evento quinzenal que ocorre durante o ano letivo, que tem reunido público numeroso e multidisciplinar, com a intenção de discutir, de forma mais ampla, as teses, dissertações, livros e demais produções acadêmicas e culturais cujas temáticas mantenham relação com nosso acervo e frentes de trabalho.

A intenção primordial de todas essas atividades é contribuir para que o conhecimento científico possa se transformar em conhecimento público, com a expectativa de que essa transferência venha abastecer tanto a produção de obras de referência como a de obras temáticas. E que também ofereça subsídios para a formulação ou o aprimoramento de políticas públicas, destacando-se: ensino superior e política científica; política agrária; trabalho e renda; relações internacionais, globalização e regionalização; direitos humanos e cidadania; patrimônio cultural e identidades sociais.

Atualmente o CEDEM, por meio de projetos financiados pela FAPESP e outras agências, como BNDES e MinC, dispõe de infraestrutura para o pleno desenvolvimento de suas atividades, tendo implantado um Sistema Informatizado de Pesquisa que integra todos os acervos custodiados, disponibilizado em rede interna de computadores e na Internet. Nossas instalações estão distribuídas por três andares do prédio que abriga o CEDEM, incluindo sala de acervo, salas de tratamento técnico, salas de consulta, pequeno auditório para eventos e dependências administrativas. Está equipado com instrumentos necessários ao desempenho do trabalho de atendimento aos pesquisadores e consulentes. A sala de armazenamento do acervo é guarnecida de mobiliário adequado ao recebimento e conservação de documentos sob vários suportes.

Horário de atendimento ao público: de 2ª a 6ª feira, das 10h00 às 17h30min.

Recursos para consulta: rede de microcomputadores; leitora copiadora de microfilmes (para 16 e 35 mm); banco de dados; catálogo online.

Serviços: xerox e formato digital; a reprodução de documentos está sujeita a avaliação por parte da equipe técnica.

FUNDOS E COLEÇÕES

Coleção: ASMOB

Instituição Acumuladora: Instituto Astrojildo Pereira / IAP

Descrição: prevendo o final do exílio, o ASMOB enviou circulares a pessoas e organizações internacionais de solidariedade que lutavam pela volta do Estado de Direito no Brasil, contra a ditadura militar brasileira, pedindo todo e qualquer tipo de material que tivesse sido produzido para esse fim.

O objetivo principal era que fosse possível, no futuro, conhecer a importância desse período, já que a maioria das campanhas pela Anistia, denunciando as torturas, mortes e prisões, que aconteciam durante o regime militar, tinham sido organizadas no exterior. Além disso, foram recolhidos documentos de teor político e cultural produzidos pelos exilados brasileiros, organizados ou não, em associações e partidos, como também documentos sobre condições de vida e integração dos exilados em diversos países etc.

Organizada a partir de 1977 pelos responsáveis pelo então criado Archivo Storico del Movimento Operaio Brasiliano (ASMOB), esta coleção, de propriedade do Instituto Astrojildo Pereira, está sob custódia da UNESP/CEDEM desde 1994.

A Coleção é formada por documentação textual, panfletos, cartazes, revistas, jornais, livros e outros tipos de documentos doados por militantes de diversas organizações e partidos, que se encontravam exilados em vários países, nas décadas de 1960 e 1970. A documentação reunida nessa coleção é particularmente importante para as pesquisas sobre a esquerda brasileira daquele período, incluindo as organizações armadas. A Coleção ASMOB dispõe de documentos sobre a vida da diáspora brasileira no exterior, registrando suas atividades políticas e culturais. Como exemplo, podem-se mencionar as coleções do Comitê Central do Partido Comunista Brasileiro no exílio e do Tribunal Russell sobre o julgamento dos crimes cometidos contra os direitos humanos nas ditaduras latino-americanas na década de 1970.

LOCALIZAÇÃO	DOCUMENTOS SOBRE A ANISTIA
ASMOB/cx03.03.6,5	Amnesty seeks probe into deaths of 25 brazilians in police custody, - Relatório da Anistia Internacional sobre a prisão e morte de 25 brasileiros sob custódia da polícia., 5 p, Cópia, Londres, 26/04/1973.
ASMOB/cx03.03.9,4	Apell fran det brasilianska kommunistpartiet. Luis Carlos Prestes, - Apelo do PCB pela vida de presos políticos, 04 p., Original, Paris, 1975.
ASMOB/cx03.03.6,8	Apelo em defesa da vida e da integridade física de David Capistrano da Costa. Terezinha Castro Tavares Coelho, Cópia, 24/05/1974.
ASMOB/cx103.03.353	Documentos da Associazione Internacionale Contro la Tortura - ACIT para divulgação de suas ações. Original, Roma, 1981.
ASMOB/cx03.03.6,9	Brasile - La forza del popolo Brasiliano e piu forte della repressione, - Informe sobre a ditadura militar no Brasil, 10 p., Original, Milão 19/04/1971.
ASMOB/cx08.03.27,7	Brasile Brasile Brasile - Dossiê com documentos sobre a real situação econômica, a luta do povo e a política repressiva da ditadura no Brasil para o Tribunal Russell ll, 27 p., Cópia, Genebra, 1972.
ASMOB/cx93.03.311	Denúncias, Apelos e Manifestos - Manifestação de vários setores da sociedade brasileira e internacional sobre os atos cometidos pelo governo brasileiro contra os direitos humanos. Cópia, 1970 a 1979.
ASMOB/cx08.03.27,11	Relatório de denúncia descrevendo métodos e instrumentos de tortura, e listagem de torturadores, mortos, torturados, prisioneiros e desaparecidos políticos, 50 p., Cópia, 1975.
ASMOB/cx02.03.5,7	Document submitted to the United Nations Human Commission on the situation in Brasil da World Federation of Trade Unions e outros. - Denúncia da situação política e social do Brasil elaborada pelas seguintes instituições:World Federation of Trade Unions, World Council of Churches, International Commission of Jurists e Pax Romana, 6 p., Cópia, 23/03/1971.
ASMOB/cx05.03.14,10	Documenti sulla repressione in Brasile - Documentos apresentados em Conferenza Stampa seguido de recortes de jornais brasileiros com notícias sobre tortura em presos políticos, 24 p., Cópia, Roma, 05/06/1975.
ASMOB/cx103.03.350	Dossiê Hiram de Lima Pereira - Correspondência e artigos de jornais do jornalista Hiram de Lima Pereira, Cópia, Recife/Pernambuco, 1950/1960.
ASMOB/ cx47.03.138,1	Dossiê sobre o preso político Ricardo Zarattini Filho - Dossiê contendo recortes de jornal e textos sobre Ricardo Zarattini, da imprensa brasileira e italiana, 111 p., Cópia, 1978.
ASMOB/cx09.03.28,5.2	É preferibile morire lottando contro l'ingiustizia - Giorgio Callegari - Carta do Frei Giorgio Callegari, preso no Cárcere Tiradentes em São Paulo, denunciando as condições da prisão e a tortura e sua decisão de iniciar uma greve de fome (lida em missa celebrada em Sotto il Monte), 1 p., Cópia, São Paulo, 13/09/1970.

LOCALIZAÇÃO	DOCUMENTOS SOBRE A ANISTIA
ASMOB/ cx46.03.136,1	Entrevista com o prisioneiro político, ítalo-brasileiro, Ricardo Zarattini Filho, preso no presídio político do Barro Branco. Contém um carimbo: "CAMPAGNA INTERNAZIONALE prigionero politico italo-brasiliano RICARDO ZARATTINI FILIO", 11 p., Cópia, São Paulo, 1979.
ASMOB/cx02.03.4,1	Expediente sobre o Brasil - Depoimento de 42 presos políticos sobre a tortura, 40 p., Cópia, Bruxelas, 1971.
ASMOB/cx91.03.303	Igreja Católica: Participação no Brasil - Participação da Igreja Católica durante a ditadura militar, no Brasil; seu envolvimento com grupos políticos e atuação na defesa dos direitos humanos. (cartas, relatórios, depoimentos etc.), Original, 1967 a 1979.
ASMOB/cx02.03.5,1	Jessie Jane Vieira de Souza e Colombo Vieira de Souza - Campanha de solidariedade visando a libertação de Jessie e Colombo, 5 p., Cópia.
ASMOB/ cx09.03.28,5	Lettera aperta a un Colonnello Brasiliano - Ettore Masina - Carta dirigida ao Coronel Sérgio Paranhos Fleury, denunciando prisões e torturas, 1 p., Cópia, 1970.
ASMOB/cx46.03.136,10	Lettere e Relatorio del Cárcere - Jessie Jane Vieira de Souza- Cartas e relatório da presa política, relatando suas experiências sobre a repressão, as torturas e críticas sobre os processos encaminhados pelo governo militar. O relatório é datilografado e as cartas são manuscritas. Contém ainda o xerox de um cartaz do Movimento Feminino pela Anistia - Bahia, com um poema, 41 p., Cópia, 1978.
ASMOB/cx28.03.83,8	Luchemos por la amnistia general para los presos políticos - Documento denunciando os maus tratos aos presos políticos (provavelmente da Republica Dominicana) e pedido de mobilização, às organizações políticas e sociais, para preservar a integridade física e moral desses presos, 04 p., Cópia, 1971.
ASMOB/cx08.03.27,3	Messaggio della opposizione rivoluzionaria e democratica brasiliana - Ai nemici del fascismo - Mensagem de grupos revolucionários brasileiros apelando a todas as forças antifascistas mundiais para defender a vida de Ariston O. Lucena, Diogenes S. de Souza e Gilberto F. Lima condenados a morte pela Ditadura Militar Brasileira, 03 p., Cópia, Milão, 20/1/1972.
ASMOB/cx24.03.74,6.1	Moção apresentada na IV Conferênci Internacional da UIS, propondo campanha contra o regime político brasileiro, 02 p., Cópia, Praga, 28/10/1970.
ASMOB/cx09.03.28,5.3	Notizie dalla Chiesa del carcere brasiliano - Giorgio Callegari - Carta do Frei Giorgio Callegari denunciando as arbitrariedades do Regime Militar brasileiro com relação aos presos políticos, 01 p., Cópia, São Paulo, 25/7/1970.
ASMOB/cx28.03.82,1	Pas D´Argent pour la Torture - Denúncia sobre violação de direitos humanos no Brasil no Governo Geisel, 03 p., Cópia, Genebra,1977.
ASMOB/cx02.03.5,3	Prisonniers Politiques et Etat D´Exception - Jean-Louis Weil - Relatório sobre a situação política e social no Brasil em 1976, contendo 3 documentos em anexo, 23 p., Cópia, Bruxelas, 1976.
ASMOB/cx28.03.82	Relatório, da IV Reunião anual do Comitê de Solidariedade aos revolucionários do Brasil, sobre o assassinato de revolucionários e democratas brasileiros no Governo Geisel, 31 p., Cópia, 1976.
ASMOB/cx08.03.27,2	Relazione di presi politici brasiliani - Relação com nomes e histórico da prisão de 42 presos políticos [entre 1969 e 1971], 46 p., Cópia.
ASMOB/cx19.03.62	Rocinante - Publicação em forma de cartaz com ilustrações da repressão policial no Brasil, com relato sobre a ação dos grupos revolucionários brasileiros, 04 p., Original, Caracas, 26/05/1970.
ASMOB/cx89.03.296	Tribunal Russell II: Intervenções nas Sessões, Cópia, Itália, 1973/1974.
ASMOB/cx37.03.111,1.4	Brasile, Scheda - O texto refere-se ao Governo Militar no Brasil, bem como, a repressão e o surgimento de movimentos populares e democráticos no período, 03 p., Cópia, 31/10/1979.
ASMOB/cx94.03.315	Dossiê com documentos sobre campanhas pela anistia no Brasil, organizada pelos exilados brasileiros nos diversos países onde se encontravam, Cópia, 1974 a 1979.

LOCALIZAÇÃO	DOCUMENTOS SOBRE A ANISTIA
ASMOB/cx94.03.314	Dossiê do Comitê Brasileiro pela Anistia com documentos referentes às campanhas pela anistia, Original, 1975 a 1980.
ASMOB/cx94.03.313	Conferência Internacional pela Anistia - Conferência com objetivo de fazer com que a opinião pública, de todo o mundo, saiba da situação política brasileira e se manifeste a favor da anistia e da redemocratização no Brasil, Cópia, Roma, 30/06/1979.
ASMOB/cx18.03.61,3	Dossier sull ´ Amnistia in Brasile - Dossiê com documentos sobre a situação política do Brasil no período do Regime Militar e sobre o processo de anistia. Ver também Asmob 03.51., 46 p., Cópia, Milão.
ASMOB/cx22.03.72,10	Lettera di Argel - Carta de Miguel Arraes, sobre a situação social, política e econômica no Brasil no período do governo Geisel e formas de lutar pela democracia, 8 p., Original, Argel, 25/10/1975.
ASMOB/cx10.03.30,5.1	Movimento Feminino pela Anistia - Texto sobre as atividades do Movimento Feminino pela Anistia, Cópia.
ASMOB/cx31.03.92,5	Risoluzione Generale ed Apello - Resolução da Convenção Nacional dos Trabalhadores seguida de apelo pela anistia geral e irrestrita., 6 p., Cópia, Estocolmo, 22/02/1980.
ASMOB/cx105.03.15	Semana de Solidariedade com o Povo Brasileiro - Dossiê contendo vários documentos sobre a Semana de Solidariedade para com o povo Brasileiro, 50 p., Cópia, Lisboa, 13/04/1977.
ASMOB/cx12.03.37,1	Attualizzazione dello stato delle violazione dei Diritti dell´ Uomo - Documento apresentado ao Tribunal Russell ll denunciando a violação dos Direitos Humanos no Brasil, 25 p., Cópia, 1974.
ASMOB/cx21.03.68,7	Bresil - 1964-1974 - Informe sobre a situação política, social e econômica nos dez anos de Ditadura Militar no Brasil. 20 p., Cópia, Paris, 1974.
ASMOB/cx02.03.4,3.2	Comunicado aos Patriotas Brasileiros - Comunicado da ALN sobre a execução do torturador Otávio Gonçalves Moreira Junior, e do informante policial Manoel Henrique de Oliveira, 2 p., Cópia , 1973
ASMOB/cx11.03.34,6	Conferenza del giornalista Ettore Masina - Conferência sobre o regime político brasileiro pós-64 e documento da Anistia Internacional denunciando a tortura aos prisioneiros políticos no Brasil, 13 p., Cópia, Trento, 07/06/1973.
ASMOB/cx11.03.34	Considerations conclusives sur les causes de la stratégie de la terreur et de la torture - Texto sobre o terror e a tortura utilizados no Regime Militar brasileiro, 23 p., Cópia.
ASMOB/cx77.03.245	Denúncias e Campanhas de Solidadriedade - Documentos sobre as prisões, tortura e morte de pessoas durante a ditadura militar, Cópia, 1975 a 1978.
ASMOB/cx03.03.6,11	Documento enviado ao senhor Helmo Sussekind - Testemunho de defesa sobre as atividades do PCBR acusado de atividades subversivas. Documento enviado ao Sr. Helmo Sussekind, Juiz da 2ª Auditoria Militar do Rio de Janeiro, por um militante do PCBR, 12 p., Cópia, Argel, 1970.
ASMOB/cx20.03.65,6	La Donna e la lotta in Brasile - Informe sobre as atividades da Associazione delle Donne Brasiliane e Italiane, 4 p., Cópia, Milão.
ASMOB/cx12.03.37,4	Lettere dal Brasile - Carta sobre problemas políticos no Brasil. 4 p., Cópia, Milão, 1970.
ASMOB/cx19.03.62,1	Relatório da Segunda Reunião do C.S.R.B. - Relatório com denúncias dos crimes da Ditadura Militar brasileira. 96 p., Cópia, 1974.
ASMOB/cx11.03.34,2	Tribunale Russell 2º Per il Brasile-Cile-America Latina - Denúncia de torturas e mortes praticadas pelo Regime Militar no Brasil, 9 p., Cópia, Trento, 1974.
ASMOB/cx17.03.58,5	Quelques notes sur la realité bresilienne - Relato das condições políticas, sociais e econômicas no Brasil no período do Regime Militar, 55 p., Cópia, Bruxelas, 1976.
ASMOB/cx04.03.10,10	L´action du mouvement populaire et democratique au debut de la 15ª Annee de dictature au Bresil - Dossiê sobre os movimentos de trabalhadores (greves, Manifestações) durante o Regime Militar, 14 p., Original, Paris 28/03/1979

LOCALIZAÇÃO	DOCUMENTOS SOBRE A ANISTIA
ASMOB/cx03.03.6,13	Bresil: Manifestation a São Paulo le 5 mai 77 - Dossiê de Campanha de Solidariedade pela libertação de trabalhadores após manifestação de comemoração do 1º de maio, 10 p., Cópia, Paris 1977
Asmob/03/P.16/207	Cartaz - Alto a la represion y a las torturas!
Asmob/03/P.17/218	Cartaz – Anistia, [1975].
Asmob/03/P.16/198	Cartaz - Arraes de volta - o povo avança.
Asmob/03/P.16/206	Cartaz - Brasil - 10 años de dictadura militar, 1974.
Asmob/03/P.17/219	Cartaz - Brasiliansk kultur...
Asmob/03/P.16/210	Cartaz - Brasiliansk Paskkarneval.
Asmob/03/P.28/378	Cartaz - Danmark og kampen for demokrati i Brasilien.
Asmob/03/P.28/380	Cartaz - Solidaritet med det brasilianske folks.
Asmob/03/P.16/200	Cartaz - Incontro con la resistenza brasiliana, 1971.
Asmob/03/P.17/217	Cartaz - Libertad para el Brasil.
Asmob/02/P.42/278	Cartaz – Anistia, [1975].
Asmob/02/P.45/299	Cartaz - Anistia ampla geral e irrestrita.
Asmob/02/P.45/300	Cartaz - 10 anos de luta 1971 – 1981, 1981.
Asmob/02/P.45/303	Cartaz - Brasile il paradiso della repressione.
Asmob/02/P.46/306	Cartaz - Brasile 73, 1973.
Asmob/02/P.46/307	Cartaz - Jessie – Colombo.
Asmob 01/P.01/01.011	Cartaz - Manifestazione in Solidarietá con la Lotta del Popolo Brasiliano, 1971.
Asmob/02/P.46/308	Cartaz - Pour L'Amnistie Generale au Bresil.
Asmob/02/P.46/309	Cartaz - Per L'Amnistia in Brasile, 1978.
Asmob/02/P.47/310	Cartaz - Manifestazione de Solidarietá con i Popoli Dell'America Latina.
Asmob/02/P.47/311	Cartaz - Eritrean People's Liberation Front.
Asmob/02/P.47/315	Cartaz - Anistia para um Brasil livre e democrático.
Asmob/02/P.48/320	Cartaz - Libertá per il popolo brasiliano.
Asmob/02/P.49/326	Cartaz - La dictadura quiere matar a este revolucionario.
Asmob/02/P.50/332	Cartaz – Brasilienwoche.
Asmob/02/P.50/335	Cartaz - Cose di un altro mondo?
Asmob/01/P.01/02	Cartaz - Armi Italiane Ai Militari - Torturatori Brasiliani.
Asmob/01/P.01/03	Cartaz - Settimana di Solidarieta - al Brasile in Lotta.
Asmob/01/P.02/04	Cartaz - Contro la Barbarie del Facismo e dell Imperialismo a Sostegno dei Popoli Oppressi.
Asmob/01/P.02/05	Cartaz - Semana de Solidariedade com o Povo Brasileiro, 1977.
Asmob/02/P.51/342	Cartaz – Brasilien, 1977.

LOCALIZAÇÃO	DOCUMENTOS SOBRE A ANISTIA
Asmob/02/P.51/343	Cartaz - Jornada Internaconal de Solidaridad con el Pueblo y los Estudiantes del Brasil, 1970.
Asmob/01/P.02/07	Cartaz - Settimana della Cultura Brasiliana, 1977.
Asmob/01/P.03/09	Cartaz - Campagna di solidarietà a favore dei 50.000 bambini abbandonati di Manaus (Capitale dell Amazzonia).
Asmob/01/P.04/11	Cartaz - Amnesty International Contro la Tortura, 1982.
Asmob/01/P.04/12	Cartaz - Gli aspetti politici, economici e culturali della dipendenza nord-sud.
Asmob/01/P.04/14	Cartaz - 11 Maggio Libertà per i Prigionieri Politici in Iran.
Asmob/02/P.58/398	Cartaz – Amnistia, 1979.
Asmob/02/P.59/399	Cartaz - Giornata contro la Repressione in America Latina.
Asmob/02/P.59/402	Cartaz – Amnistia.
Asmob/02/P.59/405	Cartaz - Brasile '64 – 77, 1977.
Asmob/02/P.59/406	Cartaz - Amnestie in Brazilië.
Asmob/01/P.05/18	Cartaz - Bresil 10 ans de dictature et de resistance.
Asmob/01/P.08/24	Cartaz - Solidaritätswoche für die Generalamnestie in Brasilien, 1978.
Asmob/01/P.08/26	Cartaz - Brasil/Solidariedade.
Asmob/01/P.25/91	Cartaz - Solidariedade com o povo Brasileiro.
Asmob/01/P.28/106	Cartaz - Brasilien 14 Jahre Diktatur.
Asmob/Ema 052	Boletim – Maria Quitéria, Movimento Feminino pela Anistia, 1977/1978.
Asmob/Ema 621	Boletim – Anistia!, Comitê 1º de maio aberto, 1977.
Asmob/ Ema 075 – Emb 05	Jornal - Frente Brasileño de Informaciones – Comitê de Denuncia de la Represion en Brasil, 1971/1973.
Asmob/ Emb 021	Jornal – Amnistia – Comitê Pró Amnistia Geral do Brasil, Lisboa 1976.
Asmob/ Ema 035	Bulletin d'Information du Comité Brésil pour l''Amnistie, 1975/1977
Asmob/ Ema 103	Boletim - Bresil Dossiers – Comitê Brésil pour l'Amnistie, 1976/1978.
Asmob/ Ema 105	Bulletin Informatif - Association pour l´amnistie générale des prisonniers politiques au Brésil, 1977/1979.
Asmob/ Ema 039	Boletim – Brasil -Komitéen for amnesti i Brasil, 1977.
C.Amb 15.1 a 15.5 – 8PB – 1 COR	Fotografias do Festival de l'Unita – Torino, [1977 ou 1978].
C.Amb 16.1 a 16.5 - 8PB – 1 COR	Fotografias do Festival de l'Unita – Genova, [1978 ou 1979].
C Amb 14.1 a 14. 7 - 8PB – 1 COR	Fotografias do Festival de l'Unita – Milão, [1975 ou 1976].
C.Amb 13.1 a 13.33 - 8PB	Fotografias do Festival de l'Unita – Milão, 1979.
C.Amb 57.1 a 57.5 – 100PB	Fotografias da Fête de L'Humanité, 1970.

LOCALIZAÇÃO	DOCUMENTOS SOBRE A ANISTIA
C.Amb 1.1 a 1.3 – 6PB	Fotografias da chegada em Argel de 40 pessoas trocadas pelo embaixador alemão (Fernando Gabeira, Apolônio de Carvalho e outros).
C.Amb 12.1 a 12.22 8PB – 1 COR	Fotografias do Festival de l'Humanité – Paris, 1974 e 1978
C.Asmob	Conjunto de cartões postais sobre campanha pela anistia – década de 1970

Fundo: Astrojildo Pereira

Instituição Acumuladora: Instituto Astrojildo Pereira / IAP

Descrição: em 1977 foi possível retirar do Brasil, através de esforços de brasileiros exilados e de outros que resistiam à ditadura, o arquivo de Astrojildo Pereira e incorporá-lo ao acervo do ASMOB – Archivio Storico del Movimento Operaio Brasiliano. Após 17 anos no exílio, esse acervo retornou ao Brasil passando a ser propriedade do Instituto Astrojildo Pereira, e em agosto de 1994 foi entregue sob custódia à UNESP/CEDEM.

LOCALIZAÇÃO	DOCUMENTOS SOBRE A ANISTIA
ASMOB/cx47/Arch. A2/p.4.2	Panfleto - Apello ao povo e as Forças Armadas – Nas comemorações de 5 de julho de 1936, a ANL faz um apelo aos brasileiros para que lutassem em defesa das liberdades democráticas, pela anulação do "estado de guerra" e pela anistia para todos os presos e perseguidos políticos, 1p. Original, 1936.
ASMOB/cx47/Arch.A2/ p4.4	Panfleto - Não permitamos que se processe os parlamentares do povo! – Protesto da ANL contra a licença para processar os parlamentares João Mangabeira, Domingos Velasco, Otavio da Silveira, Abguar Bastos e Abel Charmont, 1p. Original, Rio de Janeiro, 1936.
ASMOB/cx47/ Arch.A2/ p.3.2.2	Panfleto – O grito do povo – Poesia de E. Sucupira para a semana nacional pró-anistia (8 a 15/04/1945), dedicada a Anita Leocádia Prestes, 1p. Original, Rio de Janeiro, 31/03/1945.
AP: 050 / cx 50	Panfletos sobre anistia – 1925 a 1945

Fundo: Roberto Morena

Instituição Acumuladora: Instituto Astrojildo Pereira / IAP

Descrição: com o falecimento de Roberto Morena em 1978, em Praga, seu arquivo foi remetido para Milão por Lyndolpho Silva, que também se encontrava exilado. O arquivo foi complementado posteriormente com os documentos enviados do Brasil pela viúva de Morena, Maria Eugênia Morena. Esse conjunto deu início, em 1977, às coleções e arquivos que foram reunidos e preservados pelo ASMOB – Archivio Storico del Movimento Operaio Brasiliano. Após esses anos no exílio, o acervo retorna ao Brasil passando a ser propriedade do Instituto Astrojildo Pereira. Em agosto de 1994 foi entregue para custódia da UNESP/CEDEM.

LOCALIZAÇÃO	DOCUMENTOS SOBRE A ANISTIA
ASMOB/cx29.03.86,12	Conclusions du Tribunal Russell ll sur la repression en Amerique Latine, - Análise do trabalho realizado pelo Tribunal Russell ll entre 1973 e 1976 sobre a repressão nos países da América Latina e propostas de continuidade. O documento contém duas versões - uma em francês outra em espanhol - e é composto de três partes: conclusões, convite e comunicado à imprensa, 16 p., Cópia, Roma, 1976.

LOCALIZAÇÃO	DOCUMENTOS SOBRE A ANISTIA
ASMOB/cx29.03.86,13	Document de las prisons bresiliennes - Documento denunciando a tortura e as péssimas condições de vida dos presos políticos na prisão da Justiça Militar Federal em São Paulo e relação de torturadores de vários Estados Brasileiros, 51 p., Cópia, Paris.
ASMOB/cx05.03.15,2	Relatório sobre as acusações de tortura no Brasil - Relatório descrevendo as torturas a que eram submetidos os presos políticos no Brasil com depoimentos e listagem com nome de vários presos, 110 p., Cópia, Londres, 1972.
RM: P/318 / cx 26	Documentos da I Conferência Sul-Americana Pró-Anistia para presos e exilados políticos da Espanha e Portugal.
RM: P/328 / cx 26	Documentos de Congressos e Conferências pelas liberdades democráticas, libertação dos povos e pela anistia.
RM: P/440 / cx 30	Manifesto por um projeto de Anistia.
RM: P/441 / cx 30	Projeto do Congresso Nacional que decreta anistia a todos os jornalistas condenados por delitos de imprensa.
RM: P/532 / cx 30	Correspondência da Liga Argentina pelos direitos do homem, sobre o projeto de Lei da Anistia.

Coleção: CEMAP

Instituição Acumuladora: Centro de Documentação do Movimento Operário Mário Pedrosa – CEMAP

Descrição: o Centro de Documentação do Movimento Operário Mário Pedrosa foi criado em 1981, por um grupo de professores, jornalistas e antigos sindicalistas, visando à preservação de registros documentais da história do movimento operário brasileiro e das organizações de esquerda do Brasil e do exterior. A constituição da coleção se deu por meio de doações avulsas de militantes políticos, intelectuais, simpatizantes do Centro e dos próprios fundadores do CEMAP. Em 1994, essa coleção, junto com os demais fundos do CEMAP, foi transferida para a UNESP/ CEDEM, sob custódia.

LOCALIZAÇÃO	DOCUMENTOS SOBRE A ANISTIA
CEMAP/02/P.01/06	Cartaz - 10 anos do assassinato de Vladimir Herzog 1975-1985, 1985.
CEMAP/02/P.01/08	Cartaz - Anistia, [1975].
CEMAP/02/P.01/7	Cartaz - Tortura nunca mais
CEMAP/03/P.10/139	Cartaz - Tribunal Tiradentes, 1983.
CEMAP/03/P.01/08	Cartaz - Uma história do povo sem heróis. Sem medo
CEMAP/02/P.02/13	Cartaz - Campanha pela vida dos condenados à morte.
CEMAP/02/P.42/273	Cartaz - Semana Mundial do Preso - Desaparecido
CEMAP/01/P.14/50	Cartaz - Anistia 10 anos
CEMAP/01/P.20/72	Cartaz – Liberte.
CEMAP/03/P.11/149	Cartaz - Arraes de volta - o povo avança
CEMAP/P7/1547	Boletim – Anistia – Comitê Brasileiro pela Anistia, 1978/1979.
CEMAP/P1/872	Boletim - Amnistia Internacional – Anistia Internacional, 1986.
CEMAP/P9/0252	Boletim - Amnistia Internacional – Anistia Internacional, Londres, 1977/1986.
CEMAP/P7/1539	Jornal – Amnistia – Comitê Pró Amnistia Geral do Brasil, Lisboa, 1976/1977.
CEMAP/P9/0603	Bulletin d' information / Comité Brésil Amnistie – Paris, 1975

Coleção: CBS - Comitê Brasileiro de Solidariedade aos povos da América Latina

Instituição Acumuladora: Centro de Documentação do Movimento Operário Mário Pedrosa – CEMAP

Descrição: o Comitê Brasileiro de Solidariedade aos Povos da América Latina - CBS, fundado em 1980, está associado a vários grupos brasileiros e internacionais que trabalham na defesa dos Direitos Humanos no Brasil e no Cone Sul, entre eles: CBA - Comitê Brasileiro pela Anistia de São Paulo, CLAMOR – Comitê de Defesa dos Direitos Humanos para os países do Cone Sul. Tem como principais atividades denunciar as violações dos direitos humanos; organizar manifestações, programas educacionais para os sindicatos, grupos estudantis, e de organizações populares. Uma pequena parte de sua documentação foi transferida em 1994, junto com os demais fundos do CEMAP, para a UNESP/CEDEM, sob custódia.

LOCALIZAÇÃO	DOCUMENTOS SOBRE A ANISTIA
CBS 5.1 a 5.23 -106PB	Fotografias sobre campanha pela anistia.
CBS 4.1 a 4.15 – 106PB	Fotografias de manifestações contra a Ditadura Militar na Argentina, Mães de Maio e fotos de jornais denunciando seqüestro de crianças.
CBS – P1/ 270	Boletim – Clamor – Comitê dos direitos humanos para os países do Cone Sul, São Paulo, 1978.
CBS – P1/ 136	Boletim - Amnistia Internacional – Anistia Internacional, 1978/1985.
CBS – P7/0068	Boletim - Amnistia Internacional – Anistia Internacional, Londres, 1981.
CBS – P2/278	Boletim - Amnesty Action – Amnesty International – Nova York, 1981.
CBS – P1/146	Revista - Amnesty International – Amnesty International - 1979
CBS – P1/81	Revista - Amnesty International Newsletter - Amnesty International, Londres, 1979/1982.

Centro de Documentação e Informação Científica Prof. Casemiro dos Reis Filho – CEDIC / PUC-SP

INSTITUIÇÃO DETENTORA DO ACERVO

Centro de Documentação e Informação Científica "Prof. Casemiro dos Reis Filho" (CEDIC) / PUC-SP

Endereço: Rua Monte Alegre, 1.104 – Perdizes – São Paulo - SP – **CEP:** 05014-001

Telefones: 011 - 3872-6246 – **Fax:** 011 - 3670-8025

E-mail: cedic@pucsp.br

Sítio na Internet: www.pucsp.br/cedic

Responsável:

Profa. Dra. Yara Aun Khoury, Coordenadora

Equipe técnica:

Ana Célia Navarro de Andrade, historiógrafa

Simone Silva Fernandes, documentalista

Viviane Tessitore, historiógrafa

Equipe de apoio:

Rodrigo Campos Pinto, auxiliar de documentação

Daniel Ribeiro do Prado, auxiliar de documentação

HISTÓRICO E OBJETIVOS

O CEDIC, criado em 5 de setembro de 1980, na Pontifícia Universidade Católica de São Paulo (PUC-SP), constitui-se num espaço de preservação de diferentes tendências e expressões da memória social brasileira. Desde 1986, seu acervo vem reunindo conjuntos documentais de movimentos sociais ligados à Igreja e movimentos de educação. Nos últimos anos, acompanhando as tendências de reflexão da Universidade, seu perfil temático vem sendo ampliado em torno de questões sociais, políticas e culturais. Reúne documentos textuais, orais e iconográficos gerados por movimentos e organizações, por projetos de pesquisa, ou pelas próprias atividades acadêmicas da PUC-SP. Firmando sua identidade como um organismo de documentação para pesquisa e preservação, canaliza esforços na formulação e adequação de metodologia para a organização e descrição de conjuntos documentais de natureza peculiar.

Em 1991, criou seu *Programa de Conservação e Reprografia*, com a microfilmagem de preservação dos Fundos da Ação Católica Brasileira. A partir de então, sobretudo com o apoio da FAPESP, iniciou o processo de ampliação e modernização de seus equipamentos e instalações, visando atender às necessidades de pesquisas realizadas dentro e fora da Universidade, à preservação documental e ao público em geral.

Em 1993, criou seu *Programa de Documentação Oral* e o dotou dos equipamentos especializados, visando a subsidiar a investigação acadêmica e reunir registros orais produzidos pelos projetos de pesquisa.

Em sua área de trabalho, presta serviços especializados, oferece cursos, oficinas e possibilidades de estágio, além de desenvolver projetos específicos e de se dedicar à publicação de instrumentos de pesquisa, como guias e inventários. A partir de 1997 deu início ao processo de informatização, ainda em curso.

Filiado ao Conselho Internacional de Arquivos - CIA, integrando atividades do Conselho Nacional de Arquivos – CONARQ, assim como da Associação de Arquivistas de São Paulo – ARQ-SP, o CEDIC participa dos debates na área da Informação, particularmente direcionados aos Arquivos e Centros de Documentação, mantendo um diálogo proveitoso com Bibliotecas e Museus. Nesse processo, vem alcançando reconhecimento nacional e internacional.

Horário de atendimento ao público: de 2ª a 6ª feira, das 8h30min às 17h30min.

Normas para acesso local: em sua primeira vinda ao CEDIC, o pesquisador deverá preencher um cadastro e, a cada dia, assinar o registro de entrada de usuários. Por meio dos instrumentos de pesquisa, selecionará os documentos que deseja consultar e os solicitará ao funcionário do atendimento.

Documentação necessária para cadastramento do usuário: carteira de identidade ou passaporte para solicitação de consulta ao acervo. Comprovante de residência e comprovante de matrícula em estabelecimento de ensino para solicitação de serviços de reprografia.

Formas de atendimento: No local e à distância (por correspondência, telefone, fax e e-mail).

Reprodução de documentos: o CEDIC possui infra-estrutura para reprodução de documentos por meio micrográfico e digital (incluindo documentos sonoros). É permitida também a reprodução de documentos textuais e iconográficos, através de máquina fotográfica (analógica ou digital) e equipamento para filmagem, mediante autorização da Coordenação do CEDIC, solicitada por carta pelo pesquisador. Não é permitida a reprodução eletrostática.

FUNDOS

Fundo: Ação Católica Brasileira (ACB)

Datas-Limite: 1922-1967

Histórico do titular e da custódia: a Ação Católica Brasileira (ACB) foi oficialmente instituída com os Mandamentos dos Bispos do Brasil, de 9 de junho de 1935. Os Estatutos foram inspirados e quase calcados nos Estatutos da Ação Católica Italiana, cujas organizações fundamentais eram as seguintes: a) Homens da Ação Católica (HAC), para maiores de 30 anos e os casados de qualquer idade; b) Liga Feminina de Ação Católica (LFAC), para as maiores de 30 anos e as casadas de qualquer idade; c) Juventude Católica Brasileira (JCB), para moços de 14 a 30 anos; d) Juventude Feminina Católica (JFC), para moças de 14 a 30 anos. Visava ao apostolado católico geral e ao apostolado social. Tal como seu modelo, era uma organização distinta de todas as outras organizações católicas, contando com estrutura própria e metodologia correspondente, a qual visava à participação do leigo no apostolado da hierarquia da Igreja.

Com relação à Juventude Católica, no âmbito internacional, são organizadas importantes Seções especializadas, que contaram com ramos brasileiros: Juventude Agrária Católica (JAC), para os jovens camponeses; Juventude Estudantil Católica (JEC), para os estudantes do curso secundário; Juventude Independente Católica (JIC), para moças, sobretudo das classes média e alta, que não se encaixavam nos demais Movimentos jovens; Juventude Universitária Católica (JUC), para os universitários; c) Juventude Operária Católica (JOC), para os jovens operários.

Antes da instituição oficial da ACB, já haviam surgido, em diversas Regiões do País, núcleos de jovens cristãos, como por exemplo, a Juventude Feminina Católica (JFC), em Recife (Pernambuco). Em São Paulo, além da fundação da JFC, aconteceram, tanto na Capital como no interior, as primeiras experiências da Juventude Operária Católica masculina e feminina (JOC e JOCF). Seções "jocistas" iniciam-se também no Rio Grande do Sul. Formam-se ainda grupos da JFC em Minas Gerais e no Ceará. No Rio de Janeiro, lançada pelo Centro Dom Vital, surge, em 1930, a Ação Universitária Católica (AUC).

Oficializada a Ação Católica Brasileira, os núcleos de militantes cristãos foram se desenvolvendo de forma desigual. A Ação Católica por meio específico (operária, estudantil, universitária, agrária e independente) – chamada também de Ação Católica Especializada (ACE) –, no setor de jovens, foi se firmando cada vez mais.

Em 1950, a Comissão Episcopal de Ação Católica estabeleceu novos estatutos para a ACB, dispondo da seguinte maneira o quadro geral: Juventude Masculina Católica, constituída pelos movimentos JAC, JEC, JIC, JOC e JUC; Juventude Feminina Católica, constituída pelos movimentos JACF, JECF, JICF, JOCF e JUCF; Homens de Ação Católica, formado pela LAC, LIC, LOC, LUC; Senhoras de Ação Católica, formada pela LACF, LICF, LOCF, LUCF. Aos poucos, movimentos masculinos e femininos fundem-se num só:

Dos movimentos de jovens, pouco depois de 1966, a JUC e a JEC se desligam da ACB e, num clima de repressão política, acabam desaparecendo. A JAC também desapareceu. A JOC, com o aumento da repressão, teve toda a cúpula nacional presa e torturada e quase desapareceu; resistiu, mas entrou, praticamente, na clandestinidade, da qual tornou a emergir posteriormente. Os movimentos de adultos deixaram herdeiros; como a LICF, que influenciou a Renovação Cristã. Na década de 60, começou a surgir, tanto no Nordeste, como no Centro Sul, a Ação Católica Operária - ACO, que conseguiu resistir à perseguição política.

Os documentos que formam o Fundo Ação Católica Brasileira foram acumulados como decorrência da atuação da ACB e constituem parte significativa de seu Arquivo. Foram conservados, após o fim do Movimento, por militantes, assistentes e entidades da ou ligadas à Igreja.

Origem: os documentos foram adquiridos através de doações de militantes e assistentes, e de empréstimo para organização e microfilmagem. Destacam-se as doações feitas por Monsenhor Enzo Gusso, em 1986; Frei Romeu Dale, em 27 de outubro de 1992, 04 de fevereiro de 1993 e 17 de dezembro de 1993, e o empréstimo realizado pelo Instituto Nacional de Pastoral - INP/CNBB, em 1993.

Descrição: o Fundo compõe-se de publicações periódicas; pautas para reuniões; blocos com anotações; resoluções da Comissão Episcopal; propostas para o Episcopado brasileiro; análises das Congregações Marianas; informes ao apostolado leigo; relatórios anuais, relatórios de reunião de Bispos, de assistentes nacionais para a Comissão Episcopal, de Equipes Nacionais, dos trabalhos da ACI (Ação Católica Internacional), dos assistentes nacionais de AC, de reuniões dos assistentes eclesiásticos, da LICF, sobre Congressos Nacionais, de reuniões dos Movimentos de Juventude, provisórios de reuniões, de eventos, de conferências e de projetos; guias de informações e instruções sobre projetos; correspondência enviada e recebida; listas de entidades; inquéritos; textos de análise dos inquéritos, sobre a formação da ACI, sobre a ACE, da hierarquia da Igreja brasileira, dos sistemas econômico-sociais, dos movimentos independentes, dos movimentos universitários, de códigos do trabalho e movimentos de trabalhadores, textos sobre estruturas de organizações diversas, dos Círculos de Estudo, complementares para fundamentação do Evangelho, de revisão de vida, de estudo, de estudo das Equipes Nacionais, de diretrizes para o apostolado leigo e a ACB, de reflexão sobre assistentes, para assistentes eclesiásticos e para militantes, textos para formação de assistentes e dos militantes, de revisão dos Movimentos, de reunião da ACE, de apresentação, de preparação para uso interno das Equipes Nacionais, fragmentos de livros sobre sindicalismo, livros para leitura de adultos, questionários para o Comitê

Executivo, para a Equipe Nacional, de assistentes, destinados ao meio jovem; sobre os Movimentos, relações de ex-jocistas, circulares, cartilhas escolares, resumos de reuniões, sugestões para atividades, planejamento de atividades, folhetos preparatórios para eventos, temários para eventos, programas de eventos, questionários para encontros, conclusões de eventos, proposições aprovadas em Congressos, comunicados de programas e temários de eventos para a ACO, históricos da ACB, ACI, JIC, JUC e dos Movimentos de adultos, estatutos, regulamentos e organogramas da AC e ACB, programas de estudo e de atividades, de estudo para ouvintes, para benjamins, de ação e estudos da LICF, apostilas para treinamento de militantes, apostilas de curso para líderes de comunidade, folhetos de Missas, folhetos com notas jornalísticas, notícias jornalísticas, convites para reuniões religiosas, relações de membros da Equipe Nacional, listas de integrantes da Comissão Episcopal, projetos de compra de casa, garantias de mercadorias, orçamentos anuais e mensais, orçamentos de compras, calendários orçamentários de viagens, balanços financeiros da ACB, livros de prestação de contas à ACB, listas de códigos do caixa geral da ACB, boletins diários do caixa, demonstrativos de gastos e ganhos, listas de contribuições das Dioceses, fichas e folhas de pagamento das Equipes Nacionais, contas de água, contas de luz, contas de telefone, notas fiscais, recibos de aluguel, recibos de assinatura de periódicos, planos de aplicação, duplicatas, notas de recebimento, extratos bancários, comprovantes de serviços aéreos e rodoviários, pedidos de serviço de mercadorias encomendadas, relação dos boletins remetidos, procurações, notas de encomendas postais da ACB, relações dos bens duráveis da ACB, talões de compensação de cheques, talões de notas de venda, tabelas explicativas sobre legislação, notas de esclarecimentos sobre contrato de trabalho, agendas de reuniões, tabelas de divisão de responsabilidades, propostas enviadas à ACB, listas de endereços dos Secretariados Arquidiocesanos, listas bibliográficas sobre a ACB, listas de integrantes da CNBB, listas de endereços para as Equipes Nacionais e relações dos boletins recebidos.

Quantidade: 29 caixas

Organização: organizado (classificação em fase de revisão).

Instrumentos de Pesquisa:

- *Guia da Central de Documentação e Informação Científica "Prof. Casemiro dos Reis Filho" – CEDIC – PUC-SP.* São Paulo, EDUC, 1995. 160p. (Coleção Memória, Documentação e Pesquisa, 3). O Guia também pode ser acessado no site do Centro: www.pucsp.br/cedic.
- *Inventários dos Fundos Juventude Universitária Católica Brasileira (JUCB) e Ação Católica Brasileira (ACB).* São Paulo, 2004. (em fase de revisão)

Restrições ao acesso: não há.

Fundo: Comitê de Defesa dos Direitos Humanos para os Países do Cone Sul (Clamor)

Datas-Limite: 1970-1992

Histórico do titular e da custódia: o Comitê de Defesa dos Direitos Humanos para os Países do Cone Sul (CLAMOR) foi fundado em 1977, por iniciativa de um grupo de leigos cristãos apoiados pelo Arcebispo de São Paulo, Cardeal D. Paulo Evaristo Arns. Órgão vinculado à Comissão Arquidiocesana de Pastoral dos Direitos Humanos e Marginalizados, o Comitê tinha como objetivo inicial proporcionar proteção e assistência aos refugiados dos Países do Cone Sul – Argentina, Brasil, Chile, Paraguai e Uruguai – vítimas de violações dos direitos humanos e que viviam no exílio em conseqüência das arbitrariedades do autoritarismo vigente nesses países, durante o período de 1960 a 1980, aproximadamente. O nome CLAMOR, pelo qual o Comitê passou a ser conhecido, foi retirado do Salmo 88,2 – "inclina teu ouvido a meu clamor" –

enfatizando uma de suas principais características: denunciar as contínuas violações dos direitos humanos ocorridas na América Latina.

A equipe do CLAMOR era formada por cerca de dez pessoas, das quais apenas uma – a secretária – trabalhava em tempo integral. Os demais membros se reuniam uma vez por semana para definir as tarefas que deveriam realizar. Um dos principais responsáveis pela fundação do CLAMOR foi o Reverendo Jaime Wright, Presidente do Movimento durante vários anos, dele desligando-se em 1984 para cuidar de outras atividades, também na área de direitos humanos.

As principais atividades desenvolvidas pelo CLAMOR eram a realização de conferências de imprensa, nas quais eram denunciadas violações de direitos humanos; seminários de caráter internacional referentes à situação dos países do Cone Sul e campanhas pelas crianças desaparecidas, em conjunto com a Associação "Abuelas de Plaza de Mayo", tendo prestado vital colaboração na localização de crianças e adultos; além da elaboração de informes gerais sobre violações dos direitos humanos que ocorriam no Cone Sul, de cartilhas e folhetos críticos da Doutrina de Segurança Nacional e divulgadores dos valores democráticos. O Boletim CLAMOR trazia informações sobre as atividades da entidade, notícias e análises da situação do Brasil e dos Países do Cone Sul, assim como notícias e documentos mais gerais sobre direitos humanos. Era editado em português, inglês e espanhol.

Durante a sua existência, o CLAMOR manteve intercâmbio constante com diversas organizações afins, tanto do Brasil, quanto da América Latina, América do Norte e Europa, tais como *Comisión Chilena de Derechos Humanos* (CCDH), *Federación Latinoamericana de Asociaciones de Familiares de Detenidos Desaparecidos* (FEDEFAM), *Asociación Centroamericana de Familiares de Detenidos Desaparecidos* (ACAFADE), *Madres e Abuelas de Plaza de Mayo*, *SOS Torture*, *Comisión Andina de Juristas*, *Amnistia Internacional*, *Centro Ecumênico de Documentação e Informação* (CEDI), *Fundación de Ayuda Social de las Iglesias Cristianas* (FASIC) e Organização das Nações Unidas (ONU).

Com a abertura política do início da década de 80 e o consequente fim dos regimes autoritários na região do Cone Sul, paulatinamente o CLAMOR foi perdendo a sua principal função – proteger e assistir os refugiados políticos –, extinguindo-se em 1991.

Os documentos que formam o Fundo CLAMOR foram acumulados como decorrência de sua atuação e constituem parte significativa de seu Arquivo. Foram conservados, após o fim do Movimento, por militantes que dele participaram.

Origem: os documentos foram adquiridos através de doação do Centro Ecumênico de Serviço à Evangelização e Educação Popular - CESEP, em 16 de abril e 13 de maio de 1993. Em dezembro de 1999, a parte da documentação que esteve sob a guarda do Arquivo da Arquidiocese de São Paulo foi doada pela Dra. Michael Nolan e pelo Dr. Luiz Eduardo Greenhalgh. Em fevereiro de 2001, outra parcela da documentação foi doada pela jornalista Jan Rocha.

Descrição: o Fundo compõe-se de informes mensais e anuais das atividades desenvolvidas por organizações de defesa dos direitos humanos, relatórios de conferências sobre presos e desaparecidos políticos, correspondência sobre prisões e desaparecimentos ocorridos na América Latina, formulários para assinatura de publicações, dossiês sobre detidos / desaparecidos políticos, listas de nomes dos presos / desaparecidos / mortos encontrados, informes mensais sobre as situações repressivas ocorridas no Chile e no Peru, cartazes sobre as prisões e desaparecimentos forçados em vários países da América do Sul, cartazes sobre eventos em defesa dos direitos humanos, folders de divulgação de cursos e de entidades de direitos humanos, catálogos de publicações à venda, textos de estudo e de reflexão sobre violação de direitos humanos, listas de presos políticos do Chile, listas de estatísticas de prisões e desaparecimentos forçados na América Latina, discursos, relatórios de campanhas pelos direitos humanos, textos sobre a atuação de organismos de Direitos Humanos no Chile, resoluções de reuniões, cartilhas sobre direitos humanos, relatórios de viagens pela América Latina, folders de campanha contra a violência, recursos de advogados perante o Tribunal de Justiça, matérias jornalísticas sobre presos e desaparecidos políticos, manifestos de familiares contra a impunidade do Estado e de seus funcionários, livros e folhetos sobre direitos humanos e sua violação e publicações periódicas de várias organizações voltadas para a defesa dos direitos humanos na América Latina.

Quantidade: 105 caixas e 29 pastas

Organização: parcialmente organizado.

Instrumentos de Pesquisa:

- *Guia da Central de Documentação e Informação Científica "Prof. Casemiro dos Reis Filho" – CEDIC – PUC-SP.* São Paulo, EDUC, 1995. 160p. (Coleção Memória, Documentação e Pesquisa, 3) O Guia também pode ser acessado no site do Centro: www.pucsp.br/cedic.
- ANDRADE, Ana Célia Navarro. *Descrição do Fundo Comitê de Defesa dos Direitos Humanos para os Países do Cone Sul.* Dissertação de Mestrado em História Social – Linha de Pesquisa "Historiografia e Documentação", orientada pela Profª Dra. Ana Maria de Almeida Camargo, defendida na Faculdade de Filosofia, Letras e Ciências Humanas - FFLCH, da Universidade de São Paulo (USP), em dezembro de 2000. São Paulo, 2000.

Restrições ao acesso: acesso restrito durante o processamento técnico do Fundo. Alguns depoimentos, selecionados pelos antigos membros do Clamor, foram considerados sigilosos, por abordarem a vida de menores de idade na ocasião de sua produção. O grupo ainda não definiu o prazo de vigência dessa restrição.

Fundo: Grupo Solidário São Domingos (GSSD)

Datas-Limite: 1980-2002

Histórico do titular e da custódia: o Grupo Solidário São Domingos (GSSD) surgiu informalmente em 1982 com o nome de Grupo de Tradução São Domingos. Originalmente, realizava traduções de textos sobre a Teologia da Libertação, que começava a se difundir na América Latina, e sobre movimentos sindicais na Europa, com o intuito de fortalecer aqueles que se formavam no Brasil no início da década de 80. O surgimento do Grupo deveu-se, principalmente, aos esforços do maltês Frei João Xerri, Vigário da Paróquia de São Domingos, e da leiga dominicana Lília do Amaral Azevedo.

Influenciado pela Teologia da Libertação, o GSSD passou a ter um maior interesse pelo combate às desigualdades sociais no Brasil, assim como pelos problemas delas decorrentes. O Grupo se firmou tanto através de ações independentes como através de parcerias com outras entidades, como o MST (Movimento dos Trabalhadores Sem Terra), a CPT (Comissão Pastoral da Terra) e a CJP (Comissão de Justiça e Paz).

A partir de 1984, após participar de um Intercâmbio Teológico na África do Sul, passou a manter contato com outras organizações que trabalham pela defesa de causas humanitárias no mundo, vinculadas ou não à Igreja. Nessa viagem, chamou a atenção do Grupo a situação da África do Sul, que se encontrava no auge do *Apartheid* – regime de segregação racial. Ao chegar ao Brasil, passou a divulgar à sociedade e à mídia brasileiras a situação dos sul africanos.

Posteriormente, passou a combater as ditaduras militares na América Latina, principalmente na Guatemala, Haiti, Nicarágua e Panamá. Chamou ainda atenção para o desrespeito à cultura indígena na América Latina, em especial para os conflitos entre a população indígena e o Governo mexicano na Província de Chiapas.

Atuou igualmente em favor do Timor Leste, levando a criação do Grupo Clamor Por Timor, por sugestão da jornalista Jan Rocha, inspirado no Grupo Clamor, que havia atuado na ajuda a presos políticos e a crianças seqüestradas no período das ditaduras militares da América Latina. Embora o País fosse dominado pelo Governo indonésio desde 1975, a atuação do GSSD se dá a partir de 1993, após entrar em contato com o jovem timorense Estevão Cabral, à procura de grupos no Brasil interessados em divulgar o massacre que estava ocorrendo em seu país. Graças ao impacto que a situação do Timor obteve na mídia, à pressão de governos e de entidades como o GSSD, esse País adquiriu sua independência em 1999.

O GSSD também é responsável, há mais de 11 anos, pela realização da Agenda Latino Americana, um encontro de entidades e grupos de solidariedade para discutir questões sociais decorrentes de acontecimentos no mundo, especialmente no continente americano.

Os documentos que formam o Fundo GSSD foram acumulados como decorrência de sua atuação e constituem parte significativa de seu Arquivo. Foram conservados, no decorrer da trajetória do Movimento, por seus militantes. A parcela da documentação que podemos considerar corrente, pois o Movimento continua em atividade, está sob sua guarda.

Origem: O Fundo GSSD foi doado ao CEDIC por Lília do Amaral Azevedo, participante do Movimento, em 10 de dezembro de 2002.

Descrição: O Fundo compõem-se de documentos produzidos e recebidos pelo Grupo, de acordo com as causas de que participava ou apoiava e de traduções de textos feitas pelo GSSD, tais como correspondência, catálogos de publicações e vídeos, entrevistas, estatutos de organizações cristãs, artigos do GSSD, artigos de jornais e revistas sobre temas vinculados à atuação do Grupo, calendário, dossiês de viagens, pedido de visto para entrada em Moçambique, fichas de inscrição, tradução de cartas de autoridades brasileiras à Anistia Internacional, fotocópia e traduções de publicações sobre questões sociais e políticas na América-Latina e na África do Sul, relatórios de viagem, relatórios financeiros, roteiros de viagem, Declaração Universal dos Direitos Humanos, abaixo-assinado da Anistia Internacional do Ceará, apostilas e documentos da Jornada de Reflexão Teológica da PUC do Peru, apostilas sobre a África do Sul, posters da África do Sul, cronologia de repressão e resistência na África do Sul, declaração do Encontro do Conselho Mundial de Igrejas na África do Sul, documentos de ato público pelo fim do *apartheid*, folheto de oração pelos presos da África do Sul, projeto de bolsas para refugiados da África do Sul, cartaz em homenagem a Samora Machel, ficha de serviços de débito anual dos países da África Subsaariana, dossiês das visitas de Desmond Tutu, de Michael Lapsley e de Nelson Mandela ao Brasil, modelo de carta a ser enviada ao Presidente dos Estados Unidos, solicitando ajuda aos sudaneses, biografias, Boletins de movimentos negros, de entidades católicas e leigas, nacionais e internacionais, voltadas para os problemas sociais e direitos humanos, cartas de Bispos brasileiros ao Secretário-Geral da ONU (Organização das Nações Unidas), do Governo brasileiro ao FMI (Fundo Monetário Internacional), de Rigobérta Menchú para os índios de Chiapas, pedidos de ajuda ao povo de Chiapas, proposta de estratégia de paz para Chiapas da CONAI (Comissão Nacional de Intermediação), relatórios de visitas da Comissão Extraordinária Permanente de Direitos Humanos da Câmara de São Paulo e de delegação internacional a Chiapas, resolução final do 4º Congresso Nacional do Partido da Revolução Democrática de Chiapas, cartas abertas dos Encontros Intereclesiais de CEBs (Comunidades Eclesiais de Base), aos religiosos do Brasil, da SERPAJ (Serviço Nacional de Justiça e Não Violência) e do MNDH (Movimento Nacional pelos Direitos Humanos), adesivos e cartazes de eventos pela libertação do Timor Leste, dossiê da visita do General indonésio Suharto ao Canadá, impressão do conteúdo do site do grupo *América Unida Por Timor*, informes do *Clamor Por Timor*, memórias das reuniões do Grupo Amigos do Timor, programação do concerto visual pelo Timor Leste, receitas culinárias e selos postais do Timor Leste, encarte do CD do Projeto

Enlace, documentos relativos a Celebrações especiais, documentos relativos a eventos religiosos na Igreja São Domingos, comunicados de entidades cristãs e leigas sobre áreas de atuação do GSSD, comunicados de organizações guerrilheiras latino-americanas, cursos ministrados por entidades cristãs, dossiês de Encontros de Movimentos brasileiros, latino-americanos e africanos, dossiê da Campanha Perdizes Pró Nordeste (promovida pelo GSSD), dossiês sobre pessoas, projetos e entidades católicas e leigas, nacionais e internacionais, ligadas a causas sociais e em defesa dos direitos humanos, dossiê do Consejo Supremo Electoral da Nicarágua, documentos relativos à vigília pelos povos da Nicarágua e da América Central dossiê de livro sobre o Haiti, planos de ação para o Haiti, relatórios de atividades e observação no Haiti, folhetos de entidades católicas e de movimentos sociais, nacionais e internacionais, vinculados a causas populares e a defesa dos direitos humanos, abaixo-assinado da organização Jubileu 2000, gráfico demográfico das 10 maiores cidades do mundo, guia da CAHAC (Cape Areo Hasing Action Committee), informativos de organizações internacionais, entidades católicas ligadas a causas sociais e de direitos humanos da América Latina e África, informes sobre mandatos de parlamentares de esquerda, informes do Movimento Punk em apoio à causa zapatista, Jornal do Diretório Nacional do PT (Partido dos Trabalhadores) sobre as eleições, nota da Executiva Nacional do PT, resoluções do 5º Encontro Nacional do PT, questionário sobre o boletim de notícias do PT, dossiê de lançamentos de livros sobre as causas defendidas pelo GSSD, letras de músicas, poemas, lista de coleta de assinaturas de movimentos pela moradia, listas de endereços, lista de eventos pelo processo de paz na América Central, lista de participantes do 1º Congresso Andino de CEBs, listas de telefones, liturgias de missas, livro de cantos do Projeto *Levanta-te Mulher,* do Grupo Feminino de Reflexão Teológica, manifestos de Igrejas e de movimentos sociais, mensagem de solidariedade ao Frei Leonardo Boff, panfletos de campanhas sociais, de encontros, de exposições, de livros e do Projeto Oboré, partituras musicais, projeto do Grupo Circo Alegria do Povo, projeto de lei de combate à corrupção eleitoral, proposta do documento final da Conferência do Conselho Europeu de Bispos, pronunciamentos na Câmara dos Deputados, publicações de entidades católicas e leigas, nacionais e internacionais ligadas a causas sociais e aos direitos humanos, relatórios de eventos católicos ligados a questões sociais, e de entidades como as CJPs (Comissões de Justiça e Paz), a Organização de Auxílio Fraterno, a CLAR (Confederação Latino Americana de Religiosos), a East Timor Human Rights Centre, o IBASE, o MIAMSI (Movimento Internacional de Apostolado dos Meios Sociais Independentes), a OAB (Ordem dos Advogados do Brasil) e a ONU, textos sobre a América Latina, de peças teatrais e religiosos.

Quantidade: 34 caixas

Organização: parcialmente organizado.

Instrumentos de Pesquisa: Não há.

Restrições ao acesso: não há.

Fundo: Juventude Agrária Católica do Brasil (JACB)

Datas-Limite: 1942-1967

Histórico do titular e da custódia: em 1947, houve uma primeira tentativa de organização e união dos jovens rurais, realizada pelo Bispo de Caicó (RN), mas esta não encontrou maior eco. Foi quando Angela Neves, preocupada com a situação dos jovens rurais, realizou em Campos (RJ) uma pesquisa para obter dados mais precisos sobre a realidade rural brasileira, pesquisa essa objeto de estudo da Ação Católica Geral. Apoiada pelo Secretariado Geral da AC, Angela foi às bases, realizando as primeiras experiências. Entre 1949 e 1958, o setor feminino comandou a JAC. Muitos jovens, ao se engajarem, foram se deslocando para outros locais. Assim, o Movimento foi atingindo outros Estados, expandindo-se pela Região Nordeste.

O ano de 1958 foi significativo para o Movimento: em meio a eventos promovidos e perspectivas de atuação traçadas, a JACB estruturou-se melhor; instituiu-se a JAC Masculina (JACM) e a JAC Feminina (JACF). As atenções se voltaram para uma organização mais dinâmica das atividades de valorização das atitudes morais, da prática religiosa, do trabalho comunitário, de educação e recreação. Nessa fase, o Movimento passou a contar com a seguinte organização: Conselho Nacional, Secretariado ou Equipe Nacional, Secretariados ou Equipes Regionais, Comitês Estaduais, Comitês Diocesanos, Seções de base, cada um com suas funções específicas. A JACB criou também a chamada JAC Adolescente, para atender jovens entre 11 e 17 anos. Subdividia-se em setor masculino e setor feminino e estava subordinada ao Secretariado Nacional.

A partir de 1959, o campo vive algumas transformações sociais: Movimentos rurais das mais variadas linhas de ação desenvolvem um trabalho de conscientização e de politização do homem rural; há um processo crescente de sindicalização e de alfabetização dos trabalhadores rurais. Essas transformações se expressaram também na JACB. Após 1961, nos Seminários de Estudos passa-se a refletir sobre a reforma agrária e a realidade política e econômica do meio rural, e as publicações trazem matérias abundantes sobre sindicalização rural, estatuto da terra, discussões sobre preços mínimos para produtos agrícolas, sobre novas perspectivas para a empresa agrícola e sobre incentivos à formação técnica do jovem rural. Foi um período de intensas avaliações das posições e procedimentos da JACB. A preocupação dos jovens rurais era a de vivenciar a cristandade a partir do cotidiano e de suas problemáticas, dando importância à formação individual dos militantes.

O Conselho Nacional, em 1962, retomou as discussões de 1961, vivendo tensões: o Movimento refletia sobre a estrutura social, tendo em vista transformá-la, ao mesmo tempo em que resistia ao envolvimento de jacistas com sindicatos, órgãos públicos e técnicos. A partir de então, deu-se um embate de natureza doutrinária e política entre as Equipes Nacionais e Seções de Base, tanto da JACF, quanto da JACM.

Em 1963, constituiu-se uma estrutura sul-americana de JAC, orientada pela JAC Internacional. A JAC do Brasil, então oficialmente filiada ao Movimento Internacional da Juventude Agrícola e Rural Católica (MIJARC), com sede em Louvain (Bélgica), responsabiliza-se pela integração e pelos trabalhos da JAC da América Latina.

Em fins de 1963 e 1964, as Equipes de Base foram absorvidas pelas questões políticas que já então vinham sendo promovidas pelas Equipes Nacionais. Frente ao envolvimento crescente dos militantes com as lutas por reformas sociais, o III Conselho Nacional (1964) procurou estimular reflexões sobre o engajamento cristão, salientando que o militante deve combinar aspectos da vida familiar, profissional e associativa com os projetos político e religioso.

Em 1966, a CNBB, preocupada com a linha política e social tomada pelos Movimentos especializados de juventude católica, lhes impôs o fim de suas atividades. Mas a JACB continuou promovendo a revisão de suas atividades para o meio rural. Nos eventos, aprofundaram-se discussões sobre questões como reforma agrária, cooperativismo, sindicalismo, associação de classe, migrações, previdência social para a população rural, formação de líderes e o papel da juventude no desenvolvimento da América Latina; produção de publicações educativas, de programas de alfabetização e radiofônicos de técnicas agrícolas e, numa dimensão mais religiosa, em torno da reforma litúrgica, de estudo dos documentos conciliares e do "despertar para o espírito de responsabilidade cristã".

Entretanto, não conseguiu permanecer por mais tempo em atividade, pois, aos poucos, seus militantes se espalharam por outros órgãos e Movimentos sociais voltados para os problemas do campo e sua transformação. Cessou suas atividades em meados da década de 1970.

Os documentos que formam o Fundo Juventude Agrária Católica do Brasil foram acumulados como decorrência da atuação da JACB e constituem parte significativa de seu Arquivo. Foram conservados, após o fim do Movimento, por militantes, assistentes e entidades da ou ligadas à Igreja.

Origem: os documentos foram adquiridos através de doação do Padre Jamil Nassif Abib, em 1988, e de empréstimo do Instituto Nacional de Pastoral – INP/CNBB, em 1993.

Descrição: O Fundo compõe-se de documentos produzidos e recebidos pelos órgãos nacionais e regionais do Movimento, tais como estatutos arquidiocesanos, estatutos e regulamentos internos do Movimento, registros dos estatutos, listas de nomes de militantes, circulares, folhetos de reflexão, jogos cênicos, cânticos, planejamento e programas de atividades, programas de estudo para permanentes, bibliografia sobre trabalhadores rurais, estudos sócio-econômicos, matérias jornalísticas sobre política agrária, programas para discussões, relatórios de trabalhos, relatórios de visitas para contatos e nucleação, calendários de encontros, relatórios de conclusões de eventos, relatórios de cursos, listas de gastos dos encontros regionais, listas de gastos dos seminários diocesanos e nacionais, boletins de notas das militantes femininas, fichas de inscrição para cursos de militantes femininas, publicações periódicas, orações para vigília, vocabulário jurídico, petições para adesão ao Movimento, projetos à Comissão Episcopal Alemã Adveniat, balanços financeiros, relatórios de gastos com viagens, demonstrativos financeiros, listas de bens, avaliação de ajuda recebida, avaliação geral de gastos, extratos bancários, relatórios do movimento financeiro, textos de revisão dos programas de atividades, textos sobre o Movimento e de revisão de sua organização, de análise sócio-econômica, preparatórios para eventos e de orientação para militantes.

Quantidade: 20 caixas

Organização: organizado e microfilmado.

Instrumentos de Pesquisa:

- *Guia da Central de Documentação e Informação Científica "Prof. Casemiro dos Reis Filho" – CEDIC – PUC-SP.* São Paulo, EDUC, 1995. 160p. (Coleção Memória, Documentação e Pesquisa, 3). O Guia também pode ser acessado no site do Centro: www.pucsp.br/cedic.
- *Inventários dos Fundos: Juventude Agrária Católica do Brasil (JACB), Juventude Estudantil Católica do Brasil (JECB), Juventude Independente Católica do Brasil (JICB).* Coord. Yara Aun Khoury. São Paulo, Imprensa Oficial do Estado, 1998. 172p. (Coleção Memória, Documentação e Pesquisa, 5)

Restrições ao acesso: não há.

Fundo: Juventude Estudantil Católica do Brasil (JECB)

Datas-Limite: 1940-1967

Histórico do titular e da custódia: a Juventude Estudantil Católica organizou-se, inicialmente, como um grupo basicamente feminino, a partir de 1935. Num primeiro momento, sua atuação se restringiu às Associações Religiosas, tendo por finalidade a descoberta da Igreja pelos estudantes e a difusão do cristianismo dentro das escolas. Em 1947, iniciou-se a elaboração de experiências para aplicação no Brasil, após a participação de Vera Jaccoud e Jeannette Pucheu, na Sessão Internacional, promovida pelo Centro Internacional de Documentação e Informação, tomando então o Movimento dimensão nacional.

Com a promulgação dos novos Estatutos da Ação Católica Brasileira (ACB), em 1950, tornaram-se claras as especializações dos Movimentos de Juventude: Juventude Masculina Católica (Agrária; Estudantil; Independente; Operária e Universitária) e Juventude Feminina Católica (com as mesmas subdivisões). Em 1953, foram publicados os Estatutos da JEC no Diário Oficial da União.

Com a expansão do Movimento, organiza-se, em 1956, uma Equipe Nacional responsável pela continuidade desse processo e pelo estabelecimento de uma ligação estrutural entre os núcleos diocesanos e com a própria Equipe. Foram realizados encontros para proposição de programas anuais, e se estruturaram as Equipes

Regionais, a fim de que adaptassem os programas anuais às regiões e propagassem a linha do Movimento. À medida que se estruturou, a JEC passou a fazer parte, ainda em 56, da Juventude Estudantil Católica Internacional (JECI), tendo assim bases comuns com os demais Movimentos Católicos estudantis do mundo. Em julho de 1957, ocorreu o 1º Encontro Nacional de JEC, onde estavam presentes militantes, adjuntos e assistentes vindos de 15 Estados, sendo discutidas as necessidades do Movimento.

Nesse período, a atuação da JEC era basicamente catequética, introduzindo o cristianismo sem retirar o estudante do seu meio, através de uma ação individual ou de um trabalho coletivo nos colégios.

A partir do final dos anos 1950, o Movimento começou a refletir os problemas do meio social e da Igreja. Foi lançada em todo o Brasil a experiência da Semana do Estudante, que, através de assembléias, procurava instigar os militantes presentes a uma reflexão sobre suas responsabilidades e sua vida cristã. Este período é marcado por atividades que procuravam atingir, além dos problemas estudantis, questões mais abrangentes, buscando eficácia nos diversos segmentos sociais. O meio estudantil é compreendido como fruto da sociedade em todos os aspectos (político, econômico, religioso), assim é também tido como centro para o debate de questões que refletem os problemas sociais. As atividades são de massa, como as campanhas, conferências, penetração nos grêmios, clubes e um início de participação na política nacional estudantil, além de atividades extra-colegiais, como participação nas questões dos bairros. Estas reflexões foram para o 1º Conselho Nacional de JEC, realizado no Rio de Janeiro, em 1959, com a finalidade de deliberar sobre a linha do Movimento. Em 1961, foi realizado, em Belo Horizonte, o 3º Conselho Nacional de JEC, onde se definiu que a JEC, enquanto Movimento filiado à Igreja, baseada no próprio princípio de evangelização, deveria voltar-se para as questões sociais da época, levando, juntamente com a evangelização, a mensagem de justiça social às comunidades.

O Movimento vai assumindo cada vez mais um caráter social, tendo os problemas políticos e econômicos do País como questões latentes nos vários encontros. Nesta etapa, os estudos estão direcionados para as contradições da estrutura social, a fim de renová-las. O Encontro Nacional de Estudos de Política Estudantil, no Alto da Boa Vista, em novembro de 1963, demonstrou que a JEC estava dividida entre os que permaneciam na proposta de apenas cristianizar o meio e os que pretendiam, através da cristianização, conscientizar os indivíduos de suas responsabilidades político-sociais.

Com o golpe militar, em 1964, e com a hierarquia eclesiástica firme quanto a suas posições de não engajamento político dos Movimentos de Juventude, a JEC foi se desagregando. Em 1966, com a descentralização dos Movimentos em relação à hierarquia da Igreja, proposto pela CNBB, a JEC organiza um Conselhinho Nacional para refletir sobre a situação em que se encontrava. Concluindo que estava com sua base desestruturada e que a situação histórica em que o País se encontrava desarticulava qualquer tentativa de mobilização social, a Equipe Nacional se desliga do Movimento, formando um grupo autônomo, com objetivos políticos e sociais. Os que permaneceram na JEC tentaram rearticular o Movimento em algumas regiões, no período de 1967 a 1970; não obtendo grandes resultados, decidiram finalizar suas atividades.

Os documentos que formam o Fundo Juventude Estudantil Católica do Brasil foram acumulados como decorrência da atuação da JECB e constituem parte significativa de seu Arquivo. Foram conservados, após o fim do Movimento, por militantes, assistentes e entidades da ou ligadas à Igreja.

Origem: os documentos foram adquiridos por doações de militantes e assistentes, destacando-se a de Frei Romeu Dale, em 17 de dezembro de 1993, e pelo empréstimo realizado pelo Instituto Nacional de Pastoral – INP/CNBB em 1993.

Descrição: o Fundo compõe-se de documentos produzidos e recebidos pelos órgãos nacionais e regionais do Movimento, tais como anais de eventos, artigos jornalísticos, atestados, balanços financeiros, cadernos de análise do método de trabalho, de atividades, de anotações para militantes, de círculos de estudos, de conclusões de eventos, de formação de militantes, de orientação para dirigentes e sobre passagens bíblicas, cartas abertas aos militantes, cartazes comemorativos, controle de venda de publicações, convites de formatura, convites para renovação do compromisso jecista, correspondência, declarações, declarações de princípios religiosos e de resoluções de eventos, deliberações, dossiê pré-JEC Masculina e Feminina, dossiês de eventos e dos Conselhos nacionais e regionais, envelopes para contribuições, esquemas, esquemas de adaptação de programa de atividades, de estudos, de nucleação, de sugestões de atividades, estatutos da JECB, de entidades estudantis e de movimentos de Juventudes Internacionais, faturas, folhetos explicativos sobre a JEC, folhetos litúrgicos e religiosos, hinos, históricos do Movimento, indicações para o cargo de assistente, informes aos militantes e de atividades, inquéritos, inquérito de revisão do Movimento, preparatórios de eventos e sobre o meio estudantil, instruções para preparação de jornal, jogos cênicos, jograis, listas de dioceses jecistas, de endereços das sedes da JECB, de endereços de entidades católicas internacionais, de endereços regionais, de nomes de jecistas e de publicações remetidas aos Colégios, manifestos aos militantes, normas religiosas, orçamentos de gastos gerais, panfletos de campanhas religiosas, peças teatrais, pedidos de aprovação dos trabalhos regionais, planos de ação, de férias, de gastos, de gastos com militantes e de inquéritos, procurações, programas de espetáculos, de estudos, de eventos, de visitas e do Conselho Nacional, publicações, relação de ocupantes de cargos no Movimento, de dirigentes e assistentes, de documentos pontifícios e de eventos, relatórios de atividades do Movimento, de programa radiofônico da JEC, de reunião, de revisão e planejamento de atividades, apresentados em eventos e síntese de comissões do Movimento, resumos de conferências e de eventos, roteiros de atividades, de espiritualidade e para programação de lazer, temários de eventos, textos de análise sobre a JEC, JECI, o meio estudantil e sócio-político, apresentados em eventos, de orientação religiosa, de formação de líderes e para círculos de estudos, de nucleação, de orientação para registro de sociedade civil, de revisão de vida e sobre estruturas do Movimento.

Quantidade: 23 caixas

Organização: organizado e em fase de preparação para microfilmagem.

Instrumentos de pesquisa:

- *Guia da Central de Documentação e Informação Científica "Prof. Casemiro dos Reis Filho" – CEDIC – PUC-SP.* São Paulo, EDUC, 1995. 160p. (Coleção Memória, Documentação e Pesquisa, 3). O Guia também pode ser acessado no site do Centro: www.pucsp.br/cedic.
- *Inventários dos Fundos: Juventude Agrária Católica do Brasil (JACB), Juventude Estudantil Católica do Brasil (JECB), Juventude Independente Católica do Brasil (JICB.)* Coord. Yara Aun Khoury. São Paulo, Imprensa Oficial do Estado, 1998. 172p. (Coleção Memória, Documentação e Pesquisa, 5)

Restrições ao acesso: Acesso restrito durante o processamento técnico do Fundo.

Fundo: Juventude Operária Católica (JOC)

Datas-Limite: 1947-1970

Histórico do titular e da custódia: a Juventude Operária Católica foi fundada em Bruxelas (Bélgica), em 1923, pelo Sacerdote Joseph Cardjin, oriundo de família operária. Foi oficializada em 1925, durante seu Primeiro Conselho Nacional naquele país. Expandindo-se internacionalmente, o Movimento instituiu a Internacional Jocista (JOCI) em 1947, também sob a liderança do Padre Cardjin, com o objetivo de fortalecer sua coordenação, tanto em nível local, quanto nacional e continental.

Administrativamente, a JOC contava com Equipes Nacionais, Regionais e Locais, formando uma estrutura hierárquica acompanhada por assistentes eclesiásticos em cada nível, além de se organizar em Conselho Internacional, Equipe Internacional e Secretariados Internacionais.

Enquanto Movimento de Igreja e parte da Ação Católica, a JOC guardava seu caráter religioso, mesmo quando elaborava uma concepção de fé bem mais voltada para a realidade social do que outras tendências católicas. Propunha-se a ensinar o jovem trabalhador a viver uma vida completa e mais humana, a ser um corpo representativo, que defendesse o direito dos operários. Constituiu-se em torno da proposta do jovem operário tornar-se um apóstolo no próprio meio, construindo sua formação na e pela ação.

Os primeiros grupos da JOC no Brasil foram criados a partir de iniciativas esparsas, ainda nos anos 1920, adquirindo maior importância a partir de 1947, ano de realização da Primeira Semana Nacional de Estudos, em São Paulo, momento em que a ACB começava a se reorganizar. Quando da visita do Padre Cardjin ao Brasil, em 1948, a JOC oficializou-se em bases nacionais.

A partir de 1950, nota-se um envolvimento crescente da JOC com os problemas da classe trabalhadora, realizando publicações significativas que testemunhavam as possibilidades e limites dessa prática. Nessa fase, a hierarquia da Igreja também apresentava sinais de mudança: em 1952, criava-se a CNBB (Conferência Nacional dos Bispos do Brasil), sob a liderança de Dom Helder Câmara e de bispos que promoviam reflexões sobre a missão da Igreja mais referida à realidade social do que anteriormente. Durante a década de 1960, a JOC continuou a preocupar-se com sua expansão e fortalecimento e com a coordenação mais eficaz de seus próprios quadros. Jocistas começavam a empregar mais tempo para tratar de questões profissionais, condições de trabalho, sindicatos e associações.

Em 1962, ex-jocistas criaram a Ação Católica Operária (ACO) como um Movimento de adultos, com a finalidade de dar oportunidade ao trabalho da JOC para além dos quadros jovens. Em 1963, jocistas organizavam o Serviço de Cultura Popular, além de desempenhar papel significativo em outros Movimentos populares em várias localidades. Influenciados por esses Movimentos, assistentes da JOC estiveram entre os primeiros padres que refletiram sobre princípios pedagógicos para o trabalho com as classes populares, que teriam um grande impacto mais tarde na Igreja popular.

A JOC se viu perseguida com a repressão do Governo Militar pós 1964. Toda sua Equipe Nacional foi presa e torturada, seus Conselhos Nacionais de 1964 e de 1965 foram cancelados e o Movimento passou para a clandestinidade, perdendo muito de sua vitalidade. Entretanto, a JOC sobreviveu; atualmente, vem se revigorando, ao lado de Comunidades Eclesiais de Base e de Movimentos Pastorais.

Os documentos que formam o Fundo Juventude Operária Católica foram acumulados como decorrência da atuação da JOC e constituem parte significativa de seu Arquivo Permanente. Foram conservados, na fase de perseguição ao Movimento, por militantes, assistentes e entidades da ou ligadas à Igreja.

Origem: os documentos foram adquiridos através de doações de militantes, assistentes e entidades afins, como as de Hilário e Dolores Cuzziol, em 8 de julho de 1991; Frei Romeu Dale, em 17 de agosto de 1991; da Biblioteca Central da PUC-SP, em 26 de setembro de 1991; do Secretariado Nacional da JOC, em 28 de fevereiro de 1992; de Lydia V. Deutsch, em 2 de setembro de 1993, e do empréstimo realizado pelo Instituto Nacional de Pastoral – INP/CNBB, em 1989, para organização e microfilmagem dos documentos.

Descrição: o Fundo compõe-se de documentos produzidos e recebidos pelos órgãos nacionais e regionais do Movimento, tais como anotações sobre a JOC, sobre publicações, de reuniões e de visitas, artigos para revistas, atas de reuniões, balancetes de receita e despesa, biografias, calendários, conclusões de atividades, de estudos e de reuniões, certidões de casamento, contas telefônicas, cupons fiscais, cartazes, correspondência enviada e recebida, contratos de trabalho, convites de casamento, declarações de assinatura e de cargo, esquemas de atividades, de planos de ação e para relatórios, estatutos da JOC, estudos sobre ação, fichas de adesão, de candidatura no Movimento, de filiação, de inscrição em eventos e de solicitações, folhetos, fotografias, guias de sugestões, históricos do Movimento, informes sobre ação, sobre ajuda, de atividades, estatísticos, financeiros, sobre organização, sobre publicações, de reuniões e sobre a situação do Movimento, itinerários de dirigentes e de viagem, jogos cênicos, periódicos, listas de assinaturas, de assistentes, de compras, de Dioceses, de dirigentes, de doações, de emissoras, de endereços, de eventos, de Federações, de livros, de material, de militantes, de Paróquias, de pedidos, de presença em eventos e de visitas, manual dos responsáveis, manifestos, matérias de imprensa, notas de aula, notas fiscais, orações e canções, orçamentos para publicações, pautas de encontros e de reuniões, pedidos de licença, de material e de publicações, pesquisas sobre ação e sobre inquéritos, planos de ação, anuais, de atividades, de estudo, de eventos e de trabalho, projetos de atividades, de estatutos e financeiros, de lei, de livros e de reformas, programas de atividades, de estudos, de eventos, religiosos, de trabalhos e de visitas, publicações não periódicas, recibos, relatórios de atividades, de eventos, financeiros, de inquéritos, sobre o Movimento, pessoais, de pesquisas, sobre a execução dos planos anuais, regionais, de revisão e de visita, requerimentos, roteiros para relatórios, resoluções de reuniões, regulamentos internos, resumos de despesas, sugestões de atividades, de eventos e para inquéritos, temários de eventos, textos para ação, sobre assistentes, para debates, de educação, sobre estruturas do Movimento, de formação, de orientação, de preparação para eventos, de reflexão e de trabalho.

Quantidade: 48 caixas e 115 rolos de microfilme

Organização: parcialmente organizado. Encontra-se organizada a parte do Fundo vinda do Instituto Nacional de Pastoral – INP/CNBB, disponível no CEDIC em microfilme.

Instrumentos de Pesquisa:

- *Guia da Central de Documentação e Informação Científica "Prof. Casemiro dos Reis Filho" – CEDIC – PUC-SP.* São Paulo, EDUC, 1995. 160p. (Coleção Memória, Documentação e Pesquisa, 3). O Guia também pode ser acessado no site do Centro: www.pucsp.br/cedic.
- *Inventário do Fundo Juventude Operária Católica (JOC). Acervo do Instituto Nacional de Pastoral - INP / CNBB.* Coord. Yara Aun Khoury. São Paulo, CEDIC / COMARTE, 1991. (Coleção Memória, Documentação e Pesquisa, 2)

Restrições ao acesso: não há.

Fundo: Juventude Universitária Católica do Brasil (JUCB)

Datas-Limite: 1940-1968

Histórico do titular e da custódia: a primeira tentativa da Igreja Católica de reunir os universitários cristãos se deu com o surgimento da Associação Universitária Católica (AUC), em 1929, sob a influência do Centro Dom Vital. A AUC desempenhava o papel de reintegrar a "elite" ao cristianismo, incluindo a aproximação das elites dirigentes dos meios intelectuais e políticos nos anos 30. Para além de práticas esparsas e oficiosas, a origem oficial da Juventude Universitária Católica se deu com a promulgação do Estatuto da Ação Católica Brasileira, em 1935, e a integração da AUC nos quadros da Ação Católica Geral em 1937. Com essa integração, alguns aucistas se destacaram, tornando-se assistentes, como Frei Romeu Dale, que atuou de 1949 até 1961 na JUC.

A Juventude Universitária Católica, como os demais Movimentos da AC, baseava também sua ação no método VER (constatar a realidade); JULGAR (analisar a realidade) e AGIR (tranformar a realidade), que, posteriormente, foi substituído pelo ideal histórico, onde a reflexão sobre a realidade voltava-se para questões temporais, sempre à luz de princípios universais cristãos.

De 1950 a 1958, o Movimento voltou-se mais para si mesmo, caracterizando-se por uma ação com dimensões mais espirituais. A partir de 1958, principalmente com articulações da JUC de Minas Gerais e Recife, o Movimento passou a se engajar politicamente, envolvendo-se com tendências mais questionadoras da realidade social e política do País. Essa transição do Movimento é marcada por conflitos internos e com a hierarquia da Igreja e também pela substituição, entre os militantes, de estudantes de Direito por estudantes de Ciências Sociais e Economia, mais preocupados com a participação no meio social.

De 1959 a 1964, o Movimento é marcado por uma prática política mais intensa, com participação de jucistas na União Nacional dos Estudantes (UNE) (como seu Presidente Aldo Arantes), na Ação Popular (formada por jucistas dissidentes), nas Ligas Camponesas, no Sindicalismo Rural e em Movimentos de Cultura Popular. Essa atuação no meio social de forma mais incisiva e a politização crescente não foi algo homogêneo. Os conflitos se dão entre alas que pensam e vivem diferentemente o Movimento.

De 1964 a 1966, jucistas tornaram-se presença significativa na política nacional, o que leva a própria JUC a se desestabilizar, tanto pelas tensões internas, quanto externas. A Igreja resistiu mais firmemente ao engajamento político da JUC, propondo a retirada dos militantes das mobilizações políticas. Aqueles que não aceitaram as determinações das autoridades eclesiásticas formaram a EX-JUC, a partir de 1966. A Ex-JUC manteve-se até 1968. Após essa data, o Movimento se organizou em pequenos grupos de reflexão social.

Os documentos que formam o Fundo Juventude Universitária Católica do Brasil foram acumulados como decorrência da atuação da JUCB e constituem parte significativa de seu Arquivo. Foram conservados, após o fim do Movimento, por militantes, assistentes e Entidades da ou ligadas à Igreja.

Origem: os documentos foram adquiridos através de doações de militantes e assistentes, como Monsenhor Enzo Gusso, em 1986; Suzana Alice Cardoso, em 19 de novembro de 1987; Frei Romeu Dale, em 4 de fevereiro de 1991, e Yara Aun Khoury, em 26 de setembro de 1991; e de empréstimo realizado pelo Instituto Nacional de Pastoral – INP / CNBB, em 1993.

Descrição: o Fundo compõe-se de documentos produzidos e recebidos pelos Órgãos nacionais e regionais do Movimento (com destaque para a Equipe Regional São Paulo), tais como abaixo-assinados, anais dos círculos de estudo, anteprojetos de temários para eventos, apostilas de estudo para e formação de dirigentes, avisos de chegada de encomendas e de depósito, balancetes, blocos de rascunho, cadernos de análise sócio-política, de anotações das contas pagas por militantes, de atividades, de reflexões e de registro de livros, calendários, calendários de eventos, carnês de pagamento, cartas abertas aos militantes, cartazes de divulgação, cartilhas de alfabetização, cartões de agradecimento, cartões postais, circulares, comprovantes de crédito e débito e de pagamentos, comunicações em eventos, conclusões dos eventos, contas de luz, contratos de compra e venda de terrenos, convites para Eucaristia, convites para festas, correspondência enviada e recebida, demonstrativos de pagamento de aluguel e de prestações de lotes de terreno, distintivos, dobraduras, duplicatas, extratos de conta corrente, fascículos sobre cultura popular, faturas, folhetos cerimoniais, de informações e de romaria para estudantes, formulários de cobrança, fotografias de militantes, hinos da JOC, históricos da Congregação Mariana de S. Paulo, da ACB, da JEC, do Movimento e do Movimento de adultos, informes de atividades, inquéritos, inquéritos para ex-militantes, jograis, listas bibliográficas, de endereço das Equipes Regionais, Equipes-Piloto, Equipes Diocesanas e Centros, de nomes e endereços e de responsáveis pelas finanças, livretos de cantos e poesias, logotipos, manifestos, mapas, mapas rodoviários, matérias de imprensa sobre a JUC, moldes de vestuário, notas fiscais, orações, orçamentos de projetos, organogramas das Equipes Regionais e de serviços administrativos, panfletos políticos, pedidos de ajuda financeira, planilhas de atuação, planos de preparação e de revisão do Movimento, plantas de construções, programações de eventos, programas de estudos e atividades, de revisão para reuniões, para os círculos de estudo e para retiro de militantes, projetos de lei, publicações não-periódicas de formação de equipe, de análise do meio, da ACI, da AC, da JOC, da Comissão Episcopal Latino-Americana (CELAM), de reflexões e de preparação de novos militantes, publicações periódicas, publicações periódicas da Pax Romana, quadros demonstrativos do movimento comercial da Livraria, questionários para caracterização do Movimento e do meio e preparatórios para eventos, recibos, registro dos Estatutos da Juventude Feminina Católica (JFC), regulamentos das Livrarias e de eventos, relações dos contribuintes do Movimento, relatórios da situação do Movimento, da Tesouraria, de eventos, de eventos para ex-militantes, de pesquisas, de revisão dos dias de estudo e dos círculos de estudo, resumos de despesas, rifas, roteiros para círculos de discussão, para palestras, para reflexão e para revisão de experiência, santinhos, talões de cheque, temários de eventos, termos de doação, teses, textos das Semanas de Estudo da Pax Romana - Movimento Internacional de Estudantes Católicos (MIEC), de análise política, de análise sobre a JEC, de caracterização do meio, de críticas aos Movimentos, de diretrizes, de estudo sobre as carreiras universitárias, de formação de assistentes, de orientação a militantes, de revisão de Equipe, de revisão de vida, de subsídio para análise e discussão, dos círculos de estudo, jurídicos, preparatórios de encontros de assistentes e preparatórios de reuniões.

Quantidade: 84 caixas

Organização: organizado e em fase de preparação para microfilmagem.

Instrumentos de pesquisa:

- *Guia da Central de Documentação e Informação Científica "Prof. Casemiro dos Reis Filho" – CEDIC – PUC-SP.* São Paulo, EDUC, 1995. 160p. (Coleção Memória, Documentação e Pesquisa, 3). O Guia também pode ser acessado no site do Centro: www.pucsp.br/cedic.
- *Inventários dos Fundos Juventude Universitária Católica Brasileira (JUCB) e Ação Católica Brasileira (ACB).* São Paulo, 2004. (em fase de revisão)

Restrições ao acesso: Acesso restrito durante o processamento técnico do Fundo.

Fundo: Movimento de Educação de Base (MEB)

Datas-Limite: 1961-1986

Histórico do titular e da custódia: o Movimento de Educação de Base, no Brasil, teve sua inspiração nas Escolas Radiofônicas da Colômbia, iniciadas pelo Padre Salcedo, no Povoado de Sutatanca, em 1947. Dom Eugênio de Araújo Salles, Bispo de Natal, visitou aquele País, a fim de conhecer o novo método educativo. Trouxe o sistema para o Brasil, o qual começou a funcionar em 1958, com êxito, no Rio Grande do Norte. Na medida em que a experiência provava sua eficácia, foi difundida em outros Estados. Alguns Sistemas Radioeducativos nasceram a partir de contato com experiências de serviços governamentais, como o Serviço de Assistência Rural (SAR), em Recife, e/ou com eles mantiveram convênios. Esses Sistemas foram coordenados por leigos, a maioria deles ligados aos movimentos estudantis católicos (JEC e JUC) e a entidades estudantis leigas como a União Nacional dos Estudantes (UNE) e as Uniões Estaduais dos Estudantes (UEEs). Com a ampliação do ensino pelo rádio, no País, em áreas carentes de recursos, foi sendo sentida a necessidade de um órgão que centralizasse a experiência.

O primeiro passo para a criação de um Movimento Nacional de Educação de Base foi dado com os debates ocorridos durante o 1º Seminário de Educação de Base, promovido pela Rede Nacional de Emissoras Católicas (RENEC), em Aracaju, no 2º semestre de 1960, do qual participaram os que já realizavam ou pretendiam realizar trabalhos de educação de base.

Em fins de 1960, D. José Vicente Távora, Arcebispo de Aracaju, aquele que, como Presidente da RENEC, foi o primeiro a utilizar as emissoras para a educação, enviou, em nome da CNBB, uma carta ao Presidente da República, propondo a criação do Movimento de Educação de Base (MEB), proposta que teve acolhida favorável. O Decreto nº 50.370, de 21 de março de 1961, estabeleceu que o Governo Federal, através do Ministério da Educação e Cultura (MEC), repassaria, por convênios, recursos à CNBB e esta executaria o projeto do MEB no Norte, Nordeste, Centro-Oeste e em Minas Gerais. Em 1963, o Decreto nº 52.267 reafirmou os compromissos assumidos, com algumas alterações, facilitando a concessão de canais radiofônicos e autorizando a requisição de funcionários federais.

Mesmo antes de sua oficialização pelo Governo Federal, o MEB iniciou o recrutamento de militantes e a demora de dois anos para a chegada dos recursos governamentais não impediu que o Movimento fosse se estruturando, embora encontrasse inicialmente resistência à integração por parte dos Sistemas já existentes.

Voltado para o trabalhador rural e tendo quadros vinculados à Ação Católica Brasileira (ACB), o MEB foi muito mais do que um Movimento para ensinar a ler e escrever; preocupou-se em realizar um trabalho social mais amplo: conscientizar o homem do campo de sua possibilidade de atuar sobre/na realidade, transformando-a. Assim temas como sindicalismo, cooperativismo e reforma agrária estavam presentes. A evolução do trabalho se deu no contato com as próprias comunidades, através de uma permeabilidade que permitia trocas constantes entre o Movimento e os trabalhadores rurais e dos membros do MEB entre si. Essa dinâmica se estabeleceu devido à disposição de aprender com as comunidades e pelo sucesso do MEB-Nacional na promoção do contato entre as Equipes, através de encontros, estágios, treinamentos etc. O educando assumia a programação educativa do MEB numa linha de ação e reflexão sobre seus problemas existenciais (saúde, trabalho, habitação, formas de produção, universo cultural, sua pessoa diante de Deus, de sua comunidade e da sociedade em geral, etc), numa perspectiva de superar níveis de marginalização sócio-econômica, cultural e religiosa, visando à própria libertação integral.

Com o Golpe Militar de 1964, o MEB sofreu o peso da repressão política, além de pressões da própria hierarquia da Igreja para realizar mudanças em sua linha de ação. Em dois ou três anos, o Movimento havia praticamente desaparecido. Ressurgiu, na década de 1970, com outras características.

Os documentos do Fundo Movimento de Educação de Base foram acumulados no decorrer do exercício das funções do Movimento e constituem parcela significativa de seu Arquivo.

Origem: os documentos foram adquiridos por doações do Prof. Luiz Eduardo Wanderley, da PUC-SP, em 1991, e do Centro Ecumênico de Documentação e Informação - CEDI, em 1992.

Descrição: o Fundo compõe-se de documentos produzidos e recebidos pelo Movimento, tais como anotações de aulas, apostilas de animação popular, de capacitação de pessoal e para o educando, cadernos de debates e reflexões, cartas circulares, cartas-protesto, cartilhas escolares, catálogos de publicações, circulares entre equipes e coordenadores, correspondência enviada e recebida, predominantemente de monitores e alunos, dossiê "Movimento de Educação de Base e Animação Popular", dossiê "Prêmio Mohammad Reza Pahlavi", dossiês de eventos promovidos por outras entidades, esquemas para comissões de estudos, Estatutos do Movimento, fichas de controle de correspondência e de relatório de supervisão, folhetos com versos populares, histórico do MEB, listagens com respostas enviadas para monitores, da documentação produzida pela Equipe

Nacional e de publicações, livros de estatística, manuais de pesquisa, organogramas do Movimento, pedidos de ajuda financeira, pesquisas sobre educação elaboradas por órgãos governamentais, planilhas sobre as atividades das Escolas Radiofônicas, planos de ação do Movimento, poesias de monitores e alunos, programações radiofônicas, programas de eventos, de semanas comemorativas e de treinamento de monitores e de equipes de execução, projetos de implantação de educação popular, provas para avaliação dos alunos, publicações não periódicas, publicações periódicas, quadros com os objetivos do Movimento, questionários para avaliação da experiência didática, recibos de pagamento de telegramas, regimentos internos dos Núcleos de Alfabetização de Adultos, relatórios anuais de atividades, de caracterização do meio, de dias de estudo, de encontros de coordenadores, Equipes Locais, professores-locutores e supervisores, de encontros de responsáveis, de pesquisa de vocabulário regional e de treinamentos, roteiros de preparação de aula para monitores, para avaliação de pessoal, para avaliação de treinamento de monitores e líderes, para capacitação de pessoal de base e animadores, para caracterização do meio e para relatórios de supervisores, textos de análise sobre o Movimento, de aulas radiofônicas, de caracterização da educação no País, de conclusões sobre temas para fundamentações, de formação de monitores e líderes, de leitura e orientação para professores-locutores, de reflexão sobre educação, linguagem, comunicação, de revisão do Movimento e sobre liturgia, e transcrições de comunicações em rádio.

Quantidade: 26 caixas

Organização: parcialmente organizado.

Instrumentos de Pesquisa:

- Listagens dos documentos do Movimento de Educação de Base (MEB) recebidos pelo CEDIC. São Paulo, 1991-1992.
- Catálogo do Arquivo do Movimento de Educação de Base (MEB). São Paulo, CEDI, s.d.
- *Guia da Central de Documentação e Informação Científica "Prof. Casemiro dos Reis Filho" – CEDIC – PUC-SP.* São Paulo, EDUC, 1995. 160p. (Coleção Memória, Documentação e Pesquisa, 3). O Guia também pode ser acessado no site do Centro: www.pucsp.br/cedic.

Restrições ao acesso: não há.

Fundo: Serviço de Ensino Público Vocacional do Estado de São Paulo (SEV)

Datas-Limite: 1961-1969

Histórico do titular e da custódia: o Serviço do Ensino Vocacional foi criado pelo Decreto estadual nº 38.643, de 27 de junho de 1961, em seu art. 302, como Órgão especializado, diretamente subordinado ao Gabinete do Secretário Estadual da Educação, para coordenar as unidades de Ginásios Vocacionais, conforme estabelecia o art. 25 da Lei estadual nº 6.052, de 3 de fevereiro de 1961. O texto do referido Decreto, que determinava o novo tipo de escola secundária, foi elaborado por uma comissão de educadores e especialistas do Ensino Secundário e do Ensino Industrial, organizada, no mesmo ano, pelo Secretário, para apresentar um projeto de estudo, permitindo o surgimento de um tipo de escola que atendesse às reivindicações de uma sociedade mais democrática. A Comissão, coordenada pelo Prof. Osvaldo de Barros Santos, Técnico de Educação do Departamento de Ensino Profissional, contava com os Professores Luís Contier, Diretor do Colégio Alberto Comte, da Capital, e Maria Nilde Mascellani, do Instituto de Educação de Socorro, os quais, desde 1958, haviam implantado o programa de Classes Experimentais nas escolas públicas secundárias, criadas por uma portaria ministerial, de acordo com modelos pedagógicos franceses.

Com a criação do Serviço do Ensino Vocacional, a Comissão deixou de existir, sendo designada como Coordenadora desse órgão a Profª Maria Nilde Mascellani. O projeto foi implantado em seis unidades escolares: Ginásio Estadual Vocacional do Brooklin, na Capital, posterior GEV "Oswaldo Aranha", (1962); Ginásio Estadual Vocacional de Americana, posterior GEV "Papa João XXIII", (1962); Ginásio Estadual Vocacional de Batatais, posterior GEV "Cândido Portinari", (1962); Ginásio Estadual Vocacional de Rio Claro, posterior GEV "Chanceler Raul Fernandes", (1963); Ginásio Estadual Vocacional de Barretos, posterior GEV "Embaixador Macedo Soares", (1963) e Ginásio Estadual Vocacional de São Caetano do Sul (1968).

Essas escolas públicas ofereciam a seus alunos o então ensino secundário em 4 anos e período integral. Entre 1967 e 68, nas Unidades da Capital, Americana, Rio Claro e Barretos, foram instalados Cursos Ginasiais Noturnos, destinados a jovens e adultos que trabalhavam durante o dia, e também o primeiro Curso Colegial Vocacional, junto ao Ginásio Vocacional "Oswaldo Aranha". Em 1969, foram instalados, junto ao mesmo Ginásio, os Cursos Complementares, em período noturno.

O Serviço do Ensino Vocacional estava estruturado de maneira bastante complexa e abrangente. Diretamente subordinado à Secretaria da Educação, era composto pela Coordenação, por três Assessorias – Jurídica, Educacional e Comunitária –, e pelos Setores Pedagógico, Administrativo e de Relações Públicas.

Do ponto de vista pedagógico, a grade curricular elaborada pelo SEV abrangia seis grandes áreas: Comunicação e Artes; Estudos Sociais; Matemática e Ciências, AI-PC-ED (Produção, Comercialização/Feira, Cooperativa, Banco e Escritório Contábil); Educação Física e Educação Religiosa, envolvendo temas inovadores como legislação trabalhista, e Sincretismo Religioso. Havia, ainda, os cursos extracurriculares de Fotografia e Línguas Estrangeiras.

A Área de Relações Públicas mantinha contato com escolas, empresas, sindicatos, bancos de empregos e estágios, bem como com a Sociedade de Pais e Amigos do Ginásio Vocacional.

Com o Golpe Militar de 1964 e a consequente repressão política, começaram a surgir pressões dos setores administrativos da Secretaria da Educação e do Departamento de Educação, no sentido de se extinguir o Ensino Vocacional da rede pública, uma vez que estava sendo encarado como uma ameaça ao regime vigente. Em 1968, a Coordenadora e muitos professores foram sumariamente afastados. Com a intervenção no Estado, o regime militar extinguia o Ensino Vocacional, alegando ter uma "pedagogia esquerdizante e uma ideologia nefasta à formação da juventude brasileira". Muitos alunos, professores, diretores, técnicos e funcionários do extinto SEV foram indiciados em inquéritos policiais militares, ocorrendo prisões, devassas em suas casas e aposentadorias compulsórias.

Boa parte dos documentos do Arquivo do SEV e dos Ginásios Vocacionais foi destruída pela repressão. O que se conseguiu salvar ficou disperso entre aqueles que participaram dessa experiência. Esses documentos foram coletados pela Associação Pró-Ensino Vocacional - APROEV, a partir de sua criação, em junho de 1986, através de contatos feitos com ex-professores, técnicos, funcionários, alunos e pais de alunos. Ao assumir a direção do Escritório de Relações Educacionais e do Trabalho - RENOV, em 1970, a antiga Coordenadora do SEV transferiu para esse escritório os documentos reunidos, a fim de deixá-los sob a proteção de uma entidade ligada à educação. Com o fim do RENOV, os documentos voltaram para a residência da Profa. Maria Nilde Mascelani. Em 1986, o Arquivo Público e Histórico do Município de Rio Claro recebeu a custódia temporária desses documentos, que lá permaneceram por alguns meses, sendo transferidos para a residência de um ex-participante do Ensino Vocacional de Rio Claro e, finalmente, removidos para São Paulo, onde permaneceram novamente sob os cuidados da Profª Maria Nilde.

Origem: os documentos foram adquiridos por doação da Associação Pró-Ensino Vocacional (APROEV), através da Profª Maria Nilde Mascellani, da Faculdade de Psicologia da PUC-SP, em 1992.

Descrição: o Fundo compõe-se de documentos produzidos e recebidos pela Coordenação do SEV e pelos Ginásios Vocacionais, tais como atas de reuniões, editais de convocação, programas de treinamento e avaliação de professores, formulários para pesquisas na comunidade, relatórios de pesquisas, pareceres sobre projetos, textos teóricos sobre o Ensino Vocacional, projetos para a implantação dos Ginásios Vocacionais, organogramas das unidades do Serviço do Ensino Público Vocacional, planejamentos educacionais e pedagógicos, textos sobre conteúdos programáticos, folhas de avaliação dos alunos, relatórios de avaliação de professores e técnicos, pesquisas sobre receptividade da comunidade ao currículo, matérias jornalísticas, legislação sobre Ensino Público, fotografias, slides, livros, relatórios pedagógicos, planejamentos e relatórios administrativos, planejamentos de currículos, pesquisas psico-pedagógicas e sociológicas.

Quantidade: 144 caixas e 2 pastas

Organização: parcialmente organizado.

Instrumentos de pesquisa:

- *Guia da Central de Documentação e Informação Científica "Prof. Casemiro dos Reis Filho" – CEDIC – PUC-SP.* São Paulo, EDUC, 1995. 160p. (Coleção Memória, Documentação e Pesquisa, 3). O Guia também pode ser acessado no site do Centro: www.pucsp.br/cedic.

Restrições ao acesso: não há.

Fundo: Serviço Informativo Sobre a América Central – SISAC

Datas-Limite: 1971-1993

Histórico do titular e da custódia: o SISAC – Serviço Informativo sobre a América Central – surgiu em 1983, com a proposta de informar a sociedade brasileira a respeito da realidade e injustiças sociais vividas pela população da América Central. Dentro desse contexto, lutou também pela defesa dos direitos humanos. Foram alvos de estudos: El Salvador, Guatemala, Honduras e Nicarágua.

Com a constante produção de publicações periódicas, com destaque para o *Boletim SISAC*, esse Serviço de Informação fornecia aos leitores artigos e textos de análise relacionados à política, economia, Igreja e violação dos direitos humanos. Para que tal periódico fosse dotado de notas e análises internacionais referentes aos assuntos propostos, houve um forte intercâmbio entre Agências Latino-Americanas que possuíam o mesmo propósito. Em outra linha, foi criado o *Suplemento*, de periodicidade bimestral, cuja finalidade era a de fornecer subsídios para a formação e desenvolvimento de comunidades e Igrejas no Brasil e na América Central.

Os documentos do Fundo SISAC foram acumulados no decorrer do exercício das funções do Movimento e constituem parcela significativa de seu Arquivo.

Origem: o Fundo foi adquirido através de doação e em data, cujos registros não foram localizados.

Descrição: o Fundo compõe-se de documentos produzidos e recebidos pelo Movimento, tais como acordos de paz, almanaques geográficos, anotações, anteprojetos, artigos, balanços de Governo, cadernos de estudo, calendários, cartas convocatórias, cartões de natal, circulares, comunicados, convites e pautas para reunião, correspondência, cronologia da Igreja Católica na Nicarágua, declarações, decretos, entrevistas, esquemas, fichas de cadastro, folhetos, históricos do Movimento, informes, letras de músicas, levantamentos estatísticos, listas de publicações periódicas, manifestos, mapas, matérias jornalísticas, memorandos, memoriais de atos fúnebres, mensagens, AC/83 e NA/83, organogramas, pesquisas, poemas, programas de eventos, projetos,

projetos e iniciativas, pronunciamentos, publicações não periódicas, publicações periódicas, questionários, relações de nomes para contato e de participantes do fórum, relatórios da Embaixada da Nicarágua, de atividades, de conclusão de eventos, de conferências e de viagens, relatos, rememorações de atos, textos de análise de conjuntura, de análise sócio-econômica, de estudo, de proclamação e de reflexão, e transcrições de artigos.

Quantidade: 53 caixas e 13 pastas

Organização: parcialmente organizado.

Instrumentos de pesquisa:

- Ficha de descrição preliminar do Fundo.

Restrições ao acesso: não há.

COLEÇÕES

Coleção: Ação Libertadora Nacional (ALN)

Datas-Limite: 1958-1969

Histórico do titular e da custódia: a Ação Libertadora Nacional (ALN) surgiu da luta interna do PCB, após o Golpe Militar de 1964, em torno de algumas teses básicas: a luta de libertação nacional, a montagem de uma organização revolucionária nacional, de caráter amplo e de ampla autonomia tática, e, principalmente, o desencadeamento de ações revolucionárias, como base para afirmação da organização e para a formação do exército popular de libertação nacional.

Com a expulsão de Carlos Marighella, as bases de São Paulo desligaram-se do PCB, formando, em 1967, o Agrupamento Comunista de São Paulo (AG-SP). Suas propostas espalharam-se, englobando dissidentes do PCB e do PC do B em vários Estados brasileiros. Desse núcleo, surgiu a ALN. Essa Organização tornou-se conhecida pelas ações revolucionárias das quais participou, como a expropriação do trem pagador em São Paulo, em 1967, o sequestro do embaixador norte-americano (com o MR8), em 1969, e o sequestro do embaixador alemão (com a VPR), em 1970.

Apesar dessas ações espetaculares, não escapou ao cerco da repressão, que, em golpes sucessivos, entre 1969 e 1971, deixaria a ALN à beira da extinção, que se consumaria em 1973.

A Coleção foi formada pelo CEDIC em torno dessa Organização política, a partir das doações recebidas.

Origem: os documentos foram adquiridos através de doação feita pela Biblioteca da Fundação Getúlio Vargas, em 1987.

Descrição: a Coleção compõe-se de correspondência dirigida a revolucionários, textos teóricos elaborados por Carlos Marighela, textos sobre guerrilha no Brasil, organização de revolucionários e o papel da ação revolucionária.

Quantidade: 1 caixa

Organização: parcialmente organizada.

Instrumentos de pesquisa:

- *Guia da Central de Documentação e Informação Científica "Prof. Casemiro dos Reis Filho" – CEDIC – PUC-SP.* São Paulo, EDUC, 1995. 160p. (Coleção Memória, Documentação e Pesquisa, 3). O Guia também pode ser acessado no site do Centro: www.pucsp.br/cedic.

Restrições ao acesso: não há.

Coleção: Ação Popular (AP)

Datas-Limite: 1965-1977

Histórico do titular e da custódia: a Ação Popular (AP) foi um dos desdobramentos do processo iniciado dentro da JUC brasileira nos anos de 1959/1960. A JUC era, assim como o Partido Comunista, a força estudantil melhor organizada. Até 1959, sem abandonar completamente o interesse pelos problemas políticos, desenvolvera uma atividade de caráter mais acentuadamente religioso e interno. A partir daquele ano, voltou-se de preferência para o político e o social. Em 1960, alguns de seus militantes chegaram à Presidência e outros cargos de direção da União Nacional dos Estudantes (UNE). A partir de então, formou-se uma aliança com as forças de esquerda, inclusive o Partido Comunista Brasileiro (PCB), que passou a predominar na política estudantil. Essa aliança e a política extremista que, a partir de 1960, a UNE começou a desenvolver provocaram uma violenta reação dentro e fora do meio universitário. A JUC passou então a ser denunciada como uma simples "Organização de fachada" do comunismo universitário brasileiro. À vista disso, o Episcopado viu-se na obrigação de intervir, proibindo aos jucistas ocuparem cargos de responsabilidade dentro das organizações políticas universitárias. Em virtude dessa proibição, os elementos mais politizados e influentes da JUC tomaram a deliberação de fundar um movimento novo, de caráter político-ideológico e, em 1962, nasce a Ação Popular (AP), que incluiu também militantes da JEC, refletindo o fortalecimento da esquerda católica dentro do movimento estudantil.

No início, defendia uma ideologia própria, buscando diferenciá-la do marxismo, o que não a impedia de assumir-se como um movimento revolucionário, que pretendia formar quadros para participar de uma transformação radical da estrutura social, em sua passagem do capitalismo para o socialismo. A AP manteve, durante certo período, a hegemonia no movimento estudantil, elegendo diversos Presidentes da UNE. Após viagem de alguns de seus militantes à China, passou a sofrer influência da revolução chinesa, com a implantação de uma linha de proletarização, a qual defendia que a Organização só poderia se fortalecer na prática. Iniciou então o processo de colocação dos militantes nas fábricas e em estreita ligação com os camponeses, ao mesmo tempo em que assumiu os elementos essenciais da estratégia maoísta; priorização do trabalho junto ao campesinato e a necessidade de preparar a guerra popular prolongada, tendo nas regiões rurais o seu cenário fundamental.

Essa nova posição adotada pela Organização provocou conflitos internos que culminaram, em princípio de 1969, na formação de um grupo dissidente: o Partido Revolucionário dos Trabalhadores (PRT). Mas a linha maoísta, que prosseguiu com a denominação de AP, estava longe da homogeneidade. Sua luta interna se acirra e atinge todas as regiões do País, bases e direções. Em 1972, ocorreu o "racha", formando-se duas facções que reivindicavam, ao mesmo tempo, o nome de Ação Popular: um grupo mais próximo ao PC do B, que acabaria se incorporando a ele, e outro que constituiu a Ação Popular Marxista-Leninista (APML).

Consumada a divisão, a APML iniciou um processo de balanço político da intensa crise vivida, o qual foi interrompido pela ação do aparelho repressivo. Entre 1972 e 1974, vários dirigentes foram presos, mortos ou desapareceram. Duramente golpeada, vivendo ainda os efeitos de uma profunda crise político-ideológica, a APML começou lentamente sua marcha em direção a uma profunda revisão política. Hoje, não constitui uma organização formada. Seus antigos militantes estão, em grande parte, no Partido dos Trabalhadores (PT).

A Coleção foi formada pelo CEDIC em torno dessa Organização política, a partir das doações recebidas.

Origem: os documentos foram adquiridos através de doações de Frei Romeu Dale, entre 1988 e 1989.

Descrição: a Coleção compõe-se de boletins sobre o proletariado e as eleições, circulares sobre eleições e reuniões, correspondência sobre ideologia da Ação Popular, publicações sobre socialismo brasileiro, declaração de princípios da Ação Popular, periódicos sobre repressão, ditadura, eleições e censura, textos sobre programa da Ação Popular, resoluções políticas, organização de partidos políticos, declaração de princípios e socialismo brasileiro.

Quantidade: 2 caixas

Organização: parcialmente organizada.

Instrumentos de pesquisa:

- *Guia da Central de Documentação e Informação Científica "Prof. Casemiro dos Reis Filho" – CEDIC – PUC-SP.* São Paulo, EDUC, 1995. 160p. (Coleção Memória, Documentação e Pesquisa, 3). O Guia também pode ser acessado no site do Centro: www.pucsp.br/cedic.

Restrições ao acesso: não há.

Coleção: Cartazes de Movimentos Sociais (CAR MOV SOC)

Datas-Limite: 1986-1991

Histórico do titular e da custódia: a Coleção foi formada pelo CEDIC, com o objetivo de complementar as coleções já existentes no Centro de Documentação, a partir das doações recebidas, representando os cartazes parte da história de cada Movimento social.

Origem: os documentos foram adquiridos através de doações feitas por José Adão, pela Hemeroteca Sindical Brasileira, pelo Departamento de Patrimônio Histórico da Secretaria Municipal de Cultura de São Paulo, pelo Movimento PUC-VIVA, pelo Centro Ecumênico de Documentação e Informação - CEDI e pelo Centro de Documentação e Pesquisa Vergueiro - CPV em 1992, por Adriana Rocha, Ana Célia Navarro de Andrade, pelo Centro de Documentação e Pesquisa em História Contemporânea - CPDOC-FGV, pela Cooperativa de Produção e Edição do RS Ltda, pela Conferência Nacional dos Bispos do Brasil - CNBB Regional Sul I, pela Secretaria Estadual da Educação e pelo Centro Indigenista Missionário - CIMI-Sul em 1993, pelo Instituto de Relações Latino-Americanas - IRLA, pelo Comitê de Ação da Cidadania, pelo Centro de Estudos Migratórios - CEM e pelo Centro Pastoral dos Migrantes, em data não localizada.

Descrição: a Coleção compõe-se de cartazes sobre anistia política no Brasil e na América Latina, atos em solidariedade aos índios, atos públicos contra a fome e o desemprego, comemoração da Revolução Russa, Conferências da Juventude Socialista, Congressos de metalúrgicos e da CUT, constituinte, crianças e adolescentes, direitos humanos, educação popular, greves, idosos, migrantes, moradia, movimento sindical, movimentos de mulheres, movimentos operários leigos e católicos, organizações guerrilheiras latino-americanas, protestos de entidades por presos, mortos e desaparecidos políticos no Brasil e na América Latina, reforma agrária, saúde e trabalhadores rurais.

Quantidade: 165 documentos

Organização: parcialmente organizada.

Instrumentos de pesquisa:

- *Guia da Central de Documentação e Informação Científica "Prof. Casemiro dos Reis Filho" – CEDIC – PUC-SP.* São Paulo, EDUC, 1995. 160p. (Coleção Memória, Documentação e Pesquisa, 3). O Guia também pode ser acessado no site do Centro: www.pucsp.br/cedic.
- Listagem da Coleção de Cartazes de Movimentos Sociais. São Paulo, CEDIC, 1992. (digitada)

Restrições ao acesso: não há.

Coleção: Golpe Militar de 1964 (GOL64)

Datas-Limite: 1964-1979

Histórico do titular e da custódia: a redução do ritmo de crescimento econômico do Brasil, iniciada ainda no governo JK, problemas sociais emergentes, a organização de movimentos e partidos em torno de projetos para o País acirraram a disputa entre conservadores e progressistas. Entre os primeiros, fortaleceu-se a facção que desejava aliar-se ao capital internacional. Entre os progressistas, além de elementos de extrema esquerda, que rejeitavam pura e simplesmente o capitalismo, começou a formar-se outro grupo que duvidava da eficiência do capitalismo tradicional, de modelo norte-americano ou europeu, para resolução dos problemas nacionais.

O surgimento ou fortalecimento dessas novas facções, aliado ao agravamento da situação econômica, transformaram o período de 1961 até o início de 1964 numa época agitada, em que partidos políticos, sindicatos, imprensa, organizações, estudantes partiram decididamente para a defesa de seus interesses e o ataque aos grupos contrários. Fazia-se política como raramente havia ocorrido antes no Brasil.

No final de março de 1964, o Governo constitucional de João Goulart encontrava-se entre a mobilização golpista, que reunia a maior parte da cúpula militar unida aos setores mais conservadores da sociedade, e o crescente movimento de massas que exigia a implantação de reformas estruturais. Em si mesmas, as chamadas "reformas de base" não tinham caráter revolucionário, nem socialista. O desenvolvimento econômico do país exigia um conjunto de medidas para enfrentar questões como inflação, distribuição de renda e propriedade rural. As elites conservadoras, entretanto, desejavam uma modernização que afastasse a pressão das massas e permitisse a expansão da economia associada a maiores liberdades para o capital externo.

Na noite de 31 de março, tropas comandadas pelo General Olympio Mourão Filho, vindas de Minas Gerais, marcharam em direção ao Rio de Janeiro, colocando em execução a opção golpista e detonando um rápido processo de destruição do governo democrático. Na madrugada do dia 2 de abril, uma Junta Militar, intitulada "Comando Supremo da Revolução", composta pelo General Artur da Costa e Silva, Tenente-Brigadeiro Francisco de Assis Correia de Melo e Vice-Almirante Augusto Rademaker Grünewald, assumiu o controle do país e empossava o Presidente da Câmara dos Deputados, Ranieri Mazzilli, provisoriamente, como Presidente da República. A 11 de abril de 1964, foi escolhido o primeiro General-Presidente: Humberto de Alencar Castelo Branco, o mais influente dos conspiradores militares e consensual entre a maioria das facções golpistas civis.

Em 9 de abril, o Governo baixava o Ato Institucional nº 1, pelo qual "a Revolução vitoriosa, como o Poder Constituinte, se legitima por si mesma", o Executivo passava a ter poderes especiais para cassar mandatos e suprimir direitos políticos por até 10 anos, para decretar estado de sítio sem autorização parlamentar e para propor emendas constitucionais, iniciando um processo crescente de fechamento do regime e de militarização do Estado brasileiro, que culminou com o AI-5, em 13 de dezembro de 1968, o qual permitia o fechamento do Congresso, Nacional, das Assembléias Estaduais e Câmaras Municipais, reabria as cassações políticas por tempo indeterminado, abolia o "habeas corpus" para os detidos por infração da Lei de Segurança Nacional, permitia a demissão de qualquer funcionário público, inclusive a de juízes etc. Diversos Sindicatos caíram sob intervenção, as Ligas Camponesas nordestinas foram dispersadas, a União Nacional dos Estudantes (UNE) foi colocada na ilegalidade, os movimentos de oposição à ditadura pela via da luta armada foram duramente reprimidos e uma centena de pessoas teve seus direitos políticos cassados, foi presa e torturada, muitas delas integrando as listas de mortos e desaparecidos.

Contudo, as pressões de organismos da sociedade civil, como a Ordem dos Advogados do Brasil (OAB), a Igreja, os Sindicatos e setores políticos progressistas, se acentuam no sentido do restabelecimento do Estado de Direito, favorecido pelas mudanças na conjuntura política e econômica internacional. Em dezembro de 1978, o Presidente Ernesto Geisel anunciou o fim das medidas de exceção e o Governo seguinte – do General João Batista Figueiredo – foi assinalado pela aceleração do processo de abertura política, com a anistia aos presos e perseguidos políticos em agosto de 1979, a realização de eleições diretas para os Governos Estaduais em 1982 e a eleição, ainda por via indireta, de um Presidente civil – Tancredo Neves – em 1984.

A Coleção foi formada pelo Instituto de Estudos Especiais - IEE da PUC-SP, a partir de suas linhas de pesquisa e de atuação junto à sociedade.

Origem: os documentos foram doados pelo Instituto de Estudos Especiais – IEE da PUC-SP em 27 de outubro de 1993.

Descrição: a Coleção compõe-se de matérias jornalísticas de "O Estado de S. Paulo" sobre o processo que culminou com o Golpe Militar de 1964, cópias integrais da lei que extingue a União Nacional dos Estudantes (UNE) e carta-circular convocatória para debate e ato público pela anistia.

Quantidade: 1 caixa

Organização: parcialmente organizada.

Instrumentos de pesquisa:

- *Guia da Central de Documentação e Informação Científica "Prof. Casemiro dos Reis Filho" - CEDIC - PUC-SP.* São Paulo, EDUC, 1995. 160p. (Coleção Memória, Documentação e Pesquisa, 3). O Guia também pode ser acessado no site do Centro: www.pucsp.br/cedic.

Restrições ao acesso: não há.

Coleção: Movimentos Estudantis (MOV EST)

Datas-limite: 1968-2007

Histórico do titular e da custódia: a primeira entidade do Movimento Estudantil brasileiro com representação nacional foi a Casa do Estudante do Brasil (CEB), criada em 1929. A CEB visava a assistência social ao estudante, promovendo o espírito de cooperação e solidariedade em torno de seus problemas. Tinha apoio do Governo e cumpria seus objetivos, determinados em estatutos, e promovia o intercâmbio entre as entidades estudantis do país e entre estas e as entidades estrangeiras.

Atendendo a uma exigência estatutária, a CEB elegeu uma diretoria para o seu Conselho Nacional de Estudantes, com o qual pretendia fazer-se representar internacionalmente como União Nacional dos Estudantes (UNE). A UNE seria, assim, um órgão da CEB e a presidência da UNE seria exercida pela Presidente da CEB. Entretanto, em 1937, a UNE estabeleceu sua autonomia, transformando-se em um órgão político-social.

Na década de 1940, os Centros Acadêmicos consolidaram sua organização, passando a reivindicar a participação discente nos colegiados universitários. Criou-se, então, o Diretório Central dos Estudantes da Universidade do Brasil, reconhecido como órgão de representação estudantil nos Conselhos Universitários. Nesse período, houve também a criação da União Metropolitana dos Estudantes e das Uniões Estaduais dos Estudantes (UEEs).

Entre 1960 e 1964, a UNE teve papel significativo nas lutas por reformas de base no País, articulando o movimento estudantil espalhado por todo o Brasil. Com o Golpe Militar, seu Presidente e toda a Equipe de Direção foi perseguida, muitos tendo que se exilar.

Apesar disso, até 1967, o movimento prosseguiu estruturado nacionalmente. Além de UNE, UEE's, DCE's e CA's organizados, havia ainda as Executivas Nacionais, que reuniam os estudantes por áreas profissionais, tendo na base os Centros de Estudos, ou "Centrinhos", onde se tratava da regulamentação das profissões.

Entre suas bandeiras de luta estavam a oposição à ditadura, ao imperialismo, a defesa da libertação latino-americana e a denúncia do acordo MEC-USAID. Em nível universitário, a luta se dava contra a Lei Suplicy, que procurava atrelar os Centros Acadêmicos (CAs), transformando-os em Diretórios Acadêmicos (DAs). Essa lei foi derrubada, na prática, em 1966-67, com uma bem sucedida campanha de abstenção.

Após a redemocratização do país, entidades estudantis, como a UNE e as UEEs, ressurgiram e rearticulou-se o Movimento Estudantil, com antigas e novas lutas, utilizando da possibilidade de participação política outrora impedida e reconquistada. Exemplos disso são as passeatas a favor do "impeachment" do Presidente Fernando Collor de Mello em 1992.

A Coleção foi formada pelo CEDIC em torno desses Movimentos, a partir das doações recebidas.

Origem: os documentos foram adquiridos através de doações, como a de Ari Ferreira do Nascimento e Adriana Rocha, alunos do Curso de História da Faculdade de Ciências Sociais da PUC-SP, em 1994, e do Centro Acadêmico 22 de Agosto da PUC-SP em 2007.

Descrição: a Coleção compõe-se de abaixo-assinado para habeas corpus, atas de assembléia geral de constituição do Instituto 22 de Agosto, atas de reunião, atas de reuniões da USP/PUC, Atos da Reitoria da PUC-SP, Boletins do Comitê Estudantil do Movimento Democrático Brasileiro (MDB), Boletins Informativos dos Centros Acadêmicos da PUC-SP, carta de princípios e programa de atividades do Comitê Brasileiro pela Anistia (CBA)/SP, cartas-abertas à população, cartazes de eventos científicos promovidos e participados pelo CA 22 de Agosto, catálogo de filmes, convite para participação em evento, convites para inauguração do Juizado Especial Cível, correspondência entre a Vice-Reitoria Comunitária, Reitoria e Faculdade de Direito da PUC-SP, APROPUC e o CA 22 de Agosto, correspondência sobre comenda do CA 22 de Agosto, dossiê 60 Anos do Centro Acadêmico 22 de Agosto da PUC-SP, dossiê Academia de Letras da Faculdade de Direito de São Paulo, dossiê DCE-PUC-SP, exame da Ordem dos Advogados do Brasil, fichas de inscrição para Festivais universitários, *flyer* de eventos, folhetos com instruções sobre cidadania, folhetos de campanhas do agasalho, formulários de reclamação de professores, impugnação do edital para convocação de eleições, instrumento particular de contrato de prestação de serviços entre o Diretório Central dos Estatutos da Universidade Presbiteriana Mackenzie e prestador, lista de demissões de docentes da PUC-SP, manifestos contra a repressão, manifestos de Diretórios Centrais dos Estudantes (DCEs) de várias Universidades, manuais para calouros de Direito e programação para semana de recepção de calouros, matérias de jornais e revistas especializadas em Direito e da grande imprensa, matérias jornalísticas sobre Movimentos Estudantis, moções de apoio a estudantes, nota de esclarecimento sobre a carteira de identificação estudantil, orçamento proposto pela Fundação São Paulo para a PUC-SP, panfletos de propaganda política do MDB, pautas e atas do CECA - Conselho dos Estudantes do Centro Acadêmico, peças teatrais, plataforma de DCEs de diversas Universidades, processo de reclamação trabalhista de professor de Direito da PUC-SP e relatório de avaliação do Conselho Departamental da Faculdade de Direito, programas de trabalho de chapas para os Centros Acadêmicos, propostas de chapas para o CA 22 de Agosto, propostas de patrocínio para eventos, propostas de redesenho institucional, publicações não periódicas sobre atuação política do estudante, publicações periódicas O Canhoto, Gazeta, Jornal do 22, Voz Acadêmica, Movimento, Tribuna 22, Direito em Foco, Jornal da UNE, AbundaLex, 22 Toneladas e Pravda, quadro de bolsas de pesquisa oferecidas pelo Conselho de Ensino e Pesquisa (CEPE) da PUC-SP, quadro de teses defendidas na PUC-SP, regimentos eleitorais, relatórios das Comissões de Encargos Educacionais do Ministério da Educação e Cultura (MEC) sobre anuidade escolar, relatórios de eventos sobre currículos, relatórios de grupos de estudos da gestão do CA 22 de Agosto, relatórios de prestação de contas, relatórios de reunião, retificação de edital de convocação de eleições para representantes discentes, roteiro de entrevistas, sátiras às eleições da Reitoria da PUC-SP, texto sobre as diretrizes educacionais, textos-síntese de reuniões dos representantes de alunos da PUC-SP, trabalhos de análise dos movimentos estudantis (realizado por alunos da Graduação em História da PUC-SP) e trabalhos de coleta documental sobre a Universidade Católica (realizados pelo Conselho Comunitário da PU-/SP).

Quantidade: 11 caixas

Organização: não organizada.

Instrumentos de Pesquisa:

- *Guia da Central de Documentação e Informação Científica "Prof. Casemiro dos Reis Filho" – CEDIC – PUC-SP.* São Paulo, EDUC, 1995. 160p. (Coleção Memória, Documentação e Pesquisa, 3). O Guia também pode ser acessado no site do Centro: www.pucsp.br/cedic.

Restrições ao acesso: não há.

Coleção: Movimentos pelos Direitos Humanos (MOV DIR HUM)

Datas-Limite: 1975-1993

Histórico do titular e da custódia: as primeiras preocupações em torno da defesa dos direitos humanos datam de épocas muito antigas. A República de Platão e os trabalhos da democracia grego-romana são alguns exemplos que ilustram o tema. No entanto, foi a declaração Francesa dos Direitos do Homem e do Cidadão (1789) o marco a partir do qual se delinearam os contornos das lutas contemporâneas pelos Direitos Humanos, reafirmados e relembrados, em 1948, em Paris, quando a Assembléia Geral da Organização das Nações Unidas (ONU) aprovou a "Declaração Universal dos Direitos Humanos". A partir daí, uma tutela internacional dos direitos humanos foi sendo promovida por órgãos, mecanismos, instituições e pessoas físicas e jurídicas. Na América Latina, podem ser citados como exemplos, a Comissão Interamericana de Direitos Humanos e a Corte Interamericana de Direitos; nos Estados Unidos, o "Center for Study of Human Rights" e, na Inglaterra, a Anistia Internacional.

Também no Brasil, surgiram idéias, textos, manifestações e lutas em favor dos direitos humanos, que, ao longo do tempo, foram se desenvolvendo e se organizando. Sobretudo a partir do Golpe Militar de 1964, movimentos se multiplicaram, partindo de iniciativas em favor de perseguidos, presos e desaparecidos políticos e assumindo, posteriormente, conotações variadas, envolvendo diferentes instituições e setores da população, muitas vezes, desdobrando-se em outros movimentos.

Formada pelo CEDIC a partir de doações, a Coleção Movimentos pelos Direitos Humanos comporta documentos de diversas organizações, tais como Comissão Ecumênica do Menor, Anistia Internacional, Movimento Nacional de Defesa dos Direitos Humanos (MNDDH), Paz Agora, Serviço Nacional de Justiça e Não Violência, Movimento Feminino pela Anistia, Organização Comunitária pelos Direitos do Preso, Serviço de Intercâmbio Nacional de Defesa dos Direitos Humanos, entre outras.

Origem: os documentos foram adquiridos através de doações diversas. Entre os doadores: José Adão, em 1991 e 1992; Biblioteca Central da PUC-SP, em 1991; Centro de Documentação e Pesquisa Vergueiro (CPV), em 1992; Centro Acadêmico de Serviço Social da PUC-SP, em 1993; Instituto de Estudos Especiais (IEE) da PUC-SP, em 1993; Instituto de Relações Latino-Americanas (IRLA), em data não localizada, e Hemeroteca da PUC-SP, em 1994.

Descrição: a Coleção compõe-se de cadernos populares, Código de Defesa do Consumidor, comunicado do Sindicato dos Jornalistas, correspondência de presos políticos e membros do Movimento pela Anistia no Brasil, Declaração Universal dos Direitos Humanos, documentos do Comitê Brasileiro pela Anistia (CBA) – São Paulo, estatísticas sobre a situação do menor, folheto sobre ciclo de debate, folhetos sobre a Anistia no Brasil, direitos humanos e acordo de paz, letras de músicas, livretos sobre o papel de idosos e deficientes na sociedade, manifesto contra a violência no campo, manifesto sobre prostituição, manual de defesa dos direitos humanos, matérias de imprensa sobre desaparecidos políticos e Órgãos de Segurança, matérias de imprensa sobre a Anistia no Brasil, memorandos acerca da questão indígena, trabalhadores rurais, desmatamento e moradia, crianças e adolescentes, relatórios da reunião do Movimento Nacional dos Direitos Humanos (MNDH), textos sobre o Movimento pela Anistia no Brasil, violência policial, direitos humanos, exilados políticos, revoluções, guerrilhas e corrida armamentista.

Quantidade: 1 caixa

Organização: parcialmente organizada.

Instrumentos de Pesquisa:

- .*Guia da Central de Documentação e Informação Científica "Prof. Casemiro dos Reis Filho" – CEDIC – PUC-SP.* São Paulo, EDUC, 1995. 160p. (Coleção Memória, Documentação e Pesquisa, 3). O Guia também pode ser acessado no site do Centro: www.pucsp.br/cedic.

Restrições ao acesso: não há.

DOCUMENTAÇÃO ORAL

Coleção: Juventude Operária Católica (JOC)

Datas-Limite: 1983

Histórico do titular e da custódia: o histórico do Movimento encontra-se na descrição do Fundo Juventude Operária Católica (JOC). Os depoimentos de ex-militantes da JOC foram produzidos sob a coordenação da Profa. Maria do Pilar Araújo Vieira, com alunos de iniciação científica do CNPq, dentro do Projeto "Igreja e Movimentos Sociais: a atuação dos cristãos no Brasil República, 1920 a 1980", desenvolvido por professores e pesquisadores do Programa de Pós Graduação em História da PUC-SP, a partir de 1986, sob a coordenação geral da Profa. Yara Aun Khoury.

Origem: os documentos foram doados ao CEDIC, em 1988, pelos professores que participaram do Projeto.

Descrição: a Coleção compõe-se de depoimentos orais individuais de militantes sobre sua trajetória na Juventude Operária Católica (JOC), abrangendo as décadas de 1950, 60 e 70. Contém ainda os cadernos de campo e as fichas de identificação dos depoentes.

Quantidade: 32 fitas-cassete

Organização: organizada.

Instrumentos de Pesquisa:

- *Guia da Central de Documentação e Informação Científica "Prof. Casemiro dos Reis Filho" – CEDIC – PUC-SP.* São Paulo, EDUC, 1995. 160p. (Coleção Memória, Documentação e Pesquisa, 3). O Guia também pode ser acessado no site do Centro: www.pucsp.br/cedic.
- Listagem preliminar da Coleção Juventude Operária Católica (JOC) (depoimentos orais). São Paulo, CEDIC, 1992. (datilografada)
- Catálogo preliminar de Depoimentos Orais de Militantes da Juventude Operária Católica (JOC) e Juventude Universitária Católica (JUC). São Paulo, CEDIC, 1990.

Restrições ao acesso: não há.

Observações: as fitas não foram transcritas. Algumas fitas possuem problemas técnicos de escuta.

Coleção: Juventude Universitária Católica (JUC)

Datas-Limite: 1983

Histórico do titular e da custódia: o histórico do Movimento encontra-se na descrição do Fundo Juventude Universitária Católica do Brasil (JUCB). Os depoimentos de ex-militantes da JUC foram produzidos sob a coordenação da Profa. Maria do Pilar Araújo Vieira, com alunos de iniciação científica do CNPq, dentro do Projeto "Igreja e Movimentos Sociais: a atuação dos cristãos no Brasil República, 1920 a 1980", desenvolvido por professores e pesquisadores do Programa de Pós Graduação em História da PUC-SP, a partir de 1986, sob a coordenação geral da Profa. Yara Aun Khoury.

Origem: os documentos foram doados ao CEDIC, em 1988, pelos professores que participaram do Projeto.

Descrição: a Coleção compõe-se de depoimentos orais individuais de militantes sobre sua trajetória na Juventude Universitária Católica (JUC), abrangendo as décadas de 1950, 60 e 70. Contém ainda os cadernos de campo e as fichas de identificação dos depoentes.

Quantidade: 11 fitas-cassete

Organização: organizada.

Instrumentos de pesquisa:

- *Guia da Central de Documentação e Informação Científica "Prof. Casemiro dos Reis Filho" – CEDIC – PUC-SP.* São Paulo, EDUC, 1995. 160p. (Coleção Memória, Documentação e Pesquisa, 3). O Guia também pode ser acessado no site do Centro: www.pucsp.br/cedic.
- Catálogo preliminar de Depoimentos Orais de Militantes da Juventude Operária Católica (JOC) e Juventude Universitária Católica (JUC). São Paulo, CEDIC, 1990.

Restrições ao acesso: não há.

Observações: as fitas não foram transcritas. Algumas possuem problemas técnicos de escuta.

HEMEROTECA

Coleção: Periódicos (PER)

Datas-Limite: 1930-2008

Histórico do titular e da custódia: durante os 15 anos de ditadura militar, entre 1964 e 1980, surgiram inúmeros periódicos que tinham como característica a oposição ao regime militar. Ficaram conhecidos como imprensa nanica ou imprensa alternativa. *Nanica*, devido não só ao formato tablóide adotado pela maioria dos jornais alternativos, mas também à depreciação dessa imprensa pelo sistema; *Alternativa* por não estar ligada aos interesses ou tendências políticas dominantes; e por trazer propostas das gerações dos anos 60 e 70 no sentido de transformações sociais pelas quais lutavam.

Em contraste com a complacência da grande imprensa para com a ditadura militar, os jornais alternativos denunciavam as torturas e as violações dos direitos humanos e criticavam o modelo econômico imposto. O sistema distinguia os jornais alternativos dos demais, perseguindo-os e submetendo-os à censura prévia. Editores de O PASQUIM permaneceram encarcerados por dois meses logo após o AI-5. Editores de RESISTÊNCIA, COJORNAL, OPINIÃO foram presos por diversas vezes. Algumas edições eram apreendidas mesmo depois de terem passado pela censura.

Entre 1974 e 1977, ou seja, até o operariado do ABC despontar no cenário político, a história das esquerdas brasileiras se funde com a história da imprensa alternativa. O grande racha de O MOVIMENTO, de abril de

1977, dando origem ao EM TEMPO, foi também um marco da reorganização das esquerdas brasileiras. Os jornais nasciam de duas vertentes – uma de um enraizamento partidário desde a origem, e outra de impulsos estritamente jornalísticos. Mas as forças apelativas contra o regime militar nos anos 70 eram tão fortes que mesmo jornais a princípio desvinculados de partidos políticos como o VERSUS e o DE FATO, acabaram se deixando dominar pela prática partidária. Antes deles, nos primeiros anos após o golpe, a notável influência da Revolução Cubana levou ao lançamento de jornais alternativos, que tinham como um de seus propósitos, o de atrair jovens para focos guerrilheiros.

Uma parte da imprensa alternativa tornou-se substituta de organizações políticas clássicas. Através do O Movimento, por exemplo, o líder político clandestino Duarte Brasil Lago Pacheco Pereira, antigo dirigente da Ação Popular (AP), lançou e desenvolveu a primeira e mais influente campanha pela convocação de uma Assembléia Nacional Constituinte. Através de VERSUS, o clandestino Partido Socialista dos Trabalhadores em 1978, lançou a primeira proposta de um partido socialista legal e de massas. Dentro de EM TEMPO, os grupos Centelha, de Belo Horizonte, e Nova Proposta, de Porto Alegre, uniram-se e fundaram em 1979 a organização Democracia Socialista (DS), ligada à IV Internacional. As campanhas de vendas de assinaturas eram uma forma de ampliação partidária.

Contudo, do montante de aproximadamente 150 jornais, um em cada dois não chegava a completar um ano de existência, vários ficavam apenas nos dois primeiros números. Foram muitos os que como o AMANHÃ, PIF-PAF e INFORMAÇÃO influenciaram decisivamente o campo da política e do jornalismo em apenas meia dúzia de edições. Somente cerca de 25 jornais que nasceram de articulações mais densas tiveram vida relativamente longa, de até cinco anos. A repressão, os sequestros de edições, a censura prévia, os processos políticos, tudo isso precipitou crises dentro da imprensa alternativa, mas raramente foram as causas diretas do seu fechamento. Como esses jornais faziam parte da lógica da ditadura, sua única razão de existir era a resistência. Com a abertura, a grande imprensa apropriou-se de temas até então exclusivos da imprensa alternativa. A oposição ao governo deixou de ser seu monopólio. Além disso, a retomada da atividade política clássica dos partidos e de seus jornais, que após a decretação da anistia saíram da clandestinidade, tirou a imprensa alternativa de sua situação de espaço para realizações sócio-políticas. Passados 20 anos do processo de abertura política, vimos ressurgir grupos que, cansados do discurso crítico e oposicionista da grande imprensa aos governos democráticos e liberais vigentes, trouxeram novamente os formatos estéticos e de linguagem da imprensa alternativa, como a Revista CAROS AMIGOS, Revista FÓRUM: outro mundo em debate, dentre outros títulos.

Atualmente, associações e grupos pela luta política utilizam-se das tecnologias e do ambiente web para dispor de seus boletins e publicações, como o caso do Grupo Tortura Nunca Mais, que mantém sua publicação JORNAL GTNM disponível on-line.

Origem: os documentos foram adquiridos através de doações, compra, assinatura produção/co-produção e reprodução realizadas pelo próprio CEDIC em diferentes datas. Dentre os doadores destacamos: IEE – PUC-SP (1991, 92, 93 e 94), Biblioteca Central - PUC-SP (1985, 86, 87, 88, 91, 92, 93 e 94), Hemeroteca - PUC-SP (1985, 86, 87, 89 e 94), Instituto Cultural Itaú (1994), Comissão Pró-Índio (1993), CNBB - Regional Sul I (1993), Hemeroteca Sindical Brasileira (1993), Agência Estado (1993), CPV (1992 e 93), CEPAM (1993), MIS (1993), UNOESC (1993), CEOM - UNOESC (1992 e 93), Centro Acadêmico de Serviço Social (CASS) - PUC-SP (1993), CEFOR (1993), CRAS (1993), PT-SP (1991), Arquivo Público do Estado de São Paulo (1992), Arquivo Histórico do Município de São Paulo (1992), Arquidiocese de São Paulo (1992), Centro Cultural Vergueiro (1992), Associação dos Arquivistas Brasileiros (1992), Arquivo Histórico de Moçambique (1992), Frei Romeu Dale (1992 e 93), Centro Acadêmico 22 de Agosto - PUC-SP, Grupo Tortura Nunca Mais do Rio de Janeiro (2000), Editoras Casa Amarela e Publisher (2005-2008), Yara Aun Khoury (em diferentes datas), além de diversas Pastorais e entidades religiosas, outras organizações, entidades sociais e pessoas.

Descrição: atualmente, a Coleção compõe-se de 1.800 títulos, abrangendo temas como: educação, Igreja, políticas sociais e públicas, direitos humanos, lutas e reivindicações sociais, cidades, campo, mulheres, saúde, trabalhadores, estudantes, cultura, artes e assuntos gerais.

Quanto ao tema Anistia, a Coleção o apresenta em seus diferentes aspectos, delineados ao longo das transformações políticas e sociais dos regimes ditatoriais, dos processos democráticos e dos Estados liberais, no Brasil e nos Países da América Latina e Caribe, durante os anos 1964 a 2008. Essas questões são problematizadas por diferentes segmentos sociais, tais como organização de familiares de mortos e desaparecidos, de ex-presos políticos, entidades populares, associações, conselhos de classe, centros acadêmicos, comunidades de bairro, movimentos sociais ligados ou não à Igreja, sindicatos, organizações públicas e privadas, fundações culturais, representações organizadas por estudantes, trabalhadores, mulheres, dentre outros, em âmbito nacional e internacional. Destacamos como exemplos desse perfil de publicação:

- A Centelha
- ACAFADE: Asociación Centro America de Familiares de Detenidos Desaparecidos
- ALAI: Asociación Latino Americana de Informacion
- Amnístia Internacional: Boletín Informativo
- Asemblea Antimilitarista e Antiautoritária
- Boletim Centro de Defesa dos Direitos Humanos Marçal de Souza
- Boletim SISAC: Serviço de Informação sobre América Central
- Boletín del Centro de Derechos Humanos
- Boletín: Comisión de Derechos Humanos de El Salvador
- Brasil Agora
- Brasil Democrático
- Brasil Mulher
- Brasil Reportagem
- Brasil Urgente
- Caros Amigos
- Causa Justa: Monseñor Oscar A. Romero, Mártir de la Liberación Salvadoreña, assinado el 24 de marzo de 1980
- CEHILA: Comissão de Estudos da História da Igreja Latino Americana
- Clamor: Comitê em Defesa dos Direitos Humanos dos Países do Cone Sul
- Comisión Latino Americana por los Derechos Humanos y las Libertades de los Trabajadores y los Pueblos: Boletín Informativo
- Comitê Pró-Diretas
- Condução: Grupo de Defesa dos Direitos Humanos do Imirim (SP)
- Consciencia Latino Americana: Boletín Periódico de Opiniones por el Derecho a Decidir
- Constituinte: Como? Por quê? A quem serve?
- Denúncia
- Derechos Humanos

- Desde las bases: periódico independiente al Servicio del Movimiento Popular
- DIAL: Diffusion de l'Information sur l'Amérique Latine
- E Agora?: experiências, opiniões e propostas de participação popular
- Educação Democrática: Governo Democrático de São Paulo, Governador Franco Montoro
- Em Guarda: para a Defesa das Américas
- Em Tempo
- Ex
- Extra: Realidade Brasileira
- Fórum: outro mundo em debate
- Gazeta Democrática
- Gente: Boletim da Rede de Defesa da Espécie Humana
- Go-Between: United Nations Non-Governmental Liaison Service (NGLS)
- Iglesia Solidaria: por la Justicia y la Paz Centro América
- Igualdade é Justiça
- Informativo CLAT: Vocero del Movimiento Trabajadores Comprometido con la Liberación de los Pueblos da America Latina
- Informativo de Direitos Humanos em Passo Fundo (RS)
- Informativo El Salvador
- Jornal da UEE
- Jornal da Vila
- Jornal do Grupo Tortura Nunca Mais
- Jornal Momento
- Justiça e Não-Violência
- Le Monde Libertaire
- Liberdade e Ação
- Libertação: Boletim Nacional da Pastoral da Mulher Marginalizada
- Maria Brasileira: Órgão Oficial do Centro da Mulher Brasileira
- Maria Quitéria: Boletim do Movimento Feminino pela Anistia
- Mártires de El Salvador
- Movimento
- Movimento do Custo de Vida
- Mulherio
- No Middle Ground Anti-Authoritarian Perspectives on Latin America and the Caribbean
- Nós e a Constituinte
- Nós Mulheres
- Onde estão? Boletim dos Familiares dos Mortos e Desaparecidos Políticos
- Opinião

- Pasquim
- Paz y Prensa: Servicio de recortes sobre paz, seguridad, armamentismo y cooperación politica regional publicados em la prensa latinoamericana
- Plantão Constituinte
- Politika
- Posição – um Jornal que depende de nós
- Povo na Constituinte
- Princípios de Justiça e Paz: Comissão Justiça e Paz
- Rapidas: Consejo Latinoamericano de Iglesias
- Realidade
- Repórter: Autônomo Independente
- República
- Resistência: resistir é o 1º passo
- Retratos do Brasil
- Revista Sem Terra
- Sacrificio y Lucha: medio informativo del Comite de Presos y Desaparecidos Políticos de El Salvador
- Sem Fronteiras: A Igreja do Brasil Aberta para o Mundo
- SIAL: Servicio Informativo de la Iglesia en America Latina
- Sintesis Informativa: Boletim de Centro de Informacion del Consejo Mundial de la Paz para America y el Caribe
- Solidaridad: aportes cristianos para la liberacion de Colombia
- Sumario de Derechos Humanos: Publicacion de Servicio Paz y Justicia do Uruguay
- Tiempo y Libertad
- Tiers-Monde
- Todos Somos Constituintes: Informativo da UNB sobre a Constituinte
- Tortura Nunca Mais
- Trabalho e Justiça
- Versus: Jornal Bimestral de Reportagens, Idéias e Cultura
- Vida y Libertad: organo divulgativo del Grupo de Apoyo Mutuo da Guatemala
- Vida y Marcha del Pueblo: boletim nacional de las CEB´s do México
- Vida: órgão do Fórum Permanente contra a Violência
- Violência contra os humildes – Boletim da Comissão Arquidiocesana de São Paulo

São aproximadamente 100 títulos, que tratam diretamente sobre o tema. Se tomarmos, porém, o conceito de direitos humanos em sua acepção mais ampla, e assim os movimentos sociais que dela emergiram dos anos 1980 em diante, esse número de títulos crescerá consideravelmente.

Quantidade: ca. 1600 pastas e 250 volumes encadernados

Organização: organizada.

Instrumentos de pesquisa:

- *Guia da Central de Documentação e Informação Científica "Prof. Casemiro dos Reis Filho" – CEDIC – PUC-SP.* São Paulo, EDUC, 1995. 160p. (Coleção Memória, Documentação e Pesquisa, 3). O Guia também pode ser acessado no site do Centro: www.pucsp.br/cedic.
- Catálogo eletrônico disponível no site do Centro: www.pucsp.br/cedic.

Restrições ao acesso: não há.

Observação: a Coleção possui alguns periódicos anteriores à data-limite inicial aqui mencionada.

Centro de Documentação e Pesquisa Vergueiro – CPV

INSTITUIÇÃO DETENTORA DO ACERVO

Centro de Documentação e Pesquisa e Vergueiro – CPV

Endereço: Rua São Domingos, 224 – Bela Vista – São Paulo – SP – CEP 01326-000

Telefone: (11) 3104-7995

E-mail: cpvsp@cpvsp.org.br

Sítio na internet: www.cpvsp.org.br

MISSÃO, OBJETIVOS, METAS

O Centro de Documentação e Pesquisa Vergueiro tem como missão subsidiar o movimento social com o registro de suas ações e propostas presentes e passadas visando à transformação social. Nossa contribuição é colocar à disposição para a pesquisa nosso acervo constituído de documentação produzida pelos movimentos sociais e seus parceiros, refletindo idéias e ações dos trabalhadores na conquistas de direitos fundamentais por liberdade de organização, expressão, política, sindical e cultural e por direitos fundamentais de sobrevivência.

Somos cientes da importância que tem a preservação, a recuperação, a conservação, a organização, o registro e a alimentação das lutas dos trabalhadores com a sua própria história. Esse é o ofício do CPV e constitui sua contribuição fundamental.

No intuito de difundir nosso acervo, estamos envidando esforços para digitalizá-lo e proceder a sua microfilmagem, bem como completar coleções. Estas ações visam tornar mais prático o acesso ao acervo e promover a sua difusão pela internet, possibilitando pesquisas à distância e a conexão em rede.

São finalidades do CPV:

I - promover e apoiar atividades educacionais, culturais, de pesquisa e de formação geral;

II - incentivar comportamentos de participação, organização e solidariedade, criando ou estimulando as atividades que se fizerem necessárias para este fim;

III - apoiar e incentivar a constituição de outros centros com o mesmo caráter;

IV - coletar, organizar e colocar à disposição a documentação dos movimentos dos trabalhadores;

V - incentivar os movimentos sociais a documentar a sua memória.

HISTÓRICO

O então Centro Pastoral Vergueiro (CPV) foi criado juridicamente como entidade sem fins lucrativos em 15 de novembro de 1973. Por iniciativa de um frei dominicano – Giorgio Callegari – constitui-se um grupo de voluntários (professores universitários, estudantes secundaristas, estudantes universitários e outros frades dominicanos) para reunir e organizar documentos produzidos pelos diversos grupos atuantes na sociedade (partidos, organizações políticas, de bairros e sindicais), bem como outras informações veiculadas pela imprensa e pelo mercado editorial que fosse de interesse desses grupos organizados.

Em 1989, a entidade passou a se denominar Centro de Documentação e Pesquisa Vergueiro. Ela é constituída por uma diretoria, eleita a cada três anos, por um conselho fiscal e pelo corpo de associados.

ACERVO

O CPV, desde a sua fundação, organizava a sua documentação (livros, recortes de jornais e periódicos) utilizando o sistema CDU (classificação decimal universal). Em 1980, promoveu um estudo para a criação de um THESAURUS próprio.

O sistema de classificação combina os princípios da ordem alfabética e a hierarquia de assuntos. Utilizamos uma notação mnemônica que consiste das três primeiras letras da cada termo. Assim, os assuntos são representados por termos fixos, padronizados para possibilitar a recuperação posterior. Exemplos: HAB – Habitação; HAB CAS PRO – Habitação Casa Própria; HAB CAS PRO MOV – Movimentos de Luta por Casa Própria; HAB COR – Habitação Cortiços.

Na concepção desse novo Thesaurus, deu-se centralidade às temáticas do mundo do trabalho. Para o CPV, os documentos prioritários seriam os documentos produzidos POR e PARA o pensamento e a ação dos trabalhadores de nossa sociedade.

O acervo começou a ser informatizado a partir de 1983.

Além da temática sobre a luta pela Anistia em nosso país, os documentos referem-se às diversas temáticas de caráter reivindicativo, propositivo, organizativo, analítico, informativo, cultural, teórico-medológico sobre: meios de comunicação social (cinema, teatro, rádio, TV), inclusive imprensa alternativa, popular, operária; encontros de comunicação popular, capacitação e formação em comunicação popular; música, teatro, literatura, literatura de cordel, poemas, cultura popular; direitos humanos de primeira, segunda e terceira geração; exercício, da organização e da capacitação em documentação de centros populares e organizações sindicais (sistemas e teorias, terminologias, encontros de documentação popular); cursos de madureza e alfabetização de adultos; métodos de pesquisa e informação; atuação de entidades da área, organização de professores e estudantes; metodologias e dinâmicas de trabalho em grupo; movimentos pelo acesso e melhoria de qualidade na educação; práticas pastorais e movimentos a elas vinculadas (JAC, JOC, ACO, círculos e pastorais operárias); movimentos leigos; comunidades eclesiais de base; teologia da libertação; relações da Igreja com as práticas políticas; relações com o Estado e com as instituições da República; repressão política a membros e instituições da Igreja; conjuntura política, ação e repressão, atentados, constituinte, eleições, pacto social, partidos políticos, organizações e tendências políticas, relação partido político e organização popular e operária, segurança nacional, militares, sistemas e teorias; questões da terra nos diversos estados brasileiros, reforma agrária, movimentos organizativos (sem-terra e outros), posseiros, pequenos proprietários, organizações (UDR etc.); problemáticas de diversas categorias profissionais de todos os estados brasileiros (abrasivos, aeronautas, aeroviários, alimentação, ambulantes, aposentados, arquitetos, artistas, assistentes sociais, autônomos, bancários, comerciários, construção civil, correios, coureiros, educação, eletricitários, empregados domésticos, enfermagem, estivadores, trabalhadores da Febem, ferroviários, indústria de frios, fumageiros, garimpeiros, gasistas, gráficos, jornalistas, indústria de luvas, marceneiros, médicos, metalúrgicos, metroviários, mineiros, motoristas, panificação, papel e celulose, papel e papelão, pescadores, petroleiros, petroquímicos, plásticos, farmacêuticos, portuários, professores, processamento de dados, psicólogos, químicos, radialistas, trabalhadores rurais, telecomunicações, têxteis, vestuário, vidreiros, vigilantes e urbanitários), mundo do trabalho urbano e rural, como autogestão, automação, legislação, mercado, organização no local de trabalho (comitês, comissões de fábrica, Cipa e comissões diversas), movimento reivindicativos (luta pela igualdade para as mulheres, saúde, por direitos sociais, greves, greve geral, manifestações, datas comemorativas etc.), relação entre movimento sindical e movimento popular, organização de trabalhadores (sindicatos, comitês de solidariedade, oposições sindicais, associações de trabalhadores, intersindicais), capacitação profissional, educacional e política, imprensa sindical; habitação (loteamentos, favelas, cortiços, casa própria) com ênfase no Estado de São Paulo; direitos das mulheres; direito da criança e adolescente; direitos das minorias; luta por serviços de qualidade (transportes, saúde, creches etc.); preservação do meio ambiente.

Parte do acervo encontra-se organizado (classificado, armazenado e catalogado) de acordo com um sistema criado pela equipe de documentação do CPV no início dos anos 1980. Esse sistema de classificação de assuntos baseia-se em 24 áreas temáticas centrais, que são detalhados em, no máximo, cinco níveis hierárquicos. Foi construído a partir dos assuntos selecionados nos próprios documentos analisados e, por essa razão, trata-se de uma linguagem natural.

As áreas temáticas centrais são: Comunicação/ Cultura/ Demografia/ Direito/ Economia/ Educação/ Habitação/ Igreja/ Índio/ Meio Ambiente/ Meninos e Meninas/ Mulher/ Negro/ Política/ Previdência Social/ Saúde/ Sociedade/ Terra/ Trabalhadores/ Trabalho/ Transporte/ Urbanização/ Violência.

Há também documentos de áreas temáticas periféricas: Amazônia/Ciência e Tecnologia/Creche/Filosofia/Futebol/ Nordeste/Psicologia/Religião.

COLEÇÃO

Coleção: Política

Descrição: documentos nacionais e internacionais produzidos e acumulados nas décadas de 1970 a 1990. São documentos textuais, bibliográficos, filmográficos, iconográficos e sonoros. Os documentos se referem às diversas temáticas de caráter informativo, analítico, organizativo, propositivo, teórico e metodológico sobre o tema.

Os temas tratados no conjunto documental são conjuntura, atos de repressão, atentados, constituinte, eleições, pacto social, partidos políticos, relação partido político e organização popular e operária, organizações e tendências político-partidárias, segurança nacional, militares, sistemas e teorias políticas e história.

Séries/Data Limite/Localização: Política/Repressão

Dossiê – Documentos – Ações de Repressão – 1969/2001 – 8 pastas – armário 2.

Dossiê – Documentos – Anistia – 1973/1983 – 2 pastas – armário 2.

Dossiê – Cartazes – Ações de Repressão e Anistia – (40 exemplares) 1970-1990 – armário cartazes.

Documentos bibliográficos – livros (40 ex.) e cadernos (25 ex.) – editados nas décadas de 1970 a 1990 – biblioteca.

Conteúdo: a série Política/Repressão possui documentos textuais, bibliográficos e iconográficos de defesa, denúncia, reivindicação de caráter informativo e de estudo sobre anistia com destaque para documentos produzidos pelos Comitês Brasileiros pela Anistia de diversos estados (SP, RJ, CE, BA, MG, GO); documentos de autoria de sindicatos, oposições sindicais, centros culturais, movimentos feministas, movimento negro, comitês de apoio a presos políticos e entidades religiosas.

A série é composta também de documentos sobre a Lei de Segurança Nacional, atos de violência, ameaças, perseguições, desaparecimentos, assassinatos e prisões de lideranças sindicais, estudantis, partidárias e de movimentos organizativos, bem como documentos sobre atentados praticados por militares e organizações paramilitares (CCC, Falange Pátria Nova) contra jornais alternativos e populares, sedes de entidades de apoio, sindicatos, entidades religiosas, estudantis, residências e personalidades. São documentos de autorias diversas com destaques para o Grupo Tortura Nunca Mais (SP/RJ), presos políticos, exilados, parlamentares, jornais alternativos e populares, comissões de direitos humanos e comitês de apoio e tendência politico-partidárias.

HEMEROTECA

Nome do periódico: Anistia!

Descrição: Comitê 1.º de Maio Por Anistia Aberto – RJ; Ano I – N.º 1 – 1977; Rio de Janeiro – RJ

Datas-Limite: 1977

Nome do periódico: Anistia

Descrição: Boletim do Comitê Anapolino Pró-Anistia; Número 1 – março/1979; Anápolis – Goiás.

Datas-Limite: 1979

Nome do periódico: Mutirão

Descrição: Núcleo Cearense do Comitê Brasileiro de Anistia/Editado por Palma Publicações e Promoções Ltda; Ano II – número especial, março/1979; Fortaleza/CE.

Datas-Limite: 1979

Nome do periódico: Maria Quitéria – Boletim do Movimento Feminista pela Anistia

Descrição: Movimento Feminista pela Anistia; Ano I, número 1 – 1976; Ano II, número 2 – julho/1977; Ano II, número 3 – julho/1978.

Datas-Limite: 1976-1978

Nome do periódico: Boletim do Comitê Contra a Opressão Social e a Perseguição Política

Descrição: Comitê Contra a Opressão Social e a Perseguição Política; Número 1 – janeiro de 1993.

Datas-Limite: 1993

Nome do periódico: Boletim do Movimento Tortura Nunca Mais

Descrição: Movimento Tortura Nunca Mais – Belo Horizonte; Número 1- Fevereiro de 1986; Número 2 – abril de 1986; Belo Horizonte-MG.

Datas-Limite: 1986

Nome do periódico: Boletim Tortura Nunca Mais

Descrição: Grupo Tortura Nunca Mais – Rio de Janeiro; Janeiro/1986 a abril/1987 (há lacunas na coleção); Rio de Janeiro-RJ.

Datas-Limite: 1986-1987

Nome do periódico: GTNM – Jornal do Grupo Tortura Nunca Mais - RJ

Descrição: Grupo Tortura Nunca Mais – Rio de Janeiro; outubro 1997 a novembro de 1998 (há lacunas na coleção); Rio de Janeiro-RJ.

Datas-Limite: 1997-1998

Nome do periódico: Tortura Nunca Mais

Descrição: Grupo Tortura Nunca Mais – SP; dezembro/1988 a outubro/novembro/1996 (há lacunas na coleção); S. Paulo – SP.

Datas-Limite: 1988-1996

Nome do periódico: Anistia

Descrição: Edição S/A Editora de Livros; Número Zero – abril/1978; S. Paulo – SP

Datas-Limite: 1978

Nome do periódico: Denúncia

Descrição: Anistia Internacional – S. Paulo – SP; Número Zero – abril/1984; S. Paulo - SP

COLEÇÃO DE CLIPPINGS

Descrição: recortes de jornais da grande imprensa: FSP, O Estado de S.Paulo, Jornal do Brasil, O Globo, outros. Destaques: caso Vladimir Herzog – outubro de 1975 a agosto de 1992; atentado no Rio Centro e artigos sobre Anistia – maio de 1981 a novembro de 1985; atentado a Dalmo Dallari – junho de 1990 a março de 1992; artigos sobre a Guerrilha do Araguaia – abril/1977 a outubro/1981; Ato Institucional n.º 5 – janeiro de 1967 a agosto de 1980; repressão – outubro de 1968 a abril de 2001; Igreja/Repressão – dezembro de 1964 a setembro de 1987; Segurança Nacional – março de 1967 a setembro de 1994.

Observação: pelo fato de ainda não termos a totalidade de nosso acervo em banco de dados informatizado, alguns temas correlatos não estão contemplados neste levantamento.

OTAVIO ROTH 79
LIBERDADE
PARA TODOS OS
PRESOS
POLÍTICOS
ANISTIA AMPLA, GERAL E IRRESTRITA· COMISSÃO EXECUTIVA NACIONAL DOS MOVIMENTOS DE ANISTIA

23. Referências

1. Ditadura militar, anistia e a construção da memória social

ALVES, M. H. M. *Estado e oposição no Brasil (1964-1984).* Petrópolis: Vozes, 1984.

ANTUNES, Ricardo; RIDENTI, Marcelo. 1968 no Brasil. *Margem Esquerda*, São Paulo, n. 11, p. 43-48, 2008.

BRASIL. Secretaria Especial dos Direitos Humanos. Comissão Especial sobre Mortos e Desaparecidos Políticos. *Direito à verdade e à memória:* Comissão Especial sobre Mortos e Desaparecidos Políticos. Brasília: Secretaria Especial dos Direitos Humanos, 2007.

GASPARI, Elio. Em 2008 remunera-se o terrorista de 1968. *Folha de São Paulo*, São Paulo, 23 mar. 2008.

GORENDER, Jacob. *Combate nas trevas.* 5. ed. São Paulo: Ática, 1998.

GRECO, Heloisa Amélia. *Dimensões fundamentais da luta pela anistia.* 2003. Tese (Doutorado em História). Faculdade de Filosofia e Ciências Humanas (FAFICH) da Universidade Federal de Minas Gerais, Belo Horizonte, 2003.

REIS FILHO, Daniel Aarão. A. *Ditadura militar, esquerdas e sociedade.* Rio de Janeiro: Zahar, 2002.

______ *et. al. Versões e ficções*: o seqüestro da história. São Paulo: Fundação Perseu Abramo, 1997.

TELES, J. (Org.). *Mortos e desaparecidos políticos*: reparação ou impunidade? São Paulo: Humanitas, 2001.

2. A resistência armada na luta contra a opressão

BUONICORE, Augusto César. *Partido Comunista do Brasil*: do Manifesto de Janeiro de 1948 à Declaração de Março de 1958. s/d. Disponível em: <http://www.vermelho.org.br/museu/principios/anteriores.asp?edicao=67&cod_not=209>. Acesso em: 25 jun. 2009.

PARTIDO COMUNISTA BRASILEIRO. *Programa do Partido Comunista do Brasil.* s/d. Disponível em: <http://www.marxists.org/portugues/tematica/rev_prob/64/programa.htm>. Acesso em: 25 jun. 2009.

PRESTES, Luiz Carlos. *Informe de Balanço do Comitê Central do PCB ao IV Congresso do Partido Comunista do Brasil.* Disponível em: <http://www.marxists.org/portugues/prestes/1954/informe/cap01.htm>. s/d a. Acesso em: 25 jun. 2009.

______. ______. s/d b. Disponível em: <http://www.marxists.org/portugues/prestes/1954/informe/cap02.htm >. Acesso em: 25 jun. 2009.

4. A luta pela anistia no Regime Militar brasileiro e a construção dos direitos de cidadania

Documentos consultados no Arquivo Edgard Leuenroth, Unicamp

Fundo "Comitê Brasileiro de Anistia"

COMITÊ BRASILEIRO PELA ANISTIA. Anistia: uma luta do povo contra a violência da ditadura. *Anistia*, nº 2, nov.-dez. 1978.

COMITÊ LONDRINENSE PELA ANISTIA E DIREITOS HUMANOS. *Carta Aberta ao candidato à presidência Euler Bentes Monteiro e à população*. Londrina, 1978.

CONGRESSO NACIONAL PELA ANISTIA. Manifesto à Nação. In: ______, 1., nov. 1978, São Paulo. *Documento de encerramento*... São Paulo, 1978.

MOVIMENTO FEMININO PELA ANISTIA. A nossa causa e o seu símbolo. *Maria Quitéria*: Boletim Informativo do MFPA, Ano 1, n. 1, [jul. 1977?].

______. *Maria Quitéria*: Boletim Informativo do MFPA, Ano 2, n. 3, jul. 1978a.

______. *Maria Quitéria*: Boletim Informativo do MFPA, Ano 3, n. 4, mar. 1979.

______. O papel da mulher na conjuntura brasileira: sua atuação na sociedade e suas lutas específicas. In: CONGRESSO DE ANISTIA, 1. nov. 1978, São Paulo. *Documento apresentado pelo*... São Paulo, 1978b.

MOVIMENTO FEMININO PELA ANISTIA – RJ. Participação político-social da mulher no Brasil – A experiência de 1964. In: CONGRESSO NACIONAL PELA ANISTIA, 1. nov. 1978, São Paulo. *Documento apresentado pelo*... São Paulo, 1978.

SETOR JOVEM DO MDB. A lembrança de abril de 1945. *Movimento* – Jornal Semanal de Resistência ao Regime Militar, [S.I.], 24 abr. 1978.

Documentos consultados no acervo do Projeto de Memória "Anistia 20 Anos" da Fundação Perseu Abramo

COMANDO GERAL PELA ANISTIA AMPLA, GERAL E IRRESTRITA. *Convocatória para Ato Público pela Anistia Ampla, Geral e Irrestrita*. São Paulo, 1979.

CONGRESSO NACIONAL DE ANISTIA. A Luta continua. In: ______, 2., out. 1979, Salvador. *Manifesto do*... Salvador, 1979.

ENCONTRO NACIONAL DE MOVIMENTOS PELA ANISTIA. Carta de Salvador. In: ______. 1., set. 1978, Salvador, *Carta Manifesto*... Salvador, 1978.

FON, Celeste. *Depoimento de familiar de preso político e participante do CBA – SP*. São Paulo: Fundação Perseu Abramo, 1999. Projeto de memória "Anistia 20 Anos".

GRECCO, Helena. Depoimento da fundadora do MFPA e CBA de Minas Gerais. São Paulo: Fundação Perseu Abramo, 1999. Projeto de memória "Anistia 20 Anos".

MARIA, Egle. *Carta endereçada ao papa*, 1973.

MÜLLER, Ana Maria. *Depoimento de uma das fundadoras do CBA – RJ*. São Paulo: Fundação Perseu Abramo, 1999. Projeto de memória "Anistia 20 Anos".

TELES, Maria Amélia. *Depoimento*. São Paulo: Fundação Perseu Abramo, 1999. Projeto de memória "Anistia 20 Anos".

Referências bibliográficas

ABRAMO, L. *O resgate da dignidade*: greve metalúrgica e subjetividade operária. Campinas: Editora da Unicamp; São Paulo: Imprensa Oficial, 1997.

ALVES, M. H. M. *Estado e oposição no Brasil* (1964-1984). Petrópolis: Vozes, 1984.

BAIERLE, S. *A explosão da experiência*: emergência de um novo princípio ético-político nos movimentos populares urbanos em Porto Alegre. Porto Alegre: Centro de Assessoria e Estudos Urbanos, 1996.

BRANT, V. C. Da resistência aos movimentos sociais: a emergência das classes populares em São Paulo. In: SINGER, P.; BRANT, V. (Orgs.). *São Paulo*: o povo em movimento. Petrópolis: Vozes; São Paulo: CEBRAP, 1980.

BRASIL. Congresso. Câmara dos Deputados. Centro de Documentação e Informação. Seção de Legislação Brasileira. *Anistia*; legislação brasileira, 1822-1979. Brasília, 1980.

CHAUÍ, M. *Conformismo e Resistência*: aspectos da cultura popular no Brasil. São Paulo: Brasiliense, 1986.

COMITÊ BRASILEIRO PELA ANISTIA. Como funciona o CBA. *Anistia*, [S.I.] n. 3, jan./fev. 1979.

CONY, C. H. Anistia. *Civilização Brasileira*, Rio de Janeiro, nº 1, mar. 1965.

DAGNINO, E. Os movimentos sociais e a emergência de uma nova noção de cidadania. In: DAGNINO, E. (Org.). *Os anos 90*: Política e Sociedade no Brasil. São Paulo: Brasiliense, 1994.

DEL PORTO, F. B. *A Anistia de 1979*. 1999. Trabalho de Conclusão de Curso (Graduação em Ciências Sociais)– UNICAMP, Campinas, 1999.

DOIMO, A. M. *A vez e a voz do popular*. Rio de Janeiro: Relume Dumará; ANPOCS, 1995.

EUGÊNIO, M. F. N. *Nós, que amávamos tanto a democracia*: protesto de rua contra o Regime Militar na Grande São Paulo (1977-1984). Dissertação (Mestrado)– FFLCH-USP, São Paulo, 1994.

FUNDAÇÃO GETÚLIO VARGAS. *Dicionário de Ciências Sociais*. Rio de Janeiro: FGV, 1987.

GABEIRA, F. *Carta sobre a anistia*; *A entrevista do Pasquim*; *Conversação sobre 1968*. Rio de Janeiro: Codecri, 1979.

GRUPO DE ESTUDOS SOBRE A CONSTRUÇÃO DEMOCRÁTICA. Os movimentos sociais e a construção democrática: sociedade civil, esfera pública e gestão participativa. *Idéias*, n. 5/6, 1999. p. 7-122

KOWARICK, L.; BONDUKI, N. Espaço urbano e espaço político: do populismo à redemocratização. In: KOWARICK, L. (Org.). *As lutas sociais e a cidade*: São Paulo, passado e presente. Rio de Janeiro: Paz e Terra, 1988.

KUCINSKI, B. *Abertura*: a história de uma crise. São Paulo: Brasil Debates, 1982.

LIMA, T. *Anistia*: uma conquista. Brasília: Câmara dos Deputados, Centro de Documentação e Informação – Coordenação de Publicações, 1979.

MARTINS FILHO, J. R. *1968 faz 30 Anos*. São Carlos: UFSCAR, 1998.

MARTINS, R. R. *Liberdade para os brasileiros*: anistia ontem e hoje. Rio de Janeiro: Civilização Brasileira, 1978.

O QUE QUER FIGUEIREDO. *IstoÉ*, São Paulo, 11 jan. 1978.

O'DONNELL, G.; SCHMITTER, P. *Transições do regime autoritário*: primeiras conclusões. São Paulo: Vértice, 1988.

OLIVEIRA, L. *Images de la Democratie* – Le thème des Droits de l'Homme et la pensée politique de gauche au Brésil. Thèse (Doctorat.)– École des Hautes Etudes em Sciences Sociales, Paris, 1991.

OS CAMINHOS da volta. *Veja*, São Paulo, n. 540, 10 jan. 1979.

PAOLI, M. C. Movimentos Sociais no Brasil: em busca de um estatuto político. In: HELMANN, M. (Org.). *Movimentos Sociais e Democracia no Brasil.* São Paulo: Marco Zero, 1995.

SADER, E. *Quando novos personagens entraram em cena*: experiências, falas e lutas dos trabalhadores da Grande São Paulo, 1970-1980. Rio de Janeiro: Paz e Terra, 1988.

SKIDMORE, T. *Brasil*: De Castelo a Tancredo. Rio de Janeiro: Paz e Terra, 1988.

TELLES, V. S. *A experiência do autoritarismo e práticas instituintes*. Dissertação (Mestrado)– FFLCH/USP, São Paulo, 1984.

______. Anos 70: experiências, práticas e espaços políticos. In: KOWARICK, L. (Org.). *As lutas sociais e a cidade*. Rio de Janeiro: Paz e Terra, 1988.

______. Sociedade civil, direitos e espaços públicos. In: VILLAS-BÔAS, Renata (Org.). *Revista Pólis*. São Paulo, 1994. (v.14). p. 43-54

WEFFORT, F. *Por que democracia?* São Paulo: Brasiliense, 1984.

WEISS, L.; ALMEIDA, M. H. Carro-zero e pau-de-arara: o cotidiano da oposição de classe média ao Regime Militar. In: SCHWARTZ, L. M. (Org.). *História da Vida Privada no Brasil*: Contrastes da Intimidade Contemporânea. São Paulo: Companhia das Letras, 1998.

ZERBINE, T. G. *Anistia*: semente da liberdade. São Paulo, 1979.

5. O Comitê Brasileiro pela Anistia de São Paulo (CBA-SP): memória e fragmentos

ALMEIDA, Criméia de (Org.). *Dossiê Ditadura*: Mortos e desaparecidos políticos no Brasil (1964-1985). São Paulo: Imprensa Oficial, 2009. 772 p.

ANDRADE, Carlos Drummond de. Anistia – Como vens, como te imaginava, *Jornal do Brasil*, Rio de Janeiro, 28 jun. 1979.

ARQUIDIOCESE DE SÃO PAULO. *Brasil*: Nunca Mais. Petrópolis: Vozes, 1985.

BRASIL. *Decreto-Lei nº 477*, de 26 de fevereiro de 1969.

BRASIL. Secretaria Especial de Direitos Humanos da Presidência da República. Comissão Especial sobre Mortos e desaparecidos políticos. *Direito à verdade e à memória*: comissão especial sobre mortos e desaparecidos. Brasília: Comissão Especial sobre Mortos e Desaparecidos, 2007. 500 p.

COMISSÃO EXECUTIVA NACIONAL DOS MOVIMENTOS PELA ANISTIA. *Manifesto-Convocação*, São Paulo, 7 out. 1979.

COMITÊ BRASILEIRO PELA ANISTIA – RJ; COMISSÃO NACIONAL DE MORTOS E DESAPARECIDOS. Relação dos mortos e desaparecidos no Brasil e no exterior. In: ENCONTRO NACIONAL DAS ENTIDADES DE ANISTIA, 3., 15 jun. 1979, Rio de Janeiro. Documento do... Rio de Janeiro, 1979.

COMITÊ BRASILEIRO PELA ANISTIA – SP. *A Trajetória de luta pela libertação de Flávia Schilling*, São Paulo, [19--].

COMITÊ BRASILEIRO PELA ANISTIA – SP. *Carta de Princípios e programa Mínimo de Ação*, São Paulo, 1978a.

COMITÊ BRASILEIRO PELA ANISTIA – SP. *Relação dos que assinaram listas de presença em reuniões realizadas na sede do CBA/SP*, São Paulo, 1978b.

COMITÊ BRASILEIRO PELA ANISTIA – SP. *Relação dos que assinaram listas de presença em reuniões realizadas na sede do CBA/SP*, São Paulo, 1979a.

COMITÊ BRASILEIRO PELA ANISTIA – SP. *Convocatória* – Ato Público pela Anistia Ampla, Geral e Irrestrita. São Paulo, jul. 1979b.

COMITÊ BRASILEIRO PELA ANISTIA – SP. *Cronograma de Atividades Diárias*, São Paulo, jul./ago. 1979c.

COMITÊ BRASILEIRO PELA ANISTIA – SP. *Relação dos que assinaram listas de presença em reuniões realizadas na sede do CBA/SP*, São Paulo, 1979d.

COMITÊ BRASILEIRO PELA ANISTIA – SP. *Ao II Congresso da Mulher Paulista*, São Paulo, 8 mar. 1980.

ENCONTRO DOS MOVIMENTOS DE ANISTIA. Anistia Ampla, Geral e Irrestrita – Reafimação do Compromisso Nacional. In: ENCONTRO DOS MOVIMENTOS DE ANISTIA, 4., Piracicaba. *Documento do...*, Piracicaba, 1979.

ZERBINI, T.; GREENHALGH, L.G.; PIRES, Édila (Orgs.). *20 Anos de Anistia* – Cinco homenagens do ato de comemoração dos 20 anos de vigência da lei de anistia, São Paulo, 23 ago. 1999.

7. Elas se revelam na cena pública e privada: as mulheres na luta pela anistia

A SBPC Pede a Volta dos Nossos Professores. *Brasil Mulher*, São Paulo, ano I, n. 4, 1976.

ASSIS, Chico et. al. *Onde está meu filho?* São Paulo: Vozes, 1985.

BUARQUE, Chico. *Angélica*, 1977. Disponível em: <http://letras.terra.com.br/chico-buarque/45106/>. Acesso em: 20 mai 2009.

CARVALHO, Luiz Maklouf. Mulheres que foram à luta armada. São Paulo: Ed. Globo, 1998.

LEITE, R. S. C. *A Imprensa Alternativa pós luta armada*: os jornais Brasil Mulher e Nós Mulheres. 2004. Tese (Doutorado em Curso de pós-graduados em Ciências Sociais) – Pontifícia Universidade Católica de São Paulo, São Paulo, 2004.

PATARRA, Judith Lieblich. *Iara* – reportagem biográfica. Rio de Janeiro: Editora Rosa dos tempos, 1991.

SANTA CRUZ, Rosalina de. *Depoimento de Rosalina Santa Cruz.* Disponível em: http://www2.fpa.org.br/portal/modules/news/article.php?storyid=1789. Acesso em: 13 mai. 2009.

8. Anistia

HOUAISS, Antônio (Org.). Dicionário Houaiss da língua portuguesa. Disponível em: <http://houaiss.uol.com.br/busca.jhtm?verbete=anistia&stype=k>. Acesso em: 22 mai. 2009.

10. Exilados e acadêmicos: a luta pela anistia nos Estados Unidos

ARCHDIOCESE OF SÃO PAULO. *Torture in Brazil.* Trans. Jaime Wright; Introduction by Joan Dassin. Austin: University of Texas, 1998.

ARQUIDIOCESE DE SÃO PAULO. *Brasil*: Nunca Mais. Prefácio de Dom Paulo Evaristo Arns. Petrópolis: Editora Vozes, 1985.

BERTOLI, Amalia et al. Human Rights... "In the Soul of Our Foreign Policy". *NACLA Report on the Americas* 3, n. 1, Mar.-Apr. 1979.

CAPUANO, Thomas M. Scenes and Echoes of Torture in Brazil, *New York Times*, New York, 1 Sept. 1977.

CAVALCANTI, Pedro Celso Uchôa; RAMOS, Jovelino (Orgs.). *Mémorias do exílio*, Brasil 1964-19??. Lisboa: Arcádia, 1976; São Paulo: Editora e Livraria Livramento, 1978.

COMMITTEE OF RETURNED VOLUNTEERS. *Brazil*: Who Pulls the Strings? Or: Alliance for Repression. Chicago: Committee of Returned Volunteers, [1971].

COSTA, Albertina Oliveira, et al (Orgs.). *Memórias das mulheres no exílio.* Rio de Janeiro: Paz e Terra, 1980.

DELLA CAVA, Ralph. *Correspondência com o autor*, 8 mar. 2008.

GREEN, James N. *Apesar de vocês*: a oposição à ditadura militar no Estados Unidos, 1964-85. São Paulo: Companhia das Letras, 2009.

HOVEY, Graham. U.S. Broadcast to Brazil Appears to Add to the Strains in Relations, *New York Times*, New York, 7 Nov. 1977.

MOVIMENTO FEMININO PELA ANISTIA E LIBERDADES DEMOCRÁTICAS. *Origens e Lutas.* Rio de Janeiro: Imprinta Gráfica e Editora, 1990.

SCHOULTZ, Lars. *Human Rights and United States Policy toward Latin Americ.* Princeton: Princeton University Press, 1981.

UNITED STATES OF AMERICA. *Congressional record* – Câmara, 14 Apr. 1964a. (7916).

______. *Congressional record* – Senado. 3 Apr. 1964b. (6851-6852).

______. ______. 10 Aug. 1964c. (18834-18835).

______. ______. 29 Oct. 1965.

WEIS, W. Michael. Government News Management, Bias and Distortion in American Press Coverage of the Brazilian Coup of 1964. *Social Science Journal* 34, n.1, 1997. p. 35-55.

Entrevistas

ALVES, Maria Helena Moreira. *Entrevista.* Entrevistador: James Green. Rio de Janeiro: [s.n.], 11 jul. 2003.

BIANCO-FELDMAN, Bela. *Entrevista.* Entrevistador: James Green. Campinas: [s.n.], 24 jul. 2003.

BRIGAGÃO, Clóvis. *Entrevista.* Entrevistador: James Green. Rio de Janeiro: [s.n.], 17 jun. 2003.

CAVALCANTI, Pedro Celso Uchôa. *Entrevista*. Entrevistador: James Green. Rio de Janeiro: [s.n.], 18 jul. 2003.

DAGNINO, Evalino. *Entrevista*. Entrevistador: James Green. Campinas: [s.n.], 2 jun. 1999.

DASSIN, Joan. *Entrevista*. Entrevistador: James Green. New York: [s.n.], 8 maio 2003.

DELLA CAVA, Ralph. *Entrevista*. Entrevistador: James Green. San Diego: [s.n.], 26 nov. 1999.

ERICKSON, Kenneth. *Entrevista*. Entrevistador: James Green. Nova York: [s.n.], 14 maio 2003.

FELDMAN-BIANCO, Bela. *Entrevista*. Entrevistador: James Green. São Paulo: [s.n.], 25 jul. 2003.

PATARRA, Judith. *Entrevista*. Entrevistador: James Green. São Paulo: [s.n.], 21 jun. 2003.

RAMOS, Jovelino. *Entrevista*. Entrevistador: James Green. Providence: [s.n.], 24 ago. 2006.

VON DER WEID, Regina. *Entrevista*. Entrevistador: James Green. Rio de Janeiro: [s.n.], 30 jun. 2006.

11. Anistia e reparação: uma combinação imprópria

Periódicos

A ANISTIA de 1979. *Veja*, São Paulo, p. 20, 27 jun. 1979.

ANISTIA. *EDIÇÃO S.A.*, São Paulo, abr. 1978.

MÉNDEZ, Juan E. Accountability for past abuses. *Human Rights Quarterly*, Baltimore, v. 19, n. 2, p. 255-282, may 1997.

MEZAROBBA, Glenda. Entrevista com Juan Méndez, presidente do Internacional Center for Transitional Justice (ICTJ). *Sur*: Revista Internacional de Direitos Humanos. São Paulo, v. 7, p. 168-175, 2007.

VIVEMOS no país do medo. *O Pasquim*, Rio de Janeiro, n. 418, 8 a 14 jul. 1977.

Livros

ADELMAN, Howard. Rule-based reconciliation. In: SKAAR, Elin; GLOPPEN, Siri; SUHRKE, Astri (Edit.). *Roads to reconciliation*. Lanham (Maryland): Lexington Books, 2005.

ARNS, Dom Paulo Evaristo (Org.). *Brasil*: nunca mais. Petrópolis: Vozes, 1985.

BICKFORD, Louis. Transitional justice. In: HORVITZ, Leslie Alan; CATHERWOOD, Christopher. *Macmillan encyclopedia of genocide and crimes against humanity*. v. 3. Nova York: Facts on file, 2004. p. 1045-1047.

DALLARI, Dalmo de Abreu. *Anistia e restauração de direitos*. São Paulo: CBA, [197-].

FAUSTO, Boris. *História do Brasil*. 8. ed. São Paulo: Universidade de São Paulo, 2000.

GRECO, Heloisa. *Dimensões fundacionais da luta pela anistia*. Tese (Doutorado em História)–Universidade Federal de Minas Gerais (UFMG), Belo Horizonte, 2003.

GREIFF, Pablo de (Edit.). *The Handbook of reparations*. Nova York: Oxford/ICTJ, 2006.

LOCHE, Adriana Alves. *Direitos humanos e democracia no Brasil e na Argentina* – um estudo de caso: Centro Santo Dias e Centro de Estudios Legales y Sociales. Dissertação (Mestrado)–Programa de Pós-Graduação em Integração da América Latina, Universidade de São Paulo (USP), São Paulo, 2003.

MARTINS, Roberto Ribeiro. Anistia: um balanço. In: FÉLIX, Moacyr et. al. *Encontro com a Civilização Brasileira*. n. 8. Rio de Janeiro: Civilização Brasileira, 1979.

MEZAROBBA, Glenda. *O preço do esquecimento*: as reparações pagas às vítimas do regime militar (uma comparação entre Brasil, Argentina e Chile). Tese (Doutorado em Ciência Política)–Faculdade de Filosofia, Letras e Ciências Humanas da Universidade de São Paulo, São Paulo, 2008.

______. *Um acerto de contas com o futuro*: a anistia e suas conseqüências – um estudo do caso brasileiro. São Paulo: Humanitas/Fapesp, 2006.

SALLUM JR. *Labirintos*: dos generais à Nova República. São Paulo: Hucitec, 1996.

SKIDMORE, Thomas. *Brasil*: de Castelo a Tancredo. 7. ed. São Paulo: Paz e Terra, 2000.

Outras Fontes Consultadas:

CBA. *Carta de Princípios e Programa Mínimo de Ação*, São Paulo, 1978. Arquivo da Fundação Perseu Abramo.

CONGRESSO NACIONAL PELA ANISTIA. *Manifesto à nação*. 28 ago. 1999. Disponível em: <http://www2.fpa.org.br/portal/modules/news/article.php?storyid=1724>. Acesso em: 17/07/2001.

FREIRE, Roberto. Pronunciamento feito em 18.08.1999. Disponível em: <www.senado.gov.br/web/senador/freire/anistia.htm> Acesso em: 17/07/2001.

MÉNDEZ, Juan E.; COVELLI, Gilma Tatiana Rincón. *Parecer técnico sobre la naturaleza de los crímenes de lesa humanidad, la imprescriptibilidad de algunos delitos y la prohibición de amnistías*. Nova York: ICTJ, set. 2008.

SECRETARIA ESPECIAL DOS DIREITOS HUMANOS; COMISSÃO ESPECIAL SOBRE MORTOS E DESAPARECIDOS POLÍTICOS. *Direito à verdade e à memória*: comissão especial sobre mortos e desaparecidos. Brasília: Comissão Especial sobre Mortos e Desaparecidos, 2007.

12. A Anistia de 1979: uma análise sobre seus reflexos jurídicos, políticos e históricos

A REPRESSÃO perdoada. *Veja*, São Paulo, p. 16, 4 jul. 1979.

BICUDO, Hélio. Lei de Anistia e crimes conexos. In: TELES, Janaína. *Mortos e desaparecidos políticos*. Reparação ou impunidade. São Paulo: Humanitas/FFLCH/USP, 2000.

BRASIL. Tribunal Federal de Recursos. Processual Penal. Habeas Corpus n.° 5009. Relator: Juiz Lauro Leitão. Data do Julgamento: 25/06/1981. Brasília, DF. *Revista do TRF*, n. 85, p. 223, 1981.

CAVALLARO, James Louis. Não é presente – é dever. Folha de São Paulo, São Paulo, 10 jul. 1995. Caderno 1, p. 3.

D'ARAÚJO. Maria Celina; SOARES, Glaucio Ary Dillon & CASTRO, Celso. *Os anos de chumbo*: a memória militar sobre a repressão. Rio de Janeiro: Relume Dumará, 1994.

FORÇAS ARMADAS repudiam campanha de revanchismo. *Folha de S. Paulo*, São Paulo, 11 fev. 1981. Caderno 1-A.

GASPARI, Elio. *A Ditadura Escancarada*. São Paulo: Companhia das Letras, 2002.

JESUS, Damásio Evangelista de. *Direito Penal*. 8. ed. v. 1. São Paulo: Saraiva, 1998.

MEZAROBBA, Glenda. *Um acerto de contas com o futuro*. A anistia e suas conseqüências: um estudo do caso brasileiro. 2003. Dissertação (Mestrado em Ciência Política). Faculdade de Filosofia, Letras e Ciências Humanas (FFLCH) da Universidade de São Paulo (USP), 2003.

MIRANDA, Nilmário; TIBÚRCIO, Carlos. *Dos filhos deste solo*. Mortos e desaparecidos políticos durante a ditadura militar: a responsabilidade do Estado. São Paulo: Boitempo Editorial, 1999.

MOREIRA ALVES, Maria Helena. *Estado e oposição no Brasil (1964-1984)*. Petrópolis: Vozes, 1984.

SADER, Eder. *Quando novos personagens entraram em cena*: experiências, falas e lutas dos trabalhadores na grande São Paulo. (1970-1980). Rio de Janeiro: Paz e Terra, 1988.

SÃO PAULO (Estado). Procuradoria Geral do Estado. Grupo de Trabalhos de Direitos Humanos. *Direitos Humanos*: legislação e jurisprudência. São Paulo: Centro de Estudos da PGE, 2001. (Série Estudos 12).

SKIDMORE, Thomas. *Brasil*: de Castelo a Tancredo (1964-1985). Rio de Janeiro: Paz e Terra, 1988.

WEFFORT, Francisco. *Por que democracia?* São Paulo: Brasiliense, 1985.

Outras Fontes Consultadas:

BRASIL. Decreto n.° 84.143, de 31 de outubro de 1979. Regulamenta a Lei 6.683/79, de 28 de agosto de 1979, que concede a anistia e dá outras providências. Diário Oficial da República Federativa do Brasil, Brasília, DF, 01. nov. 1979. Disponível em: <http://www6.senado.gov.br/legislacao/ListaTextoIntegral.action?id=102044>. Acesso em: 24 ago. 2003.

BRASIL. Lei n.° 6.683, de 28 de agosto de 1979. Concede anistia e dá outras providências. Diário Oficial da República Federativa do Brasil, Brasília, DF, 28 ago. 1979. Disponível em: <http://www6.senado.gov.br/legislacao/ListaTextoIntegral.action?id=101867>. Acesso em: 24 ago. 2003.

BRASIL. Secretaria Especial de Direitos Humanos. Comissão Especial sobre Mortos e Desaparecidos Políticos. *Direito à memória e à verdade:* Comissão Especial sobre Mortos e Desaparecidos Políticos. Processo n° 272, de 1996. Ministério da Justiça, Brasília, DF, 1996.

13. Memória vs. Esquecimento, Instituinte vs. Instituído: a luta pela Anistia Ampla, Geral e Irrestrita

Documentos

ANISTIA Ampla Geral e Irrestrita: reafirmação do compromisso nacional. In: ENCONTRO NACIONAL DOS MOVIMENTOS PELA ANISTIA, 4., 1979, São Paulo, *Anais*... São Paulo: [s.n.], 1979. Mimeo.

ARQUIDIOCESE DE SÃO PAULO. *As leis repressivas*. São Paulo: [s.n.], 1985. (Projeto "Brasil: Nunca Mais", tomo IV).

CARTA do Congresso Nacional pela Anistia. Jornal *Em tempo*, São Paulo, n. 37, 13 a 19 nov. 1978.

COMISSÃO EXECUTIVA NACIONAL DOS COMITÊS BRASILEIROS DE ANISTIA. Carta de Belém: Repúdio à mais nova farsa da ditadura. In: REUNIÃO DA COMISSÃO EXECUTIVA NACIONAL..., 2., 1979, Belém (PA). *Atas*... Belém do Pará: [s.n.], 1979. Mimeo.

CONGRESSO NACIONAL PELA ANISTIA. Resoluções Proposições políticas gerais. In: ______, 1978, São Paulo. *Anais*... São Paulo: [s.n.], 1978. Mimeo.

GEISEL, Ernesto. *Discursos*. V. 1 (1974). Brasília: Assessoria de Imprensa e Relações Públicas da Presidência da Republica, 1975.

INFORME. In: ENCONTRO NACIONAL DOS MOVIMENTOS PELA ANISTIA, 1978, Salvador, *Anais*... Salvador: [s.n.], 1978. Mimeo.

Periódicos

A ANISTIA em julgamento: avançar demais. *Veja*, São Paulo, 10 mar. 1978, p. 35.

______. São Paulo, 18 jan. 1978. *Páginas amarelas.*

ANISTIA em geral não; mas revisão caso a caso, sim. *Folha de São Paulo*, São Paulo, 5 mar. 1978.

CORREIA, Vilas Boas. Revisão de punições vai limitar-se ao artigo 185. *O Estado de São Paulo*, São Paulo, 15 fev. 1978, p. 2.

GASPARI, Elio. A anistia encarcerada. *Veja*, São Paulo, p. 130, 15 ago. 1979.

JUNTA militar baixou em 69 única desanistia do país. *Jornal do Brasil*, Rio de Janeiro, 24 jun. 1978, 1° caderno

MOVIMENTO. São Paulo. 1° jan. 1978.

NETO, Delfim. Entrevista concedida à Veja. *Veja*, São Paulo, 18 jan. 1978. Páginas amarelas.

O ESTADO DE SÃO PAULO. São Paulo, 18 de janeiro de 1978.

REIS FILHO, Daniel Aarão. AI-5: sociedade e ditadura ao sul do Equador. *O Tempo*, Belo Horizonte, p. 9, 30 jan. 1999.

SARNEY adverte que anistia pode prejudicar a abertura. *Jornal do Brasil*, Rio de Janeiro, p. 4, 22 fev. 1978.

VEJA. São Paulo, 11 jan. 1978.

Livros e artigos

ALMEIDA, M. Hermínia Tavares de; WEIS, Luiz. Carro-zero e pau-de-arara: o cotidiano da oposição de classe média ao regime militar. In: SCHWARCZ, Lilia Moritz. *História da vida privada no Brasil*. v. 4. São Paulo: Companhia da Letras, 1998.

ANDRADE, Carlos Drummond. Anistia: Como vens, como te imaginava. *Fundação Perseu Abramo*, São Paulo, 28 ago. 1999. Disponível em: http://www2.fpa.org.br/portal/modules/news/article.php?storyid=1737. Acesso em: 10 abr. 2003.

ANJOS, Augusto dos. Versos íntimos. In: ______. *Todos os sonetos*. Porto Alegre: L&PM, 1997.

ARENDT, Hannah . *A condição humana*. Rio de Janeiro: Forense Universitário, 1997.

______. *Da revolução*. São Paulo: Ática; Brasília (DF) Editora UnB, 1990.

______. *Entre o passado e o futuro*. São Paulo: Editora Perspectiva, 1997.

BICUDO, Hélio. Lei da anistia e crimes conexos. In: TELES, Janaína (Org.). *Mortos e desaparecidos políticos:* reparação ou impunidade? São Paulo: Humanitas/FFLCH, 2000. p. 85-88.

CARDOSO, Fernando Henrique. Os anos Figueiredo. In: *Novos estudos Cebrap 1*, São Paulo: Cebrap, dez. 1981. p. 3-11

CARDOSO, Irene. Há uma herança de 1968 no Brasil? In: GARCIA, M. A.; VIEIRA, M. A. (Orgs.). *Rebeldes e contestadores:* 1968 Brasil, França e Alemanha. São Paulo: Fundação Perseu Abramo, 1999.

______. Memória de 86: terror e interdição do passado. *Tempo Social* - Revista de Sociologia da USP, v. 2, n. 2, 2º sem. 1990.

CHAUÍ, Marilena. A tortura como impossibilidade da política. In: BRANCA, Eloisa (Org.). *I Seminário do Grupo Tortura Nunca Mais*. Petrópolis: Vozes, 1987.

CRUZ, Sebastião Velasco; MARTINS, Carlos Estêvão. De Castelo a Figueiredo: Uma incursão na pré-história da abertura. In: SORJ, Bernardo; ALMEIDA, M. Hermínia Tavares. *Sociedade e política no Brasil pós-64*. São Paulo: Brasiliense, 1983.

D'ÁRAÚJO, M.Celina; CASTRO, Celso (Orgs.). *Ernesto Geisel*. Rio de Janeiro: Relume Dumará, 1994.

______. *Dossiê Geisel*. Rio de Janeiro: FGV Editora, 2002.

FORGET, Danielle. *Conquistas e resistências do poder*. São Paulo: EDUSP, 1991.

GRECO, Heloisa Amélia. *Dimensões fundacionais da luta pela anistia*.Tese (Doutorado em História) – Universidade Federal de Minas Gerais, Belo Horizonte, 2003.

KUCINSKY, Bernardo. *Abertura, a história de uma crise*. São Paulo: Brasil Debates, 1982.

LEFORT, Claude. Hannah Arendt e a questão do político. In: *Pensando o político*. Rio de Janeiro: Paz e Terra, 1991. p. 69.

______. Uma outra revolução. In: *A invenção democrática*. São Paulo: Brasiliense, 1987. p. 179.

MÉTRAUX, Jean-Claude. Le temps dechiré. In: CALLOZ-TSCHOPP, M. -C. (Ed.). *Hannah Arendt, la 'banalité du mal' comme mal politique*. v. 2. Paris: L'Harmattan, 1998. p. 105-197.

OEHLER, Dolf. *O velho mundo desce aos infernos*. São Paulo: Companhia das Letras, 1999.

OLIVEIRA, Eliezer Rizzo. *De Geisel a Collor: Forças Armadas, transição e democracia*. Campinas: Papirus, 1994.

OLIVEIRA, Francisco. Privatização do público, destituição da fala e anulação da política: o totalitarismo neoliberal. In: OLIVEIRA, Francisco de; PAOLI, Maria Célia (Orgs.). *Os sentidos da democracia Políticas do dissenso e hegemonia global*. Petrópolis: Vozes, 2000.

PAOLI, Maria Célia. Memória, história e cidadania: o direito ao passado. In: CUNHA, M. P. da (Org.). *O direito à memória*. São Paulo: Departamento do Patrimônio Histórico, 1992. p. 25-28.

RANCIÈRE, Jaques. O dissenso. In: NOVAES, Adauto. *A crise da razão*. São Paulo, Companhia das Letras, 1996.

RUMIZ, Paolo. Imbecilité du bien et mémoire manipulée. In: CALLOZ-TSCHOPP, M.-C. (Ed.). *Hannah Arend, la "bannalité du mal" comme mal politique*. v. 2. Paris: L'Harmattan, 1998. p. 98-104.

SKIDMORE, Thomas. *Brasil*: de Castelo a Tancredo. São Paulo: Paz e Terra, 2000.

STARLING, Sandra. *As salvaguardas visíveis e 'invisíveis' do projeto de distensão* (governo Geisel: 1974-1979). 1983. Dissertação (Mestrado em Ciência Política)– Universidade Federal de Minas Gerais, Belo Horizonte, 1983.

14. Operação Condor. Conspiração contra a sociedade do conhecimento

ALMADA, Martin. *Paraguay*: Educación y Dependencia. Buenos Aires: 1979.

BORON, Atílio (Org.). *Nova Hegemonia Mundial*: alternativas de mudanças e movimentos sociais. Buenos Aires: CLACSO, 2004.

CARLI, Sandra. Rupturas y continuidades. *Diario Del 24 de marzo*: Publicación del Instituto Espacio para la Memoria a 31 años del Golpe que instauró el Terrorismo de Estado, Buenos Aires, mar. 2007. Disponível em: <http://www.institutomemoria.com.ar/media/publi/diario/diario240407.pdf >. Acesso em 15 jun. 2009.

Documentos consultados no Arquivo do Terror de Assunção (Paraguai)

Documento nº 00132 F

Documento nº 2053

Documento nº 2054

Documento nº 0002F0155/0164

Documento nº 00185 F 0596

Documento nº 484

Documento nº 00022F 0365

Documentos consultados no *Instituto Espacio para la Memoria* - Buenos Aires

ARGENTINA. *Comunicado nº 2*, de 25 de março de 1976. Buenos Aires, 1976a.

ARGENTINA. *Comunicado nº 19*, de 24 de março de 1976. Buenos Aires, 1976b.

ARGENTINA. Lei nº 21.261, de 24 de março de 1976. Buenos Aires, 1976c.

ARGENTINA. Lei nº 21.264, de 14 de março de 1976. Buenos Aires, 1976d.

ARGENTINA. Lei nº 21.276, de 29 de março de 1976. Buenos Aires, 1976e.

PIEDRO, Ricardo. *Los grupos economicos financiaron el genocídio*, Buenos Aires, marzo 2007.

15. O Brasil como protagonista na Operação Condor

ALTO COMISSARIADO DAS NAÇÕES UNIDAS PARA REFUGIADOS. Escritório para a América Meridional. *Documento referente a Denis Reis*. Buenos Aires: [----].

ARGENTINA. Justiça Federal. Sentença datada de: 18 dic. 2007. [...] el expediente n° 16307/06 del registro de la Secretaría n° 8 de este Juzgado Nacional en lo Criminal y Correccional Federal n° 4, a mi cargo, caratulado "Guerrieri Pascual Oscar y otros s/ Privación ilegal de la libertad personal", en la cual están dadas las condiciones para avocarme a dictar sentencia. Buenos Aires, 2007. Acervo documental do Movimento de Justiça e Direitos Humanos.

BRASIL. Centro de Informações do Exército. *Diário Oficial da União*, nº 60. 29 mar. 1981. Trata-se de um conjunto de documentos, tornados públicos pelo CIE. Acervo documental do Movimento de Justiça e Direitos Humanos

BRASIL. Centro de Informações da Marinha. *Conjunto de documentos tornados públicos.* [S.I.:s.n.], [19--a]. Acervo documental do Movimento de Justiça e Direitos Humanos.

BRASIL. Centro de Informações da Marinha. *Informe.* [S.I.: s.n.], [19--b].

CALLONI, Stella. *Los años del lobo.* Operación Cóndor. Buenos Aires: Peña Lillo, Ediciones Continente, 1999.

______. *Operación Condor* – Pacto criminal. Ciudad de México: Ediciones La Jornada, 2001.

CLAVEL, Enrique Lautaro Arancibia. *Memorando* nº 4, 29 out. 1974. Acervo do National Security Archive – The George Washington University.

COMBLAIN, Joseph. A ideologia da Segurança Nacional. Rio de Janeiro: Civilização Brasileira, 1978.

DAVIS, Nathaniel. *The Last two years of Salvador Allende.* New York: Cornell University, 1985.

LA AYUDA secreta de los militares brasileños. *La Tercera*, Santiago do Chile, 3 agosto 2003.

Disponível em: <http://www.quepasa.cl/medio/articulo/0,0,3255_5714_38185947,00.html>

PARAGUAY. Poder Judicial. Centro de Documentación y Archivo. *Documento desclassificado nº 1.619*, referente à informação nº 965/B/74. Asunción: [s.n.], [----]. Acervo documental do Movimento de Justiça e Direitos Humanos.

THE GUARDIAN. London, 19 Feb. 1974.

UNITED STATES OF AMERICA. External Relations Committee. *Anais do Senado dos Estados Unidos da América*, 1977.

UNITED STATES OF AMERICA. US Department of State. *Freedon Informacion Act* (FOIA), [----].

VALLEJOS, Cláudio. Entrevista. *Senhor, n. 270, 1986. Acervo documental do Movimento de Justiça e Direitos Humanos.*

Documentos consultados no *Archivo Nacional de La Memoria* (Buenos Aires)

Registro nº 3.636. Ficha do cidadão ítalo-argentino Horacio Domingo Campiglia.

Registro nº 1.713. Ficha do jornalista Norberto Armando Habegger.

16. A Convenção Americana sobre Direitos Humanos frente à impunidade dos regimes ditatoriais

ALTO COMISIONADO DE LAS NACIONES UNIDAS PARA LOS DERECHO HUMANOS. *El derecho a la verdad.* A/HRC/5/7, 27 de junio de 2007. (Informe)

ASSEMBLEIA GERAL DA OEA. Resolução 2175 (XXXVI-O/06). *Direito à verdade.* (Aprovada na 4ª sessão plenária, ocorrida em 6 de junio de 2006)

COMISIÓN DE LA VERDAD DE EL SALVADOR . De la Locura a la Esperanza: la guerra de 12 años en El Salvador. In: NACIONES UNIDAS. *Las Naciones Unidas y El Salvador*. Nueva York, 1995. p. 307-437. (Serie de Libros Azules de las Naciones Unidas, volumen IV).

HAYNES, P. *Unspeakable Truths*: Facing the Challenge of Truth Commissions. New York: Routledge, 2002.

MACHADO. Antonio . Obras. Poesía y Prosa. Buenos Aires: Losada, 1964. p. 580-581.

MENDEZ, J. E. Accountability for Past Abuses. *Human Rights Quarterly*, v. 19, no. 2, p. 267 et seq., maio 1997.

______. Derecho a la Verdad frente a las graves violaciones a los Derechos Humanos. In: *La aplicación de los tratados sobre Derechos Humanos por los tribunales locales*. Buenos Aires: Ed. Del Puerto-CELS, 1997. p. 536 et seq.

NACIONES UNIDAS. Conjunto de principios para la protección y la promoción de los Derechos Humanos, para la lucha contra la impunidad. In: ______. *La cuestión de la impunidad de los autores de violaciones de los derechos humanos (civiles y políticos)*. E/CN.4/2005/102/Add.1, 8 de febrero de 2005.

______. *La cuestión de la impunidad de los autores de violaciones de los derechos humanos (civiles y políticos).* Informe final elaborado y revisado por M. Joinet en aplicación de la decisión 1996/119 de la Subcomisión. E/CN. 4/Sub. 2/1997/20/Rev.1, 2 octubre de 1997. (Anexo 2)

Material consultado na internet

COMITÉ DE DERECHOS HUMANOS. *Pacto Internacional de Derechos Civiles y Políticos*. s/d. Disponível em: <http://www.unhchr.ch/spanish/html/menu3/b/a_ccpr_sp.htm.> Acesso em: 28 mai. 2009.

ORGANIZACIÓN DE LOS ESTADOS AMERICANOS. *Convención Interamericana sobre Desaparición Forzada de Personas*. Preámbulo. Disponível em: <http://www.oas.org/juridico/spanish/Tratados/a-60.html >. Acesso em: 27 mai. 2009.

Lista de "casos" da Corte Interamericana de Direitos Humanos (IDH):

Caso Almonacid Arellano. Sentencia de 26 de septiembre de 2006. Serie C, no. 154.

Caso Baena Ricardo y otros. Sentencia de 2 de febrero de 2001. Serie C, no. 72.

Caso Baldeón García. Sentencia de 6 de abril de 2006. Serie C, no. 147.

Caso Bámaca Velásquez. Sentencia de 25 de noviembre de 2000. Serie C, no. 70.

Caso Barrios Altos. Interpretación de la Sentencia de Fondo. (art. 67 Convención Americana sobre Derechos Humanos). Sentencia de 3 de septiembre de 2001. Serie C, no. 83.

Caso Barrios Altos. Sentencia de 14 de marzo de 2001. Serie C, no. 75.

Caso Blake. Excepciones Preliminares. Sentencia de 2 de julio de 1996. Serie C, no. 27.

Caso Blake, Sentencia de 24 de enero de 1998. Serie C, no. 36.

Caso Blanco Romero. Sentencia de 28 de noviembre de 2005. Serie C, no. 138.

Caso Bulacio. Sentencia de 18 de septiembre de 2003. Serie C, no. 100.

Caso Caesar. Sentencia de 11 de marzo 2005. Serie C, no. 123.

Caso Cantos (fondo). Sentencia de 28 de noviembre de 2002.

Caso Cantoral Huamaní y García Santa Cruz. Sentencia de 10 de julio de 2007. Serie C, no. 167.

Caso Castillo Páez. Sentencia de 3 de noviembre de 1997. (Fondo). Serie C, no. 34.

Caso Castillo Petruzzi y otros. Sentencia de 30 de mayo de 1999. Serie C, no. 52.

Caso de la Comunidad de Paz de San José de Apartadó, Resolución de Medidas Provisionales de 18 de junio de 2002, considerando 11.

Caso de las Hermanas Serrano Cruz. Excepciones Preliminares. Sentencia de 23 de noviembre de 2004. Serie C, no. 118.

Caso de las Hermanas Serrano Cruz. Interpretación de la Sentencia de Fondo, Reparaciones y Costas. Sentencia de 9 de septiembre de 2005. Serie C, no. 131.

Caso de las Hermanas Serrano Cruz. Sentencia de 9 de septiembre de 2005. Serie C, no. 131.

Caso de los Hermanos Gómez Paquiyaur. Sentencia de 8 de julio de 2004. Serie C, no. 112.

Caso de la Masacre de La Rochela. Sentencia de 11 de mayo de 2007, Serie C, no. 163.

Caso de la "Masacre de Mapiripán". Sentencia de 15 de septiembre de 2005. Serie C, no. 134.

Caso de la "Panel Blanca" (Paniagua Morales y otros). Sentencia de 8 de marzo de 1998. Serie C, no. 37.

Caso Durand y Ugarte. Sentencia de 16 de agosto de 2000. Serie C, no. 68.

Caso García Asto y Ramírez Rojas. Sentencia de 25 de noviembre de 2005. Serie C, nº 137.

Caso García Prieto y otros. Sentencia de 20 de noviembre de 2007. Serie C, no. 168.

Caso Godínez Cruz. Sentencia de 20 de enero de 1989. Serie C, no. 5.

Caso Goiború y Otros. Sentencia de 22 de septiembre de 2006. Serie C, no. 153.

Caso Heliodoro Portugal. Sentencia de 12 de agosto de 2008. Serie C, no. 186.

Caso Hilaire, Constantine y Benjamin y otros. Sentencia de 21 de junio de 2002. Serie C, no. 94.

Caso Juan Humberto Sánchez. Sentencia de 7 de junio de 2003. Serie C, no. 99.

Caso Kawas Fernández. Sentencia de 3 de abril de 2009 Serie C, no. 196.

Caso La Cantuta. Sentencia de 29 de noviembre de 2006. Serie C, no. 162.

Caso "La Última Tentación de Cristo" (Olmedo Bustos y otros). Sentencia de 5 de febrero de 2001. Serie C, no. 73.

Caso Maritza Urrutia. Sentencia de 27 de noviembre de 2003. Serie C, no. 103.

Caso Nogueira de Carvalho y otros. Sentencia de 28 de noviembre de 2006. Serie C, no. 161.

Caso Suárez Rosero. Sentencia de 12 de noviembre de 1997. Serie C, no. 35.

Caso Tibi. Sentencia de 7 de septiembre de 2004. Serie C, no. 114.

Caso Ticona Estrada. Sentencia de 27 de noviembre de 2008. Serie C, no. 191.

Caso Velázquez Rodríguez. Sentencia de 29 de julio de 1988. Serie C, nº 4.

Caso Zambrano Vélez y otros. Sentencia de 4 de julio de 2007. Serie C, no. 166.

Condición Jurídica y Derechos de los Migrantes Indocumentados. Opinión Consultiva (OC-18/03) de 17 de septiembre de 2003. Serie A, no. 18. *Voto concordante do Juiz A. A. Cançado Trindade.*

Lista de "casos" da Corte Suprema de Justicia de la Nación de la República Argentina:

Caso Espósito. Sentença de 23 de diciembre de 2006.

Caso Simón. Sentencia de 14 de junio de 2005.

17. Lei de Anistia: a relação entre o Supremo Tribunal Federal e a Corte Interamericana de Direitos Humanos

BASTOS, C.; MARTINS, Y. G. da S. *Comentários à Constituição do Brasil.* São Paulo: Saraiva, 1988-1989.

CANÇADO TRINDADE, A. A. A interação entre direito internacional e o direito interno na proteção dos direitos humanos. *Arquivos do Ministério da Justiça*, Brasília, DF, v. 46, n. 182, p. 27-54, jul./dez. 1993.

CARVALHO RAMOS, A. de. Análise Crítica dos casos brasileiros Damião Ximenes Lopes e Gilson Nogueira de Carvalho na Corte Interamericana de Direitos Humanos. *II Anuário Brasileiro de Direito Internacional*, Belo Horizonte, v. 1, p. 10-31, 2007.

______, A. de. *Direitos Humanos em Juízo* – Comentários aos Casos Contenciosos e Consultivos da Corte Interamericana de Direitos Humanos. São Paulo: Ed. Max Limonad, 2001.

______, A. de. Mandados de criminalização no direito internacional dos direitos humanos: novos paradigmas da proteção das vítimas de violações de direitos humanos. *Revista Brasileira de Ciências Criminais*, São Paulo, v. 14, n. 62, 2006, p. 09-55, set./out. 2006

______, A. de. *Processo Internacional de Direitos Humanos*: análise dos sistemas de apuração de violações dos direitos humanos e a implementação das decisões no Brasil. Rio de Janeiro: Ed. Renovar, 2002. p.25.

______, A. de. *Responsabilidade Internacional por violação de direitos Humanos.* Rio de Janeiro: Renovar, 2004.

______, A. de. *Teoria Geral dos Direitos Humanos na Ordem Internacional.* Rio de Janeiro: Renovar, 2005.

PAOLILLO, F. H. Derechos Humanos e reparación (con especial referencia al sistema interamericano). In: CANÇADO TRINDADE, Antônio Augusto; SWINARSKI, Christophe (Eds.). *Héctor Gros Espiell* – Amicorum Liber: Persona humana y derecho internacional/Personne humaine et droit international/The human person and international law. Brussels: Bruylant, 1997. p. 983-1006.

PIOVESAN, F. *Direitos Humanos e o Direito Constitucional Internacional.* São Paulo : Max Limonad, 1996. p. 89.

RAMCHARAN, B.G. Sanctions for Protection: International Responsibility for Violations of Human Rights Obligations. In: ______. *The concept and present status of international protection of human rights*: forty years after the universal declaration. Dordrecht: Martius Nijhoff Publishers, 1989. p. 288.

ROCHA, F. L. X. A incorporação dos tratados e convenções internacionais de direitos humanos no direito brasileiro. *Revista de Informação Legislativa*, Brasília, DF, n. 130, p. 77-81, 1996.

ROHT-ARRIAZA, N. Sources in International Treaties of and Obligation to investigate and Prosecute. In: ROHT-ARRIAZA, N. (Org.). *Impunity and Human Rights in International Law and Practice*. New York; Oxford: Oxford University Press, 1995. p. 29.

VELLOSO, Carlos Mário. Os tratados na jurisprudência do Supremo Tribunal Federal. *Revista de Informação Legislativa*, Brasília, DF, Ano 41, n. 162, p.35-46, abr./jun. 2004.

Referências de documentação jurídica

BRASIL. Supremo Tribunal Federal. ADI-MC nº 1.480. Relator: Min. Celso de Mello, julgamento em 04 de setembro de 1997. *Diário da Justiça*, Poder Judiciário, Brasília, DF, 18 mai. 2001. nº 91, p. 429.

BRASIL. Supremo Tribunal Federal. Habeas Corpus nº 72.131, do Plenário do Supreno Tribunal Federal. Paciente: Lairton Almagro Vitoriano da Cunha. Impetrante: Marcello Ferreira de Souza Granado. Coator: Tribunal de Justiça do Estado do Rio de Janeiro. Impetrado: Sateplan Consórcios Ltda. Relator: Min. Moreira Alves. Brasília, DF, 23 de novembro de 1995.

BRASIL. Supremo Tribunal Federal. Recurso Extraordinário nº 249.970. Recorrente: Banco Bradesco S/A. Recorrido: José Luiz Rechini Greco. Relator: Min. Celso de Mello. Brasília, DF, 4 de agosto de 1999.

BRASIL. Supremo Tribunal Federal. Recurso Extraordinário nº 466.343. Recorrente: Banco Bradesco S/A. Recorrido: Luciano Cardoso Santos. Relator Ministro Cezar Peluso. Brasília, DF, julgamento em 03 de dezembro de 2008.

BRASIL. Supremo Tribunal Federal. Recurso Ordinário em Habeas Corpus nº 79785. Recorrente: Jorgina Maria de Freitas Fernandes. Recorrido: Ministério Público Federal. Relator: Ministro Sepúlveda Pertence, julgamento em 29 de março de 2000. Diário da Justiça, Poder Judiciário, Brasília, DF, 23 mai. 2003.

BRASIL. Supremo Tribunal Federal. RE 511.961-SP, Recorrente: Ministério Público Federal e outro, Recorridos: União e outro. Julgamento em 17 de junho de 2009

SÃO PAULO (Estado). Tribunal de Justiça. *Habeas Corpus* nº 131.798.3/4-01, julgado em 13 de outubro de 1993.

Material consultado na Internet

4º ENCONTRO de Cortes Supremas do Mercosul. Diponível em: <http://www.stf.gov.br/encontro4/>. Acesso em: 1 fev. 2007.

Lista de "casos" da Corte Interamericana de Direitos Humanos

CORTE IDH. *Caso Barrios Altos*. Sentença de 14 de março de 2001. Série C, n. 75.

CORTE IDH. Caso *Loayza Tamayo, Reparações*. Sentença de 27 de novembro de 1998. Série C, n. 42.

CORTE IDH. Caso *Suarez Rosero*. Sentença de 12 de novembro de 1997.

CORTE IDH. *Caso Velásquez Rodríguez – Mérito*. Sentença de 29 de julho de 1988. Série C, n. 4.

CORTE IDH. *Caso Villagrán Morales y Otros*. Sentença de Mérito de 19 de novembro de 1999. Série C, n. 63.

CORTE IDH. *Parecer Consultivo n. 5/85*, 13 de novembro de 1985. San José : Secretaría de la Corte, 1985.

18. Justiça transicional e qualidade institucional no Brasil e na Argentina

AMNISTÍA INTERNACIONAL. *Verdad, justicia y reparación. Creación de uma comisión de la verdad efectiva*. 11 de junio de 2007. Índice AI: POL 30/009/2007. Secretariado Internacional, 1 easton street, London WC1X0DW, Reino Unido. Traducción de editorial Amnistía Internacional (EDAI), España. Disponível em: <https://doc.es.amnesty.org/cgi-bin/ai/BRSCGI/VERDAD,%20JUSTICIA%2Y%2REPARACI%C3%93N%20CREACI%C3%93N%20DE%20UNA%20COMISI%C3%93N%20DE%20LA%20VERDAD%20EFECTIVA?CMD=VEROBJ&MLKOB=25836332727>

BOSCA, Roberto. La cultura política de los argentinos. Los fundamentos de la calidad institucional. In: ANCAROLA, Gerardo. et al. *Calidad institucional o decadencia republicana*. 1ª ed. Buenos Aires: Lajoune: Academia Nacional de Ciencias Morales y Políticas, 2007.

CARRIÓ, Alejandro. Principio de legalidad y crímenes aberrantes: uma justificación alternativa a su imprescritibilidad. *La Ley*, Buenos Aires, 2004 – E – 122.

COMISSÃO INTERAMERICANA DE DIREITOS HUMANOS. *Informe Nº 136/99*, caso 10.488, Ignacio Ellacuría, S. J. Y otros. El Salvador, 22 dez. 1999.

COMPARATO, Fábio Konder. Que fizeste de teu irmão?. *Folha de São Paulo*, 13 ago. 1995. Caderno Tendências e Debates, p. 1-3.

CUYA, Esteban. El impacto de las Comisiones de la Verdad en América Latina. *Equipo Nizkor*, [200-]. Disponível em: <http://www.derechos.org/nizkor/doc/articulos/cuya.html>. Acesso em: 24 mar. 2009.

DERRIDA, Jacques. *El siglo y el perdón*. Fe y saber. 2ª ed. Buenos Aires: ediciones de la flor, 2006.

FEDERICI, Mario F. Calidad institucional y eficiencia del gobierno en la práctica constitucional del presidencialismo argentino. In: ANCAROLA, Gerardo et al. *Calidad institucional o decadencia republicana*. 1ª ed. Buenos Aires: Lajoune: Academia Nacional de Ciencias Morales y Políticas, 2007.

FILIPPINI, Leonardo. Tres problemas en la aplicación del derecho internacional de los derechos humanos en el *fallo* 'Simón'. *Revista de Direito Publico*, Buenos Aires, n. 3, marzo 2006.

FOUCAULT, Michel. *El orden del discurso*. Traducción de Alberto Gonzáles Troyano; 1ª ed. Madrid: Las ediciones de La Piqueta 1996. (Genealogia del Poder, nº 31).

______. *Microfísica del poder*. Edición y traducción de Julia Varela y Fernando Alvarez-Uría; 3ª ed. Madrid: Las ediciones de La Piqueta, 1992. (Genealogía del Poder, nº 1).

LACAN, Jacques. *O seminário*, livro 7: a ética da psicanálise. Texto estabelecido por Jacques Alain-Miller; tradução de Antônio Quinet. Rio de Janeiro: Jorge Zahar, 1997.

LAFER, Celso. *Hannah Arendt*: pensamento, persuasão e poder. 2. ed., rev. e ampl. São Paulo: Paz e Terra, 2003.

LOIANO, Adelina. Leyes del perdón y del olvido. Verdad v. Impunidad, *La Ley*, Buenos Aires, E – 1250, 2004.

______. El marco conceptual del control de convencionalidad en algunos fallos de la Corte Suprema argentina "Arancibia Clavel", "Simón", "Mazzeo". In: ALBANESE, Susana (Coord.). *El control de convencionalidad*. 1ª ed. Buenos Aires: Ediar, 2008.

MANILI, Pablo L. Primeras reflexiones sobre el fallo 'Simón': Una disidencia ajustada a derecho, *La Ley*, 2004, F – 15, 2005.

NINO, Carlos. *Juicio al mal absoluto*. Traducido por Martín F. Böhmer. 1ª ed. Buenos Aires: Ariel, 2006.

PASTOR, Daniel R. La deriva neopunitivista de organismos y activistas como causa del desprestigio actual de los derechos humanos. In: Nueva Doctrina Penal, 2005 – A – 73.

PILAGALLO, Oscar. *A história do Brasil no século 20*: (1960-1980). São Paulo: Publifolha, 2004. (Celeção Folha Explica).

QUINTANA, Antonio G. *Archives of the security services of former repressive*. Report prepared for UNESCO on behalf of the International Council of Archives. Paris: UNESCO, 1997.

ROMERO VILLANUEVA, Horacio J. La prescripción penal. – 1ª ed. – Buenos Aires: Abeledo Perrot, 2008.

SERRAFERO, Mario Daniel. Calidad institucional: cuestiones e desafíos. In: ANCAROLA, Gerardo et al. *Calidad institucional o decadencia republicana*. 1ª ed. Buenos Aires: Lajoune: Academia Nacional de Ciencias Morales y Políticas, 2007.

WELZEL, Hans. *Introducción a la Filosofia del Derecho*. Trad. Felipe González Vicen. Buenos Aires: IbdeF, Julio César Faira - Editor, 2005.

ZAFFARONI. Eugenio Raúl. *Apuntes sobre el pensamiento penal en el tiempo*. 1ª ed. Buenos Aires: Hammurabi, 2007. 200 p. (claves del derecho penal; 11 / dir. por Francisco Muñoz Conde y Eugenio Raúl Zaffaroni).

Referências de documentação jurídica

ARGENTINA. Lei nº 19.865, 5 de dezembro de 1972.

ARGENTINA. Lei nº 23.521, de 8 de junho de 1987. Chamada de "*Obediencia Debida*".

ARGENTINA. Lei nº 23.492, de 24 de dezembro de 1986. Denominada "*Punto Final*".

ARGENTINA. Lei nº 24.556 aprovada a Convenção Interamericana sobre o Desaparecimento Forçado de Pessoas. 1995.

ARGENTINA. Lei nº 24.584, de 29 de novembro de 1995. Aprova a Convenção sobre Imprescritibilidade dos Crimes de Guerra e dos Crimes Contra a Humanidade.

ARGENTINA. Lei nº 24.820 lhe outorgou hierarquia constitucional.

ARGENTINA. Lei nº 24.952. Derroga (sem retroatividade) as leis de *Punto Final* e de *Obediencia Debida. Boletín Oficial*, Buenos Aires, 17 abr. 1998.

ARGENTINA. Lei nº 25.390, de 30 de novembro de 2000. Aprova o Tratado de Roma, firmado em 19 de junho de 1998, e seu Estatuto do Tribunal Penal Internacional anexo, que deu uma definição de crime contra a humanidade. *Boletim Oficial*, Buenos Aires, 23 enero 2001.

ARGENTINA. Lei nº 25.778, de 3 de setembro de 2003. Outorga a Convenção sobre Imprescritibilidade dos Crimes de Guerra e dos Crimes Contra a Humanidade

ARGENTINA. Lei nº 25.779, de setembro de 2003. Anula as leis de *Punto Final* e de *Obediencia Debida. Boletín Oficial*, Buenos Aires, 3 sept. 2003

ARGENTINA. Decreto nº 579, 2003.

BRASIL. Decreto nº 678, de 6 de novembro de 1992. Aprova a Convenção Interamericana sobre Direitos Humanos, "Pacto de São José da Costa Rica".

BRASIL. Procuradoria Geral da República. Ação Direta de Inconstitucionalidade nº 4.077. Impugna o art. 23, da Lei nº 8.159/1991, e os arts. 3º e 4º, da Lei nº 11.111/2005.

Lista de "casos" da Corte Suprema Argentina

ARGENTINA. Corte Suprema. Caso "Dufour, Félix E.", Fallos 306:174.

ARGENTINA. Corte Suprema. Caso "*Priebke*", *Fallos* 318-2148.

ARGENTINA. Corte Suprema. *Fallo* "Simón", 14 de junho de 2005.

ARGENTINA. Corte Suprema. *Fallo* "Arancibia Clavel", 8 de março de 2005.

ARGENTINA. Corte Suprema. *Fallo* 315:1492 ("Ekmekdjian").

ARGENTINA. Corte Suprema. *Fallo* 318:514.

ARGENTINA. Corte Suprema. *Fallo* 319:3148.

ARGENTINA. Corte Suprema. *Fallo* 321:3555.

ARGENTINA. Corte Suprema. *Fallo* "Mazzeo", cons. 21 del *fallo* "Mazzeo, julio L.", 13/7/2007, exptes. M. 2334. XLII y M 2335. XLII,

ARGENTINA. Corte Suprema. *Fallo* "Mazzeo", 13 de julho de 2007.

Lista de "casos" da Corte Interamericana de Derechos Humanos

CORTE IDH. Serie C nº 154, caso "Almonacid Arellano *vs*. Chile", de 26 de setembro de 2006.

CORTE IDH. Caso "Barrios Altos" (Chumbipuma Aguirre y Otros *vs*. Perú). Sentencia de 14 de marzo de 2001. Disponível em: http://www.corteidh.or.cr/docs/casos/votos/vsc_cancado_75_esp.doc

19. Centros de documentação universitários: o trabalho com a memória nas lutas por direitos e contra o esquecimento

FENELON, Déa R. et al. *Muitas memórias, outras histórias*. São Paulo: Olho D'Água, 2004

GRUPO MEMÓRIA POPULAR. Memória Popular: teoria, política, método. In: FENELON, Déa R. et al. *Muitas memórias, outras histórias*. São Paulo: Olho D'Água, 2004. p. 291.

MACIEL, Laura A. et al. *Outras Histórias*: memórias e linguagem. São Paulo: Olho D'Água, 2006.

20. Desarquivando a anistia

Departamento do Arquivo Público do Estado de São Paulo – Fundo DEOPS/SP:

Ficha Policial de Jacob Gorende. Prontuário n.º 145.975, Caixa: 121. 91.737.

Ficha Policial de Osmar Jesus M. Barbosa. Prontuário n.º 34, Caixa: 211.

Ficha Policial de Irineu de Moraes. Prontuário n.º 68.733, Caixa: 118.

Ficha Policial de Armando Augusto Vargas Dias. Prontuário n.º 335.

Ficha Policial do ex-militar Darcy Rodrigues. Prontuário n.º 29.352, Caixa: 62.

Ficha Policial de Edmauro Gofpert. Caixa: 69.

Ficha Policial de Vitor Carlos Ramos. Prontuário n.º 144.470, Caixa: 261.

Ficha Policial de Elson Costa. Prontuário n.º 140.601, Caixa: 73.

Ficha Policial de Sebastião Vitorino da Silva. Prontuário n.º 97.002, Caixa: 241.

Ficha Policial da professora Edyr Lopes Maia. Prontuário n.º 28.987, Caixa: 71.

Ficha Policial de Franklin de Souza Martins. Prontuário n.º 145.290, Caixa: 93.

Ficha Policial de Humberto da Silva Delgado. Prontuário n.º 135.160, Caixa: 115.

Ficha Policial de Antonio Martini. Prontuário n.º 106.275, Caixa: 27.

Ficha Policial de Appolonio Pinto de Carvalho. Prontuário n.º 5.303.

Ficha Policial de Armando [...]. Prontuário n.º 86.228.

Fonte obtida por meio eletrônico:

REDAÇÃO MSM. *A deturpação da Anistia*. 01 set. 2004. Disponível em: <http://www.midiasemmascara.org/?p=2933>. Acesso em: 25 jun. 2008.

Krev:
AMNESTI
DEMOKRATI
MENNESKERETTIGHETER

12 000 POLITISKE
FANGER I BRASILS
FENGSLER
AMNESTI
SOLIDARITET
Krev:
AMNESTI
DEMOKRATI
MENNESKERETTIGHETER
Norsk komité for amnesti i Brasil.
Postboks 5036, Majorstua. Oslo 3

24. Cartazes relacionados à anistia

1

BRASIL
ANISTIA
liberdade-frihet
freedom-liberté
Jessie-Colombo

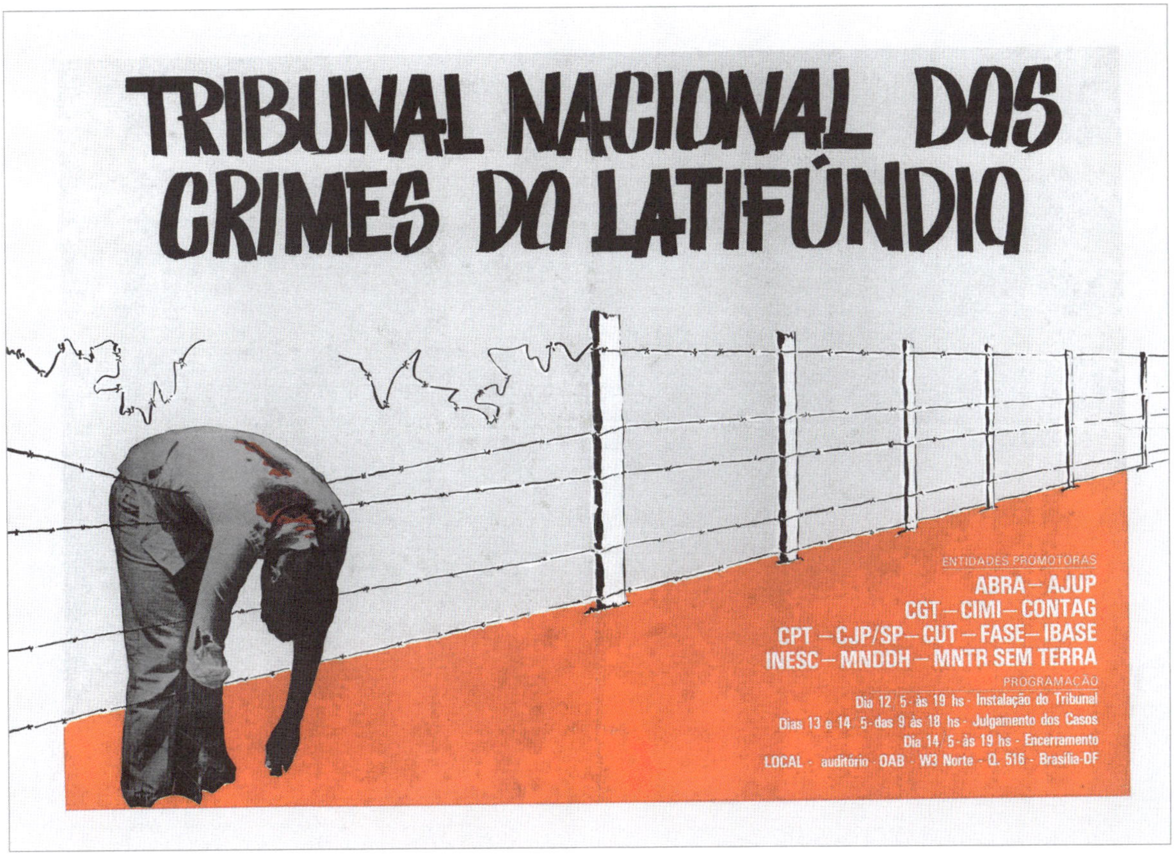
TRIBUNAL NACIONAL DOS CRIMES DO LATIFÚNDIO
ENTIDADES PROMOTORAS
ABRA – AJUP
CGT – CIMI – CONTAG
CPT – CJP/SP – CUT – FASE – IBASE
INESC – MNDDH – MNTR SEM TERRA
PROGRAMAÇÃO
Dia 12/5 - às 19 hs - Instalação do Tribunal
Dias 13 e 14/5 - das 9 às 18 hs - Julgamento dos Casos
Dia 14/5 - às 19 hs - Encerramento
LOCAL - auditório - OAB - W3 Norte - Q. 516 - Brasília-DF

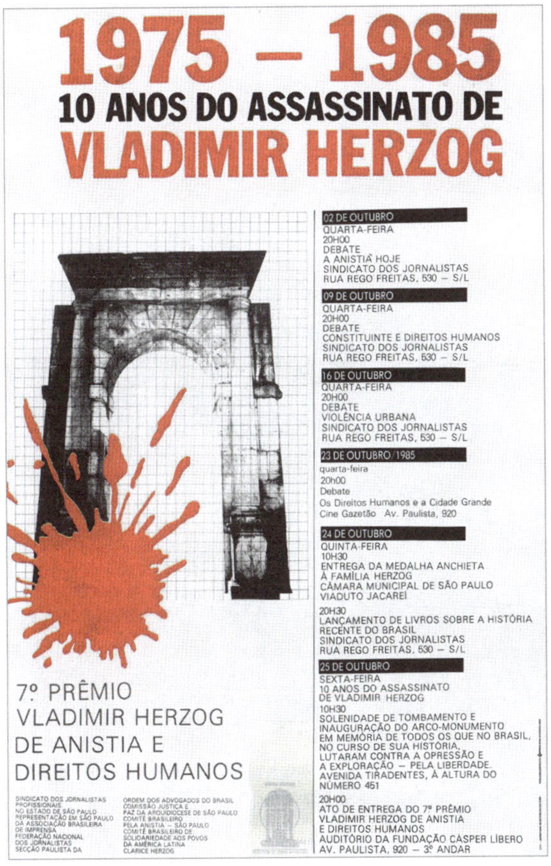
1975 – 1985
10 ANOS DO ASSASSINATO DE
VLADIMIR HERZOG
02 DE OUTUBRO
QUARTA-FEIRA
20H00
DEBATE
A ANISTIA HOJE
SINDICATO DOS JORNALISTAS
RUA REGO FREITAS, 530 – S/L
09 DE OUTUBRO
QUARTA-FEIRA
20H00
DEBATE
CONSTITUINTE E DIREITOS HUMANOS
SINDICATO DOS JORNALISTAS
RUA REGO FREITAS, 530 – S/L
16 DE OUTUBRO
QUARTA-FEIRA
20H00
DEBATE
VIOLÊNCIA URBANA
SINDICATO DOS JORNALISTAS
RUA REGO FREITAS, 530 – S/L
23 DE OUTUBRO/1985
quarta-feira
20h00
Debate
Os Direitos Humanos e a Cidade Grande
Cine Gazetão Av. Paulista, 920
24 DE OUTUBRO
QUINTA-FEIRA
10H30
ENTREGA DA MEDALHA ANCHIETA
À FAMÍLIA HERZOG
CÂMARA MUNICIPAL DE SÃO PAULO
VIADUTO JACAREÍ
20H30
LANÇAMENTO DE LIVROS SOBRE A HISTÓRIA
RECENTE DO BRASIL
SINDICATO DOS JORNALISTAS
RUA REGO FREITAS, 530 – S/L
25 DE OUTUBRO
SEXTA-FEIRA
10 ANOS DO ASSASSINATO
DE VLADIMIR HERZOG
10H30
SOLENIDADE DE TOMBAMENTO E
INAUGURAÇÃO DO ARCO-MONUMENTO
EM MEMÓRIA DE TODOS OS QUE NO BRASIL,
NO CURSO DE SUA HISTÓRIA,
LUTARAM CONTRA A OPRESSÃO E
A EXPLORAÇÃO – PELA LIBERDADE.
AVENIDA TIRADENTES, À ALTURA DO
NÚMERO 451
20H00
ATO DE ENTREGA DO 7º PRÊMIO
VLADIMIR HERZOG DE ANISTIA
E DIREITOS HUMANOS
AUDITÓRIO DA FUNDAÇÃO CÁSPER LÍBERO
AV. PAULISTA, 920 – 3º ANDAR
7º PRÊMIO
VLADIMIR HERZOG
DE ANISTIA E
DIREITOS HUMANOS

ATO PELA LIBERTAÇÃO DOS PRESOS POLÍTICOS
DIOLINDA E MARCIO BARRETO
E
PELA REFORMA AGRÁRIA
CONVIDADOS : DOM PAULO EVARISTO ARNS
PADRE JULIO LANCELOTT
DOM ANGÉLICO
LULA
VALÉRIO ARCARI
FREI BETO
ANTÔNIO CARLOS RONCA
TAIGUARA
MERCADANTE
JOÃO PEDRO
CLARA CHAFT
LUIZ EDUARDO GREENHALGH
PAULO FREIRE
DARCI RIBEIRO
TEATRO UNIÃO E OLHO VIVO
CORAL CUCA
JOÃO AMAZONAS
LEONARDO BOFF
ENTRE OUTROS
LOCAL: TUCA
RUA MONTE ALEGRE, 1024
DIA 14/11/95
ÀS 19:30 HORAS
REALIZAÇÃO: CCA, NÚCLEO DO PT DA PUC/SP, PSTU, MST, NTC, APG/PUC-SP
APOIO: AFAPUC, APROPUC, CUT, SINDICATO DOS METROVIÁRIOS, SEDES, CPT, NÚCLEO DE HISTÓRIA DO TRABALHO DA PUC/SP.

B A S T A !
LSN
ATO
PELA REVOGAÇÃO
DA
LEI DE SEGURANÇA NACIONAL
26 de outubro de 1982, às 20 horas
TEATRO NIDIA LICIA
Rua Domingos de Moraes, 2.970-Capital
Comissão Justiça e Paz de São Paulo
Ordem dos Advogados do Brasil
Associação Brasileira de Imprensa
Comissão Arquidiocesana Pastoral de Direitos Humanos e Marginalizados

PARTICIPE
XXI Congresso
do Sindicato
Nacional dos Estudantes
Secundaristas
UBES
União Brasileira
dos Estudantes
Secundaristas
Campinas — S. Paulo - Dias 21 a 24 de Abril
IMEDIATA LIBERTAÇÃO DE
HENRIQUE CARNEIRO (presidente da UPES)
E SILVANO BAIA!
UMA UBES DE COMBATE AO LADO DOS
TRABALHADORES E SUAS LUTAS!
UPES - União Paulista de Estudantes Secundaristas
UMES - União Metropolitana dos Estudantes Secundaristas de S. Paulo.
Vamos exigir do Governo Montoro um local para realizar o nosso congresso!

Adão, esta é a terra que
querias ver dividida...
Adão Manoel, 29 anos, pedreiro, deixa mulher grávida e quatro filhos. Assassinado em 30/03/87, porque lutava por um teto para sua família. Mais uma vítima dos altos preços dos aluguéis e da falta de moradia no País da Nova República...
SINDICATO DOS METALÚRGICOS
DE S. B. CAMPO E DIADEMA
CUT
Articulação Nacional do Solo Urbano, Movimento dos Sem Casa e dos Sem Terra, Federação dos Mutuários e Movimento Unificado de Favelas.
Produção: Depto. de Imprensa do Sindicato dos Metalúrgicos de São Bernardo do Campo e Diadema. Impressão: Gráfica e Editora FG. Foto: Reginaldo Manente/Ag. Estado. Criação: Falkon.

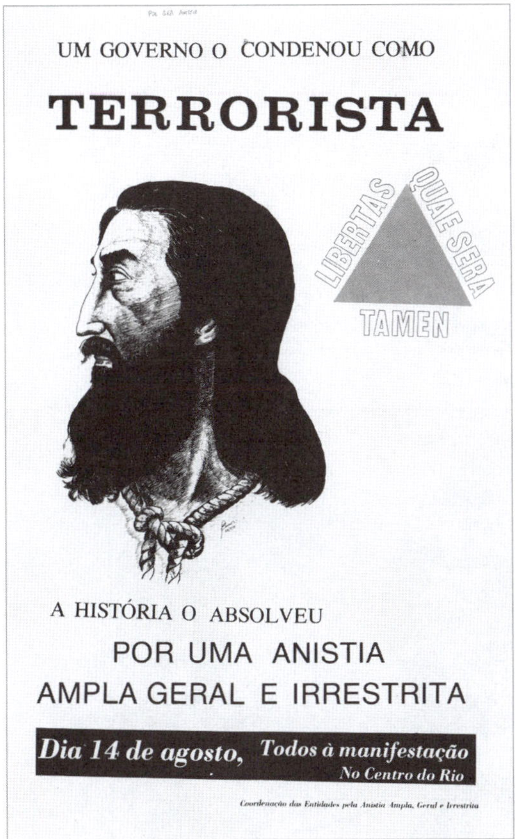
UM GOVERNO O CONDENOU COMO
TERRORISTA
LIBERTAS QUAE SERA TAMEN
A HISTÓRIA O ABSOLVEU
POR UMA ANISTIA
AMPLA GERAL E IRRESTRITA
Dia 14 de agosto, Todos à manifestação
No Centro do Rio
Coordenação das Entidades pela Anistia Ampla, Geral e Irrestrita

LUCHARON POR
La Vida y la Libertad
Derecho al trabajo
SALARIO JUSTO
VIVIENDA DIGNA
SALUD Y EDUCACION
PARA TODOS
Contra
la DEPENDENCIA
IMPERIALISTA,
por un Proyecto
de Liberación
HOY ESTAN
DESAPARECIDOS
Y PRESOS
POR EL TRIUNFO DE SU LUCHA,
ASUMAMOS
SUS REIVINDICACIONES
familiares de desaparecidos y
detenidos por razones políticas

MADRES DE PLAZA DE MAYO
Convocan al pueblo a acompañarlas todos los jueves a las
15.30 hs. para pedir aparición con vida de los detenidos-
desaparecidos, que con profundo amor a su pueblo
lucharon por la dignidad, la justicia y la libertad.
APARICION CON VIDA PARA DEFENDER LA VIDA Y
JUICIO Y CASTIGO A LOS CULPABLES PARA
DEFENDER LA NACION.

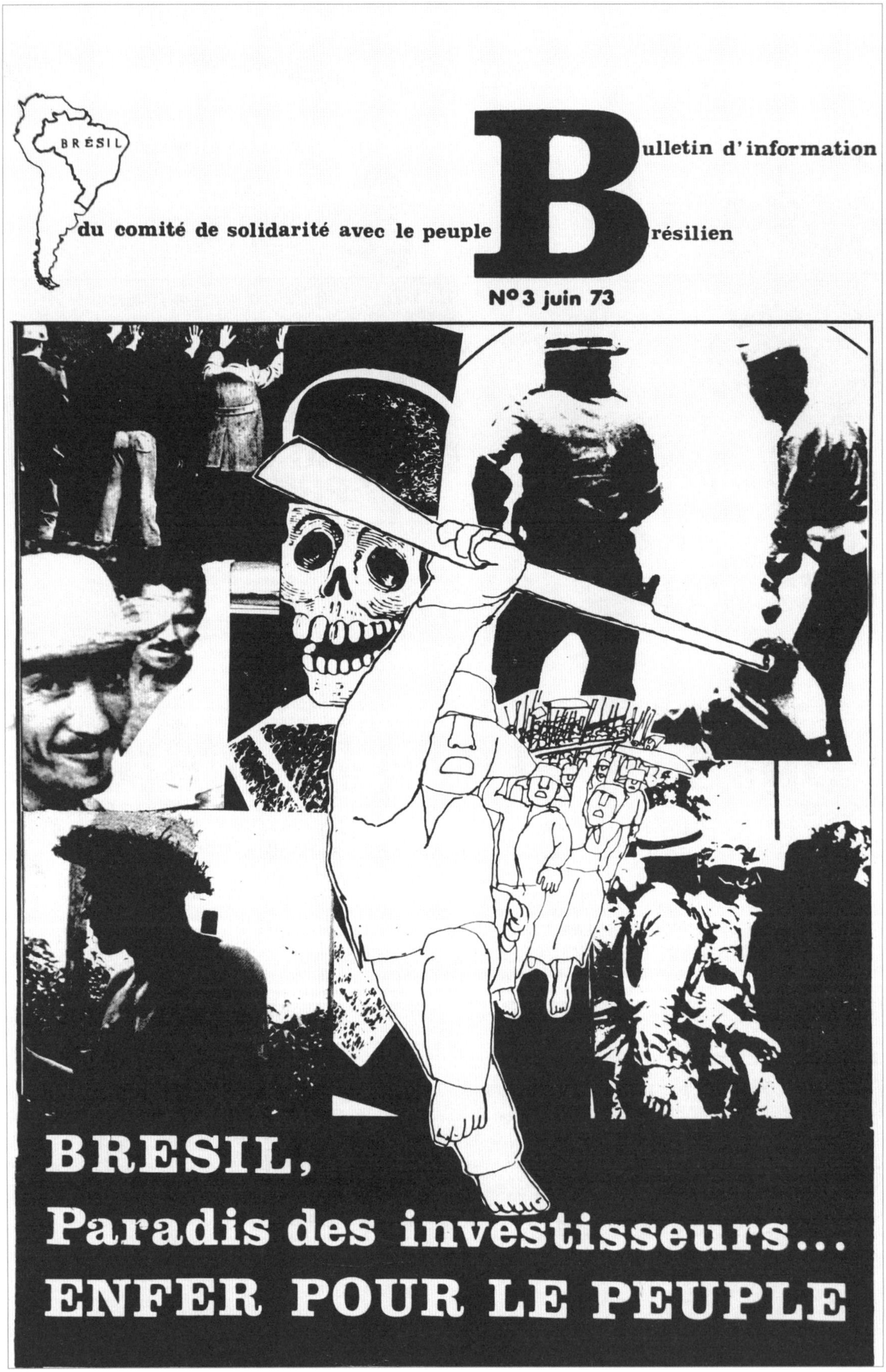

BRÉSIL

Bulletin d'information du comité de solidarité avec le peuple **B**résilien

Nº 3 juin 73

BRESIL,
Paradis des investisseurs...
ENFER POUR LE PEUPLE

le "miracle" brésilien
c'est la dictature!

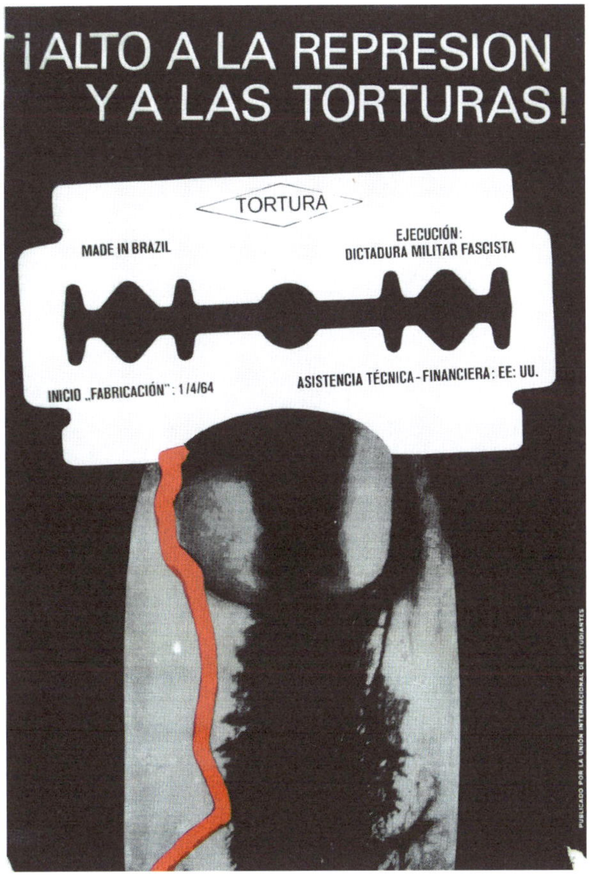
¡ALTO A LA REPRESION
Y A LAS TORTURAS!
TORTURA
MADE IN BRAZIL
EJECUCIÓN:
DICTADURA MILITAR FASCISTA
INICIO „FABRICACIÓN": 1/4/64
ASISTENCIA TÉCNICA - FINANCIERA: EE: UU.
PUBLICADO POR LA UNIÓN INTERNACIONAL DE ESTUDIANTES

BRASILIEN
STOCKHOLM - GÖTEBORG - MALMÖ - LUND - UPPSALA
OKT. 77 NR9 1kr
arbetarna börjar intervenera i krisen
BRASIL
-STUDENTERNAS III LANDSMÖTE
-JESSIE BERÄTTAR OM FÄNGELSET
-INTERVJU MED PAULO FREIRE
-STRID OM PRESIDENTPOST

settimana contro la repressione in
brasile
LA FORZA DEL POPOLO BRASILIANO E' PIU' FORTE DELLA REPRESSIONE
manifestazione
lunedi 19 - camera del lavoro - milano

LEIA
HONESTINO
O BOM DA AMIZADE É A NÃO COBRANÇA
DESAPARECIDO PELO GOLPE DE 64,
APARECE AGORA, SUA HISTÓRIA,
EM UM LIVRO,
AO LADO DA PARTE OBSCURA
DA HISTÓRIA DE SEU PAÍS
UNE
DA ANTA CASA EDITORA
DCE
HONESTINO GUIMARÃES

CHICO MENDES
UMA HISTÓRIA DE LUTA E RESISTÊNCIA
Chico Mendes
"É minha lei
É minha questão
Virar este mundo
Cravar este chão
Não importa saber se é terrível demais
Quantas guerras terei que vencer
Por um pouco de paz
E amanhã
Se este chão que eu beijei
For meu leito e perdão
Vou saber que valeu delirar e morrer de paixão
E assim, seja lá como for
Vai ter fim a infinita aflição
E o mundo vai ver uma flor
Brotar
Do impossível chão"

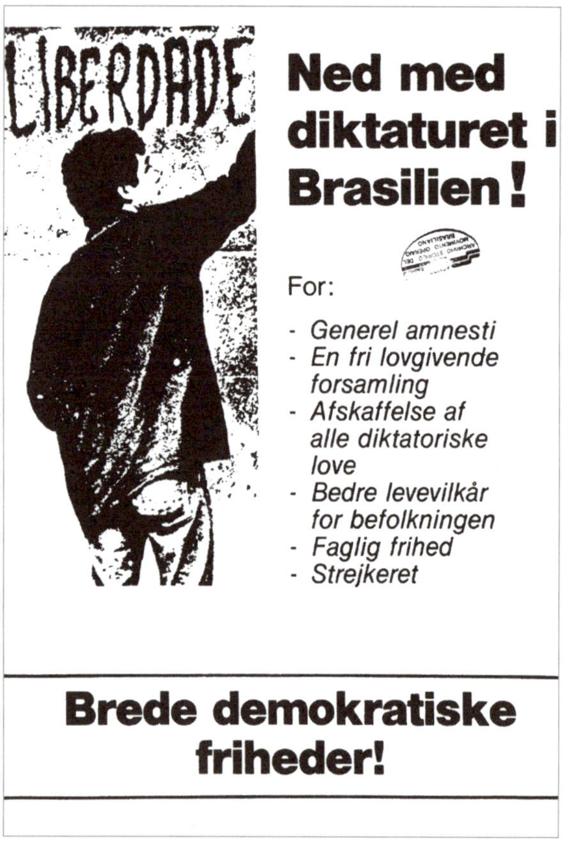
LIBERDADE
Ned med diktaturet i Brasilien!
For:
- Generel amnesti
- En fri lovgivende forsamling
- Afskaffelse af alle diktatoriske love
- Bedre levevilkår for befolkningen
- Faglig frihed
- Strejkeret
Brede demokratiske friheder!

Ato Público e Celebração Ecumênica pelos Direitos Humanos na América Latina
latino americanicídio
BRASIL: esquadrões da morte
URUGUAI: 500.000 exilados
ARGENTINA: 30.000 mortos e desaparecidos
Dia 16 de abril/83
14h30
Colégio das Irmãs (N. Iguaçu)
R. Dr. Barros Junior, 1124 - Centro

A CURA DEL CENTRO AZIONE E DOCUMENTAZIONE AMERICA LATINA
Dossier sul
BRASILE
SAPERE EDIZIONI

ANISTIA
INTERNACIONAL
UMA
CONSPIRAÇÃO
DE
ESPERANÇA
ANISTIA INTERNACIONAL Campanha pelos Direitos do Cidadão Seção Brasileira

"DESAPARECIDOS"
OU ASSASSINADOS?
"Esperamos que um dia nós possamos enterrar nossos mortos e dar a eles nossa homenagem. Se nós não pudermos, talvez nossos filhos, porque saber a verdade é nosso objetivo!"
Em muitos países pessoas são presas e nunca mais são vistas nem se ouve falar delas. Não há acusações nem julgamentos. Ano após ano os familiares se perguntam: "Estarão vivos ou mortos? Onde estarão detidos? Quem fez eles desaparecerem?" E muitas vezes a terrível resposta é que eles foram assassinados por "esquadrões da morte". Os matadores, às vezes, são policiais ou militares vestidos de roupas civis. Estas **execuções extrajudiciais** são comuns em vários países.
Familiares de desaparecidos numa missa, Chile. Foto: Magnum.
ANISTIA INTERNACIONAL Campanha pelos Direitos do Cidadão Seção Brasileira

NO MUNDO INTEIRO, PESSOAS
PAGAM COM A LIBERDADE E A VIDA
POR SUAS CONVICÇÕES, COR, SEXO,
IDIOMA, RELIGIÃO.
ATÉ QUANDO?
ANISTIA INTERNACIONAL Campanha pelos Direitos do Cidadão Seção Brasileira

Em memória
dos nossos
Companheiros.
William
Valmir
Barroso
GREVE - NOVEMBRO 88
SINDICATO DOS METALÚRGICOS
VOLTA REDONDA,
BARRA MANSA E RESENDE
FILIADO A
CUT

NO A LA AMNISTIA..!
EXIGIMOS JUSTICIA
Las FUERZAS ARMADAS deben asumir Su responsabilidad por la detención y posterior desaparición de miles y miles de argentinos.-
No podrán, por decreto, quedar impunes tantos crímenes cometidos.-
La "Amnistía" que pretenden imponernos Será, ni más ni menos, la Aceptación de un GENOCIDIO..!
NO HABRA MANTO DE OLVIDO..!
- Aparición con vida de los detenidos-desaparecidos
- Libertad de todos los presos por causas políticas y gremiales.-
- Restitución de los niños secuestrados y nacidos en cautiverio a sus legítimas familias.-
familiares de desaparecidos y detenidos por razones políticas

LONQUEN
1973 - 7 DE OCTUBRE - 1986
• 15 campesinos detenidos-desaparecidos desde 1973, fueron encontrados asesinados en 1978 en los hornos de una mina de Lonquén.
• Los culpables, carabineros del lugar, fueron amnistiados y gozan de impunidad.
• Hasta la fecha sus familiares no han obtenido certificados de defunción.
¡JUSTICIA!

BASTA DE MILICOS!
MARCHA DE LA RESISTENCIA
del 3 al 4 de diciembre
PLAZA DE MAYO
Asistirán Madres de:
• CHILE
• URUGUAY
• BOLIVIA
• PARAGUAY
• PERU
• NICARAGUA
• BRASIL
• COLOMBIA
• GUATEMALA
• ECUADOR
• EL SALVADOR
•Aparición con vida
•Cárcel a los genocidas
•Libertad a los presos políticos
•Restitución de los niños
•Rechazamos:
—las exhumaciones
—la reparación económica
—los homenajes póstumos
Convocan al Pueblo
MADRES DE PLAZA DE MAYO

brasilien
10 år i kamp
mod diktaturet

Brasilien
14 Jahre
Diktatur
Pressezensur
Verlust politischer Rechte
Entzug von Parlamentarier-Mandaten
Verbot politischer Parteien und Organisationen
Gefängnis
Folter, Mord und verschwinden von Personen
Exil und Verbannung
Für die Generalamnestie

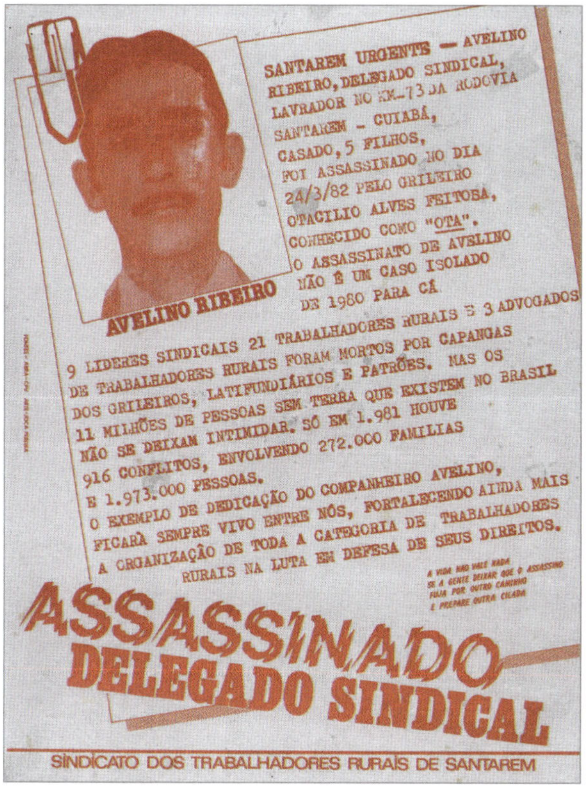
SANTAREM URGENTE — AVELINO RIBEIRO, DELEGADO SINDICAL, LAVRADOR NO KM-73 DA RODOVIA SANTAREM - CUIABÁ, CASADO, 5 FILHOS, FOI ASSASSINADO NO DIA 24/3/82 PELO GRILEIRO OTACILIO ALVES FEITOSA, CONHECIDO COMO "OTA". O ASSASSINATO DE AVELINO NÃO É UM CASO ISOLADO DE 1980 PARA CÁ
AVELINO RIBEIRO
9 LIDERES SINDICAIS 21 TRABALHADORES RURAIS E 3 ADVOGADOS DE TRABALHADORES RURAIS FORAM MORTOS POR CAPANGAS DOS GRILEIROS, LATIFUNDIÁRIOS E PATRÕES. MAS OS 11 MILHÕES DE PESSOAS SEM TERRA QUE EXISTEM NO BRASIL NÃO SE DEIXAM INTIMIDAR. SÓ EM 1.981 HOUVE 916 CONFLITOS, ENVOLVENDO 272.000 FAMILIAS E 1.973.000 PESSOAS.
O EXEMPLO DE DEDICAÇÃO DO COMPANHEIRO AVELINO, FICARÁ SEMPRE VIVO ENTRE NÓS, FORTALECENDO AINDA MAIS A ORGANIZAÇÃO DE TODA A CATEGORIA DE TRABALHADORES RURAIS NA LUTA EM DEFESA DE SEUS DIREITOS.
A VIDA NÃO VALE NADA SE A GENTE DEIXAR QUE O ASSASSINO FUJA POR OUTRO CAMINHO E PREPARE OUTRA CILADA
ASSASSINADO
DELEGADO SINDICAL
SINDICATO DOS TRABALHADORES RURAIS DE SANTAREM

DONDE
ESTAN?
LOS DIRIGENTES SINDICALES URUGUAYOS:
L.Duarte, O.Tassino, H.Mendez
E.Candia, G.Gatti, A.Castillo, R.Blanco
Y TODOS LOS DESAPARECIDOS
C.N.T.-URUGUAY

Förtryckets nya ansikten:
"FÖRSVINNANDEN"
EN FRUKTANSVÄRD, MEN ALLTMER POPULÄR METOD ATT LIKVIDERA ALL OPPOSITION.
"..hur många av de som förts bort av myndigheterna genom åren har egentligen återfunnits levande..?"
Amnesty International Svenska Sektionen
SMÅLANDSGATAN 2 114 34 STOCKHOLM TEL. 08/23 39 55 POSTGIRO 4 59 77–6

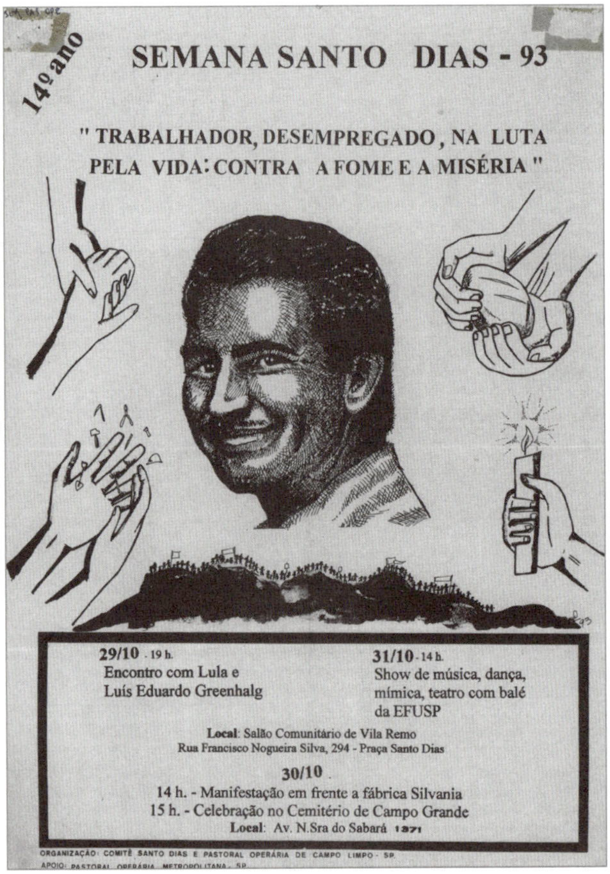

14º ano
SEMANA SANTO DIAS - 93
" TRABALHADOR, DESEMPREGADO, NA LUTA PELA VIDA: CONTRA A FOME E A MISÉRIA "
29/10 - 19 h.
Encontro com Lula e Luís Eduardo Greenhalg
31/10 - 14 h.
Show de música, dança, mímica, teatro com balé da EFUSP
Local: Salão Comunitário de Vila Remo
Rua Francisco Nogueira Silva, 294 - Praça Santo Dias
30/10
14 h. - Manifestação em frente a fábrica Silvania
15 h. - Celebração no Cemitério de Campo Grande
Local: Av. N.Sra do Sabará 1371
ORGANIZAÇÃO: COMITÊ SANTO DIAS E PASTORAL OPERÁRIA DE CAMPO LIMPO - SP.
APOIO: PASTORAL OPERÁRIA METROPOLITANA - SP.

«POR UNA AMERICA LATINA SIN DESAPARECIDOS JUICIO Y CASTIGO A LOS CULPABLES»
Semana Internacional por los Detenidos Desaparecidos 26 de mayo al 2 de junio de 1986
MARCHA DE LA AGRUPACION DE FAMILIARES DE DETENIDOS DESAPARECIDOS POR EL PASEO AHUMADA EN SANTIAGO DE CHILE HACIA LA MONEDA (PALACIO DE GOBIERNO)
Agrupación de Familiares de Detenidos Desaparecidos de Chile

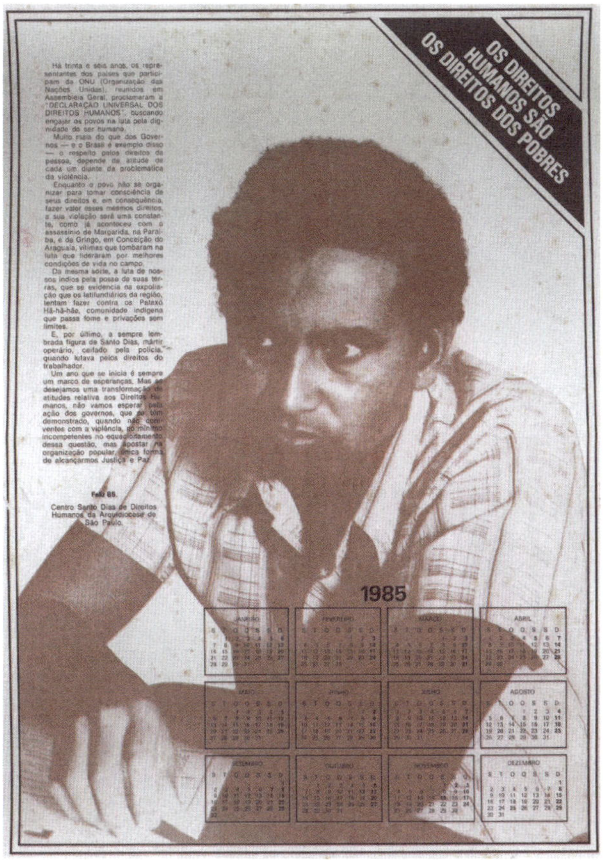
OS DIREITOS HUMANOS SÃO OS DIREITOS DOS POBRES
Centro Santo Dias de Direitos Humanos da Arquidiocese de São Paulo.
1985

Tribunal Chico Mendes
JURI SIMULADO E DEBATE
DEBATE – DIA 17/10/90 – 13h30m ■ JURI SIMULADO – DIA 18 – 9h00m – Auditório da Reitoria da UFSC
Florianópolis - SC
Com a participação de:
Juristas; Pesquisadores; Jornalistas; Movimentos de sem-terra, Ecológicos, Estudantil e Sindical.
PROMOÇÃO: Centro Acadêmico XI de Fevereiro - CAXIF • Movimento Estudantil de Direito

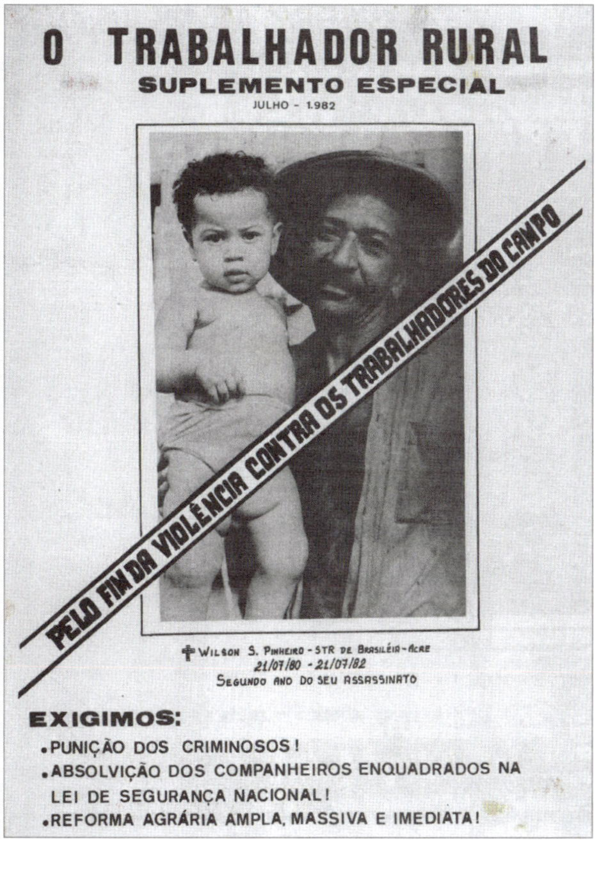
O TRABALHADOR RURAL
SUPLEMENTO ESPECIAL
JULHO - 1.982
PELO FIM DA VIOLÊNCIA CONTRA OS TRABALHADORES DO CAMPO
✝ WILSON S. PINHEIRO - STR DE BRASILÉIA - ACRE
21/07/80 - 21/07/82
SEGUNDO ANO DO SEU ASSASSINATO
EXIGIMOS:
•PUNIÇÃO DOS CRIMINOSOS!
•ABSOLVIÇÃO DOS COMPANHEIROS ENQUADRADOS NA LEI DE SEGURANÇA NACIONAL!
•REFORMA AGRÁRIA AMPLA, MASSIVA E IMEDIATA!

1984 AÑO INTERNACIONAL DE LA LUCHA CONTRA LA DESAPARICION FORZADA EN AMERICA LATINA Y EL MUNDO
"VIVOS LOS LLEVARON VIVOS LOS QUEREMOS"
"Que no me digan que has muerto"
ASOCIACION DE FAMILIARES DE DETENIDOS DESAPARECIDOS Y MARTIRES POR LA LIBERACION NACIONAL
ASOFAMD
BOLIVIA

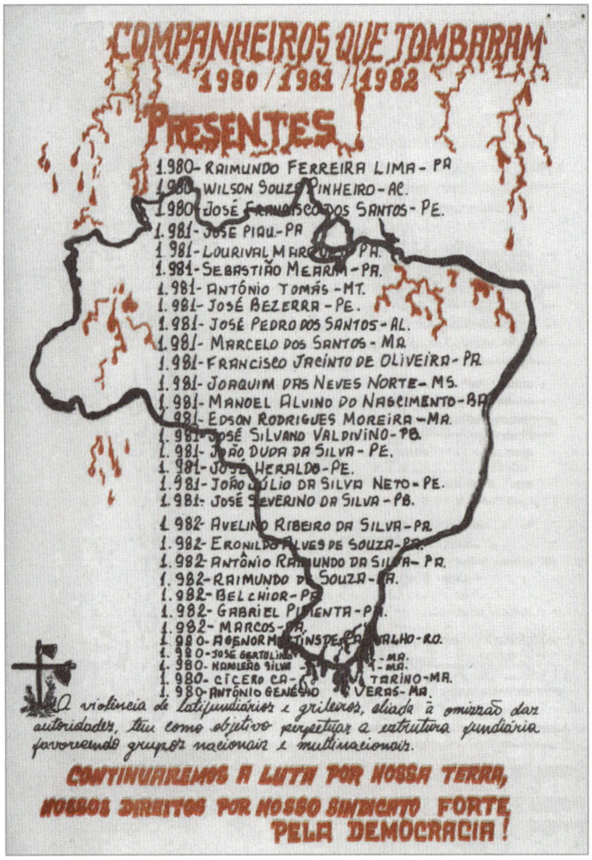

COMPANHEIROS QUE TOMBARAM
1980 / 1981 / 1982
PRESENTES!
1.980 - RAIMUNDO FERREIRA LIMA - PA
1.980 - WILSON SOUZA PINHEIRO - AC.
1.980 - JOSÉ FRANCISCO DOS SANTOS - PE.
1.981 - JOSÉ PIAU - PA
1.981 - LOURIVAL MARQUES - PA.
1.981 - SEBASTIÃO MEARIM - PA.
1.981 - ANTÔNIO TOMÁS - MT.
1.981 - JOSÉ BEZERRA - PE.
1.981 - JOSÉ PEDRO DOS SANTOS - AL.
1.981 - MARCELO DOS SANTOS - MA
1.981 - FRANCISCO JACINTO DE OLIVEIRA - PA.
1.981 - JOAQUIM DAS NEVES NORTE - MS.
1.981 - MANOEL ALVINO DO NASCIMENTO - BA
1.981 - EDSON RODRIGUES MOREIRA - MA.
1.981 - JOSÉ SILVANO VALDIVINO - PB.
1.981 - JOÃO DUDA DA SILVA - PE.
1.981 - JOSÉ HERALDO - PE.
1.981 - JOÃO JÚLIO DA SILVA NETO - PE.
1.981 - JOSÉ SEVERINO DA SILVA - PB.
1.982 - AVELINO RIBEIRO DA SILVA - PA.
1.982 - ERONILDO ALVES DE SOUZA - PA.
1.982 - ANTÔNIO RAIMUNDO DA SILVA - PA.
1.982 - RAIMUNDO DE SOUZA - PA.
1.982 - BELCHIOR - PA
1.982 - GABRIEL PIMENTA - PA.
1.982 - MARCOS - PA.
1.980 - AGENOR MARTINS DE CARVALHO - RO.
1.980 - JOSÉ GERTULINO - MA.
1.980 - NAPOLEÃO SILVA - MA.
1.980 - CÍCERO CA- TARINO - MA.
1.980 - ANTÔNIO GENÉSIO VERAS - MA.
A violência de latifundiários e grileiros, aliada à omissão das autoridades, tem como objetivo perpetuar a estrutura fundiária favorecendo grupos nacionais e multinacionais.
CONTINUAREMOS A LUTA POR NOSSA TERRA, NOSSOS DIREITOS POR NOSSO SINDICATO FORTE PELA DEMOCRACIA!

Ciranda, cirandinha, vamos todos cirandar,
vamos dar a meia volta...
Vigília pela Criança e pelo Adolescente
Data: 8 de outubro de 1993, 20h. Local: Sindicato dos Metalúrgicos do ABC
Participantes: Betinho, Maurício Corrêa, Michel Temer, Meneguelli, Lula, Benedita da Silva, D. Luciano Mendes, Oded Grajew, Rosiver Pavan
Haverá a participação de vários artistas e músicos convidados
Promoção: Sindicato dos Metalúrgicos do ABC, Central Única dos Trabalhadores, Cedeca - ABC, Pastoral do Menor, Projeto Meninos de Rua, Movimento Nacional dos Meninos e Meninas de Rua, Comissão Nacional de Direitos Humanos, Fórum Nacional DCA Apoio: Unicef
CUT
ABC

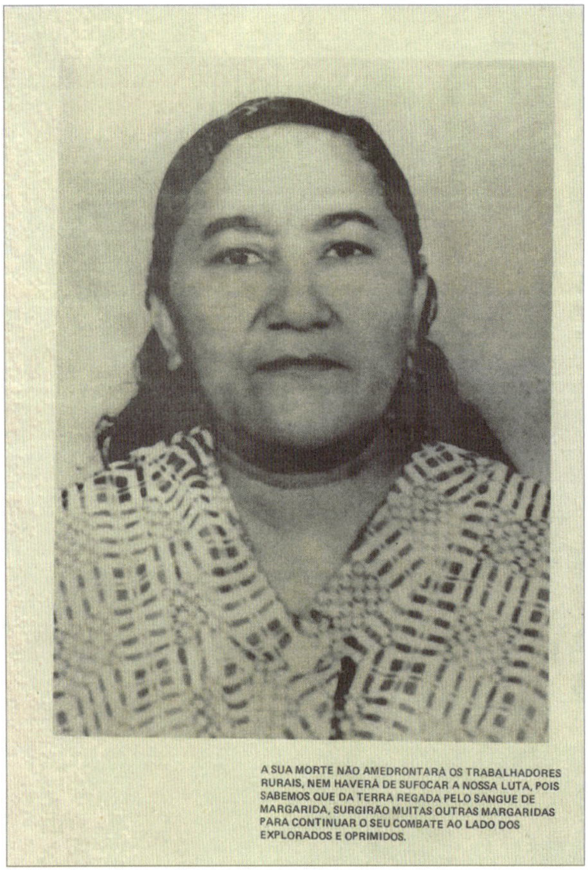

A SUA MORTE NÃO AMEDRONTARÁ OS TRABALHADORES RURAIS, NEM HAVERÁ DE SUFOCAR A NOSSA LUTA, POIS SABEMOS QUE DA TERRA REGADA PELO SANGUE DE MARGARIDA, SURGIRÃO MUITAS OUTRAS MARGARIDAS PARA CONTINUAR O SEU COMBATE AO LADO DOS EXPLORADOS E OPRIMIDOS.

Ministro do Trabalho - Governo Costa e Silva
Ministro da Educação - Governo Médici.
Ministro da Previdência - Governo Figueiredo.
Ministro da Justiça - Governo Collor.
DE VOLTA PARA O PASSADO IV
JUSTIÇA PARA PASSARINHO
ATO/DEBATE
DIA /11
20 HORAS
Faculdade de Direito da USP
Largo São Francisco
UNE
UNIÃO NACIONAL DOS ESTUDANTES
CENTRO ACADÊMICO "XI DE AGOSTO"
Truculência e Censura são marcas registradas da Ditadura S.A.
(Todos os direitos desrespeitados)

Onde está
o teu irmão?
Gênesis, 4, 10
ATÉ ENCONTRÁ-LOS
CELEBRAÇÃO ECUMÊNICA PELOS DESAPARECIDOS
POLÍTICOS LATINO-AMERICANOS
CATEDRAL DA SÉ — 15 de setembro de 1990 — 16 horas
Promoção: Movimento Nacional de Direitos Humanos (MNDH) — Grupo Tortura Nunca Mais/SP — Secretariado Oscar Romero/Brasil — Agência Ecumênica de Notícias (AGEN) — Pastoral Operária (PO) — Secretariado Arquidiocesano de Pastoral de São Paulo — cor - cesep
Apoio: IECLB — JOC — Comitês de Solidariedade à América Latina.

quanto mais alto, melhor
BIBLIOTECA
GRITA POVO
Jornal da Região São Miguel
LEIA ASSINE E
mande notícias
tel. 297-6388

A TORTURA
E A CONSTITUINTE
CONVIDADOS
HELIO BICUDO
LUIS ANTONIO FLEURY
JOSÉ CARLOS DIAS
LUIZ EDUARDO GREENHALGH
MARCIO THOMAS BASTOS
OTÁVIO LEITÃO DA SILVEIRA
MARCO ANTONIO BARBOSA
PAULO SERGIO PINHEIRO
PROMOÇÃO: CENTRO "SANTO DIAS" DIREITOS HUMANOS ARQUIDIOCESE - SP
INSTITUTO DE ESTUDOS ESPECIAIS DA PUC - SP
LOCAL - PUC SÃO PAULO SALA 239 - 2º ANDAR
DIA 03 DE SETEMBRO ÀS 19:00 HS

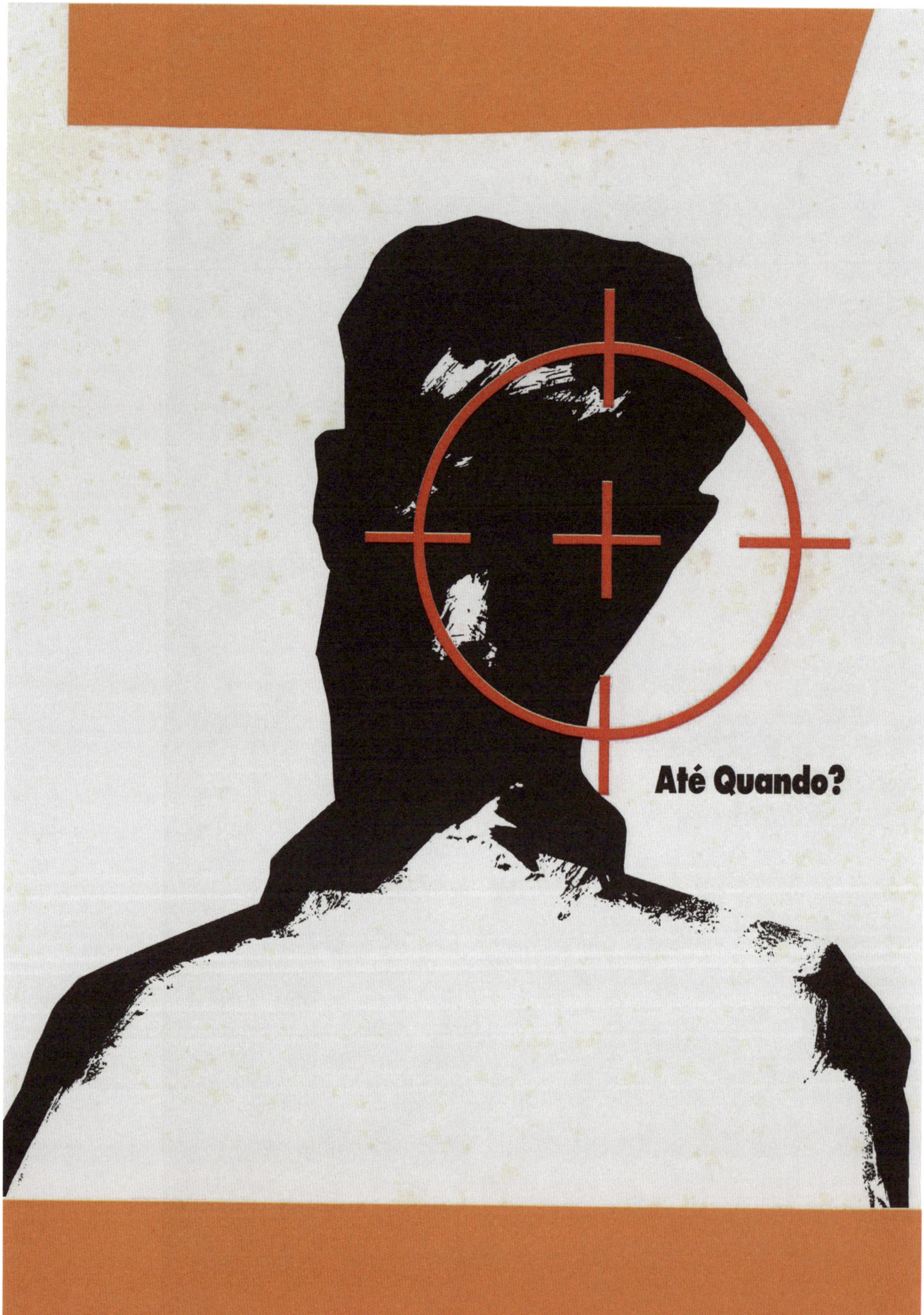
Até Quando?

25. Créditos das imagens

Abuelas de Plaza de Mayo, Argentina, Fundo Clamor – CEDIC/PUC, 249, 259, 315.

ACAFADE e outras, agosto de 1985, Fundo Clamor – CEDIC/PUC, 239.

Acervo CPV, 7 (detalhe), 53, 65, 93, 129, 133, 134, 139, 140, 155, 156, 181, 231, 232, 258, 262, 285, 327, 340, 341, 443, 444, 465 (detalhe), 467 (superior e inferior esquerda), 468 (todas), 469 (superior direita), 472 (superior direita e esquerda), 472 (inferior direita), 474 (superior esquerda), 475 (inferior direita e esquerda), 476 (superior direita), 477 (todas), 478 (todas), 480, 482-483 (detalhe), 484 (detalhe) e sobrecapa.

Agrupación de Familiares de Detenidos Desaparecidos - Chile, 1986, Fundo Clamor – CEDIC/PUC, 474 (inferior esquerda), 476 (inferior).

Agrupación de Familiares de Detenidos Desaparecidos - Chile, maio de 1983, Fundo Clamor – CEDIC/PUC, 223.

Agrupación de Familiares de Detenidos Desaparecidos, Coleção de Cartazes de Movimentos Sociais – CEDIC/PUC, 319, 320.

Anistia Internacional – Seção Brasileira, Coleção Cartazes de Movimentos Sociais - CEDIC/PUC, 151, 255, 256, 279, 280, 301, 302, 473 (superior direita), 473 (inferior esquerda e direita), 476 (superior esquerda).

Asociación Centroamericana de Familiares de Detenidos Desaparecidos - ACAFADE, ago/1986, Fundo Clamor - CEDIC/PUC, 345, 346.

Associação Brasil Chile de Amizade, Recife/PE, setembro de 1986, Fundo Clamor – CEDIC/PUC, 349.

Capuano (1977), 153.

Chile, Coleção de Cartazes de Movimentos Sociais – CEDIC/PUC, 335, 336, 353, 354.

Coleção de Cartazes de Movimentos Sociais – CEDIC/PUC, 263, 275, 339, 467 (inferior direita).

Comisión de Derechos Humanos de El Salvador - CDHES, El Salvador, 1981, Coleção Cartazes de Movimentos Sociais – CEDIC/PUC, 115.

Comite de Defensa de los Derechos del Pueblo, Coleção de Movimentos Sociais – CEDIC/PUC, 253.

Cristãos pelos Direitos Humanos na América Latina (CDHAL), Grupo Tortura Nunca Mais (GTNM) e outras entidades, São Paulo, março de 1990, Coleção de Cartazes de Movimentos Sociais – CEDIC/PUC, 161.

Familiares de Desaparecidos y Detenidos por Razones Politicas, Fundo Clamor – CEDIC/PUC, 469 (superior direita), 474 (superior direita).

Federación Latinoamericana de Asociaciones de Familiares de Detenidos-Desaparecidos - FEDEFAM, Argentina, novembro de 1984, Fundo Clamor - CEDIC/PUC, 215, 216.

Fundo ASMOB, 475 (superior esquerda e direita).

Fundo ASMOB – CEDEM/UNESP – 5 (detalhe), 19, 20, 25, 29, 30, 37, 49, 50, 57, 58, 81, 82, 101, 102, 105, 109, 110, 121, 125, 126, 165, 171, 172, 191, 192, 199, 463, 464, 466, 465, 470, 471 (todas), 472 (inferior esquerda), 473 (superior esquerda).

Fundo Clamor – CEDIC/PUC, 147, 311, 481.

Madres de Plaza de Mayo, Argentina, Fundo Clamor – CEDIC/PUC, 469 (inferior), 474 (inferior direita).

Movimento Nacional de Direitos Humanos (MNDH), Grupo Tortura Nunca Mais/SP, Secretariado Oscar Romero/Brasil, Agência Ecumênica de Notícias (AGEN), Pastoral Operária (PO), Secretariado Arquidiocesano de Pastoral de São Paulo, COR, CESEP, São Paulo, setembro de 1990, Coleção de Cartazes de Movimentos Sociais, CEDIC/PUC, 479.

União Brasileira dos Estudantes Secundaristas - UBES, Campinas/SP, Fundo Clamor - CEDIC/PUC, 468 (superior direita).

OBS: a autoria das imagens cedidas pelas instituições é desconhecida. Porém, o autor, se der a conhecer, será citado nas próximas edições, conforme lei vigente 9.610/98.

Fundação Editora da UNESP (FEU)
Praça da Sé, 108
01001-900 – São Paulo – SP
Tel.: (0xx11) 3242-7171
Fax: (0xx11) 3242-7172
feu@editora.unesp.br
www.editoraunesp.com.br

Arquivo Público do Estado de São Paulo
R. Voluntários da Pátria, 596 Santana
02010 000 São Paulo SP
Tel: (11) 2221-4785
editoria@arquivoestado.sp.gov.br
www.arquivoestado.sp.gov.br

Imprensa Oficial do Estado de São Paulo
Rua da Mooca, 1.921 Mooca
03103 902 São Paulo SP
sac 0800 01234 01
sac@imprensaoficial.com.br
livros@imprensaoficial.com.br
www.imprensaoficial.com.br

formato
21 x 28 cm
tipologia
Bodoni Std e Frutiger LT Std
papel
miolo Offset 90 g/m²,
capa Couche fosco 150 g/m²
sobrecapa Offset 120 g/m²
guardas Color plus Havana 180 g/m²
número de páginas
488
tiragem
1.500 exemplares

Este livro foi impresso nas oficinas gráficas
da Imprensa Oficial do Estado de São Paulo
em novembro de 2009